21世纪法学系列教材

法学基础理论系列

英美法概论
法律文化与法律传统

彭勃 著

图书在版编目(CIP)数据

英美法概论/彭勃著. —北京:北京大学出版社,2011.1
(21世纪法学系列教材·法学基础理论系列)
ISBN 978-7-301-18137-9

Ⅰ.①英… Ⅱ.①彭… Ⅲ.①英美法系-高等学校-教材 Ⅳ.①D904

中国版本图书馆 CIP 数据核字(2010)第 234778 号

书　　　名：**英美法概论：法律文化与法律传统**
著作责任者：彭　勃　著
责 任 编 辑：郭薇薇
标 准 书 号：ISBN 978-7-301-18137-9/D·2747
出 版 发 行：北京大学出版社
地　　　址：北京市海淀区成府路 205 号　100871
网　　　址：http://www.pup.cn　电子邮箱：law@pup.pku.edu.cn
电　　　话：邮购部 62752015　发行部 62750672　编辑部 62752027
　　　　　　出版部 62754962
印 刷 者：北京鑫海金澳胶印有限公司
经 销 者：新华书店
　　　　　　730 毫米 980 毫米　16 开本　25.75 印张　368 千字
　　　　　　2011 年 1 月第 1 版　2022 年 12 月第 6 次印刷
定　　价：43.00 元

未经许可,不得以任何方式复制或抄袭本书之部分或全部内容。
版权所有,侵权必究
举报电话：010-62752024　电子邮箱：fd@pup.pku.edu.cn

英美法的性格特征及其重要性

（代序言）

本书是一本展现英美法"性格"的作品。使用"性格"这一具有拟人化色彩的概念，并非笔者独创。在法哲学领域，曾有学者针对法律学的性格进行过深入探讨，并指出"实践性构成了法学的学问性格。法学是论题取向的，而不是公理取向的"。① 从这种意义上讲，作为身处不同政治、经济和文化环境中的学人，着手撰写英美法的法律传统与制度文化，犹如眺望天边的彩霞，那绚丽的流光溢彩，总是那么遥远，那么难以捉摸。然而，我们从这些美丽的光和影之间总是能够发现点什么的。在笔者看来，学习英美法，就应该了解英美法的本质特征和法系特点，唯有掌握了这一点，才能理解英美法上的许多看似不合理的制度其实恰恰具有很强的合理性。基于实用性和阅读的方便，本书并未过多地对法的本质特征加以概念化解读，而是试图通过勾勒英美法的发展轨迹，分析背后的文化因素，画龙点睛地指出法的本质特征对于一个法系的重要意义；相较于"本质特征"这一具有内恰性的概念，"性格特征"一词则具有一定的"显性"意味，因此笔者认为选择"性格"一词来对本书的内容加以描述更为贴切。

一、写作目的

撰写本书的初衷并非是打算对英美法的制度内容进行任何宏大意义上的建构亦或解构，只是希望从史学和比较法学的角度考察英美法发展的历程及其制度现状。换言之，本书的主旨是考察英美法是否具备、为什么具备以及在多大程度上具备一个法系的性格特征。再换言之，本书探讨的是英美法的历史、文化和制度上的特征以及这种特征对其他法系国家的影响程度。

（一）从学术研究的角度看选题意义

改革开放之后，我国的英美法研究已经进入了一个相对繁荣和成熟的阶段，其中指标有二： 是研究的层次更高、涉及领域更广，且理论成果更具系统性；二是更具客观实践性。然而，我国当前的英美法基础理论研究还主要集中在英美法与欧陆法、伊斯兰法、社会主义法的关系问题上，并对应进行制度介绍、制度评价以及研究制度借鉴的可能性。从总体来讲，英美法研究在整体意义上仍然缺

---

① 舒国滢：《寻访法学的问题立场，兼谈"论题学法学"的思考方式》，载《法学研究》2005 年第 3 期。

乏一种价值层面的分析和反思。

从宏观视角对英美法体系进行考察、分析和评判,不能只关注英美法系国家的内部法,还应具有更高的知识维度和更加全面的分析手段。在法学研究的领域内,这样的一个维度和手段非比较法莫属。之所以选择以比较法学为进路,研究英美法的性格特征,理由在于比较法思想便于突出英美法的现实状况。作为一种发端于19世纪、勃兴于20世纪,被称为最能反映不同法学精神的"哲学方法",比较法的研究方法直接派生出实用主义法学理论。虽然在国内法的研究领域,实用主义法学并不具有可以超越其他法学流派的话语优势,但是英美法对法律实用主义的反映却十分突出,很多制度集中地体现了实用主义法学思想的核心内容。

需要说明的是,本书仅仅是基于比较法的视角,站在当代中国的语境中来考察英美法的历史、现状和未来的走向,因而并不意味着是对其他理论视角的否定。毕竟,看问题的视角不同,观察者的立场不同,所得的结论必不尽相同。其实这也正是法律学者所应秉持的多元语境论和多视角主义的精髓所在。

(二) 从司法实践的角度看选题意义

哈贝马斯认为:"哲学的任务首先是批判,并在批判的同时,提供一种可供选择的理想方案,以克服现实存在的社会——政治弊病,以建立一种完善的社会形式。"[①]同理,作为哲学的一个分支,法学研究也应具有相同的使命。因此,正确把握英美法的性格特征对构建我国现代化的社会制度和法律制度同样具有十分重要的意义。

改革开放以来,我国的法治建设在30年间,积极借鉴域外的法制文化和司法制度,除了在司法设施层面加大投入和建设外,在司法制度的不同侧面,都可以看见引进国外成功经验的范例。其中,当然也不乏英美法因素的影响。在这些制度改革中,以下几个方面的借鉴尤其引人关注:

首先,我国在诉讼程序上借鉴英美法的一些制度。1996年全国人大对1979年《刑事诉讼法》进行修改,强化了公诉方与辩护方的辩论、对抗,部分体现了当事人主义的色彩。具体表现为:侦查阶段的律师介入,犯罪嫌疑人的辩护权得到强化,规范强制措施,取消收容审查;在侦查起诉阶段,废除了免予起诉制度,将案卷"全卷移送",改为部分移送,以避免法官在庭前产生预断;在审判阶段,实行控辩式审判方式,主要由控辩双方对案件进行调查、询问、举证和辩论,力图使法官从偏向控方转向居中裁判。

其次,我国现行《行政诉讼法》(1989年制定,1990年实施)第3条规定:"人

[①] 章国锋:《关于一个公正世界的"乌托邦"构想——解读哈贝马斯〈交往行为理论〉》,山东人民出版社2001年版,第6页。

民法院依法对行政案件,独立行使审判权,不受行政机关、社会团体和个人的干涉。人民法院设行政审判庭,审理行政案件。"这一规定正式确认了行政诉讼采用英美式"单轨制"模式,即将行政诉讼案件纳入普通法院管辖范围而非专设行政法院。从而使得我国现在的行政审判体制在整体上接近英美法系国家的制度。

再次,受到英美法系传统的影响,我国的司法机关越来越重视判决的作用。面对成文立法的滞后和缺漏,判例制度的优点逐渐为国人所重视。在司法实践中,自1985年起,最高人民法院公开定期公布该院公报。在每期公报上载有典型案件的判决书。这些案例经最高人民法院选择和编辑,与司法解释等规范性文件同时发布在《公报》上,因而有一定的权威性。20世纪90年代后期,随着司法改革大张旗鼓的进行,强调对判例制度的借鉴,发挥典型判决的指导作用,成为法律实务界的主流意见。

最后,在法律职业者培养方式上,我国也引进了英美法系的一些成熟做法,其中法律硕士学位(juris master)的设置与法律诊所教育(legal clinic)的引入便是典型。

总体而言,上述这些制度的引进符合我国法制现代化的需求,符合我国依法治国的发展方向,取得了令人瞩目的制度效果。当然,这并不表示上述引进毫无问题,无需改进和调整。譬如我国刑事审判,已引进英美对抗制的一些因素,但法庭审判大多仍流于形式,证人出庭虽成法定义务,但现实是证人出庭率低。又如面对目前普通法院权威不足、行政审判效果不佳的现状,有学者提出仿照大陆法系建立行政法院。诸如此类的问题,更表明一个根本性的课题:是否满足制度需求,要看是否能适应本国的法制环境。

因此,通过对英美法律制度的性格特征的考察,有助于我们在与既存国际制度"接轨"与法律"移植"过程中,对先进制度的发展历程及其背后存在的法律文化背景保持清醒的认识,并在此基础上确立中国的"应然"和相应的战略选择。在全球化不可逆的时代,也许这种"制度层面的积极面对与价值层面的冷静思考"是最具现实意义的选择。

二、概念的梳理和限定

(一) *法系*

作为本书的涵盖范围,笔者选择"大英美法系"作为研究对象。"大英美法系"既包括英国、美国等法系代表国家的国内制度,也包含其他法系对大陆法系制度的移植经验;既包括英、美等国国内法的主要内容,也包括跨国法律和内国涉外法律。因为对英美法系性格特征的分析需要建立在对英美法律秩序进行完整考察的宏观视角之上。从这种意义上讲,本书重点考察的不是规则层面本身,而是规则背后的价值取向,这就必然更多涉及对各英美法系国家主体的历史沿革和治理目的进行分析和评价,而这种动机和目的在国内和国际之间、公法与私法之间是相互融通,相辅相成,难以分割。然而,正如国内大多数学者所做的,目前对英美法的公法部分和司法制度是研究的焦点,而且英美法的公法部分更加突出地体现了法律实用主义的进路。

(二) 进路

所谓的"进路",其实就是一种思路、一种方法或者一种范式,其英文对应的词为"approach"。而该词本身具有多重含义和用法:可以是名词,这时汉译多为"方法"、"步骤"、"路径"等;也可以是动词,这时汉译多为"进路"、"接近"、"靠近"等。

本书选择"进路"一词,一方面意在回顾英美法沿着实用主义法学的性格特征发展演变的动态过程,另一方面表达一种实用主义的研究手段或方法。因此,兼具动词和名词的双重含义。而"进路"一词,虽是名词,但却有"动"的意境,恰好符合这一要求。

三、写作思路和文章结构

除去"序言"和"附录"、"用词用语表",本书共分为四章:第一章"英美法概论";第二章"英国法的形成与演变";第三章"美国法的产生与发展";第四章"英联邦与英美法"。另外,本书的姊妹篇也拟尽快出版,其将包括如下内容:第一章"英美法系的司法制度";第二章"英美法上的法律渊源";第三章"法律适用的方式";第四章"美国法的多样性";第五章"英美法研究的意义与方法"。

作为整部书的基础和铺垫,第一章主要通过英美法系的独特性的梳理和分析,找到作为一个法系的法律实用主义的特质,以作为考察英美法性格特征的起点。这一考察是通过对几个英美法的基本事实的描述而展开的,即英美法的历史继受性、判例法原则、个案考察的方法论、权利救济的重要性、个人在法律实践中的作用、法律职业一体化和陪审团制度等。在此基础上,本书选择对英国和美国的政治体制和社会现状作一个简明扼要的梳理,不仅因为两国是英美法系中最具代表性的国家,而且因为中国语境中的英美政治生态在很长时间内被误读。这一部分的讨论包括:(1) 单一制国家与联邦制国家的体制之差异;(2) 议会主权与违宪审查制度的内涵;(3) 议会内阁制与总统制的制度特点;(4) 美国式民主制度的评价;(5) 英美法学教育之特色;(6) 法律形成过程中的学说因素等。

第二章主要从历史角度考察英国法的发源及其发展的过程。本章以时间为轴,分别叙述中世纪的法、封建集权时代的法、混合政体时代的法、自由主义时代的法、英国法的繁盛时期和20世纪后半期的英国法。

第三章重点考察美国法的发展沿革。以时代为轴,分别阐述殖民地时代的法、新国家诞生期的法、美国国家发展期的法、杰克逊式民主及其法律制度、南北战争前后的法、自由主义与改革主义的博弈、罗斯福新政到"冷战"结束期的法以及20世纪后半期的法。

第四章从历史的角度出发,考察了英联邦国家的法律发展史,包括:(1) 英联邦的形成;(2) 英联邦的组织架构;(3) 英联邦各国的法制。

四、研究方法

总体来讲,本书是一本以历史论与比较论为核心方法论的著作。本书的研究中心是考察英美法历史和现行体制中的法性格特征,或者说,是以历史和比较法学内核为基准来审视英美法,来证明现行的或在可预见的将来支撑英美法的不仅是自然法的理念,以及分析实证主义者所认为的完整而逻辑的法律体系和规范,同时还包括在实用主义理念下利益博弈所形成的规则理性。

此外,本书还运用了以下的研究方法:

其一,作为一本通过法学基础理论研究英美法性格特征的书,哲学研究中常用的批判的分析方法、阐释和思辨的分析方法也将是本书所不可或缺的。这一方法更多地出现于第一章"英美法概论"中,同时亦贯穿整个书的写作。

其二,历史分析的方法。当代是历史的延续,按照任何一种方法对英美法的现状进行研究都不可能离开历史分析的方法,更何况比较法学本身的特性之一便是语境论。这一方法将主要出现在第二章"英国法的产生与发展"以及第三章"美国法的产生与发展"中。

其三,比较分析的方法。这种方法主要将出现在第一章第三节"英国法与美国法"的比较研究中。同时在其他章节中的一些微观层面也会有所涉及。

其四,规范分析和案例分析。由于本书涉及英美法具体制度和规则的研究,规范分析和案例分析的方法将大量被运用,特别集中于本书的第二、三、四章和本书姊妹篇《英美法导论:法律制度与司法运作》中。

无论哪个学科领域,基础理论和制度研究都难以全面。加之本人的浅学非才,书中的缺点和错误在所难免。故笔者希望抛砖引玉,恳请读者不吝赐教,批评指正。

彭勃

2010年9月

于深圳大学法学院

目 录

第一章 英美法概论 ……………………………………………… (1)
  第一节 英美法系 …………………………………………… (1)
    一、法系的概念 …………………………………………… (1)
    二、英美法系的国家和地域 ……………………………… (2)
    三、法域 …………………………………………………… (3)
    四、英国法的特征 ………………………………………… (3)
    五、普通法的含义 ………………………………………… (5)
    六、英国各地的法律情况 ………………………………… (5)
    七、英国法的域外扩张 …………………………………… (7)
  第二节 英美法的特征 ……………………………………… (8)
    一、历史继受性 …………………………………………… (8)
    二、历史渊源的多样性——从衡平法和判例法出发 …… (9)
    三、判例法 ………………………………………………… (13)
    四、个案分析的重要性 …………………………………… (14)
    五、法的救济功能 ………………………………………… (16)
    六、容忍私力救济 ………………………………………… (17)
    七、法律职业一体化 ……………………………………… (18)
    八、陪审团制度 …………………………………………… (20)
  第三节 英国法与美国法 …………………………………… (23)
    一、单一制与联邦制政体 ………………………………… (23)
    二、议会主权与违宪立法审查制度 ……………………… (27)
    三、议会内阁制度与总统制 ……………………………… (31)
    四、美国式的民主制度 …………………………………… (34)
    五、法学教育 ……………………………………………… (37)
    六、法律形成的过程与法学研究 ………………………… (38)

第二章 英国法的形成与演变 …………………………………… (40)
  第一节 中世纪英国的法 …………………………………… (40)
    一、英格兰封建制度的建立 ……………………………… (40)
    二、英格兰封建制度的巩固 ……………………………… (47)

三、兰开斯特王朝与约克王朝 …………………………………（55）
　　四、中世纪英国法院概观 ………………………………………（57）
　　五、普通法 ………………………………………………………（58）
　　六、诉讼方法 ……………………………………………………（68）
　　七、衡平法 ………………………………………………………（82）
　　八、教会法 ………………………………………………………（86）
　　九、商人法（Law Merchant） …………………………………（88）
第二节　封建集权时期的法制史 ……………………………………（89）
　　一、都铎王朝 ……………………………………………………（89）
　　二、斯图亚特王朝前期 …………………………………………（97）
　　三、国王集权时期的法院和法 ………………………………（104）
　　四、用益法和不动产法 ………………………………………（108）
　　五、法律职业与法学研究 ……………………………………（110）
第三节　混合政体时代 ……………………………………………（114）
　　一、宪政体制的形成 …………………………………………（114）
　　二、共和政体的失败 …………………………………………（115）
　　三、复辟王朝至光荣革命时期 ………………………………（118）
　　四、议会主权理论的形成 ……………………………………（123）
　　五、混合政体时期 ……………………………………………（129）
　　六、国王统治方式的变化——内阁制的产生 ………………（132）
　　七、衡平法 ……………………………………………………（136）
　　八、普通法 ……………………………………………………（137）
　　九、法律职业与法学教育 ……………………………………（141）
第四节　自由主义改革时代的法 …………………………………（144）
　　一、边沁的法学思想 …………………………………………（144）
　　二、选举制的改革 ……………………………………………（148）
　　三、责任内阁制与平民院优势地位的形成 …………………（151）
　　四、平民院的优势地位 ………………………………………（151）
　　五、遵循先例原则 ……………………………………………（153）
　　六、司法制度改革——普通法与衡平法的深度融合 ………（155）
　　七、实体法 ……………………………………………………（162）
　　八、法学教育与法律职业 ……………………………………（169）
第五节　英国法的繁荣期 …………………………………………（173）
　　一、维多利亚时代的法 ………………………………………（173）
　　二、平民院优势地位的确立 …………………………………（176）

  三、选举法改革……………………………………………（177）
  四、司法与立法的发展……………………………………（178）
  五、法律职业与法学教育…………………………………（179）
 第六节　20世纪后期的英国法………………………………（180）
  一、概述……………………………………………………（180）
  二、议会主权原则遭遇挑战………………………………（182）
  三、法院体制的改革………………………………………（183）
  四、以立法手段促成司法改革……………………………（183）
  五、遵循先例原则的变更…………………………………（184）
  六、法律职业与法学研究…………………………………（185）

第三章　美国法的产生与发展………………………………（188）
 第一节　殖民地时代的美国法………………………………（188）
  一、殖民制度的建立………………………………………（188）
  二、殖民地的法律特征……………………………………（189）
  三、殖民地的统治机构……………………………………（191）
  四、殖民地与英国本土的关系……………………………（193）
  五、殖民地时代的法律职业人……………………………（196）
  六、殖民地时代的法律……………………………………（197）
 第二节　诞生新国家…………………………………………（201）
  一、美国独立序说…………………………………………（201）
  二、殖民地与英国本土之间的法律争议…………………（201）
  三、美国独立之路…………………………………………（209）
  四、美国联邦时期…………………………………………（215）
  五、制定美国宪法…………………………………………（223）
 第三节　美国国家体制的巩固与完善………………………（232）
  一、统治机构的初建及完善………………………………（232）
  二、联邦司法体制的建立…………………………………（237）
  三、违宪立法审查制度的确立……………………………（241）
  四、美国宪法的解释………………………………………（248）
  五、法律职业………………………………………………（253）
  六、美国法的成型…………………………………………（254）
 第四节　确立政治平等思想的时期…………………………（258）
  一、人民"主政"体制………………………………………（258）
  二、州政府组织的改革……………………………………（260）

三、联邦体系的政府架构 ·· (262)
　　四、最高法院释宪立场的变化 ···································· (263)
　　五、法律职业与法学研究 ·· (268)
　　六、立法与法典 ·· (270)
　第五节　南北战争前后的美国法 ······································ (274)
　　一、南北战争在美国宪法史上的意义 ································ (274)
　　二、南北战争期间的宪法解释活动 ·································· (291)
　第六节　自由主义与进步主义 ·· (296)
　　一、概论 ·· (296)
　　二、进步主义对州宪法的影响 ···································· (303)
　　三、美国宪法的修改 ·· (304)
　　四、立法改革与联邦最高法院 ···································· (306)
　　五、言论自由与宪法 ·· (316)
　　六、法律职业 ·· (318)
　　七、法学研究 ·· (321)
　第七节　罗斯福新政时期至"冷战"时期 ································ (327)
　　一、罗斯福新政时期的立法 ······································ (327)
　　二、罗斯福新政与法院 ·· (332)
　　三、第二次世界大战 ·· (337)
　　四、"冷战"期间 ·· (339)
　　五、消除种族歧视 ·· (343)
　　六、美国宪法修改 ·· (347)
　　七、职能专门化与行政委员会 ···································· (349)
　　八、法学研究 ·· (352)
　第八节　20 世纪后半期的美国法 ···································· (353)
　　一、传统法价值体系遭遇的挑战 ·································· (353)
　　二、司法积极主义的出现 ·· (356)

第四章　英联邦与英美法 ·· (361)
　第一节　英联邦的形成 ·· (361)
　　一、早期英联邦的历史 ·· (361)
　　二、英联邦的改革 ·· (364)
　第二节　英联邦的组织结构 ·· (365)
　　一、加入和脱离英联邦的程序 ···································· (365)
　　二、英联邦成员国之间的关系 ···································· (366)

  第三节　英联邦各国的法律 …………………………………（367）
   一、序说……………………………………………………（367）
   二、英国法的影响…………………………………………（367）
   三、澳大利亚的司法机关和法律制度……………………（369）

附录一　英国 1628 年权利请愿书 ………………………………（374）
附录二　美国宪法修正案（权利法案） …………………………（378）
用词用语表 …………………………………………………………（386）

第一章 英美法概论

第一节 英美法系

一、法系的概念

"法系"(legal systems)是在对各国法律制度的现状和历史渊源进行比较研究的过程中形成的概念。根据法在结构上、形式上、历史传统上等外部特征以及法律实践的特点、法律意识和法在社会生活中的地位，可以把当今世界的法划分为三个主要的法系，即大陆法系、英美法系、以苏联和东欧国家的法律为代表的社会主义法系。其他的法系还有伊斯兰法系、印度法系、中华法系、犹太法系、非洲法系等。①

在上述法系中，资本主义国家的两大法系——"大陆法系"(Civil Law System)和"英美法系"(Common Law System)，对当今世界其他地方有着广泛而深远的影响力。大陆法系又称罗马法系、民法法系、法典法系或罗马日耳曼法系，是承袭古罗马帝国(Roman Empire)的法律传统，参照《法国民法典》和《德国民法典》的样式而建立起来的各国法律制度的总称。欧洲大陆上的法、德、意、荷兰、西班牙、葡萄牙等国和拉丁美洲、亚洲许多国家的法律都属于大陆法系。英美法系又称英国法系、普通法系或判例法系，是承袭英国中世纪的法律传统而发展起来的各国法律制度的总称。由于英美法系的发展最初是通过英国(以及后来的美国)的殖民扩张传播的，因此当今英美法系的版图与18、19世纪英美殖民地的版图大致吻合。

---

① 法系是比较法中用来对各种法律进行划分的概念，意指具有相同或相近的传统、原则、制度和特征等要素的一类法律制度的总和。一个法系通常涵盖了若干国家或地区，但有时一个国家的不同地方也会采用不同的法系，如英国、美国、加拿大是典型的英美法系国家，但英国的苏格兰、美国的路易斯安那州和加拿大的魁北克则采用的是大陆法系的法律制度。由于法系是一个学术概念，因此并没有绝对的划分标准。例如德国通常被认为是典型的欧陆法国家，但在茨威格特和克茨(Konrad Zweigert & Hein Kötz)的《比较法总论》中，德国被单独列为"德意志法系"，与"罗马法系"并列。根据研究的需要，在同一法系下也可以划分不同的亚类型，例如英国法和美国法就是英美法系中两个不同的亚类型。同时，法系所指的法包括历史上曾经存在的法，其中有些已经消失了。例如以《唐律疏议》为典范的中华法系，曾经在东亚有着广泛的影响，但这种辉煌已经成为历史了。

二、英美法系的国家和地域

从字面上看,"英国法"①和"美国法"是"英美法系"中两个主要代表。然而,其中的"美国法"并不像人们通常所说的"中国法"、"日本法"或"意大利法"那样是整齐划一的法律集成。由于采用了联邦制度,美国实际上被划分为50个独立的州法律系统。同时,在不同的法学专业领域,美国的法律呈现出复杂多元、立体交叉、不断变化的特点。因此,要全面了解和掌握美国法律并非易事,需要非常广博的知识和大量的时间。

英美法首先产生于英国,后来随着英国在18至19世纪的殖民扩张,推广到曾经是英国殖民地和附属国的许多国家和地区,其中包括美国、加拿大、印度、巴基斯坦、孟加拉国、马来西亚、新加坡、澳大利亚、新西兰以及非洲的个别国家和地区,逐渐发展成为世界主要法系之一。目前世界上大约有26个国家法律属英美法系,除英美两国外,主要是英联邦国家及前英国殖民地。

但是,简单地通过地域来划分英美法系和大陆法系是不准确的。在英语国家和地区有一些地方,至今仍然采用大陆法系的法律制度。详言之:

第一,在英国过去的殖民地中,斯里兰卡和南非没有引进英美法,而是实行经改良的日耳曼荷兰法(Roman Dutch Law,即日耳曼民族在成为法典国家之前实行的罗马法),与大陆法系国家的法律制度比较接近。

第二,即使在英美法系的发源地,英国国内的法律制度也不尽相同。众所周知,英国(大不列颠联合王国)由英格兰、苏格兰、威尔士和北爱尔兰四个邦组成,其中英格兰与苏格兰的法律传统不同,尤其在法律形式和法律制度上存在着明显的差别。英格兰主要奉行判例法和普通法,而苏格兰则深受罗马法与大陆法的影响,因此在法制理念、法律制度上与英格兰差别甚大。北爱尔兰法、威尔士法则与英格兰法相近。②

第三,美国的路易斯安那州和加拿大魁北克省从18世纪起属于欧洲国家的殖民地。虽然后来它们成为美国和加拿大的领土,深受英国法的影响,但就目前而论,如果非要将它们划入某个法系,一般仍认为它们属于大陆法系。值得注意的是,这些地区在政治、经济上隶属于主流为英美法的国家,因此它们不断受到

---

① 本书所指的"英国法"指英格兰和威尔士地区实行的法律制度。在指包括苏格兰、北爱尔兰部分的法律制度时使用联合王国(United Kingdom)的概念。

② 因此,英国国内的立法机关必须对各法域之间的司法活动进行协调,例如英国议会在制定《引渡法》等适用于四个法域和领地的成文法时,为了避免出现理解上的歧义,每部制定法都要特别注明各个法律概念在英格兰和苏格兰的确切含义及法律的适用规则。此外,英国1982年颁布《民事管辖与判决法》,具体规定了联合王国内英格兰、苏格兰和北爱尔兰三个法域之间的司法协助关系;据此,不同法域的法院判决都可以经其他法域高级法院按相应条件予以审查后进行登记并在该法域生效。见马进宝:《中国区际司法协助论纲》,载《甘肃政法学院学报》2003年第3期。

所在国内其他地区的影响。目前在这些地区,已经出现了英美法和大陆法混合适用的情形。按照此趋势发展下去,这些地区的大陆法特征将进一步减弱,甚至消失。

可见,在划分法系时不能简单地根据人种来划定,例如同为盎格鲁—萨克逊人支配的地区,苏格兰就不属于英美法系。[①] 反之,以印度为首的一批亚洲和非洲国家在独立后仍然沿用殖民地时期的大部分法律,故仍属于英美法系。从法文化学的角度出发,这些国家中特有的文化和法律传统与外来的英美法文化之间如何发生作用,值得关注和研究。

三、法域

"法域"(jurisdiction),通常情况下是指一种法律体系和司法制度适用的地域范围。事实上,法域的概念不仅仅只具有地域上的意义,同时它还被用来强调某种法律制度对不同对象的有效管辖或适用范围。有国际法学者指出:"法域为特定的范围。这个特定的范围既可能是空间范围,又可能是成员范围,还可能是时间范围。正是基于此,法域有属地性法域、属人性法域和属时性法域之分。"[②] 在法域这一概念涉及的所有外延里,属地性法域与属时性法域与本书所论证的问题的联系最为密切。也就是说,从理论界目前的研究现状来看,我国对"法域"这个概念的应用基本上是从不同法律体系适用的地域范围和不同法律体系间存在明显区别的特质来进行界定的。

在语言学上,"jurisdiction"也有审判权、管辖权的含义。为与之区别,本书使用"法域"一语来定义司法权的行使区域,例如在叙述美国的法律政策时,本书表述为:"除28个州外,华盛顿特区、关岛等地区也表示支持,目前这30个法域采取共同行动……"

四、英国法的特征

如前所述,法系是对类似的法律传统和法律文化加以整合后形成的。在英美法系中,法律传统和文化共同的"根"在英国法。值得思考的问题是:为什么肇始于欧洲大陆,以日耳曼法为基础的英国法与同属欧洲国家的德国法、法国法、意大利法等大陆法有如此明显的差异?英国法又为什么会被其他国家和地区接受?它是如何输入到其他国家或地区的?同其他法系法律的传播相比,它在向域外传播时有哪些特点?回答这些问题,不仅有助于了解普通法系的形成

---

① 李永君:《英国法的"一国两制"》,载《检察日报》2007年11月6日域外法制版。
② 黄进:《区际冲突法研究》,学林出版社1996年版,第2页;另见沈娟:《中国区际冲突法研究》,中国政法大学出版社1999年版,第4页。

和发展过程,而且还可以揭示英美法传播的某些规律。

首先,英国法与其他欧洲大陆国家法制的区别主要来源于继受法律的不同。大陆法系各国虽然有程度之差,但其法制的发展基本上都是对历史上的罗马法进行沿袭和改进。英国法的渊源是盎格鲁－萨克逊法,即日耳曼法。日耳曼建国以后,在适用法律方面遵循属人主义原则,即对日耳曼人适用日耳曼法,对被征服的罗马人适用罗马法,在日耳曼与罗马人发生关系时适用日耳曼法,也就是说,日耳曼法具有优先效力,且这两种法律并行不悖。这一做法在日耳曼人入侵英国后得到了延续。因此,尽管英国法多次受到罗马法的冲击,但仍然保持了传统日耳曼法的许多特点。

其次,中世纪的欧洲大陆国家普遍在一国之中允许多种法律区域并存。与之相对,英国当时就基本实现了以国王为中心的封建集权统治。虽然在英国境内的个别地区仍旧保留了独特的法律习惯和特殊的法律,但与土地制度等基本封建制度有关的法律在英格兰地区(稍后推广到威尔士地区)已经基本统一。入主英国后日耳曼统治者逐渐摸索出一系列解决民族和文化冲突的惯例或原则,同时统治阶级也逐渐认识到不同法源的法律林立存在的不利影响。因此,摆脱属人主义原则力求制定一部适用于全体国民的法——"单一的不成文法"(common law,也译为普通法)就成为当务之急。这种普通法的法律精神和原则吸收了罗马法和教会法的精神,使成文法与习惯法兼容并包。由于普通法的出现,在管理国家的过程中适用罗马法的必要性不复存在,英国法也开始摆脱罗马法的格局,走上了独自发展的道路。

再次,随着封建制度逐渐退出历史舞台,时代对法律制度的变革提出了新的要求。此时,英国的法律制度再一次体现出灵活和司法中心的制度特点。由于普通法与令状制度关系密切,受封建时代建立的令状制度的局限,普通法的保护范围和救济方法无法进一步发展。此时,英国法律制度中的另一重要组成部分——衡平法(equity)在普通法之外迅速发展起来。由于衡平法是作为普通法的补充而发展起来的,没有形成自己完整的体系,也没有哪些部门法专属于衡平法。通过衡平法来主张个人的权利,实现权利救济的做法事实上推动了资本主义制度的建立和发展。

最后,在世界大多数国家,法律职业阶层都是伴随着近代司法独立制度的确立而产生的。与此不同,英国早在司法独立之前的中世纪时代,确切地说在12—13世纪,就产生了这一阶层。德国学者茨威格特和克茨指出:"在英国法的早期历史中,便形成一个法学家阶层,他们以行会的形式自己组织起来,并以这种方式施展他们的巨大影响,这一事实对英国法的性质和发展过程具有重要影响。"①英国的法律职业及其团体具有较高的社会地位和优厚的收入,他们把普通法视为生存基础,坚持普通法在英国的统治地位,对其他外来的法律文化非常抵制。在16世纪罗马法复兴运动席卷欧洲之际,英国的法律职业阶层成为坚守普通法的重要政治势力,从而使罗马法一直未能在英国的土地上落地生根。②

五、普通法的含义

如前文所述,英美法上的"普通法"(common law)最早是指英国12世纪左右开始形成的一种以判例形式出现的适用于全国的法律。

1066年诺曼底公爵威廉征服英国以后,英国的法律制度随之发生重大变化。为了把掠夺来的土地和财产正当化,镇压农民的反抗,英国统治者开始加强王权,实行中央集权制。国王委任贵族组成御前会议(国王法院),协助统治全国行政、司法和财务等事务。征服者威廉为了缓和同萨克逊人的矛盾,保留了地方自治权和日耳曼人的习惯法,但同时从御前会议派出国库专员监督地方政权、巡回征税和审理涉及税务的诉讼。亨利二世(1154—1189年在位)时,实行司法改革,扩大上述专员的审判权,并将该制度发展成为中央巡回法院,进一步削弱各地封建领主的司法审判权。同时,国王废除了神明裁判和决斗审判,吸收骑士和富裕农民为陪审官而去参加一些审判活动。被委派定期到各地巡回审判的专员即法官,在办案时,除依据国王诏书敕令外,主要是依据日耳曼人的习惯法和地方习惯。凡是他们认为正确、合理并与国王的立法不相抵触的习惯和惯例,便被确认为判决的依据。他们经常聚集在中央法院所在地威斯敏斯特交换意见,彼此认可各自的判决。这样一来,被引为依据的习惯便成了以判例法形式出现的普通法。英国的这种判例法之所以又叫普通法,就是因为它已不同于以往的地方习惯,它是国家确认的通行于全国的法律。所谓普通是相对于特殊而言,具有"共同"、"普遍"、"通行于全国"的意思。

从普通法的这一最初含义出发,可以引申出其他四种含义:(1)与制定法(statute)相对而言,普通法是指判例法;(2)与衡平法相对而言,是指上述普通法法院的判例;(3)与大陆法(civil law)相对而言,是指英美法;(4)与教会法相对而言,是指世俗政权或法庭发布的法律。

六、英国各地的法律情况

(一)威尔士地区。威尔士是公元13世纪被英格兰征服的。1282年里韦林公爵被暗杀,英格兰国王爱德华一世(King Edward I,1239—1307年)迅速吞

---

① 参见〔德〕茨威格特、〔德〕克茨:《比较法总论》,潘汉典等译,法律出版社2004年版,第127页。
② 参见程汉大、陈垣:《英国法律职业阶层的兴起》,载《南京大学法律评论》2001年第6期。

并了这个国家,成为其武力征服过程中最引人注目的事件。为了安抚当地的贵族和民众,巩固自己的统治,英国国王宣布威尔士为其王储的领地,并保留当地习惯法。① 1536 年,英王亨利八世制定了《威尔士法》(Laws in Wales Act 1536)②,1543 年设立了"威尔士最高法院"(Courts of Great Sessions)③,开始强制威尔士地区适用普通法,威尔士与英格兰在法律和行政制度上实现了全面接轨。

(二)苏格兰地区。1603 年苏格兰国王詹姆斯六世,宣布成为英格兰国王(詹姆斯一世),全面统治两块土地。这时候,两地仍然各自拥有国会,各自沿袭自身的法律传统。到了 1707 年,英国国会颁布《苏格兰合并法》(Union with Scotland Act 1707)④出台,实现了两地的一体化。根据这个法律,大不列颠(Great Britain)的国会对英格兰和苏格兰两地行使立法权。⑤ 在英国国会没有变更法律之前,苏格兰法院有权适用自己的法律。时至今日,英国国会在出台法律时会特别针对苏格兰地区另行立法,使得苏格兰的法律与英国其他地区有较明显的区别。

(三)爱尔兰地区。自亨利二世成为爱尔兰领主(Lord of Ireland)后,英国一直对爱尔兰施加影响。但是在爱尔兰地区,只针对英格兰的殖民者适用普通法。从 15 世纪初期开始,普通法的适用对象逐渐扩大到所有爱尔兰民众。进入 16 世纪,英格兰的法官开始被派遣到爱尔兰,到英国学习法律的爱尔兰人也开始不断增加,从而奠定了全面引进英国法的社会基础。1800 年,英国国会颁布了《联合王国法》(Union with Ireland Act)⑥,不列颠地区和爱尔兰地区正式合并,组成联合王国。同年,英国国会开始接受爱尔兰地区推选的议员,爱尔兰本身的国会逐渐废弛。⑦ 第一次世界大战后,英国出台了《爱尔兰统治法》(Government of Ireland Act,1920)⑧,北爱尔兰的 6 个县和其他部分形成了南北对立的局面。1922 年南部爱尔兰建立"爱尔兰自由邦"(Irish Free State)。在 1939 年爱尔兰自由邦改称"爱尔兰共和国"(Eire)。根据 1920 年的《爱尔兰统治

---

① 从 14 世纪到 15 世纪,英格兰采取许多措施同化威尔士地区。1471 年英格兰和威尔士之间成立了"威尔士经济邻近地区协商会议"(Council of Wale and the Marches)。1485 年亨利七世即位,英国进入都铎王朝的时代,吞并威尔士的倾向更加明显。

② 27 Hen. 8. C. 26. 该法现在被称为《1536 年合并法》(Act of Union of 1536)。该法规定威尔士必须采用和英格兰相同的行政制度,威尔士可以选派代表出席英格兰的国会,威尔士地区的通用语言也被确定为英语。

③ 该法院于 1830 年被取消,威尔士的司法制度全面被英格兰取代。

④ 6 Anne c. 11. 此时,苏格兰的国会也制定了与苏格兰合并的法律。

⑤ 当时苏格兰可以选拔 16 名贵族院议员,43 名平民院议员。

⑥ 39 &40 Geo.3c. 67.

⑦ 在此之前,英格兰国会通过法律 Declaratory Act 1720(6 Geo. 1 c.5)废除了爱尔兰国会的立法权。该法于 1782 年被废止,爱尔兰国会重新恢复立法活动。

⑧ 10&11 Geo. 5. c. 67.

法》,北爱尔兰地区拥有自己的行政机关和两院制的议会,在当地法律允许的范围内,可以进行行政立法,但必须服从于英国国会的立法权。1972年之后由于北爱尔兰独立运动的兴起,英国加强了对该地区的直接统治,1920年的《爱尔兰统治法》也被废除了。

现在,苏格兰和北爱尔兰地区都拥有独立的法院组织,这些法院的诉讼可以向英国的最高法院(贵族院)提起上诉。不过苏格兰的刑事案件不得向最高法院上诉。

七、英国法的域外扩张

17世纪后半期,随着英国的对外殖民扩张,英国法开始被成功地移植到亚洲、非洲、北美洲和大洋洲的广大国家和地区。现今,世界上有近三分之一的人口生活在英美法系国家或深受英美法系影响的国家或地区。[①] 另有统计表明,世界上生活在英美法系的人数比生活在大陆法系的人数多一倍。[②] 虽然这些统计数字未必全面和精确,但至少可以说明英美法系在当今世界法律体系的重要地位和影响。

然而,如前所述,并非所有英国属地或殖民地都适用英国法。对于英国获得的新的领地适用何种法律,普通法作了以下原则性规定:

第一,对于通过武力征服或割让给英国的土地,如果当地已经存在自己的法律,英国国王有权对当地法律进行修改,在国王未修改前可以暂时适用当地法(非基督教国家或与法律与基督教法相抵触的地区除外)。

第二,对于由英国臣民发现并殖民的土地,如果条件和状况可以适用英国法的,法即时生效,因为根据普通法的精神,所有英国臣民生来就具有适用法律的权利,无论身到何处,他们都应携法同行。[③]

实际上,如美国对英国法的继承那样,并非所有的法律移植都和上面的原则一致。但是这个原则在英美法的域外移植当中发挥的重要作用是毋庸置疑的。例如,苏格兰在和英格兰合并时,苏格兰已经在实行大陆法系的法律,因此适用上述的第一原则。同样,根据第一原则,原属荷兰领地的斯里兰卡和南非,以及原属法国后被英国取得成为殖民地的魁北克、路易斯安那地区,由于已经有一定数量的欧洲大陆居民居住,当地民众并没有将法律制度基础向英国法转移的积极性,因此保留了原有的大陆法系传统。与之相对,对于殖民地没有欧洲人居民,只有土著居民的地区,根据第二原则,当地原有的法律或习惯往往遭到殖民

[①] See K. Zweigert, *Introduction to Comparative Law*, 2nd ed., Clarendon Press, 1987, p. 227; M. A. Glendon, M. W. Gordon C. Osakwe, *Comparative Legal Traditions*, West Publishing Co., 1985, p. 278.

[②] R. Schlesinger, *Comparative Law*, 5th ed., Foundation Press Inc., 1987, p. 231 (n. 99).

[③] 1 Blackstone, *Commentaries on the Laws of England*, University of Chicago Press, 1765, pp. 106—107.

者粗暴的抛弃,在引进英国法后,只在少数情况下允许作为习惯参考。

第二节　英美法的特征

从比较法学的观点审视英美法系(普通法系、判例法系)的各个国家,尽管其发展路径各不相同,法律文化背景各具特色,但是应当承认这个事实:与大陆法系的各国相比较,英美法系国家的法律制度的共性非常明显,且从19世纪后期以来开始影响世界诸国的法律,成为西方法律系统的重要分支。

在深入分析英美法的法律制度之前,有必要对以下方法论上的问题进行准备性研究:在现代比较法学中进行法律体系划分依据哪些标准?英美法系较之欧陆法系对待法律问题,有哪些共通的思维方式?哪些因素形成了英美法的比较法特点?最重要的是,在历史演进的过程中,这些共同特点是如何形成、传播并保持生命力的?

一、历史继受性

人类社会法律发展的经验表明:一国或地区的法律发展尽管受到政治、文化和经济发展水平等因素的影响,但都不可避免地保留着各个历史时期的印记。因此,类似新中国建国初期的社会主义法制建设或日本明治时期的维新立法那样,完全放弃原有的法律传统,重新选择法制发展道路的现象是极少数的特例。

历史上,英美法系从未出现过大规模法典编纂活动,也没有根据合理主义原则对法律体系进行整理和重构的经历。因此,与大陆法系国家相比,英美法系更加注重继承与发展过去的法律思想和制度传统。

举例来说,英国是一个没有成文宪法的国家。他们的宪法是由一系列的文件和法案组成,其中具有奠基意义的一份,就是在1215年6月15日,由英国国王与贵族们签订的《大宪章》(Magna Carta)。这部书写在羊皮纸卷上的文件历经多次重新发布,至今依然有效,成为现行英国君主立宪制的重要法律渊源。1535年制定的《用益法》(Statute of Uses)第224条在今天的英国《不动产法》中仍然可以适用。在学习英国的《合同法》(契约法)和美国《统一商法典》时,法学院的学生甚至必须参考制定于1677年的《反欺诈法》(Statute of Frauds)。当代的英美等国的司法实践中,在判决中引用或诠释古典判例的情况比比皆是,这体现了传统判例旺盛的生命力。

据英国学者戴蒙德(A. Diamond)考证[①],1965年《英国司法公报》(All England Law Reports[1965])中登载的434件判决中,共引用既往判例达到3865件,

---

① A. Diamond, "Codification of Law of Contract", *31 Mod. L. Rev. 361*, 366—67(1968).

其中1.7%为1799年以前的判例,11.2%为1875年以前判例①,23.4%为1900年以前判例。对这些判例进行更为深入的研究,发现其中不少适用于新出现的法学领域或被赋予了新的解释。以《合同法》为例,1957年到1966年10年之间,在上述判例集中出现的与《合同法》有关的案件共56件,共引用既往判例968件,其中1799年以前的判例占4%,1875年以前的占22%,1900年以前的则占到35.4%。

从上面的分析可见,强调法律传统的延续性,并在此基础上根据时代的需要进行改进和完善,成为英美法系的重要特征。

二、历史渊源的多样性——从衡平法和判例法出发

除历史继受性外,英美法的另一个特点是其历史渊源的多样性,以及这些渊源对现行法产生的影响。从法律渊源的角度进行考察,英国法中主要包含以下几个古代法的类型:判例法(common law)、衡平法(equity)、商业习惯法(law merchant)和教会法(canon law)。

这些法原本在审判结构模式、诉讼程序和审判方法方面各不相同,但随着时代的发展,法与法之间逐渐开始相互交叉和融合。19世纪发生的判例法与衡平法的"合并"(merger),就是这种法律融合的结果。今天,在英国的大部分地区,上述两种法律的诉讼均由同一法院负责审理,并在许多法域实现了程序的同一化。不过,在某些地方,普通法和衡平法的管辖法院仍然不同。即使同一法院享有管辖权,在诉讼过程中,所适用的程序也有较大区别。

一般认为,英美法上法律渊源的多样化主要体现在以下几个方面:

第一,作为英美法渊源的各种法,原本各自独立、分别发展。因此,各种法的法律概念和法律用语也有很大区别。例如,人们耳熟能详的"诉讼"一词,在判例法上被称为"action at law",在衡平法上则称为:"suit in equity";从商业习惯法演变而来的海洋法,则把诉讼称为"libel"。同样,"判决"一词,在判例法上为:"judgment",在衡平法上的用语是"decree"。由于判例法和衡平法的融合已久,在今天的英国和美国,衡平法司法实务中使用传统判例法的用语的例子并不少见。虽然,判例法上的"action"和衡平法上"suit"词义原本并无区别,但是从历史学和修辞学角度看,现在司法实务中的用法显然是与法律传统不符,当属讹误。

第二,前文提到今天在英国的大部分地区,无论是判例法还是衡平法的案件,其诉讼程序都是通用的。但是,原则上只有适用判例法的案件,当事人才有

---

① 截至1799年有67件,1800—1875年间有435件,共计502件,占12.9%,参见 A. Diamond, "Codification of Law of Contract",*31 Mod. L. Rev. 361*,366—67(1968)。

权要求进行陪审审判。这就是法律渊源的影响。

第三,历史渊源的差异也充分体现在实体法的规定上。例如,以英国为首的大多数英美法系国家,对于被害人自身的过失导致发生损害结果的,现行法上采用"责任抵消原则"(comparative negligence),即双方的责任抵消,加害人只需赔偿被害人的额外损失即可。① 然而,传统的英美法理论则是主张"过失归责原则"(contributory negligence),如因被害人过失导致侵权结果发生的,则被害人主张的损害赔偿不予认可。这是因为在海洋法上,长期沿用"责任抵消"原则,海事案件普遍不承认过失归责。②

第四,英美法把实体法权利区分为判例法上的"权利"(legal interest)与衡平法上的"权利"(equitable interest)。这两种权利可以在同一物上共同存在。衡平法上的权利的特点是无法对抗善意有偿的第三人(bona fide purchaser)。例如,对信托财产(trust property),信托受益人(beneficiary)对财产托管人(trustee)或恶意及无偿取得的信托财产者可以主张衡平法上的权利。但是,衡平法并没有赋予受益人要求善意有偿的第三人返还财产的权利。因此,受益人最多只能向托管人追究其失管责任。

另外,传统英美法强调"意思主义"原则,认为"无论何人,均不能以超越自己所有的权利让与他人"(商业贸易领域的部分立法外),不承认即时取得(善意取得)。③ 例如,甲、乙、丙三人之间让渡某物,如果甲和乙之间的让渡存在瑕疵且丙是善意取得的第三方,英美法设定了以下两种情况:其一,如果甲乙之间的让渡无效,则丙的权利得不到保障;其二,如果瑕疵只是甲乙之间让渡的取消事由,即使甲乙之间的让渡被甲取消,丙仍然可以主张取得物的权利。原因是:案例中的甲和丙都受衡平法保护,让渡物的权利方面是平等的,在此情况下应根据判例法上的权利的有无进行判断。如前所说,如果甲和乙之间的让渡是无效的,

---

① 1945年英国修改法律,废止了过失归责的做法。参见 Law Reform(Contributory Negligence)Act 1945(8 & 9 Geo.6.c.28);在美国,20世纪60年代后半叶开始,废止过失归责的州逐渐增加。截止到1975年已经有30个法域转向采用过失抵消原则。

② 传统观点认为:如果因双方过失造成船只冲突,由双方当事人各自承担对方损失的一半。英国的相关规定是 The Woodrop Sims(1815),2Dods.83,186 Eng. Rep. 1422(Adm.)。在美国,海事案件受联邦法 The Schooner Catherine,17 How. 170(U.S.1855)的规制。然而,英国在1911年颁布新法 Maritime Conventions Act 1911(1&2 Geo.5c.57),开始采用普通的过失抵消原则。美国在很长一段时间沿用传统的做法,但1975年 United States v. Reliable Transfer,Inc.,421 U.S.397(1975)。判决改变了之前的判例,采用了过失抵消原则。同时,在美国,船员的人身事故赔偿,自 The Explorer,20 Fed. 135(E.D.La.1884)判决以来一直使用过失抵消原则。之后根据 Merchant Marine Act(被人们通称为琼斯法案 Jones Act.),46.U.S.C.§688,以参照联邦劳工自由法案 Federal Employers' Liability Act,45.U.S.C. §53的形式适用过失抵消原则。

③ 即时取得制度,又称善意取得或即时时效,是世界各国尤其是大陆法系国家普遍采用的一项民事制度。其含义是,无权转让财产的占有人在将财产转让给第三人后,如果受让人是善意取得,则其对该财产就享有合法的所有权。财产的原所有人不能要求第三人返还,只能要求转让人赔偿损失。

则甲在判例法上的权利并没有转让给乙,根据"无论何人,均不能以超越自己所有的权利让与他人"的原则,丙不能取得该项权利,故该物应当返还给甲;与之相对,如果甲和乙之间的让渡是可以取消的,实际上甲的权利(判例法意义上的)已经通过乙转让给丙。因此,即使甲要求取消,丙也有权保留让渡物。

当然,我国的学者同样能够凭借大陆法系的民法理论,推导出同样的结论。但是英美法系的学者在分析上述问题时,倾向于通过"legal interest"与"equitable interest"区别来加以解释。回到上面的例子,英美法上的许多著作只是说明信托的受益人的权利属于"equitable interest"即可,无须进一步解释。这是因为熟悉衡平法的读者能够很快明白这种权利的法律特征及其与判例法权利的区别。

第五,多样的法律渊源导致权利救济方式走向多元化。在英美法上,根据权利的法律性质,可以采取不同的救济手段。一般来说,英美学界把"权利"分为判例法上的救济(legal remedy)和衡平法上的救济(equitable remedy)。举例来说,对于违反契约或非法侵权的行为,判例法上的救济方式主要是"金钱赔偿"(damages),而衡平法上的救济方式则包括要求违约方履行特定义务的"特定履行"(specific performance)和发布停止违法行为的"禁制令"(injunction)[①]等手段。

衡平法上的救济手段具有以下几个特征:

一是互补性。衡平法的出现本来就是为了弥补判例法的不足,为判例法不能完全救济的当事人提供可代替的救济和保障。例如,在不履行买卖合同的案件中,对于特征明显的买卖标的物(例如名画、古董或其他难以替代的"动产"(unique chattel)),如果依判例法所做的金钱赔偿无法充分保障买主权益,就可以适用衡平法上的救济手段。

二是法院的裁量权。是否给予衡平法上的救济,最终要由法院裁量。通常情况下,如果法院认为被告的行为违法,且金钱赔偿不足以实现对原告的救济时,会考虑适用衡平法上的救济手段。但遇到下面的情况,法院将拒绝适用衡平法:(1)适用衡平救济所保障的利益(原告的利益)与其影响的利益(被告人的利益)相比较,如果给被告造成过度损失,有违衡平法理,就不应适用该种救济。例如在一起侵害土地使用权的案件中,被告未经原告的同意就在属于原告的土地上铺设了水管来保障自己住宅的供水。原告主张被告铺设水管的行为,侵害了原告的土地使用权,要求法院判决被告违法并予以衡平法上的救济。经法院查明:原告的土地实际上已经荒芜多年,被告铺设水管并没有给原告造成显著的经济损失,因此尽管法院判决被告败诉,但对于原告要求被告拆除水管的请求不

[①] 在某些情况下,衡平法院可判令原告采取必要的手段制止违法行为的发生或延续,这种禁制令被称为"积极作为禁制令"(mandatory injunction)。

予支持,只是根据判例法判处被告向原告支付一定的金钱赔偿。① (2) 实施救济可能影响正常的社会生活或造成社会秩序混乱的,也不应适用衡平法。例如某地唯一的大型企业是一家水泥工厂,此工厂为当地的重要税收来源。但是,该企业也是当地最大的污染源,破坏了当地的自然环境。当地的环保团体诉至法院,要求适用衡平法判令该企业关闭工厂。但是,如果法院适用衡平法上的救济,会造成大量工厂职工失业,给当地的民众生活带来较大的影响。因此,法院适用判例法,判处工厂减产以消除污染。对于生产过程中不可避免的污染裁定以金钱赔偿代替全面关闭工厂(damages in lieu of injunction)。② (3) 法院实施衡平法的救济存在实际困难时,也会选择判例法救济手段。例如,当事人申请的救济内容是要求法院强制被执行人开展某些具体的知性活动(如文学写作、艺术创作等)或需要法院长期监督执行的情况。(4) 法院在决定采取何种救济手段时,会考虑衡平法救济的正当性问题。例如,根据双方当事人的相互关系,对某一方当事人实施衡平法上的救济有违社会正义的,一般不会适用衡平法。这就是著名的衡平法谚所说的"求助于衡平者须自身清白原则"(clean hand)。再如,遇到一方当事人单方面制定的逃避法定义务或减免自身责任的不平等格式合同,以及双方的权利义务明显不对等的合同,衡平法院可拒绝作出特定履行的裁决。

三是救济内容的灵活性。正如法谚"衡平法乐于施予正义,而非半途而废"(Equity delights to do justice and not by halves)所言,衡平法以"正义、良心和公正"为基本原则,以实现和体现自然正义为主要任务,因此规定了各式各样的救济内容。例如,在工业污染禁制令方面,衡平法不仅规定了详尽的判定标准,而且将被告达不到环保标准时暂缓执行禁制的期限以及数年后对环保标准执行效果进行再次审查等内容都列入执行内容,体现了判例的灵活性。③

四是救济措施的强制力保障。衡平法庭的判决(decree)意味着各方当事人应立即履行必要的公正义务。普通法法院只能是对当事人的财产作出有效的判决(judgement),不针对其人身。与之相对,衡平法的判决具有人身约束效力,如

---

① 英美法的研究学者认为,此类判例只能做限定解释,如果简单照搬此案判决的思路,可能为恶意占用他人土地的情况提供了不当的法律依据。因此法院的此类裁量权不能滥用。参见〔日〕田中英夫:《英美法总论》,东京大学出版会2003年版,第13页。

② 因为此类金钱赔偿是代替禁制令的制裁手段,即使被告人的行为不具备侵权的法律要件(不符合判例法的要求),法院也可以根据衡平法作出裁定。同时,在某些案例中法院判令特定损害赔偿(damages in lieu of specific performance)以代替特定履行命令。

③ 在此类判决中,衡平法院往往声称:"本院保留对此案件的衡平法裁判权。"例如,在实行联邦制的美国,虽然法院在判决当时拥有裁判权,但为了保障司法管辖权,避免因当事人事后移居其他州或若干年后在其他法院另行诉讼时引起争议,有必要在判决书中予以注明。参见〔日〕田中英夫:《英美法总论》,东京大学出版会2003年版,第14页。

果当事人拒绝服从法庭的命令,可认定为民事"藐视法庭行为"(contempt of court)。作为对这种行为的处罚性手段,法院可以对当事人处以司法拘留直至其接受判决为止,或者根据当事人抗拒法院命令的日数判处罚金。这些处罚当庭立即执行,且不允许当事人提起上诉。

三、判例法

判例法,指基于司法机关的判决而形成的具有法律效力的判定。这种判定对以后的判决具有法律规范效力,能够作为法院判案的法律依据。

判例法是英美法系国家的主要法律渊源,它是相对于大陆法系国家的成文法或制定法而言的。判例法的来源不是专门的立法机构,而是法官对案件的审理结果;它不是立法者创造的,而是司法者创造的,因此,判例法又称为法官法或普通法。

(一) 判例法与成文法的关系

有学者认为,成文法和判例法本质的差别在于判例法是经验主义的,而成文法是理性主义的。判例法是通过司法实践活动形成的,它有传统、有路径,体现了司法人员具体而细微的智慧。成文法是通过立法机关的积极活动,有计划、分阶段形成的庞杂而严密的法律体系。

然而,英美法系国家并没有因为其遵循先例的原则而忽视制定成文法律。事实上,英美法系国家制定法的步伐并不逊于大陆法系国家。以美国为例,美国国会和各州每年都要颁布大量的立法,而且这些成文法已变得越来越重要。从1926年开始,美国国会便对有效的法律进行合并和编纂。人们熟悉的《美国法典》(United States Code, USC)即是以法典的形式合并编纂的官方重述,迄今为止已编纂了50卷。国会通过的著名法案包括:1933年的《证券法》、1975年的《美国联邦证据规则》、1994年的《破产改革法案》等。同时美国法学会也制定了《统一商法典》和《美国模范证据法典》等,这些成文法也为美国各州所采纳。不仅如此,美国各州也颁布了大量成文法。仅以加州为例,先后有《加州民法典》、《民事诉讼法典》、《公司法典》、《证据法典》、《交通工具法典》等。可以说,在美国所颁布的成文法的数量总和,已不亚于任何一个大陆法系国家。

尽管英美法系国家开始积极制定成文法,但是法官在判案时首先援用的还是普通法,其次才是成文法。成文法与普通法一样都具有法律拘束力。必须注意的是,这一做法并不违背判例法中心的原则。所谓判例法中心原则,是指一国的法的大部分内容是由判例法形成而非制定法,同时法律专家在面临新的法律问题时,讨论的基础来自传统的判例,并对其加以类推,扩张解释或反向解释。

在英美法系国家的法律中,商法和经济法等领域的实体法采用制定法的情况较为常见,诉讼法领域也主要以法院制定的诉讼规则来加以规范。但是,涉民法的许多基本问题时,判例法的作用非常显著。即使存在制定法,它也大多只适用于法律规定的直接对象,不能对这些法条进行扩张解释。在这种意义上,英美法系的制定法只是判例法的补充和完善,并不能取代判例法。另外,英美的制定法在内容上是对过去的判例法进行总结,便于判例法的理解和施行。当制定法与判例法出现明显不一致时,必须对判例法传统进行回溯,根据判例法的精神进行修正。换言之,为应对新的法学领域或新的法律问题而出现的英美制定法,其理论基础和思维方式仍然源自传统的判例法。①

(二) 判例法与法律职业

在大陆法系国家的法律职业人中间,已经形成了从一般原理演绎推理出具体判断的思维方式。相对于此,英美法系的法律职业人习惯于在详细分析事实关系的基础上,将其与判例或者其他法进行比较,找出是否有重要的差异。如果案件事实与判例相悖,法律实施的效果是否会受到影响也是法律职业人考虑的重要因素。换言之,英美法系的法律职业人之所以擅长对不同案件进行具体分析和平行比较,是因为英国的法律职业阶层自出现之日起,就是一支封闭性、排他性很强的社会力量。共同的学习、工作、生活经历和行会式的同业组织,赋予英国的法官和律师共同的价值观念和思维方式。他们接受的早期法律教育和后来的司法实践都是以经验为基础的,因此,他们只相信经过实践检验过的东西,总是把"法律的生命不是逻辑,而是经验"奉为最高信条,"习惯于具体地而不是抽象地观察事物,相信的是经验而不是抽象的概念;宁可在经验的基础上按照每个案件中的正义观,从一个案件到另一个案件谨慎地行进,而不是事事回头求助假设的一般概念;不指望从被一般化了的命题中演绎出面前案件的判决"。而罗马法(即大陆法)的法律职业人的思维特点则是崇尚逻辑推理,注重抽象概念,更乐于从某种一般原理出发,通过演绎来探寻解决具体案件的普遍原则。

法律职业主体的上述特征,对形成重视个案分析、强调权利救济和实际纠纷解决的英美法的性格起到了关键的推动作用。

四、个案分析的重要性

在面对某一法律问题时,大陆法系的法律职业人习惯于从原则到个案进行推理。与之相对,普通法法律家则更热衷于从个案到原则进行分析。同样,在构建理论时,大陆法的法律家坚信三段论法,普通法法律家则遵循先例。在每个新问题出现时,前者思量:这次我们该怎么办? 而后者在同样的情况下则追问:上次我们是怎么办的? 这两种截然相反的思维模式就像一道无形的屏障,阻碍了

---

① 英国曾经长期坚持遵循先例的判例法原则,禁止法院推翻或变更本院的判决先例。这一做法最终于1966年被放弃,但实践中依赖传统判例的情况仍然比较普遍。

中世纪复兴的罗马法向英国的大规模传播。特别是法律职业阶层兴起后，垄断了普通法的一切法律实践活动，"一方面，他们控制着各种契约、诉讼与法律形式规范的关系，另一方面，又控制着契约、诉讼与诉讼人需要的关系"。[①] 英国的法律职业人以实施、执行普通法为己任，并借此获取丰厚的报酬，并获得了崇高的社会地位和荣誉。因此，他们本能地把普通法视为安身立命之本，始终如一地维护着它在英国的统治地位，而对普通法之外的任何法律文化都自觉地加以抵制。

然而，不可否认的是，英美法系的法律职业人的职业特性以及重视个案分析的思维方式，也给这一法系带来了一些"麻烦"和"硬伤"。

（一）缺乏体系化

如前所述，英美法常被称之为不成文法，因为英美法相当多的法律规范不是通过立法文件表达出来，而是通过法官的判决表达出来的。因此，人们在表述法律问题时，往往就事论事，缺乏规律性和体系性。例如在英国中世纪的法律书籍中居于核心地位的《法律文摘》(Abridgment)中，对于法律条目的记载采用了简单的字母顺序排列方式。这一时期，在欧洲大陆国家实行的罗马法中，具有权威意义的《查士丁尼民法大全》则早在公元530年左右就已经完成。该法典由四部分组成，分别为"法典"、"学说汇纂"、"法学阶梯"以及"新律"，内容完备，体例齐整。

现代英美法的体例同样不尽合理。例如1948年制定的《美国联邦刑法典》(Federal Criminal Code, 1948)，对于刑事犯罪的罪名(Crimes, Part I)仍然按照字母排列，从劫机犯罪(Air craft)到窃听罪(Wire interception)逐一罗列。反观大陆法系的刑法典，则普遍把犯罪按照侵害的法益，划分为"危害国家安全的犯罪"、"危害社会秩序的犯罪"以及"危害公民人身安全的犯罪"等。

（二）缺乏总则性规定

以布莱克斯通(W. Blackstone, 1723—1780年)为代表，从18世纪后半叶开始，英国的法学家们开始对普通法进行整理和规范。但是，与大陆法系的代表著作相比较，不难发现英美法的著作主要是记载判例和诉讼规则，很少从宏观角度对法律进行总述性的评价。例如，英美法上没有"民法总则"的概念，只有少数法域制定了民法典。同时，英美法的法理学者很少对"法律行为"(juristic act or legal act)的定义和理论内涵进行研究。

英国法学家金科斯(E. Jenks)在1905年仿照大陆法的体系写作了《英国民法纲要》(A Digest of English Civil Law)一书，是英国民法的开山之作。然而，在

[①] 参见程汉大、陈垣：《英国法律职业阶层的兴起》，载中南财经政法大学法律史研究所编：《中西法律传统》（第二卷），中国政法大学出版社2002年版，第315—471页。

该书中对"物"的说明非常简略,对于"物"的法律性质和"物权"的概念几乎没有深入叙述。因此,在该书第 4 版发行时,关于"物"的总则性叙述被编者温菲尔德(P. H. Winfield)全文删除。另外,作为当时最负盛名的英国法理学家温菲尔德在编辑金科斯的著作时,甚至把内心保留、虚假意思表示、错误、诈欺、代理、取消无效等内容,从叙述意思表示和行为能力的章节中删除,全部编辑在该书的分则部分。可见,英美法长期重视个案,以民法总则的形式将法律原则和精神加以归纳并不符合人们的知识习惯。

英美法不重视法律总则或总论的重要原因在于法律本身的多样性和裁量性。例如,英美法上的时效消灭就被划分为"普通法上的时效消灭"(statute of limitation)和"衡平法上的时效消灭"(laches)。对于后者,法院根据具体事由,可以延长或缩短时效期间。再如,英美法的物权法和继承法领域把对象物划分为"不动产"(real property)和"私有资产"(personal property),针对二者有不同的处理方式。这些司法实务中的习惯不利于归纳和形成法律总则。①

(三)具体规则累积即为法

英美法的法律家不愿接受原则性的(principle)、抽象性的法律精神和原理,而是青睐个案分析和具体程序。他们对法的理解和叙述也更加倾向于发现司法活动中的某种规则(rule)并将其整理成册,即所谓的判例集。英美法律家采取一种详尽的、具体的叙述方式来完成这些著作。同样,英美制定法对法律条文的适用对象和适用标准也是极尽其详,使得法律文件本身日趋浩繁。举例来说,翻开《美国法律重述》(Restatement)的《财产法》部分②,人们往往对其规定和条文之庞大感到惊讶。这个仅记载部分美国判例法的文本,共有 3524 条规定,其中《合同法》为两卷共 609 条;《不法行为法》为四卷共 951 条;《代理法》为两卷共 528 条;《信托法》为两卷共 406 条;《物权法》为五卷共 568 条;《恢复原状法》为一卷 215 条;《担保法》为一卷 211 条。尽管条文数量的多少并不代表立法质量和法律适用范围的优劣,但这些数字无疑从一个侧面说明了英美法系"积累个案即为法"的立法方式。

五、法的救济功能

法国比较法学家达维(R. David)曾指出:普通法是救济的法,而不是权利的

---

① 在英美法上,物包括物理性财产,因此可以提起对物诉讼,要求返还特定的物。同时,对物的所有人或保管人还可以提起对人诉讼,即金钱赔偿。

② 在美国,为了对法律的一些重要理念、理论的产生和变化进行记录,一些民间组织会开展法律重述。美国重述是不具有法律效力,涵盖一定时期内很多对美国法律会产生重大影响的法学理论。由于权威法学家的学说有时候会被作为法律的无约束力的渊源,如果被立法者所采纳的话就会变成有约束力的渊源。所以这种专家意见很受重视,有较大的参考价值。

法。对英美法系国家的人们而言,所谓法、所谓权利,是指最终经法院确认的某种特定利益。人们清楚地认识到,普通法上某种特定的权利概念是在救济诉讼中逐渐形成,而不是在救济之前,这些概念的形成反过来又对救济诉讼产生影响。① 例如,英国的宪法学者在解释宪法规则(conventions of constitution)与宪法惯例(constitution convention)时经常以下面的事实加以说明:在他们看来,尽管英国一直坚持首相必须为下议院议员,且为下议院多数党领袖的原则,但这个做法并非于法有据。由于法律没有规定有人违反此规定应受何种制裁,因此上述做法只是一种宪法惯例而不是宪法规则本身。

同时,为充分实现对被害人的权利救济,英美法系的司法机关可以不受法学理论的局限,它们可以实施特殊的救济措施。例如既可适用于刑事犯罪又可用于民事侵权的惩罚性赔偿(punitive damages)、复合性赔偿(multiple damages)和侵犯公共福利的犯罪(public welfare offences)等概念和手段,就是在这种背景下被创设出来的。

六、容忍私力救济

大陆法系与英美法系国家尽管公权力同样发达,但两者对待私力救济的态度有较大的差别。大陆法原则上禁止私力救济,法律另有规定者除外。英美法基本上与此相反,大致以承认私力救济为原则,但法律又具体对私力救济进行规制,以防止滥用此权利。例如,普通法允许当事人自行寻找侵权人(fresh pursuit),在必要和合理的范围内使用武力,取回自己的动产。

另外,普通法上的正当防卫行为的容许度大大超过大陆法系的有关规定。

第一,如果当事人确信他人可能危害自己或他人生命安全时,可以实施正当防卫制止犯罪行为的发生。即使当事人的确信存在客观错误,在属于合理确信的情况下,仍然成立正当防卫。这种正当防卫可以是进行先发制人,即在对方发动攻击之前予以打击。

第二,防卫行为的程度应该与承受者的罪过相关。"一个人应该被允许使用合理的武力保卫自己或他人免受非正当的攻击,尽管攻击者可能无刑事责任能力。"特别是,当他人对自己的住所发动攻击时,当事人可以采取致命性手段(deadly force)进行防卫。

第三,在先行躲避(retreat,也称先行退却)是不是人身防卫的成立要件问题上,现在的英国法律中已经不存在被告人在能躲避的情况下必须躲避这样的义务规则,能否躲避只是判断使用暴力是否必要以及采用的暴力是否合理时考虑的一种因素。美国刑法中的通说也认为,对侵犯者躲避无异于鼓励犯罪,是不光

---

① 王涌:《所有权概念分析》,载《中外法学》2000年第5期。

彩的做法，因此即使能够躲避也可以进行自卫。

同时，英美法系法律一般规定，被告人的供述不能作为定罪的唯一证据，即使被告人在法庭上认罪，也应有其他证据佐证。这种拒绝自证其罪的特权（The Privilege Against Self-Incrimination），事实上也是来源于自行实现权利救济的思想。

七、法律职业一体化

"徒法不足以自行"，法律的实施与实现不仅需要一定的社会环境和政治、经济、文化等方面的客观条件；同时，作为法律实施的主观要素和法律机制组成部分的法律职业集团，无论是在法律适用的技术上、还是在其质量保障方面，都是不可或缺的。所谓法律职业集团包括法官、检察官、律师、立法者、法学家及其他职业法律职业工作者等，他们可统称为法律人。在现代法律体系中，受过专门的职业培训或教育、具有特殊的法律职业思维和技能的法律人被视为与法律规范本身同等重要的要素，二者如车之两轮、鸟之双翼，不可偏废。

在世界大多数国家，法律职业阶层与近代司法独立制度的确立基本同步。与此不同，英国早在司法独立之前的中世纪时代，确切地说是在12到13世纪，就已经出现了职业法律人。茨威格特和克茨指出："在英国法的早期历史中，便形成一个法学家阶层，他们以行会的形式自己组织起来，并以这种方式施展他们的巨大影响，这一事实对英国法的性质和发展过程具有重要影响。"[①]

受英国的影响，英美法系的法律职业制度的核心是法律职业一体化。所谓法律职业一体化是指无论法律从业者打算成为法官、检察官、私人开业律师，还是企业法律部门的法律专家，都要经过相同的法律培训。英美国家的法官一般都是在律师中遴选，取得律师资格并具有若干年限的律师从业经验是担任法官的必要条件。在选拔检察官的制度上，英国长期以来没有建立固定的检察官制度，而美国的检察官则更多地被定位为服务于国家（州）的法律专家，并非终身职业。因此，英美法系的法律家之间拥有强烈的职业共同体意识，无论是法官、检察官还是执业律师，都隶属于同一法律职业集团（legal profession）。

法律职业一体化的优越性在于：（1）英美法系国家的法官是从律师中选任，而大陆法系国家和日本的法官是国家从法科毕业生通过两次以上国家司法考试成绩合格者中挑选，再经过专门培训选任。英美法系从律师中选拔法官，并以其为中心构建法律职业制度，有利于减少法律职业之间的对立和争执，保障司法活动的顺利进行。（2）从律师中选拔法官体现了英美法系对法官职业经验的重视。法律从来就不是一种理论科学而是一种应用科学，它解决的不是自然现象

[①] 〔德〕茨威格特、〔德〕克茨：《比较法总论》，潘汉典等译，法律出版社2004年版，第130页。

而是人类社会关系,因而没有对社会的深刻理解就不可能真正地理解法律。正如美国大法官霍姆斯所言:"法律的生命在于经验,而不在于逻辑"。因此,法律职业一体化制度事实上对法官实践经验提出了更高的要求。(3)德国法学家沃尔夫甘·许茨指出:"行政侵犯司法,特别是侵犯法官的独立,在任何时代都是一个问题。"① 如果不具备切实可行、坚强有力的制度保证司法部门不受非法干扰,司法活动将难以实现社会正义。从律师中选拔法官,避免了国家权力对司法职务的垄断,有利于维护司法的独立,避免法官制度的官僚化。

在法律职业一体化的制度之下,英美法系国家普遍存在着优秀的法官群体,法官具有优秀的职业品质和深受社会尊重的权威。其原因主要如下:

第一,判例法的发展对法官的能力与学识提出了较高的要求。如前所述,英美法系国家没有系统的制定法。因此,法官不仅要解释法律,还要创造法律。"理想的法官不仅仅是一个英明的裁断纠纷的专家,而且还是一个创造和发展法律规范、引导社会前进的人。"②

第二,重视普通法院的作用。在大陆法系国家,与公私法的划分相联系,普通法院系统与行政法院系统并行存在,它们的管辖权严格分开。普通法院审理一般民事案件和刑事案件,行政法院审理行政诉讼。与之相对,英美法系国家没有独立的行政法院系统,行政诉讼由普通法院审理,因此更加重视普通法院生效裁判的稳定性和权威性。不仅如此,美国的普通法院甚至享有违宪审查权,可以受理宪法诉讼案件。在法律职业一体化制度下选拔出来的法官,作为普通法院的审判主体,社会地位也相应得到了提高。

第三,诉讼指挥权是法官为保证诉讼程序有效运行,对程序指挥、控制及对控辩双方引导的诉讼职权。与大陆法系相比,英美法系的法官在维护法庭秩序方面拥有更大的权力。英美法系中,藐视法庭的行为可分为刑事侮辱法庭罪(criminal contempt of court)和民事侮辱法庭行为(civil contempt)。对刑事侮辱法庭罪,法官可以当庭立即对犯罪人传讯并对其定罪。对藐视法庭罪的审理是一种无控诉程序。该罪起源于12世纪英国的巡回审判。当时法官在审判地经常遭遇破坏开庭或伤害法官的事件,在开庭审判中也常出现旁听的民众或被害人亲属失控的情况。为维护法庭秩序、捍卫法律尊严和建立法官权威,当时的法官被赋予当庭处罚肇事者的权力。这种权力在英国和美国的司法制度中一直被保留下来,并被国际司法界所认可。美国最高法院大法官费利克思·富兰克福特(F. Frankfurter)曾说过:"无可争辩的是,自从美国开国以来,惩罚藐视法庭罪

---

① 〔德〕沃尔夫甘·许茨:《司法独立——一个过去和现在的问题》,李光灿译,法律出版社2002年版,第8—25页。

② 宋世杰:《外国刑事诉讼法比较研究》,中国法制出版社2006年版,第87页。

的权力是否符合宪法从未遭到怀疑。"① 藐视法庭罪审判的性质,更接近于一种司法保护的强制手段,与其他维护程序秩序的程序强制手段没有实质区别。这种审判本身不具有诉讼性质,因此不适用不告不理原则。

第四,在19世纪后半期到20世纪前半期的诉讼法改革运动中,英国和美国的许多法域,允许法院指定基本的诉讼规则,而不是借助于国会的立法活动。这一做法无疑是建立在信任和尊重法官的基础上的。

第五,在英美法的诉讼规则中,以法官为中心、尊重法官权威的规定无处不在。例如,在设定开庭日期时主要根据法院的安排,无需考虑律师是否方便。在英国法院不接受辩护人因个人原因无法按时到庭,只安排诉讼代理人代为出庭的情况。同时,在法庭辩论程序中(尤其是上诉审的法庭辩论),辩护人的发言时间被严格限制。法官可当庭随时对辩护人发问,辩护人必须立即回答。在另一方面,根据学者对英美法系上诉制度的历史性考察,这一制度的初衷是为了纠正法官的错误而非为当事人提供救济。时至今日,英美法仍然对当事人提起的上诉持消极态度:既没有按照诉讼数额和案件性质批准上诉的规定,在受理上诉时也主要由法院裁量。不仅如此,当事人必须根据事实和判例提出客观的上诉请求,如果当事人回避了对自己不利的判例,法院有权不受理该上诉。

第六,口述判决。根据英美法的传统,在当事人的最后辩论结束后法官必须当庭宣判。职业法官必须具有高超的说理和分析能力才能赢得社会的尊重和认可。由于英美法奉行遵循先例和不告不理的原则,因此只要求法官就案件本身作出判决,不应当过分延展。在合议庭审理的案件中,每一位法官都需要发表自身意见。如果支持法庭意见可以声明"本法官同意某某法官的意见",反对意见和少数意见则必须明确记载理由。今天的英国法院仍然坚持这种制度,只是针对特别复杂和疑难的案件可以不当庭得出结论,允许法官另行择日宣判。在美国,法院在庭审后,择日另行递交书面判决书的做法比较普遍,但在判决意见方面仍然继承英国法的传统,采用具名原则,即要求法官在判决书中署名并注明各自的不同意见。

八、陪审团制度

英美法系的一个重要的特征是陪审团制度(jury)。这种陪审制可以分为在刑事诉讼中审查证据是否足够的大陪审团(grand jury,也称为起诉陪审团),以及对案件的事实进行认定的小陪审团(petty jury,也称审理陪审团)两种主要形式。其中又以小陪审团最具有代表性(下文中如未注明,则陪审团一词主要指小陪审团)。

---

① Barker v. Carr. 369 U.S. 186(1962), Per Justice Frankfurter.

通说认为：英国是现代陪审制的母国。然而在事实上，从19世纪中期开始，英国在民事诉讼中逐渐淘汰陪审团，至1993年立法规定民事陪审团只适用于涉及公民名誉的案件。另外，为适应控制犯罪和提高司法效率的需要，英国的近代警察制度和检察制度相继得以发展。到了1933年，起诉陪审团已基本丧失了实际功能（1948年被正式废除），而代之以检察官制度。1948年，英国立法规定以简易程序对轻罪进行审判，无须陪审团参加，这使适用陪审团的审理范围锐减。尽管如此，陪审制在英国历史上（乃至一度在世界范围内）曾长时间地兴盛却是不争的事实。这一制度虽然在英国的作用有所减弱，但在美国和其他英美法域仍发挥着重要的作用。

传统陪审制是随着审判制度而发展起来的一项诉讼制度，它最早起源于奴隶制雅典和罗马时代。公元前6世纪，古雅典著名的政治家梭伦实行一系列改革，其中一项措施是设立了被称为"赫里埃"的公民陪审法院。[①] 陪审法官从年满30岁的雅典公民中选举产生，然后按照一定的顺序轮流参加案件的审判。每次参加审判的陪审法官人数大概是法院陪审法官总数的十分之一，审判结果由陪审法官投票表决，投票方法是往票箱内投放石子。古罗马的司法审判权最初属于民众大会，每个案件都由30至40名法官共同审理。法官全部从公民中选举产生，每年改选一次。[②] 这种民众集体审判模式在某种程度上蕴含了陪审制度的思想文化渊源。这种制度是在特定的历史背景下产生的，雅典和古罗马作为西方文化主要发源地，其政体都是民主政体，由自由民集体裁决来解决各种事务。这种模式深刻地影响司法活动，由全体自由民组成民众大会来行使司法审判权是与当时原始的民主政治体制相适应的必然产物，具有一定的先进性。

英国陪审制度的历史可追溯到中世纪。1066年，随着诺曼底公爵成功征服大不列颠，诺曼人的陪审团制度也随之进入了大不列颠。随着历史的发展，亨利二世在位时在司法方面的改革对于陪审制的发展有很大的推进作用。在11世纪初进行的全国土地清理运动中，英国国王委派的调查员必须同时召集12名当地民众以了解土地的真实情况，这就是著名的"末日审判"（Domesday Survey）。要求民众参与土地清查是出于加强王权和控制土地的行政目的。在此基础上，亨利二世颁布了一系列的法令（如《克拉灵顿诏令》、《北汉普顿诏令》等），在民事和刑事诉讼中正式确立了陪审制。1275年，爱德华一世颁布《韦斯特明斯特诏令》，规定所有刑事案件都应通过陪审团提出起诉。1352年，爱德华三世又颁布诏令设立参加审判的陪审团，从而确立起诉陪审团（大陪审团）和审判陪审团（小陪审团）相分离的制度。

[①] 参见蒋安：《论我国的陪审制度与司法改革学》，载《法学评论》1999年第6期。
[②] 参见何家弘：《陪审制度纵横论》，载《法学家》1999年第3期。

一般认为,确立陪审制的原因主要包括以下几个方面:

第一,与神明裁判(Ordeal)和立誓免罪(Compurgation)相比较,陪审制更具有合理性。神明裁判和立誓免罪的实质是借助宗教信仰或超自然力量来判断证据真伪,非理性和荒谬的成分较多。与之相对,陪审制借助于群众证人来协助法官判定事实的作法确实更容易为人们接受。

第二,陪审制的建立与当时英国的政治、经济状况关联密切。由于英国王室财富匮乏,而封建领主教会经济实力雄厚,可与王室分庭抗礼。英王为增加王室财政实力,一方面在全国推行土地调查;另一方面通过扩大王室法院司法权来填补岁入空虚的国库。

陪审制很快成为英国的一种主要的诉讼方式,在该国司法史上占据着十分重要的地位,并衍生出许多配套制度。早期的大陪审团负责犯罪侦查、预审和起诉活动。19世纪以后,由于专门负责犯罪侦查和起诉的机构相继出现,大陪审团只剩下预审职能。20世纪初,治安法官又逐渐替代了大陪审团的预审职能。1948年在英格兰和威尔士则完全废除了大陪审团制度。① 目前,虽然英国仍保留小陪审团制度,但其在审判中的作用已日益萎缩,小陪审团参与审理案件的数量逐渐减少。尽管根据1967年颁布、1971年修改的《刑事审判法》允许陪审团可以以10∶1甚至9∶1的比例通过作为被告有罪判决的决定,但陪审团审理案件仅占全部刑事案件的1%左右,而且主要是欺诈和诽谤案件。陪审团参与的所有案件加起来仅占英国司法诉讼的5%左右。陪审制在英国地位的下降,主要是由于陪审制本身存在一定的缺陷。人们认为陪审团的成员缺乏必要的法律知识和实践经验,难以进行客观的证据判断和领会法官的指示,因而质疑陪审审判的公正性和可信度。

与制度肇始国相比,陪审团制度在美国得到了较为充分的发展。美国在系统上继承了英国的陪审制度的同时,对这一制度进行了改造,使其得到了前所未有的发展。美国陪审制度的发展与该国的历史是分不开的。18世纪北美殖民地与英国王室之间的利益冲突不断激化,大陪审团作为当地居民的代表,通过参与司法活动与王室抗争以维护殖民地人民的利益。特别是美国独立战争之前,大陪审团经常被殖民地人民用来作为对抗英王室统治的工具。因为大陪审团在反对英国王室的斗争中发挥了积极作用,所以,美国在1776年独立后,美国人民仍然保持了对大陪审团制度的极大信任,在1791年将其写入《权利法案》,成为美国宪法的组成部分之一。美国陪审制度的兴旺是历史的选择,美国人之所以对陪审制度情有独钟,大概是因为美国的社会环境和文化传统造就了一片适合

---

① 如前文所述,1933年英国颁布《关于司法活动的有关法律》(Administration of Justice[Miscellaneous Provisions]Act,1933.)23&24 Geo. 5. c.36 对在民事案件中适用陪审团制度作了大幅度的限制。

陪审制度生长的"沃土"。①

第三节　英国法与美国法

> 任何一个时期的法律内容都大致与当时被认为适宜的条件相应；但是它的形式和机能以及它达到理想结果的程度，则多半取决于历史。
> ——小奥利弗·温德尔·霍姆斯《普通法》(*The Common Law*)，1881年

在前文中我们已经指出：所谓英美法，并非仅指英国的法与美国的法，该法系中还包括众多的英语国家和地区。尽管如此，无论在理论层面抑或是司法操作层面，英、美两国在这一庞大的法系中仍处于核心的地位，其法律和制度也极有代表性。基于这种情况，我们将围绕英美两国的法制对整个英美法系展开论述。然而，必须指出的是，尽管英国法与美国法具有许多近似的法律特征，但在另一方面，二者之间也存在许多明显的差异。在下文中，笔者将对英美两国的法制进行横向比较，梳理其共同点和差异，以期更加全面和客观地把握英美法系的基本特征。

一、单一制与联邦制政体

（一）大不列颠联合王国

现在的英国全称为：大不列颠及北爱尔兰联合王国，是一个采用单一制政体的国家。英国的"国会"(parliament)有权针对英国国内的任何事项立法，在宪法上并没有任何制约国会立法权的规定。

在前面我们已经提到，苏格兰地区与北爱尔兰地区的法律制度与英国的其他地区不尽相同。一方面，在苏格兰地区，至今仍然基本保留了与英格兰合并之前的法律制度，具有明显的大陆法系法律制度的特点。在北爱尔兰地区，其法律制度虽然深受英国法的强烈影响，但1920年以来，北爱尔兰的议会获得了地方立法的权利，可以自行规定并处理当地的各种法律问题。另一方面，英国的国会仍然保留了修改甚至废除苏格兰、北爱尔兰地方法律的权利。例如，在英国国会的立法中，经常出现在法律的开头或者结尾特别注明："本法亦适用于苏格兰地区"；英国国会也可以通过立法剥夺北爱尔兰地区的地方自治权，在1972年就曾实际发生过这种情况。②

目前，英国的政体仍然体现单一制国家的基本特征，苏格兰地区和北爱尔兰地区则取得了一定程度的地方自治权。这种做法与其他国家的地方分权制度非

---

① 何家弘：《陪审制度纵横论》，载《法学家》1999年第3期。
② Northern Ireland (Temporary Provisions) Act 1972 (c. 22).

常相似。在这种制度下,各地区之间不可避免地会产生一些法律与政策的差异和冲突。英国的国会拥有足够的宪法权利,对地方立法之间存在的问题进行适当的调整和规范。

从 20 世纪 70 年代后期开始,英国国内关于苏格兰地区和北爱尔兰地区是否享有更广泛自治权的讨论也更加激烈。然而即使在这场被称为"地方分权运动"(devolution)的改革中,中央政府给予上述两地区的自治的前提仍然是:"在不放弃主权的条件下将权力从中央政府向地方政府让渡。"① 即使这一改革方案得以实现,从宪法学的角度来看,也只不过是对现有的地方自治权加以补强②,并不意味着形成"联邦国家"。

(二) 美利坚合众国

不同于英国的制度,美国不是一个单一制的国家,而是采用了联邦制。在美国,宪法明确规定了联邦和州之间的权力分配问题,在不修改宪法的情况下,联邦政府无权任意干预地方政府的事务。具体表现为:

(1) 1776 年美国经过独立战争从英国的统治下解放出来,原属于英国殖民地的 13 个地区各自宣布成为独立的国家。这些主权国家为了相互沟通信息并处理共同面临的问题而建立的国家联邦就是"美利坚合众国"(United States of American)。在这种制度设计下,各个国家(States)拥有独立的主权,因此当时的美国还不是"联邦",而是一个"国家的联盟"。

其后不久,为了更为有效地处理整个美国的国务,促进经济的发展,尽快赶超欧洲国家,北美的政治家们于 1787 年起草了《美国宪法》,并促使其于次年生效。这部具有历史性意义的法律强化了政体中的联邦制色彩,将美国从单纯的国家联盟转化为更加强大的联邦制国家(关于其中过程,参见本书第三章美国法律发展史)。

(2) 根据宪法实行联邦制。原本拥有独立主权的各州,将涉及美国全体的重大问题的处理权让渡给联邦,只保留处理各州内部事务的权力。在《美国宪法》生效后不久的 1791 年,作为宪法的实质组成部分,第十修正案获得通过。这一法条中明确规定:"各州及其人民保留根据宪法委托合众国处理,或并不禁止州行使的权力。"

可见,在联邦宪法或州宪法没有禁止的法领域,各州拥有广泛的自治权。与之相对,联邦在开展行政、立法和司法活动时,不仅应限于联邦宪法没有明文禁止的领域,而且必须获得联邦宪法的授权。因此,有必要对联邦的权力是否超越

---

① Report of the Royal Commission on the Constitution, Kilbrandon Report, Cmnd. 5460, para. 543 (1973).

② Scotland Act 1978 (c. 51); Wale Act 1978 (c.52) 两法案是在地方分权运动的背景下提出的,然而在 1979 年 3 月 1 日举行的全民公决(referendum)中未能获得所需的赞成票,因此未能得以实施。

了联邦宪法所授予的范围,联邦的行为是否为宪法所禁止开展必要的审查。通过法院来实现违宪审查即成为必然。

(3) 随着部分宪法修正案的出现以及法院不断形成的宪法解释,联邦的权力实现了一定程度的扩张。这种权力的扩张,意味着联邦权力行使范围的不断扩大,未经联邦宪法授权不能行使权力的体制并未改变。(另外,在哥伦比亚特区及其他联邦的直属地区,与上述的各州相同,联邦在宪法未明文禁止的领域可以自由立法。在下文中阐述"州"的各种制度和法律,大多数情况下也可以适用于这些联邦直属地。)因此,在现实操作中会产生许多在单一制国家难以想见的复杂问题。

首先,在合众国宪法明文或默认的范围内联邦可以行使立法权。因此,在大多数私法领域,并不存在联邦立法,主要有各州自行立法进行规制。[①] 例如,在何种情况下允许当事人离婚以及离婚的具体手续上,各州的规定存在很大的差异。在公司法、合同法、不法行为法、不动产法等领域也同样如此。在刑事法领域,杀人、盗窃、强奸等一般犯罪的处理主要依据各州的立法,各州的刑法在认定犯罪的标准、刑罚等方面的规定不尽一致。与之相对,联邦可以立法予以规制的犯罪包括:针对联邦政府公务员的杀人行为,针对邮政活动(属于联邦政府的制度)的犯罪、跨境犯罪或犯罪嫌疑人越境潜逃的情况等。

在公法领域,联邦法与州法的分野同样非常鲜明。例如,在税法方面,不仅联邦制定了税法,各州也相应出台了各自的税法。在所得税问题上,美国实行联邦所得税和州所得税的双重税制。由于各州享有独立的立法权,州所得税的规定五花八门,除少数几个州规定全额免征所得税外,各州之间征收所得税的条件、税率差异很大。在多个州征收的"营业税"(sales tax)问题上,税率、免征对象、征收条件等规定必须参照各自的州法才能明确。根据联邦法院的宪法解释,对于跨州进行的商业活动,州无权征收营业税。再例如,各州有权自行制定交通规则和管理办法,因此核准和颁发驾驶执照的标准和条件也不尽相同。

其次,在司法制度方面,美国联邦法院制度和州法院制度并存。联邦最高法院在联邦司法系统中处于最高地位,但却不是州最高法院的上级机关。联邦最高法院有权对联邦宪法和法律作出解释。在州宪法、法律解释或州的判例法方面,各个州的最高法院有权作出最终的判断。联邦法院的审判权及其范围,由联邦议会的直接立法加以确定。这些法律必须遵循联邦宪法中规定的对联邦法院审判权的基本原则,也就是说,联邦议会不能要求联邦法院审理超越联邦宪法规

[①] 在另一方面,法的多元化现象也会阻碍法律改革的推进。例如过去一度认为,根据合众国宪法制定的联邦法律无法在美国全国建立统一的社会保障立法。如果某一州制定保障劳动者权益的法律,则资本会向其他州出逃或转移,因此保障性立法的进展非常缓慢。随着1937年的一系列判例的出现(参照本书第三章第七节的内容),现在联邦议会获得了制定全国统一立法的宪法性权利,因此问题得以解决。

定的范畴的案件。同时,在联邦法院提起的案件,如果涉及州法的有关内容,联邦法院必须依据该州的宪法、法律或判例加以处理。

在诉讼程序方面,各州有权制定该州法院的诉讼程序。因此很多时候,联邦法院和各州的法院在诉讼程序上存在差异。另外,各州可以自行规定法律职业资格的条件和授予办法。拥有某一州的法律职业资格,并不意味着可以在其他州的法庭上作为律师开展辩论。

最后,在观察美国的司法制度时,应充分留意这个国家的特殊结构背后,是美国特有的地方自治原则在发挥作用。美国采用联邦制以后,实现了权力向中央政府集中,一定程度上削弱了民众对国家权力的直接控制。今日的美国,联邦所获得的极为强大的权力,恐怕是建国时所无法想象的。然而,不可否认的是,美国的民众和舆论,对于中央集权一直持较为消极和批判的态度。这一点在州和地方自治体的分权关系上也可见一斑。例如,对于某些根据宪法解释联邦议会有权立法的事项,为了体现地方自治,改为交给各州立法加以规制。

(4) 如上所述美国的联邦和州的关系,与单一制国家的中央和地方的关系没有可比性。在"欧洲联盟"(EU)日益强大和成熟的今天,作为欧盟管理机构的欧盟委员会与其成员国之间的关系也许可以拿来进行横向比较。了解联邦制下法的多元性是学习和研究美国法的必要前提。在遇到法律问题时,应首先考虑该问题是属于联邦法规制的对象,还是属于州法的范畴,抑或是二者并存的法律领域。之后,对于属于州法上的问题,需要进一步了解应当依据哪一州的法律进行处理。如果涉及诉讼,则应明确提交联邦法院还是州法院,提交哪个州的法院进行审理。事实上,许多案件可以同时向多个法院提起诉讼,因此产生"州际私法"(conflict of laws)冲突的问题。

(5) 这种法的多元性特征,不可避免地影响着人们对待法的态度以及法本身的发展。一国之中五十多个法并存的现状,催生并促进了比较法学的繁荣。同时,比较法学的发展又进一步推进了法律整体的创新和发展。例如,某一州通过立法对新的法律问题进行规制的做法,往往产生较强的实验和示范的效果。其他州可以根据先行立法的州的制度运作情况,借鉴其成功的经验,并规避可能的风险。同理,某一州的法院或法官遇到新的法律问题时作出的判例,往往可以启发其他州的法官探讨该法律问题的思路。可见,联邦制是美国法不断创新和进化的制度源泉,也是促进美国法从静态向动态转化的重要因素。[①]

联邦制也对美国民众的法律思维产生了深远的影响。在联邦制度之下,许多重大的政治问题与经济问题往往伴随着宪法上的争论。例如,在 20 世纪 30

[①] 这里指出的所谓"静态的法"并非对法律的观察角度力求客观和平稳,而是指法律本身的发展方向和社会影响力是否积极、活跃。在美国法制史上同样也存在着立法相对较少、法的稳定性较强的时期。

年代,为提振经济,解决经济危机带来的社会动荡,罗斯福总统决定实行一系列的"新政"。当时,不仅罗斯福新政的内容备受关注,联邦是否拥有推行新政的宪法性权力,应由联邦议会还是总统掌管新政措施等政策的权力来源问题也引发了广泛的讨论。最终,这场争论在联邦最高法院作出有利于总统新政的判决之后得以平息。可见,关于宪法上规定的国家权力如何分配的纯粹法律问题,在某些特定的情况下与美国的政治问题、经济问题以及国际局势错综交织,影响着美国民众的法律和社会思维。

在英美法系,除了美国以外,加拿大、澳大利亚等国家也实行联邦制。了解美国联邦制的基本内容及其运作,对了解上述国家的政治体制也是大有裨益的。同时,加拿大、澳大利亚等在美国之后成为独立的国家,受各自的历史发展、地理位置和社会因素的影响,其联邦制度的内容与美国的联邦制并不完全相同。一言以蔽之,在这些国家的联邦制度中,中央政府获得了更大的权力,地方分权的发展尚不及美国。

二、议会主权与违宪立法审查制度

(一) 英国议会主权的基本原则

"议会主权"(parliamentary sovereignty)的原则,是英国公法的基础理论,包括两个方面的内容:其一,议会的立法具有最高的法律效力,不设违宪审查等否定议会立法效力的制度;其二,议会立法的范围不受限制,原则上议会可以对任何事项立法。①

英国议会在立法上的权威性体现为以下几个方面:

(1) 英国是不成文宪法的国家。② 在必要的情况下,英国议会甚至可以对《大宪章》(Magna Carta)、《权利宣言》(Bill of Rights)以及《1911年和1949年国会法》(Parliament Act 1911 & 1949)等被视为实质宪法组成部分的法律进行修改。

图一 英国贵族院

---

① 议会主权的原则,只在英国本国内的议会有效。加拿大、澳大利亚等英联邦国家的议会,采用了不同的权力规则。

② 在1653年共和时期的克伦威尔(Oliver Cromwell)的指示下制定的《政府约法》(Instrument of Government)是英国法制史上的唯一例外,不过这部宪法典在1660年王室复辟后被废除。

(2) 英国的法院无权以违宪为由拒绝适用议会制定的法律。不过,为了保持法律的统一性和维护立法的权威,法院可以对根据法律颁布的政令(order in Council)等所谓的"准立法"(subordinate legislation)进行审查。

(3) 根据议会主权的原则,英国政府签订或加入的国际条约,必须经议会批准并制定条约立法后,该条约才开始生效。①

(4) 议会主权原则中的"议会"是指立法当时的"本届议会"。某届议会不能制定限制将来的议会活动的立法。因此,即使某法特别规定"将来不得废止或修改本法",对后来的议会立法活动并没有实际的制约作用。同样,针对法条规定"未获得上下两院议员2/3以上的支持,不得修改本法"的法律,后来的议会获得超过半数的议员支持就可以对其进行修改。(针对上述的传统理论,近来有学者认为议会在修改法律时应当对法律修改的程序先作调整,之后按照新的立法程序对法律本身进行修改。②不过,无论采用传统理论还是最新的学说,限制将来的议会活动的立法都是不符合议会主权原则的。)

(5) 议会的立法拥有最高的法律效力,意味着其他形式的立法难以获得与议会立法同等的法律地位。因此,在英国"国民提案立法"(initiative)是不被认可的。同理,议会的立法程序受法律保护,任何个人、社会团体和组织不得干涉议会的立法活动。换言之,将议会通过的法律提交全民投票,未获多数国民支持的法案不得交付实施的所谓"全民公决立法"(referendum)制度在英国是没有生存空间的。在英国的议会主权原则下,只有经过议会的充分讨论并获得多数支持的事项才能形成法律。广大国民不直接参与议会的立法,而是通过投票选举出民意代表来实现间接的政治参与。

英国采用君主立宪制,不过与欧洲其他国家的议会相比较,其议会的自由度相当广泛。英国议会的立法权,并不存在任何的制约,正如德·洛尔默(De Lolme)所言:"英国议会除了不能把男人变成女人,把女人变成男人以外,其他无所不能。"③具体而言:

(1) 英国议会有权立法规定王位继承的有关事项。例如,议会在1701年制定《王位继承法》(Act of Settlement)④,剥夺了原本处于继承顺序前列的詹姆斯二世国王(James Edward[the Old Pretender])及其直系亲属的王位继承权,授予索菲亚公主(Sophia)及其直系亲属优先继承权,并规定天主教徒不能成为英国

---

① 缔结条约的权力为国王所有,国王在接受内阁的说明后经枢密院同意,可签订条约。其背后是内阁的外交政策必须服从平民院的多数决议的政治规则,在形式上议会无权参与缔约条约的过程。
② 〔日〕伊藤正己:《议会主权的再探讨》,载〔日〕国家学会杂志 vol. 81(3—4),149,(5—6)318,(7—8)409,1968。
③ 〔英〕W. I. 詹宁斯:《法与宪法》,龚祥瑞、侯健译,生活·读书·新知三联书店1997年版,第117页。
④ 12 & 13 Will. 3 c. 2.

的国王。再如,议会在 1936 年颁布《国王退位宣言法》(His Majesty's Declaration of Abdication)①,宣布当时的爱德华八世国王退位并剥夺了其子孙的王位继承权。

(2) 英国议会有权通过法律宣布国家之间的合并。例如,1707 年议会立法宣布苏格兰并入英国版图(Union with Scotland Act 1707)。② 1800 年议会再次立法,宣布爱尔兰并入英国(Union with Ireland Act 1800)。③ 此外,1931 年议会通过了《威斯敏斯特法》(Statute of Westminster)④,对英国及其殖民地的关系进行调整,建立了英联邦体制。

(3) 针对第一次世界大战期间公务员实施的物资征用、器物损毁等严格意义的违法行为,议会在 1920 年制定了《免责法》(Indemnity Act 1920)⑤,规定公务员个人违法行为的大部分不受法律制裁,且这种免责处理亦溯及战时。

(4) 议会有权自行延长会期。例如,为了与查理一世国王的暴政作长期斗争,议会制定了《1641 年 5 月 10 日法》⑥,规定没议会同意国王不得解散议会。结果当时的会期从 1640 年一直延续到 1653 年,形成了著名的"长期议会"(Long Parliament)。1715 年议会再次制定了《七年法》(Septennial Act 1751)⑦,将下院议员的任期从 3 年延长到 7 年,并在当时的议会即时适用。之后,下院的议员任期被再次调整为 5 年。在第一次和第二次世界大战期间,受战时的条件限制,议会自行立法规定下院议员可留任到战争结束。这一做法体现了前文中提到的"议会主权原则以立法当时的议会为基础"的思想。换言之,英国的政治体制虽然强调主权在民和君主立宪,但在法律制度方面实际上为议会主权。

(5) 英国的议会有权针对特定的地域、特定的社会团体或个人制定法律⑧,即所谓的"个体法"(Private Act)。⑨ 个体法中涉及地域的被称为"地域法"(local act),涉及社会团体或个人的被称为"个人法"(personal act)。与个体法相对的概念,是法律适用对象的区域或人员不特定的"公共法"(public act)。

实际上,许多法律的内容是五花八门的。例如有专门针对伦敦市(City of London)而制定的地域法,也有规定企业应向某人发放退休金、依法允许某男与

---

① 1 Edw. 8 c. 3.
② 6 Anne c. 11.
③ 39 & 40 Geo. 3 c. 67.
④ 22 & 23 Geo. 5. c. 4.
⑤ 10 & 11 Geo. 5. c. 48. 同时,没有国家赔偿责任的规定,因此对公务员个人提起损害赔偿诉讼的可能性,比现代社会更为多见。
⑥ 1 Car. 16 c. 7.
⑦ 1 Geo. 1, st. 2, c. 38.
⑧ 此法也适用于针对多个地区、个人和特定团体和社会组织的专项立法。
⑨ 这类法律在法案阶段被称为 private bill。应当注意这一概念与"议员法案"(private members' bill)的区别,后者是与政府提出的"政府法案"(government bill)相对应的。

某女离婚等内容的个人法。也就是说,在我国被视为不属于立法范围的事项,在英国的议会可以以个体法的形式加以立法。个体法的传统从中世纪之后就已经存在。在17世纪,英国就出现一种"剥夺私权令"(bill of attainder),即以法律的形式对特定的个人实施刑罚或其他制裁。作为一种特别立法,个体法与剥夺私权令有着同样的思维定式。

个体法的传统不仅在英国得到传承,美国和众多的英联邦国家也可以制定个体法。在美国,人们将"public act"称为"local law",将"private act"称为"private law"。应当注意的是在法律制定意义上使用这两个概念,与一般意义上的公法和私法的概念是不同的。此外,美国的"private law"专指针对特定的社会团体和个人的"个别法",对于涉及特定地域的立法大多数情况下被称为"local law"或"special law"。众所周知,美国是一个拥有成文宪法并授权法院开展违宪审查的国家。因此,立法机关制定不属于公共法的法律的做法,原则上超越了宪法规定的议会立法权的范围并与法院的司法权形成冲突。也正是因为如此,较之英国,美国对于制定个别法有着诸多的限制。一部分州的宪法,全面或部分禁止制定个别法。在另一些地方,立法机关制定了适用于特定地区的法律后,必须交由该地区居民全体投票以决定该法是否生效。

如上文所述,在议会主权原则之下,英国的议会拥有非常广泛的权力。然而,议会的权力并非不受任何制约,其立法活动必须在民主和法治的框架下有序地进行。所谓法治(rule of law),指在某一社会中,法律具有高于一切的地位。所谓"高于一切",意味着不仅社会中的所有成员都必须遵守,社会治理机构以及法律和规则的制定者和执行者同样也应守法,而法律本身则被赋予一种极其崇高的地位,不得被忽视和践踏。政府(特别是行政机关)的行为必须是法律许可的,而这些法律则应经过特定的、正当的程序产生。换言之,法律是社会的最高准则,没有任何人或机构可以凌驾于法律之上。

同时,议会的立法活动也不得对人权造成侵害。法律上的人权要求国家通过立法活动对应有人权中的内容予以确认,并确保国家活动不得侵害法律规定的权利,同时促进和保障法定人权得以实现。

自17世纪以来,议会主权一直居于英国政治生活的核心位置(议会主权思想的形成过程,参见本书第二章第一节、第二节和第三节的内容)。然而,到了20世纪70年代,英国的立法活动中开始出现了一些与议会主权思想相冲突的倾向(详见第二章第六节)。

(二) 美国的违宪审查制度

不同于前述的英国政治体制,美利坚合众国及下辖的州各自拥有成文宪法,由普通法院(并非宪法法院)对议会是否在宪法允许的范围内行使立法权进行司法审查。根据联邦制的特点,美国司法机关对立法行使违宪审查权主要体现在三个层面:第一,审查联邦的法律或联邦政府缔结的国际条约是否符合联邦宪法的精神和规定;第二,审查州宪法或法律是否符合联邦宪法的精神和规定;第三,州法是否符合该州宪法的精神和规定。

在美国,违宪审查制度具有极其重要的政治和司法意义。这一制度不仅是美国基本政治体制的应然之选,也是在联邦体制下通过司法活动维护宪法的权威、规避法律冲突的实然需求。正因为如此,在美国的历史教科书中经常会列举联邦最高法院的著名判例。各个时期的联邦最高法院的大法官与当时的著名政治家一样,为美国人民所熟知。

普通法院通过行使违宪审查权,对美国的政治、经济、社会的发展发挥着重要的作用。由于强调在判决中详细论述理由并坚持少数意见制,法官个人对政治问题、社会问题的立场成为影响判决结果的重要因素之一。社会各界和舆论非常关注法官的人选问题,因此催生出通过选举来确定联邦法官人选的制度。即使在不采用法官选举制的地区,法官的候选人往往须经议会(主要是参议院)的讨论和认可方能获得任命。对美国历届总统而言,在任期间最为重要的政治任务之一就是确定联邦最高法院大法官的人选。

在美国的现行体制中,法院是政治进程(political process)的一个组成部分,与法院有关的制度以及法院的运作受到政治因素的直接影响。同时,法官的选拔与司法活动的运作也不可避免地与政治活动相关联。

三、议会内阁制度与总统制

英国采用议会内阁制度,即由在平民院占优势地位的政党或政党联合的领袖担任内阁首相。如果内阁不能获得平民院议员的多数支持时,则内阁应当辞职或解散议会并重新进行全面选举。换言之,内阁的执政基础是平民院的多数选票。

与之相对,美国采用的是总统制。总统不由联邦议会选举产生,也无需获得议会中超过半数的议员支持。美国总统实行定期任职制,议会无权在总统任期未满的情况下解除其职务。在另一方面,总统也没有解散议会的权力。一言蔽之,在议会内阁制度下行政机关的首脑必须获得议会的多数支持,在总统制之下则不受此限制(此原则同样适用于美国的州长制[governor])。

从表面上看,英国内阁首相的政治权力似乎不强。然而,由于英国议会以政党政治的方式开展活动,内阁的政策基本上能够得到议会的支持。根据议会的规定,禁止议员背离政党的方针投票①,因此法案投票一般以政党为单位进行。

---

① 不过,如果审议的事项不涉及政治路线问题,要求各个议员应当根据自身的价值观和公序良俗而不必拘泥于政党立场进行投票的事例仍然比较常见。

在这种情况下,作为平民院的多数党领袖,首相的决策与议会决议之间基本上没有冲突。

美国总统的地位看上去似乎非常强势,然而实际上却并非如此。在美国,政党的凝聚力以及对其成员的约束力并不强。特别是在联邦层面,政党本身就是各州党派组织的联盟,而非统一的政治实体。因此,美国政坛上的党派活动以强调地方的利益为根本。除议会内部的职能分工外,在议案表决的过程中,各主要政党尊重议员的投票自由,党派立场对议员不构成限制。在审议关系到总统政治生命的弹劾议案时,民主、共和两党的议员甚至可以站在同一立场,决定支持或反对弹劾行为。同时,即使重要的法案遭到否决,也不会出现临时解散美国国会的情况。在议会对国家政策投票时,某个政党的议员投票反对本党选出总统的施政方案的情况也时有发生。

在英国的立法过程中,政府提出的议案(government bill)占据着重要的地位。这些政府议案获得通过并正式成为法律的比例也比较高。相对而言,由议员个人提交的议案(private member's bill)数量不多,而且获得通过的比例也较低,重要程度远逊于政府提交的议案。由于国会的议事活动主要围绕政府提出的议案运作,因此负责提交审议的政府部门必须在事前进行充分的调查和准备①,这一做法不仅使得提交讨论的议案内容比较完善,而且大多数情况下国会也无需对议案进行大幅的修改。

与之相对,在美国,制度上并不存在由政府直接提出的议案。在三权分立的原则之下,只有国会的议员才有权提出议案。事实上,由政府制定的议案,一般也以执政党议员的名义提交国会审议。不过,国会无需对政府主导的议案进行优先审议。一般来说,议案需经过提出、委员会审议、全院大会审议三个主要程序。在国会一院通过后,送交另一院,依次经过同样的程序。法案经两院通过后交总统签署;若总统不否决,或虽否决但经两院2/3议员重新通过,即正式成为法律。事实上,由政府主导的议案获得国会通过的比例较高,超过了国会通过的法案半数以上。然而,与英国相比,美国国会立法活动常受院外活动集团的影响,政府的因素并非主要。

美国最高立法机关由参议院和众议院组成。参议员由各州选民直接选出,每州2名,实行各州代表权平等原则。现有议员100名。当选参议员必须年满30岁,作为美国公民已满9年,当选时为选出州的居民。参议员任期6年,每2年改选1/3,连选得连任。众议员数按各州人口比例分配,由直接选举产生,每

---

① 在英国,在重要的立法之前,往往组织一些有识之士组成"皇家委员会"(Royal Commission),对立法的对象进行缜密的调研,听取利害相关方的意见,在确认事实的基础上提出包含具体立法提案的报告书,并以此为基础制作成法案。

州至少1名,人数固定为435名,必须年满25岁,作为美国公民已满7年,当选时为选出州的居民。众议员任期2年,连选得连任。两院议员长期连任现象极为普遍。议员不得兼任其他政府职务。在美国,议员作为立法者的意识非常强,他们自行确定议案的主题,在政治团体的帮助下制作议案的草案,并自行向国会提出。在过去的20年中,议员们向一届联邦议会(议会任期一般为2年)提出的议案达到2万件以上,其中正式成为法律的不超过3%。同时,美国的国会还拥有宪法所规定的其他权力,如对外宣战权、修改宪法权等。参众两院各自还拥有特殊权力,如总统与外国缔结的条约及总统任命的高级官员须经参议院"咨询和同意";参议院还有权审判弹劾案,有权在特殊条件下复选副总统;众议院有权提出财政案和弹劾案,有权在特殊条件下复选总统。

在美国,国会开会期间,任何议员都可以提出新的立法。众议院有关单位在收到新的立法后会给这个立法草案一个编号,然后把这个立法提案送交和这个立法有关的委员会(Committee)或小组委员会(Subcommittee),让小组成员对草案进行审议。美国立法过程中最重要的一个步骤可能就是委员会的行动。委员会或委员会小组成员在这个阶段对提出的立法草案进行缜密的考虑,仔细研究和辩论。如果立法议题有足够的重要性,委员会会通过举行公共听证会,来了解正反两方对这项立法的意见。对于议员而言,国会听证会至关重要。国会议员通过听证会对立法进行进一步了解,他们可能在听证会期间对议题进行调查。听证会的专家证人很重要,委员会会邀请支持和反对这项立法的人说明他们的立场。听证会的另外一个目的是吸引媒体注意。人们甚至可以看到影视明星到国会听证会上作证,其目的大多是为了宣传议题或立法的议案。议会中的立法委员会有权对新的立法投票,来决定对这项立法采取什么行动。委员会成员可以对提出的立法进行修改,委员会成员再投票决定是否赞成这些修改。如果这项立法议案没在委员会审议阶段得到批准,这项议案就可能夭折。

由于政府立法的缺位,美国的立法显得比较琐碎和混乱,但同时也避免了官僚立法的各种弊端。国会议员以及院外的利益集团游说其他议员支持将某一议案立法化的现象比较普遍。在美国州一级立法体制中,各州都建立了和联邦政府相似的政府结构,但是各州的立法传统不尽相同。一些州的议会每年开会,将多数时间用于立法。另一些州的议会则隔年开会,会期很短。州议会为本州立法的权威与国会为整个联邦立法的权威类似。一些州宪法规定,修订州宪法要经过选民直接表决,或者通过提案和全民公决的方式制定法律。这样的过程使普通公民能够提出法律或规章议案,然后在全州通过公民投票进行表决。

四、美国式的民主制度

（一）人民掌握最高管理权

美国法与英国法的另一个重要的区别在于强调"人民拥有社会的最高管理和统治权",这一原则已经成为美国民主制度的核心理念。政府的合法性基于管理对象的授权和支持的理念起源于古代希腊和罗马,经过欧洲资产阶级革命,政治理论家进一步巩固和充实了最高统治权在于人民的观念。在美国的独立战争中,殖民地解放运动的领导者们通过赋予人民自治的权利、约定并限制政府的权限范围而推进了这一思想。这些专属人民的权利后来被写进州与联邦的人权法案中。如何防止政府滥用公权而践踏公民个人的人权,是美国宪法会议所面临的问题。来自州和联邦的代表以立法形式创立了内部的制约与平衡体制。政府的每个分支都将在立法中具有独立性,但是它们的权力相互重叠,从而限制政府在体制内的影响力,提供更广泛的民众参与机会。

美国人有遵纪守法的历史。在一定程度上,这种自愿遵纪守法的行为来源于这样一个传统:公民在许多场合有机会参与立法过程。美国的人口和文化虽然非常多样化,但是,美国的民主选举政治体制、代表制立法机构以及公众对立法的参与,都使美国人民与立法息息相关,也使他们对个人权利和财产权的稳定具有信心。对个人权利和财产权的定义和保护方式几百年来不断发生着变化。今天,无论是在都市还是农村,还是远离大陆的海岛,社区里的人们在继续制定着法律,他们知道,要维持一个有良好规则的社会需要每个人亲自关注民主决策过程。以下举例说明:

1. 在美国,通过选举来确定政府官员的制度非常多。在联邦制度上,总统、副总统、众议院议员、参议院议员都通过选举产生。在州制度上(当然各州之间略有差异),州长,副州长,州的参、众两院议员以及州长以下的主要行政官员也是选举出来的。因此,有时会出现州长和其下属的财政部长、司法部长等分属不同党派的现象。同时,不仅是这些重要的政府官员,在一些地方,运河管理委员,监狱执行委员以及土地测量员一类的普通行政职位也需经选举产生。在州以下的地方自治体,通过选举产生行政职位的做法也比较普遍。

在选拔法官的候选人时,除联邦和部分州外,在美国大部分地方采用公开选举或州民审查制,遴选程序由各州宪法规定。以北方新英格兰地区为主,有十几个州是类似联邦的体制,法官由现任州长提名,州议会通过。还有三十几个州,实行更为民主的做法,州法官同州长和议员们一样,是全民选举产生的,定期改选,得克萨斯州就是通过选举来产生法官的。同时,各州的检察官、法院的书记官(员)等也大多由选举产生。

2. 美国的选举并不都是简单的一人一票的选举。在确定总统或州长大选候选人的过程中,为充分反映民意,普遍实行所谓的"初选"(primary)制度。该制度最主要的形式是初选选举(primary election)与党团会议(caucus)两种。不过人们一般就以"初选"(primary)来泛指整个进程。初选选举的过程基本上与大选一样,投票人领到选票,上面有本党各候选人名字,投票人以无记名投票的方式作出自己的选择。党团会议则复杂得多,大致而言,党团会议是政党组织的地方会议,类似于乡亲大会的形式。在某些州,一党在政坛长期占据着优势地位,这主要得益于初选制度。

3. "人民拥有社会的最高管理和统治权"的理念,不仅意味着以选举的方式来确定主要的国家和地方管理职位,同时也意味着由人民直接掌控政治事务的机会大大增加。在美国各州,许多在其他国家被授权给立法机关单独立法的事项,也被写入了宪法条文之中。例如"禁止赌博,但公营的赛马活动不在此列","对农村土地的借贷期限不得超过12年"等等。这些条款大多是在历次修宪的过程中形成的,反映了各州民众的意愿(因此,在有些州,宪法频频被修改,与长期保持稳定的联邦宪法形成鲜明的对比)。

同时,在"人民拥有社会的最高管理和统治权"的理念指导下,"公民提案"(initiative)和"全民公决"(referendum)等制度被普遍接受。目前,在美国有21个州采用了公民提案制度,39个州允许实施全民公决。在实践中,各州的上述制度的适用阶段和频度不尽相同,但在运用直接民主的方式进行社会管理方面,尤以俄勒冈州和加利福尼亚州最为著名。

地方自治的思想给美国社会带来的影响是巨大的,它反映了自由主义理念是国家与社会在这一问题上的基本原则,那就是"小政府,大社会",政府在这样的社会里只能扮演"守夜人"的角色。同时,地方自治提高了公民的政治判断力,促进了民主政治的发展。因为全国的政治形势比较复杂,不易为一般民众所理解,而地方事务通常能为当地人民所理解,民众在参加地方事务的决策过程中,可以培养民主素养和政治能力,增强参加政治活动的兴趣,从而促进民主政治的发展,提高普通民众的自主能力和独立精神。这种地方自治实践为美国民主政治的构建提供了宝贵的经验和现实的模式。

4. 美国式民主的思想,起源于对官僚制度强烈的反感和怀疑。美国人信奉这样的观念:个人是本身利益的最好的和唯一的裁判者。在管理社会事务方面,并非只有精英阶层的成员才可以胜任,人人均有能力完成这一职能。这一观念不仅对美国人的日常生活有很大的影响,它还直接作用于美国的乡镇制度和其他政治制度。托克维尔在考察美国时说:"在新英格兰,人们按照乡镇自主的原则行使自己的权利,凡涉及全体居民利益的事务,都在公众场合所召开的公民大会上讨论决定。比如作为现代宪法基础的一些基本原则:人民参与公务,公民自由投票决定赋税,为行政官员规定责任。像个人自由、陪审团参加审判等都未经讨论而在事实上确定下来。"①新英格兰在美国的诸州中形成的作为今天美国政治文化基础的主要思想逐渐扩展到其他领土上,并最终被整个殖民地借鉴和采纳。

在此基础上,对于赢得选举的政党,通过"政党分赃制度"(spoils system)将公职委派给获胜政党的支持者。政党分赃制在许多国家被采用,但以美国最为典型。它是随着美国两党政治的出现而逐步形成的。1800年,民主共和党的杰斐逊(Thomas Jefferson)就任第四任总统,他率先大批任用本党党员以取代联邦党人所担任的职务。1829年第七任总统杰克逊(Andrew Jackson)就职后更是公开倡导这种做法,在美国联邦政府实行官职轮换制,排斥异党人士,大量任命自己党派的亲信,使政党分赃制得以确立。

政党分赃制虽有任人唯亲之嫌,片面要求官员随所属政党的胜败而进退,因此造成用人不当,行政效率低下;但客观上,由于每一次选举后便发生人事大变更,打破了行政管理中的官僚体制,避免了腐败的发生,增强了行政官员的流动性。

5. 在美国,民主思想在司法活动中也得到了体现,这就是所谓的陪审团制度。陪审团制作为一项宪法性制度,它的意义不仅仅体现在保障审判公正,防止司法专断上,更反映在它的"寓权于民"的政治思想中。正因为如此,美国比英国更重视陪审团制度,在许多州对于法官的裁量权进行了限制。

陪审团审判是美国宪法规定的一项重要的制度,在美国司法制度中有着举足轻重的地位。陪审团在实际运作过程中既承担着民主政治的功能,也体现了保障公众参与司法、尊重当事人的程序性选择权、推进完善证据规则等法律制度功能。而且陪审团制的良好运用,对律师具有激励作用,对法官具有制约作用,同时实现了缓和社会矛盾的作用。

陪审团审判不仅是实现公正的手段,它还是象征自由永存的明灯。在这里居于至高地位的陪审团就是一个共和机构,一个从人民当中选举出来的法官团体,陪审团制度真正使人民成了最终的审判者,也只有人民成为自己的审判者,才能确保人民的民主、自由。

就社会正义来说,陪审团本身可被看做是一个重要平衡机制。陪审团进行事实审,法官进行法律审,法官和陪审团相互影响、交流,肯定比法官单独工作更能取得公正的结果。陪审团审判的人民性,相对于完全由专业法官组成法庭进行的审判,有更强的审判公信力。美国诉讼程序中的许多有特色规定都围绕在

---

① 〔法〕托克维尔:《论美国的民主》,董良果译,商务印书馆1988年版,第39页。

陪审团制度的四周,形成了一套独具特色的司法模式。①

(二)美国式的民主及其推进

美国式的民主产生于19世纪20年代,在随后的近20年间得以丰富和完善。其中"杰克逊式的民主"(Jacksonian Democracy)最具代表意义。作为美国第七任总统,杰克逊执政时期(1829—1837年)反对精英阶层"为人民实现统治",强调由人民来自主管理的民主思想,并开展改革实践。这不仅是杰克逊本人的性格使然②,也是那个时代的民主氛围所促成的。

随着美国的领土向西部扩张,杰克逊式的民主思想深入人心,人们不再强调人与人之间在贫富、教育和出身上的差异,实现了相对平等的社会结构。

美国的经验虽然不一定适用于世界上其他地方,但是有如下几条基本原则值得研究和探讨。例如,立法的民主化;管理者(广大民众)的普遍接受;在所有立法阶段都有人民的参与;向公众敞开立法过程——或通过投票、请愿、诉讼,或通过司法审查法令、行政规则规章以及行政行动;遵循治理的基本原则,包括:政府机构间的制约与平衡、共和制政府、民主选举等。形成这一制度的原因,与1890年至1910年间的民粹主义运动(Populism)③和进步主义运动(Progressivism)④是分不开的。一些有识之士和社会舆论反对资本集团对经济的垄断和传统教育模式,主张重塑"人民拥有社会的最高管理和统治权"的美国民主传统。从一定意义上说,他们取得了成功。

五、法学教育

英国的法律教育注重实践及培养职业性的法律从业人员,是传统法律教育

---

① 丁玲:《陪审制度在美国》,载中国法院网,http://www.chinacourt.org/html/article/200809/10/321003.shtml;2009-06-10 16:40:55 访问。

② 杰克逊的当选,是一场普通百姓(小农和城市工人)对金融、工厂和土地贵族的胜利。普通百姓将杰克逊当作他们中的一员。他是第一位出生于贫困家庭、接受很少正规教育的总统,人们称他为"老核桃树",其通过个人奋斗而崛起。他反对特权,将自己当作人民的斗士而参加竞选,因而他的当选常被称作"1828年革命"。

③ 民粹主义是指19世纪最后20年期间北美南部和西部农业地区出现的激进运动。它主要表达了美国乡村中占主导地位的独立农场主(他们并不是农民)的要求,反映了他们对经济权力特别是银行和金融机构的集中以及大的土地投机商和铁路公司集中的怀疑。他们还关心财政政策特别是货币改革的问题,要求有铸造银币的自由以防止农产品价格下跌。

④ 进步主义是20世纪上半期盛行于美国的一种教育哲学思潮,对当时的美国学校教育产生相当大的影响。起源自反对传统教育的形式主义。20世纪初杜威(J. Dewey,1859—1952年)将其实用主义(Pragmatism)哲学运用于教育领域,其实验和理论更壮大了进步主义的声势,甚至远播至中国。1910年至1920年,美国建立了许多新学校,许多旧学校也加入进步主义的阵营。都市地区的学校更广泛地采用活动课程、核心课程与设计教学法。这些学校的特色是儿童本位、较宽容的训导、男女合校、课程实验,不重视学业与考试,鼓励艺术与手工学习。1919年进步教育学会成立,20世纪30年代达到全盛时期。第二次世界大战后,人们逐渐意识到进步主义的教育并不能提高知识水平,进步主义教育运动逐渐衰退,1955年进步教育协会解散,宣告了这个时代的结束但是进步主义的思想至今对美国教育仍有影响。

模式的典型代表。在培养法律职业人方面,其最大的特点是由法律职业人团体来承担培养人才的责任,相对而言,大学等高等院校所起的作用比较有限。在教学方法上,英国形成了独特的导师制和判例教学法。

与之形成鲜明对比的是:在美国,大学是法学教育的主角。同时,与英国的大学法学教育开始于本科阶段相区别,美国大学中的本科阶段主要是学习政治学、经济学、历史学、社会学和数学等专业课程,接受广泛的通识教育,之后再进入法律专业知识的学习阶段。要求学生具备较为深厚的人文科学功底,提升了美国法律职业人的素质,促进了法律职业在社会各领域施展才华。

美国法律教育不同于中国的法律教育,首先表现在学制和学位设置方面,其次就是其教学方法。美国大学的法学院是相对独立的专门性学院之一,大多提供三种法律学位:法学硕士(LL. M.)、法学博士(S. J. D.)及法律博士(J. D.)。其中核心是三年学制的法律博士(Juris Doctor[J. D.])教育和训练。该学位的教育性质是本科毕业之后的研究生教育。也就是说,赴美国法学院攻读 J. D. 学位,学历要求至少是本科以上。根据美国法学院新生入学的要求,本科在校学生想申请法学院入学资格,则必须在大四上学期开始就应该准备和提交申请材料,其中包括参加难度较大、竞争颇激烈的法学院入学资格考试(Law School Admission Test[LSAT])。

然而,美国人对待法律职业教育的态度并非一贯如此。在 19 世纪很长一段时间内,由于受到"杰克逊式的民主"思潮的影响,民众普遍对于专业的法律人士并无好感。例如在 19 世纪中期有些州宪法就规定:"拥有选举权且性格善良者,均有资格从事法律实务工作。"[①]美国的法学教育发展成为目前的样态,与 19 世纪 70 年代哈佛大学法学院所实行的教育改革有关。哈佛大学是 19 世纪人文大学中注重学术、追求卓越、主张机会平等的一个范例,在法学院实行的案例教学法不仅获得了法律职业团体的认可,而且为社会培养了大批优秀的法律人才。这种主张通过研究案例来学习法律的观念,很快就和苏格拉底的问答法联系起来,在 20 世纪 20 年代得以确立,并在近 110 年的时间里成为美国法学教育的主流方法。

六、法律形成的过程与法学研究

在英国法律形成的过程中,法官始终处于关键的和指导性的地位。19 世纪英国法学家约翰·奥斯丁认为,"虽然直接地或间接地,主权者或最高立法者是全部法律的创制者,但法律的最直接渊源仍然是立法,当法官采纳习惯或创造'法官创造的法律'时,司法就是另一种渊源,即以受委托的权力来运行。"在这

---

① *E. g.* Ind. Const. Art. VII §21 (1851).

种思想的影响下,法学家的学说对立法的影响并不显著。直至20世纪初期,英国的司法机关甚至保留着这样一种习惯——只有已经辞世的学者的观点,才可以在法庭上引用。如前文所述,学说在司法活动中得不到重视,也直接影响到大学在培养法律职业人方面的积极性。

与之相对,学说在美国法律形成过程中有着举足轻重的作用。虽然19世纪中叶到19世纪末学说的地位有所下降,但进入20世纪以后,学说再次为人们所关注。如果我们把今日的英国司法看作"法官造法"(judge-made law)的话,那么美国司法中就存在着大量的"教授造法"(professor-made law)。究其原因,一方面是在联邦体制下,法官无法对50多个不同法域所产生的庞大的法律资料进行系统的收集和梳理;另一方面,进入20世纪后,"法社会学"(sociological jurisprudence)的研究方法渐趋隆盛。① 这种以科学方法分析社会现象及其相关法律问题的跨学科研究,给法学教育的改革与法学研究带来了新的思路。

如果我们把美国法学研究取得的成就及其意义与大陆法系各国相比较,就不难发现:法学研究在美国有着得天独厚的社会背景,特别是法律职业人和学者之间有着更为紧密的联系,人们普遍支持法律现实主义的精神和通过法制手段改革国家与社会实践的作用。许多学者在成为大学教授之前,就已经从事了多年的法律实务工作,与实务界人士有着密切的联系;同样,在实务专家中,许多人也兼任大学教授或与学者共同开展研究,并完成了众多高水平的学术成果,其中最有代表性的著作包括希里阿德(Francis Hilliard)的《不法行为法》(1859年)、库利(Thomas M. Cooley)的《租税法概论》(1876年)、霍姆斯(Oliver W. Holmes)的《普通法》(1881年)等等。

从20世纪70年代开始,美国法社会学界开始了分化和改组,并萌生出"法与经济学"领域,把功能主义的合理化指向推到极端。在这一过程中,实务界的支持和参与也起到了非常关键的作用。

---

① 季卫东:《从边缘到中心——二十世纪美国的"法与社会"研究运动》,载《北大法律评论》第2卷第2辑。

第二章 英国法的形成与演变

第一节 中世纪英国的法

一、英格兰封建制度的建立

（一）诺曼征服（Norman Conquest）

让我们把观察英国法历史的视角，推移到公元1066年的"诺曼征服"（Norman Conquest）时期。公元1066年1月，英王"忏悔者"爱德华（Edward the Confessor，1042—1066年在位）[①]去世，死后无嗣，韦塞克斯伯爵哈罗德二世（Harold Goldwin）被推选为国王。当年9月，以诺曼底公爵威廉（King William I the Conquero，约1028—1087年）为首的法国封建主以爱德华曾面许继位为由，要求获得王位。对此无理要求，英王哈罗德予以拒绝。威廉遂纠集诺曼底、布列塔尼、皮卡迪等地封建主和法国各地骑士，在罗马教皇的支持下，率军渡过海峡，在英格兰南部佩文西登陆，入侵英国。10月14日，双方会战于黑斯廷斯（Hastings）。英军战败，哈罗德阵亡，伦敦城不战而降。12月25日，威廉在伦敦威斯敏斯特教堂加冕为英国国王，史称威廉一世（或征服者威廉）。诺曼王朝（1066—1154年）实现了对英国的统治，残存的英国贵族虽顽强抵抗，但均以失败告终。1071年，威廉一世的统治进一步得到巩固，并获得征服者的称号。

任何时期的历史都必然有其前史，1066年之前的盎格鲁—萨克逊时代的统治机构和当时的法对中世纪以后的英国法带来的影响是不可忽视的。[②] 对盎格鲁—萨克逊时期的研究，是英国法制史研究的重要组成部分。然而，正如笔者在下文中将要阐述的，诺曼征服对于英国封建政治制度、法律制度的形成和发展，有着特殊的意义，因此学术界亦有观点把诺曼征服视为英国中古史的开端。

在社会制度层面，英格兰地区于公元9世纪开始已经逐步向封建制社会转化，而诺曼征服加速了这一封建化的进程。威廉一世将诺曼底公爵时期在欧陆地区实行的封建制度带到英格兰，建立起比当时的欧洲各国更为强大的王权统治。

[①] 爱德华是英国的韦塞克斯王朝（House of Wessex）君主，因他对基督教信仰无比虔诚，故绰号为"忏悔者"。

[②] 〔日〕林深山：《イギリス法史の起点をめぐって－法の歴史的研究の意義に関する覚書》，载《学習院大学法学部研究年報》1968年第4期。

1072年，威廉一世建立了骑士军役（knight service）制度，将反对自己统治的盎格鲁—萨克逊族的土地予以没收，分封给随他而来的法国封建主。同时，接受这项封地者有义务按照土地面积的大小，向国王提供一定人数的骑士，并亲自率领他们为国王作战。这项制度自上而下逐步推行，接下来大封建主又把自己土地的一部分再分封给下级，同样要求他们提供骑兵。通过土地分封，建立起封建土地的等级所有制，威廉一世此举旨在巩固英格兰国民对国王的忠诚。1086年，他在索尔斯堡（Salisbury）召开包括未直接获得国王册封的领主在内的全体领主大会，宣布无论是否服从自身的上层领主，领主一律向国王行臣服礼及宣誓效忠，建立了所有英国境内的封建主都须以对国王效忠为最高义务的制度。同一时期，欧洲大陆各国的封建君臣关系还只是一种契约性的等级关系[①]，每一级封地领主的臣民只需服从其领主。如法谚所言，"国王的封臣的封臣，并非国王的直接封臣"。显然，威廉一世在英格兰所构建的制度，较之欧陆诸国更为重视封建王权和集权统治。

一般认为，威廉一世建立这种王权至上的封建制度有以下几个方面的背景：其一，威廉一世的原属地诺曼底地区在传统上就长期实行领主（统治者）集权的制度；其二，在盎格鲁—萨克逊时期，尚未形成完整的封建等级社会，因此在很多事务上，必须由国王直接对国民实行统治；其三，威廉一世是外来占领者，他臣下的贵族大多数是跟随前来的诺曼底地区的封建主，因此需要建立一套为征服者服务的强有力的统治制度。

从1085年到1086年间，威廉一世推行了一项类似土地普查的命令，普查结果被制作成记载全国财政资源的资料，同时确了"普天之下，莫非王土"的基本制度，国王合法拥有王国内的所有财富。这项记录被称为"英格兰土地清账书册"（Domesday Book）[②]，现已成为研究英国中世纪经济、政治和法制的宝贵资料。国王的这一措施，不仅是为了显示王权的强大，同时也意味着在土地清账书册上登记的土地直接或间接地归国王所有，确保了国王作为国家最高土地领主的地位。

可见，英格兰的封建制度从其形成之初，就带有强烈的王权色彩。然而，实际上当时中央集权制度并非无所不能。在国王之下，有众多的直接封臣（tenant-

---

① 金明：《法律冲突与国际司法》，载《中国律师与法学家》2006年第1期。另见〔美〕卡尔顿·约亨·海斯、帕克·托马斯·穆恩、约翰·威·维兰：《世界史》，中央民族学院翻译组译，生活·读书·新知三联书店1974年版，第461页。

② 由于威廉一世派出的调查员个个如凶神恶煞，调查内容又极其细致，使被调查者惊恐万状，如履薄冰，好像在接受上帝使者的末日审判一样，所以调查结果被称为"末日审判书"，其正式名称应是《土地赋税调查书》或《温彻斯特书》。末日审判书记载了英格兰全国土地、财产、牲畜和农民的调查结果。这一书册是研究英国中世纪经济史、社会史和法制史的珍贵资料。

in-chief)①,他们都享有封建法上的权利。同时,在中世纪的欧洲,无论是思想观念还是政治制度,罗马教皇将整个西方世界置于基督教教会统治之下。教皇及其教会经常对包括英格兰国王在内的各国君主施加影响,通过宗教关系间接地参与对该国的统治。在英国国内,教会拥有包括土地在内的大量财富,从传教地的村庄发展而成的城市(city)和镇寨(borough)一样,是当时商业和工业活动的中心。修道院(monastery)在开展宗教活动的同时,也从事一定的商业活动。在漫长的中世纪时期,国王不断地与教会争夺对神职人员的任命权,其目的不仅在于掌握社会的统治权,更重要的是获得经济控制权。

在这种意义上,中世纪英国宪法史的主轴是:国王一方面努力摆脱罗马教会对英格兰教会的干涉,争取获得对本国教会的控制权,另一方面是国王和国内贵族——男爵(baron)与直接封臣(tenant-in-chief)之间的权力斗争。为了避免教皇或领主的围攻,国王在扩大自身权力的过程中,必须减少抽象、模糊的立法作业,采取渐进方式巩固权力。因此,中世纪的英格兰王室一般首先通过司法判例形成既定事实,在其基础上创设实用性较强的理论来取得合法的统治地位。早期的英国统治者主要依靠法国贵族来管理各地事务,其统治机构的配置和法律内容仍沿用日耳曼人的旧制,即强调领主是封建庄园的最高统治者,大部分农民丧失人身自由,沦为农奴。

(二) 王室法院(Curia Regis)

在1066年之前,英格兰各地设有郡法庭和百户法庭,根据地方习惯法行使司法职能。当地的基督教会也自设法庭,依照教会法进行审判。诺曼王朝开始后,国王建立了王室法庭(Curia Regis,或译御前会议)来处理司法和行政事务。这一制度与盎格鲁—萨克逊时期的"贤人会议"(witena gemot)②有异曲同工之处,参加者一部分是大地主,另一部分是国王特别传召的政策顾问。早期的王室法庭可以全面介入行政、立法与司法活动,后来职能逐渐分化,衍生出若干不同

---

① 诺曼人把"男爵"(baron)这个词引入了英格兰。最初称baron者在征服英格兰之前,大多在诺曼原地已拥有此称号,他们被视为国王的仆役首领,即国王之男,直接从国王那里受封领地。在诺曼征服后的较短时期,"baron"和"tenant in chief"基本上同义。在中文著作中,把这个时期的"baron"一般都含糊称作"贵族",这是考虑到当时的实际情况,当时伦敦自治市的自由民和首要市民全都是"baron",并被允许在书信和文献中作为自称。后来,1400多名直接封臣被划分为向国王提供多名骑士的贵族和自己作为骑士参战的贵族,习惯上前者被称为"baron"。到了13世纪中叶,"baron"的人数进一步减少到不足百人,成为名副其实的贵族。他们奉诏全体进入议会(当时的议会仅有相当于后来所说的贵族院或上院),由此就被称为"(上议院)议员"或"贵族议员"。起初,这种议会资格并不意味着一种世袭权利,直到爱德华三世才成为惯例。

② 盎格鲁—萨克逊集会,在英国史上也称"贤人会议"(witana gemot),主要是受过教育和掌握学问的贤智者的集会。这种贤人会议本是一个国王的顾问团体,没有具体的组织,由国王指定人选。不过这种贤人议会在一定程度上开始萌生了英国各阶层民众参政议政的传统。

的部门。① 今天英国的高等法院、枢密院和内阁,其渊源都是王室法庭。王室法庭的成员不为国家尽义务,而是承担对国王本人的效忠义务,因而具有国王个人顾问机构的性质。尽管早期的王室法庭在权力配置上没有明确的定位,但它却是英国最早的封建集权机构之一。

除王室法庭外,英格兰的辅政者还包括王室秘书(Chancellor)②——作为国王的助手和顾问,王室秘书的职能是为国王处理信件及办理其他文秘事务③——这可以从其称谓上看出。秘书(Chancellor)源于拉丁文"屏风"(cancelli)一词,据说是因为这些工作要坐在屏风后完成。14世纪以后,王室秘书的职能逐渐向司法领域转化,其称号也从王室秘书改称大法官(Lord Chancellor)。

12世纪,由于英国在欧洲大陆上尚保有不少领地,国王需要经常巡游外国,加上长期参加十字军东征,为避免英格兰出现权力空缺,国王任命一个名为内阁总理(Chief Justiciar)的官员负责代理国务。内阁总理负责王国的一切司法和财政事务。这个职位最初并不是常设,且即使后来成为常设职位,也并没有绝对的大权,国王可以通过令状对特定事务直接作出处理。开始时,这个官职由王室首席牧师担任,他要求具有良好的写作能力并在酒宴等场合也必须保持清醒,以忠实地记录国王的旨意。后来此职务被授予国王的亲随官员。这个官员同时负责保管王室的印玺(great seal),以避免下级官员假借国王之名发号施令。毋庸讳言,在人们普遍不识字的时代,此类证明(签章)是地方官员和民众确认王权的重要方式之一。

(三) 亨利一世的改制

征服者威廉在病榻上从英格兰王位上退下来时(1087年),对王位的绝对支配权达到了巅峰。他无视有关此类事项归议会解决的萨克逊传统,而是像分割私人财产一样分割了英格兰的领土。他有三个儿子:罗伯特(Robert)、威廉(William)和亨利(Henry)。他还有一个女儿阿黛拉(Adela),嫁给了史蒂芬·亨利,靠近欧洲大陆的一个叫做"布卢瓦郡"(Blois)的贵族。他的长子罗伯特因嗜睡而变得文弱,无法统治一个广袤且刚被征服不久的国家,因而只获得了诺曼底

---

① 表现在国王因出征或其他政治活动前往国外时,王室法庭的成员最初也应跟随征战,后来逐渐改为留守国内。

② "Lord Chancellor"是英国现存最古老的职位,可能也是最复杂的职位。他既是最高法院(Supreme Court of Judicature)的院长,也是贵族院(上议院)的议长,另外还兼任内阁的法务大臣(因而也是执政党的要员,须与政府共同进退)。这个职位一身兼具了立法、司法、行政三种权力;正如维尔所说的:"拥有一个独一无二的职权。"尽管维尔认为这并不是用来论证英国没有权力分立的强有力的证据,但他还是以此来说明所谓的"权力内在规则"。参见〔英〕M.J.C.维尔:《宪政与分权》,苏力译,生活·读书·新知三联书店1997年版,第309页。

③ 1068年,国王的近臣阿法斯特(Arfastus,或称 Hereastus)是第一个担任该职位的贵族。

及周边的土地;次子"红脸"(Red,拉丁语中为 Rufus)威廉,得到了英格兰;而三子"好人"(Beauclerk)亨利,没有获得土地,仅得到一大笔财产。不过,威廉治下的许多贵族,都在英格兰和诺曼底拥有地产,他们希望罗伯特成为英格兰和诺曼底的国王,但无人敢于反对征服者威廉的安排。威廉二世国王在继位后不久就开始镇压反对者,显示了他与其父相似的暴烈脾气。

然而,红脸威廉国王却没能长久延续其统治。1100 年的一天,他与其弟亨利和一些贵族在温彻斯特(Winchester)郊外的新福莱斯特(New Forest,也译为"新御猎场")打猎时被一支箭射中,意外身亡。

在这起突发事件之后,亨利一世继承了王位(1100—1135 年),并控制了王室在英格兰的全部财产。王冠和金钱在手的亨利,随即发布赦令,承诺纠正其兄在位时的弊政,从而成功地控制了整个王国。当罗伯特纠集军队进攻英格兰时,亨利利用反间计说服法国贵族撤兵。亨利一世于 1106 年渡海至法国,在坦什布赖战役中击败诺曼底公爵罗伯特(Robert III Curthose),将后者终身囚禁,并占领了他的领地。这样,那个其父没有给他留下一点领土的儿子最终取得了家族的全部领土。

亨利一世任命索尔斯堡大主教罗杰(Roger)担任总理大臣,并在其下设置了多个重要的官职。在罗杰的辅佐下,亨利一世的统治基础逐渐得到巩固。其一,罗杰本人并非世袭的贵族,因此在他的政府中大量任用了一些身份相对低微但懂得治国方略的人士。其二,为了保障国王有充足的经济收入并对其进行管理,在政府中设立了财务府(exchequer),以完善财税制度。其三,强化对地方的统治。1110 年,亨利一世任命了数名巡查法官(justice in eyre)①,要求他们每年必须到各地进行两次寻访,其目的是监督和限制地方政府郡治安官(sheriff)的权力。接下来的 1129 年,亨利一世以叛逆为名罢免了 11 位地方郡治安官的职务,显示了国王对国家和地方事务的绝对支配权。

图二　亨利一世(1100—1135 年)

(四) 亨利二世时代的立法

亨利一世的统治一直持续到 1135 年,他以其父为榜样,一直稳定地控制着英格兰的政权(亨利一世统治对法律和宪政的影响,见下文)。不过,他唯一的儿子在一个暴风雨之夜强渡英吉利海峡时被淹死,这就使王位继承成为疑问。为了使其家族永远拥有王位,他试图说服贵族们接受其女玛蒂尔德(Matilda)为

---

① 此处本书翻译为巡查法官,以区别于近代的巡回法官制度。

继承者,她嫁给了安茹(Anjou)的杰弗瑞(Geoffroy Plantagenêt)。① 亨利一世在世的时候,这一安排得到下属贵族们的承认。但是,在其死后,贵族们就开始以诺曼人的传统中还没有女人为王的先例为由,反对玛蒂尔德继承王位。于是,阿黛拉(Adela)之子,亨利的外甥布卢瓦(Blois)伯爵斯蒂芬(Stephen),从欧洲大陆过来接替王位。

1138年,玛蒂尔德率军渡过了海峡,开始进攻伦敦城。在最初两年的胜利之后,战局逐渐向对她不利的方面发展。1142年圣诞前夕的一个风雪之夜,玛蒂尔德和三个随从身着白色衣服,从敌人的防线中溜了出去。最终,斯蒂芬成功地把玛蒂尔德赶了出去。在这一系列的权力斗争和战乱中,各地的贵族(男爵)纷纷建立了私人的城堡,并疯狂掠夺周围的领土,整个英格兰陷入了一种封建诸侯割据的局面。斯蒂芬在政治危机中缺乏决断力,没有能力挽救危局。最终,玛蒂尔德的长子(即日后的亨利二世)于1153年带领军队进入英格兰,在温切斯特(Winchester)逼迫斯蒂芬缔结城下之盟,斯蒂芬继续担任国王,死后由亨利继承王位。② 次年斯蒂芬死去,亨利即位成为英格兰安茹王朝(金雀花王朝)的第一位国王。③

亨利二世入主英格兰以后,依靠城市地区贵族的支持,不断加强王权,恢复了国王强权的统治模式。在司法制度上,他扩大了"国王法院"(King's Court)④

---

① 安茹(法语:Anjou,也被译作昂儒)是法国旧制度下的行省,它除了东部和北部被削去一小部分外,大致对应于现在的曼恩—卢瓦尔省。省府为昂热,因高卢人的一族安德卡夫人(Andécaves)而得名。它可以分为卢瓦尔河以北的外安茹以及河阴的内安茹两部分。在中世纪,安茹是一个伯爵领,后成为公爵领。安茹伯爵支配着附近的伯爵:南特、旺多姆、曼恩等,它当时是法国最大的行省之一。
② 由于斯蒂芬选中的、作为王位继承人的长子鲍德温,早年就夭折了。
③ 自亨利国王(King Henry II,绰号"短斗篷王"[Curtmantle])开始的安茹王朝 House of Anjou,亦称"金雀花王朝",始自1154年。王朝名称的由来,一说是亨利二世的父亲安茹伯爵杰弗里经常在帽子上饰以金雀花枝,故有此名。除英国本土外,该王朝在法国的安茹、诺曼底、布列塔尼等地也拥有大量领土。
④ 早在威廉一世的时期,为了巩固统治基础,一方面将郡法院、百户法院等地方司法机构继续保留,另一方面在宫廷中设立国王法院,带领法官、监刑官、财务官和执行官巡视全国,进行公务处理和案件审理。渐渐形成王室法院、财务法院、巡回法院和民事法院四种机关,均可代表国王法院行使审判权。与地方司法机关不同的是,这四种法院按照国王的命令开庭,以"国王的法律"为审判适用的依据。所谓"国王的法律",就是国王颁布的具有立法性质的命令,如12世纪中国王颁布的关于不动产所有权诉讼及刑事案件程序的命令。以上四种国王法院被国王赋予全权,可不考虑地方的法令,除了专司王位纠纷的"王室法院"外,均称"普通诉讼法院"。普通诉讼法院管辖范围最终扩张至全国,地位较高,成为地方各级法院的上诉法院。威廉一世的治国智慧就在于,让国王法院"深入基层",行使对地方的司法管辖,以其较地方法院更高的既判力吸引更多的诉讼人涌向自己。这样,他不但帮助普通民众成功地对抗了地方权贵,彰显了国王的权威,而且达到了国王干预那些试图进行地方割据的封建贵族,最终加强中央集权的目的。参见杜小勇:《探索英国普通法形成奥秘——阿瑟·库恩〈英美法原理〉简评》,载北大法律信息网,http://article.chinalawinfo.com/Article_Detail.asp? ArticleId=47246,2009年6月20日访问。

图三　亨利二世(1154—1189 年)

的司法权限,推行陪审制以取代神判法。国王法院日趋活跃的司法活动,使得统一的普通法司法体系在全国逐渐形成。此外,他还进行了军队改革,实施盾牌钱制度以加强国王的军事实力。亨利二世之子理查一世(Richard the Lionheart,绰号"狮心王",1189—1199 年在位)参加了第三次十字军东征,因长期在外作战,国内政务主要交由内阁总理掌管。这期间,英国本土没有出现较大的内乱和饥荒,主要应归功于亨利所建立的强有力的统治制度。例如,亨利得到了议会的同意,宣布所有未经国王允许的非法城堡均应被摧毁。在此基础上,1170 年亨利二世颁布"郡治安官审查令"(inquest of sheriffs),要求郡治安官们及时报告管辖地的秩序和法治情况,包括一些目无国法和无视王权的案件。亨利国王还罢免了大量不称职的治安官,并委任他信任的人士担任郡治安官。同时,这位国王在立法和司法方面也颇有建树,因此,亨利国王与征服者威廉和爱德华一世一起,被人们称为王权统治时代的三大独裁者。

在内政方面,亨利二世于 1181 年颁布《武器令》(Assize of Arms),要求拥有超过 10 磅以上财产的自由土地所有人(freeholder),须根据其财产数量拥有相应数量的武器。这些自由土地所有人应遵照国王的命令承担保卫英格兰的军事义务。

在宗教权问题上,1164 年,亨利二世试图染指教会法院的司法权,将"教职任免权"(advowson)也收归己有。他与昔日的密友兼顾问,坎特伯雷大主教贝克特(Tomas Becket)发生了冲突。贝克特请求罗马教皇介入纠纷,因而触怒了亨利二世。1170 年 12 月 29 日,在亨利默许之下,四个男爵骑士在坎特伯雷大教堂刺杀了贝克特。罗马教皇亚历山大三世(Alexander III)威胁要对亨利二世处以绝罚(capital panishment)。① 亨利被逼屈服,于 1171 年亲自前往坎特伯雷,在贝克特的墓前整夜祷告,向主教、牧师等神职人员忏悔自身罪责,并赤身接受鞭打以示悔罪,并表示要领导十字军前往耶路撒冷。这一事件后,国王被责令不得介入教会管辖的案件,对于初次犯罪的神职人员也只能由教会法院进行审理,由

---

① 绝罚是基督教制裁的一种形式,即将某人从信徒团契中除名,不允许其参加教会的活动,剥夺其作为教会车高院的权利。绝罚是神职人员和教徒所受的重大处分,按照神学所说,受此处分者死后不能进入天堂。

此确立了所谓的"神职者的特权"(benefit of clergy)。[①]

二、英格兰封建制度的巩固

(一) 军事义务的金钱化

如前文所述,威廉一世同直属封臣贵族之间建立了一种封建法权关系,即国王作为全国土地的所有者,有权要求贵族按照封地的面积提供数量不等的骑士;有权征收继承税、助钱或其他封建捐税;有权传召贵族组成法庭,审理国王与贵族、贵族与贵族之间的纠纷案件。同时,国王也有义务率军作战,维护国家安全和社会秩序,保护贵族们的人身及土地财产安全。与之相对,贵族们也有一系列的权利和义务。他们必须效忠国王,提供军役(Knight Service),缴纳各种封建捐税,必须应召出席国王法庭,接受"等地位者"(Trial by Peers)的审判。不过,上述义务都有明确的数量限制,例如,贵族的军事义务是每块骑士采邑,须向国王提供一名骑士(每块骑士采邑约为年收入20镑的土地。最大的贵族领地约为50到60块采邑,需提供50到60名骑士;小贵族通常只有10到20块采邑,需提供10到20名骑士。骑士只有1块采邑,只提供1名骑士),服役期限为每年40天,服役地点只限于英国国内。如果服役期超过40天,那么,一切费用均由国王负担。[②]

然而,到了亨利二世统治的中期,军事义务逐渐转化成一种可以用金钱支付的代役制度,即"盾牌钱"(scutage)。国王在需要行使武力的时候,更多地依靠雇佣军而不是骑士。由于盾牌钱需要定额缴纳,随着货币价值的变动,实际上盾牌钱的作用逐渐式微。到了13世纪末,国王已经很难从地方贵族手中征收盾牌钱,该制度名存实亡。提供骑士的义务,是英国社会统治制度的基础,贵族军役制度的重要内容,因此在封建法上一直延续到1660年,被中世纪的不动产法——"佃农保有制度"(socage tenure)[③]所取代。

(二) 封建城市的出现和发展

据历史学家考证,中世纪的英格兰,在欧洲各国当中属于相对比较落后的国家。尽管如此,随着手工业和商业的发展,特别是通过与欧洲大陆之间的频繁贸易,英格兰各地的城市开始繁荣。13世纪的伦敦(London)就已经成为拥有约3万人口的城镇。据推算,约克(York)、林肯(Lincoln)、诺里奇(Norwich)以及其

[①] 判断神职者的标准,主要看被告是否能够通读圣经的特定章节和特殊教义。由于教会法没有死刑,因此随着教育的普及,人们读写能力的提高,犯罪的初犯大多能避免死刑。

[②] 程汉大、李培锋:《英国司法制度史》,清华大学出版社2007年版,第120页。

[③] 保有制度,原本是国王的直接封臣和他的领民之间的一种农业义务。早期的保有制度,存在"非自由保有"(non-freehold tenure)和"自由保有"(freehold tenure)两种类型,前者类似于今天的非永久产权,后者类似于永久产权,为获得必须履行包括军役、提供地租和为领主劳动等在内的各种农役以

他面向英吉利海峡的海路、陆路重镇的人口也都超过了1万人。

以今天的眼光看来,这些城镇的规模并不大。但在中世纪,城镇的经济实力是不容忽视的。特别是在国王和贵族发生对立时,双方都希望获得这些城市居民的支持,这实际上扩大了伦敦等大城市市民的政治话语权。有学者认为,市民力量的增强,是导致国王在军事上不得不依靠雇佣军的要因之一。

(三) 丧失诺曼底与合并威尔士

在诺曼征服之后,英格兰国王的领土还包括欧洲大陆的土地——包括安茹(Anjou)及其附庸都兰(Touraine),还有诺曼底的领土。在亨利取得英格兰王位之前的1152年,法国国王路易斯三世厌倦了其妻子,即阿魁坦的艾琳娜(Eleanor of Aquitaine),并且和她离了婚。艾琳娜是阿魁坦和邻近的加斯科尼(Gascony)、博埃图(Poitou)的女继承人——这几个地方占据了法国西南部的绝大部分。英格兰的国王亨利很快与艾琳娜结婚,并取得了她的领地。就在他成为英格兰国王以后不久,亨利就设置了一个名为布列塔尼的郡(Count of Brittany),这个郡位于诺曼底的西部,亨利是在镇压了一次叛乱并取得对当地的宗主权的过程中设立此郡的。因此,亨利不仅是英格兰的国王,而且成为大半个法国的封建宗主。在有些史学家看来,亨利的势力范围也被称为安吉温帝国(The Angevin Empire),尽管这个帝国总体上没有中央政府体系,而且法国部分的领土曾被不同的人通过各种方式主张过所有权。

然而,1204年英格兰国王约翰抢占了一名法国女子。由于该女子早已许配给约翰的一个法国附庸为妻,受到侮辱的准新郎找到法国国王菲利普告状,请求宗主主持公道,制裁插足婚姻的英格兰约翰国王。在这场诉讼中,作为英格兰的国王,约翰拒绝到法国出庭应诉。根据封建法律,约翰因不服从宗主的命令而被剥夺了在法国的领地。这样一来,约翰成为毫无争议的英格兰统治者,但他在欧洲大陆的土地却大幅减少。1206年,诺曼底、安茹、缅因、都兰和不列塔尼都被法国国王菲利普占领,1214年的伯温斯(Bouvines)之战英格兰国王再次战败。此役发生在法国北部边境里尔(Lille)附近。在那里,菲利普击败了约翰率领的日耳曼和佛兰德人(Flemish)联军。从此,法国西北部就这样脱离了英格兰人的统治。只有法国西南部的艾琳娜的遗产领地——加斯科尼(Gascony)、博埃图(Poitou)、阿魁坦(也被称为吉耶纳,Guienne)——还控制在约翰的手中,这主要是因为这个地区的贵族不愿意接受法国国王的强势统治。

丧失了诺曼底地区,使得约翰的英格兰领地和法国西南部领地之间的联系被切断,破坏了安吉温帝国在地理上的统一性。由于法国国王菲利普不再允许双重的效忠,迫使那些在海峡两岸都拥有土地的贵族必须作出选择,放弃一边的地产。其结果是英国王室和诺曼底贵族更倾向于加强对英伦群岛的统治,形成了英格兰民族情绪,即民族主义的显著发展,并促使英格兰人开始吞并周边的土地。

威尔士在中世纪的时候几乎没有统一过,大部分的时候都是由许多地方公国统治各地。当诺曼人入侵英格兰的时候,他们的势力扩展到英格兰和威尔士之间的边界地区,并在那里以及威尔士东部建立起了贵族统治。当时还有威尔士北部和西部的威尔士人,开始在莱威灵大王(Llywelyn the Great)等人的领导下逐渐统一起来。①

爱德华一世最后终于在 1282 年杀害了莱威灵大王,并征服了威尔士北部和西部的最后一个当地的威尔士公国(大约是今天的安格鲁西郡、凯尔纳冯夏尔郡、麦里昂斯郡、塞勒狄琼郡和凯尔马瑟夏尔郡这块地区),并且在两年之后通过《罗德兰法令》(Statute of Rhuddlan)确立了爱德华一世对此地的统治。为了平息威尔士人,爱德华一世出生于威尔士的儿子(后来的爱德华二世)在 1301 年 2 月 7 日这天被封为威尔士亲王。这块直接在王室统治下的地区,便称作威尔士公国(1284—1536 年)。将威尔士亲王这个头衔封给英国君主的长子便成为了传统,到现今都还在持续实行中。

吞并威尔士之后,以前那些无视自己所处的地域而自称"诺曼—法兰西人"的诺曼贵族,开始选择保留英格兰财产,并开始以英格兰方式思考问题,自称为英格兰人。尽管英格兰人中间早期也存在着民族认同问题——例如,在与苏格兰人的纠葛中以及在十字军战士中的派系争吵——但正是从这个事件开始,萨克逊人和诺曼人之间开始真正地融合,并发展出日后的英格兰人。

(四) 大宪章

英国宪政史上最著名的文件——《大宪章》(Magna Carta),是英国国王约翰和罗马教皇之间冲突的产物。1205 年坎特伯雷大主教哈伯特·沃特(Hubert Walter)②去世后,约翰与教皇英诺森三世(Innocent III)就大主教任命出现争执。约翰希望任命自己的心腹担任这一职务,但被教廷拒绝。教皇任命兰顿(Stephen Langton)为新的主教。约翰对这一决定非常恼火,不愿执行。因此教廷于 1208 年向英格兰施以《绝罚令》(Great Interdict),约翰则以没收英格兰全境的教会土地相抗争。教皇于 1209 年下令革除约翰的教籍,停止在英国举行宗教仪式。在这场斗争中,英格兰国王意图将教会置于其掌控之下,要求教会的重要教

---

① 爱德华一世在威尔士建了一座名为"卡那封"(Caernarvon)的城堡,1284 年爱德华的王子,即后来爱德华二世在此诞生,因此他被称为"威尔士亲王"(Prince of Wales),此后历代英国王储都沿袭了这个称号。

② 哈伯特·沃特是格兰威尔(Ranulf de Glanville)的外甥。格兰威尔,于 1176 年至 1179 年间任皇室巡回法官,1180 年起任英国司法长官,主要贡献在于编著了《论英格兰王国的法律与习惯》一书。沃特在担任国王的宫廷要职前,担任了索尔斯堡大主教。1193 年沃特被任命为坎特伯雷大主教兼司法部长(Chief Justiciar)之职,名副其实地成为了理查德一世时期的最高政府官员。因他管理国家有方,1199 年身为坎特伯雷大主教的同时,又被任命为最高法官。

职人员同政府官员一样,要向国王效忠。

  1213年约翰向教皇屈服,不仅自认为附庸,而且按年向教廷纳贡1000镑,同时接受兰顿担任主教职务,双方的争执得到缓解。然而,约翰随即在1214年发动对法国作战,意图收回被法王占领的土地,不料却遭遇大败。战争的赋税以及战败的屈辱,进一步损害了国王的威信。当时英格兰的城市本是在王权的庇护下发展起来的,但约翰为征法战争的横征暴敛,把原本支持自己的市民推到贵族、领主一方,国王于是变得孤立无援。反对国王的贵族乘机而动,联合对国王不满的教士、骑士和城市市民,开始叛乱。1215年6月10日,英格兰的封建贵族在伦敦聚集,挟持英格兰国王约翰。约翰被迫赞成贵族提出的《男爵法案》(Articles of the Barons)。同年6月15日,约翰在兰尼美德(Runny Mede)为法案盖上皇室的盖章,而贵族则在6月19日重申对约翰效忠。最后皇室秘书将国王与贵族间的协议制作成正式文本,并将副本抄送至各地,由指定的皇室官员及主教保存,这个文本就是史上著名的《大宪章》的最初版本。

  17世纪以来,《大宪章》被誉为"英国自由的奠基石"(Palladium of English Liberty),在宪政史上有着极其重要的影响。1215年的《大宪章》确立了英国平民享有的一些政治权利与自由,同时保障了教会不受国王的控制。它还改革了法律和司法,限制了国王及皇室官员的行为。宪章内大部分的内容是从亨利一世在位时颁布的《自由宪章》(Charter of Liberties)抄写过来的。《自由宪章》是亨利一世1100年加冕时颁布的,规定了国王对待教会及贵族的措施,给予了教会及贵族一定的权利。然而,从前述的渊源可以看出,《大宪章》制定当时,并没有体现保障现代意义的"自由"、"基本人权"的意图。《大宪章》中的"自由",主要指贵族(baron)相对于国王的自由,以及作为领主对自己领地内的人民进行统治和压榨的自由。在这种意义上,可以说《大宪章》是对封建统治制度的一种肯定,并以契约形式写成的文书(这类文书在当时的欧洲大陆国家也普遍存在,并非英国独有)。[1]

  在《大宪章》制定的过程中,贵族们获得了伦敦市民和企业主的支持。正因为如此,这些社会力量的要求也被吸纳其中。因此,《大宪章》不仅包含保障封建领主统治地位的内容,也有保护商人的规定(第41条、第42条),以及承认伦敦市的一些特权的规定(第13条)和承认教会地位的规定(第14条)。

  约翰自始至终就没想过接受1215年《大宪章》的制约,他是在武力之下才被迫在文件上签署,特别是该法第61条几乎褫夺了国王所有的权力。[2] 就在贵

---

[1] T. PLucknett, *A Concise History of the Common Law*, London: Butterworth & Co., 1956, p.25.

[2] 1215年的《大宪章》中最为重要的条文是第61条,即所谓"安全法"。根据该条的规定,由25名贵族组成的委员会有权随时召开会议,具有否决国王命令的权力;并且可以使用武力,占据国王的城堡和财产。这种权力是出自中古时期的一种法律程序,但加之于国王却是史无前例。

族离开伦敦各自返回封地之后不久,约翰立即宣布废弃《大宪章》,在他的要求下,教皇英诺森三世也认为《大宪章》是"以武力及恐惧,强加于国王的无耻条款",教皇否定了任何贵族对权力的要求,称这样做破坏了国王的尊严。《大宪章》在其制定后的第9周即被宣布无效,随后英国即陷入内战。

约翰在1216年10月18日内战正酣时病死,九岁的亨利三世即位,皇室人员希望年幼的新国王会为贵族所接受。新王即位后,战事终结。时局需要一位摄政官员,胜利的教会和贵族们均联合起来支持此事。彭布罗克郡伯爵马歇尔(William Marshal [1st Earl of Pemborke])成为王国的首席行政官,一直到去世时都在摄政之位上做得很出色。他去世后,一位教皇使节、一位著名的大主教和一位约翰时期的行政官共同掌管国家权力,后两位一直执政到1227年亨利成年时以及随后的数年。1219年10月12日,皇室大臣以亨利的名义再发出《大宪章》,但当中部分条款,包括第61条都被删去。1217年和1225年间,亨利三世曾多次颁布《大宪章》。1225年,18岁的亨利国王亲自决定将早先的《大宪章》加以精简,只剩下有37项条文。这一文本就是现行英国法律中历史最为悠久的文本,但它与1215年《大宪章》之间有着显著的区别。

亨利三世在统治英国长达56年之后,于1272年逝世。他逝世时,《大宪章》已成为既定的英国法律,日后的国王亦难以像约翰一样将它完全推翻。亨利三世的儿子,爱德华一世在1297年10月12日发布最后一次修订的《大宪章》,并成为"确认法案"的一部分。

《大宪章》在历史上并不是一直都是盛名在外。随着英国农奴制度的瓦解,《大宪章》的重要程度也日渐削弱,到了都铎王朝的集权商业主义时代,《大宪章》基本上无人关注。

在历史上,《大宪章》再次受到世人的关注,得益于柯克爵士(Sir Edward Coke,1552—1634年)发表的《英国普通法案例报告》(Insititute of the England)。在这部举世闻名的著作第2卷(Second Institute,柯克去世后的1641年出版),柯克从卷首就对1225年《大宪章》第29条进行了分析,给这一古老的法律文书带来现代意义的解释。该条文是对1215年《大宪章》第39条和第40条继承和整合而成的,内容是:"任何自由人,如未经其同级贵族之依法裁判,或经国法审判(lex terrae, law of the land),皆不得被逮捕、监禁、没收财产、剥夺法律保护权、流放或遭受任何其他迫害。此外,除上述情况外,不得在王座法院(Court of King's Bench,即一种国王法院)或其他关对自由人施以处罚。不得向任何人出卖司法和公正,拒绝或延搁其应享之权利。"

柯克认为,《大宪章》中所指的"未经国法审判",是要求裁判须经由正当程序(due process of law),并禁止非法逮捕、监禁或以其他非法手段限制人身自由。这一解释意味着国王的权力并非至高无上,也应受法律规制。其关于正当程序

(due process of law)和国家法律(law of the land)的观点受到了后世的广泛认同,在英美法系国家(特别是美国)得到了广泛适用。

然而,从文字学的角度观察,柯克对《大宪章》的这一解读其实并不准确。在中世纪,"lex terrae"一词专指当时实施的"教会审判"或其他宗教仪式中适用的审理方法。显然,作为英国宪政史上最出色的法官和法学家,柯克并不关注《大宪章》制定当时的史学和文字学含义,但更加注重对《大宪章》的条文进行现代演绎和阐释,赋予其文字新的生命力。在这种意义上,柯克对《大宪章》的解释,树立了《大宪章》在近代公民意识和公民法权观念上的重要地位,使这一文书在英美公法领域保持了持久的影响力。

(五) 议会制度(Parliament)形成

当亨利完全控制了政权之后,开始重用外国宠臣和教廷的势力,安排这些人和一些下层人士在政府中供职。这一做法就得罪了国内贵族中的保守派。亨利亲政时期,执意要夺回在法国的领地。1254年他要求英格兰各郡抽调2名骑士前往威斯敏斯特参加会议,商讨向贵族征收赋税的计划。这一决定开创了允许英国下级贵族(身份低于男爵者)参与国政的先例。1258年,当国王和贵族发生冲突时,双方都尽力争取获得骑士阶层的支持以巩固自己的政治势力。1264年,贵族阶层的领导人莱切斯特伯爵西蒙(Simon de Montford)俘虏了国王并掌握了英格兰的大权。作为一名胸怀先进理念的领导人,他试图为中间阶层在政府行动中谋求地位,决定除贵族、高层教职人员外,各郡可以委派4名骑士组成议会,共同参与议政。1265年,西蒙同意支持自己的各个城市分别派遣2名市民参加议会议事。这一做法被认为开创了民主政体的先河,西蒙也被誉为英国平民院制度的创始人。

然而,对于早期的英格兰议会制度,以下几点需特别留意:(1)根据当时议会的议事规则,需要传召骑士的时候,一般也可以传召市民参加。但是并非每次召开议会都需要进行上述传召。在1258年到1310年间,共召开80次议会议事,其中传召骑士和市民参加的仅有20余次。[①] 市民和骑士成为英国议会的固定成员,要求他们必须参加议会议事的做法,则是爱德华二世(1307年到1327年)和爱德华三世(1327—1377年)执政初期的事情。(2)当时,骑士和市民被称为下议人员(Commons),即各地区的代表,是各自治地区或城市的行政负责人,并不等同于现代意义上的城市"市民"。(3)当时的议会并非现代意义上的立法机关,由于中世纪尚未实现立法、行政和司法的三权分立,实际上议会的主要职能是司法性权力活动。

英格兰的议会主要由两部分组成:一是下议员(Commons)的团体,二是由高

---

① G. Sayles, *The Medieval Foundation of England*, University of Pennsylvania Press Press, 1950, p.456.

级神职人员和贵族(Lords Spiritual and Temporal)共同组成的团体,从而形成了两院制度。这一做法被认为与中下层教职人员逐渐退出议会有关。1295年爱德华一世召开议会,史称"模范议会"(Model Parliament),参与成员包括贵族、每一郡派遣的2名骑士、每一城市派遣的2名市民、大主教(Archbishop)、主教(Bishop)和修道院院长(Abbot)以及下层教士的代表。① 后来,下级教士渐渐不再出席议会的活动,其诉求由高级教士代为转达。如果议会讨论涉及教会经济负担的事宜,由坎特伯雷大主教和约克主教召开包括下层教士在内的"神职人员会议"(Convocation)进行讨论。到了1330年前后,下层教士已完全不再参与议会审议。

是否召开议会的权力属于国王。在13世纪中叶到14世纪期间,国王频繁地召开议会,处理国政。根据统计,这一时期的历代国王在统治期间平均1年要召开一次议会。例如,爱德华一世国王召开议会的主要目的是推进其改革措施以及百年战争期间筹措军费。此时期的议会继承了"御前会议"作为国王辅助机关的传统,贵族是其中的核心政治力量。贵族们既把议会当作与国王抗争的舞台,也通过议会实现其自身的政治诉求。至于在议会中,各地的骑士代表和市民对国王提出的不当征税表达不满,大多数时候属于一种"政治请愿"。即使在平民院独立行使职能之后,平民院的作用也始终处于次要地位。

(六) 爱德华一世时期的立法

亨利三世到1272年一直为英格兰国王。但是,自1265年8月国王的长子爱德华王储(后来的爱德华一世国王)在伊乌夏姆(Evesham)大战中击败西蒙后,实际上英国的国政和军权已由爱德华掌控。爱德华在1270年前往去巴勒斯坦参加十字军东征,两年以后他归国时,其父已经去世了,爱德华遂登基成为英国国王。

爱德华一世,他的三个绰号——"长腿"、"苏格兰之锤"、"英格兰的查士丁尼"(罗马帝国的立法者)——令人联想到这位接下来统治英格兰达35年的君主的多面个性。这位君主力图将其势力扩展到欧洲大陆,这样他就可以实施他的十字军东征计划。在与苏格兰人作战的同时,他又与威尔士人和法兰西人打仗。在国内,他已经证明了自己在政治上和军事上的绝对优势,这使他可以大胆改革,出台许多新的法律,以巩固王权和封建制度。② 此外,如下文所述,在这一

---

① 在中古时代,基督教有强大的势力,一些教会领袖也成为封建领主,形成一个宗教君主等级系统,与世俗系统并列。在宗教等级系统中最高等级是罗马教皇(Pope)。在教皇以下还有各级宗教君主,包括宗主教(Patriarch)、大主教(Archbishop)、主教(Bishop)、修道院院长(Abbot)等。这些宗教君主所管辖的地区(包括教皇国、宗主教区、大主教区、主教区、修道院领地等)俨如封建诸侯国,与世俗的政权并立。

② 关于这时期的立法,参照 T. Plucknett, *Legislation of Edward I*, Clarendon Press,1949.

时期,爱德华国王还积极参与法院的活动,为扩大普通法的适用范围作出了贡献。

爱德华被称为"英格兰的查士丁尼"是因为他积极的立法活动。其中最为重要的是1285年制定的《威斯敏斯特第二法律》(Statue of Westminster II),该法划定了普通法的主要适用范围。1267年的《万宝拉法》(Statute of Marlborough),规定禁止领主未经司法程序非法扣押财物。1275年的《威斯敏斯特第一法律》(Statue of Westminster I)为防止国王的官吏欺压人民,规定了公民权利的程序性保障措施。在不动产的法律关系方面,《威斯敏斯特第二法律》中增加了《关于附条件转让的法律》(Statute De Donis[Conditionalibus])。此外,还有1278年的《克罗斯塔法》(Statute of Gloucester),1279年的《没收法》(Statute of Mortmain),1290年的《土地完全保有法》(Statute Quia Emptores)等。此外,1284年制定的《威尔士法》(Statute of Wales),结合当时英格兰与威尔士合并的情况,向威尔士地区新任的治安官叙述了普通法各项基本原则。

(七) 14世纪的立法

14世纪的英格兰社会最值得注目的是佃农阶层"维兰"(Villein)身份的变化。作为领主的附庸,维兰有义务为领主提供劳动(每周2到3天)。作为这一义务的交换,他们可以拥有一定的土地并开展耕作。在相当长的一段时间里,他们拥有土地的权利是得不到法律保护的。

然而,到了14世纪的后半期,以金钱代替劳动义务的"折抵"(Commutation)已普遍存在。同时,维兰所拥有的土地也开始在各自的农庄法院得以登记注册,这些土地登记的文本(包括副本)受农庄法院的保护。这一制度,到了15世纪开始被称为"土地官册登记制度"(Copyhold),这部分维兰也被称为"公簿持有农"。

1348年到1349年间,一种被称为"黑死病"(Black Death)的流行病开始在欧洲各地扩散。在欧洲,黑死病猖獗了3个世纪,夺去了2500万余人的生命。英国同样不能幸免,境内发生大规模的瘟疫,大量民众死亡,人口急剧下降。据说当时的英格兰人口从400万人骤减到不足250万人。由于缺乏劳力,许多庄园的佃农人口不能满足领主农庄的耕作需求,出现了从其他农庄抢夺佃农的情况,一时间各地工资高涨。为制止这一情况,封建政府从1349年到1351年期间制定了《劳动者法》(Statute of Labourers),建立了固定劳动报酬制,支付高于法定标准的劳动报酬属于违法。这一做法目的在于把劳动者工资限制在黑死病蔓延以前的水平上,以保障封建主利益。另外,由于国王长期对法战争,税收不断增加,给广大城乡劳动人民带来许多苦难。1381年,为了反对国王暴政,争取更高的社会地位和经济权益,由泥瓦匠瓦特·泰勒(Wat Tyler)和穷教士约翰·保尔(John Paul)领导的英国农民反封建起义爆发。起义主要发生在工商业发达的东南部地区,起义群众甚至在贫民帮助下进入伦敦城内。起义群众和国王于伦敦东北面的迈尔恩德谈判。瓦特·泰勒代表起义群众,要求取消农奴制,大赦起义者,在国内自由贸易,消灭领主对人民的奴役,规定每亩地征收货币地租4便士。在国王口头答应这些要求后,起义群众冲入伦敦塔,处死坎特伯雷大主教西蒙·苏德伯雷和财政大臣海尔斯及其他一些封建主。后来,有一部分起义者在得到国王给予的自由赦书后,开始散去。但其他坚持斗争的起义群众再次和国王谈判,提出更激进的反封建要求。在谈判中,伦敦市长沃尔沃思和国王的随从发动突然袭击,杀害瓦特·泰勒,并追杀失去领袖的起义者之后,约翰·保尔也受酷刑而死,起义失败。

虽然瓦特·泰勒的起义以失败告终,但在客观上也推动了农民地位的提高,起义中大量维兰获得自由农民的身份。到了15世纪大法官法院(Chancery)①、16世纪的普通法法院,均开始对公簿持有农提供法律保护,英国的封建制度逐步走向衰亡。

三、兰开斯特王朝与约克王朝

(一) 兰开斯特王朝的立法与政治

理查德二世由于成年亲政后无视英国法治传统,扬言"法律存在于国王口腹之中",推行专制独裁,结果于1399年被废黜。赫里福德公爵亨利(Henry Bolingbroke)即位,史称亨利四世。② 作为爱德华三世第三子约翰(John of Gaunt)的儿子,亨利对王位只有次位继承权。根据先例,王位应该传给爱德华三世的次子莱昂纳尔(Lionel of Antwerp)的男性后裔。事实上,理查德二世立了莱昂纳尔的孙子罗杰·莫提梅(Roger Mortimer)为王位继承人。亨利能够成为国王,主要原因在于前任国王理查德二世的统治不得人心。

亨利是受议会的拥戴而即位,因此在兰开斯特王朝时期,国王们经常召开御前会议(Curia Regis)并参与咨政会议(King's Council)的审判活动,以维护议会决议的权威性。这一做法,从表面上看,容易使人联想到后世的君主立宪制度。在17世纪的斯图加特王朝时代,议会议员们列举兰开斯特时期的议会辅政的种种事迹,声称从14世纪起英国就存在议会制度的传统,以此向国王主张议会政治的重要性。然而,这一解读和前述的《大宪章》作用论一样,是对历史事实的

---

① 从12世纪开始,御前会议(curia regis)逐渐形成分支,各王室法院具有独立的司法职能。王室法院的司法管辖权来自王权,当事人想要在王室法院进行诉讼,必须向王室文秘署(Chancery)的御前大臣(Chancellor)申请令状(writ)。王室文秘署在15世纪发展为"大法官法院"(the Court of Chancery),御前大臣则成为后世的大法官。

② 亨利的父亲是兰开斯特公爵约翰(John of Gaunt),他于1399年2月去世。亨利虽然继承了兰开斯特公爵的称号,但1398年被理查德二世流放国外。

一种"善意的误读"。事实上，兰开斯特王朝的议会（Parliament），无论其人员构成还是组织职能，都与民主立宪毫无关系。当时频繁召开议会的主要原因是国王丧失了对地方的控制权，弱势的王权只能借助地方贵族的力量来推行国家的大政方针。这一做法虽然导致地方贵族通过议会活动获取了前所未有的政治利益，但下层民众则仍旧是国王和贵族们剥削和压迫的对象。

（二）玫瑰战争

兰开斯特王朝的第二位君王是亨利五世（1413—1422年在位）。他在其父去世两年后在阿让库尔（Agincourt）击败了法国骑士团，后作为法兰西摄政而进入巴黎，并于在位期间开创了王朝的辉煌时代。

1421年6月亨利五世在法国战场上死去，出生仅9个月的国王幼子被推上国王宝座，史称亨利六世。未成年的国王一登基就要介入各种复杂的棘手问题，包括法兰西地区统治的恶化以及国王旁边重臣的不断争吵。圣女贞德的出现和法国皇太子1429年在兰斯加冕为查理七世，预示着法国瓦卢瓦王朝的复兴。到了1453年，英国的势力已经基本被驱逐出法国（除加来地区以外）。1454年12月，约克公爵理查（Richard Plantagenet, Duke of York）在宫廷斗争中失利后，勾结沃里克伯爵（Warwick）等大贵族，起兵反对兰开斯特家族（House of Lancaster）出身的国王亨利六世，内战爆发。由于兰开斯特家族以红玫瑰为族徽，约克家族则以白玫瑰为族徽，故这场战争也被称"红白玫瑰战争"。1455年5月22日，理查德率军3000人在圣奥尔本斯（St. Albans）击败兰开斯特家族军队3000人，控制了宫廷，并自称护国公。1459年，王后玛格丽特帮助兰开斯特家族把理查排挤出咨议会，战争又起。同年10月12日，亨利六世率军在卢德福桥（Ludford Bridge）战胜约克家族军队，理查德和沃里克伯爵逃亡法国。次年6月，沃里克伯爵和理查德之子爱德华率军杀回英国，7月10日在北安普敦（Northampton）大败兰开斯特军，攻占伦敦，俘获国王，理查德被宣布为王位继承人。但玛格丽特不甘失败，于12月30日率军突袭威克菲尔德（Wakefield），杀死理查德。理查德之子爱德华继承约克公爵封号后，于1461年2月2日率军在莫蒂默斯克罗斯（Mortimer's Cross）打败兰开斯特军，3月4日废黜亨利六世，自己登上英国王位，史称爱德华四世（Edward IV），建约克王朝。此后，爱德华四世率军1.5万人追击玛格丽特，于3月29日在陶顿（Towton）之战中彻底打败兰开斯特军。玛格丽特逃往苏格兰，战争暂时告一段落。

战争第二阶段是由约克家族内讧开始的。沃里克伯爵在建立约克王朝的斗争中立下汗马功劳，并大权在握，企图控制国王爱德华四世。但国王坐稳王位后则开始抑制大贵族，提高王权。双方矛盾日益激化。1469年，沃里克伯爵煽动叛乱，打败国王军队。国王暂时屈从沃里克派贵族。不久，国王发动反击，沃里克伯爵逃亡法国，与宿敌玛格丽特结盟，于1470年9月打回英国，废黜爱德华四世,恢复亨利六世王位。爱德华逃亡佛兰德(Flandre),于1471年3月率德国和佛兰德雇佣军返英,4月在巴尼特(Barnet)彻底打败沃里克伯爵,继而乘胜追击,于5月4日在蒂克斯伯里(Tewkesbury)歼灭兰开斯特军余部,俘虏玛格丽特,处死亨利六世。此后,约克王朝进入12年和平昌盛时期。1483年,爱德华四世去世,年仅13岁的爱德华五世即位。不久皇叔理查篡位,史称理查三世,约克家族众叛亲离。1485年8月,兰开斯特家族远亲亨利·都铎(Henry Tudors)率3000法国雇佣军打回英国,重整兰开斯特旧部,于8月22日率军5000人在博斯沃思(Bosworth Field)歼灭约克王朝军,杀死理查三世。玫瑰战争至此结束。亨利·都铎即位,史称亨利七世(Henry VII),建都铎王朝。翌年,都铎娶爱德华四世之女伊丽莎白为妻。以红白玫瑰为徽,两大家族修好。由于长年战争,封建贵族阶层的人数和势力都逐渐减少,使得都铎王朝在建立集权统治时并没有遇到很大的阻碍。

四、中世纪英国法院概观

中世纪英格兰的法院体制非常复杂。除国王法院(King Court)以外,当时的司法机关还包括诺曼征服之前就存在的诸如郡法院(Country Court)和百户村法院(Hundred Court)等民众自治体法院,领主刑事法院(Court Leet)和农庄法院(Manorial Court)等贵族法院,各城市的法院以及教会法院。这些法院各自拥有独立的管辖权,分别适用各自的法律。

今天英国法的渊源,大多来自在国王法院适用的法律。因此,人们通常只会把目光投射到国王法院,而忽视了其他的各类法院。然而,如果不了解这些法院及其司法活动,就无法把握中世纪英格兰法的全貌,也就不能从法律进化的角度认识普通法的复杂性。有鉴于此,本书在阐述国王法院及其对现代法影响的同时,对于教会法院和商业城市的法院也将进行论述,以利于大家学习和研究。

在中世纪的英格兰,国王法院的司法活动局限在特定的地区。造成这一情况的原因,不仅是因为司法资源的有限性,更为重要的是对统治权的争夺。当时进入法院必须支付一定的费用,法院的手续费收入是国家的重要财政来源,审判权在某种意义上也是一种财产权,因此在社会各阶层间开展了激烈的司法权争夺。

总体上说,中世纪英格兰的司法制度的发展历程是国王不断扩大其审判权的过程。然而,在这一过程中,如果急于求成,就有可能受到来自教会和贵族的激烈反对。因此,国王法院主要通过改善司法程序和提供更好的司法服务,与其他类型的法院开展竞争。国王法院从早期开始,就非常重视法官在司法活动中的积极作用,强调由法官来主持法院的日常工作,对地方利益的纠纷提供较为公正的解决方案。

五、普通法

(一) 王国的普遍习惯

诺曼征服时代,威廉一世是以忏悔者爱德华王的继承人的身份主张其继承英国王位的正当性的。作为一个信教的统治者,他在即位时就宣布尊重并服从忏悔者爱德华王的法律。在后世的国王中,亨利一世、斯蒂芬、亨利二世等国王也多次宣布承认并尊重盎格鲁—萨克逊时代的法律传统。

然而,在法律实践中,早在12世纪中叶,国王的审判活动就开始参照各地的习惯以及日耳曼法、罗马法和教会法等法律,开展自由造法的活动。凡是法官们认为正确、合理,并与国王的立法不相抵触的习惯和惯例,便被确认为判决的依据。这些依据被称为"王国的普遍习惯"(general custom of the realm)。同时,不具有普遍价值的地方性习惯和惯例,逐渐被法律所排斥。这样,一些被引为依据的习惯便成了以判例法形式出现的普通法。英国的这种判例法之所以又叫普通法,就是因为它不同于以往的地方习惯,它是国家确认的通行于全国的法律。所谓普通是相对于特殊而言,具有"共同"、"普遍"、"通行于全国"的意思。

(二) 普通法的发展与相关著作

在普通法发展的初期阶段,最引人关注的是亨利一世在1110年到1122年期间制作的法律集——《四部法典》(Liber Quadripartitus)。第一部法典收集了盎格鲁—萨克逊王朝的两部主要法律——11世纪的克努特(Cnut)王法和9世纪的阿尔弗勒德(Alfred)王法的拉丁文译本。第二部法典是关于教会和国家的叙述,内容主要涉及国家的政治制度,与司法制度相关的阐述不多。第三部法典和第四部法典主要记载当时在英格兰实行的法律,被学者称为"亨利一世的法律"(Leges Herici Primi)。在其内容上,法典的作者在参考克努特法和阿尔弗雷德法的基础上,力求将原本属于日耳曼民族法移植到12世纪的英国社会。这些法律说明国王的法院不会作出随意的、毫无根据的判决。也就是说,立法者希望通过制定规则,保证法院的每一个判决都有适当的法律依据。[①]

1187年出版了一本名为《中世纪英格兰的法和习惯》(Tractatus de legibus et consuetudinibus regni Angliae)的著作,史称《拉鲁夫·克朗维尔法典》。拉鲁夫·克朗维尔(Ranulph de Glanville)是亨利二世时期的首席法官(Chief Justiciar),由于这部著作没有注明作者,后世的人们就根据书的首页所写的"本书完成于拉鲁夫·克朗维尔时期"一句,用克朗维尔的名字为这本书冠名。然而,根据学者的研究,该书极有可能是理查德一世时期的首席法官休伯特·沃特(Hubert Walter)所写。沃特在约翰王时期是国王的大法官,同时也是克朗维尔的外甥。

---

① 参见 G. Hall, *De Legibus*, Selden Society, 1965。

这部著作是对国王法院颁发的各种令状的说明和解释,其通过判例来解释法律的写作风格对后世的英国法影响很大。在内容上,该书主要以不动产法为主,反映了当时普通法的适用情况。

如果将《亨利一世法典》与《克朗维尔法典》进行比较,二者之间的差距是显而易见的。《亨利一世法典》的内容比较混乱,源自不同法体系的各类规定都被囊括其中。虽是一部英格兰的国内法,但却不得不承认丹麦人法、马歇尔法和威塞克斯法的存在。也就是说司法诉讼必须诉诸罗马法、教会法或法兰克法。然而,在《克朗维尔法典》中,法律的内容整齐划一,只记载了王座法院所适用的法律。在法典中既没有记载仍旧保持一定影响力的地方习惯法,也没有保留诺曼征服之前的自然法的内容。事实上,从这个时期开始,《克朗维尔法典》已经取代之前的法,为推动普通法的发展作出了很大的贡献。

英王亨利三世(Henry III)时代的大法官布莱克顿(Henry de Bracton),于 1250 年开始写作《英格兰的制成法和普通法》(De legibus et consuetudinibus Angliae libri quinque)①,虽终其一生都未完成,但仍成为一篇不朽的巨著。该书是中世纪发表的英国法律方面著作中影响最广、最受后人推崇的作品。一直到 14 世纪中期,人们传抄、阅读这本法律书籍的热情不减。1569 年该书被印刷出版,为我们了解英国王权专政统治期之前的普通法提供了重要的素材。布雷克顿明确提出了"国王本人不应该受制于任何人,但他却应受制于上帝和法律,因为法律造就了国王。因此,就让国王将法律赐予他的东西——统治和权力——再归还给法律,因为在由意志而不是由法律行使统治的地方没有国王"。布莱克顿甚至提出了约束国王的具体办法:"如果国王没有约束,就是说如果没有法律约束,那么法官和男爵们就应当给国王施以约束。"历史上,柯克法官(Sir Edward Coke)面对詹姆斯一世国王宣告"国王在万人之上,但却在上帝和法律之下",就是出自这本著作的名言,至今为人们津津乐道。到了 1640 年,该书出版了第二版,为之后共和制的建立奠定了理论基础。

这部著作全书共分为 444 节,除前面 10 节和文中部分绪论采用理论化叙述方式外,其他大部分内容采纳了实践法学的方法,汇集了各种各样令状及其解释。身为国王大法官的布雷克顿,在他的著作中所记载的案件也大部分是王座法院所作的判决。但是,在一些普通法还不够成熟和完善的法学领域,布雷克顿借鉴了罗马法的案件素材,在对普通法案件进行整理和分析时,也采用了罗马法的结构和概念。

---

① 布莱克顿的《英格兰的制成法和普通法》(*The Statute and Common Law of England*)以拉丁文写成。英文译本及详细介绍、注解参见 S. Thorne, *Fraction: On the Laws and Customs of England*, 4 vols. Chapel Hill, N.C., 1981, p.77。

(三) 普通法法院

如前文所述,英格兰的国王审判是在"贤人会议(御前会议)"的帮助下完成的。因此,国王法院实质上就是从贤人会议中分化出来的专司审判的王室机构。以下,对当时隶属国王法院的几个专门法院详述之。

首先是财务法院(Court of Exchequer)。在亨利一世统治时期,为了处理国王的财务问题而设立了主管财务行政的财务府(Exchequer)。早期的财务府也负责处理国王债务纠纷。随着这类纠纷越来越多,财务府的司法性功能逐渐得到强化,开始区别于其他行政事务。① 在爱德华一世国王时期,国王财务法院作为一个独立的司法机关开始运作。

其次是普通民事法院(Court of Common Pleas)。② 这个法院设立于1178年,主要处理私人之间的争讼。由于受当时国王法院的管辖权限制,该法院主要处理与土地的自由保有权(Freehold)有关的诉讼。1215年《大宪章》第17条规定:"一般民事诉讼应在指定场所审判,无需随国王法院巡回处理",对普通民事法庭的受案范围作出了新的规定。

再者是王座法院(Court of King's Bench)。这一法院是在爱德华一世国王的统治期间,即1272年至1307年间从行政机关中分离出来的。该法院主要受理刑事案件和不法行为案件。

上述法院虽建立时间各不相同,但它们都位于威斯敏斯特,定期巡回全国。这一现象的发生与国王的权力扩张和职务的复杂化有关。由于国王审判在性质上属于王权的一部分,因此上述法院出现审理困难或长期无法结案时,国王会授权御前会议进行处理。其中,王座法院一直到中世纪结束,都被认为是御前会议的组成部分,与其他两个法院相比独立性较差。

在上诉制度方面,根据诉讼记录,如果审判有明显的错误,当事方可以要求上级法院颁发"纠错令状"(Writ of Error)以进行重审。当时普通民事法院的案件可以向王座法院提起上诉。对财务法院的上诉管辖,早期曾有争议。到了1357年,国王法院设立了财务上诉法院(Court of Exchequer Chamber)③,专门受理针对财务法院的上诉案件。同时,王座法院的判决不能上诉,部分个案只能依靠国王的赦令来实现特殊救济。

随着时代的发展,上述三个法院通过拟制实现了管辖权的扩张。其结果是,

---

① 其中,1236年开始保留被称为"Rolls of the Exchequer of Pleas"的诉讼记录可以视为一个标志性的举动。
② 最初常被人们称为"法庭"(the Bench)。
③ 英国法制史上,在四个不同的时期,都出现过财务上诉法院(Court of Exchequer Chamber)。分别是:1357年首次设立的财务上诉法院;15世纪,召集王室法庭和普通民事法庭的法官对重大案件进行特别审理的法庭;1585年设立的仅受理王室法庭上诉案件的法院;1830年设立的全面受理王室法庭、普通民事诉讼法庭和财务法庭上诉的法院。

到了中世纪的末期,王座法院控制了刑事案件的审判权,普通民事法院则控制了土地自由保有案件(Freehold)的审判权。除此以外,三个法院对大部分民事诉讼案件都拥有竞合性的管辖权。其具体过程是:爱德华一世国王时期曾严令限定财务法庭的管辖权,严禁越权审理本应归其他法庭处理的案件。到了 14 世纪,原本管辖税收的财务法院,通过拟制允许原告提起一个"减少之诉令状"(Writ of Quo Minus),使国王的债务人可以将另一主体告于该法院,理由是其被告滞留其应得财产致使削弱了其对国王债务的清偿能力。换言之,一个拟在财务法院起诉获取其所享权利的财产或赔偿费的原告,通过令状可以声称因被告非法占有原告应得财产而使其无力清偿对国王债务。虽然许多时候关于原告对国王负债的声称是虚假的(实际上是原被告间的纠纷,与国王无关),但是法院均予受理。①

在民事案件方面,普通民事法院对权利主体间除暴力或诈欺外的案件单独享有初审管辖权。然而从 15 世纪起,作为一种例外情形,允许遭到高等法院的典狱官或监狱看守(Marshal or Prison-Keeper of the Court of King's Bench)监禁的当事人,以人身管辖原则申请在王座法院进行诉讼。因此,如果某一案件的当事人希望在王座法院开展普通债务诉讼,他可称被告处于典狱官监禁之下,这样案件即可划归该法院管辖。虽然很多时候原告的此种诉由是虚构的,但法院并不接受被告提出的管辖异议抗辩。这样一来,所谓的人身受王座法院监禁的条件就被拟制化了。

(四) 各地的国王审判

在英格兰,为了在各地开展国王审判,很早就开始实行巡回制度。12 世纪起,王室通过派遣"巡回法官"(Justices in Eyre)在地方上召集民众来查问有关地方官员有无违犯王室的不轨行为,借以控制、监管地方的行政与司法活动。根据《大宪章》的规定,国王法院必须常设在威斯敏斯特。因此,威斯敏斯特的王座法院首先要对争议问题进行归纳和整理,如果需要陪审审判,则由巡回法官走访各地交给当地的陪审团进行裁决。这样一来,无须陪审员前来威斯敏斯特,也可以进行国王的审判。在《威斯敏斯特第二法律》(Statute of Westminster II 1285)颁布以后,由巡回法官负责审理民事案件的传统(即初审制度,Nisi Prius)逐渐确立下来。到了 14 世纪,由于议会允许地方各郡代表参加,使得国王无需派遣官员四处奔波,即能在议会上获取其所需的全国各地之信息;加之肩负行政职责的巡回法官(Justices in Eyre)越来越不受民众欢迎,应公众的强烈要求很快被司专职审判的巡回法官(Justices of Assize)所取代。随着巡回审判制度走向专业化和规范化,原本集中进行的国王审判日趋走向衰微。

---

① 〔美〕约翰·齐普曼·格雷:《论法律主体》,龙卫球译,载《清华法学》2002 年第 2 期。

在王座审判制度中,治安法官(Justice of the Peace)的作用不容忽视。治安法官是自中世纪以来就存在的地方基层司法文官,随着时代的发展和特殊的国内时势,赋予了它新的角色和职能,使它派生出广泛而重要的经济和社会权力。例如,在黑死病灾害之后,治安法官负责维持地方治安,实施《劳动者法》(Statute of Labourers)和《贫困救济法》(Poor Law)等。该制度的社会基础是广大的乡绅阶层,这一点在英国建立近代国家及资产阶级革命过程中发挥了重要的作用。

在审判活动中,治安法官主要负责审理刑事案件。根据当时的惯例,每年召开四次治安法官大会,各地的治安法官可将重大案件提交讨论大会,因此会议也被称为"四季审判庭"(Court of Quarter Sessions)。日常的普通案件,由两名以上治安法官组成合议庭,以"即决审判"(Petty Session)方式处理。治安法官的司法活动受王座法院的监督和制约。

(五) 陪审团制度

近代的陪审制度,被认为是民众直接参与司法过程,实现人民主权的重要制度。人们通常认为,近现代陪审制度起源于盎格鲁—萨克逊时期,成型于英国,并且自英国传遍世界各地。在这个意义上可以说英国是近现代陪审制的母国。但是,本书认为这样的历史判断绝不意味着英国的陪审制是源于其本土的。当然,许多学者谈到陪审制起源一般总是从古希腊雅典与古罗马的民众陪审法庭说起,本书对这样的方法也心存疑虑。因为在那些国家,陪审制度缺乏足够的生命力,很快就退出了历史舞台,与现今世界各国的陪审制实无历史性关联,所以我们理应直接从英国的陪审团着手去寻找其起源与传承。

据记载,至少从公元 9 世纪初起,法兰克国王就曾经享有特权,要求民众在邻居调查团(Inquest 或 Inquisition)面前,宣誓并回答王室官员提出的问题——主要是关于当地习惯所确认的王室权利和是否违反王室命令等。从北方来的诺曼人从法兰克人手中延续了这种办法,也使用邻居调查陪审团。但是,诺曼人具有非常强的行政管理能力,他们将调查陪审团的使用范围加以扩大,把它作为政府管理的一般方式来运用。中央政府派往地方的王室官吏向当地人调查时,可召集调查陪审团,后者要发誓如实提供有关情况。

诺曼征服以后,这一做法也被英国统治者采用,成为中央王权控制与管理地方封建势力、强行收集地方民众信息的一种手段。威廉一世在 1086 年推出《末日审判书》制度的过程中,王室官吏广泛地采用了 12 人邻居调查陪审团,调查陪审团必须如实回答王室官吏提出的问题,否则要受罚。这种邻居调查陪审团能够快速有效地给王室官吏提供其所需要的翔实信息,因而邻居调查陪审团对国王如期完成他的调查计划起到了重要作用。

为有效地维护和扩张王室的权利,亨利二世将邻居调查团的推问方式延伸到诉讼活动。这种陪审团由从地方民众中召集的 12 人担任,称为"咨审团"(assize)。① 咨审团在性质上属于提供事实和证据的团体证人,而非现代意义上的陪审团。为了保证证言的可靠性,司法程序中还建立了"陪审复查团"(attaint)制度。复查团由各地选拔24人组成,其责任是对咨审团的评议结论进行再审。如果咨审团的评议结论被证实有误,不仅该评议结论被推翻,咨审团的全体成员也要受到严厉处罚。从这一点可以看出,咨审团的错误结论并非被视为法官的错判,而是等同于证人所作的伪证。

不管是行政官吏还是司法官吏都可以采用这种咨审团来获取有关地方民情信息,如行政官吏向咨审团问土地占有以及财产等经济或其他方面的问题,司法官吏责令其提出犯罪嫌疑人或就犯罪指控是否真实发表意见等。通过这样的做法,不仅维护了社会治安,而且通过处罚金刑或没收土地也改善了国王的财政收入。1166年,国王颁布了《卡拉雷顿法》(Assize of Clarendon)。1176年,又颁布了《诺桑普顿法令》(the Assize of Northampton),决定确立告发陪审制度,规定国王为了维护和平与正义,有权命令百户邑(Hundred)选出12人,村区(Villa)选出4名守法的人(Lawful Man)来告发强盗、杀人、盗窃等犯罪嫌疑人或藏匿嫌疑人者,并保证其出庭受审。据考证,这就是最早的刑事陪审员(起诉陪审、人陪审)的起源。②

尽管在内容上与现代陪审制度有很大区别,但采用询问12人邻居陪审团作为取证方式来对案件进行裁决显然比地方法院通过宣誓、神裁及决斗等非理性的取证手段来裁决案件更具合理性,有利于诉讼制度的进一步发展。

在中世纪初期,除陪审审判外,法庭审理的方法主要有:(1)神明裁示(ordeal);(2)宣誓免罪(wager of law);(3)决斗审理(trail by battle)。

神明裁示是基于认为神明保佑无辜者的宗教信仰产生的证据认定方法。具体做法有多种,常见的有火审和水审。火审(ordeal of hot iron)适用于自由人的被告,令其双手执烧红的烙铁行走至少9码,然后将其双手用绷带缠住,如3晚以后双手痊愈,则被告胜诉。水审(ordeal of cold water)适用于妇女或农奴,将当事人的膝盖绑起来,再用一根绳系在腰部,慢慢放入水中。根据其头发长度在绳上打个结,如果被告的身体沉入水中的深度足以使那个绳结没入水中,则被告人清白。这是因为洗礼教派的"圣洁之水"不能容纳提供虚假证言的恶人。1215年,教皇尤金三世(Eugenius III)在天主教第四次拉特兰大教会上明令禁止使用神明裁示后,荷兰最早废除了该制度,随后法国于1260年,罗马帝国、英国于

---

① "assize"一词在英美法中有多重含义,包括:(1)御前会议或法院召开的立法会议;(2)在上述立法会议上制定的法令或条令;(3)从各地民众中抽选十二人进行的审问和裁决活动,即咨审团;(4)上述的咨审团审理形式,即咨审审判;(5)为快速审理案件,而在各郡定期举行的巡回审判;(6)巡回审判期(或地点)等。

② See Barbara J. Shapiro, *Beyond Reasonable Doubt*, University of California Press, 1991, p.47.

1290年相继废除该制度。

宣誓免罪,也称立誓担保(compurgation),即要求被告对自己的无罪辩护宣誓,如果法院选定的12名人员(compurgator)中全部通过极其复杂的宣誓来支持被告,则被告胜诉。反之,如果被告作了不实陈述,则必定有人的宣誓与被告不一致。这是借助一种神秘莫测的超自然力量,来证明被告陈述的可信性。

决斗审理是神明裁断的一种方式,主要用于刑事案件。如果严重犯罪是由私人举报(appeal of felony)的,被告可以向法院申请与告发人展开决斗。决斗双方各有自己的证人,由证人约定决斗的时间、地点。决斗使用的武器依决斗者身份等级的不同而有所差别。在民事案件中,允许当事人雇佣他人代为决斗。与上述两种方式相同,决斗审理也是建立在神明必然保护正义方的思想上的。

这些传统审理方法的基本理念是敬畏神明,相信神明所作的裁断,通过对诉讼当事人施以各种考验,来达到发现事实真相的目的。显然,这是唯心主义的裁断方法,不具备科学性和合理性。与之相对,即使是初期的陪审审理,也显得更容易接受,由王室法官主持的有陪审团参加的法庭在政治上更受民众欢迎。

《威斯敏斯特第一法律》(Statute of Westminster I, 1275)规定:如果重罪犯人拒绝接受陪审审理,应将其送至"坚固牢狱"(prison forte et dure)中关押。这一规定后来被解读为"应承受酷刑"(peine forte et dure),不接受陪审审判的罪犯会遭到严刑拷打。

在民事诉讼领域,返还土地的诉讼等主要采用咨审审判。由于咨审审判必须经过陪审团的再审,随着民众对咨审制度的广泛接受,陪审审判也逐渐普及。

(六)法律渊源

在中世纪的欧洲,司法审判受到法律渊源的严格限制。虽然当时的法官已经开始在判决书中引用判例,但是基于赞同之前的判决的主张或便于立论,并不意味着判例具有法律意义或事实意义上的约束力。换言之,当时并没有形成尊重先例的理念,引用之前判决主要是法官们的个体"习惯",而非一种制度。

在立法方面,同样缺乏严格的约束力。在现代,根据三权分立的原则,议会掌握立法权,因此议会所立之法,一字一句都具有具体的约束力。司法机关在实务活动中,必须严格遵照法条或者充分参考立法的背景进行适用。因此,"法律解释"的观念就应运而生,即由特定的国家机关、官员或其他有解释权的组织或个人对法律作出的具有法律上约束力的解释。然而,中世纪的立法只是体现了立法者的一般性看法,不具有具体、个别的约束性。这些法在出台后,允许执法者根据个案和具体情况进行适当地调整和修正。因此在法律适用的过程中,大多数情况下是照章办事,很少有人去追究该法律是由何人所制定,立法当时的考虑如何等问题。这样一来,到了近现代已经无人能够了解立法当时的情况,甚至法律的原文也几乎失传。

中世纪的法院对于法律适用的态度是非常宽容的。为了形成合适的判决，不仅允许执法者对法条进行扩大解释，而且允许缩小解释。同时，执法过程中还经常适用决疑法，直接向立法者质询立法的含义。如果法官本人参与了立法，允许法官根据在议会的经历自行作出司法解释。

（七）法律职业

普通法的形成与不断发展的过程，伴随着法律职业阶层，即律师的形成与发展。司法经验是法律职业人智慧的结晶，能帮助法律职业人把握事物本质，准确适用法律，有利于司法机关辨明是非，明察秋毫地处理各类纷繁复杂的案件。在12世纪就出现了诉讼代理人（responsalis）的概念。到了13世纪后期，在诉讼活动出现了协助当事人开展法庭活动的讼师（narrator）。[①] 可见从一开始，英国就存在着法律辩护人（narratores）和法律代理人（attorneys）两种不同的法律职业类型。所谓法律辩护人，是指协助当事人进行法庭陈述和辩论的法律职业者。对于辩护人在法庭上的所言所行，当事人可以承认代表自己，也可加以纠正或补充，甚至予以否认。所谓法律代理人，是代表当事人完成整个诉讼过程的全权法律"代表"，代理人在法庭上所说所做的一切，均代表着当事人的意志，具有充分的法律效力。因为代理人一旦在诉讼中出现失误往往导致败诉，而辩护人出现失误时当事人还有补救的机会，所以辩护人受到当事人的普遍欢迎，由此推动辩护人职业更早、更快地发展起来，与此同时，他们与代理人职业间的距离也一步步拉大。法律职业的复杂化和多样化，体现了当时法庭技术水平的提高和司法活动的专业性。

14世纪以后，法律辩护人（narrator）改称高等律师（serjeant）。从早期开始，国王就开始在高级律师中选拔法官，因此在法官和高级律师之间有着很强的职业共同体意识。今天的英国司法界的法官阶层（bench）和大律师阶层（bar）的友好关系，就是这样逐步形成的。高等律师们组成团结的律师行会（Serjeants' Inn），垄断了当时最为重要的上诉法院（Common Pleas）的辩护权，获得了可观的经济收入。

1292年国王颁布"令状"（writ）要求法院为法学教育提供指导，并规定参与法庭实务者必须接受过法学训练、具备丰富的经验和熟练的诉讼技能。高级律师行会根据这一方针，开始培养专业的法律人才，接受法律训练的人被称法律学徒（apprentice）。到了14世纪，法律学徒开始摆脱作为见习律师的身份，成为今

[①] 法律辩护人（narrator）是指协助当事人完成法庭辩论的人，他在法庭上的所言所行，当事人可以予以确认，也可予以否认，只有经当事人确认者才具有法律效力。这一点是区别辩护人和代理人的主要标志。法律代理人（attorney）是指全权代表当事人进行和完成诉讼的人，代理人的出庭等同于当事人亲自出庭，他在法庭上所说所做的一切均代表当事人意志，具有充分的法律效力。参见程汉大、陈垣：《英国法律职业阶层的兴起》，载《南京大学法律评论》2001年第6期。

天的出庭辩护律师(barristers)的雏形。与此同时,法学教育的主要对象也从高级律师转变为法律学徒。

法律学徒们生活和学习的场所是法律学院(Inns of Court)。在中世纪,三大中央法庭的所在地威斯敏斯特区附近,曾有无数这样的法律学校。这里原本是法院开庭期间(term),来自各地的法律职业人的住宿场所。后来,在法庭休庭期间(vacation),法律学徒们也云集于此,三五成群寄宿于某一客栈或酒馆,聘请开业律师讲课或辅导。14世纪,这样的简易法律学校数量达到十几所,经过竞争和淘汰,形成了后来的四大著名律师学院,即林肯学院(Lincoln's Inn)、格雷学院(Gray's Inn)、内殿学院(the Inner Temple)和中殿学院(the Middle Temple)。学徒们在这些学院中不仅学习法律,而且学习历史、雕塑、音乐、舞蹈等其他文化知识。隶属于这些法律学院的辩护律师被划分为主管委员(bencher)、讲诵师(reader)、外侧律师(utter barrister)和内侧律师(inner barrister)四个阶层。

律师学院由著名律师组成的委员会负责管理,他们被称作主管委员(benchers),这是因为在学院餐厅的一端,有一凸起的平台,台上有一张方形餐桌,桌旁配有长条凳,主管委员总是坐在凳子上就餐,而学徒们总是站着就餐。主管委员负责招收新学徒,并轮流为学徒讲课。担任讲课任务的律师被称作讲诵师,授课内容包括重要法律法规的讲解、典型案例分析、个人的从业体会与经验等。讲诵师在法律界享有崇高权威,他们的讲课内容经常在法庭上被辩护律师所引用。

律师学院采用理论与实践相结合的教学模式。出席法庭旁听律师辩论和法官审案是最重要的学习方式之一。为此,普通诉讼法庭中专门为他们划出一块地方,四周围以栏杆,类似于儿童用的童床,所以学徒在法庭上又被人们戏称作"童床中人"。[①] 在夏季和冬季法庭休庭期间,学徒们除听讲诵师讲课外,主要学习方式是参加模拟法庭,参与审判主管委员和讲诵师为他们编制的疑难案例。模拟法庭于每天午餐后和晚餐后在餐厅举行,其样式完全模仿正规法庭:利用餐桌和平台搭成审判台,用长条凳做成辩护席。主管委员和讲诵师担任法官,学徒分别担任原告和被告的辩护律师,并按年资差别分为两部分,高年级学徒坐在长凳两端,称作外侧律师,低年级学徒坐在长凳中间,称作内侧律师。在模拟法庭审判过程中,主管委员和讲诵师会密切观察内侧律师的表现,以决定哪些人在何时可转入外侧律师的行列。一旦升为外侧律师,就成为学院的正式成员,即律师协会的会员,同时获得出席正规法庭进行辩护的资格。由此可见,与偏重理论而远离实践的欧洲大陆各国的法律教育制度不同,英国法律教育模式的突出特点是注重实用。因此,英国的律师都具有较强的实际工作能力。在法庭辩论中,律

[①] See E. W. Ives, *The Common Lawyer of Pre-reformation England*, Cambridge Press, 1983, p.39.

师经常援引在律师学院学到的知识。①

除了上述这四大律师学院以外,还有一个级别比较低的具有同样组织和职能的衡平法律师学院(Inns of Court),该学院是为收容那些在四大律师学院收容不下的人而建立的。它们隶属于大法官庭管辖,到了15世纪开始被称为大法官学校(Inns of Chancery)。学生在这里主要学习司法令状等基本的法律常识,经过几年的训练之后再转入律师学院学习。随着各级各类法庭的出庭辩护权逐渐被辩护人所垄断,从这个学校毕业的学生,被称为法律代理人(attorneys),他们只能从事庭审之外的某些事务性工作,如申请司法令状、搜集证据、制作法律文件等。这种工作性质决定了他们经常与法庭职员打交道,与法庭的关系较为密切。

到中世纪末,英国的法律职业主要由高级律师、辩护律师和代理人三个阶层组成。与今天的辩护律师与事务律师之间的平行关系不同,上述的三者之间是一种上下级的阶层关系。通过律师学院的法律教育制度,进入法律行业的人可以从学徒开始,沿着内侧律师、外侧律师、学院主管、辩护律师、御用状师、法官的阶梯,逐步攀升到司法界的顶端。同时,从代理人转行辩护律师,从辩护律师转行到高级律师的个案也较为普遍。作为法律职业共同体的一员,不仅高级律师与法官之间有着千丝万缕的联系,辩护律师和法官之间也有着密切的关系。与之相对,代理人则主要受法庭的监督和管理。

在法律学院的教学中,记载法庭诉讼过程的诉讼记录"年鉴"(Year Book)是非常重要的学习素材。5世纪以前,年鉴是以手抄本的形式出现和流传的。到了15世纪,随着印刷术传入英国,年鉴的印刷版本开始出现。15世纪末,第一部印刷版本的年鉴问世,被称为"黑字版"(Black Letter Edition)。到了16世纪中叶,大多数年鉴被印刷出版。其中较有名的是出版于1678—1680年间的大型对开版本"梅纳兹版"(Maynard's Edition),该书中使用的语言是年鉴早期使用的语言——法律法语(Law French),这是一种由诺曼语、英语和拉丁语特殊混合而成的法律语言。从19世纪中叶开始,人们开始整理出版这些记录。

从20世纪中叶到21世纪初,先后有三个印刷版本的年鉴系列出版物问世,目前已知的整理版本包括:上诉法院卷宗主事官主持公文厅(Public Record Office)编纂的主事官系列(Rolls series,1863—1911年),现在已完成20卷,包括1292年到1307年以及1337年到1346年间的记录;哈佛大学"埃姆斯基金会版"(Ames Foundation),至今已出版8卷,包括1388年到1391年间部分;"塞尔登社会版"(Selden Society),至今已出版27卷,包括1307年到1317年部分、1321年、1422年和1470年部分。正像某些英国学者所说的,编辑年鉴的目的,

---

① 参见程汉大、陈恒:《英国法律职业阶层的兴起》,载《南京大学法律评论》2001年第6期。

也许是出于保持法律的连续性这一普遍认识而并非是为了创设某种先例以供后来的法官来援引。况且当时的法官也无意将年鉴中那些简要记录作为先例来采用。因此年鉴同现代意义上的判例汇编是不能相提并论的。①

六、诉讼方法

（一）总论

在国王的法院提起诉讼，当事人必须首先向大法官（Lord Chancellor）下属的大法官事务局（Chancery）申请司法令状（Writ）。司法令状有多种形式，每一种令状只适用于某一类案件。亨利二世末期，适用于王座法院的司法令状已达120种左右，到1320年时，猛增到890多种。这种根据特定的事实发布特殊令状来实施司法救济的做法，被称为诉讼方式（forms of action）。

当事人在起诉时选择诉讼方式，不仅具有形式上的意义，更为重要的是不同的诉讼方式之间在诉讼程序上存在着明显的差异。这些区别包括：（1）该诉讼为何种普通法法院管辖的问题；（2）诉讼提起阶段，告知（notice）被告人的方式问题；（3）如被告人拒绝出庭，采取何种方式强制其应诉的问题；（4）是否允许缺席审判的问题；（5）答辩（pleading）方式的问题；（6）采用何种审理方式，例如是否要求当事人宣誓审判的问题；（7）判决执行方式的问题；（8）对于败诉的被告人实施民事制裁的方式，例如是处罚款（amercement）还是罚金（fine）②；（9）具体的程序等。

各种诉讼方式，均要求具备一定的实体法要件，因此它们相互之间不能代替。换言之选择合适的诉讼方式，意味着从诉讼法院到诉讼请求的内容，甚至法庭上所使用的固定用语都各自不同。

另外，在需要实施救济但没有现成的诉讼方式时，普通法法院、大法官庭等国王的司法机构可以开展特别救济。但是，由于这些特别救济出现的频率很低，对于普通的当事人而言在提起诉讼阶段，选择合适的诉讼方式变得至关重要。

（二）不法侵害与个案诉讼

随着封建制度的发展，在国王扩张审判权的过程中，开始出现了要求将自有土地保有（freehold）案件交由国王法院审理并主张"国王的太平"（King's Peace）的概念。

---

① 参见翟建雄：《英国判例法文献及判例查找方法介绍》，载《法律文献信息与研究》2000年第2期。
② 罚款（amercement）是中世纪一种擅断性的财产刑。由罪犯的贵族领主科处，或由法院或领主自行斟酌决定。尽管后世这个词实际上已与罚金（fine）相同，但有一个区别是罚金由法令规定，而罚款则由法院判处。最初，罚款是用来代替没收财物的判决的刑罚，而罚金则是法官和犯人之间达成的一项代替徒刑的安排。参见《大英百科在线》，http://wordpedia.eb.com/tbol/article? i = 002493/，2008年4月29日访问。

"国王的太平"的观念从盎格鲁—萨克逊时代起就已经存在了。日耳曼法上的"太平"(peace)并非一般意义上的平安无事,而是指领主在一定时期内保障自己的领地或人员的权利的状况。因此,这一时期的"国王的太平"主要指国王自身的安全和臣民和平的生活状态。诺曼征服之后,"国王的太平"(King's peace)取代了传统的"自由人的太平"(mund)或"郡守的太平"(sheriff's peace),更不同于欧陆"上帝之下的太平"(the peace of God)。① "国王的太平"适用范围被扩大到整个王国的方方面面。例如,对人方面,包括下属官吏的人身安全、国王直属封臣的人身安全等。在地理方面,包括罗马人占领英格兰时候建造的四条主要道路的安全、军用栈道的安全和所有公共道路的安全。这一概念等于宣告刑事犯罪和民事侵权纠纷都要通过国王的审判加以解决。换言之,通过普通法,英格兰实现了治理的"跨地方化"和国家化,在某种意义上,也完成了治理的普遍化,从而逐渐向所谓现代治理方式迈进。

12世纪出现了一种传召令状(ostensurus quare),内容是要求"被告说明侵害原告权益、破坏国王的太平的犯意和理由"。根据这一史实,可以推定在13世纪中叶到14世纪间不法侵害的诉讼方式逐渐成形。在很长的一段时间里,"不法侵害"(trespass)或多或少是侵权行为的同等物,这种不法侵害类似于现代侵权行为法中的对于土地、财产和人身(殴打、威胁和非法拘禁)的侵害。

构成这种侵权行为只要求具备两个要件:一是使用了一种"暴力手段"(vi et armis),二是暴力行为破坏了正常秩序(contra pacem regis,即损害了"国王的太平")。当然,这种损害必须是"直接"(direct)针对原告的人身或所有物的。有学者认为,早期社会中侵权行为的构成,并不要求有行为人主观的要素,侵权行为责任实际上是一种严格责任,既不要求原告证明被告的主观故意或者过错,也不要求证明原告所受到的损害结果。后来,提起不法侵害之诉的条件进一步被放宽,其中"使用暴力手段"的要件逐渐被放弃,起诉者只要能证明被告的行为直接导致侵害的结果发生即可。

造成不法侵害的原因行为是多种多样的,学界将其整理划分为四个类型,即:(1) 针对人身的不法侵害(trespass to the person);(2) 针对动产的不法侵害(trespass de bonis asportatis);(3) 针对土地的不法侵害(trespass quare clausum fregit);(4) 针对妻子或佣人的不法侵害(trespass per quod servitium amisit)。其中针对人身的不法侵害,还可以进一步细分为着手使用暴力(assault)、暴力伤害(battery)和不法监禁(false imprisonment)三种情况。

---

① 参见马克尧:《英国封建社会研究》,北京大学出版社1992年版,第12页;另可参见 Caenegem, *The Birth of the English Common Law*, Cambridge University Press, 1973, p.11; Milsom, *Reason in the Development of the Common Law*, 1985, p.154。

如果当事人不能以不法侵害之诉获得救济,则需要将案件的详细情况向法院申诉,以获得特殊救济。这种救济本来是个别与例外实施的。到了13世纪,在特殊救济的基础上产生了一种新的侵权行为形式,与直接"不法侵害"相对,被称为"个案诉讼"(case 或 action on the case),严格地说是"在相似案件中的不法侵害"(trespass on the similar case)。到14世纪,这种新的诉讼形式得以形成。两种侵权行为形式的区别在于,"个案诉讼"中,被告的行为对原告造成了损害,但是该损害或者不是"直接的",或者没有使用"暴力"。经典的例子是,如果你持一支木棍击打原告,那么你的行为可以构成一种"不法侵害",因为同时存在"暴力"和"直接损害"。但是如果你将木棍扔在公路上,原告由于天黑被绊倒并受伤,那么你的行为则是一种"在相似案件中的不法侵害",因为暴力已经不存在,损害也不是直接的。区分两种侵权行为的意义就在于,不法侵害不需要当事人的主观过错,而在相似案件中的不法侵害中,当事人的主观过错,如过失则是必要的。侵权行为法的这两种形式一直延续到17—18世纪,直到18世纪分别在英国和美国确立了"过失"的侵权行为形式,从而开始了过错责任原则的时代。①

个案之诉的适用范围较为广泛,包括以下情形:(1)诬告行为(malicious prosecution);(2)以书面诽谤他人名誉(libel);(3)以言辞诽谤他人(slander);(4)诈骗(deceit);(5)妨害(nuisance)等。到了19世纪过失(negligence)行为也作为一种独立的个案之诉被法院所认可。

到了16世纪,个案之诉分化为两种不同的诉讼方式,一种是针对合同的一般性救济手段,称为"违约之诉"(assumpit),另一种是针对动产侵权"追索侵占物之诉"(trover)。

早期的追索侵占物之诉只适用于被告将属于原告之物直接占为己有的情况。后来这种诉讼方式的适用范围逐渐扩大,对被告占有当事人即将取得之物或可能恢复的物权(right to immediate possession),也可以采用这种诉讼方式寻求救济。例如,被告侵占原告动产的、被告将为原告保管的动产转卖他人的、被告占有原告动产并非法使用的、被告占有的理由已经消失应归还原告目的物但拒绝归还的,都可以提起追索之诉。

(三)返还不法扣留动产之诉和返还不法取得动产之诉

13世纪起,诉讼方式当中就出现了"返还不法取得动产之诉"(replevin)。这一制度本来是保障接受国王封地的陪臣的权利而设置的。根据罗马法,如果

---

① 参见徐爱国:《"过失"在侵权行为法中的三重角色》,载载易继明主编:《私法》第2辑第1卷,北京大学出版社2002年版,第118页。我国民法学者和法律史学者有的翻译为"直接的侵权行为"和"间接的侵权行为","有名侵害诉讼"和"无名侵害诉讼"等。另见杨立新:《侵权行为论》(上册),吉林人民出版社2000年版,第121页;由嵘、胡大展主编:《外国法制史》,北京大学出版社1990年版,第117—118页。

封地的原领主不认同国王的册封,可以实施"保障性动产扣留"(distress)来实现自救。这样一来,陪臣为了保障自己的权利,开始向国王申请令状要求返还被扣押的动产。于是,到了亨利二世的改革时期,国王发布"收回非法扣留动产令状"(writs of replevin),宣布此类诉讼应在国王的法院进行审理。

后世的返还不法取得动产之诉成为当事人申请返还被非法扣留的动产,保障自身权益的基本手段。在美国法中,对于合法取得动产后权利丧失但拒绝返还的,也可以适用。

返还不法取得动产之诉(detinjue)与后述的"债务诉讼"(debt)都是12世纪后半出现的诉讼方式。早期的返还不法取得动产之诉只针对要求返还寄存被告处的动产,后来适用范围扩大到一般权利所有人要求返还不法取得动产的诉讼。在此诉讼中,被告可以返还动产或支付现价以合法取得动产。

适用范围扩大后的返还不法取得动产之诉(detinjue)实际上与后来诞生的"追索侵占物之诉"(trover)发生重叠,然而,由于返还不法取得动产之诉采取宣誓雪冤的审判方式,多数当事人选择更为理性的追索侵占物之诉来解决纠纷。

(四)契约法救济——债务之诉、印约之诉和违约之诉

债务之诉(debt)是要求被告履行支付一定数额金钱的义务的诉讼,其特点是被告没有履行因占有原告的动产而产生支付对价的义务,原告以诉讼方式要求返还原本属于自己的动产。可见,如果契约双方都没有履行相应的义务,这一诉讼方式就不能适用。

债务之诉和返还不法取得动产之诉一样,在其诉讼程序中也认可宣誓雪冤的证据效力,因此这种审判方式并没有成为契约诉讼的基本方式。

在中世纪国王法院开展的各种诉讼中,与契约有关的另一诉讼方式是印约之诉(covenant)。根据史料记载,这种诉讼出现在12世纪末到13世纪初期。

印约之诉是指根据加封盖印(seal)的契据(deed)①,要求当事人履行一定义务的诉讼方式。只要契据得到确认,即使原告没有履行约定的义务,也可以对被告提起诉讼。与债务之诉不同,契据规定内容并不限于金钱债务,也不允许以宣誓方式认定证据。中世纪的债务之诉和印约之诉不能并行,因而国王法院受理当事人的债务之诉后,不再受理印约之诉。1585年以后,只要具备诉讼要件,当事人可以在债务之诉和印约之诉之间进行选择。

在中世纪,在书面文据上盖上正式印章,并加上封蜡的形式本身就说明了这种文件的重要性。契据一般记录在羊皮纸上,记载当事人就其土地、房屋或可以继承的其他不动产转让或抵押给他人等内容。原则上,契据是证明交易顺利进

---

① 契据是一种特别的合约,经过当事人签署、盖章并送交对方有效,契约上的盖章在法律上被视为一种有效的约因。

行的必要条件。因为在衡平法上要求书面证据作证。契据分为平边契据和双联契据两种。平边契据是指由一方制作、表达一方意思因而仅制作者受其约束的契据。双联契据是由两个或两个以上的人缔结的,用于证明他们之间存在某种行为或协议。契据必须按照法定仪式制作并签字,除了具有身份性质的契据外,它不需要任何人作证,但一般须加以盖印后交付;同时,当事人必须作出某种行为以明示或默示承认该印章是属于他的。自当事人在契据上签字并交付另一方当事人的时刻起,该契据就发生法律效力。因此契据不是以契约形式对另一契约加以保护,而是对一方当事人负担债务行为的担保,正如法谚所云:"契据不是债务的证明,而是债务本身"。

传统的中世纪契约诉讼中,还包括账目诉讼(account)。[①] 这种诉讼方式出现在13世纪的初期,本来是领主用来追究管家(bailiff)不当得利或不当管理的方法,后来被扩大运用到追究商业伙伴的不诚信行为。由于这种诉讼主要用于个人的信赖关系的纠纷,随着普通法上的"收回欠债之诉"(action of acount)[②]和衡平法上的"确认报账之诉"(bill of account)的出现,账目诉讼逐渐变得不再重要。

普通法对契约进行保护的主要诉讼形式是"违约之诉"(assumpsit)。这一诉讼形式是在16世纪从个案之诉中独立出来的。早期的违约之诉适用于使用错误方法(malfeasance)履行契约的案件。例如1348年发生的搭载行李超重造成渡轮沉没、乘客溺死的事故的诉讼中,被害人家属以船主违反了与乘客之间的运送契约为由提起的"违反简式合约索赔之诉"(trespass on the case of assumpsit)。法院受理了这一诉讼,并作出了对被害人有利的判决。

可见,在"违约之诉"的诉讼形式原本是针对不法行为实施救济的一种方式。但是,在特定的情况下,针对债务之诉或印约之诉不能充分救济时,当事人也可以通过这种诉讼形式获得补充救济。

对不履行义务(nonfeasance)行为提起诉讼主要是通过以欺诈诉讼(deceit)[③]的形式来实现的。15世纪后半期,法院开始受理原告故意不履行承诺,恶意欺诈的案件。在判例中,法院根据原告因被告的欺诈行为所受损失来确定赔偿损失的数额。从这一点来看,这种诉讼带有较为明显的不法行为救济的性质。

到了16世纪,"违约之诉"开始逐渐形成针对契约的诉讼形式。在1558年

---

① 参见〔美〕哈罗德·伯尔曼:《契约法一般原则的宗教渊源:一个历史的视角》,郭锐译,载《清华法学》第6辑。

② 即今天的确认状之诉。

③ 这种诉讼必须以被告故意过错为前提。英美法传统上认为某人因他人的故意或过失陈述而导致经济上的损失,受害人可以根据欺诈侵权(tort of deceit)对陈述人提起诉讼。参见 Cleak & Lindsell, *On Torts*, 15th ed, London Sweet & Maxwell, 1982, p.374。

的判决中出现了"所有未履行的契约,可视为一个违约行为"。① 1589 年法院进一步在判决中明确指出:"如果(原告和被告之间)存在承诺关系,就构成违约之诉。"②

长期以来,针对"没有固定形式的合意"的诉讼,主要由城市法院和衡平法院负责管辖。普通法为侵权受害人提供了新的获得损害救济的途径。这就是通过上述过程发展起来的"个案违约之诉"(special assumpsit)制度。这一诉讼形式是以约因为前提要件的。所谓约因(又称"契约原因"、"对价"、"代价"、"对待给付"),是指促使当事人订立契约的原因、动机、代价和推动力,或者对另一方的许诺或行为所作的承诺。③

在违约之诉中,除个案违约之诉外,还有另外一种诉讼形式,即"一般违约之诉"(general assumpsit)。该诉讼形式典型是"债务承诺之诉"(indebitatus assumpsit)。例如在商业活动中已经给付商品但还未取得对价的,原告可以被告负有支付货款的责任(双方之间的承诺)为由,提起诉讼。在 16 世纪,原告必须举证以证明被告确实作出了承担债务的承诺。1602 年在"史拉德案"(Slades Case)中,聚会于财政大臣议事厅的普通法法官一致作出裁定,认为即使一项售货契约未加封印,也可以在普通法法庭中进行诉讼。从"史拉德案"的案情来看,由于存在照付款项的书面允诺,当事人也可以通过债务之诉(action of debt)来获得救济。然而,债务之诉采用宣誓雪冤的方法认定证据,对原告来讲未必公平,故法院宣布本案可作"违约之诉"。法官的这种做法,只是对业已应用这项令状数十年之久的发展进程予以追认和公布而已。当时的普通法律师早已开始争论:假定当事人同一位立约人达成协议,他将为当事人建造一栋房子,这项协议又加了封印,那么他若根本没有建造房子(noneasance——不履行义务),当事人可进行违约之诉;但他若粗制滥造,而他原曾允诺,甚至只是口头许诺,要精工细作,当事人则因立约人未履行承诺的责任而受到损失。一项承诺要精工细作的工程即使契约未加封印,如果立约人违反契约责任,也是可以提起违约之诉的。这种论点早在 1400 年前后,已开始在诉讼中被采用,主要针对木匠、治疗牲畜的兽医等从事劳务的人员。普通法法院没有简单地采用凡协议均必须遵守这一商人法原则,而是通过对"契约平等"和"诚信"原则进行重新解释后,作出未如实履行诺言就构成欺骗的结论。此观念一经确立,契约法就开始得到极为广

---

① Norwood v. Norwood(1558),1 Pl. Com. 180,75 Eng. Rep. 277(K. B.).
② Strangborough v. Warner (1589).4 Leo. 3.74 Eng. Rep. 686 (K. B.).
③ 约因是英美法上契约成立的三要素(要约、承诺和约因)之一,除签字蜡封的契约外,约因是一切简式契约有拘束力的依据,也是判断双方有无法律权利与义务的主要根据。约因是一方换取对方诺言所付的代价,所以又称对价。约因直接体现立约人与受要约人互相允诺,即各自允诺为对方负担一定的行为或不行为的义务。

泛的适用。①

与债务之诉不同,一般违约之诉的适用对象不仅针对定额的金钱赔偿,还可以适用于提供劳务或被告实际使用原告的物品等情形。17 世纪后期和 18 世纪前期,一般的损害赔偿之诉扩展到不仅包括实际上暗含的契约责任,而且包含在特定的案件中由接受利益而生的非基于契约关系的责任(相当于大陆法系的不当得利)。17 世纪和 18 世纪早期,普通法法院和普通法作家开始把一般的损害赔偿之诉视为"准契约"。18 世纪中叶,上议院首席法官曼菲尔德(Mansfield)管理的国王法院对"准契约"作了更广泛的解释,根据自然正义与公平的原理返还"持有的和接受的金钱"的义务也属于一种"准契约"。这一举动实际上是把不当得利纳入了普通法当中,但直到 20 世纪后半期,英国法院才完全接受不当得利的概念。

(五)中世纪的不动产法

中世纪的不动产法有两个基本概念,即保有权(tenure)和地产权(estate)。前者指被授予土地者应当向领主提供的义务内容,而后者关系到土地所有权的条件,即是否限制拥有土地的期间和条件等。

中世纪的土地制度中最为核心的是"自由土地持有制度"(freehold),这一制度涵盖"自由土地保有"(freehold tenure)和"自由土地所有"(freehold estate)两方面的内容。

自由土地保有的典型是"军役保有"(military tenure),即保有土地者必须根据其土地的面积向其领主提供骑士。骑士义务的期限是平时 40 天,战时 60 天。除此以外,自由土地保有的方式还包括以下四种形式:(1)为国王每年作一定贡献而保有土地的"个人贡献保有制度"(serjeanty),分为大侍君役保有(grand serjeanty)、小侍君役保有(petty serjeanty)。前者类似于骑士役保有,但不承担作战义务而是某种为国王服役的义务,比如为国王掌管旗帜、武器或者作为前后军的引导官以及中军卫士等等;后者是为国王的军队提供某些战争物资,比如每年提供少量剑、矛等武器。(2)土地由宗教机构及人员保有的情况下建立的"自由教役保有"(frankalmoign)或"法式义务"(tenure in free alms)。修道院、主教、教区牧师等有义务为领主的灵魂祈祷,由于这种保有的负担较轻,个别情况下也附随其他封建法上的劳役。(3)"农役保有"(socage tenure)。农役保有所附带的义务并不是军事性的,而是为保有土地缴纳赋税或者提供农产品,有时还必须为领主的土地提供一定的耕作劳务。土地保有者也必须向领主宣誓效忠并且承担各种封建义务。(4)"市镇农役保有"(burgage)。以缴纳一定的租金而保有市镇地产,几乎与自由保有相同。

---

① 参见〔英〕泰格·利维:《法律与资本主义的兴起》,纪琨译,学林出版社 1996 年版,第 170 页。

非自由保有的制度(non-freehold tenure)中的典型是维兰保有(villeinage)。维兰(villein)必须附着于土地,但并不是奴隶,仅享有非常有限的权利。这种土地保有实际上等同于一种身份状况。这一制度后来演变为"公簿土地保有制度"(copyhold tenure)。

上述的各种土地保有方式,即使没有特别约定,也产生一些既定的义务。在英美法上这些义务被称为"附随条件"(incident 或 feudal incident)。举例来说,在军役保有制度中附随条件包括以下的内容:(1)"效忠宣誓"(homage)。土地保有者面向领主下跪,将双手放在领主双手之间并朗诵誓言。经此仪式,领主和佃农之间产生忠诚义务。(2)"继承金"(relief)。佃农在继承财产时要向领主缴纳一定数额的金钱。(3)"监护权"(wardship)。在佃农未成年时,领主负责管理其土地并获得土地收益直至保有人成年。(4)"干预婚姻权"(marriage)。领主可以要求佃农报告其法定继承人的婚姻事项。如果佃农尚未成年,领主有权向其推荐合适的婚姻对象。尽管领主的推荐没有法定的约束力,但如果佃农拒绝领主推荐的人选(身份差异的婚姻除外),则必须向领主缴纳金钱。如果未经领主同意擅自结婚,佃农须向领主支付双倍的赔偿金。另外,监护权和干预婚姻权被视为一种可处分财产权——与土地有关的人身财产权(chattel real)。(5)"援助金"(aids)。在紧急情况下,领主可以向佃农要求金钱上的援助。这一制度早期运用比较广泛,到了13世纪只有在以下三种情况才能使用:其一,领主被俘或被绑架需要支付赎金的;其二,领主的长子成为骑士的;其三,领主的长女结婚的。(6)"土地归还"(escheat)和没收(forfeiture)。如果佃农死后无继承人或犯重罪(felony),其保有的土地归还领主所有。如果佃农犯重罪,即使他并非直接受封于国王,国王也有权保有其土地1年零1天。如果佃农所犯罪名是"叛逆罪"(treason),则无论其领主是谁,国王都有权没收其土地。

在英国,为了避免这些附随条件被削弱,在制度上禁止领地分封(subinfeudation)。由于拥有绝对的不动产处分权(fee simple)的佃农,即使将其地位完全转让给其他人,领主的利益也不受影响,即所谓的身份替代制度(substitution)。然而,虽然进行领地分封后佃农对领主的服务义务不变,但鉴于地租和赋税等义务与佃农自身实际收益挂钩,若分封导致佃农本身的收益下降,则领主的实际利益将大为减少。基于这个理由,1290年英国颁布《禁止领地分封法》(Statute Quia Emptores),不允许拥有绝对土地处理权的佃农将其土地分封他人,避免土地产权进一步走向复杂化。

当时的英国宗教信仰十分普遍,教徒死后往往把土地等财产遗赠给教会,如果将土地的权利划归教会或社会团体,由于这些组织不像自然人那样存在生死、婚姻和未成年等问题,因此领主难以根据附随条件获得具体的利益,土地将转变为教会或社会团体永久管业(mortmain)。为保护领主的利益,13世纪时,英王亨利三世颁布了《没收法》(Statute of Mortmain)，规定把土地遗赠给教会的，须经君主或诸侯的许可，否则就予以没收。①

如前文所述，地产权(estate)与权利继续的时间长短有关。中世纪的英国法上的地产权包括以下几个类型：(1) 不动产绝对处分权(fee simple)。② 这种权利如果不附加条件，则称为无条件继承权(fee simple absolute)③，与我们今天使用的所有权的概念最为接近。在让渡有绝对处分权不动产时，如果受让人为自然人，则在契约中写入："给某人及其继承人"(to A and his heirs)一句。此处的"及其继承人"(and his heirs)是用来表示权利内容的概念(word of limitation)，不是权利取得者(word of purchase)的意思。也就是说，与后述的限嗣不动产权(fee tail)不同，受让土地的人可以自由处分该项权利。(2) 限嗣不动产权(fee tail)。仅受让人的直系后代有权继承。如果受让人没有直系后代，则土地归还原权利人所有。④ 这种做法被称为"给某人生身及其继承人"(to A and the heirs of his body)。到了15世纪末期，以模拟审判的形式出现了将限嗣不动产权转化为绝对不动产权的做法。传统上，让渡限嗣不动产的权利属于有条件继承(fee simple conditional)，权利人的直系后代出生之时，权利人就获得了绝对处分权。这一做法的弊端在于，如果权利人没有后嗣，则其土地家产将丧失殆尽。为解决这一问题，1285年颁布《关于附条件让渡的法律》(Statute De Donis[Conditionalibus])，确立了权利人可以自行确定继承人的"限定继承地产权"(estate tail)。(3) 终生地产权(life estate)。受让人终其一生可以享有的权利，即"给予某人终生权利"(to A for life)。(4) 确定期限的租赁不动产权(term of years 或 estate for years)，即在一定期间内可以持续拥有的不动产，通称"租赁持有"(leasehold)。这种权利的文字表现形式为："给予某人5年权利"(to A for five years)。其中，双方事先确定土地持有年限，以年或月为单位加以计算⑤，原所有人没有特别告知的，到期可以续租，称为"定期续展的租赁地产权"(periodic tenancy)。(5) 随时终止的租赁地产权(tenancy at will)，任何一方当事人都可以随时终止的租赁制度。

除上述的各种权利外，实际上还存在地役权(easement)等其他与土地有关的权利，但该权利属于一种约定的权利，与作为自然权利的地产权不同。

最初，绝对不动产处分权(fee simple)、限嗣不动产权(fee tail)和终生地产

---

① Statute of Mortmainm, 1279.
② 也译为永久年期、不限嗣继承地产权。
③ 也译为绝对的私产。
④ 限嗣不动产权的法理是即使土地被转让给现在的权利人，但根据"任何人都不得拥有超越其自身所有的权利"的原则，原让渡人死亡后，从他那里受让土地的权利也一并消亡，因此土地归让渡人的直系亲属(heir)所有。
⑤ Estate from year to year, estate from month to month.

权(life estate)三种形式被视为自由保有不动产权。因此,即使是有效期为 100 年的租赁不动产权,也被认为是小于自主保有地产权的权利(less than freehold estate)。这是因为,在古代只有终生地产权才可以成为自由保有的不动产。随着继承制度的发展,绝对不动产处分权也被视为是可以继承和转让的,也就是说出现了继承权利化的倾向。在高利贷盛行的中世纪,定期租赁不动产权主要用于防止贷与人乘借用人之急迫使借用人缴纳高额的利息,因此法律上区别于自由保有不动产制度。

这些地产权是可以附加条件的:(1)可终结的不动产权(determinable fee),其内容是如果发生某些约定的情况,即使原权利人没有明确的意思表示,地产权也因此消失。例如土地的转让契约注明:"此不动产只能用做建设教堂,只要此物业存在,其转让的所有权将一直有效"。这种所有权可能永久存在,也可能当特定条件未满足时(如教堂建筑不存在时)被废止(to A Church, its successors and assigns, so long as the premises shall be used for church purposes)。(2)规定取消权的不动产权(fee subject to a condition subsequent)。其内容是在发生约定的事实后,如果制定契约的当事人有明确的意思表示,可以取消地产权。例如如果让渡是在当事人醉酒的情况下作出的,则当事人及其继承人有权收回该不动产(to A and his heirs, but if the premises shall be uesd for the sale of intoxicating liquors then X and his heirs may re-enter and repossess the premises as of their former estate)。另外在表示不附加条件的地产权时一般使用前述的无条件继承的概念(fee simple absolute)。

由此可见,在权利上附加期限或条件的做法,意味着期限到来或达到条件后的权利仍然是一种有效的物权。这就是普通法上的"未来权益"(future interests)的概念,其具体形式有以下几种:其一是"复归物权"(reversionary interest),即权利消灭后回归原让渡人,归原让渡人所有。在可终结的不动产(determinable fee)上,如果发生了约定的情况,该权利就从未来权益转化为现实权益,称为"将来可能占有的财产"(possibility reverter);限嗣不动产权(fee tail),终生不动产权(life estate)和确定期限的租赁不动产权(term of year)等权利终了以后,原让渡人可以进行"权益回收"(reversion)。其二,在规定取消权的不动产权(fee subject to a condition subsequent)上,出现规定的情况时,有权行使取消权的当事人因此获得"因为违反约定条件而进入的权利"(right of entry for condition broken)。其三,原权利人可以规定如果受让人的权利消亡,本应复归自己的权利由第三人所有。例如甲让渡土地给乙作为终身不动产,同时规定如乙去世则该权利归丁所有的绝对处分不动产。此时丁的权利被称为"剩余权益"(remainder)。①

在英美法中剩余权益指某人对他人的财产享有的一种未来的权益,当某一事件发生时,该项财产即归其所有。这种未来权益的享有人就称为剩余权人。法律承认两种剩余权:确定的剩余权(vested remainder)和不确定的剩余权(contingent remainder)。确定的剩余权只能给予已出生的特定自然人,且没有被附加停止条件(condition precedent)。如果权利给予未出生者、不特定的人或附加条件,则属于不确定的剩余权。

在封建制度下,各封臣向自己的封主提供军役和实物并承担其他封建义务,以换取对土地的占有。与劳役(service)和实物相比,唯有土地才是"真正"(real)的财产,因而称为"不动产"(real property)。根据封建制度的原则,土地的所有权(在理论上)归国王所有,其他人作为国王的封臣对土地只有"保有"的权利。几乎所有的政治经济关系都与土地有关,甚至司法管辖权都随着土地的转移而转移。与之相对,动产的价值在当时的重要性不能同土地相比,不适用封建的分封制,所有人拥有对动产的绝对所有权。

在这种背景下,自由保有(freehold tenure)且自由所有(free estate)不动产——以下简称"自由持有"制度(freehold)——是中世纪封建不动产制度的基本内容。由于封建制度的土地分封制同司法管辖权结合在一起,土地无法转移带走,因此针对土地的执行是确定的;而动产由于能够比较轻易地运送,在司法管辖权分裂的封建制度下,当事人难以执行。因此,在英国法上根据执行的方式将诉讼分为对物诉讼(real action)、对人诉讼(personal action)和混合诉讼(mixed action)。对物诉讼只有根据土地权利提起,也就是说根据自由保有(freehold)的权利提起,执行时可以针对特定的地产。与之相对,确定期限的租赁不动产权(term of years)则被视为"与土地有关的对人财产权"(chattel real),根据对人诉讼则执行时难以确定直接具体的对象,只能向相对人主张权利。②

在拥有土地的问题上,英国法分为"占有"(possession)和"保有(seisin)",对土地的权利种类则有"非自由持有"(non-freehold)和"自由持有"(freehold)之分。表面看来这两组概念中的很多权利义务内容都是重合的,对它们的区分实在毫无必要,只不过是人为设计出的一种徒增混乱的形式罢了。但如果我们撇开文本解释转而采取历史性的眼光观察英格兰法的发展,不难发现领主为了保

---

① 也译为"转归权"(remainder),指授予人授予受让人一份小于他自己的地产权而对第三人创制的另一种或同于或小于其原有权益的未来权益。参见冉昊:《论作为制度性事实的法律对财产权的影响——兼论公权力对私权利的调整》,载《法大评论》第1卷第1辑(2001年)。

② 参见徐震宇:《英国法上的"权利动产"及其财产概念的特性》,载何勤华主编:《20世纪外国民商法的变革》,法律出版社2004年版,第296—303页。

证自己的利益,要求在其分封的土地上始终确定特定的个人实际提供劳役,因此不管如何转让,必须有特定的个人被赋予地产(fee),因此这个被赋予了地产(fee)的人就是直接满足领主利益的人,也就是最应保护的人,所以除了领主(在现代法律关系中演化为所有人)之外,在所有土地权利人中这个人受到的权利保障是最强的。从原型上看,"保有"(seisin)和"自由持有"(freehold)强调的都是拥有地产(fee),这样,保有人和自由持有人的权利主张就是相对完全的,在权利类型上就是优于(better)"占有"(possession)和"非自由持有"(non-freehold)的。这就可以解释为何拥有自由持有土地权的当事人,被视为"保有"(seisin)。当现实的权利人与未来权益的权利人各自主张其自身的权利时,法官们就以此为根据,使前者得到保护;除了在财产法领域的这种影响外,为了确保土地承役人的实际存在,这种权利类型在转让方面所要履行的手续也远远复杂于后者。[①]

与自由持有有关的理论包括:(1)在确定或转让自由持有权时,双方当事人要面朝对方土地,交换树枝或其他象征权利的信物,这种让渡仪式被称为"让渡自由保有地"(livery of seisin)。根据这个仪式,确定转让时第一个权利人必须现实拥有该土地的权利,符合某些条件才能取得权利的让渡是被禁止的。例如"如果甲乙结婚,就让渡给甲及其继承人"(to A and his heirs, if A marries B),这种当事人的权利取得在让渡之后的做法被称为"将来所有权"(springing interest),不受法律保护。(2)禁止造成自由保有地闲置的让渡(abeyance of seisin),因为土地闲置期间持有人的身份不明确,领主的权益难以得到保障,所以为法所禁止。与此相应,针对不确定的剩余地产权(contingent remainder),如果前一顺位的权利消失以后,难以确定该权利的归属(vest),则该权利应被宣告消亡。例如,在权利让渡时规定:"赋予甲终生,剩余权利赋予甲年满21岁的长子及其继承人"(to A for life, remainder to A's first son who reaches 21 and his heirs)。如果甲在其长子未满21岁时去世,则其长子的权利也不复存在,不能继承任何权利。这就是所谓的"丧失剩余地产利益"(destructibility of contingent remainder)制度。(3)对于附条件的地产权(estate),在发生约定事实之前的地产权消失的情况下,只有原权利人才能主张对该不动产的权利。换言之,能够主张返还(right of entry)该不动产的只限当初设定权利的当事人,这种取消权是不能转让给第三人的。现代英美商法中的附转换条件所有权(shifting Interest)在中世纪也是被禁止的。(4)如果权利人的保有被他人非法剥夺,土地保有即向侵权人转移,此时原权利人拥有主张返还土地的权利。在原权利人未能恢复对土地的保有权利期间,对第三人来说侵权人即为权利人。

[①] 参见冉昊:《比较法视野下的英美财产法基本构造》,载《法学》2005年第11期。

（六）土地权利的救济

1. 权利令状

国王法院在处理自由持有纠纷时使用的手段中，历史最为悠久的是权利令状(writ of right)。在英格兰，至少从亨利二世治世的初期开始，不论是否为国王直接分封自由持有的土地，如果没有国王签发的令状，国王法院和领主法院不予受理相关诉讼(no man need answer for his freehold without a royal writ)。同时，国王签发"持续正义"令状(breve de recto tenendo)，宣布即使受封于领主，国王的法院也可以对自由持有的土地主持正义。同时，针对国王的直属封臣(tenant-in-chief)，则发布"领主权令状"(praecipe quod reddat)要求郡行政官将土地持有权案件提交领主法院审理。但是根据格兰维尔的记述，亨利二世实际上滥用了这项权力，他极为频繁地发布这种令状，即使原告不是直接封臣也向其颁布该令状。对此，1215 年《大宪章》第 34 条规定国王颁布令状的做法，侵害了领主的审判权，予以废除。① 然而，随着领主审判制度衰弱，许多领主放弃了对自由保有的审判权，大宪章的规定也变得名存实亡。②

根据权利令状提起的诉讼，采取决斗审理的模式，而且一般程序极为繁琐、拖沓，经常出现休庭的情况。这样一来，既不便于原告诉讼，也容易导致不公正。亨利二世赋予原告一种在权利令状中选择大陪审制度的权利，但前提是必须将案件转移至巡回法院审理。这样一来，原告自然对王室审判趋之若鹜，领主法院的管辖权通过看似公平的方式为王室法院所代替。③

2. 恢复土地保有诉讼

国王法院自 12 世纪开始，采取更加简便的 12 人陪审团审判方式来审理侵害土地保有权的案件，这就是所谓的"恢复土地保有诉讼"(possessory assize)，也称"小巡回陪审诉讼"(petty assize)。这一制度的出现是国王扩张对自由持有(freehold)司法管辖权的重要一步，因此其发展显得慎重而稳健。1166 年国王出于控制土地使用权的需要，决定建立"恢复新近被侵占土地诉讼制度"(assize of novel disseisin)，规定保有土地被侵占不满一年的，可以向国王法院提起诉讼来实现救济。1176 年国王又公布了"恢复继承土地诉讼"(assize of mort d'ancestor)，将国王法院受理案件的范围扩大到被继承人死后保有土地被侵占，继承人的法律地位受到损害的案件。最初该法案所指的被继承人仅限继承人的父母、兄弟姐妹、叔伯父母。到了 13 世纪，当事人从祖父(aiel)，曾祖父(besaiel)、表兄弟等其他亲属(cosinage)处继承保有土地时遭遇侵权，也可以诉诸国王

---

① F. W. Maitland, *The Forms of Action an Common Law*, lectureIII, 1909, p.13.
② T. Plucknett, *A Concise History of the Common Law*, University of Boston Press, 1956, p.356.
③ 参见周自痕：《英国普通法上的令状制度及其意义》，载天津师范大学经济社会史研究中心网，http://www.legal-history.net/05/go.asp? id =1312,2007 年 7 月 19 日访问。

法院。

3. 土地产权瑕疵的侵入令状(writ of entry)

侵入令状产生于令状发展的第二阶段,主要适用于原告从不法占有人或者其他不法占有人那里追索被侵占土地的情形。在此类案件中,被告获得土地占有的权利存在瑕疵,比如从倒卖妻子所继承土地的丈夫手中购买,或者从未成年人处购买,或者从非法侵占他人土地的人处购买。原告之所以会选择侵入令状同样是出于规避领主法院管辖的考虑,因为在领主法院那里有可能只获得损害赔偿而无法归还土地。

在初级阶段,这种被告产权存在瑕疵的诉讼只有在被告处于第一或者第二受让人的情形时方能使用;如果已经经过多次转手,就只能适用权利令状,由领主法院管辖,因为领主如果容忍这种情形,那就意味着所有的合法转让都有可能被纳入王室法院管辖。但是,这一情况还是被1267年的《马博罗条例》(statute of marlborough)突破。[①]

在这些诉讼中,法院判断的依据主要是哪一方当事人拥有更加"良好的保有权",且这种权利并不是一种可以对抗第三人的绝对权利。这一做法成为英美不动产法的传统,不区分权利争议和占有诉讼,只是考虑哪方当事人拥有权利资格(title)。换言之,单纯占有虽然优于不占有者,但不能对抗"拥有占有权"(right to possession)的当事人。

同时,国王法院在"租赁权"(term of years 或 leasehold)诉讼上也发展出更多的救济手段。如果不动产的"终身保有者"(freeholder)的土地遭人侵占,权利人可以向国王法院提起"侵害土地保有权之诉"(tresspass quare clausum fregit)。然而,按英国法的古老观念,在佃户为农奴时,不可援用前述的不动产令状。这是因为农奴只是租用土地而不是土地的实际所有者,在农奴土地被侵占时,只有领主才有权申请前述不动产令状。到亨利三世时期,根据农奴与领主之间签订的租约,农奴可以利用封印契约赔偿令状诉讼。但是,即便如此,这一方法也只能对抗领主之外的第三人的非法侵害,且只能获得赔偿而无法恢复占有。进入爱德华二世时期(13世纪),英国出现了"恢复土地租赁权之诉"(trespass de ejectione firmae)制度,佃户可以借助此令状对抗侵权人。但是,这种令状的效果只能使租赁人获得赔偿,不能收回土地。直到15世纪,出现了"返还不动产之诉"(ejectment),才打开了租赁人获得不动产返还的救济之门。由于返还不动产之诉可以强制被告到庭,因此这种诉讼方式(form of action)迅速得到发展,到17世纪斯图亚特王朝的詹姆斯一世时期,法院通过拟制,对包括自由保有土地在内的所有不动产的返还诉讼都可以适用"返还不动产之诉"(ejectment),之前

---

① See F. W. Maitland, *The Forms of Action an Common Law*, lectureIII, 1909, p.23.

的权利令状以及占有诉讼甚至已经存而不用了。

在中世纪对于我们今天视为公法领域的许多问题,都采用财产法的手段加以处理。例如1441年法院针对爱德华三世国王赋予教会的免税权所作的判决中指出:财务法院(Court of Exchequer)有权管辖征税官根据教会免税特权而未征赋税的案件。根据以下两点理由,判断国王颁布的免税特权无效,教会应当依法纳税:其一,国王无权将不属于他自身的东西赋予他人。土地赋税作为一种尚未发生的债权,不能由国王随意处分。因此议会同意课税之前就宣布免除该赋税是不妥当的;其二,退一步讲,即使上述国王的命令有效,根据私法上的"禁止反言原则"(estoppel),教会也不能要求免税特权。禁止反言是英国法的一般契约理论,含义是"任何人在制定契约时都应言行一致,不得出尔反尔"(my word is my bond)。在议会讨论对教会征税问题时,教会主管财政的教区长(rector)也应邀出席,但他保持沉默,并未提出异议。作为拥有特殊地位的当事人,教会事实上已默许了征税行为,故即使免税令有效,教会也不能言行不一,逃避纳税。

在1442年的判决中,法院再次指出:虽然议会无权免除任何人的赋税,但如果当事人过去确实享有免税特权,法院可根据当事人提起的异议判决免税权有效存续。换言之,当事人可以通过提起异议或主张情况的变化,阻却"禁止反言原则"。

针对国王的权利、议会的权利以及议会法律对国王的约束力形成的司法判断最早出现在1484年的判决中。到了都铎王朝时代,亨利八世国王于1535年颁布了一项新法案,名为"用益法"(Statute of Uses),目的就在于取消现实中盛行的用益设定,将受益人衡平法上的受益权转化为法律上的所有权,从而剥夺受托人对于受让财产的任何权利。1553年的判决是这样解释《用益法》原理的:议会作为全体国民的代表,其让渡不动产的行为等同于各个国民自身的让渡行为,因此议会立法与国民的个人权利并不冲突。换言之,通过承认议会的权利,实现了用益设定下的受益人如同直接转让扩大到普通法上的所有人。①

通过上述判决,我们可以了解到中世纪的法院习惯使用合同法、不动产法和禁止反言原则等私法的理论和概念,来调整王权、议会权和个人权之间的公法关系。

七、衡平法

(一) 通过大法官开展救济

随着三个国王法院的建立,普通法得到极大的发展。然而,在14世纪以前,

---

① T. Plucknett, *The Lancastrian Constitution*, London:Longmans, Green & Co., ed. by R. Seton Watson in *TUDOR STUDIES*,1924, pp.161—181;另见崔明霞、彭学龙:《信托制度的历史演变与信托财产权的法律性质》,载《中南财经政法大学学报》2001年第4期。

按照英国的普通法制度,当事人在普通法法院提起诉讼,须先向大法官申请以国王的名义发出的令状。令状载明诉讼的条件和类别,法官只能在令状的范围内进行审判。但是令状的种类和范围都有限,因此,许多争议往往由于无适当令状可资依据,而无法在普通法法院提起诉讼。同时,有的讼案即使在普通法法院审理,也由于普通法规定的刻板和救济方式的有限而难以获得"公允"的解决。此外,普通法对于违反契约或侵权行为的诉讼,只能判处损害赔偿或准予恢复动产与不动产,不能颁发执行令,强制履行契约,也不能颁布禁止令,防止重大不法行为的发生等。遇到上述情况,当事人为保护自己的权益,根据古老的习惯,便向国王提出请愿。国王被看成是"正义的源泉"、"公正的化身",而国王本人也借机表示自己的"恩典和仁爱",于是便通过王权进行直接干预。

向国王提出的请愿主要包括两类情况:一是因为受到贵族或当地豪强的压迫,本应为普通法法院受理但遭到拒绝,当事人权益无法得到适当救济的案件。二是在普通法上无法实现救济但根据公平正义的原则应当予以保护的利益。第一类请愿由于涉及地方贵族的利益,实现救济的过程中必须排除地方封建势力的阻力,因此主要由国王的御前会议(Curia Regis)亲自过问。第二类请愿在初期也由御前会议受理,后来逐渐演变为委托御前会议的成员——大法官(Lord Chancellor)根据国王的"公平正义"原则来审理。通过大法官及大法官法庭(Chancery)的司法活动,逐渐确立了一种与普通法并行的主要适用于民事纠纷的法律原则和诉讼程序,即衡平法(equity)。

传统的学说认为,从14世纪开始,传统的普通法拘泥于固定的令状和僵化的诉讼方式(forms of action),无法适应社会的发展,因此催生出衡平法的救济方式。然而,根据史料记载,在当时普通法仍然实现了相当程度的扩张适用,因此令状和诉讼方式并非普通法的主要问题。在笔者看来,普通法的程序性限制是导致衡平诉讼发展的重要原因。例如,普通法禁止在诉讼中传唤当事人进行质询。对于采用强迫或欺诈手段制定的契据(deed),如果不进行法庭质询,很难判断当事人的意思表示是否真实。与之相对,由于主持衡平法诉讼的大法官多由僧侣担任,善于利用宗教忏悔的技巧进行法庭质询,因此衡平法法庭在认定事实方面具有明显的优越性。

普通法法院和主持衡平法的大法官处于互相承认的并立关系。在斯图尔特王朝期间虽然曾经发生过一些摩擦,但主要是管辖权限的冲突,多数情况下衡平法作为普通法的重要补充,集中关注普通法调整不力的财产纠纷领域,特别是信托、合同、保险等方面。

从14世纪起,衡平法官通过自由心证,依据"良心"与"公正"原则发出禁令或特别履行令,来给予当事人以普通法外的救济手段,从而逐渐形成衡平法判例。随着案例的增加,法律事实和司法救济之间形成了一定的必然关系,也就催生出衡平法的一系列原则,如"衡平即平等"(Equity is equality)、"衡平法注重意图而非形式"(Equity looks to the intention rather than the form)、"衡平法不允许有违法行为而无法律救济"(Equity will not suffer a wrong to be without a remedy)和"衡平法不做徒劳无益的事"(Equity does nothing in vain)等,突出了衡平法不拘泥于法律程序的约束,给予当事人及时、有效救济的特点。

在爱德华四世(1464—1483年)期间,御前会议的审判权只限于维持社会治安的案件和刑事犯罪案件,其他案件基本上全由大法官负责审理。从此衡平法明确了作为单独的法律体系的地位。

同一阶段,御前会议在处理司法事务的时候,一般会集中在威斯敏斯特宫(Westminster Palace,又称议会大厦)中被称为"星座室"(Star Chamber)的房间开会。后来的刑事衡平法审判也因此得名为"星座法院"(Court of Star Chamber)。同时,民事衡平法的审判机构被称为大法官法院(Court of Chancery)。

(二) 衡平法的对人效力

大法官在受理上述当事人的请愿之后,一般会立刻发出"传票"(subpoena)传唤被告人到庭。如果被告人拒绝出庭,法院可对其处以100英镑的罚金。在被告人到庭后,衡平法官会亲自对其进行质询,根据自由心证确定案件的事实关系。根据"良心"与"公正"原则,如果原告不能获得普通法上的救济,法官在不否定被告的普通法权利的前提下,可以向被告发出对人的禁令或特别履行令,以实现对原告的救济。如前所述,普通法规定即使存在瑕疵,契据(deed)的内容也必须按照其文字内容执行。对此,衡平法院可颁布禁令,责令被告不得主张其权利(即使当事人持有普通法院的执行判决)。法谚"衡平法可对人为一定行为"(Equity acts in personam)指的就是这种情况。

如果被告无视大法官的命令,强行实施其普通法权利,则该如何处理呢?由于衡平法法官不能直接推翻普通法的判决或否定当事人的普通法权利,大法官可以"侮辱法庭"的名义对当事人实施拘押,直至其执行法官命令为止。这种做法实际上保证了衡平法判决的法律效力。

虽然英国在19世纪末调整法院体系时,取消了普通衡平法院,审判权统一归于普通法法院,但是直到今天,高等法院仍设有由衡平法院演变而来的大法官庭,在审判实践中也不时援用衡平原则,给予衡平救助。在其他英美法系国家中,有些也保留了衡平法的某些效力,甚至还存在个别的衡平法院。

(三) 衡平法的领域

衡平法作为普通法的重要补充,其规定集中于普通法调整不力的财产纠纷领域,特别是信托、合同、保险等几个方面。详言之:第一,欺诈、强制、不当影响(undue influence)以及禁止违约罚金(Penalty)等以保护弱者为目的的案件;第二,特定履行(specific performance)、强制令(injunction)以及多人诉讼等需要有效的权利救济的案件;第三,财产抵押(mortgage)案件;第四,财产债权;第五,信托财产等。其中,解决信托争诉是中世纪司法活动中的重要一环,下文以1535年的《用益法》(Statute of Uses)为中心,对传统的用益(use)制度作部分说明。

（四）用益设计(Use)

用益设计是指绝对土地所有权人(fee simple)以"给予甲及其继承人,由甲为乙的利益持有该财产"(to A and his heirs to the use of B and his heirs)的方式,向他人转让财产的做法。具体做法是:不动产所有人将自己的财产转移给他人,再由他人为第三人的利益持有该财产。这种方式的优点在于:不动产所有人可以逃避税负、将财产赠与或遗赠给依法不能受赠与或遗赠的第三人等。同时,他也承担了失去财产的风险,因为在当时,受托的他人作为该项财产法律上的所有人可以合法地将其据为己有。很明显,用益设计中的所有人、他人、第三人就是后来的信托制度中委托人、受托人和受益人的原型。不同的是,信托制度中,受托人一般负有为受益人利益积极管理、处分信托财产的义务,而用益设计中,受托人大多只是一个"形式上的所有人",信托财产的实际管理权和受益权都由受益人掌握,这种用益设计相当于后来所谓的消极信托。

由于用益设计能够规避当时的法律,在13世纪至15世纪之前两百年间,它并不为普通法院所承认。依据普通法,受托人完全处于财产所有人的地位,其是否依照约定将信托财产或其收益交付给受益人,完全由其个人决定。"对其所有权的限制不是法律上的而是道德上的。其应依照良心而非依照法律,像业主那样管理财产……"①如果受托人不守信义,将信托财产据为己有,受益人也无可奈何。因为根据普通法,受益人没有任何权利,所以他无权向普通法院提出任何强迫受托人履行其承诺的诉讼。这里有一个重要的历史原因,必须加以说明。在用益设计产生的年代,一般情况下,契约义务还不为普通法所承认。所以,虽然用益设计在大部分场合都以委托人和受托人之间的约定为基础,但由此产生的权利义务却得不到普通法的保护。对此,主持衡平审判的大法官以承认受托人的普通法权利为前提,根据"公平"、"正义"、"平等"等原则,可以命令受托人必须为受益人使用财产。这样一来,受益人的法律地位就得到了衡平法的保护,因而被称为"(衡平法上的)受益人"(cestui que use)。

在中世纪出现用益设计有其特定的历史背景。首先是在十字军东征和百年战争中,从军前往国外作战的土地保有者采取用益设计作为托付后事的手段。其次,根据早期的普通法,所有权人要改变土地的权利性质,须先将其权利让渡给他人并由新权利人转让返还给自己后,才能完成变更。例如,绝对土地所有权

---

① 参见〔法〕勒内·达维德:《当代主要法律体系》,漆竹生译,上海译文出版社1984年版,第329页。

人（fee simple）甲希望将土地继承给其现任妻子乙的子孙中自己的直系亲属（即特别限嗣继承［fee tail special］），甲除了作出明确的意思表示外，还要先将土地所有权转让给第三人丙，再由丙以"给甲本人及其现任妻子的继承人中与甲有直系血缘关系者"（to A and the heirs of his body begotten upon the body of his present wife B）的方式返还。然而，由于丙在普通法上已经完全获得了土地的权利，如果其背弃诺言拒绝返还甲的土地，则甲的权益无法得到救济。可以想见，衡平法大法官受理用益诉讼的目的之一是为防止恶意的第三人利用上述普通法上的漏洞获得非法利益。

据考证，当时用益设计还被用于以下情况：（1）通过用益设计故意侵害债权人利益；（2）虽然普通法不允许遗赠土地权利，但根据用益设计可在不转让普通法权利的情况下，事实上对土地利益设定遗嘱；（3）普通法对"丧失剩余利益"（destructibility of contingent reminder）和"将来权益"（future interests）所做的限制，对用益设计的受益人的地位不产生影响；（4）通过用益设计可以将土地的利益转交给外国人；（5）如前所述，中世纪的普通法禁止将权利让渡给教会或其他社团，以防止形成"永久管业"（mortmain），于是对于宗教信仰深厚的教徒而言，通过用益设计把死后的土地利益遗赠给教会的做法变得十分流行；（6）在社会动荡的 15 世纪，佃农将自己的土地让渡给强势的领主，自己成为土地受益人的现象极为普遍。这种做法可以保证自己的土地在纷争中获得强势领主或大贵族的保护。

再者，当时人们在设计用益时，普遍设定多人为受托人且相互之间是共有关系。这样一来，即使其中一个受托人死去，该土地也不会形成"寡妇产"（dower）。① 用益设计的土地权还被认为不必设定"附随条件"（feudal incident）。

可见，在土地法律关系上，衡平法通过用益设计制度建立了一套区别于普通法的救济手段。随着用益设计判例的逐渐形成，衡平法法院解决了许多普通法无法处理的纠纷，对封建土地制度的稳定发展作出了巨大的贡献。

八、教会法

在漫长的中世纪，教会和封建君主长期并存，在不同领域实现对国家和社会的管理。然而，在二者之间并非没有矛盾，事实上双方在审判权上的矛盾一直存

---

① 在中世纪的欧洲社会，新婚夫妇举行婚礼时，新郎要在教堂门口当众宣布赠给新娘一笔财产（一般是指土地）。其用意是，倘若丈夫首先去世，守寡的妻子可以此为生活的来源，享用终生。这就是寡妇产，或称遗孀产，其数量通常是亡夫财产的三分之一。由于中世纪妇女的地位一直比较低下，已婚的妇女没有财产继承权，也没有独立的经济资源和法律地位，其人格完全为丈夫所吸收。但是，守寡以后，她的处境便大为改善。至少，她可以独立地享用这份财产，她的寡妇产权利是受到法律的严格保护的。寡妇产的实质就是社会承认处在守寡这一特殊的生活周期中的妇女的财产权利。参见俞金尧：《中世纪欧洲寡妇产的起源和演变》，载《世界历史》2001 年第 5 期。

在,并时而爆发严重的冲突。

在盎格鲁—萨克逊时期,教职人员经常参与一般社会的审判活动。但是,在诺曼征服以后,威廉一世规定教会不得干涉世俗的审判,并要求建立属于教会自身的法院,此为英格兰教会法院(ecclesiastical courts)的发端。

在教会法院和国王法院的冲突中,最为严重的一次发生在亨利二世统治时期。国王与地位显赫、集教会势力与法权于一身的坎特伯雷大主教贝克特(Thomas Becket)之间的积怨终于爆发。根据传统,僧侣与神职人员的诉讼由教会法庭按教规处置,但教会审判疏于追究、放纵犯罪的情况比较严重。即便是杀人案件的被告,对神职人员的判决往往只是忏悔刑或剥夺教职。同时,被判有罪的当事人还可向罗马教会的有关机构提起上诉,这类上诉被受理且推翻原判决的情况也经常发生。亨利二世为了将王国法律切实推行并尽可能对领土内一切子民适用相同的法律标准,于1164年颁布《克拉伦登宪法》(Constitutions of Clarendon),用以限制教会的司法权。为了减少教会法院的抵触,该法规定被指控犯罪的教职人员仍在教会法院受审,但应在世俗法院接受判决。然而,贝克特于教拒绝让步,导致曾互为知己的国王和主教陷入争吵之中。这场斗争最终以悲剧收场。国王的四位骑士在遭到亨利训斥以后杀死了贝克特以表示自己的忠诚。这一暴行震惊了英格兰全国,国王被迫追认贝克特为殉道者,并称其为英格兰最著名的圣徒。这一事件导致亨利二世放弃了改变教会法院审判权的想法,不再争取司法权的统一。教会的司法权一直延续到16世纪英格兰革命时期。

13世纪前半期,教会法院的审判权包括:(1)对一定级别的教职人员、教会以及宗教信仰实施犯罪的;(2)婚姻和分居的;(3)嫡生性问题;(4)当时禁止以遗赠的方式转让房地产(real property),由教会负责查看遗言和动产(personal property)继承的情况;(5)诽谤他人名誉的——但作为制裁手段,教会法院只能要求被告对自己的行为忏悔;(6)违反契约的,但不得对抗国王法院对"债务之诉"(debt)的管辖权。

普通法法院如发现教会法院侵害其审判权,可发布禁止令状(writ of prohibition),制止教会法院进行世俗审判。在中世纪的大部分时间里,针对债务之诉的管辖权一直是教会法院和普通法法院争执的焦点。

在英格兰国内的教会法院中,最高级别的审判机构是约克大主教区的"约克大法庭"(Chancery Court of York)和坎特伯雷的"圆顶法庭"(Court of Arches,也称上诉法庭)。[①] 罗马教廷拥有对这些法院的判决的终审权。

在13世纪,教会法已经形成一种体系性的法律,被称为"教会法大全"。教会以及教职人员从教会对宗教事务的管辖权中逐渐发展出一种关于婚姻的法律

---

① 参见刘城:《英国中世纪教会研究》,首都师范大学出版社1996年版,第134页。

体系;从教会对于遗嘱的管辖权中逐渐发展出一种关于继承的法律体系;从教会对于教会有薪神职人员的管辖权中逐渐发展出一种关于继承的法律体系;从教会对誓言的管辖权中逐渐发展出一种关于契约的法律体系;从教会对于罪孽的管辖权中逐渐发展出一种关于犯罪和侵权的法律体系。同时,与这五种管辖权相关联,又发展出司法程序方面的规则体系。

英国的天主教会是罗马教会的组成部分,因此其法律思维与罗马法有很多类似之处。教会法作为维护教会和宗教人员的封建统治和经济利益的工具,与源自日耳曼法的普通法在内容和形式上都大相径庭。

九、商人法(Law Merchant)

在盎格鲁—萨克逊时期,商业活动主要集中在"市集"(burh)中,这些"市集"受国王保护并向其纳税,由此交税开设市集就成为一种特权。在11、12世纪商业大发展时,通过与欧洲大陆的商业贸易活动,英格兰兴起众多的商业市集。这些市集之间往往因客源和纳税问题发生矛盾,需要通过诉讼方式借以解决。商人们自己组织起来,根据商事习惯,设立了纠纷解决机制,由德高望重的商人担任裁判。在此过程中,产生了特定的商业法庭,其中具有代表性的当属"泥腿法庭"(Court of pie poudre,也称 the court of piepowder)。据说得名于来往各市集的行商往往脚沾泥土,最初这只是一种昵称,后来则得到了官方的认可。此类法庭主要处理契约纠纷和不法行为,往往采取速决审判的程序。在布里斯托尔地区,直到1971年还保留着此类法院。

中世纪的海事法和商法在相似的环境中发展起来,并在类似的法院中对类似职业人群的事务进行处理,所以二者的关系十分密切,即使是在英格兰,它们由不同的法院运作,也仍然不能忽视其中的联系。直到近代,英格兰地区仍然存在著名的海事法"五港法庭"(Courts of Cinque Ports),即威廉一世时代的多佛(Dover)、三明治(Sandwich)、罗姆尼(Romney)、赫斯汀斯(Hastings)和黑斯(Hythe)。到了13世纪温彻里斯(Winchelsea)和莱伊(Rye)两军港也加入其中,但习惯上仍叫做"五港法庭"。

进入14世纪,国王出于扩大商业贸易,增加王室财政收入的考虑,颁布《贸易市镇法令》(the Statute of the Staple),在威斯敏斯特、纽卡索尔和布里斯托尔等允许进出口贸易的城市设立了"特许贸易市镇法院"(Court of the Staple)。

14世纪中叶,随着海事法庭(Court of Admiralty)作为国王法院的一部分开始出现,海事法与商法出现了分离。16世纪的时候,海事法院曾试图将二者融合,但遭到普通法法院的反对,二者之间的距离进一步扩大。普通法法院规定海事法庭只限管辖海事案件,而商事案件归普通法法院管辖,其结果是商法成为了普通法的一部分,导致英国出现了相对独立于海事法的商法。

在商业诉讼和海事诉讼中,法官以商业习惯(law merchant)为法律依据,并将商事习惯法汇编也成为法典。尽管各地的习惯不同,但一般认为由商事法院实施的关于"集市"的法律是不同于一般法律的特殊商人法。

这一现象不仅出现在英格兰,在欧洲各地也出现了海事及商事法规。在海事法盛行的地方,商法往往也成为必需。其中,特别值得关注的是1340年以来,根据巴塞罗那地区的海事审判编纂而成的《康索拉度法》(Consolato del Mare)、法国波尔图地区比斯开湾(Biscay)上的奥莱岛的奥列隆商业法判例集(Rolls of Olèron)以及15世纪在瑞典维斯比城编纂的维斯比海法(Law of Wisby [Wisby Seerecht])等。尤其是奥列隆判例集,该岛在1370年前一直为英国统治,且为从波尔多运输葡萄酒到英国的重要枢纽,因而这一法典在英国也受到重视。

在英格兰,这类法律为《伦敦白皮书》(the White Book of London)、《布里斯托尔红皮书》(the Red Book of Bristol)以及《伊普斯维奇末日审判书》(the Domesday of Ipswich),另外还有诸如《商事宪章》(the Carta Mercatoria)和《贸易市镇法令》(the Statute of the Staple)等。根据这些法规,在英国国内的商业贸易遵从伦敦的习惯,而国际贸易上则以意大利城市的习惯为主。在这一过程中,我们可以观察到罗马法、教会法对英国法律发展的影响。

在前文中已经提到,为全面了解中世纪的英国法,必须对教会法院、商业法院也予以关注。例如,对于未经法定形式的合意,普通法法院不予承认。但在商人法院,此类合意则可以获得司法救济。[①]

第二节 封建集权时期的法制史

一、都铎王朝

（一）强化王权

亨利七世国王在法国的援助下于1485年在战场上杀死理查德三世,宣布继承英格兰王位。然而,亨利七世继承王位的法律依据显然并不充分。为了成为正统的王位继承人,只有通过其母格温内思郡(Gwynedd)的皇室家庭成员玛格列特(Margaret Beaufort)来宣扬其王室血统。但是作为母系王室成员,安妮·莫蒂曼(Anne Mortimer)子孙的约克家族拥有优先顺序的王位继承权。1486年亨利与约克王朝爱德华四世之女伊丽莎白结婚,宣布约克和兰开斯特两大家族合并,结束了红白玫瑰战争。

---

① See C. Fifoot, *History and Sources of the Common Law: Tort and Contract*, London: Stevens & Sons Ltd., 1949.

对这位国王而言,强化王权基础成为执政的重要前提。此时,亨利国王并未像其他国王那样寻求与贵族联盟以巩固自身的政治地位,而是选择加强财政建设,与迅速成长起来的都市工商业者以及地方士绅阶层保持良好的关系。

亨利七世在位期间(1485—1509年),继续爱德华四世开始的王权重建工作。同时,亨利七世比爱德华四世更具有献身精神,他生活俭朴,吃苦耐劳,在理财和谋求社会稳定方面也更有韬略,因而被称做贤王。

都铎王朝(Tudor)的统治时间从1485年至1603年历时119年,共经历了五代君主。始于亨利七世1485年入主英格兰、威尔士和爱尔兰,结束于1603年伊丽莎白一世的去世。虽然历时不长,但都铎王朝处于英国从封建社会向资本主义社会转型这样一个关键时代,因而其实施的各项政策也极具时代特色。

国王意图强化自身财政基础的努力,在统治层面意味着国王必须摆脱议会对王权的制约。因此,对国王而言,有必要在议会主权的税收政策之外,自行设立和推进其他的财政手段。这些手段包括:(1)表面上对国王的自愿捐赠(benevolence),实际上改为强制性收取;(2)强制向国王出贷;(3)许多早已废弛的古老法律,被重新适用并作为罚金的法律依据;(4)严格履行土地保有(Tenure)的附属义务要件(incidents)。在亨利七世的时代,玫瑰战争中没收(forfeiture)的土地是王室经济条件富裕的主要原因。在亨利八世时期,为防止人们利用"用益权"逃避封建义务(feudal incidents),于1535年制定了《用益法》(Statute of Uses)。① 这部法律,被视为英国不动产法的重大变革。(5)加征关税和商品附加税。根据规定,如果国王去世,新国王必须征得议会的同意才可以征收这些税种,但是实际上议会从未否决过此类税制。同时,在获得议会的承认后,该税种在国王在位期间可以持续征收。

都铎王朝实行重商主义政策,以提振英格兰的产业和贸易实力,团结新兴的市民阶层,从而对英国社会的各个阶层都产生影响。

英国是一个偏离欧洲大陆的岛国。在都铎王朝以前,英国是一个经济落后,工业不发达的"农业附庸国"。在整个国民经济中,羊毛和粮食的输出占有重要的地位。毛纺织业作为英国支柱工业,虽然有所发展,但也远远落后于欧洲大陆的弗兰代尔、尼德兰、佛罗伦萨等地。为了改变这种状况,重商主义者认为必须大力发展工商业。从15世纪的最后30年开始,英国发生了"圈地运动"(enclosure movement),这是英国农村土地所有权的重大变革,随之而来的还有经营方式和耕作方法的变革,这就是英国农业资本主义革命的重要内容。而这一切自始至终都与都铎王朝的重商主义政策密切相关,如果说圈地运动是英国农业资本主义革命的序幕,那么揭开这一序幕的便是都铎王朝的重商主义政策。重商

---

① 27 Hen. 8 c. 10.

主义政策的出现,刺激了毛纺织业突飞猛进的发展,因此,对羊毛的需求量激增,就造成了羊毛价格的节节上扬,养羊业则成为一本万利的事业。贵族和乡绅为了追求高额利润,把封建制度下的古老的"公地"(common)围了起来,变成了雇工放牧的草场。这是英国农村土地所有制变革的发端,也是英国封建农奴制瓦解的滥觞。

圈地运动导致大量农民失去土地,被迫从农村流落到城市,造成城市人口(特别是伦敦市)的大量增加①,由于当时的手工业和商业无法为如此巨大的劳动力提供足够的劳动机会,导致社会上贫民的数量激增,16世纪以来议会多次制定《济贫法》(poor law)②,以救济贫困的农民。

此外,国王还致力于恢复因玫瑰战争而遭到破坏的社会秩序。15世纪的弱势王权,导致封建领主的权力扩张,助长了贵族的残暴剥削。为此,民众普遍欢迎强权的王政,例如在后世的斯图尔特王朝被视为暴政象征的星宫法院(Court of Star Chamber),在都铎时代却得到了当时大多数国民的支持。

(二) 宗教改革与英国国教会(Church of England)

都铎王朝的一个重大事件是对当时英格兰教会进行的改革,即脱离罗马教会的管辖,成为基督新教的教派。这个教派被称为英国国教会(也称圣公会),以英国国王为最高首脑,最高主教是坎特伯里大主教,约克大主教为其助手。

英格兰宗教改革的重要原因之一,是亨利八世国王与第一任王后凯瑟琳(Catherline of Aragon)的离婚问题。亨利八世(1491—1547年)是英国都铎王朝的第二位王,亨利七世的次子。他自1509年4月22日开始在位,这时英国已经逐渐从一个欧洲偏远蛮荒的小国发展成为有影响的大国。他的父亲亨利七世在位时,实行睦邻友好政策,将两个女儿分别嫁给苏格兰和法国的王储,让自己长子亚瑟(Arthur)娶了西班牙公主

图四 亨利八世(1491—1547年)

凯瑟琳为妻。但婚后不久他的长子因病去世。当时西班牙和法国不和,他为了维持中立不得罪西班牙王室,力图挽留长媳,经向教皇请示(根据天主教教规夫

---

① 伦敦市的人口在黑死病爆发之前为5万人左右,黑死病爆发后锐减到3.5万人。到了1530年增加到6.2万人,1563年为9.3万人,1580年为12.3万人,1605年则增加到22.4万人。

② 27 Hen. 8 c. 25 (1536), 5 Eliz. 1 c. 3 (1563), 18 Eliz. 1 c. 3 (1576).

妻结合是上帝的旨意,不允许离婚再嫁娶,丧偶再嫁也需要教皇图姆批准①),获准凯瑟琳可再嫁他的次子,即当时只有 12 岁的亨利八世。

亨利八世 18 岁即位并娶寡嫂凯瑟琳,但他妻子只为他生了一个女儿玛丽(后来的玛丽一世),以后几次生育的孩子都早夭。此前英国尚未有过女王,而且有迷信说法说弟娶兄嫂不吉,他又和女侍官安妮·博林(Anne Boleyn)产生了婚外情,于是让自己的主教重臣沃尔希(Thomas Wolsey)向教皇申请离婚。因为他这次婚姻是教皇亲自批准的,所以这为教皇出了一个难题,而且当时教廷亦不想得罪有强大势力的西班牙。教廷迟迟不能批准他离婚,而他的女侍官已经怀孕。亨利急不可待地采取了多次措施,先把沃尔希撤职拘禁②,再下令停止向教廷交纳教税,最后直至没收教会财产,导致教皇开除亨利的教籍。在当时受宗教改革思潮影响者的鼓吹下,1529 年亨利八世多次召开以宗教改革为主题的议会(Reformation Parliament)③,出台了一系列宗教法律,宣布英国教会脱离罗马教廷,自任英国教会最高权威。从此英国教会成为圣公会,基督新教的一个单独教派。圣公会是新教中改革最不彻底的一个教派,因为它和天主教没有任何理论原则的分歧,只是不承认教皇的权威,以及将天主教部分礼仪简化了。

亨利八世的第二个妻子也只为他生了一个女儿伊丽莎白(后来的伊丽莎白一世女王),他一怒之下将第二个妻子以通奸罪处死,因为他离婚再也不需要教皇批准了,第三位妻子为他生了一个儿子爱德华(后来的爱德华六世国王)后又因病去世。他先后娶了 6 位夫人,全部没有好结果:第一位逼迫离婚,第三位因病去世,第四位德意志新教公主协议离婚,最后一位因他去世幸免于难,另外两位被他处死。

他临死时设下遗嘱,由爱德华和他的后代继位;如果爱德华没有后代,爱德华死后由玛丽和她的后代继位;如果玛丽没有后代,玛丽死后由伊丽莎白和她的后代继位。他没有想到如此严密的安排也有疏漏,最后三位继承人都没有后代,伊丽莎白一世去世后,都铎王朝也终结了,王位传给伊丽莎白表姐的儿子。

亨利八世的宗教改革时期的法律包括:(1) 1532 年的《禁止圣职取得缴纳金法》(Act of Annates)④,禁止取得圣职的教士在就任后将首年度的收入缴纳给

---

① 根据教会法禁止与已去世的兄弟姐妹的配偶结婚。这一法理直到被 Deceased Wife's Sister's Marrige Act 1907(7 Edw. 7 c. 47),Deceased Brother's Widow's Marrige Act,1921(11 &12 Geo. 5 c. 24)变更前,属于英国法的一部分。
② 沃尔希(Thomas Wolsey)自 1515 年以来一直担任国王的大法官。1529 年亨利八世国王因沃尔希未能说服罗马教会同意其离婚而将其免职,后任为摩尔大主教(Sir Thomas More)。
③ 这届议会一直延续到 1536 年。为区别于 17 世纪的长期议会,这次会议也被称为"亨利八世的长期议会"。
④ 23 Hen. 8 c. 20.

罗马教会;(2) 1533年的《禁止上诉法》(Acts of Appeals)①,全面禁止将英格兰教会法院的判决向罗马教会上诉;(3) 1534的《国王至尊法》(Act of Supremacy)②,规定英国国王为英国教会的最高权威;(4) 1539的《六条法》(Act of Six Articles)③,《统一[教义]法》([First] Act of Uniformity 1549)④,([Second] Act of Uniformity 1552)⑤等法律把英国圣公会的教义、祈祷书、宗教仪式等统一起来,并加以强制推行。在此期间,亨利八世和安妮·博林秘密结婚,同时要求坎特伯雷大主教克莱曼(Thomas Cranmer)召开宗教法庭,判决与凯瑟琳的婚姻违背上帝的旨意为无效婚姻,并要求圣公会宣布与博琳的婚姻有效。

随后,亨利八世宣布要解散修道院并没收其财产。1536年国王以修道院腐败为名,解散了所有的小型修道院。到了1540年,大型修道院也迫于国王的压力,解散大半(形式上仍是修道院的自愿解散)。

在中世纪,修道院的经济实力是非常可观的。因此,国王将修道院的资产没收的措施大大提升了王室财富。1536年国王在立法废止小修道院的同时⑥,另行立法规定了增加国王财产的具体措施。其中设立增收法院(Court of Agumentations)就是其中一个典型。⑦

亨利国王的宗教改革以及解散修道院的做法,在国内外招致了巨大的反对,加之圈地运动引起的社会动荡,英国各地连续爆发农民起义和暴动。其中规模最大的是1536年到1537年间英格兰北部发生的"求恩巡礼"(Pilgrimage of Grace)事件。

(三) 统治机构

作为杰出的政治家,都铎王朝的统治者——亨利七世、亨利八世和伊丽莎白一世,在巩固王权的过程中并没有采取理论先行的策略,也没有变更既存的统治机构。对于在王权扩张的过程中出现的新的统治任务,主要通过设立新的行政机构来加以处理。这一做法,在司法制度上也得到了贯彻。

亨利八世强化王权的做法,客观上扩大了御前会议(Curia Regis)的后继机构国王咨议院(King's Council)的职能。爱德华四世末期,咨议院的管辖权已经开始出现复苏的迹象,理查德三世时期仍然保持了这种势头,不过直到亨利七世的时候,咨议院才完全恢复了原先的权力。正是通过同时作为司法机关和行政机关的咨议院,英格兰才建立了自亨利二世以来更为强大、有效的政府机制。在

---

① 24 Hen. 8 c. 15.
② 26 Hen. 8 c. 6.
③ 31 Hen. 8. 14.
④ 2 & 3 Edw. 6 c. 1.
⑤ 5 & 6 Edw. 6 c. 1.
⑥ 27 Hen. 8 c. 28. 要求解散财产每年价值在200磅以下修道院。
⑦ 27 Hen. 8 c. 27.

此基础上,通过咨议院的帮助,都铎王朝才得以将英格兰从中世纪导向现代,并对教会进行了改革,使之与现代英格兰的国家形式和谐共处。

在封建集权时代,国王咨议院的构成与之前的御前会议有很大不同。在中世纪,御前会议尽管在名义上是社会各阶层代议机构,但实际上为高级教士和贵族所主导,且保持了规定的身份和名额。到了都铎王朝,历任的国王可以自行选拔咨议院的成员,从而使一些有能力的人士得以进入权力统治的中枢。与此同时,国王咨议院的功能也在不断发生着变化,作为行政机构的作用日益增加。

随着国王咨议院的规模扩大和转型,国王需要建立更加高效的统治机构来为自己服务。在亨利七世时代,成立了枢密院(Privy Council)作为国王咨议院会的内部组织。到了亨利八世时期,出现了类似于今天执政大臣的职位。不过,这个时期的大臣主要是国王个人的助手,即使没有大臣的建言,国王也可以根据自身的想法实现执政。

同一时期,国王咨议院衍生出许多的分支机构,这些机构与国王评议会一样,并没有根据三权分立的原则进行职权划分,而是根据处理的事项而分别设立。在 16 世纪,这种新的组织变化在咨议院内部沿着两条不同的分支发展着。其一,是协同国王的咨议院(the Council with the King)与确定于威斯敏斯特的咨议院(the Council at Westminster)之间的区分;其二,是枢密院全体成员(full members of the Privy Council)与咨议院一般成员(ordinary members of the Council)之间的区分。这两条分支都与咨议院司法、行政工作的分立有关——也就是涉及枢密院与星宫法院的分立。开始产生所谓"设于星宫的咨议院"(the Council sitting in the Star Chamber)——即星宫法院,由其执行先前法令所设立的各种委员会的职能,并使这些委员会失去了效用。

首先,在 1526 年亨利八世设定的咨议会规则中,区分了协同国王的咨议院与设于威斯敏斯特的咨议院。这种区分在中世纪已经一再出现,在此时变得更加显著并更加持久。由此,国王成功地保持了两个并立的工作班子。跟随国王的通常称为廷内咨议会(Council at court),另一个则称为星宫国王咨议会(the King's Council in the Star Chamber)。前者后来演变为枢密院,与国王的联系更为直接,自然而然地成为处理各项国内外政策的机构,后者则仍然处理传统的司法和行政事务。其次,在亨利八世统治下,我们可以发现一些受雇处理传统工作的人员,处理一些单独的行政或司法工作,但却并不完全是枢密院的成员。这些人并不仅仅处理协同国王的咨议院的政治性事务,同样也涉及设于威斯敏斯特的咨议院的司法事务。

作为国王咨议院的分支,当时设立的司法机构包括:(1) 小额请求法院

(Court of Requests)①，通过简易程序对穷人的小额诉讼开展救济的法院。(2) 高级宗教事务官法院(Court of High Commission)，在宗教改革中，对强制推行国教过程中发生的宗教诉讼案件进行处理的法院。(3) 在各地方上设置的地方咨议院，其中最重要的是威尔士及边区咨议院(Council of Wales and the Marches)以及北方咨议院(Council of the North)。威尔士及边区咨议院可能来源于威尔士亲王咨议院(Council of the Prince of Wales)。自爱德华一世起，英格兰就在该亲王领地行使权力。亨利七世时，亲王领地管辖权扩展到各边区，并且其运作相当有效，1534 年通过法律对其存在的合法性进行了确认。北方咨议院在"求恩巡礼"事件(Pilgrimage of Grace，反对亨利八世宗教改革法令的事件)之后参照威尔士和边区咨议院获得了同样的确认，但权力相比后者稍弱。这两个咨议院在自己的辖区内行使与枢密院和星宫法院在英格兰境内相似的权力，管理当地的政府事务。其中包括根据 1543 年法令所规定的，威尔士和各边区的治安法官由地方咨议院任命等。地方咨议院是咨议院和星宫法院的下级和助理，不能排斥咨议院和星宫法院在本辖区的权力。(4) 监护法院(Court of Wards)，1535 年颁布用益法后，逃避封建义务(feudal incidents)的案件逐年增加，为处理这类诉讼而专设的法院。

（四）都铎王朝时期的议会

随着国王咨议院及其分支机构的完善，国王的地位开始相对下降。议会对国王收入的管理，主要是税收形式的财政收入。因此，在国王获得税收以外的财源后，议会对国王的控制权就开始减弱，国王获得了相对的自由。

例如，较之前朝，都铎王朝召开议会的次数大为减少。在亨利七世 24 年的统治生涯中，只召开过 7 次议会。在亨利八世 38 年的治世中也只召开过 16 次议会，其中为推进新教而在 7 年期间召开 8 次宗教改革会议，除此以外的 31 年中，只召开 8 次议会。到了伊丽莎白一世时期，在她 45 年的统治时期，只召开过 10 次议会。

同时，议会的人员构成也在发生变化。在贵族院方面，世俗的贵族在亨利七世时期的第二次议会中共有 40 余个名额，到了伊丽莎白一世时期则增加到 60 余名。与之相对，在亨利七世时期议会中多达 50 名的神职人员，由于发布解散修道院令使得修道院长不再出席议会，到了都铎王朝的后半期只剩下 26 人。宗教改革后神职人员逐渐失去了在议会的话语权，加之玫瑰战争中贵族势力大为减弱和任命新贵族导致的贵族阶层对王室效忠，都铎王朝的贵族院的影响力和作用不断下降，在中世纪议会中大权独揽的贵族院，到了这一时期逐渐呈现出与

---

① 1483 年第一次出现了小额请求法院，亨利八世和伊丽莎白一世时期对其职能加以强化。See T. Plucknett, *A Concise History of the Common Law*, 5th ed., London: Butterworth & Co., 1956, p. 184.

平民院对等的态势。

平民院的议员人数在这个时期也在逐渐增加,其中来自城市地区(borough)的议员较之农村地区(county)的议员的人数明显占据优势。在亨利七世时期,郡议员共74名,城市议员为大约200名,到了伊丽莎白一世时期,郡议员大约为90名,而城市地区的议员则增加到377名(共467名)。这一现象,使得国王更容易通过任命城市地区的议员来实现对平民院的掌控。同时,平民院的"议长"(speaker),也是由国王任命,实际上是国王利益的代言人。

在另一方面,针对议会立法,国王可以不经议会同意就通过但书的形式对法律规定进行修改。在紧急情况下,国王甚至有权终止法律,这就是所谓的豁免权(dispensing power)。当然,国王还可以通过颁布赦令(Proclamation)来实现对社会统治。

在都铎王朝,议会主要遵从国王的意志开展活动。当时的国王们对议会也并不重视,但尽管如此,他们仍然将议会作为统治国家、减少社会矛盾的重要手段。例如,亨利八世虽然在统治期间很少召开议会,但在宗教改革、脱离罗马教会管辖、制定新教教义、仪式等涉及国家利益和宗教信仰的重大问题上,还是选择召开议会进行讨论。同时,由于都铎王朝的国王们自认为绝对掌控了议会,因此给予了议会一定的特权,如议会厅内的言论自由、会期中及召开议会前后不受逮捕的权利、平民院有权自行决定议员资格和当选议员等。

这些议会的权利与日后的议会主权原理相吻合。然而,在这一时期,议会可以通过立法加以规制的领域受到严格的限制。例如,伊丽莎白一世就多次警告议会,不得对宗教、贸易、外交等问题进行讨论。特别是对于尚未结婚的伊丽莎白而言,她本人的婚姻和继承人问题,从当时欧洲的局势来看关系到整个英格兰的安全,因此女王严令禁止议会干预此事。

(五)赦令法

在都铎王朝时期,对于之前法律没有规定的新领域、新情况,一般通过颁布国王赦令的方式来实现管理。1539年,为规范赦令制度出台了《赦令法》(Statute of Proclamations)。[①] 该法的内容包括:(1)在紧急情况下,国王在征得评议会的同意后可以颁布与议会立法具有同等效力的赦令;(2)颁布赦令的方法;(3)违反赦令者,由国家高级官员组成的法院(Board of Councillors)负责审理违反赦令的犯罪行为;(4)根据普通法的原则,赦令不得更改现行议会的制定法和财产权。这一法律虽然于1547年被废止,但颁布赦令的合法性并不受到影响,在伊丽莎白一世时代,女王仍然不断发布赦令,来管理国家的重要事务。

话虽如此,但不应忽视的是直到1688年《人权法案》(Bill of Rights)获得通

---

① 31 Hen. 8 c. 8.

过,英国的议会才真正开始获得政治决定权。在此以前,治理国家的还是国王和他自己所指派的大臣,而议会只有投票拥护他的权力。一个没有国王的政府,和一个没有教皇的天主教会一样,是同样不合理的。此外,并无宪法或法律上的根据,强迫一个英国的君主在他不需要帮助之时也必须召开议会。对于国家而言,如果国王能够自己统治下去,而不必召开议会,则纳税人将觉得更为满意。当国王能够不要议会而单独统治下去,这绝不是一种暴政,因为国王的一切支出必定要在其合法收入之内,所以国王的个人统治也意味着政府的良好运作。

二、斯图亚特王朝前期

(一) 国王与议会之间的争执

在都铎王朝时期,市民阶层和士绅阶层的经济实力和政治地位都得到了一定程度的提升。也正是因为如此,之前被广泛接受的国王集权统治开始受到越来越多的质疑。正如普拉克内特所指出的:"都铎王朝似乎在安静的旋律中终焉。然而正是因为对于伟大的女王伊丽莎白一世忘我的忠诚和尊敬,平民院即使在某议题上与女王的意见相左,一般也不会固执己见。"① 伊丽莎白女王智慧超群,其能力和威信得到了广泛的认可,因此在其统治下基本上没有出现过严重的混乱。伊丽莎白女王统治末期的平静,确实因一些重大事件受到过影响,但基本上用武力维持了和平。在这期间,女王和议会由于担心动乱,共同强化了对社会的统治。都铎王朝的国王们,善于将议会作为执行自己政策的工具加以利用。这一做法之所以成功,一来是因为国王们所推行的政策比较受欢迎,二来是因为国王也确实为谋求国家的福祉作出了努力,从而使王在平民院获得了议员们的尊重和支持。当平民院开始对国王关注自身利益大于关注国家利益的问题产生担心时,议会和国王之间的同盟关系就开始出现裂痕。封建贵族开始担任调和议会和国王之间关系的角色。换言之,如果国王不能够实现令其国民满意的统治,议会将亲自完成这个任务。② 就这样,斯图亚特王朝揭开了序幕。

斯特亚特王朝的第一代君主詹姆斯一世是亨利八世妹妹的后代,原为苏格兰国王,因伊丽莎白一世女王死后无嗣,得以到伦敦继承大统。此时,詹姆斯一世同时拥有苏格兰和英格兰两国的王位,后来两国于1707年完成合并。在詹姆斯一世执政时期,议会中的新旧两派势力的斗争趋于白热化。应该说斯图尔特王朝的国王并非昏庸无能,相反,他们善于精打细算和理论思维。与前朝的国王们不同,詹姆斯一世对于王权的理论基础非常重视,强调天赋君权的思想,并企

---

① See T. Plucknett, *A Concise History of the Common Law*, London: Butterworth & Co., 1956, pp. 184—185.

② Ibid., p.47.

图用这一思想来解决国内的统治问题。①

天赋君权的思想始于中世纪,主张一切世俗权力的源泉是上帝的旨意。对于来自苏格兰的詹姆斯一世在获得英格兰的王位后,为了强调自己继承的正统性,大力宣扬天赋君权是非常必要之举。然而,根据天授王权的理论,国王的统治活动也必然听从上帝安排,从而在理论上否定了议会制约国王权力的合理性。

与此同时,"国王特权"(prerogatives)概念的内涵也在不断发生着变化。在都铎王朝时期,这个概念是指国王可以合法行使的权力。虽然这种权力允许国王在紧急情况下,没有一定的法律依据也可以采取妥当措施处理国家事务,但并不意味着国王可以随意更改法律或无视法律的规定自行其是。然而,在斯图亚特王朝,国王特权被解释为只要国王认为必要,随时都可以不顾法律的规定实施统治行为。②

对此,议会运用中世纪以来的"法治国"(rule of law)观念作为对抗的手段。其中最为著名的例子是:当詹姆斯一世试图对普通法院和宗教法院的管辖权争议指手画脚时,柯克爵士以布莱克顿的名言"国王在万民之上,但在上帝和法律之下"回敬,断然拒绝了国王对司法审判的干预。③

在另一方面,主张天授王权的斯图尔特王朝在经济建设方面远逊于都铎王朝。随着王权统治活动的增加,政府的支出与日俱增。在得不到议会支持的情况下,国王的收入却未能同比增长。在遭遇财政困难之后,国王开始经常性地召开议会。不过,这一做法不仅使得议会可以获得公开批评国王的各项政策的机会,客观上也增加了议会的凝聚力和自治性。如前所述,在都铎王朝,平民院已经提升了其政治地位,伴随着国王与议会之间矛盾越来越深,平民院开始与国王发生正面冲突。

国王与议会的争执主要体现在课税权和责任大臣制两个方面。

其一,每当国王将征税的新政策提交议会讨论时,议会往往会列举国王政策中的问题点,并要求国王予以修正。这样一来,国王要么接受议会的意见,修改自己的政策,要么扩大无需议会同意即可征收的年贡的范围或征收金额。在早期,詹姆斯一世国王徘徊于上述两种政策之间,但随着议会对国王政策的批评越来越多,国王逐渐转向强制收取年贡和上贡金。然而,国王强征暴敛的做法,不仅导致民不聊生,同时也使得议会更加坚决地反对国王的政策。

---

① 詹姆斯一世以匿名方式论述天授君权的著作为 The Trew[= True] Law of Free Monarchies(1598)。

② 当时在剑桥大学主讲罗马法的考维(Dr. John Cowell)在其著作《名词释义》(Interpreter,1607)中对于"国王"(King)的词条做了以下注解:"国王高于法律并拥有绝对权力"(He is above the law by his absolute power);"议会"(Parliament)词条则为:"议会基于自然法与君主立宪制可制定限制王室的法律"(to bind the Prince by laws made in Parliament are repugnant to the nature and constitutions of an absolute monarchy)。

③ Prohibitions del Roy(1607),12. 63,77 Emg. Rep. 1342(K. B.)。

议会为了增加自身在国家税收、财政方面的话语权,试图加大对国王课税权的限制力度。例如,对于传统上国王只需在即位时获得议会的形式上承认即可的关税。到了詹姆斯一世时期,议会要求国王在每次征收关税时都必须得到议会的同意。为此,詹姆斯一世国王提起诉讼,要求法院认可王室征收关税和附加税(imposition)权力的合法性。法院慑于国王的压力,认为国王拥有征收关税的特权,并判决附加税合法。[①] 在这种情况下,平民院于1625年查理一世国王即位时宣布,将之前被视为当然承认的国王关税赋课权改为按年承认。[②] 但查理一世仍多次不顾贵族院的反对,强征了关税。

其二,议会力图在选拔大臣的问题上获得发言权。为此,议会将之前长达一个半世纪封存的弹劾制度(impeachment)重新启用,用以对国王的建言大臣施加压力。议会利用弹劾权分别于1621年罢免了大法官培根(Sir Francis Bacon-Viscount St. Albans),于1624年罢免了财务大臣(Lord High Treasurer)米德尔塞克斯伯爵克兰夫德(Lionel Cranfield)。在1626年议会通过决议,弹劾詹姆斯一世以来的重臣——海军司令官(Lord High Admiral)白金汉公爵维利尔斯(George Villers),查理一世国王则将平民院解散以报复议会。弹劾制度原本是针对大臣或贵族实施犯罪行为的制裁手段,例如,议会以在审判中收受贿赂为名对培根提出的弹劾,就是一个典型。然而,针对维利尔斯的弹劾,却与任何犯罪无关。虽然平民院在弹劾维利尔斯的理由中声称他涉嫌毒杀詹姆斯一世国王,但这完全是捏造,并没有任何事实依据。实际上,平民院主要是利用弹劾这一古老的议会程序,以达到控制和问责大臣的目的。

(二)权利请愿书

1628年的《权利请愿书》(Petition of Right),是在国王和议会的斗争中,议会取得的初步胜利的成果。在查理一世国王即位后,曾经两次解散议会,以对抗议会对白金汉公爵维利尔斯的弹劾。

然而,解散议会的举动把国王进一步推入财政上的窘境。同时,维利尔斯发动的对西班牙和对法国的战争,进一步影响到国家的经济基础,特别是1627年在法国拉罗舍尔(La Rochelle)附近的大败,使得国王的威信和财务状况一落千丈。为解决财政危机,国王不得不于1628年召开在位期间的第三次议会。然而,就在这次议会中,涌现出温特沃思爵士(Sir Thomas Wentworth)、约翰·皮姆(John Pym)、约翰·汉普登(John Hampden)、爱立奥特爵士(Sir John Elliot)等杰出的政治人物。在这些政治领袖参与下的议会,作出以下决议:一是未经议会同

---

① Bate's Case (1606), Lane 22, 2 S.T. 371, 145 Eng. Rep. 267 (Exch.)。参见:〔日〕藤仓皓一郎、木下毅、高桥一修、樋口范雄:《英美判例百选》,段匡译,北京大学出版社2005年版,第178页。

② 专指吨税(Tonnage)和磅税(poundage).

意国王不得征税;二是非依法不得拘捕人民;三是军队不得驻扎民房;四是和平时期不得行使戒严法。由此,《大宪章》的精神得到了重申、明确和扩展。这就是英国宪政文本中,具有重要地位的《权利请愿书》(petition of right)。根据中世纪形成的议会传统,英国议会只有提出建议的权利,法律只有国王才能颁布。因此,权利请愿书尽管是法律,但还是只能以"请愿书"的形式出现。不过,贵族院并不接受这份法案,仅通过了"国王在一般情况下不得妨碍'法的正当程序',但紧急情况下不受此限"的折中议案。对此,平民院的议员们表示不能接受,在撤回原法案的基础上,重新确认保护臣民的古代法的有效性,并规定平民院拥有对这些法律的解释权。由于国王明确表示不承认平民院的议案(根据传统,议案只有经过国王的承认才可以形成法律),根据柯克爵士的建议,增加规定如国王行使特权违反法律时,个人可以通过请愿的方式来主张救济。由于此次《权利请愿书》修改草案是在贵族院和平民院的协商下完成的,故于5月28日顺利获得两院通过。6月2日,《权利请愿书》被提交给国王,虽然查理一世闪烁其词,百般逃避,但由于两院代表态度强硬,最终在6月7日国王同意接受此法案,宣布"应依照议会意愿予以施行(准如所请)"(Soit droit fait come [sic] est desire [sic])。

《权利请愿书》的具体内容是:未经议会同意国王不得向国民征收税金、强制借贷、强制纳贡或增加其他金钱负担(第1条和第2条);即使拥有枢密顾问官签署的国王特别命令,如不说明理由就对民众实施逮捕和监禁,则属于违法行为。遭到此类逮捕或监禁的民众可以凭人身保护令(habeas corpus)获得释放(第3条到第5条);军队不得强占民房(第6条);对一般民众的违法行为不得适用军法处置(第7条到第9条);第10到第11条是对上述规定的概述并以"谨奏于圣主国王陛下"结束。[①] 值得注意的是这一文件并非主张人的自然权利,而是以确认古代普通法的形式宣告了民众的基本权利。

(三) 光荣革命

当议会在1629年1月复会的时候,极端派在约翰·皮姆(John Pym)领导之下,对国王查理一世发动了猛烈的攻击,同时对教会也提出宗教上的批判。教会本是查理的最后堡垒,只有通过教会,国王才能掌握民心。1629年3月2日,他又第三次解散了他的议会,并于1629年4月24日与法国讲和。1630年11月5日,查理又与西班牙讲和,劳民伤财的战争总算结束了。自此,一直到1640年,查理一世都没有召开议会。

虽然没有议会,查理一世已经可以自由地统治了,可是严重的问题还是没有解决。议会并不想推翻宪法,只想控制国王,使其变成议会的"橡皮图章"。假

---

① 7 Statutes at Large 317—20. 5 Statutes of the Realm 23—24.

使没有国王,则议会对于政府就找不到一个宪法上的基础。所以第一个要点是国王仍继续为元首,而第二个要点则为议会凭借国王的名义,来实施实际上的统治。现在查理既已摆脱了国外的纠缠,所以他所剩下的唯一目的,就是如何解决国内的困难。可是这一点他最后还是失败了。

他的两个主要顾问为温特沃斯爵士(Sir Thomas Wentworth)——后来为第一代的斯塔福德公爵(Earl of Strafford)和坎特伯雷(Canterbury)大主教威廉·劳德(William Laud)。前者是查理的时代最有才能的政治家之一。1629年,查理任命温特沃斯为北方会议的主席,他为了解除平民的痛苦,而不惜与约克夏纺织业中的资本家相冲突。1632年,温特沃斯又被调往爱尔兰任总督。在那里他打倒了伦敦富商的投机行为,并且为一支小型而有效的陆军奠定了基础,由爱尔兰议会出钱供养,此外还创立了乌尔斯特(Ulster)的麻纺工业。假使环境能许可他继续进行这些具有创造性的工作,则毫无疑问,即使仍会更进一步地开罪富人阶级,但只要能够小心不得罪一般的平民,则查理一世即可获得颇孚人望的地位,而不必再召开另一次的议会。

同时,查理一世任命温斯顿(Richard Weston; Earl of Portland)为财务大臣,着手重建疲软的王室财务。其具体措施包括:授予民众骑士称号并收取每人40英镑的费用;利用国王的财产不适用时效的原理,把原属于国王的森林土地收归国有;对垄断(monopolies)商品和服务的收入征税,主要针对制造金银丝线、肥皂等物品的商店以及酒馆、旅店等;根据在紧急情况下国王能够征用船舶的规定,对于制造船舶的国内工厂征收建造船舶税(ship-money)等。① 这些做法确实在一定程度上起到了作用,在1635年到1638年间,国家财政扭亏为盈,但同时也招致了民众的激烈反对。

可是大主教劳德却葬送了国王短暂的善政。作为一个狂热的宗教改革家,他的主要目的就是肃清教会。面对激烈的反对,劳德把英格兰的教会肃清之后,又将目标移到了苏格兰。② 1637年查理一世下令:苏格兰的教会必须接受英格兰的祈祷书,这可以说是一个极大的愚行,因为苏格兰人都是最狂热的加尔文派,当他们反叛之后,查理一世就必须招募一支陆军去平乱,可是若不召开议会,就无法为军队供给军饷。

在备战期间,查理一世发现所能召集的只有地方民团,在装备和军事训练上都很欠缺,只能算是乌合之众。可是尽管如此,养兵还得花钱。因为国王无法举

---

① Hampton's Case (1637), 3 S.T. 825 (Ex. Cham).
② 劳德的热忱对于不列颠帝国的成长,具有很重大的影响。在他尚未开始工作之前,新开发的美洲殖民地有一个严重的问题,即为如何增加其人口。他的迫害对于这一点颇有贡献。从1628年到1640年之间,差不多有两万人——其中多数为清教徒——迁往美洲。此后,克伦威尔的政治迫害(主要针对王党)又使许多人前往新世界避难。

债,所以在1639年6月查理又在贝尔维克(Berwick)签订了一个休战条约。同年9月,他把温特沃斯召来伦敦,但这位大臣却劝国王召开一个新的议会(次年1月,温特沃斯获封为斯塔福德公爵)。查理一世照办,以募集每月至少需要10镑的军费。然而,在皮姆和汉普登(Hampden)的领导之下,次年4月13日召开的议会不但反对捐献军费,而且要求应当先对不满国王执政的民众加以救济,然后再讨论军费问题(Redress of grievance must precede supply)。三个星期后,议会又被国王解散,这就在历史上被称为"短命议会"(Short Parliament)。

斯塔福德建议把爱尔兰的陆军调入英格兰勤王,但苏格兰人却抢先行动。他们越过了边界,在牛奔(Newqurn)击溃了一部分英军,并占领了诺森巴兰德(Northumberland)和杜拉罕姆(Durham)两个郡。查理一世被逼得走投无路,只好与苏格兰人签订《里本和约》(Treaty of Ripon),同意每日向苏格兰人支付850英镑的代价,换取暂时的和平。

为了筹措赔款,查理一世国王向伦敦市民提出借款,但遭到拒绝,他不得不下命再召开另一次议会。这次议会被称为"长命议会"(Long Parliament),于1640年11月3日在威斯敏斯特召开。非常时期召开的这次议会,丝毫不掩饰其对国王的反感。议会首先于1641年要求国王释放被星宫法院和高等宗教法院定罪并监禁的政治犯,同时给予一定的赔偿。之后,议会不仅认为劳德有叛国之罪,同时也指控温特沃斯是帮凶。此外更通过了一个法案,认为未经议会自己同意,国王不得解散议会。1641年5月8日,这两个法案在议会都已经三读通过。于是为了对查理一世施加压力,精通心理战术的皮姆在伦敦发动了几千个流氓,去包围白厅(whitehall)——此处是国王及其家属的住所。本来查理一世对于温特沃斯是有约在先,以国王的"金口玉言"保证其一生荣华富贵。可是现在因为害怕王后和她的儿女会被暴民凌辱,所以经过了一番犹豫之后,并未否决这两个法案——按法理上说他是可以否决的。同年5月10日,国王批准上述法案。两天之后,温特沃斯在塔山(Tower Hill)上被斩首示众。查理一世这种卑劣软弱的行为,完全是自毁长城。在这个重大危机之中,在他的王国中也许只有温特沃斯一个人还具有克敌制胜的能力。查理一世签署了法案,也无异于判决了自己的死刑。

接着议会提出了许多改革措施:第一是《三年法》(Triennial Act,1641),规定议会每三年必须召开一次,会期至少为50天,且议会有制定法律的权力[①];第二是《吨税和镑税法》(Tonnage and Poundage Act),在关税问题上,承认以前征收的附加税为合法税种,但不经议会同意不得征收[②];第三是废除星座法院、北

---

① 16 Car. 1. c. 1.
② 16 Car. 1. c. 8.

部咨议会、威尔士咨议会等从国王咨议院中分化出的多数机构,使司法权脱离了国王的控制①,同时,高等宗教法院(Court of High Commission)也被取消了;第四是将国王的森林面积恢复到詹姆斯一世第12年的水平②;第五是禁止国王滥封骑士称号,且船税也被宣布是不合法的。③

到此原本一致采取行动的议会出现了分裂,其中保守派主要由贵族、英格兰教会的教士、高级士绅等组成,而激进派则由农工业者,下层士绅和自耕农(yeoman)等中产阶级组成。激进派中对英国国教持怀疑态度者居多,主要以英国南部和东部为其根据地。当国王在政治上和财政上都已饱受拘束之后,以皮姆为首的激进派就开始向教会发动攻击。他们的目的是要把主教逐出议会,并没收教会的财产,以赔偿苏格兰人,而减轻英国纳税人的负担。此外,又与苏格兰人谈判了一个条约。接着在1641年在8月10日,查理一世出发前往苏格兰,企图解决王国的分裂危机。这是一个很不明智的行动,因为它给人造成国王企图武装镇压的印象。更不幸的是,自从温特沃斯死后,管理爱尔兰的官员更加腐败,导致叛变频发。

在镇压爱尔兰的叛乱时,为避免将所有军队交给国王而产生的风险,议会以151票对110票作出决议要求国王必须在枢密顾问官和大臣的帮助下用兵。同年11月,皮姆为了使正在发展中的危机尽早结束,对国王发动了一个全国性的控诉,他拟了一个冗长的文件,叫做《大控诉》(Grand Remonstrance)。议会在查理一世从苏格兰回来前,就以159票对148票先行通过了这个议案。在这个文件中,对于查理一世在位期间的一切行动,都加以批判,并把诸多社会动乱归之于天主教会和国王的庸臣。同时,《大控诉》大力鼓吹现有议会的贡献,要求国王取消教会的一切政治权力。这一决议的通过,意味着此时议会中的保守派和激进派已经完全分裂。

议会通过《大控诉》的举动,使国王和议会的关系完全陷入对立。同年,查理一世于11月25日回到伦敦。六天之后,以皮姆为首,议会派了一个代表团去把这个文件呈送给他。当宣读之后,查理一世即用闪烁之词作答,并命代表退出。皮姆看到这条合于宪法的路线已经走不通了,于是就想用另外一种手段,以迫使国王屈服。他在议会中控告王后私通爱尔兰的叛徒,换言之,即为叛国之罪。

查理一世最初并理会这种恐吓,因为在多数国家中,若是有人提出这种控诉,都是会激起公愤。国王因为在苏格兰获得了皮姆过去勾结苏格兰人谋叛的证据,于是在1642年1月3日,派别他命令检察长对于皮姆等五个人,提出叛国

---

① 前者根据 16 Car. 1. c. 10.;后者根据 16 Car. 1. c. 11.。
② 16 Car. 1. c. 16.
③ 16 Car. 1. c. 20.

的控诉。为了拖延时间,平民院的议长宣称自己是平民院的"仆人"(servant),只能听命于平民院全体会议的决议。查理一世本应立即采取行动,将这五个人予以拘捕,但他又迟疑不决,到了第二天在王后催促之下,才率领了士兵到下院去拘捕他们。可是皮姆等人都已逃走了。国王只得哀叹"人去楼空"。这一事件意味着议会的议长再也不是国王的代言人而成为平民院的领袖,同时国王不得进入平民院的议事厅的习惯也缘于此。

国王的做法使议会中的保守派也开始倒戈。他们将议会从威斯敏斯特迁往伦敦,在市政厅(Guildhall)开展议事活动。之后议会通过《驱逐教士法》(Bishops Exclusion Act),将教士逐出贵族院。1642年3月议会两院通过《民兵法案》(Militia Bill),但国王拒绝批准,结果议会直接宣布法律生效,从此立法也摆脱了国王的控制。

查理一世国王感到在伦敦已经不安全,于是带着他的家属前往约克(York)作为其行都。1642年春天,国王的军队开始和议会的军队交火,英国的内战爆发。最初,由于贵族院中三分之二的议员和平民院三分之一的议员支持国王,战况一度对国王有利。然而,随着议会的军队不断占领港口和商业城市,以及苏格兰与议会军的结盟,导致局面开始发生变化。更重要的是,议会军队有一位英雄人物,他就是奥利佛·克伦威尔(Oliver Cromwell)。克伦威尔及其新军(New Model Army)的英勇,使得议会军队节节胜利,最终于1647年1月俘虏了查理一世。

在对国王的战争中取得胜利的激进派在重建国家秩序问题上分裂为三个派别:其一是以宗教人士中的基督教长老会(Presbyterian)为中心,主张对国王妥协;其二是基督教公理会(Congregationalist)为中心,强烈反对圣公会的宗教移植,强调平民院的权力大于国王权力的派别;其三是从第二派别中分裂出来的,以中下层人士为中心,主张阶级平等的平等派(Levellers)。1648年第二派别和第三派别团结起来,开始和第一派别对抗。他们的领袖是原属于第二派别的克伦威尔,双方的冲突日趋激烈。到了1648年12月,军队在议会门口逮捕45名长老会的议员,并阻止其他96名议员出席议会。这就是著名的"普莱德清洗"事件(Pride's Purge),使得议会中只剩下78名公理会议员。这个人员不整的"尾闾议会"(Rump Parliament)之后继续推进革命,将查理一世送上了断头台(1649年1月30日),并通过了建立共和国的决议。然而,其后英国却出现了克伦威尔的独裁。

三、国王集权时期的法院和法

(一) 普通法的危机

国王集权时期的国王们的执政目标,与普通法上的"虽贵为国王,但仍在上帝之下"的理念并不吻合。同时,以封建制度为基础的普通法,在时代的变化中也显得越来越不适应。在这种背景下,人们对罗马法的关注日益加深。亨利八世在剑桥和牛津两所大学开设"市民法王室讲座"(Regius Professorship of Civil Law),也正体现了英国社会的此种倾向。同时,布莱克顿的著作手稿(manuscript)也在1569年印刷出版,该书的内容主要是对13世纪的普通法按照罗马法的方式加以整理。

然而,都铎王朝的国王们并没有胆大妄为,将传统的法律和法院系统全盘推翻。原本交给普通法法院处理的案件,其管辖权仍然不变。只是,在普通法法院无力完成该领域的法律完善时,可以交大法官以衡平法方式行使审判权。同时,对于新出现的法学领域,则设立特别法院来加以处理。由于这些法院是根据国王的特权而设立的,因此被称为"特权法院"(prerogative courts)。前述的小额赔偿法院(Court of Requests)、土地没收法院(Court of Augmentations)、北部地区评议会(Council of North)、威尔士评议会(Council of Wales)、星宫法院(Court of Star Chamber)以及高等宗教事务法院(Court of High Commission)等就是比较典型的特权法院。这些法院在针对新的法学领域开展立法时,参考了当时欧洲大陆国家普遍施行的罗马法。

可见,在国王集权时期,罗马法对英国的法律形成了一定程度的冲击。然而,英国学者梅德兰(Frederic W. Maitland)主张的英国法遭遇被罗马法全面取代的危机一说,却有些夸大其词。[①] 这是因为当时所推行司法政策,是在参考罗马法的基础上对英国法开展的现代化改革,而非完全移植欧洲大陆的罗马法。"亨利八世的崇高地位和强大王权正是基于普通法的规定,尽管他成功地操纵了议会,但议会作为国家立法机关的重要性以及普通法大法官在议会中的决定性作用仍然是不容小视的。"[②]

(二) 普通法与衡平法

在都铎王朝,普通法与衡平法之间继承了前代的良好关系。不过,沃西主教(Cardinal Wolsey)担任大法官的1515年到1529年期间属于例外。作为沃西的继任者,普通法学家托马斯·摩尔(Sir Thomas More)[③]担任大法官之后,普通法与衡平法之间的关系得到了恢复。

在刑事法律方面,都铎时期的星宫法院(Court of Star Chamber)适用衡平法对受到领主压迫的民众实施救济,受到了普遍的欢迎。正如斯图尔特时期议会

[①] F. Maitland, *English Law and the Renaissance*, 1901, aslo in *Select Essays in Anglo-American Law* 168 (1907).
[②] T. Plucknett, *A Concise History of the Common Law*, London: Butterworth & Co., 1956, p.299.
[③] 摩尔是《乌托邦》(Utopia)一书的作者,在牛津大学毕业后,于1496年进入其父亲所属的林肯律师学院。1501年成为高级律师,是著名的哲学和神学家。

的领袖人物柯克爵士说指出的:"除却英格兰的议会,(星宫法院)可以说是众多基督教国家中最受尊敬(honourable)的法院。这个法院坚决拥护正确的法律制度和古老的诉讼传统,保障了整个英国的和平和稳定。"①

然而,普通法与衡平法和平相处的状态,在斯图尔特时代开始出现裂痕。当时的国王认为大法官法庭与星宫法院等特权机构是实现国王亲政的重要手段。这一思想对普通法法院的地位形成了实质性威胁。中世纪以来,普通法法院一直被作为司法制度的中枢,议会对国王权力进行制约的依据主要源自普通法上的权利,众多的普通法学者也加入了议会的阵营。

由于斯图尔特时期国王和议会的关系十分紧张,民众对国王的反感也开始波及衡平法和特权法院。如前所述,在詹姆斯一世时期,大部分由都铎王朝设立的特权法院被长期议会废除。大法官适用衡平法主持民事诉讼也遭到了议会的攻击,最后,詹姆斯一世不得不在1616年发布赦令支持大法官的做法,从而结束了争议。不过,在17世纪剩余的岁月里,普通法与衡平法冲突仍然迁延不绝。议会和普通法法律家们属于"古老联盟",议会胜利之时就是普通法法律家重起争端之日。议会得势的时候对大法官法院攻击不断:认为其管辖权有悖于制定法;或者有人要求向大法官法院签发禁止令;下议院也曾经援引《大宪章》提出法案试图对大法官进行限制,要使普通法法院的禁止令(writ of prohibition)压倒大法官法院的禁制令(injunction),但法案并未获得通过;此后又有许多提案但始终没有获得通过。

经过多年的争执,普通法法院最终未能完全取得成功,之后大法官法院的管辖权变得不可动摇。但随着普通法法院自身的发展,大法官法院变得越来越不方便,到17世纪由于该法院只看重案件带来的经济利益,反而常常被一些当事人用来阻碍正义的及时实现。

(三) 教会法院

在这一时期,教会法院的地位进一步被削弱。在亨利八世的宗教改革中,不仅禁止英国教会法院向罗马教皇上诉,而且建立了国家对教会的绝对管理,这一做法给了教会法院沉重的打击。

由于基督教教义重视稳定的婚姻关系,因此教会法院对于离婚(divorce)的态度非常保守。教会法院同意的"离婚"含义是"将餐桌和床铺分开"(divorce a mensa et thoro),即夫妻分居,而非现代意义上的婚姻关系的终止。因此,即使获得教会法院的准许"离婚",原配偶去世之前,法律上禁止夫妻的任何一方再

---

① Coke, *Institute of the Laws of England*, Oxford University Press, USA, 2003, p.65.

婚。① 在1857年的《婚姻案件法》(Matrimonial Causes Act)②颁布以前,只有议会通过私人法案(private act)才能实现"从婚姻枷锁中解放出来的离婚"(divorce a vinculo matrimonii),而出台这种私人法案往往耗日持久,费用昂贵。③

同样,由于基督教宣扬灵魂不灭,认为信众死后应向教会捐赠一定的财产,因此教会法院对财产的继承(Probate)拥有管辖权。其具体内容包括对信教民众遗言的检查并根据遗言执行财产。同时对于没有在遗言中对教会实行捐赠的死者,教会法院可通过判决执行无遗言继承。

(四) 陪审制

这个时期的陪审制度方面,引人注目的是星座法院和其他特权法院规定:如果陪审员的裁决无视案件的证据,显失公平,法院有权处罚陪审员。在都铎王朝初期,对于那些听命于地方强权势力不能公正审判的陪审员,法院的处罚具有一定威慑力。④ 然而,到了王朝的中期,随着因政治理由被起诉案件的增加,国王法院开始经常利用处罚规定来干扰陪审团作出维护民众权益的裁决。

(五) 普通法和商业活动

在绝对王权时代,商业与土地问题一样,是国王法院极为重视的法律领域。国王法院对商业活动的规制,始于14世纪中期建立的海事法院(Court of Admiralty)。随着商业行为的增加,海事法院开始将其管辖权扩大到商法领域。同时,都铎王朝时期设立的特权法院也对商业活动拥有管辖权。这些法院在诉讼活动中,经常将当时欧洲大陆广为流行的商业习惯法和意大利的习惯法作为法律依据。

普通法法院,在运用约定之诉(assumpsit)作为诉讼方式对一般商业行为进行规制的同时,在强化商法案件审判权方面也不遗余力。例如,普通法法院针对特权法院和海事法院发布禁止令状(writ of prohibition),以期限制这些法院对商法案件行使审判权。高等海事法院曾经为了扩大自己的管辖权,不惜将欧洲大陆订立之契约虚构为订立于公海上的合同。为此,普通法法院规定,不论契约订立于国外或公海上,皆被拟制为订立于圣玛利勒布教堂(伦敦中心的教堂)的教区之中(in the parish of St. Mary Le Bow in the Ward of Cheap),而且这种拟制是不可反驳的。普通法法院在审理商法案件时,主要沿用习惯法,如果当事人主张并能证明某些商业习惯,则法院也可以适用这些习惯进行审判。

---

① 因此,婚姻无效就意义重大。婚姻无效的理由包括近亲婚姻,双方缺乏合意,婚姻中性功能丧失或无子嗣的夫妻因再婚而离异等。

② 20 & 21 Vict. c. 85.

③ 根据私人法案离婚,只限通奸的情形。为获得这种私人法案,当事人要先在普通法院针对配偶通奸的对象提起损害赔偿之诉并获得胜诉。之后在教会法院提起"将餐桌和床铺分开"之诉,也获得胜诉。在1840年的判决中指出,获得这种私人法案所需费用大约要超过1000英镑。

④ T. Plucknett, *A Concise History of the Common Law*, London: Butterworth & Co., 1956, pp. 133—134.

到了17世纪,特别是柯克爵士(Sir Edward Coke)担任皇家民事法庭大法官(chief justice of common pleas)的13年间和担任王座法院(King's Bench)首席大法官的16年间,成功地将高等海事法院的管辖权限制在实际发生于公海的民事案件方面,如海上碰撞、海上救助、捕获等,而商业纠纷则主要由普通法法院管辖。① 在长期议会对国王的对抗取得胜利以后,普通法法院在商法领域的审判权进一步得到了提升。在特权法院消亡之后,17世纪后半期,海事法院已经不能再审理商业案件。海事法院原本是从商业习惯法(law merchant)衍生而来并深受罗马法的影响,然而随着其审判权的减弱,英国法中继受罗马法的部分主要局限在教会法的继承、离婚和单纯海事案件等方面。

四、用益法和不动产法

（一）序说

如前文所述,亨利八世为加强王室的财政收入,避免民众通过委托他人使用土地来规避封建义务,于1535年制定了《用益法》(Statute of Uses)。② 用现代的英语来诠释这一法律的要点,其内容如下:"If any people be seised of any lands to the use of any other person, such person that have such use shall henceforth be deemed in lawful seisin and posession of the same lands in such like estate as he had in use."（"任何租用他人土地之受益人,自本法颁布后,其在衡平法上之权利即转化为普通法上所有权。"）

也就是说,用益设计中"给予T及其继承人使用A及其继承人的土地以获取收益的权利"(to T and his heirs to the use of A and his heirs)的规定,原本设定T是绝对处分权人,A是受益权人,而在《用益法》颁布以后,将受益人A在衡平法上的受益权转化为法律上的所有权(fee simple),从而剥夺受托人T对于受让财产的任何权利。换言之,用益设计下的受益人将如同直接转让时一样,成为普通法上的所有人。

（二）用益法与未来利益

《用益法》给英国的不动产法带来了巨大的影响,特别是打破了中世纪以来对"未来利益"(future interests)的许多限制性规定。例如,其一,对于禁止"跨转地产权"(springing interest)的规定,可以在契约中约定"给予某甲及其继承人某乙及其继承人的用益,如果某乙与某丁结婚"(to T and his heirs to the use of A and his heirs when A should marry B)。这样一来,首先将某乙的受益权设定为不

---

① 柯克在其著作《英国法制》(Institute of the Laws of England)中写到:"商业法是普通法的一种类型"(the law merchant is part of this realm)。

② 27 Hen. 8 c. 10. see A. Casner & W. Leach, Case and Text on Property 371 (1951).

适用禁止跨转原理的衡平法权利,随后根据《用益法》将这种衡平法上的受益权转化为普通法上的所有权;其二,对于禁止"移转地产权"(shifting interest)的规定,可以在契约中规定"给某甲及其继承人某乙及其继承人的用益,如果某乙死亡且无嗣,则受益人为某丁及其继承人"(to T and his heirs to the use of A and his heirs, but if A dies without having had children, then to the use of B and his heirs),就可以规避;其三,对于"丧失剩余地产权"(destructibility of contingent remainder)的处分,从17世纪末开始,可在契约中约定:"给予某甲终生,某乙可使用其土地,地产的剩余用益在 A 的长子年满 21 岁后及其继承人为受益人"(To A for life, remainder to T for the life of A in trust for A for life and to preserve contingent remainder, remainder to A's first son who reaches 21 and his heirs),从而摆脱了中世纪以来的用益限制。

（三）处理家庭财产

在《用益法》出台之后,普通法法院可以对上述的复杂用益问题进行处理,顺应了当时的土地所有人的需求。特别是通过设定用益,可以规避"丧失剩余地产"的规定,使得个人的家庭财产(Family Settlement)可以世代继承。而且,在17世纪中期形成了"严格设定"(strict settlement)制度,由当时被称为"不动产转让师"(conveyancer)的法律专业人士制定,禁止拥有土地的户主随意转卖土地。

（四）禁止永久性权利(Rule against Perpetuities)

然而,任何事物都有正反两面。《用益法》在保障了土地的将来权益的同时,也带来一些问题。例如,由于土地所有权的将来性得到法律肯定,土地权利人难以确定,因此影响了土地的转让效率。为解决这一问题,自16世纪末开始,逐渐确立了一种被称为"禁止永久权规则"(rule against perpetuities)的理论。[①] 这一理论的内容是针对"不确定的将来权益"(contingent future interest)的,如果设定权益人在世期间或死后21年内没有出现明确的权利人,即没有从权利不确定状态转为确定(vested)状态,则该契约为原始无效。不过,如果拥有确定权益(vested interest)的当事人在原权利人在世时期尚属于胎儿,可将其褪褓期加算21年。换言之,契约文本为"给予 A 终生以及 A 的长子年满 21 岁之后"(to A for life, and then to A's first son to reach 21),视为确定权益契约。如果契约内容是"给予 A 终生以及 A 的长孙年满 21 岁之后"(to A for life, and then to A's first grandson to reach 21),则与禁止永久权规则抵触。

（五）遗言法

1540 年颁布的《遗言法》(Statute of Wills)[②],首次承认了"遗赠不动产"(re-

---

① Chudleigh's Case (1595), 1 Rep. 120, 76 Eng. Rep. 270 (K.B.).
② 32 Hen. 8 c. 1. 此时的遗赠包括全部农役保有和三分之二的军役保有。1660 年废除军役保有后,遗赠不再受到限制。

al property)。这一举动也被视为是亨利八世对于拥有土地的士绅阶层的一种政治上妥协的结果。

(六) 信托

《用益法》的出现,并没有影响用益制度演变的步伐,之后用益制度开始转化为信托制度。这是因为,实践中《用益法》的适用范围非常有限,仅适用于自由保有地(Freehold Land),许多用益设计则被排除在其适用范围之外。例如,其一,动产用益和其他不动产用益。这些不动产用益包括房子和非自由保有地——租借地(Leasehold)和经官册登记的土地(Copyhold)的用益。其二,积极用益(Active Use),即如果自由保有地的受托人负有积极管理该土地的义务,法院即解释为不在"用益法"的适用之列。其三,双层用益(Use Upon A Use)。所谓"双层用益"的构造为:甲将土地转让给乙,规定乙为丙的用益、丙又为丁的用益而占有土地。这里,丙的用益为第一层用益但只是名义上的用益。丁的用益为第二层用益却为实际上的用益。但是,普通法院不承认双层用益,只对第一层用益适用"用益法"。据此,上例中的丙将会成为法律上的所有权人,而丁的用益则不受普通法保护。在1634年"萨巴赫诉戴尔斯通"(Sambach v. Dalston)案中,大法官开始确认丁的用益即第二层用益,方法是使丙成为受托人同时赋予丁衡平法上的强制执行请求权。这样,就成功地规避了用益法的适用。为区别起见,衡平法将双层用益的"第二层用益"称为"Trust"即"信托"。此后又将所有不适用用益法的用益设计统称为"Trust",而适用用益法的用益设计仍被称为"Uses"。1925年,英国以《财产法》(The Law of Property Act)代替了《用益法》,从此所有的信托都可以用益法颁行前设立"Use"的方法予以设立,"Use"与"Trust"的区别遂不复存在而完全统一于"Trust"的概念之中。现代信托制度得以最终确立。① 通过这个过程,不仅在英美法上开辟了"信托"这个新的法律领域,同时,盛行于中世纪的(在同一土地上)"普通法权益"(legal interest)与"衡平法权益"(equitable interest)并存的特殊现象也在英美法中得以保留。

五、法律职业与法学研究

(一) 普通法领域以外的法律职业

在这个时期,普通法以外的领域也开始形成法律职业的制度。首先是出现了专门从事衡平法业务的事务律师(solicitor)。衡平法原本属于一种针对特定的当事人开展救济的法律制度,规定当事人本人必须亲自前往大法官办公厅陈述案情,提交证据,因此难以形成律师业务。然而,随着衡平法的诉讼程序日趋

---

① 参见崔明霞、彭学龙:《信托制度的历史演变与信托财产权的法律性》,载《中南财经大学学报》2001年第4期。

复杂,针对一些特定的案件,大法官开始允许当事人以书面形式提出答辩。到了 15 世纪,开始出现专门替人撰写诉状的代办人。到了 16 世纪中叶,事务律师参与衡平法诉讼的现象已经非常普遍,发展成为了一种被广泛接受的职业。不过,事务律师一词的原意是"游说者"、"诉讼掮客",在早期并不具备专门职业的自律性,也不接受法院的规制。事务律师获得与出庭律师同等的社会地位是 17 世纪末以后的事情。

其次,从中世纪以来,在"海事法院"(Court of Admiralty)与教会法院中活跃着一批熟悉罗马法和教会法的专业人士。到了都铎王朝时代,这些法律家开始在"遗嘱法院"(prerogative court)开展辩论活动。随着这些人的数量越来越多,1511 年成立了名为"法律博士与坎特伯雷教会辩护人协会"(Association of Doctors of Law and of the Advocates of the Church of Christ at Canterbury)的组织,并逐渐成长为与高级辩护律师学院(Serjeant's Inn)或法庭学院(Inn of Court)旗鼓相当的律师组织。这个协会在 1768 年改称为:"民法博士会"(Doctor's Commons),主要通过大学教育来完成会员的职业教育,而非自行经营法律学校。

这些与高级辩护律师、出庭律师拥有类似社会地位的法律职业人被称为辩护人(advocate),并在其下形成了一个被称为代理人(proctor)的阶层,17 世纪初确立了作为法律职业人的社会地位。

(二) 初级律师的分化

在普通法的法律职业人方面,作为出庭律师的助手参与诉讼活动的初级律师(attorney)开始转化成为一个独立的法律职业阶层。这一变化与 16 世纪中期初级律师被逐出法律学院的事件有关,而在其背后,印刷技术的提高导致传统法学教育制度的崩溃则为更深层次的原因。

在印刷技术出现之前,学习知识主要依靠学生的头脑记忆,因此学识的高低也与记忆的知识量呈正比。在长期接受这种教育方式的学生看来,拥有了印刷成册的学术书籍就等同于拥有了知识本身,跟随教师学习已不是必要性手段。然而各大法律学院的教学方式却依然守旧,没有能够及时顺应时代的发展,这样一来,法律学院的学生对于课堂教学的积极性开始减弱,出现了大量逃课的现象。法律学院在 15 世纪达到其发展的巅峰,而进入 16 世纪以后则趋于衰落。1555 年中殿律师学院(Middle Temple)规定,开除不出席学院读书会或模拟法庭的学生的学籍。这一措施导致大量的初级律师,开始转向事务律师以谋求发展。由于当时的事务律师被视为"诉讼掮客",社会地位很低,因此出庭律师阶层与初级律师、事务律师之间的鸿沟开始扩大,到了 1611 年,以内殿律师学院(Inner Temple)为首的各大法律学院都规定不再为初级律师和事务律师提供职业培训。

1653 年以后,以林肯律师学院(Lincoln's Inn)为首的各大律师学院停止批准从初级律师晋升到出庭律师。希望成为出庭律师的学生,不再接受初级律师的指导,而是由法律学院的答辩人(pleader)、衡平法律师候选人(equity draftsman)以及转让契约专职律师(conveyancer)为学生讲解法律实务的知识和技巧。

经过这些调整,初级律师与出庭律师之间的上下级关系被打破,他们不隶属于法庭学院,成为与事务律师和代理人拥有同等社会地位的法律职业人。

(三)大学和法学著作

在绝对王权时代,英国的法律职业教育主要在法律职业组织的内部进行。当时的牛津大学和剑桥大学,主要模仿欧洲大陆的高等学府,开展罗马法的教学,而对于英国本身的法律缺乏必要的关注。

略早于这个时代的两部著作对都铎王朝的法学家们产生了巨大的影响。一是托马斯·李特尔顿(Sir Thomas Littleton)所撰写的《租佃论集》(*Littleton on Tenures*,1481 年)。该书用简单明快的笔法详细说明了不动产法的主要理论和关键问题,在印刷术传入英国之后就被印刷出版并广为流传。二是约翰·福蒂斯丘(Sir John Fortescue)所著的《论英格兰的法律与政制》(*De laudibus legum Angliae*,1470 年)①。该书反对专制统治,以君主立宪为理想的政治模式,将英国与法国的政治体制进行比较,并肯定了英国政体的优越性。这部著作据说是在作者被兰开斯特王朝的统治者通缉,于逃亡法国期间所写的,文中不乏对英国制度的溢美之词,作为公法领域的比较早期的比较法专著,该书对英、法两国法律与政体的研究享有盛名。此外,福蒂斯丘还写作了《英国政制》(*Governance of England*,出版年不详),也同样属于赞美英国法的论著。

另一方面,都铎王朝时期也出现了一些对普通法提出质疑和批判的著作。其中,最有代表性的是著名的法哲学家和教会法学家杰曼(Christopher St Germain,1460—1540 年)的《神学博士与普通法学生的对话》(*Dialogues between a Doctor of Divinity and Students of the Common Law* [通称 Doctor and Student],1523—1532 年)一书。在该书中,杰曼运用法哲学和教会法的知识,对普通法进行了批判。杰曼认为,"衡平法中所附的哲学理由,应该从教会法中寻找,而依据教会法,由于人的生活条件是无限变化的,创造所有包含这些条件的那种一般性法规是不可能的。因此,如果想要防止非正义现象的出现,那么,衡平法就是必要的。但是,无论花多么大的功夫,想创造出一种依据法则来实现政府的体制是不可能的,因为人类的生活是无穷无尽的"。因此,"基于良心的裁量具有重要的意义。如果适当的话,应当融入任何法律体制中"。杰曼明确宣布,"衡平法的原理就是良心。显然,这是伦理性的神学以及教会法的典型思考方法"。杰曼借助自然法的原理,对普通法提出批评,并论证了衡平法的合理性。②

---

① 该书中译本见〔英〕福蒂斯丘:《论英格兰的法律与政制》,袁瑜琤译,北京大学出版社 2008 年版。
② 参见胡健:《论英国大法官制度的历史流变》,载《广西政法管理干部学院学报》2005 年第 1 期。

进入 17 世纪,自布莱克顿以来,英国法律史上又一部传世之作诞生了。这就是柯克爵士(Coke)所著的《英格兰法总论》(Insititutes of the Laws of England, 1628—1644 年)。作为一名勤于著书立说的法学家,柯克除了将其担任大法官时审理的案件,编为法院《报告》(Reports),逐年发表(1600—1615 年,1656—1659 年)外,终其一生写作而成的《英格兰法总论》(以下称《总论》)奠定了他作为英国法集大成者的地位。《总论》的第一部分,又名《柯克评议李特尔顿文集》(Coke upon Littleton),是对李特尔顿的《租佃论集》增添了详细的说明和解释,并涉及不动产法以外的领域;《总论》的第二部分主要是对当时的制定法所作的解释,其中关于《大宪章》的注释,对英国法乃至后来的美国法的发展奠定了坚实的理论基础。例如,在《大宪章》的性质问题上,柯克提出《大宪章》之"大"不是由于它的篇幅,而是由于它所包含的内容至关重要且崇高伟大。简而言之,"它是整个王国所有的基本法律的源泉"。他重申,任何与它相悖的判决和法规"皆为无效"。[①]《总论》的第三部分和第四部分,分别涉及刑法和宗教法院的审判权。柯克继承并发展了布莱克顿的法治思想,在限制王权的问题上,他进一步明确提出:"除了法律与国家认可的特权外,国王没有特权。"而且,国王自己不能解释这种特权,只有法官才是权威的解释者。

这部著作的重要意义不仅在于对中世纪以来的普通法进行了全面的阐述,更重要的是根据 17 世纪的政治、社会、经济的状况,指出了普通法的前进方向。正因为如此,普通法的法律职业人虽然一直强调中世纪以来的传统地位,但没有人认为他们是落后传统的复辟主义者(antiquarian)。柯克的著作一直被后世的法学家认为是对中世纪英国法的全面记载,尽管学生研习法律时都曾经抱怨过柯克乏味单调的文风和不够连贯的点评方式,但无人不承认柯克的书让他们终身受益。柯克为顺应时代的需要而对《大宪章》所作的解释也被后人认为是《大宪章》的重要内容之一,提升了《大宪章》的"高级法"特征,甚至将 1215 年英王约翰与他的男爵们所签署的这一文件上升到了神圣的地位。

(四) 编纂判例集的出现

后世的人们用来了解中世纪普通法的重要资料之一是《判例年册》(Year Book)。然而,这种判例汇编在 1535 年被《法律报告》(Reports)所取代。最初的《法律报告》与《判例年册》一样,并不是简单地记载判决结论,而是以判决为中心阐述法官的思想。例如 1572 年到 1616 年间由柯克爵士写作的《柯克法律报告》(Coke Reports),就是集案件判决、注释、点评、法律基础知识以及法制史研究

[①] 参见〔美〕爱德华·考文:《美国宪法的"高级法"背景》,强世功译,生活·读书·新知三联书店 1996 年版,第 55 页。这篇论文最早是在 1928 年和 1929 年两期《哈佛法律评论》上连载的。柯克甚至还大胆地提出:"如果议会的行为背离基本人权和理性,那么普通法应对这一行为进行监督控制,并宣告它无效。"参见〔美〕庞德:《普通法的精神》,唐前宏等译,法律出版社 2001 年版,第 52 页。

论文为一体的综合性法律文集,文字中体现了柯克的写作特点,也因此形成了极高的权威。①

法律报告的这些特点使得这一时期的判例重复出现在不同的法院报告中,内容相互矛盾的记载也不少。因此仅凭法院报告来判断当时的法律发展状况以及法官的思想是不现实的。英国的判例发展成为科学、客观的判例集是18世纪后半期的事情,特别是1756年到1772年间的《伯罗法律报告》(Burrow's Reports),为统一判例的记载标准作出了很大的贡献。此外,截至17世纪,《判例年册》和《法律报告》一直都将法律专用法语作为记载语言。

第三节 混合政体时代

一、宪政体制的形成

在政治与法律思想方面,西方文化一直有权力多元的传统。早在古希腊时期,柏拉图就提出了对后世影响深远的"混合政体"学说。亚里士多德也把民主政体和寡头政体相混合的形式作为一种理想的政体,而且还第一次系统地提出了国家权力分立的观念,认为只有实行国家议事、行政和司法三种机能的分工,才能建立一个良好的政体。古罗马思想家波利比阿进一步发展了制约、均衡和分权理论,他使用的混合政体概念不仅包括希腊人所说的各种社会力量之间的混合与平衡,还包括国家权力体系中不同组成部分和机构之间的制约与平衡;不仅指出了权力分立的思想,而且还提出了权力制衡的观念,认为任何一种权力都不能超越其他权力之上。古希腊混合政体政府在西赛罗的政治法律理论中得到继承和完善,西塞罗混合政体的基础是和谐理论以及所有人的自由和平等,他比古希腊人更加强调不同政体因素之间的均衡。不仅如此,他还要求在国家权力和公民权利之间实现平衡,而这里所谓的平衡就是今天我们所讲的"牵制"。中世纪的托马斯·阿奎那也是主张混合政体理论的,并巧妙地运用《圣经》来论证混合政体的正当性。至近代资产阶级革命时期,分权政府取代了混合政体理论。洛克为现代分权理论奠定了基础,提出立法权、执法权及对外权分立的思想。孟德斯鸠主张权力不但应当分立,而且还应当相互牵制以达到某种平衡,提出立法、行政与司法三权分立理论,其分权思想已被历史证明有相当的真理性,被思想界推崇为权威。康德从哲学上证明了三权分立的普适性以及三权之间的彼此协作、彼此从属的关系。黑格尔则创造了与政治国家相对应的市民社会理论,主张在分权的基础上不同权力之间形成牵制的关系,其中特别强调司法的独立地

---

① T. Plucknett, *A Concise History of the Common Law*, London: Butterworth & Co., 1956, p.281.

位,指出司法应独立于政治国家。美国建国之初,以杰弗逊为首的民主党人和以汉密尔顿为首的联邦党人都主张分权,并主张三权应当相互制约与平衡,防止一权独大,并将该理论运用于政治实践,结出以分权为基础的美国宪法之硕果。

在政治实践方面,西方也同样一直有权力多元的传统。在政体上,古希腊时代的雅典在统治机构的设置方面,不但职能相对分立,而且还含有一定制衡因素。古罗马虽然建立了统一的帝国和中央集权的体制,但其社会却蕴涵了许多导致权力多元和制衡的潜在因素,这些因素后来在欧洲中世纪得以发展。事实上,欧洲中世纪存在宗教与世俗、王权和教权的分立和对抗,没有强大的中央集权国家,法律也呈现出多元的状况:教会法庭倾向于适用教会法;行会法庭则适用商法;而城镇中的其他一些法官又倾向于寻求适宜的规则——首先是地方习惯或法规,其次是在大学法学者的帮助下用"欧洲普通法"来弥补空白。在资产阶级革命期间,构成英国政治权力格局的阶级基础虽有所变化,但仍然是国王、新贵族和代表平民的资产阶级的三足鼎立局面。在此期间所形成的一系列宪法性文件和惯例仍然是多元政治权力之间斗争和妥协的直接产物。美国同样继承了英国以多元的利益集团为载体的政治权力多元与制衡的传统,宪法和宪政实践中确立了分权与制衡原则。

二、共和政体的失败

在处死查理一世之后,英国就开始进入了共和政体(interregnum)的时代。残存议会(Rump Parliament)首先对国家的统治机构进行了如下的改革:第一,于1649年2月6日废除了贵族院;第二,同年2月7日宣布废除国王制,并在3月17日制定了剥夺王权的法律;第三,2月11日宣布将"王室法院"(King Bench)更名为"上级法院"(Upper Bench),以使消除王权的制度影响;第四,建立了由41人组成任期一年的"国务常务委员会"(Council of State),代替国王行使国家的行政权力;第五,在5月19日进一步宣布英格兰为"自由英联邦"(Commonwealth of Free-State),树立了全新的国家形象。

然而,在推行的改革过程中,克伦威尔隶属的基督教公理会(Congregationalists),即所谓的"独立派"(Independents)与"均平主义者"(Levellers)之间的矛盾日益凸显。到了1649年秋天,克伦威尔采用武力残酷镇压激进民主派的人士。同时,由于保皇党分子不久就控制了苏格兰和爱尔兰,并拥立已被处死的国王的儿子——未来的查理二世为领袖,克伦威尔不得不派出军队占领了爱尔兰和苏格兰。长期连绵不断的战争最终在1652年以保皇党军队被彻底击败而告终。

在举国内外处于混乱和战争的时期,克伦威尔不得不采用了威权手段来控制局面。他制定法律将诽谤共和政体的行为定为大逆不道的犯罪,对出版实行许可制,要求年满18周岁的国民对自己宣誓效忠,违反上述法律的人获得法院救济的权利也被无情地剥夺了。随后,他在1651年通过法律建立了"最高司法法院"(High Court of Justice),对于涉嫌大逆罪的案件可以不通过陪审而直接交付审判。

长期议会(Long Parliament)在此期间一直以残存议会的形式得以保留。然而,该议会不仅长期不开会,而且由于克伦威尔排斥出身基督教长老会(Presbyterian)的议员,议会议员的人数锐减到只有100余名。在议院的人员组成上,各地之间也出现了比较大的差异,例如威尔士地区的议员只有3人,而伦敦市选出的议员则只有1人。在这种情况下,再次举行选举以补足议员人数就成为不可回避的问题。议会迫于形势,草拟了一份新的选举方案。据此,现任议员不进行改选,继续留任,并由他们复审确定新当选者的"合法性"。此项无限期持续现存议会的《身份永久法案》(Perpetuation Bill),遭到军方的强烈反对,而克伦威尔却仍然谋求妥协。4月19日,议会决定讨论通过新方案的前夕,他召集双方领导人商谈。在针锋相对、僵持不下的局面下,他提出一个折中的办法:由议会指派一个人数有限的委员会充任过渡性的政府机构,以便某种较好的体制得以完善地建立起来。与会者对此并未完全同意,只是一致决定将议会新方案暂且搁置,以待双方再行商谈。可是第二天,议会中的多数成员并不接受和军方的私下商谈而自行其是,于是戏剧性的一幕发生了。1653年的4月20日上午,克伦威尔获悉议会在讨论通过新方案,匆忙地带领300名武装随从冲进议会大厦驱散了长期议会,取消国务会议。

在克伦威尔解散长期议会后,决定不经选举即从独立派的公理会所(Congregation)的推荐者中选拔140人任议会议员。这个议会被称为"官委议会"(Nominated Parliament),主要由没有执政经验的激进派议员负责管理。1653年12月,在约翰·兰伯特(John Lambert)等人的策划下,议会把自己的权力转交给克伦威尔,通过了《政府组织法》(Instrument of Government),这一文件具备了今日宪法的所有特征。依据该法,从1653年到1658年,克伦威尔作为"护国公"统治英格兰、苏格兰和爱尔兰。在这5年间,总体说来,克伦威尔的政府是贤能的。他修改严厉的刑法,支持教育;他主张宗教宽容,允许犹太教重返英国,并进行传播(大约3个世纪以前,犹太教被爱德华一世逐出英国);他的外交政策也很成功。然而,1658年,克伦威尔却突然死于疟疾。

1653年的《政府组织法》的主要内容如下:(1)护国公(The Lord Protector of the Commonwealth of England, Scotland and Ireland)负责掌握国家的行政权(第1条),克伦威尔任护国公(第33条);(2)护国公在13名到21名议员组成的国务委员会(Council)的协助下完成政务;(3)护国公拥有立法否决权,议会没有优先立法手段对抗这种否决权(第24条);(4)任何法律不得与《政府组织法》相抵触(同上条);(5)议会采取一院制,每3年召开1届(第7条),自议会开会日起 5 个月以内不得解散议会（第 8 条）；（6）制定选区制度，取消或削减一些经济衰落的行政区（decayed borough）的议员人数，并相应增加了行政县（county）的议员人数（第 10 条）[①]；（7）将原赋予 40 先令以上"自由持有农"（freeholder）的选举权，改为必须拥有 200 镑以上财产（不动产或动产）才可以行使这项权利（第 18 条）[②]；（8）天主教徒和 1642 年 1 月后向议会宣战者，既无选举权也无被选举权（第 24 条，第 25 条）。

这部法律体现了克伦威尔永久执政的企图。首先，国务会议的前 15 名国务卿的人选被直接写入《政府组织法》中，确定其他国务卿人选的手续也由护国公自行决定（第 25 条）。其次，该法根本就没有规定修改法律的程序。如果议会通过普通的立法程序修改该法，护国公可以行使否决权。共和革命虽然主张议会主权，但这部《政府组织法》却表现出对议会的极度不信任。

克伦威尔的护国体制，招致了大多数国民的反对，1651 年制定并推行的《航海法》（Navigation Act）规定英国对外贸易货物必须用英国或对方的船舶载运，不许第三国之商船从中谋利，也是与荷兰交战（1652—1654 年）的原因之一。为筹集镇压保皇党所需的军费而征收重税的做法则进一步动摇了政权的根基。不过，1651 年的航海法案却在客观上提升了英国海军在军队内的地位。

克伦威尔死后，议会选举他的长子理查德·克伦威尔继承了父位，但是他统治的时间极为短暂。由于国内局势日趋混乱，小克伦威尔在军官和人民的逼迫下重新召开议会。1659 年议会宣布君主制复辟，1660 年查理二世登基，小克伦威尔被撤销护国公一职。奥利弗·克伦威尔的遗体被从坟墓里挖掘出来并吊在绞刑架上。这种报复的行径并不能掩盖实行君主专制主义的斗争已经失败的事实。查理二世充分认识到了这一点，并不想同议会至高无上的权力相抗衡。1660 年 4 月 4 日，查理二世发表《布雷达宣言》（Declaration of Breda），宣布他登基之后人民仍将享有良心上之自由。他也表示将不念旧恶，除了议会提出弑君的罪犯之外，他准备一切赦免。后来约 50 人被检举，只有 13 人判死刑。除全额支付军队的俸禄外，地产在动乱期间易手的复原办法，也由议会制定。原则上前保皇党之地产由原有人申诉取回。但是因筹备罚款不及，仓皇出卖的，则其成交依然算数。议会——确切地说是"惯例议会"（Convention Parliament，一般在王位空缺的时候召开），于 4 月 25 日接受了查理二世的承诺，并宣布根据英国的古制，政府应由国王、贵族院和平民院共同组成，并承认查理的王位。5 月 27 日，查理二世在肯特郡的多佛港登陆，5 月 29 日晚 9 时，查理二世穿过市区，进入白

[①] 从行政区（Borough）选出的议员人数从 419 名减少到 136 名；从行政县（county）选出的议员从 90 人增加到 264 人，在议员总数中所占比例也从 17% 增加到 66%。

[②] 这是由于议会中的"平等派"（Levellers）极力主张扩大民众拥有选举权的阶层和人数。

厅,他成为复辟王朝的第一个国王。

三、复辟王朝至光荣革命时期

(一) 复辟王朝

查理二世复辟以后(Restoration),开始着手在法律层面消除共和制的影响。第一,查理二世选择在查理一世被处决的日期宣布登基,以便营造出一种王位顺利继承的假象。因此王制复辟的年份被定为查理二世纪元第12年。第二,在共和时期制定的法律以及1642年以后的长期议会制定的法律如果没有得到国王的承认,该法律即刻失效。时至今日,在《英国法令汇编》(Statutes at Large)和《王国制定法大全》(Statutes of Realm)等法律集中也没有收录共和时期的法。

不过查理二世并没有像詹姆斯一世或查理一世那样实行君主专制统治。一方面是由于议会坚决反对君主专制,只有在查理二世作出妥协,发表《布雷达宣言》之后才允许他恢复王位。1642年之前出台的立法,除了将主教赶出贵族院的《驱逐教士法》(Bishops Exclusion Act)以外,其他的法律无一被废止。① 在另一方面,在父亲被处死后颠沛流离,生活困苦的查理二世不得不选择与议会合作,在一定程度上满足资产阶级和新贵族的利益,以稳定局势。不过,查理二世不久即露出狰狞面目,全面恢复专制统治。利用国教迫害清教徒,逮捕、杀害反对君主封建政权的人,对曾签署查理一世死刑的人一个不赦,将没来得及逃走的28人全部逮捕,其中13人处以绞刑,15人终身监禁。他甚至连已死的人也不饶过,把克伦威尔等人的尸体从坟墓中掘出,施以绞刑,枭首示众。由国库开支收购国王与教会在革命时期所损失的土地。他在位期间曾两次发动对荷兰的战争,夺取荷兰在北美的殖民地,并联合信仰天主教的法国,答应在英国恢复天主教。资产阶级和新贵族对其推行的政策强烈不满。

从宪政发展的角度来看,1679年查理二世制定的《人身保护法》(Habeas Corpus Act)②,强化了1628年《权利请愿书》(Petition of Right)规定的人身保护令救济手段。其主要内容如下:第一,法院在休庭期间也有权签发人身保护令状(第3条);第二,借助人身保护令被释放者,不得以同一犯罪被重复拘押(第6条);第三,禁止以规避人身保护令为由将被拘押者转移到国外(第12条)。这一法律的出现体现了当时的政治局势。

---

① 准确地说,1660年查理二世复辟时,签署《克拉伦顿法规》(Clarendon Code)承认其父查理一世在1641年制定的《三年法》(Triennial Act),因此,他最少必须每三年重新召开一次议会。不过由于议会方面担心复辟国王借机解散议会,在废除旧《三年法》的同时,于1664年制定了与上述法律内容基本一致的《新三年法》(Triennial Act),该法编号为:16 Car. 2c. 1。

② 31 Car. 2 c. 2。

(二) 废黜危机(Exclusion Crisis)

查理二世与议会之间的冲突始于宗教问题。他在长期的逃亡生活中,开始信奉天主教。对查理来说,《布雷达宣言》中所强调的信教自由,主要是指对天主教的宽容和接纳。然而,在当时的议会中,英国国教的信众占据了主流。1661年议会制定了《市镇法》(Corporation Act)①,严格规定担任地方自治体的官职者必须信奉国教。1662年《教会统一条例》(Uniformity Act)②则规定所有的教会及神职人员必须承认国教会的祈祷文本。对此,查理二世宣布行使豁免权(dispensing power),准许在其逃亡期间帮助过他的天主教徒可以不必遵守议会的上述立法。这一措施的初期阶段,由于被豁免的教士人数不多,并没有引起议会的注意。然而,1672年查理二世发布《宽容宣言》(Declaration of Indulgence),宣布国王在宗教事务上拥有最高特权,(在维持国教制度的前提下)废除对非国教徒适用刑罚的规定。在这一宣言中,查理援引国王拥有"中止法规权"(suspending power)的传统理论,以证明其做法的正当性。国王的用意显然在于废止《克拉伦顿法规》③,确立国王在神俗两界的绝对权威。

国王的做法激怒了议会。1673年议会通过了《审查法》(Test Act)④,规定非国教徒不得担任公务员,并据此把国王的天主教宠臣们驱逐出宫廷。这一事件也意味着《宽容宣言》被议会宣布无效。

在王位继承人的问题上,查理二世和议会之间也存在矛盾。由于查理无嗣,因此按照惯例他的弟弟詹姆斯(James II,在苏格兰被称为詹姆斯七世)理应继承王位。1660年克伦威尔死后查理二世重返英国,詹姆斯随同他一起回到英国。虽然他在王位继承的顺序上居第一位,但当时他真的继承王位的可能性不大,因为查理当时还是一个年轻人,还可能有孩子。1660年9月,詹姆斯与查理最重要的大臣的女儿安·海德(Anne)结婚(国教徒)。

詹姆斯被任命为最高海军大臣,在第二次英荷战争和第三次英荷战争中他是皇家海军最高指挥官。1664年荷兰殖民地新阿姆斯特丹被攻克后被改名为纽约(新约克),作为对他的成果的纪念。他也是从事奴隶贸易的皇家非洲公司的首领。

---

① 13 Car. 2, st. 2, c. 1.
② 14 Car. 2 c. 4. 此后1664年《秘密集会法》(Conventicles Act,1664),规定非英国圣公会教徒不得担任公职,且非英国圣公会教徒在住宅以外的地方不可有超过五人的集会。这一系列的法律被统称为《克拉伦顿法规》。
③ 如前所述,1661年至1665年间议会制定了《克拉伦顿法规》。参见 刘文彬:《西洋人权史》,台北五南,2005年版,第54页。Donald W. Treadgold, *Freedom: A History*, New York University Press, 1990, p.189.
④ 25 Car.2 c. 2. 1678年再次制定了第二部《审查法》(Second, Test Act)(30 Car. 2, st. 2, c. 1)规定包括非英国圣公会教徒不得担任议会议员。

1671年詹姆斯的妻子去世,他于1673年与天主教徒玛丽(Mary of Modena)结婚并转为信仰罗马天主教。他在议会内的敌人于1679年提出一部《排除王位继承法》(Exclusion Act)草案。① 根据这个法案,任何在英国接受军民官职的人必须发誓接受圣公会的信仰(并诅咒一些天主教的仪式和信仰)。当这个法令在平民院获得通过,在贵族院也几乎要获得通过时,查理宣布解散议会(这个法令是英国两党制的开始,英国辉格党(Whig)是支持这个法令的党派,而托利党(Tory)是反对这个法令的党派),1680年和1681年召开的议会也因同一原因被解散。这场争端被称为"排除继承危机"(Exclusion Crisis)。

(三) 光荣革命(Glorious Revolution)

1681年的议会被解散后,没有再召开议会。当时查理很得人心,因此詹姆斯得以于1682年重返英国,他成为托利党的首领,查理于1684年恢复了他作为最高海军大臣的职务。

1685年查理二世没有合法子女就死了。在他临死前还皈依了天主教,他的弟弟詹姆斯二世继位。1685年4月23日詹姆斯二世在威斯敏斯特教堂加冕。一开始反对他的人很少,甚至一些保守的新教徒也支持他。1685年5月召开的新议会似乎对詹姆斯也很友好,还批准了新国王的高额收入。

但詹姆斯刚刚登基,查理的私生子就开始造反,称他自己是合法的国王。这次造反很快就被平息了,查理的私生子在伦敦塔被处死,但这次事件使詹姆斯开始对他的臣民产生疑心。他下令严惩造反者,这个过度的措施使得公众认为他们的国王是个暴君。为了保护自己,詹姆斯决定建立一支强大的军队,而军队中的一些部队则是由天主教徒组成的,这使得他又与议会产生了矛盾。1685年11月他解散议会。在詹姆斯统治期间议会未再召开。

1686年宗教问题越来越严重。一个由詹姆斯成立的法官团宣布国王可以行使豁免权,来对抗1673年《审查法》的规定,借机让天主教徒占据王国最高的职位。② 同时,詹姆斯二世开始行使"中止法规权"停止对非国教徒适用刑法。他在伦敦接见教宗的代表,这是自玛丽一世以来教宗代表第一次来到英国。詹姆斯的忏悔牧师是一个耶稣会的人,他因而被新教徒看作敌人,这些措施使得詹姆斯失去了本来支持他的同盟者。

此后詹姆斯又解除了反对天主教的伦敦主教的职务,其他一些新教官员也被他罢免。1687年他下令废除所有迫害天主教徒和其他异教徒的法令(目的是想争取支持,抑或是确认宗教自由则不明)。1687年他再次解散议会,后来又改

---

① 上述《审查法》(Test Act 1673)不适用于国王。
② 法院以判决的形式认可了此做法。Godden v. Hales (1686), 2 show. K. B. 475, 11 St. Tr. 1196, 89 Eng. Rep. 1050 (K. B.)。

组政府以削弱贵族的势力。他允许天主教徒占据牛津大学两个最大的学院的重要职务,这也招致了许多新教徒的反对。他还任命了四个天主教的主教为政府官员。

1688年4月詹姆斯重申废除对天主教徒和异教徒的迫害,并下令新教神父必须在教堂里宣读这个法令。当坎特伯雷的大主教和其他六个主教上诉希望国王三思他的宗教政策时,他们遭到逮捕和控告,但后来被宣判无罪。1688年6月20日詹姆斯的王妃生下王子,于是为国王和议会冲突点燃了导火线。由于詹姆斯二世和玛丽王妃在婚后15年中没有子女,议会方一直认为王位会由玛丽公主(詹姆斯二世和前妻安的女儿,后来嫁给时任荷兰奥兰治公爵的女婿威廉,是新教徒)继承。王子的出生使英国有可能变为一个天主教王朝的危险,因此一些有影响的新教徒开始与詹姆斯的女婿威廉三世秘密勾结。威廉三世当时在荷兰与天主教的法国国王路易十四作战,被看做是新教的希望。

1688年6月30日一群新教贵族要求威廉带军进入英国。9月时威廉将要进攻英国的迹象已经非常明显,但詹姆斯拒绝了法国国王路易十四为他提供军队的建议,因为他怕这样更加引起英国人的反对。他相信英国的军队足以抵抗威廉。但1688年11月5日威廉登陆后所有的新教军官都叛变了,詹姆斯自己的女儿安妮也参加了叛乱军并带走了许多王室的支持者。12月11日詹姆斯将王国的印玺扔进泰晤士河并企图逃往法国,但在肯特郡被捕。威廉不希望詹姆斯成为一个殉教者,因此于12月23日故意让他逃亡。法国国王路易十四收留了詹姆斯,给了他一座宫殿和大量的财产。

詹姆斯离开英国时并没有议会开会,虽然传统上议会应由君主召开,但威廉召集了一次"惯例议会"(Convention Parliament)。① 1689年2月12日惯例议会发表声明,詹姆斯于12月11日逃离伦敦时就已经自动放弃王位,因此目前王位空缺(会议没有将王位授予詹姆斯的儿子)。会议同时宣布立詹姆斯的女儿玛丽为女王,她与她的丈夫威廉三世共同统治,条件是她们二人必须接受议会制定的《权利宣言》。同年4月11日苏格兰的议会通过了同样的决议。

威廉和玛丽于同年2月23日接受了议会的法令,正式成为君主。此外,该法宣布詹姆斯滥用权利,列举了放弃《立誓法》、逮捕七位主教、私自建立常规军和施加酷刑等罪状。就这样,英国通过"光荣革命"(Glorious Revolution)建立了一种君主立宪制,国王明确地服从议会,在制定的宪法和法律的范围内治理国家。

(四) 权利法案

《权利法案》(Bill of Rights)是英国历史上自《大宪章》以来最重要的一部法

---

① 在这一时期詹姆斯国王仍为形式上的君主,因此不经过国王而举行的议会被称为"惯例议会"(Covention Parliament)。

案之一,它是威廉和玛丽登基后正式召开的议会根据《权利宣言》(Declaration of Rights)于1689年12月16日制定的立法。① 《权利法案》可以被认为是美国宪法的前身。它改变了人类历史,对英国和世界都产生了巨大而深远的影响。《权利法案》在英国起宪法作用,属于宪法性质文件,但它并不是成文宪法,世界第一部成文宪法是《美国1787年宪法》。《美国1787年宪法》颁布后,曾于1789年有大幅度修正,主要是补充了10条修正案,这10条修正案也被称为《权利法案》或《人权法案》。

《权利法案》的内容如下:(1)凡未经议会同意,以国王权威停止法律或停止法律实施之僭越权力,为非法权力;(2)近来以国王权威擅自废除法律或法律实施之僭越权力,为非法权力;(3)设立审理宗教事务之钦差法庭之指令,以及一切其他同类指令与法庭,皆为非法而有害;(4)凡未经议会准许,借口国王特权,为国王而征收,或供国王使用而征收金钱,超出议会准许之时限或方式者,皆为非法;(5)向国王请愿,乃臣民之权利,一切对此项请愿之判罪或控告,皆为非法;(6)除经议会同意外,平时在本王国内征募或维持常备军,皆属违法;(7)凡臣民系新教徒者,为防卫起见,得酌量情形,并在法律许可范围内,置备武器;(8)议会议员之选举应是自由的;(9)议会内之演说自由、辩论或议事之自由,不应在议会以外之任何法院或任何地方受到弹劾或讯问;(10)不应要求过多的保释金,亦不应强课过分之罚款,更不应滥施残酷非常之刑罚;(11)陪审官应予正式记名列表并陈报之,凡审理叛国犯案件之陪审官应为自由世袭土地的领有人;(12)定罪前,特定人的一切让与及对罚金与没收财产所做的一切承诺,皆属非法而无效;(13)为申雪一切诉冤,并为修正、加强与维护法律起见,议会应时常集会。

可以看出《权利法案》主要包括两方面内容:其一,限制国王的权力,约束英王的实际统治权,如第1、2、4、6条;其二,保证议会的立法权、财政权、司法权和军权等,如第8、9、13条。这部法律还写明了王位的继承人顺序:首先是威廉和玛丽的孩子(假如他们有孩子的话),然后是公主安妮和她的孩子,最后是威廉假如再娶生的孩子。同时,天主教徒或天主教徒的配偶不得继承王位。

(五)嗣位法

1701年制定的《嗣位法》(Act of Settlement)在英国立宪君主制建立过程中具有重要作用。② 这是因为《权利法案》虽然规定了王位继承人,但上述的王位继承却并不顺利。1694年玛丽二世去世,1702年威廉三世逝世后詹姆斯年轻的女儿安妮成为女王。这一时期,一些信奉天主教的大臣开始策划在安妮去世后,

---

① 1 Wm. & M., sess. 2, c. 2.

② 12 & 13 Wm. 3 c. 2.

由她的弟弟詹姆斯·爱德华·斯图亚特(James Edward Stuart,也称"老篡位者"[Old Pretender])继承王位,以重建天主教的统治,并迫使议会通过《教会分立条例》(Schism Act)。① 不料安妮女王却于1714年8月该条例未生效时就去世了。因此,面对"老篡位者",辉格党人和托利党人都起来拥护《排除王位继承法》(Exclusion)。由于托利党人占据了议会的多数,1701年议会公布了《嗣位法》并宣称:假如在1689年的法令中所规定的继承人全部无子死亡后,王位由国王的德国远亲——汉诺威女选帝侯——苏菲亚(Sophia)和她的后代(应为基督教新教徒)继承。因此1714年安妮死后王位由苏菲亚的儿子乔治一世继承。

詹姆斯的儿子在乔治一世继位后在苏格兰进行过一次暴动,但没有多少结果。他1766年死后他的两个儿子还试图重返王位。他的二子是一个枢机主教,无子,因此他死后实际上詹姆斯的家族就绝后了。虽然一直有人认为詹姆斯是王位正统,但主张在詹姆斯后代无嗣的情况下,他的远亲可以享有王位继承权。当时,这个王族系列的继承人是巴伐利亚公爵弗朗茨((Franz Bonaventura Adalbert Maria),虽然巴伐利亚家族没有人要求英国的王位,但依然有人称弗朗茨为"詹姆斯三世"。

《嗣位法》除了有关王位继承的规定外,还规定国王所作的任何决定必须经同意该决定的枢密院成员或政府大臣签署,才能生效。此外,该法规定以后法官的更动权不再属于国王而属于议会,以后凡议会定罪的人,国王都不能任意加以赦免等。这些规定,包含着原则性的意义,它确立了议会高于王权、司法独立于王权的原则。法官以"行为端正"(during good behaviour)任职,不受随意罢免。这实际上宣告了法官的终身制,法官的工资也可以是实行定额制。② 至于国王所作的任何决定必须由枢密院成员签署的规定,实际上也具有很大的意义,因为它实际上是在防止国王专断独行。当一个大臣对国王的决定表示同意时,他首先必须考虑这个决定是否合法合理和它可能引起的后果。另外,中世纪以来,英国一直盛行这样一条政治原则,即"国王不可能犯错误",这使都铎王朝、斯图亚特王朝的国王恣意妄为而不负任何法律责任。现在的这一规定,使原来"国王不可能犯错误"有了新的解释:国王的错误应由签署国王决定的大臣负责,实际上就是有了追究国王错误的法理依据。

四、议会主权理论的形成

1688年至1689年英国资产阶级和新贵族发动的推翻詹姆斯二世的统治、

---

① 根据《权利法案》,作为天主教徒詹姆斯·爱德华不得成为国王,不过其子嗣如果信仰新教,则仍可以继承王权。

② 参见白雪峰:《论美国司法独立的确立》,载《美国研究》2000年第3期。

防止天主教复辟的非暴力政变,西方资产阶级历史学家因为这场革命未有流血,故称之为"光荣革命"。

在废黜国王之后,议会决定把王位传于原本的继承者——詹姆斯二世的女儿玛丽和时任荷兰奥兰治执政的女婿威廉。威廉带兵进入英国,未发一枪,詹姆斯二世就仓皇出逃。议会重掌大权,而威廉亦即位成为威廉三世。至此,英国议会与国王近半个世纪的斗争以议会的胜利而告终。如前文所述,光荣革命是英国宪政史上具有特殊意义的事件。经过一系列的斗争,议会主权的理论终于在英国得以确立,同时建立了被称为"混合政体"(mixed government)的国家管理体制。

与世界上一些通过宪法确立民主政权的国家不同(如美国、法国等),英国的议会主权原则是在长期的斗争中逐渐形成的。在16世纪初,特别是1530年的宗教改革中,议会将许多之前被视为不属议会管辖的重大问题予以立法。这些成功的立法被认为是议会掌握国家主权的重要步骤。然而,必须注意的是,这一过程实际上也是国王利用议会来实现其政治目的的过程。因此在很长的时间里面,议会拥有不受限制立法权的观点并没有成为社会的共识。特别是在王位继承权等涉及王室内务的问题上,议会甚至无权加以讨论。贯穿于复辟时期28年的历史,主要是围绕着两个斗争焦点而展开的:第一,力图实行君主专制的势力与维护议会权利的势力之间的斗争。国王企图将军事力量(先是民兵,后来是新建立的正规军队)置于自己控制之下的措施,也属于这个斗争范围。第二,国王用种种手段企图恢复并加强天主教,而英国国教徒及其他新教徒则反对这种企图。

围绕着这两个焦点所展开的斗争,迟早必然会以某种方式解决。在当时英国政治、社会力量的结构之下,不论是主张君主专制者或主张议会主权者,都不可能取得决定性的胜利。至于矛盾的解决方式,也不可能是暴力革命,因为经过20年的革命起义、军事专政等风风雨雨之后,到了17世纪的后半叶,中下层人民既没有自己的组织,贵族、资产阶级也对暴力流血深感畏惧。当蒙默斯起义①

---

① 1685年6月,信奉新教的纺织工人和其他城市中下层人民,拥戴信奉新教的蒙默思起义而反对詹姆斯二世。起义者人数达数千人,声势浩大。1685年7月15日,起义队伍在赛吉穆尔被政府军击溃。蒙默思只身逃走,几天之后被俘获,然后被处决。随后,大法官杰弗里斯被派到西部地区,对被俘的起义者进行"血腥的审判",绞死了两三百人,并不顾刚通过的《人身保护法》的规定,将800多个起义者流放到英国殖民地巴巴多斯。有产阶级的贵族和乡绅对此却无所作为。1688年4月27日,詹姆斯二世重新发布"赦免宣言",并命令在以后的两个星期日在教堂里宣读。他指望这个"宣言"能受到非国教徒的支持,从而使英国国教陷于孤立。然而"宣言"发表以后,许多英国国教徒指责国王的这个举动为非法,大约有90%的教士拒绝服从。5月18日,坎特伯雷大主教威廉·桑克洛夫特和另外6个主教拟订了一份"请愿书",指出国王此举是非法的。"请愿书"中说:"国王的'赦免宣言'是建立在国王豁免权基础上的,但这种豁免权,议会早已多次宣布其为非法。"政府下令将7名主教以煽动罪交付法庭审讯。但詹姆斯二世的行为如此不得人心,甚至连他自己的亲信大臣桑德兰和杰弗里斯对此都不以为然。结果法庭在6月30日正式宣布7个主教无罪,政府威信扫地。詹姆斯二世的统治基础受到严重破坏。

和 1685 年、1688 年事件发生时,就显露出起义的力量既分散又软弱,而且缺乏社会的广泛支持。

因而,在当时的英国,不经暴力而经过妥协来解决上述基本矛盾,是唯一可能的道路。1688 年的"光荣革命",实质上就是走的这样的道路。英国从 1640 年革命爆发以来,经过了几次反复曲折,终于在"光荣革命"时找到了一个新的重心。以后的英国历史就以这个重心为新的起点,以徐缓渐进的方式向前发展起来。

光荣革命把近 100 年来一直困扰英国的国家主权问题解决了:既然议会创造了国王,主权当然在议会。《权利法案》、《嗣位法》等法律文件的出台,宣告了议会立法不受限的原则得以确立。[①]

英国在 1688 年"光荣革命"后建立起来的议会的权力超过了立宪君主制度以及两党制度下的议会权力。不仅对英国以后的历史发展,而且对欧美许多国家的政治都产生重要影响。在 17 世纪的西欧以及世界其他地区,君主专制是一种普遍的政体形式。西欧的法国、西班牙、奥地利以及丹麦、瑞典、德意志的一些公国,都建立起中央集权的君主专制制度。在这些国家中占统治地位的政治思想是君权神授。至于东欧的俄国以及东方的中国等,则等级森严,绝对专制君主制更为顽固。1688 年后,英国的政治制度及由此而萌发的政治思想,对欧洲绝对君主专制制度和君权神授、君主万能、臣民必须无条件服从等思想,都是一个沉重的打击,而对一些民主、进步的思想家,如 18 世纪法国的启蒙思想家孟德斯鸠、伏尔泰等则起了巨大的鼓舞作用。虽然东欧、俄国及东方的中国等国家此时尚处在君主专制的阶段,但当这些国家的改革运动兴起的时候,英国的议会制、君民共治(立宪君主制)就成了鼓舞他们进行斗争的现实源泉和效法的榜样。19 世纪末,中国的维新派在为改革而奋斗的时候,就常常引用英国的民主政治制度作为楷模。

18 世纪以来,历史学界对 1688 年光荣革命的评价,长期为辉格派历史学家哈兰姆(Henry Hallam, 1777—1859 年)、麦考莱(Thomas Babington Macaulay, 1800—1859 年)以及后来的屈维廉(G. O. Trevelyan, 1838—1928 年)的观点所统治。在辉格派历史学家看来,1688 年的光荣革命为以后民主的议会制政府和宗教自由奠定了基础,标志着斯图亚特王朝力图建立专制君主制计划的终结。之后,议会的宪法地位上升了,国王的专断横暴权力被遏止,并处于议会监督之下。英国的两个主要政党也起源于此时。两党在政治上既互相斗争又互相制约,使政局得以在一定程度上保持平衡;两种互相矛盾和制约的因素包含在一

---

① 在《权利法案》制定之前,法院曾在 Godden v. Hales (1686), 2 show. K. B. 475, 11 St. Tr. 1196, 89 Eng. Rep. 1050 (K. B.) 判例中宣称国王行使豁免权和中止权的做法为合法。

统一体内,既避免了大一统的呆板、停滞、毫无生气的弊端,也避免了破坏性的冲突和内战的危险。麦考莱的名著《英国史》就是从1688年开始记述的。在该书的开头,著者就指出,英国无疑是全世界最伟大的国家,而英国之所以伟大,其渊源就在于1688年的革命。"对1688年革命所能做的最高赞颂就是:它是我们的最后一次革命。自从任何一个聪明和爱国的英国人试图反抗当权的政府以来,已有几代人过去了。在所有诚实的、善于思考的头脑中,有一种随着经验的积累而与日俱增的信念,即影响宪法所需的每种改进都可在宪法本身内部找到。"麦考莱在政治上是个辉格派,他对辉格派在英国政治上所起的作用倍加颂扬,并以自己是辉格派的成员而自豪。他用辉格派的观点去解释历史是很自然的。

辉格派的观点对后世的史学思想影响很大。20世纪初,麦考莱的外甥,著名历史家屈维廉在其专著《1688年—1689年的英国革命》一书中,特别强调奥兰治的威廉入侵英国的重要性。它好像是"欧洲所有的新教各族人民共同汇合在一起来帮助拯救英国"。在屈维廉以后,一些有关著作的基本观点也与上述著作雷同。

辉格派的思想,在17世纪末约翰·洛克的著作中得到深入发扬,不过洛克的书在刚出版时并未引起人们的重视,到后来才产生越来越大的影响。

与辉格派的思想相对立的是托利派的思想。托利派的思想在18世纪后期著名的实证主义思想家休谟(David Hume,1711—1776年)的著作中得到充分的阐述。虽然休谟自称他只是一个历史哲学家,并不属于任何政治派别,但由于他对国王查理一世和斯特拉福的明显的同情、对革命事件和人物深恶痛绝的态度,后世的人很自然地把他看作托利派的历史学家。休谟的《自恺撒入侵到1688年革命年间的英国史》一书中指出:"没有权威,自由就不可能存在;建立政府的目的不是为了提供自由,而是为了提供正义;对当权政府的反抗,是不可饶恕的行为。"

现代的托利(保守)党人温斯顿·丘吉尔(Winston Leonard Spencer Churchill)是1688年投靠威廉的马尔波罗的后代。他在《马尔波罗传》及《英语民族的历史》等著作中,对1688年英国的贵族、乡绅投靠威廉的行为倍加赞颂,认为"英国的贵族和国教教士从来没有像1688年这样经受如此严酷的考验,并对他们的国家作出如此优良的服务"。

光荣革命在英国以外也产生了深远的影响。19世纪中叶,法国著名的政治家、历史学家基佐(Francois Guizot,1787—1874年)在1848年革命后,其历史观发生了急剧转变。原来他曾在1826年出版的《1640年英国革命史》中,以阶级斗争的观点去分析革命的发展过程,并对革命时期资产阶级和中下层人民的革命行动加以赞颂。但1848年以后,他却对革命的暴力和流血加以谴责,并以1688年的"光荣革命"与1640年的革命作对比,认为"光荣革命"没有流血和牺牲,却达到了革命的目的,较之1640年的革命要优越得多。1850年,基佐专门为《1640年英国革命史》写的序言以单行本形式出版,书名为《英国革命为什么成功了——英国革命史讨论》。在这本小册子中,基佐比较了英国革命和法国革命,认为英国革命取得了较大的成就,原因是英国革命是本着宗教精神进行的,而且没有与过去的传统割断联系。另一个原因是英国革命是作为保守力量而不是作为破坏力量而出现的。1688年"光荣革命"之后,在立宪君主制治下的英国,"内政、维护和平、财政、殖民、商业、议会制度的发展以及议会斗争已成为政府和社会舆论最为关心的事情"。因而在乔治一世和乔治二世之后,英国的立宪君主制得以稳定长久地发展下去。马克思和恩格斯都曾对基佐的论点提出批判。

第二次世界大战前后,西方以及苏联的历史著作大多根据反辉格派的观点,对有关17世纪英国革命史的研究,将重点完全放到1640年到1653年间,把1653年克伦威尔护国公制度的建立作为革命的结束年代,而把1653年至1688年的历史作为之前20年革命的附属部分或尾声。同时在评价上,着重强调40年代至50年代初革命时期的进步作用,而把1688年的"光荣革命"当作微不足道的"政变"。

最近20年左右的时间里,西方史学界的研究方向又发生改变。它一方面表现为对复辟时期的重视,认为不论从政治上或经济上来看,复辟时期都是英国历史发展过程中的重要阶段。在这段时期,出版了不少有关的专门论著。另一方面表现为,学者们提出了许多与以前的著作不同的观点,甚至出现了一些翻案性的文章,从对整个"光荣革命"性质的否定,到对个别事件和个别人物的相反的评价,各式各样的都有。如有人认为,所谓"光荣革命"不但不"光荣",而且是英国的一个耻辱,不仅国王詹姆斯二世表现得懦弱可耻,而且大多数英国贵族、中等阶级都在外国人入侵时背叛了自己的国王和国家。有人说,1688年的"光荣革命"是"在稀奇古怪年代里发生的一件稀奇古怪的事件"。

新中国成立以来,主要仿效当时苏联学者的观点看待17世纪的英国革命,重点在于研究1640年至1653年的"革命年代",对此后乃至1688年的阶段只是当作革命时期的尾声而附带提及。特别是在评价这段历史时,都将之与17世纪40年代的积极因素对立起来。

在本书看来,光荣革命后形成的议会主权思想,其核心是议会及其立法拥有最高权威,国王无权命令停止执行法律或行使豁免权、中止权等来逃避其法定义务。在这方面,理论上可以引申出宪法上的违宪审查制度(例如将美国宪法与我国宪法作此方面的比较研究成果已经为数不少)。在《权利法案》中就已明确指出国王行使豁免权、中止权是违法的。在英国,违宪审查理论有着悠久的历史。在1610年的博纳姆医生案(Dr. Bonham's Case)中就出现了关于违宪审查的争论。① 对此,柯克法官指出:"在许多情况下,普通议会审查议会的法令,有时会裁定这些法令完全无效,因为当一项议会的法令有悖于共同权利和理性或自相矛盾或不能实施时,普通法将对其予以审查并裁定该法令无效,这种理论在我们的书本(Year Book)里随处可见。"②以普拉克内特(Theodore F. T. Plucknett)为代表的通说认为,根据这一表述,柯克主张普通法的"高级法"地位,认为法院有权判决与普通法相抵触的成文法无效。③

对此,英国学者索恩(S. Thorne)认为中世纪的立法与现代的制定法不同,主要规定的是一些国家管理上的具体问题,这些法律的文字本身并没有约束力。因此,法官可以对制定法进行自由解释,不仅允许进行类推适用,而且对于制定法上不合理的部分,可以不适用制定法。上述的柯克法官的论述,只是对中世纪以来适用法律的一些基本原理进行的说明。与之相对,近现代宪法上的违宪审查制是在承认制定法具有广泛约束力的前提之下,强调违反自然法的制定法无效。④ 这显然不符合柯克的观点。

本书认为,上述观点不仅准确地把握了中世纪制定法的法律性格,而且也符合柯克的思想和行动。其一,在对抗詹姆斯一世的斗争中,柯克法官始终是议会一方的代表人物之一;其二,在博纳姆医生案两年以后,柯克法官在判决中作出了如下附论:"制定法对普通法进行修正、概括和说明……不过,正像在博纳姆医生案中所说明的,在制定法本身存在矛盾的情况下,不应适用这些制定法";⑤其三,在柯克的著作《英国法总论》(Institutes of the laws of England)中,这位大法官写道:"议会审议法案、制定法律的权限是一种至高无上的绝对化权力。无论在对事还是对人层面,这项权力均不受限制"。

在另一方面,柯克的思想对美国宪法起源也作出了重大的贡献。具体而言:首先,他在博纳姆医生案中所写的"附论"提供了一种言语词形式。在不受柯克个人的其他观点影响的前提下,这种语词形式经过一大批法官、学者和律师的专业阐释,成为司法审查制度最重要的一个思想渊源。其次,由于普通法普遍隶属于制定法,仅仅建立在"共同权利和理性"上的司法审查制度是无法幸存下来的。但柯克似乎预料到了这些困难,为此他提出了基本法上的司法审查学说,这是他对美国宪法的第二大贡献。这种基本法既约束议会,也约束国王,而且这种

---

① 8 Rep. 113,77 Eng. Rep. 646,(K.B.),1610. 另见张千帆:《认真对待宪法——论宪政审查的必要性与可行性》,载《中外法学》2003年第5期。

② 8 Rep. at 118,77 Eng. Rep. at 652.

③ T. Plucknett, Boham's Case and Judicial Review, 40 Harv. L. Rev. 30(1926). 另见前引〔美〕爱德华·考文:《美国宪法的"高级法"背景》,强世功译,生活·读书·新知三联书店1997年版。

④ Thorne, Dr. Bonham's Case,54 L. Q. Rev. 543 (1938)。另外参考索恩关于中世纪制定法的专著 A Discourse upon the Exposition and Understanding of Statute (S. Thorne ed. 1942)序论部分。

⑤ Rowles v. Mason (1612), 2 Brownl. & Golds. 192 at 198, 123 Eng. Rep. 892 at 895 (C.P.)

法在很大程度上体现在一个特定文件之内,并将确定的内容寓于日常制度的习惯程序之中。从柯克所理解的《大宪章》,经由1688年的《英国宣言》和1689年的《权利法案》,一脉相承地发展到美国宪法早期的《权利法案》。再者,柯克为美国宪法贡献了在法律之下的议会至上的思想。这种思想随着立法活动和法院裁定的分离,最终可以转变为在法律范围内立法至上的观念,而这种法律又需以法院裁定过程予以解释。①

五、混合政体时期

（一）混合政体

光荣革命的另一个成果是建立了混合政体(mixed government)。混合政体的基本结构是代表君主制的国王,代表贵族制的贵族院和代表民主制的平民院三者平等共存。从这个意义上说,英国不是一个共和国,既不是贵族执政,也不是人民专政,但它拥有一个共和国的政体对于专制权力的限制,不论是国王的权力还是议会(平民院)的权力,都必须遵从法治,都必须有益于保障人民的自由;英国也不是一个专制的君主国,国王在没有朕即国家的无限权力,只是一个主权国家的象征,是一位虚君,但享有一定的尊崇和威仪;英国也不是一个人民主权的民主国,因为它的主权是由国王代表的,司法审判权是由法官和法院掌握的,但是它又拥有人民统治国家的实际权力,人民是国家的主人,可以充分发挥自己的政治能动性,通过选举、担任公职等方式,参与政治和立法,分享治理国家的权利。不过民主政治在英国不是无限度的、不受制约的,而是法治下的代议制民主,是立宪君主制下的民主,议会的立法权和责任内阁的治理权都受到王权和司法权的制约。

总之,英国政制不属于上述任何一种单纯的政体形式,而是综合了这些政体的优点而形成的一种混合政体。也就是说,它既有民主制的优点,也有君主制的优点,而且还包含了共和制的优点,并把它们整合在一种混合的政体之中。这个混合政体不同于古代的共和国,因为它拥有主权,属于现代民主国家,而不是城邦国家;同时,它的主权是双层的,既在君主又在人民。同时,这个混合政体不同于古代民主制,因为它的双层主权是架构在议会制的民主结构之中,国王并非是游离于议会之外并与议会对抗的主体,而是议会的组成要素之一,国王在议会(King in Parliament)和主权在议会,人民主权是在代议制的制度框架内通过主权与治权的分离而实现的。更为关键的是,这个混合政体又是一个宪政的共和

---

① 4 Institutes *36. 另外,柯克在 3 Institutes *111 中指出与《大宪章》的原则相悖的法律"无适用对象"(Shall be holden for none)。换言之,在柯克看来违反《大宪章》的法律并非无效,只是无法在普通法环境下适用而已。

政体,即无论是国王的权力还是人民的权力,都不是无限度的,都必须接受法律的制约。法治是英国混合政体的精髓,不过,英国的宪政和法治并不是古代宪政的延续,而是现代共和政体论的宪政主义和英国普通法的宪政主义之结合,它在立法权、统治权(治理权)和审判权三个方面制约着任何一种国家权力所可能出现的专制独裁。上述种种,使得英国的政体从本质上说是一种自由政体,或者说,英国立宪君主制的宪政混合政体实际上就是一种被思想家们视为英国瑰宝的"自由政体"。①

混合政体的理念在制度层面的具体表现是:第一,贵族院(上议院)和平民院(下议院)在议会中享有平等的地位;第二,国王有权拒绝批准议会两院通过的法案。虽然在光荣革命后 20 余年中英国国王保留了这种权力,但是自 1707年安娜女王拒绝批准法案之后就再也没有出现过议会的法案不获国王批准的事情。至今,国王拒绝批准议会法案的权力已经被架空②;第三,国王必须依法行政。虽然国王有权委任大臣,但作为行政首脑,国王必须对其行政行为承担责任。议会有权要求罢免不称职的大臣,这些意见应予尊重,因此国王任命大臣必须受议会的监督。

(二) 对平民院的制衡

国王拥有的官职授予权(也称分赃制,patronage)和平衡党派的影响力(influence)是维持混合政体的两项重要的制度。为防止平民院的权力过度膨胀,通过"官职授予权"来对议院进行规范,实现政权的稳定是混合政体的一大特点。具体表现是:其一,在混合政体下,授予议员官职的现象较为普遍;③其二,当时拥有选举权的人数不多,方便了政府推选对自己有利的议员;其三,当时还没有普及按照人口比例确定议员的人数的制度;其四,当选的议员,不受选民的意志直接制约。

根据实质代表论(virtual representation),上述的第三和第四点可作如下解释:无论来自哪个选区的议员,均是代表全部国民的参政者。因此议员不受自己选区选民的意志左右。如果某一选区没有推举出相应人数的议员,则由平民院的全体议员代表这个选区。在 18 世纪中叶,国王开始利用"官职授予权"和在议会的"影响力",平民院的 558 名议员中大约有 200 名在国王的政府中担任官职;另有 30 到 40 人于政府签订了某种类型的利益合同。④

---

① 参见高全喜:《论共和政体论共和政体》,载《中国政法大学学报》2008 年第 4 期。
② 布莱克斯通于 1765 年出版的著作对国王的拒绝批准权予以积极评价。
③ 《嗣位法》(Act of Settlement 1701)规定:"被国王授予有薪官职、享受一定待遇或接受国王的退休金者,没有资格参选平民院议员。"《王室继承法》Succession of the Crown Acts 1705&1707(4 Anne c. 8, 6 Anne c. 7)则规定:1705 年 10 月 25 日以后,新增设的有薪职位的任职者,不得成为平民院议员;当选平民院议员后,如果担任上述职务,必须辞去议员身份。如果经过选举再次当选,则不受此规定限制。
④ B. Kemp, *King and Commons,1660—1832*, London: Macmillan, 1958, p. 95.

自 1721 年华普尔(Sir Robert Walpole)担任首相至 1762 年的 41 年间,英国议会一直为辉格党人所控制。1770 年诺斯(Frederick North)担任首相,除 1782年、1783 年和 1806 至 1807 年外,直到 1830 年的 60 年间则由托利党执掌政权。这一事实充分说明了分赃制和平衡政党影响力的做法是如何在英国的议会得到实践的。

在这一阶段,辉格党人和托利党人的对立,实际上是国王控制议会的一种表现,与 19 世纪中叶以后两大党派因为政见不同而相互对抗的状态已截然不同。

(三)混合政体的评价

在今天的人们看来,混合政体的政治制度显然存在这样或那样的缺陷。18世纪英国政体的先进性究竟体现在哪些方面呢?

混合政体在英国光荣革命后取得广泛认可和积极评价,构成了政治讨论和实践的新的语言环境。第一,混合政体是以社会等级和政体形式为基础;第二,混合政体允许各个社会等级分掌政府权力;第三,混合政体注重政府组成部分和各个社会等级之间的和谐与平衡;第四,混合政体制要求立法议会必须包括分别代表贵族(或社会贤达)和民众的两院。在当时的民众看来,历史上就曾多次出现民主政体被专制暴政所取代,人民的自由权利丧失殆尽的先例。例如崇尚公民自由、具有高度社会文明的罗马帝国却被黑暗、残酷的中世纪所取代。再如清教徒发动了推翻国王革命,但却被克伦威尔残酷镇压,他甚至试图让自己的儿子继承"护国公"的称号。这一切都清楚地向人们传递着坚持民主政体的必要性。到了 18 世纪末期,法国大革命的胜利进一步坚定了英国民众选择混合政体的信念。

尽管民主的精神和理论具有无比的制度优越性,但如果走向极端就会转化为暴民政治。同时,历史的经验表明:在民主革命失败之后往往是漫长的暴政时代的来临。因此,在光荣革命之后的英国民众看来,将君主制、贵族制和民主制的良性部分加以融合,是防止过度民主、维护人权的最有效的方法。最著名的例子是萨德勒(John Sadler)在 1649 年写下的文字:"可以这样说,所有时代的许多王国和不是王国的共和国均有三个等级组成,如同自然和人体中有三原则一样。……如果我无权安排,但无可怀疑,原始的立法权应由下院行使,司法权归上院,执法权归国王。国王犹如人体之灵魂,或人之首,或曰感觉和行动之源泉。但他必须用两只眼睛看,用两只耳朵听,这便是为什么有两院"。[①]

其次,根据萨德勒的解释,混合政体中的"君主、贵族、平民"三个等级同分权中的"执法、司法、立法"三种权力进行搭配,而这三种权力又正好可同现存英

[①] See Francis D. Wormuth, *The Origins of Modern Constitutionalism*, New York: Harper and Brothers, 1949, pp.60—61.

国政府的三大部分相互对应。三套本来决然不同的概念放在一起,显得这样令人惊讶地顺理成章。①

哈林顿的《大洋国》是又一个结合两种理论的例证,只不过是各个等级和权力的名称有所变化。总执政作为君主制化身,掌握执法权;元老院是贵族制体现,行使提案权;特权部会为民主制成分,操持立法权。②

这些事实展示了一个在悄悄进行着的变化:随着分权理论和混合政体理论的融合,人们逐渐开始用三种权力(脱胎于混合政体的三种政府)取代以往的执法和立法两大权力的概念。但这一转变不是一夜之间取得的,而是经历了长期的渐变过程,萨德勒和哈林顿只是代表了这一过程的开始。与他们同时期的另一位政论家乔治·劳森(George Lawson)的论述进一步表明了渐变过程的复杂性。

从两大权力观过渡到三种权力观,关键是旧概念中的"执法"被分化为依法判决和依法执行判决两种权力。自中古以来,执法的含义是指通过法庭行使法律,国王(地方上是执法官)是这一程序的主持者。15世纪后,人们开始意识到判决和执行有着不同性质,应归于不同范畴。劳森吸收了萨德勒把司法上诉权归上院专属的说法,对执法权下的两种职能做了划分。第一种是执行法官对个案的判决,第二种是在全国范围内依据成文法进行统治(这即是我们今天所称的行政权)。之后,劳森作出了概括:"一共有三种公共权力,第一是立法,第二是司法,第三是执法。"③应当注意的是,劳森在此所称的"执法"(executive),仅指原来的执法权中依据法官判决执行个案处理,不包括总体意义上对法律的实施,不等于今天所称的行政权。现代政治语汇中的立法、司法、行政的概念要待100年后的孟德斯鸠才发展起来。劳森在当时的功劳,一是把司法从执法活动中解放出来,二是加速了人们以三权取代两权的观念转变。④

六、国王统治方式的变化——内阁制的产生

自古以来,英国的君主们在管理国家事务时,习惯于听取大臣的意见或获得大臣的协助。不过,国王和大臣的关系发生质的变化,转化为现代政治体制上的"内阁制"合议组织则发生在18世纪。

英国的内阁和政府是英国的中央最高的行政机关,许多人常把内阁称为英

---

① See Francis D. Wormuth, *The Origins of Modern Constitutionalism*, New York: Harper and Brothers, 1949, p.62.
② 参见〔英〕哈林顿:《大洋国》,陈玮译,天津人民出版社2010年版。
③ See George Lawson, *An Examination of the Political Part of Mr. Hobbs his Leviathan*, London, 1657, p.55.
④ 参见满运龙:《英国革命和近代宪政观的产生》,载《清华法学》2005年1月号。

国政府,实际上英国的内阁(Cabinet)和政府是两个不同的概念。英国政府包括枢密院、国务院和内阁三部分,内阁是政府的核心,它决定国内外一切重大政策,领导政府各部工作,掌握和操纵庞大的国家机器,英王、议会也受它的操纵和指挥。19世纪英国著名的宪法学家白哲特(Walter Bagehot)甚至说:"上下两院如果作出决定,就是把女王本人的死刑判决书送到她面前,她也不得不签字。"[①]

不过,英国内阁不是根据某个成文法律所产生,它是由不成文的惯例逐步形成的。英国内阁是由封建时代的枢密院发展而来。在亨利二世(1422—1461年)时,御前会议人员过多,不能经常集会,于是就挑选自己的亲信召开小型的枢密院会议。1660年到1680年间查理二世执政时,因为感到枢密院人数太多,不便于保密和处理紧急事务,于是在枢密院中选择若干人(以外交事务负责人为主)成立了一个更小的机关,由于他们经常聚集在国王寝宫中的内室开会,因而后人称这个机关为"内阁会议"(Cabinet Council)。需要注意的是,这个时代的内阁只对国王本人负责,即:第一,国王对于内阁提出的意见可不予理会;第二,内阁只能根据国王的提问提供参考意见,不得就其他事务自由发言;第三,一般情况下国王都会列席内阁的会议。

1688年光荣革命以后,随着王权的削弱,议会权力的增加,政党政治的开展,内阁便逐渐转向对议会负责。17世纪末威廉三世时,内阁成员完全从下院占多数席位的辉格党议员中挑选,这样就创立了英国内阁制选任阁员的原则。1714年汉诺威继任王位后,因为乔治一世、乔治二世等在德国长大,不通晓英语,经常不亲自主持内阁,但内阁会议不能无领袖,因而开内阁会议时就只能临时选一位主席,当时的财政大臣华尔浦(Sir Robert Walpole)常被选为临时主席。久而久之,华尔浦被拥立为内阁中的首相(Prime Minster)[②],并形成英王不参加内阁会议的惯例。加上乔治一世不了解英国国情,于是他经常命令华尔浦推荐国务大臣人选。华尔浦在1715年至1717年和1721年至1742年间先后担任了20多年的财政大臣,在他任职期间,他在下院运用政党政治,选任同党议员为内阁成员,并坚持内阁内部要保持一致的意见,否则他有权强迫该阁员辞职,从而使内阁尽量与议会协调一致,以取得下院的信任。1724年华尔浦内阁失去议会的信任,他便立即向议会辞职,从此就形成了一个宪法惯例:议会如对内阁不信任,内阁成员应当全体辞职。一般认为华尔浦是英国第一任内阁首相,在他执政

[①] 参见方健壮:《风雨飘摇中的英国王室》,载《广东外语外贸大学学报》2002年第1期。

[②] "首相"(Prome Minister)的称呼,最早为安娜女王时期的葛多芬伯爵(Earl of Godolophin,1702—10)使用。不过在其之后的纽卡斯尔大公霍勒(Duke of Newcastle;Thomas Pelham Holles,于1754年至1756年,1756年至1762年两次担任内阁首脑)以及皮特(William Pitt;Earl of Chatham,1766年至1768年任内阁首脑)都没有被称为首相。参见B. Williams, *The Whig Supremacy 1714—1760*, Oxford University Press, 1962, p.34.

期间是英国内阁最终形成时期。

1760 年乔治三世即位以后,新国王开始亲临内阁会议,并试图恢复君主作为行政首脑的行政体制。① 在约翰·斯图尔特三世比特伯爵(Earl of Bute;John Stuart)担任首相的时期(1762 年至 1763 年)和诺斯勋爵(Frederick North)担任首相期间(1770 年到 1782 年),乔治国王试图绕过内阁,亲自掌管行政大权。

然而乔治三世的这种做法,显然背离了时代发展的方向。诺斯勋爵内阁在 1782 年垮台后,辉格党的罗金汉勋爵第二次上台组阁,但在任仅数月后病故,结果乔治国王改以谢尔本勋爵为新首相。不过,辉格党政要福克斯却拒绝在谢尔本勋爵的内阁供职,并要求英王委任波特兰公爵为首相。到 1783 年,下议院成功迫使谢尔本下野,其政府遂由福克斯—诺斯联盟所取代。这个政府由波特兰公爵任首相;福克斯任外相;诺斯勋爵任内务大臣。但波特兰公爵仅是政府有名无实的首脑,实权则握于福克斯及诺斯勋爵二人手上。

乔治三世对于任命一些他不愿意的人士到内阁供职感到苦恼,但波特兰的内阁很快就在下院建立起优势,使他不易撤换内阁。此外,乔治对于政府签署《印度草案》,计划将印度政府的管治权力由东印度公司转移到议会专员,也表现得非常不满。下院通过有关草案后不久,乔治就授权坦普尔勋爵通知上议院贵族,表示谁投票通过草案,谁就是他的敌人,结果草案在他的恐吓下被上院否决。三日后,波特兰内阁垮台,由小威廉·皮特(William Pitt;Earl of Chatham)接任首相,而坦普尔勋爵也一同到内阁供职。在 1783 年 12 月 17 日,议会通过一项动议,谴责皇室在议会投票背后施加影响,形同"重大罪行",坦普尔勋爵亦被迫辞职。坦普尔辞职后对政府造成动荡,三个月后,政府失去议会的多数优势而解散,可是在其后的大选中,皮特却成功地获得了在议会多数议员的支持而得以留任。

对乔治三世国王而言,任命皮特为首相是一个胜利,此举说明国王可以自己解释公众舆论与民意,以选择称心如意的首相,而无须服从下院的多数派选定的首相人选。② 皮特在任首相期间,国王在多数政治问题上与其同步,更史无前例地册封了不少新贵族,以帮助皮特首相在上院能够取得足够的支持。皮特在任首相以及之后的一段时间,乔治三世在英伦的声望甚高,公众普遍支持他认可的海外扩张(尤以环太平洋的探险活动为甚),这使得大不列颠在 1788 年于澳大利亚建立新南威尔士殖民地;到 1793 年,乔治三世派遣使团前往中国到达北京,并谒见了清朝的乾隆帝,他们还参加了在承德避暑山庄举办的乾隆帝八十大寿

---

① 也有学者指出,之前的乔治二世(1727—60 年)就曾经积极争取掌管英国的内政大权。
② 乔治三世直到后期都坚持国王亲政,1809 年至 1812 年间的斯宾塞·珀西瓦尔(Spencer Perceval,1762—1812 年)任首相时期,国王再次尝试亲政,但因首相遇刺而告失败。此外,斯宾塞·珀西瓦尔作为第 21 任首相,也是历史上英国首相中唯一遇刺杀身亡的。

庆典。另一方面,乔治又动用自己的私人资金,大力资助皇家艺术学院等学术机构,而英伦的科学及工业也在当时得到很大的发展。英伦大众大多都仰慕他们的国王能够对其王后忠心不二,这亦与他前两任的汉诺威裔君主形成强烈对比。

然而,乔治三世的身体状况却不如人意,而且还出现了精神病的症状。[①] 从现代的医学角度出发,根据他的病情记录,一般认为他患的是噗瑳症。在2005年的一项研究中,研究人员更在乔治三世遗留后世的头发样本中验出高含量的砒霜,从而估计他的噗瑳症有可能由此引发。研究人员无法追查砒霜的来源,但相信这些砒霜可能是某些药物或化妆品的成分。乔治的噗瑳症可能曾于1765年短暂病发,到1788年夏天再次发作,并长期持续。乔治在1788年的那次病发初期,他尚可以神志正常地在9月25日宣布议会休会,可是之后他的病情却急转直下,到同年11月的时候,他的精神已经严重错乱,有时甚至连续数小时不停自言自语。当时乔治的诊治医生都无法解释他的病情,而坊间更渐渐流传有关他精神失常的流言蜚语,有人更讹称乔治三世把大树误认为普鲁士国王,而且还与大树握手。当议会在11月复会时,乔治未能如常在议会开幕大典发表御座致辞。按照惯例,君上未先致辞,议会就不可复会辩论。不过当年的议会却在乔治未有致辞的情况下,就自行复会,并就是否需要摄政王一事展开辩论。这一点也证实了乔治国王在英国国内的统治力已经下降到最低点。

正如英国宪法学家白哲特在其著作《英国宪政》(*English Constitution*, 1867)中所言:"国王至少在形式上远离了承担政治责任的地位,在与议会的关系上,只限接受议会协商,鼓励议会活动和对议会发布警告的三项权利。"[②] 不过,在白哲特完成这部著作的时期,当时主政的维多利亚女王,实际上在参政方面表现得更为主动。事实上,国王凭借其丰富的从政经验和一定的政治智慧,以非正式的方式向国务大臣提供建议的事例并不鲜见。只不过这些意见和建议对内阁没有约束力,是否被遵从或采纳,则全由内阁讨论后决定。

经过上述的发展,内阁的地位在18世纪得到了进一步的强化。不过在当时,内阁成员之间是否需要承担连带责任并无定论。在很多情况下,即使首相辞职,其他大部分阁员也可以轻松留任。可以认为,这与议会中的政党更替并不频繁有一定的关系。

此外,在混合政体时代的前期,重大国务一般由负责大臣先行向国王禀奏,在国王下达责令内阁会议讨论的旨意后,内阁开始讨论这些事项。到了1770年前后,内阁才开始自行选择和决定需要讨论的议题并制定审议的议程。

[①] 乔治三世在1811年再次患上精神病,至其去世也没能痊愈。1811年2月之后乔治四世已经掌管国政,成为摄政王。

[②] See Bagehot, Walter, *The English Constitution*, Michigan University Press, 2005, p.141.

总之，在封建社会转向资本主义社会转型时，由于未能实现彻底的革命，在保留君主制的形式下，实行内阁负责制，是"光荣革命"后英国政治制度的一大特点。

七、衡平法

（一）共和制期间的衡平法危机

在17世纪以前，几种相互竞争的法院体系共存于英格兰。其中有独立的王室普通法院，例如普通诉讼法庭（Common Pleas）、星座法庭（Court of Star Chamber）、理财法庭（Exchequer）、教会法庭、王室特权法庭（royal prerogative courts）。例如王室海事法庭以及商人法庭等，它们彼此就各种纠纷解决事务展开竞争。然而，普通法院最终在竞争中脱颖而出。如前文所述，长期议会废除了星座法院和王室特权法院（Royal Prerogative Courts）（参见本书第二章第二节）。在共和制期间，大法官法院（Court of Chancery）适用衡平法处理民事诉讼的做法也遭到了广泛质疑。1653年8月5日，官委议会（Nominated Parliament）就废除大法官法院进行了投票，但未获得通过，只是对于耗时长久，成本高昂的大法官法院的诉讼程序进行了改革。

与刑事诉讼上的衡平法不同，民事诉讼上的衡平法由于能够提供更多的救济，弥补普通法的不足，比普通法更为直接而迅速地实现正义，所以更加符合时代的要求。由于大法官拥有较大的自由裁量权，因此有权根据案件的具体情况，决定是否采取及采取何种救济手段。衡平法上有一著名的格言："有误判必有救济。法官之良心为弥补法律规则不足的最终依据"。因此，不难理解，在很长时间里，大法官是由教士充任的。直到今天，大法官仍保留一定的教会特权，仍是英国唯一一个对任职者有宗教限制的职位：天主教徒无缘就任此职。普通法院囿于程序限制[①]，未能很好地继承由在大法官法院适用的用益制度，也是在民事领域中保留衡平法的要因之一。

（二）衡平法的体系化

在民事层面，衡平法与普通法并存的局面一直延续到18世纪。之后衡平法自身出现了比较显著的变化。出于诉讼效率和与普通法竞争的需要，大法官处理各类案件的习惯及规范开始逐渐体系化、固定化，最终形成遵循先例进行裁判的衡平法院系统和衡平法规范体系。因此，从司法技术层面看，衡平法体系并不逊于普通法体系。

[①] 从操作的层面上说，现代信托起源于英国。在13世纪的英国，有一种叫尤斯（Use，即用益权）制的法律制度以管理私有财产和执行遗嘱为前提，仿效和引用罗马法上的使用权（即使用他人所有物的权利）、用役权（即使用他人所有物而获其收益的权利，又称用益权），及信托遗赠的制度，奠定了现代信托制度的法律基础。参见黄钟苏：《信托起源与遗嘱托孤》，载《证券时报》2003年10月16日第4版。

在法制史上,这一过程被称为衡平法的体系化(Crystallization of Equity),大法官法院的许多成员都为此作出了卓越的努力。例如,1673 年到 1682 年间担任大法官的诺丁汉勋爵赫内基·芬奇(Lord Nottingham; Sir Heneage Finch)被称为近代衡平法之父(Father of Modern Equity)。芬奇曾指出:"衡平法所强调的'良心'绝非法官个人的良心,而是在以往判例中传承的法律精神。"① 王座法院(King's Bench)的首席大法官哈德威克伯爵约克(Lord Hardwicke)在任大法官 19 年间,积极参与司法审判,对英国司法制度产生了重要影响。他在任期间进一步确立了英国现代的衡平法制度,使个人及财产权利进一步获得保障,而他对法律史及罗马法的研究,也有助于他对衡平法进行革新,对日后英、美衡平法的发展作出了很大贡献。

衡平法的体系化得到了学者们的积极评价。例如,1760 年布莱克斯通(Sir William Blackstone)在其著名的《英国法评论》中指出:"(衡平法)是一个不断衔接的体系,汇集了制定法和尚未消失的判决先例。"②

八、普通法

(一) 不动产法

1660 年王政复辟后的议会几乎即时就废除了军役保有(military tenure),土地的所有形式改为以提供劳役为主的农役土地保有权(socage tenures)。③ 但从较早期开始,农役保有制度已经转化为金钱形式的法律义务。随着土地价格的下降,已经很难从农民那里取得足够的贡赋了,农役制度已经名存实亡。

与之相对应,在不动产法律制度上,原用于救济租赁土地(leasehold)的"收回不动产之诉"(ejectment)④,由于不适用于"永久保有地"(freehold),因此诉讼程序相对简便,故此常以拟制的方式用于其他类型的不动产诉讼,并逐渐成为一般性的不动产救济手段。其具体做法是:实际上的原告甲并不直接起诉实际上的被告乙,而是由从甲处租借土地的 A 起诉从乙处租借土地的 B,要求 B 放弃土地的使用。在这一诉讼中,甲和乙之间哪方拥有优先财产权,则对应的租借人就胜诉。法院主要根据最优财产权资格作出判断。这项制度的要点在于:除非他人可以证明其拥有更优的财产权资格,否则只需证明自己拥有财产权资格就足够了。但是,如果规定了优先顺序,则当然某个人必须具有最优先的顺序;较

---

① 参见王亚军:《论英国的衡平法:一个案特殊性的正义思维》,载《甘肃政法成人教育学院学报》2007 年第 1 期。
② W. Blackstone, *Commentaries on the Laws of England*, Chicago: University of Chicago Press, 1979, p.251.
③ Tenures Abolition Act,1660(12 Car. 2 c. 24).
④ "ejectment"也称不动产侵害令状或返还不动产诉讼,指以强制手段迫使租用土地者离开。

优权利就是最大权利(maius ius implies maximum ius)。在当时的法院看来,审理 A 和 B 租赁土地之诉是以解决甲和乙之间的永久保有土地纠纷为前提的,因此拟制适用收回不动产之诉。

在最初阶段,拟制适用"收回不动产之诉"审理甲和乙的土地纠纷时,需要 A 和 B 也到庭。不过随着诉讼拟制的不断出现,租借人的身份开始从实在的人物变为虚拟的身份。例如甲方是杜恩(Doe),作为"临时收回主体"(casual ejector)的乙方,往往是一个虚拟名字,例如使用罗伊(Roe)或斯塔尔(Styles)等。于是在案例集中,就出现名为"X 让与杜恩诉 Y"(Doe on the demise of X v. Y)的一类永久保有土地诉讼案例。自 17 世纪开始一直到 18 世纪后半叶,不动产领域的法律拟制日益增加,成为一种主要的诉讼形式。

(二) 契约法

16 世纪到 17 世纪初,司法活动中的"违诺赔偿之诉"(assumpsit)日益发达,针对不要式合同,如果存在"对价"(consideration),则该合同受普通法法院保护。不过在普通法上,对于简式合同的保障并不充分。[①] 不仅当事人、配偶者或其他利害关系人不具备证人的资格,普通法法院甚至在很长一段时间内不接受口头证据。由于口头协议的强制执行力得到了法院的承认,如果有人声称存在某种合意并向法庭举证,即使这种证据是虚假的,作为一种事实问题由陪审团裁判,而法官没有对陪审团的武断裁判进行控制的有效手段。于是,有人利用虚假的口头证据达到了"证实"本来不存在的协议的目的。

为了制止这种现象,英国议会于 1677 年通过《反欺诈法》(Statute of Frauds)。[②] 该法规定,当事人之间达成的协议或证明协议存在的备忘录或记录,必须以书面方式写成并经在诉讼中被追究责任的当事人签字,否则,当事人不能提起诉讼。这一有关合同形式的规定适用于六种合同:(1) 遗嘱执行人(executor)和遗产管理人(administrator)承诺以自己的财产赔偿被继承人债务的合同。(2) 担保合同。(3) 就婚姻的对价订立的合同。如果甲对乙说:"你如娶我的女儿为妻,我将送一幢房子给你。"乙听后表示同意,双方便就婚姻的对价达成协议。可是,男女双方约定结婚,并不需要达成书面协议。(4) 不动产合同。(5) 签订 1 年后才开始履行的合同。(6) 价值 10 英镑以上的货物买卖合同。

长期以来,对于《欺诈行为法》究竟有没有起到防范欺诈的作用,一般的看法是否定的。有人甚至认为,该法与其说防范了不诚实的交易,倒不如说鼓励了

[①] 简式合同(也称简单合同、不要式合同),是指法律上对其形式无特定要求的合同。简式合同是英国社会和经济生活中一种应用最广泛、最普通的合同类型。这种合同,可依当事人的意愿,以口头形式或书面形式或部分书面和部分口头的形式来达成。但这种合同必须是有对价(consideration)支持的,即在一份合同中双方当事人的权利义务必须对等。

[②] 29 Car. 2 c. 3.

这样的交易。法官在审判实践中也总是设法绕过该法的规定。1677年的立法一直沿用到20世纪中期。1954年英国通过了《关于合同强制执行的法律改革法》(the Law Reform [Enforcement of Contracts] Act)。该法规定,除了担保合同(contracts of guarantee)和对土地进行买卖和其他处置的合同(contracts for the sale or other disposition of land)之外,1677年《反欺诈法》规定的对其他合同的书面要求均予以废除。

今天,依英国法上的一般原则,"要使一项协议成为一个有约束力的合同,采用某种特定的书面形式并不是必须的"。不过,对于某些合同,基于种种原因,对书面的要求依然被保留下来了,或者又根据需要被重新规定了。毫无疑问,1677年《反欺诈法》在相当长一段时间是英美法系合同法领域最重要的法律文件之一。

(三) 普通法与商业法的融合

从都铎时代起,普通法法院开始逐步适用商业习惯法(Law Merchant)来进行审判。不过,在形式上普通法和商业习惯法仍然是两种不同形式的法,当事人在诉讼中必须举证某种商业习惯实际存在,并证明在其商业活动中的有效性。到了18世纪中叶,在诉讼中适用商业习惯法已经被普通法法院普遍接受。这一转变与1756年到1788年间担任王座法院首席大法官的默里·威廉爵士、曼斯菲尔德伯爵(Lord Mansfield:William Murray)的积极推动是分不开的。这位杰出的法律人对英国商法制度(尤其是汇票、期票和银行支票领域)的建立作出过重要贡献。[①]

普通法与商业习惯法的融合(海洋法除外),可以说是间接受到了罗马法的影响。同时这一做法也导致英美民事法不再对民法和商法加以明确区分。在大陆法系各国,《买卖法》(Sales Act)等涉及民法和商法两领域的法律,一般作为债编的组成部分被编入民法典。其中最为典型的是《法国民法典》第三编第二章和《德国民法典》第二编第二章。这些法典通常没有专门针对货物买卖的法律条款,而把货物买卖视为动产买卖的一种统一加以规定。与之相对,在英美法上,只是将商事习惯汇集以形成法。

(四) 陪审制

"光荣革命"成功后出台的《权利法案》,在陪审制问题上的规定包括:其一,过去对于大逆罪的陪审员,往往由于选任不当,导致判决偏颇。因此,以后在选择陪审员时必须非常严谨,应由选举产生。其二,此后关于大逆罪的审判,陪审员有自由认定事实的权利,不应受任何干涉或恐吓,以尽公平之职责。这两点都是鉴于昔日王权专政而特别加以载明强调的。自此,英国陪审作为司法裁判者

---

① See James Bryce, *Studies in History and Jurisprudence*, 2nd, Oxford University Press, 1901, char. 12.

的自由、独立的地位得到保障,禁止对其施加不当的影响。英国陪审团也由原先是王权集权的手段转变为抵制王权专政的"人民自由的堡垒"(布莱克斯通语)。

在混合政体的时代,陪审的功能逐渐向根据法庭证据判断案件事实的实质审判方面发展。然而,在这一时期,在诉讼规则中允许陪审团成员自行解释法律并作出裁决结论。也就是说,在这个阶段,陪审团的成员不仅需要判断事实问题,我们今天视为法律问题的定罪量刑问题也需要陪审团成员裁决。

如果陪审团的成员不能作出公正的审判,法院可以拒绝接受陪审评议的结论,并签发"再审"(new trail)命令。在初期阶段,再审命令主要适用于陪审员在评议过程中饮食或不遵守法庭秩序等情况。到了18世纪中叶,这一措施已经成为抑制陪审员的不合理评议的有效手段。不过,由于陪审团成员可以根据自身对法律的理解来定罪量刑,所以法官就法律问题所作的说明实际上并不构成对陪审员们的引导和制约。在1670年的"蒲士尔案"(Bushel's Case)中,陪审员们无视法官所作的说明作出了被告无罪的判决。① 对此,愤怒的法官决定对陪审员加以处罚,当陪审员蒲士尔拒绝支付罚金时,法官以无视法庭罪名将其关进监狱,并禁止给他提供饮用水、食物和其他日用品。蒲士尔因而向"普通上诉法院"(Court of Common Pleas)申请人身保护令。受理该案的沃恩法官(Sir John Vaughan)在判决中指出:"陪审员在裁决中,不仅依赖法庭证据,而且也可以根据自己的价值观和经验决定。因此对法律问题作出无罪裁决并非意味着藐视法庭。"② 至于陪审团的审理对象被限定在案件的事实问题,并全面禁止陪审员自行解释法律,是到了18世纪末19世纪初的事情。③

在诉讼活动中,陪审团还被要求对"事实和法律的混合问题"(mixed question of law and fact),即某一事实是否与法定的构成要件相一致的问题作出裁决。例如1792年的《福克斯诽谤法》(Fox's Libel Act)规定:"陪审团有权对当事人的行为是否构成书面诽谤进行实质性判断"。④ 这一规定,源于立法者认识到在处理诽谤等具有一定政治敏感性的问题上,独立的陪审团较之法官更容易为人们信服。

---

① Vaughan 135,124 Eng. Rep. 1006(C. P.) 另见张卫平:《大陆法系民事诉讼与英美法系民事诉讼:两种诉讼体制的比较分析》,载《法学评论》1996年第5期。

② "*Case of the Imprisonment of Edward Bushell for alleged Misconduct as a Juryman*", 22 Charles II. A. D. 1670, Vaughan's Reports, 135, Howell's State Trials, Vol. 6, Page 999, at "The Constitution Society".

③ Bright v. Eynon (1757),1 Burr. 330,97 Eng. Rep. 362(K. B). 在该判决中,曼菲尔德法官指出:使用失权令状(writ of attaint,剥夺陪审权利等处罚)已经无法对陪审员的不公正行为进行规范,只有动用"重审令"(new trail)才可以对陪审团错误"概括性裁定"(general verdict)的提供救济。

④ 32 Geo. 3 c.60.相比而言,北美地区的诽谤案诉讼则比英国更早。可对比著名曾格案件,The Crown v. Zenger,参见〔美〕埃默里父子:《美国新闻史》(第九版),展江等译,中国人民大学出版社2004年版,第48页。

九、法律职业与法学教育

（一）法律职业

早期的法律代理人（attorneys）和事务律师（solicitor）尽管在法律地位上略有差别，但因他们都被排斥于律师会馆之外，都是以事务性工作为业的低级法律职业者，所以，从 17 世纪起，国家法律和社会民众都把他们作为同一类律师看待。1605 年的议会制定法规要求"事务律师和代理人应遵守同样的职业纪律"。进入 18 世纪后，二者之间的差异越来越小，融合过程进一步加快。1729 年成立了"普通法和衡平法法院执业绅士协会"（Society of Gentlemen Practisers in the Courts of Law and Equity），将法律代理人和事务律师划归一体。同一年，议会还通过了《改善法律代理人和事务律师法》（An Act for the Better Regulation of Attornies and Solicitors），保障了法律代理人和事务律师代理诉讼的权利。[①] 在这一背景下，法律代理人和事务律师开始联合起来，阻止出庭律师与委托人之间接触。当然在此之前，出庭律师不会见委托人已经成为一种惯例，只是少数年轻的出庭律师不太遵守而已。到了 18 世纪中叶，出庭律师不仅不能直接受理与诉讼有关的业务，与诉讼没有直接关系的业务也必须通过法律代理人或事务律师的接受才能受理。这样一来，出庭律师和事务律师在知识结构、教育方式、任职条件、资格授予和业务范围上的差异明显，在组织上彼此分立，二者之间不能自由流动，更不能兼而为之。比较而言，出庭律师的资质条件和社会地位相对较高，组织性较强。他们可以在任何法院出庭辩护，而且有资格出任法官，但他们不能与当事人直接接触。事务律师无权在中央法庭出庭辩护，只能从事诉讼前的一般性法律事务，如提供法律咨询、制作法律文书、准备诉讼材料等。有关材料准备完毕后，便交由出庭律师继续完成之后的庭审辩护工作。从一定意义上说，事务律师是出庭律师与当事人之间的桥梁和纽带。[②]

在另一方面，出庭律师协会于 1763 年要求只有停止从事法律代理人或事务律师的工作两年以上者，才有资格成为出庭律师。这些做法虽然在一定程度上提高了事务律师的社会声望和业务量，但仍没有根本改变其"低级律师"的地位，事务律师不仅被视为"下等人"（inferior men），出庭律师与下层律师之间的鸿沟也日渐加深。

在保障法律代理人和事务律师的职业利益的同时，对他们的监督和限制也越来越多。前述的 1729 年法律，正如该法的标题所表明的，主要目的是规范之前混乱的法律代理人和事务律师的执业状况。该法规定：代理人或事务律师的

---

① 2 Geo. 2 c. 23.
② 参见程汉大：《英国二元律师制度的起源、演变与发展走向》，载《甘肃社会科学》2005 年第 4 期。

资格认定权均属于法官,但业务范围不受所属法庭的局限,就是说,他们可以在任何法庭从事法律实务工作。该法案还统一了代理人和事务律师的任职条件、资格认定程序、讼费收取标准、对冒名顶替擅自开业者的惩罚办法等。根据该法,法官应当以适当的方法实施考试,检查法律代理人和事务律师是否具备了执业能力。不过实际上此制度并没得到严格的执行,这与当时的大小官员基本都是任命制不无关系。成为法律代理人和事务律师的前提条件是在有资格的法律事务所实习5年(clerkship)。此外,该法还规定现有的法律代理人人数不得随意增加。

事务律师在中世纪的英国就已出现,但那时他们不属于法律职业者范畴。"solicitor"一词在英语中的最初含义指的是建议或鼓动别人去干某件事的咨询者、教唆者,与法律概念无关。到了15世纪时,这一词语开始被用于那些既不是出庭律师也不是代理人,而只是协助当事人或代理人完成某些辅助性诉讼工作的下级法律职业者。他们通常是当事人或代理人的助手或学徒。1452年约克郡的一份遗嘱曾责成遗嘱执行人在给予代理人必要报酬之外,还应支付给事务律师部分服务费,这意味着事务律师开始被人们视为正式的法律职业者。到16世纪中叶,事务律师队伍日益壮大,发展为堪与代理人相提并论的一个新兴律师集团,尽管其法律地位低于代理人——只有从业5年以上的事务律师才能取得法律代理人资格。所以,1557年内殿会馆的一项命令要求"代理人和事务律师"不得成为该学院的成员;1574年法官和枢密院发布同样内容的命令,要求将"开业事务律师和开业代理人"排除于律师会馆之外。

到了1750年,议会通过法案规定:事务律师资格和代理人资格可以相互通用,已不分彼此了。至此,事务律师开始被称为"法庭官员"(officer of the court),成为英国现代律师的第二大分支。

(二) 法学教育

在法学教育方面,自中世纪以来,英国的大学主要教授罗马法而非普通法。英国各个大学法学院系没有一套统一的教学大纲,没有指定的统编教材,也没有哪个行政部门规定开设的基础课程。这主要是因为作为一个普通法国家,英国没有一部统一的民法典和刑法典,也缺乏作为国家基本法的宪法性文件。最初开展英国本土法学教育的当属布莱克斯通爵士。1753年秋天,布莱克斯通在牛津大学开设了关于英国法的讲座。这是一个历史性的事件,它不仅影响了英国的法学教育,也影响了英国的公民教育,以前不登大雅之堂的普通法,终于从一种技工式的诉讼技能,转变为绅士教育的一部分。① 1758 年,布莱克斯通就任"瓦伊纳英国法讲座教授"②,而他在教学中使用的讲义因此成为最为著名的英国法教材。

与之相对,在剑桥大学直到1800 年才开始进行英国法教学,并开设了"唐宁英国法讲座"课程(Downing Professorship of English Law)。③

(三) 法学文献

这一时期,最具代表性的法学著作是布莱克斯通的《英国法评论》(Blackstone, *Commentaries on the Laws of England*,1765—1769 年)。当时,牛津大学的学生中多为英国的富家子弟,拥有丰厚的财产和较高的社会地位。布莱克斯通的思想对这些年轻人产生了巨大的作用。布莱克斯通的讲稿,此后以《英国法释义》的形式出版,并且将在美国成为事实上的"法律圣经"。

在该书中,布莱克斯通把整个英国法划分为四个部分:第一部分(Book I)他称之为"个人的权利"(Right of Person),用来表示我们现今称作宪法(或第一修正案)的权利和公民自由的内容,包括家庭法、法人法、统治机构、个人的权利等。第二部分他称之为"物权"(right of things),也即我们所说的"财产",即为人"所有"的东西,例如"不动产"(real property)和"私有财产"(personal property)等。合同法及破产法,被视为物权取得的原因,在第二部分(共 32 章)中专设一章加以叙述。他称第三部分为"侵害私益行为"(private wrongs),如今我们称作"侵权行为"(torts),罗马人则称为"delict"。第四即最后部分被称为"侵害公益行为"(Public Wrongs),包

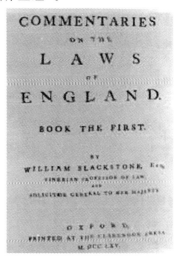

图五 英国法释义

---

① 布莱克斯通在时任副司法部长(Solicitor-General)的威廉·穆雷(William Murray,后成为"曼斯菲尔德勋爵"Lord Mansfield)的推荐下进入牛津大学担任"Vinerian Professor of English Law"。曼斯菲尔德勋爵担任首相后,作为友人的布莱克斯通的名气更是享誉全国。关于布莱克斯通的生平参见〔美〕卡尔文·伍达德,《威廉·布莱克斯通爵士与英美法理学》,张志铭译,载《宪法的政治理论》,生活·读书·新知三联书店1997年版,第76页。

② 瓦伊那(Viner,1678—1756),英国法研究学者,他将遗产捐给了牛津大学,设立了瓦伊那讲座,瓦伊那奖学金。布莱克斯通在担任此讲座教授后,于1761 年当选为平民院议员,之后恢复法律职业人的身份。1762 年任"副司法部长"(Solicitor General);1770 年任"王座法院"(Court of King's Bench)法官;1770 年至 1780 年去世前一直担任普通诉讼法院(Common Pleas)法官。

③ 该讲座是根据1749 年去世的唐宁爵士(Sir George Downing)的遗言实现的。距离牛津开始普通法教程,已经晚了大约半了世纪。

含了与犯罪有关的刑法和刑事诉讼法方面的内容。布莱克斯通认为,英国法的每一个案例、惯例、习惯、制定法或者条例,都可以归入这四个部分中的一个。因此,归入任何一个部分的"法律"都可加以分类,并均衡地被编入合乎逻辑的子范畴中;而且在任何部分中作为所有法律基础的"一般原则",都可能加以推演——这使得英国法有了一种迄今没有被认识到、自然也非显而易见的合理依据。另外,通过分卷发表每一部分,他就把英国法归入了可读程度很高并且无所不包的四卷书中。(传说美国的法官只要在马褡裢的两个口袋中分别装上两卷布莱克期通的书,就可以把英国法完全坐在自己的屁股底下。无论他们去往何处,他们都可以而且也确实随身携带着他们的马褡裢。)

同期的著名法学家还有海尔爵士(Sir Matthew Hale)。他在《皇家法院上诉史》(Historia Placitorum Coronae:History of the Pleas of the Crown,1736)中详细考察了刑事诉讼的历史,在《有关法律修正与改变的考察》(Considerations Touching the Amendment or Alteration of Laws)中倡导普通法法典化,并提出了许多具体的方案。此外,他的著作还包括享有盛名的《普通法历史》(History of the Common Law of England,1713)和《民法研究》(An Analysis of the Civil Part of the Law)。

第四节 自由主义改革时代的法

一、边沁的法学思想

1832 年《选举制度改革法》(Reform Act)[①]预示着混合政体时代的终结,并开创了新的选举理念和通过立法实现改革的新文化时代的来临。这一时期当政的维多利亚女王(Victorian era),前接乔治时代,后启爱德华时代,被认为是英国工业革命和大英帝国的巅峰时期。它的时限常被定义为1837—1901 年,即维多利亚女王(Alexandrina Victoria)的统治时期。1911 年的《议会法》(Parliament Act)[②]的出台则宣告改革时代的完结。

新时代的代表人物当属边沁(Jeremy Bentham)。作为维多利亚时代英国最著名的法理学家、功利主义哲学家、经济学家和社会改革者,他既是一个政治上的激进分子,也是英国法律改革运动的先驱和领袖,并以功利主义哲学的创立者、动物权利的宣扬者及自然权利的反对者而闻名于世。

边沁从功利主义的角度出发,对当时的英国法提出了严重的质疑。早在牛津大学读书期间,边沁就得出了英国大学教育的必然结果只是虚伪和谎言的结

---

① 2 & 3 Wm. 4 c. 45.
② 1 & 2 Geo. 5 c. 13.

论;他在大学里不愉快的经历,使他对现有制度充满了漠视和鄙视,并胸怀改革的志向。他13岁在牛津大学听布莱克斯通的英国法律课,即认为这位英国法权威盲目乐观和荒谬。边沁的第一著作《政府片论》(Fragments of Government, 1776),就是针对布莱克斯通的《英国法评论》提出的质疑和批判。1789年,边沁发表了《道德与立法原理导论》(Introduction to the Principles of Morals and Legislation),并一举成名。

边沁的伦理价值判断是基于一种唯乐主义的功利原则及这种道德观点是否能立足于实践而展开的。他的功利原则就是:"善"就是最大地增加了幸福的总量,并且引起了最少的痛楚;"恶"则反之。而这种快乐和痛楚,边沁将二者同时定义为在肉体上和精神上。边沁认为,自然将人置于乐和苦两大主宰之下,由此决定我们应当做什么,将会做什么。这种影响体现在两方面:一方面是是非准则,而另一方面则是人行为的因果关系链。

基于这种基础,他认为:快乐就是好的,痛苦就是坏的。因为人的行为都趋利避害,所以任何正确的行动和政治方针都必须做到产生最多数人的最大幸福,并且将痛苦缩减到最少,甚至在必要情况下可以牺牲少部分人的利益。这就是著名的"最大的幸福原则"。

图六 边沁(1748—1832年)

边沁认为有一种程序可以测量快乐和痛苦的单位,并以此对人的行为加以预测。这种程序就是他的"幸福计算"(felicific calculus)。作为一个伦理学术语,边沁认为它是证实一个行为正确与否的技术。运用这种计算,根据受某一行为影响的人群的痛苦和快乐,人们就可以计算出该行为所造成的后果。而边沁方法真正激进的本质在于它通过何种途径把这些原则应用于社会和政治问题。

在边沁看来,自然法与普通法的许多逻辑,不过是虚构的神话而已,必须借助彻底的法律改革,才能建设真正理性的法律秩序。但他不仅仅提议了很多法律和社会改革,更阐明了这些法律所基于的潜在道德原则。边沁主张建立一种完善、全面的法律体系,一种"万全法"(Pannomion),力图让普遍、完善的法律之眼洞察社会生活的每个角落,并要澄清英国法中"普遍性的不准确与紊乱之处"。而边沁对英国法的疏理工作的核心,就是将普通法"去神秘化"。他所提倡的道德原则就是"功利主义",任何法律的功利,都应用其促进相关者的愉快、善与幸福的程度来衡量的。

在他最著名的著作《道德与立法原理导论》中,边沁阐述了他主要的哲学思想,包括两个部分:一是功利原理和最大幸福原理;二是自利选择原理。

边沁认为法律的改革应当先从立法开始。同时,一部法典必须满足以下四个条件:第一,它必须是完整的,即必须以充分的方式包含法律的全部内容。因此,无须再用注释与判例的形式加以补充。第二,它必须是普遍的。在叙述其中所包含的法规时,在每一点上都必须是有可能做到具有最大的普遍性。第三,这些法则必须用严格的逻辑顺序叙述出来。第四,在叙述这些法则的时候,必须使用严格一致的术语。它要求简洁准确,也就是要以简短的条文表述全部法律的内容,法律术语,内涵要统一,要准确,不能相互矛盾和模棱两可。① 如此完美的法典应具有双重的意义:首先,在法律研究方面,一旦这样的法典确立下来,那么一个普通的人都可以像律师一样来理解法律;其次,在法律执行方面,如此完美的法律可以使法律执行确定、迅速和简单。根据法典,人们可以看到法律的全部后果。

边沁对判例法提出了严厉的批评,由于人们不能预先知道判例法的内容,因此不得不受制于一种无法知晓的规则。由于判例法就是法官造法(judge made law)②,而法官造法的方法,如同人驯犬一样,不是事先告诉人民什么是法,而是等待人民犯错,在犯错之后给予制裁。判例法实际上是溯及既往的法律,它要求人民在行为时遵守行为时并不存在的判例法,损害了人民的预测可能性和刑法的保障机能。因此,必须对英国法律产生的过程进行改革。③

边沁不仅将上述的行为基本概念定义为伦理学的基础概念,而且对英国当时的法制改革运动也提出了具体的建议。④ 以下详言之。

首先,在宪法领域,边沁认为由于每个人的幸福各不相同,立法根本目的在于"增进最大多数人的最大幸福"。因此作为立法机关的英国议会必须公平地代表全体英国国民,必须以国民全体的福祉为基准。根据这一理论,他主张建立普选制,即选举区应当尽可能根据人口比例设定。同时,议会两院应当合并为一个整体,并要求每年都召开议会。

其次,在司法制度方面,边沁认为英国的法院系统必须简化,采用一次上诉即告终审的单一审级制度。同时,现行法的诸多弊端主要是由法律职业人维护

---

① 所谓法典,是任何一家庭之父亲,无需他人帮助,执子之手可教习之文本。See J Bentham, *General View of A Complete Code of Laws*, in 3 Works of Jeremy Bentham, Edited by John Bowring, London: Marshall &CO., 1843, p.209.

② 如今这一概念已成为人们流行的说法,但最初却是边沁带有讽刺意味的造词。

③ 边沁认为,当法官无法根据现行法解决某一问题时,应向司法大臣汇报,并由他提出法案来修改立法。

④ W. Holdsworth, *A History of English Law*, London: Methuen & Co. Ltd., 1952, pp.41—133.

自身利益所造成的,因此应废除法曹一元制,阻断法官与律师之间的联系。对于陪审制度,边沁同样持批判的态度,主张从学者中选举陪审员,并要求他们在诉讼中对普通陪审员发挥积极影响。

同时,边沁在证据法方面的功绩,也不应被忽视。事实上,边沁是现代证据法学的奠基人之一,他的证据法学思想,在其法学理论体系中占有非常重要的地位。他的《司法证据专论》、《司法证据的理论基础》、《证据原理导论》作为专门论述证据法学的著作,对当时的证据法学研究以及证据立法有巨大的推动作用,至今仍不断被引证。①

再次,在实体法方面,他以功利原则的价值判断为基石,对刑法给予了特别关注,并以评述刑罚合理性作为他关于法律改革的著述活动的开始。边沁认为犯罪是指一切基于可以产生或者可能产生某种罪恶的理由而人们认为应当禁止的行为。② 刑罚是功利原则排斥的对象,虽然刑罚会给犯罪者带来一定的痛苦,在某种程度上是一种恶。但是,按照功利原则,只要惩罚所排除的恶大于惩罚本身的痛苦,惩罚就是善的。只有当惩罚是没有根据的,或无效的,或成本过高,或不必要的时候,惩罚才是真正恶的。"个人的伦理以幸福为它的目的,而立法也不能有其他的目的。政府的职责是以奖惩办法提高社会的幸福。……根据危害幸福的行为及其犯罪之程度便可对它提出惩罚。"③ 刑罚权就是根据维护幸福的实在利益而产生的,因此应当警惕以伦理标准来代替法律标准施行不当的刑罚。边沁提倡除极恶犯外对一切犯罪废止死刑,在他逝世以前,严刑峻法在这方面已出现了缓和。

最后,在民法领域,边沁主张撤销对公民自由的诸多法律限制,特别强调契约自由的重要性。他认为民法应当包含四项要素:生存、富裕、安全、平等,但轻视人权理论。当法国的革命者提出他们的"人权宣言"的时候,边沁将其称为"形而上学的产物"。④

在英国,由于改革进展缓慢,新的工业资本主义带来无数新的政治议题。可以说,在整个19世纪中,英国都出于社会矛盾激化的时期。在此情况下,边沁的努力和功利主义的观点与时代相吻合。换言之,功利主义在社会问题比较突出的时代能够发挥最大的功用。边沁的功利主义在当时英国的知识分子之间获得

---

① 参见吴丹红:《证据法的批判与建构:边沁的证据法思想及其启示》,载《环球法律评论》2006第6期。
② 参见〔英〕边沁:《立法理论—刑法典原理》,孙力等译,中国人民公安大学出版社1993年版,第1页。
③ 参见法律教材编辑部:《西方法律思想史资料选编》,北京大学出版社1983年版,第490—495页。
④ See J Bentham, *Defence of Usury*, in 3 *Works of Jeremy Bentham*, Edited by John Bowring, London: Marshall & CO., 1843, pp.3—29.

了普遍的认同,虽然这些观点是崭新的,但绝非主张推翻既存的体制。即便边沁的许多主张并未变成现实(例如判例法的成文化),但经过约翰·密尔等人的修正和扩张,"边沁思想"成为了自由主义国家政策中最为核心的部分。

二、选举制的改革

(一)《选举制度改革法》

如前所述,传统的英国代议制理论认为,议会下议院议员是代表整个国家,而不是代表选举他的那个选区的。无论国民是否在事实上选举过一位议会议员,只要议会中有一些议员的利益与这些国民的利益相近,就可以说这些国民有效地在议会里有了自己的代表,这就是所谓"有效代表制"(virtual representation)。边沁从功利主义的立场出发,对18世纪的"有效代表制"提出了质疑。他指出:在北美殖民地,议会是在殖民过程中由各个殖民点(城镇)选出的代表组成的,代表名额一般是公平分配的,因此,人们普遍相信,议会议员首先是他那个地区的人民选到议会里的"代理人"(attorney),而不是代表某种更广泛利益的独自思考的"政治家"(statesman)。因此,人民是现实地选举了代表,代表也是现实地代表当地选民的观点,这就是所谓"现实代表制"(actual representation)。虽然英国不一定要照搬北美的制度,但议员人数应尽量实现与选区人数成正比。

1771年时,英国拥有选举权的人数只占当时成年男子的5%,由拥有选举权利的少数人形成的所谓"多数"议决,显然不能代表全体人民的意志。因而边沁提倡扩大选举权范围,降低或取消某些资格限制。受此影响,1832年英国议会制定了《选举制度改革法》(Reform Act)①,正式开始了扩大国民选举权的改革。

在改革之前,土地年价在40先令以上的"行政县"(county)土地保有人(freeholder)才享有选举权。《选举制度改革法》在此基础上,进一步规定以下三种人享有选举权:(1) 土地当年价值超过10英镑的土地"公簿土地保有人"(copyholder)②以及租期在60年以上的土地租赁人(leaseholder);(2) 当年价值在50英镑以上土地的租赁人;(3) 每年支付50英镑以上房租的租户(tenant)也享有选举权。

《选举制度改革法》对自治市镇(borough)地区选举制进行的改革力度更大。传统上,各地自治市镇中拥有选举权的人员范围不尽相同。有些地区要求选举

---

① 该法的正式名称是《国民代表法》(Representation of the People Act,1832),2 & 3 Will. 4 c. 45.

② 公簿土地所有人(copyholder)的大部分是农奴(villein)的子孙,因为过去封邑记录内有他们的名字,他们持有抄本,或称某人某处有此抄本,即以为根据,占用土地。封邑所有者有权更改公簿,驱逐公簿土地所有人,或科之以佃费,称为"罚款"(entry fine),也可强迫他们改为佃赁,或将佃赁期间缩短,到期加租或不再续佃。在封建时代,农奴虽没有领有土地,但他们的子孙却享有耕耘土地的权利。同时他们对封邑承派有义务,这种义务有大有小,各处千差万别,即在封邑之中,也可能不同。

权人必须拥有不动产,而另外一些地方只要居有定所(例如在无人可居住的空地上搭建帐篷)即可获得选举权。有些地方甚至只有7位业主,但却选出2名议员的怪现象。另外在所谓的"市政自治体"(corporation borough),根据"设立宪章"(charter),自治机构(例如在大伦敦市(City of London)的"伦敦同业工会"(livery company)的成员以外者没有投票权。对此,新的法律规定当年价值在10英镑以上的不动产所有人或借贷人或其他权利人均享有选举权。这一做法扩大了中产阶级和城市居民的政治话语权,打开了工业资产阶级参政的大门。不过对于广大劳动者和下层市民来讲,仍然没有被赋予选举权。这一点从1831年拥有选举权的人数为43万人,而颁布新法后的1833年仅增加到65万人就可见端倪。

该法在选举区方面也作出了调整,一方面取消了人口数量下降的56个行政县的独立选区资格,并将另外30个选区的议员人数从2名减为1名,另一方面新设42个选区(其中可选举2名议员的22区,可选1名议员的20区)。虽然这些调整并不是严格按照人口分配议员人数,但和旧有的制度相比,已经有了较大的改进。

《选举制度改革法》的适用对象是英格兰和威尔士地区。同年,《苏格兰人民代表法》(Representation of the People[Scotland] Act,1832)[①]通过平民院审议并交付施行。自此,新的选举制度在整个英国得以普及。

《选举制度改革法》采纳了功利主义的思想,引导英国政府转向代议制政府,推出了普选、秘密投票、定期选举等具体选举措施。这些做法与混合政体的基本观念背道而驰,因此遭到了贵族院的强烈反对。

《选举制度改革法》的草案被提交到1831年平民院,但由于反对意见较多未获得通过,平民院也因此遭解散。再次选举后产生的新平民院虽以高票通过了这一法案,但在贵族院被再次否决。辉格派的格雷首相(Charles Grey)曾建议威廉四世大量册封支持改革的人士为贵族,但是遭到拒绝。格雷的建议被拒后,他宣布辞职,结果威廉四世召令威灵顿公爵(Arthur Wellesiy,1807—1884年)组阁。可是,上议院否决法案一事使得各地的抗议活动,而威灵顿公爵也未能成功组阁,新政府被迫流产,于是,威廉四世国王只能再次命格雷组阁。

格雷再度上台后,他再次建议威廉四世大量册封辉格党人士为贵族,以便法案在上院通过。这次威廉四世表示同意,但暗中却向托利党上院议员警告,不让法案通过将会后果严重,遂促使托利党上院议员倒戈支持法案,使法案得到通过,并在1832年6月7日取得国王批准。

---

① 2 & 3 Will. 4 c.65.

(二) 随后的法制发展

《选举制度改革法》的颁布和实施并不意味着英国的选举制度改革的完结，事实上在之后的岁月里，扩大公民的选举权和调整选举区的努力并未停止。

1867年《〈选举法〉第二修正案》(Representation of the People Act)①的出台再次掀起了选举制度改革的高潮。该法再次下调了行政县(county)选举区人民获得选举权的财产标准。在1832年法律规定的基础上，将(1)因居住目的在该选举区内拥有住房达12个月以上，或合法占有物业超过12个月且支付扶贫税(poor rate)者和(2)在选举区内以超过10英镑的价格租借无家具(unfurnished)的住宅超过12个月者增加为合法的选举权人。另外对曼彻斯特等4大城市规定可推选3名议员。

在1867年改革法案后，保守党政府原希望以此取得民众支持，但1868年的议会选举上保守党却被自由党击败，由威廉·尤尔特·格莱斯顿(William E. Gladstone, 1801—1898年)出任首相。他通过了投票法(Ballot Act)由秘密投票法取代公开投票法，令选民可以保持其投票意向的隐私，免受他人所影响，而能遵照其本身的意向，在1884年进一步将议会开放予乡郊农民的改革措施。1884年颁布的《选举法》(Representation of the People Act)②将1867年只限定在行政县的选举标准扩大到自治市镇(borough)。1866年在英格兰和威尔士地区拥有选举权的民众仅有106万人，但在1869年就增至200万，1883年达到约262万，1885年则一举增加到438万人。不过，年满21岁以上全体成男及30岁以上女性普选要在1918年改革法案中才得到实现。

1885年，议会通过《议席再分配法案》(Redistribution of Seats)③，重新划分选区，规定下议院每一议席大致代表5万人。在此制度下，除了27个选举区可以推选2名议员外，其他选举区均为推选1名议员的小选区，使选举区的分布日趋公平。

1883年《预防腐败行为法》(Corrupt Practices Prevention Act)④对议员的选举费用设定了限制。1872年的《投票法》(Ballot Act)⑤则采用了编号式投票制度。1856年，该方法在澳大利亚最先使用，所以又称为澳大利亚式投票。为避免投票者受到贿赂和强迫，英国通过这项法律，并成为格莱斯顿政府最重要的成就。⑥

---

① 30 & 31 Vict. c. 102.
② 48 & 49 Vict. c. 3.
③ 48 & 49 Vict. c. 23.
④ 46 & 47 Vict. c. 51.
⑤ 35 & 36 Vict. c. 33.
⑥ 参见应克复等：《西方民主史》，中国社会科学出版社1997年版，第229页。

三、责任内阁制与平民院优势地位的形成

选举制度的改变,不可避免地影响着人们的政治观念,并从根本上推动着英国社会体制的前进。英国资产阶级革命是从要求限制王权开始的,因此君主立宪制的建立和发展就围绕如何逐渐限制王权、如何防范专制的可能来展开讲述和讨论。在此过程中,有一个无法回避的问题——混合政体下通过"官职授予权"(patronage)和平衡党派的"影响力"(influence)来限制平民院权力的做法,在新的政治观念下已经毫无正当性可言。

众所周知,议会是英国政治的中心舞台,且为最高立法机关。政府从议会中产生,并对其负责。议会为两院制,由上院和下院组成。自有议会以来,通常在伦敦的一座古老的建筑——威斯敏斯特宫(议会大厦)举行会议。每年开会两次,第一会期从3月末开始,到8月初结束,第二会期从10月底开始,到12月圣诞节前结束。

1832年的《选举制度改革法》是上、下两院之间关键性的一次较量,就改变两院之间的关系来讲,这个法案意义重大。该法首先取消了上院对下院议员的提名权,这使上院失去了对下院进行控制的最有效的手段;同时也促进下院议员更加重视选区居民的意见和利益,而不是像从前那样重视上院贵族的意见。其次,重新规定了选民资格的财产条件,扩大了享有选举权的范围,使很多中下层群众也拥有了选举权。最后,重新分配了下院的议席,取消了56个萎缩选区的议席并将之分配给一些大城市。后两项措施促进了下院议员阶级基础和政治立场的变化。在这一法律出台之后,英国的两大政党制度基本形成,由顺应民意的政党执掌政权的体制得以确立。可以说,英国在此之前的政权拥有一种长期的、稳定的和按部就班的特点,但在此之后就开始走上了变换的、轮替的和难以预测的道路。因此,保守党(Conservation Party)和自由党(Liberal Party)之间的斗争与它们的前身托利党、辉格党之争并没有太大的共性。1830年以后同一政党持续执政达到10年以上的,只有1905年到1915年间的自由党政权,1951年到1964年间的保守党政权和1931年到1945年间以保守党为首的联合政权。

四、平民院的优势地位

任何政治制度的建立与成熟都是和经济的发展巩固相联系的,资本主义民主制度的发展和健全也是伴随着经济发展水平的提高而逐步完成的。伴随着资本主义的发展,英国多次进行议会改革。其中一个重要的改革成果就是普选权的扩展,越来越多的人参与到国家政治生活中来,使议会民主制有了越来越宽阔的民众基础,是推动民主制的完善和资本主义发展的重要因素。新的政治理念要求作为统治机关的议会也实行民主制度,由平民院来最终决定国家的大政方

针。根据 1911 年《议会法》(Parliament Act)①，上议院驳回大部分议案的权力被削减为仅仅能够延迟议案通过。此外，英国政府应对下议院负责。首相能够在任必须保持下议院对其的支持。英国议会在 18 世纪脱离了国王垂帘听政的"御前议会"(King in Parliament)状态，1911 年以后迫使贵族院进一步放权，基本上实现了统治重心向平民院转移。

事实上，贵族院在预算、重大政策等方面向平民院作出的妥协，是英国资产阶级和劳动人民长期斗争的结果。在《选举制度改革法》出台之后，要求贵族院放权的呼声就日益高涨。不过，即使到了 19 世纪后期，贵族院对于众多法案行使搁置权或否决权以及大幅修改法案内容的情况仍在逐渐增多。议会两院之间的矛盾，在 1909 年自由党党魁阿斯奎斯(Herbert H. Asquith)提出预算案时达到了顶点。在平民院以 379 票对 149 票通过的法案，递交贵族院后以 70 票对 350 票遭到否决。② 为此，平民院被迫解散并在 1910 年 1 月举行选举。此次选举执政党仍以优势地位取胜，因此贵族院不得不作出让步，通过了前述的预算法案。不过事情发展到此，执政党已经不再满足于这些进展，而是主张贵族院的改革法案也应该接受国民的评判。同年 12 月英国举行大选，再次确定了自由党的执政地位。凭借着国民的支持，自由党政府向平民院提出了《议会法案》并获得通过。对此，贵族院则主张法案存在缺陷，并企图对法案进行全面修改。这一做法激怒了自由党政权，其宣布如果贵族院不能顺利通过《议会法》(Parliament Act)，政府已获国王的同意，将任命足够数量的新贵族院议员来推动立法。就这样，贵族院被迫屈服，以 131 票对 114 票通过了《议会法》，事实上承认了平民院在国政中的优势地位。

1911 年《议会法》的主要内容包括：第一，贵族院不得对平民院的《财政法案》(Money Bill)行使否决权。平民院在通过财政法案后至休会前 1 个月内可将法案递交贵族院审议。如果在贵族院未能通过此法案，平民院在递交法案一个月后，根据国王的批准可自行宣布法律生效。《财政法案》是包括国家的收入、支出、国债以及会计监察等方面内容的法律。同时，平民院议长有权决定某一特定法案是否属于《财政法案》，任何人不得因此类决定权的争议向法院起诉。第二，其他《公共法案》(Public Bill)，如果不涉及延长法定的议会会期的规定，经平民院三个会期连续通过后，如被贵族院否决，平民院可自行宣布该法律生效。不过，上述规定附带以下三个条件：(1) 法案至少应在议会会期结束 1 个月前递交贵族院审议；(2) 在连续三会期的法案审议中，第一会期的法案二读与

---

① 1 & 2 Geo. 5 c. 13.
② 贵族院反对该议案规定在土地转让或继承时征收的 20% 的增值税种——地价税(land vaule duties)。此外，该议案还新设了增加所得税和遗产税、在所得税中扣除抚育子女费用等规定。其目的是在国家预算的支出中，为扩大海军军费提供财源，并兼顾 1908 年退休金法等社会保障政策的财源。

最后在平民院通过的时间应至少间隔2年;(3)以上经平民院三会期通过的法案的主要内容应当一致(经贵族院同意后加以修改的除外)。第三,将《七年议院法》(Septennial Act 1715)①规定的议会会期改为5年。

根据1911年的《议会法》,平民院单独审议并通过的立法共有三部,即1914年的《爱尔兰政府法》(Government of Ireland Act)②、1914年《威尔士教会法》(Welsh Church Act)③和后续的1949年《议会法》(Parliament Act)。④

五、遵循先例原则

英国法上独特的遵循先例的原则,确立于19世纪并一直延续到1966年。可以说这一原则代表了英国法发展的基本路径。在审判中尊重先例,既是自古以来普通法法院的一个基本原则,在"衡平法固定化"(crystallization of equity)运动后也被衡平法法院所接受。在布莱克顿、柯克、布莱克斯通等人的著作中,也非常重视对传统判例的收集和分析。

遵循先例是判例法得以形成的基础,指在以前判决中的法律原则对其后同类案件的审理有约束力(binding effect)或说服力(persuasive effect)。这一原则可分为:是上级法院的判决对下级法院处理同类案件有约束力和同一法院的判决对其以后的同类案件的判决具有约束力。在19世纪以前,法学界虽然强调法院尊重先例,但严格遵循先例却被认为是"非常不合理或不公正的"(flatly absurd or unjust),法官可以不受先例约束,根据其自由意志完成实质判断。⑤ 不过,到了19世纪中期,法官受到判决先例约束的倾向逐渐加强,不仅下级法院审理案件要遵循上级法院的判例,对同一法院本身的先例也不得作出更改。因此,作为英国最高司法机关的贵族院(House of Lords)的判例不仅对所有下级法院形成制约,对贵族院本身也同样适用。贵族院针对某一法律问题作出法律判断之后,从理论上讲,除非立法机关修改现行法,否则司法机关就不得再进行实质性讨论该问题。在1861年比米什诉比米什案(Beamish v. Beamish)的判决中,贵族院宣称:"作为大英帝国的终审及最高法院,在行使司法职能之际,贵族院的各位作出判决必须依据法律,除非该法在贵族院、平民院或经国王的同意由议会立法加以变更。各位通过说明判决理由(ratio decidendi)确立的法,显然对所有的下级法院及全体陛下的臣民具有约束力。如果贵族院的诸位不认为自己也

---

① 2 Geo I c. 38.
② 4 & 5 Geo. 5 c. 90.
③ 4 & 5 Geo. 5 c. 91.
④ 12, 13 & 14 Geo. 6 c. 103.
⑤ 1 Blackstone, *Commentaries on the laws of Emgland*, Chicago: University of Chicago Press, 1979, pp. 69—71.

受先例判决的约束,则意味着贵族院滥用其作为立法权威的地位,篡夺了变更法律的权力。"①

遵循先例在英国得以确立的原因是多样的,既与政治制度息息相关,也受制于英伦地区的民族性和思维特点以及独特的法官职业化进程。从政治体制上看,在诺曼底公爵征服英国以前,英国曾经存在多个统治者共同执政的情形,各个领主在其领地之内适用不同的法律,故没有形成一个强有力的中央政府,也导致法律适用的不统一。在1066年诺曼底公爵征服英国以后,开始着手组建强大的中央政府。为了进一步强化统治,宣示国王的权威,国王开始派遣代理人到各地巡回审判,试图用统一的法律制度打击封建割据势力,加强中央对地方的控制。当这些巡回法官返回威斯特敏斯特之后,他们在一起讨论案情、交换法律意见,彼此承认各自的判决,并约定在以后巡回审判中加以适用。在其后两百多年中,遵循先例的原则逐渐形成,至13世纪末法官在处理案件时就经常性地援用先例,到16世纪遵循先例已被作为惯例确立下来。19世纪后半期,随着法院组织的改革和统一以及系统权威判例汇编的出现,遵循先例原则得以正式确立。

英国人的民族特点也给遵循先例原则提供了生存的土壤。作为盎格鲁—萨克逊人的后裔,该民族最显著的特征是重视实践、讲究经验。英国经验主义哲学家洛克声称:"一切知识都来自感觉和反省,而非天赋或先验。"英国人的民族性决定了英国人不喜欢严格意义上的成文法典,在某种程度上他们甚至对经过高度系统化、抽象化的法典抱有排斥心理。现代社会的法典在世世代代法学家的努力下,形成了高度抽象化、系统化、理性化的法律条文组合,但是这些过于精细的法律条文已难以反映现实生活的原貌,许多法律规范是依据理性预先假定设立的,这种远离现实生活形而上学体系上的成文法典,不仅令执法者难以把握,甚至令人怀疑其真实程度。这种思想阻碍了英国人对成文法的接纳,相反判例是司法活动的先前判决,是对以往案件的真实处理,是法律介入生活的有效证明。先例对于英国人来说是传统和经验,即对曾经发生的事情的感性把握。他们认为过去的东西能够流传下来,必定是可靠实用的。法国文学批评家安德烈·莫洛亚(Andre Maurouis,1885—1967年)在《英国人》一书中说:"在英国先例统治着裁判官和政治家,在这个国家判断是非是判例而非理念。"②

不过,在笔者看来,英国法院采用上述的严格遵循先例的制度,与边沁主义的盛行也不无关系。在边沁针对判例法的激烈批评之下,法院出于自我保护和制度修正的需要,在以判例法为基础的法律体系中也不得不强调法律的稳定性和安全性。这一做法与当时不断发展的资本主义经济制度的要求不谋而合,同

---

① Beamish v. Beamish (1861) 9 H. L. C. 274. pp.338—339,11Eng. Rep. 735 pp.761.
② 参见〔法〕安德烈·莫洛亚:《英国人》,傅雷译,陕西师范大学出版社2003年版,第37页。

时也在一定程度上实现了判例法的柔性蜕变。上述结论,也可以解释为何英国遵循先例的原则与该国的法律传统以及美国法不相符合。

另外,英国的特殊国情也对严格遵循先例制度的形成起到了推波助澜的作用。例如,受边沁主义的影响,英国的议会积极展开立法活动以实现法律制度的革新。在这一过程中,对于法院通过判例开展的司法改革起到了推动作用。同时,19 世纪中叶以来,在贵族院形成了非法律专家的贵族一般不参与司法活动的惯例。这一点对于推行严格遵循先例制度无疑是有利的。不过,这些因素对于确立严格遵循先例的原则只是起到了间接和次要的作用。

六、司法制度改革——普通法与衡平法的深度融合

(一) 19 世纪的程序法改革

尽管从中世纪以来,英国的司法系统几经变革,但以我们今天的眼光来看,19 世纪初期的审判程序不仅效率低下,费时耗力,而且程序不合理导致难以发现实体真实的情况也比较严重。例如在 1881 年的阿什福德诉桑顿(Ashford v. Thornton)案件中,被控犯有强奸、谋杀未遂的被告业伯拉罕·桑顿在自诉(appeal of murder)审判中,主张自己无罪,将手套投掷于地并声称"时刻准备用自己的身体来应诉",即要求与原告和证人决斗。虽然司法决斗制度(trial by battle)早已无人采用,但由于未通过正式法律加以废止,因此法官同意了被告要求决斗断讼的请求,但无人应战,桑顿被无罪释放。① 王座法院的贝雷(Bayley)法官说:"此种程序的一项不便之处是,启动程序的当事人如经要求,须为支持其指控而自愿将生命作为赌注。"②这种不合理的诉讼程序在当时就引起了社会上的很大震动,要求审判程序改革的呼声日益高涨。③

司法制度的改革首先从简化程序方面开始。《(普通法)统一程序法》(Uniformity of Process Act 1832)④废止了普通诉讼法院和王座法院的所有拟制程序,之后各种诉讼形式(form of action)间的程序基本上得以统一,法定的令状成为开始诉讼的必要条件。

1833 年议会制定了《民事诉讼法》(Civil Procedure Act)⑤,允许法院针对诉

---

① 参见徐昕:《司法决斗考》,载《法制与社会发展》2007 年第 1 期。
② Ashford v. Thornton (1818), 1 Barn. & Ald. 405,106 Eng. Rep. 149(K. B.). 决斗裁决(Trail by battle)的方式被之后的《谋杀上诉法》(Appeal of Muder Act 1819(59 Geo. 3 c. 46))所废止。
③ 1819 年 3 月,英国议会通过法律,规定在物权诉讼和重罪犯上诉案中废止决斗裁判。现代英国法未明文规定决斗构成犯罪,但规定挑起争斗及使用武器主动争斗构成犯罪,在公共场合尤其如此。决斗中杀伤他人,以谋杀、杀人或非法伤害罪论处。但在实践中,决斗仍存在,19 世纪就常有决斗者被审判,甚至被处死刑。
④ 2 & 3 Will. 4 c. 39.
⑤ 2 & 3 Will. 4 c. 42. 该法废除了誓证裁决(wager of law)的诉讼方式。

答程序(pleading)制定诉讼规则。1834年"高等法院开庭期"(Hilary term),法官们制定了所谓的"哈里规则"(Hilary rules)。在此之前的诉答程序分为特殊抗辩(special pleading)和一般抗辩(general issue)。① 前者指以严格的证据形式来对抗对方当事人的陈述,展示观点时必须提供对自己有利的证据。而后者是指反对对方的观点但不提出具体的证据。"哈里规则"规定在某些一般抗辩的程序中也必须进行个别抗辩。这种改革不仅不能减轻当事人的负担,而且加重了他们的讼累。为了避免诉讼改革因此停滞,在立法上陆续制订了一系列的法案,包括:1850年、1852年、1854年《普通法诉讼程序法》(the Common Law Procedure Act)②、1850年、1852年、1858年、1860年《衡平诉讼修正法》(the Chancery Practice Amendment Act),而1873年、1875年的《司法法》(the Judicature Act)则可谓英国19世纪民事诉讼最重要的改革成果。其中,塞伯纳爵士(Lord Selborne)于1870年对19世纪英国民事诉讼所做的改革起到了关键作用。

(二)普通法与衡平法的融合

普通法与衡平法这两种法律和法院系统的并存,在运作过程中暴露出越来越多的问题。其中包括:(1)在普通法法院的诉讼中,不承认衡平法上的抗辩理由;(2)衡平法法院在处理停止不法行为之诉等案件中,如果该案是以某些普通法上的法律事实为基础的,衡平法法院一般不予受理;(3)衡平法法院在适用特定履行(specific performance)、停止令(injunction)等救济手段时,虽然符合适用要件,但如果遇到"执行困难"(impracticable),也无法适用普通法上的"金钱赔偿"(damages)手段来实现救济;(4)由于普通法法院和衡平法法院之间没有案件移送的制度,在衡平法法院败诉者,即使明知该案在普通法院能够胜诉,也无法在衡平法法院撤诉而转诉诸于普通法法院;(5)如果普通法法院审理了衡平法上的事项,因无管辖权的缘故,该案的判决被视为无效。

《普通法诉讼程序法》首先对上述的第一点作出了修改③,规定在普通法法院也可以提出衡平法上的抗辩④;根据《关于衡平法法院程序修改的法律》(Chancery Amendment Act 1852)⑤,衡平法法院可以对与案件有关的普通法权利作出判决⑥,这一点显然是针对上述第二点所做的改进;在第三点上,《凯恩斯爵

---

① 一般抗辩是全面否认对方的观点,并使用格式诉讼规定的法律术语进行诉讼。例如,在Trespass,case,trover和ejectment中作not guilty抗辩;在replevin中作non cepit抗辩;在detinue中作non detinue抗辩;debt on simple contract中作nil debet抗辩;debt on a specialty中作non est factum抗辩;在assumpsit中作non assumpsit抗辩。
② 15 & 16 Vict. c. 76, 17 & 18 Vict. c. 125.
③ 17 & 18 Vict. c.125 ss.83—86.
④ 不过,普通法法院如果认为此抗辩对当事人显失公平,则可以驳回次抗辩。
⑤ 15 & 16 Vict. c. 86 ss. 61,62.
⑥ 衡平法法院,在必要时,可以遵循普通法法院在事实认定上的判断。

士法》(Lord Cairns' Act 1858)①的出台,解决了大部分的制度冲突。

制定1873年《最高法院法》(Supreme Court of Judicature Act)②的目的就是为了解决衡平法和普通法分别由专门法院运作所产生的弊端。该法从形式上取消了普通法院和衡平法院之间的区别,通过在高等法院(High Court)内部设立三个法庭(division)的方法来划分对不同性质案件的管辖。每一个法庭都有权运用普通法和衡平法的规则,可以授予普通法救济和衡平法救济。实践中,如果在普通法法庭提起衡平法之诉,可通过将案件移送相应的法庭,解决管辖冲突。这样就很好地解决了上述第四点的问题。同时,即使普通法法庭审理了衡平法上的案件,也只是法庭之间的管辖失当,法院所做的判决本身仍然有效。

从此,通过衡平法庭和普通法法庭的合并,衡平法与普通法在形式上实现了融合,但衡平法并没有在实质上与普通法融为一体,普通法上的权利、义务、救济方法和衡平法上的权利、义务、救济方法的不同与对立仍然继续保持。今天,英国的法律人仍然习惯于从"普通法上如何、衡平法上如何"两个方面来分析案件。可见,英国历史上形成的双重法律结构仍在潜移默化地起着作用。

(三) 新型地方法院的创设

中世纪以来英国就已经形成了以县(郡)等地方自治体法院(County Court)为主的地方司法体系,但由于国王法院的强势,都铎王朝之后就很少开展实质性的审判活动。也正是因为如此,都铎王朝建立的"小额求偿法院"(Court of Requests)被取消后,对于小额损害赔偿的法律救济就变得非常困难。为弥补司法机构的缺位,到了18世纪,在英国的部分城市开始出现了一些类似小额赔偿法院的审判机构,但发挥的作用非常有限。

1846年颁布的《县(郡)法院法》③的首要目的就是为小额赔偿诉讼提供必要的司法救济手段。例如,县法院只受理诉讼标的在20英镑以下的违反契约或侵权的案件。根据这部法律,英格兰和威尔士地区被划分为约500个区域(district),并交给59个巡回区(circuit)管辖。每个巡回区至少设1名法官,各区(district)每月至少应召开庭审1次。这些法官是从执业年限超过7年的诉讼律师中挑选,如果诉讼标的超过5英镑,则应通过5人的陪审审判来负责审理。

(四) 削减教会法院管辖权

长期以来,英国的教会法院对于许多教会专属的事务具有管辖权,如教义和仪式问题、神职叙任、献祭、庆典、教会特许权(faculty)申请争议等。在中世纪,

---

① 36 & 37 Vict. c. 66 ss. 23,24. 21 & 22 Vict. c. 27. 全称是 An Act to Amend the Course of Procedure in the High Court of Chancery, the Court of Chancery In Ireland, and the Court of Chancery in the County Platine of Lancaster.

② 36 & 37 Vict. c. 66 ss. 23,24.

③ County Court Act 1846 (9 $10 Vict. c. 95).

教会法院还拥有一些对于教会财产案件的管辖权,但是后来逐步丧失。世俗法院尤其对圣职叙任(advowson)保持强有力的控制,因为这直接涉及了土地保有。基本上所有有关于土地的问题,都属于世俗法院的管辖范围。

1857年,《婚姻案件法》(Matrimonial Cases Act)[1]和《遗嘱认证法院令》(Court of Probate Act)[2]相继颁布。根据这两部法律,离婚案件移交给新设立的"离婚与婚姻案件法院"(Court of Divorce and Matrimonial Causes)管辖,遗嘱认证方面的案件则交给新设立的"遗嘱认证法院"(Court of Probate)处理。这样一来,自中世纪一直延续的教会法院的案件管辖权就被严格限定在与教会和神职人员有关的专属事务方面。

(五)贵族院的审判职能

在实行三权分立的制度之前,中世纪的英国一直由议会来行使司法权力。作为议会司法权的继承机构,贵族院保留了一定的司法权。对英国内绝大部分的案件,贵族院可以自行组成最高上诉法院。贵族院的司法职能并不由全院共同行使,而是交由院内拥有法律执业资格的议员们,即贵族院高等法官(Law Lords)。不过,英国的最高法院职权并非由贵族院单独掌控,有时也通过英国枢密院(Privy Council of the United Kingdom)来行使这种权力。

这种状况,主要是源于19世纪对贵族院司法功能所做的一系列改革。其一,传统上贵族院在行使司法功能时,并不要求参与讨论贵族们必须拥有法律职业资格。但是,到了19世纪中叶,由于受到费尔加斯·奥康纳(Feargus O'Connor)组织的宪章运动[3]的影响,贵族院的审判活动仅限拥有法律职业资格的贵族参加。其二,面对平民院要求取消贵族院司法权的呼声,1876年颁布《上诉管辖法》(Appellate Jurisdiction Act)[4]仍赋予贵族院这项权利,并新增了不得世袭的"常设上诉贵族"(Lords of Appeal in Ordinary)职位。最初,常设上诉贵族的人数为2名,他们不仅负责贵族院的审判活动,也以男爵(baron)身份参与并表决贵族院的一般性议事活动。另外,即使在议会休会期间,贵族院也有权开展司法活动。[5]

(六)中央的法院整合

这个时期的英国司法体系混乱,给公众造成了极大的不便,其中最大的问题在于各类法院在管辖权上的重合与对立。不仅普通法法院、衡平法院和教会法院都拥有各自的实体法,法院的诉讼程序间也不统一,同时还存在各种法律术语

---

[1] 20 & 21 Vict. c. 85.
[2] 20 & 21 Vict. c. 77.
[3] O'Connell v. R. (1844). 11 Cl. & Fin. 155, * Emg. Rep. 1061(H. L.).
[4] 39 & 40 Vict. c. 59. s. 6.
[5] Ibid., ss. 8, 9.

的差异。各法院管辖权的界限都不明确。当事人有可能已经经历几级诉讼并最终进入上议院,却发现自己最初选择起诉的法院就是错误的。或者不同的法院对同一事务具有并行的管辖权。

1873年出台的《最高法院法》将中央级别的法院加以整合,在英格兰和威尔士地区的大法官法院、王座法院、普通诉讼法院、财政署法院、海事法院、遗嘱检验法院、离婚法院以及伦敦破产法院全部合并,只在伦敦设一所综合性的法院——最高司法法院(Supreme Court of Judicature),即对于诉讼标的和诉讼事项不受限制的一般案件的一审管辖法院为高等法院(High Court),在其上设置上诉法院(Court of Appeal)以处理二审案件,同时将前述的两级法院统称为"最高司法法院"(Supreme Court of Judicature),并成为高级存卷法院(Superior Courts of Record)。

然而,这种司法体制却招致了苏格兰和爱尔兰地区的不满。这两地提出:苏格兰、爱尔兰的最高法院处理的案件,如果当事人提出上诉,应由英国的贵族院(House of Lord)负责管辖。这样一来,在1873年的《最高法院法》实施之前,议会根据前述的《司法上诉管辖法》(Appellate Jurisdiction Act)①,保留了贵族院的司法功能,负责处理当事人不服上诉法院(Court of Appeal)二审判决的上诉案件。这样一来,前述的"最高司法法院"(Supreme Court of Judicature)就变得有名无实。

1873年的《司法组织法》,还将中世纪以来各自独立发展的各类法院整合了起来。其中,普通法法院被划分为下列几个(法庭)分部,即"王座分庭"(Queen's Bench Division)②,"普通诉讼(民诉)分庭"(Common Pleas Division)和"财务署分庭"(Exchequer Division)。这三个部门分别由各自的普通法法院演变而成,长期以来,它们之间就已经存在着大量的审判权竞合的情况,并且这种划分不能从根本上解决问题。

1880年12月国王颁布议会政令(Order in Council)③将普通诉讼分庭和财政署分庭合并入王座分庭,从而建立了新的王座分部(Qieen's Bench Division)。原有的三个分部首长的权力归王座分庭首席大法官(Lord Chief Justice of the Queen's Bench)所有,根据法律,他同时被授予英格兰皇家首席大法官的职务(Lord Chief Justice of England)。

在另一方面,衡平法的法院被整合为衡平法分庭(Chancery Division)、遗嘱认证法院(Court of Probate)、离婚和婚姻案件法院(Court of Divorce and Matrimo-

---

① 39 & 40 Vict. c. 59. s. 3.
② 当时为女王治世。如果是国王则为 King's Bench Division.
③ Supreme Court of Judicature Act 1873, s. 32.

nial Causes)和海事法院(High Court of Admiralty),因其都带有罗马法的印记,被合并为一个统一的"遗嘱认证、离婚和海事法院"(Probate, Divorce and Admiralty Division)。

原财政署内府法院(Exchequer Chamber)的管辖权,即审理申请重审或撤销高等法院判决申请的管辖权和大法官上诉法院(Court of Appeal in Chancery)所拥有的管辖权,即衡平管辖权和破产上诉案件管辖权,以及枢密院(Privy Council)对海事法院案件的上诉管辖权被合并,由上诉法院(Court of Appeal)负责统一管辖。

这样,上诉法院的管辖权得到了较大的扩充,具体包括以下几类:(1)大法官和大法官上诉法院法官所拥有的管辖权,包括衡平管辖权和破产上诉案件管辖权;(2)财政署内府法院享有的管辖权,包括审理申请重审或撤销高等法院判决申请的管辖权;(3)枢密院对涉及精神病人监护上诉案件的管辖权,以及对海事法院个别管辖权案件的上诉管辖权;(4)兰开斯特自治领(County Palatine of Lancaster)大法官上诉法院拥有的管辖权以及兰开斯特自治领和公爵领大法官的管辖权;(5)矿区监管大臣(Lord Warden of the Stannaries)拥有的管辖权。

1873年和1875年的《最高法院组织法》所建立的法院体系,在大约一个世纪的时间里一直是英国司法制度的基础,直至1970年《司法管理法》(Administration of Justice)①和1971年《法院法》(Court Act)②的出现,才给这个制度带来了进一步的改革。

(七)刑事案件的上诉审判

在英国法上,长期以来一直坚持刑事案件一审终审的传统,理由是如果通过严格而复杂的陪审审判而得出的诉讼结论被另一个国家机关否定,则可能会导致这一制度名存实亡。尽管在当时,通过纠错令状(Writ of error)的方式也可以获得上诉的救济,但由于陪审团一直是作为奉诏履行义务,是民众向王室提供其所需要的相关证言的团体证人,体现了王室向地方攫取权力、力图实现其中央集权、控制全国秩序的功能,因此这种令状只在国王的同意的情况下个别适用。同时,纠错令状主要用于修正在诉讼记录(record)上出现的错误,对于案件实体方面的认定难以发挥积极的影响。

鉴于这种情况,认定案件事实的法官在遇到疑难案件时,开始尝试先保留对案件作出判断的权力,并将案件提交高级辩护律师团(Serjeant'Inn)③进行非正

---

① 1970 c. 31.
② 1971 c. 23.
③ 高级辩护律师团(Serjeant'Inn)是王室从优秀的出庭执业律师中挑选出的精英人事组成的团体,15到17世纪垄断着三大中央普通法法庭的诉讼业务,虽然后来作用有所下降,但仍然垄断着普通诉讼法庭的诉讼业务。

式讨论。这一做法在1846年得以制度化,并建立了王室诉讼保留法院(Court of Crown Cases Reserved)①。不过,需要注意的是,刑事案件被提交到这个法院并非是被提起了上诉,仅是原审法官中止诉讼程序,向保留法院征求法律意见的一种措施。

1873年制定的《最高法院法》没有规定刑事案件的上诉程序,但在1907年新设立了刑事上诉法院(Court of Criminal Appeal)。② 自此刑事案件也和民事案件一样,拥有了自己的上诉机构。

1966年英国出台了《刑事上诉法》(Criminal Appeal Act)③,宣布刑事上诉法院与上诉法院(Court of Appeal)合并,并成为刑事审判法庭(Criminal Division),其后一直延续至今。

(八) 诉讼规则

1873年《最高法院组织法》(Supreme Court of Judicature Act)④在诉讼程序方面,主要是授予法院制定规则的权力,只有在没有法院规则或该法没有规定的情况下,才允许适用之前的普通法或衡平法程序。⑤ 虽然在诉讼程序改革中,英国抛弃了程序先于权利的外在形式,但它作为一种法律精神和文化,作为一种传统的诉讼价值观念,仍然植根在英国人的心中。正如梅特兰所言:"我们废除了格式诉讼,但它们仍从坟墓里统治着我们。"并且,对抗式诉讼制度作为普通法诉讼模式的根本特点,至今毫无动摇。

随后,在1875年同名的法律规定了一些最基本诉讼规则。在其基础上,1883年制定了《最高法院诉讼规则》(Rules of the Supreme Court),之后历经多次修订,并在1965年进行了全面的改革。这套诉讼规则,是英国诉讼法的基础性法律文本。在刑事诉讼领域,不仅该规则得到广泛地适用,还出台了为数不少的单行制定法。

(九) 废止格式诉讼

1875年的法院诉讼规则的建立,宣告格式诉讼(forms of action)⑥退出了历

---

① 11 & 12 Vict. c.78.
② Criminal Appeal Act 1907 (7 Edw. 7 c. 23).
③ 1966 c. 31.
④ s. 74.
⑤ s. 23.
⑥ 最初,令状源于个人提起的案件,但由于特定事实和情况反复出现,于是法院将它们确定为固定的类别和固定的诉讼格式。随着时间的推移和案件的增多,王室文秘署的官员们将重复出现的令状格式化,于是就形成了许多固定的令状格式,由这些格式令状开始的诉讼便被称为格式诉讼或诉讼格式(forms of action)。在亨利二世之前,王室司法已经成为英国最重要的司法形式。到12世纪末,由大法官签发的定型令状格式约有75种,至13、14世纪时,由于令状格式的大量增加,还产生了半官方性质的令状汇编,称为《令状登记册》(registers of writs)。转引自孙德鹏:《源于"书写"的权利与技术》,载《现代法学》2008年第3期。

史舞台。在诉讼中,格式令状被废除,原告必须提交"诉答状"(pleading),简明地提出诉讼主张或被告可抗辩的重要事实,并列举有关的证据。[①] 长期以来,在英国诉讼活动盛行的格式诉讼虽然不复存在,但该国的实体法就是通过"格式令状之诉"积累而成的,因此对日后诉讼制度的发展仍然有着潜移默化的作用。

七、实体法

(一) 法律渊源

英国是一个判例法制的国家,法律的内容缺少明确性和完整性,而对于主张逻辑客观性和明确性的边沁而言,这种制度的缺点是非常明显的,有必要对其进行改革。同时,边沁之前的英国法理学,还是以自然法和理性的法学为主导,而功利主义天生就是这种理论的对立面,因此边沁主张改革法律。这种改革不仅是立法原则的改革,而且也是法律形式的改革。他呼吁要改变那种不成文法、习惯法和判例法的形式,并要制定成文法和编纂法典。边沁认为,法律不能够以法典的形式表达出来,就不是完整的,因此呼吁编纂法典。

在边沁的诸多改革中,实体法的法典化和体系化是其中最重要的目标之一。然而,英国法律改革在边沁在世的时候,并没有取得什么成效,但是在他死后,英国一系列的改革都受到了边沁的影响。其中,比较大的改革有1832年英国法律改革草案的实施,刑法和监狱法的改良,济贫法的变更和卫生法的订立,但边沁所期待的英国法全面法典化最终没有得到实现。

在商法领域,边沁的法典化思想产生了积极的影响,不仅出台了几部"法典化条文"(codifying act),而且对原有的制定法和判例法进行了整理,形成了一种特殊的制定法(可称之为准法典法)。其中具有代表性的就包括《流通证券法》(Bills of Exchange Act 1882)[②]、《(民事)合伙法》(Partnership Act 1890)[③]、《动产买卖法》(Sale of Goods Act 1893)[④]、《海上保险法》(Marine Insurance Act 1906)[⑤]等。

这些"法典化条文"并没有完全取代旧时代的法。相反,对于旧时代的判例,只要不是与"法典化条文"的规定直接抵触的,该判例就会得到遵循,不仅适用于同类型的案件,也可以成为解决新问题时适用类推的法律依据。这种状况,显然与边沁所主张的"法律不能够以法典的形式表达出来,就不是完整的"的观

---

① Rules of the Supreme Court, O.1, r.1 & O.19, r.4.
② 45 & 46 Vict. c.61.
③ 53 & 54 Vict. c.39.
④ 56 & 57 Vict. c.71.
⑤ 6 Edw. 7 c.41.

点有很大的出入。

在边沁看来,自然法学非常的空洞并充满不实的说教,自然法和自然权利的概念只是一种修辞学的胡闹,是抽象的不可捉摸的,而功利的数学计算在理论上是可以运算的。从此以后,法学作为一门严格的科学开始产生,边沁及他的功利主义就是这门科学的开端。受此影响,英国开始将制定法归纳、整理以形成一个完整的法典,即"合并法"(consolidating act)。不过这种立法活动主要是在形式上收集和编纂制定法,并没有对制定法的内容加以修订,与"法典化条文"不同之处在于其中并不涉及判例法的部分。

(二) 地方自治法

1. 地方自治与地方政府。《地方自治体法》(Municipal Corporation Act 1835)①是英国法制历史上一部非常重要的法律,该法的出台对英国地方自治的发展产生了重要的影响。相较于1830年的改革法案,《地方自治体法》的知名度并不高。然而,在1835年6月辉格党的罗素伯爵(Bertrand Arthur William Russell, 3rd Earl Russell)向议会提出这个法案时,曾经引起了辉格党和托利党一场论辩。该法彻底改变了英国的地方政治生态,扩大了市民的权利,规定市作为自治团体应当由公民选举产生市议会和市行政首长。市议会不仅仅是立法机关,也是执行机关。在市议会中设立各种委员会,委员会由议员或者是非议员的专家组成。各种专门委员会具有一定独立的行政管理职权。

自此之后,现代意义上的地方自治制度得以生根发芽,主要分为三个层级。第一层级包括县级市和行政县。其中"县级市"(County-Boroughs),具有县与自治市的全部权力;而"行政县"(Administrative Counties),最早创设于1888年,下面还包括了城镇和县管区,主要负责卫生、警察、道路、公共救助、国民义务教育及中等教育等事项。第二个层级分为三种类型,其一是"自治市"(Municipal Boroughs),创设于1835年,掌握了县议会可以行使的权力之外的一切权力;其二种是"镇"(Urban Districts),创设于1872年,为自治团体的性质;其三是"乡"(Rural Districts),创设于1872年,权限很小,没有警察、教育和道路方面的独立的处理权。第三个层级是"村"(Parish),创设于1894年,只拥有基本权力,村民少的可设立村民大会(Parish Meetings),村民多的可设立村议会(Parish Councils)。英国的地方自治制度虽然历史悠久,但是,由于很多地方自治单位辖区范围太小,不能给居民提供实质性的服务。所以,到了20世纪70年代后,要求改革地方自治制度的呼声日益高涨。②

---

① 5 & 6 Will. 4 c. 76.

② 参见莫纪宏:《英国的权力下放》,载公法评论网,http://www.gongfa.com/mojhyingguoquanlixiafang.htm,2010年3月24日访问。

根据1972年保守党提请英王批准的《地方政府法案》(The Local Government Act,1972),全英格兰分为45个"县"(County),其中6个为"都会县"(Metropolitan County),39个为"非都会县"或称"普通县"(Non-metropolitan Country)。都会县下设"都会区"(Metropolitan District),非都会县下设"非都会区"(Non-metropolitan District),区下设"村"(Parish),作为最基层的行政单位。根据新的地方政府法的规定,县、区、村三级自治单位都设有民选的议会,较大的村除了村议会之外,还设有村民大会。

2. 警察制度。英国的警察制度也是在这一时期诞生的。在19世纪的前20年,警务工作主要由各地的"治安官"(constable)为主,依靠民间治安组织来完成。同时,一些个人和民间团体也雇佣了大量的保安人员以保证自身的安全。由于民众普遍担心以国家强制力为后盾的警察会干涉和妨害公民的自由,因此推迟了将警察纳入公务员队伍的做法。1829年,罗伯特·比尔爵士(Sir Robert Peel)在伦敦创立了近代的职业警察制度[①],他设计的警服与当时街头上普通男性的服装毫无二致。唯一的差别是,这件衣服上挂着警察标牌,以利公众识别。这一设计的初衷,是提醒警察要始终贴近公众,塑造警民一家的形象。比尔还编纂了《警察九项原则》一书,确立了警察为公众利益服务时应当遵循的原则。职业警察制度的建立,在减少野蛮和暴力的侦查活动及保障社会治安方面起到了重要的作用。

(三)刑法与刑罚

在19世纪以前,英国至少有223项法令涉及死刑,其中包含更多可判处死刑的分则。同时,实践中死刑的实际适用范围通常会达到涉及死刑法令数量的三到四倍之多。广泛适用死刑成为中世纪至19世纪英国刑事法律的一大特点。在刑罚人道主义思想的影响下,自18世纪中叶以来,适用死刑处决罪犯的案件数量开始呈现出下降的趋势。比如,从1800年到1810年,有939人被判处死刑,但是只有123人被处决,被处决者的数量只有被判处死刑者数量的七分之一;而在18世纪50年代,被判处死刑者中有超过三分之二的人被处决了。而且,在1810年被处决的67人中,被宣告所犯的罪行只占到了法令全书的大量可适用死刑的罪行中的区区14种罪行:其中18人系入室行窃罪,18人系伪造罪,并且只有9人被宣告犯了谋杀罪。

在塞缪尔·罗米利(Samuel Romilly)爵士的领导下,英国开始对刑事法律进行改革,以规制严刑峻法和法律适用的随意性。在1830年的一项法案中,仍然保留了对42种伪造罪判处死刑,但是之后没有任何一个罪犯因为触犯了伪造罪而被处决。与此同时,呼吁废除对针对财产权利的罪行判处死刑的舆论日益高

---

① 10 Geo. 4 c. 44.

涨。1831 年,苏塞克斯(Sussex)公爵向下议院提交了一份由伦敦市陪审员和候补陪审员发起的请愿书,"以最深切的遗憾注意到《刑法》过分的、不加选择的严酷性,它将不同程度的道德犯罪都与死刑联系在一起,并将对财产权的侵害与针对人身以及人类生命的最恶性、最残暴的罪行混淆在一起"①。这份请愿书恳求上议院在"所有立法机关无法从上帝和人类的角度证明选择最终的、最可怕的刑罚——将犯罪者消灭的正当性的案件中"废除死刑。

改革的努力在立法上取得了许多重要的进展。例如,1832 年废除了对偷窃马、羊的罪行判处死刑,1833 年废除了对撬窃罪行判处死刑,1837 年废除了对入室行窃罪判处死刑。到了 1838 年,只有 8 种罪行可被判处死刑(包括海盗罪以及叛国罪)。到 19 世纪 30 年代末期,完全废除死刑的观点已经获得了相当数量的支持。在 1837 年,议院提出了一项废除对"除事实谋杀以外的"所有罪行判处死刑的动议,该动议仅以一票之差未获通过。在 1850 年,一项相似的动议再次以 46 票对 40 票的微弱差距而未获通过。在那个时期,实行博爱的、预防性的惩罚措施的观点蔚然成风。比如,查尔斯·狄更斯(Charles Dickens)曾经在 1846 年给《每日新闻》写了四封以彻底废除死刑为主题的信件。狄更斯宣称废除死刑"是一项基本的原则、有利于社会、有利于预防犯罪并且不会在任何程度上涉及对任何犯罪分子个人的柔情"。②

最后一次对入室行窃罪、抢劫罪和纵火罪执行死刑发生于 1836 年,最后一次对蓄意谋杀罪执行死刑发生于 1841 年。自那之后,只有杀人犯被处决,"而且并不是所有的杀人犯都被处决"。③

此外,在刑罚执行方面的改革力度也是比较大的。早在 18 世纪后半叶,英国进步的监狱改革家约翰·霍华德(John Howard,1726—1790 年)就提出过反对监狱非人道化刑罚的监狱改革理论,促进了对罪犯的人道化待遇。随着监狱制度的逐渐完善,将罪犯流放海外的做法开始逐渐减少。1867 年最后一批罪犯被流放到澳大利亚,之后流放制度被彻底废除。

从 1788 年 1 月到 1868 年 12 月澳大利亚彻底废除流放止,英国共流放到澳大利亚的犯人近 16 万,其中女犯约 2 万人。1814 年前后流放的犯人各占 50%左右。最初三十余年(1788—1821 年)流放的犯人已达 33508 人。在 1819 年全澳大利亚白人人口中,犯人及其后裔占四分之三以上。可见在 1821 年以前,澳大利亚作为英国的流犯殖民地,是英国在海外的一个大监狱。澳大利亚的这种

---

① See Leon Radzinowicz, A History of English Criminal Law, Vol. 1, *The Movement for Reform*, London: Stevens, 1948. p.731.
② See Leon Radzinowicz, A History of English Criminal Law, Vol. 4, *Grappling for Control*, London: Stevens, 1968, p.329.
③ Ibid., pp.326—330.

社会性质,直到 19 世纪 20 年代后才开始转变。①

根据史料统计,流放海外的罪犯大致可分为五类:第一类人是小偷、扒手、盗窃犯;第二类是孤儿、弃儿与乞丐,即"被社会遗弃的人";第三类是骗子、伪造印鉴与文书者;第四类是妓女;第五类是政治犯,其中多是爱尔兰的反英分子以及工人运动领袖和积极分子。这五类人中,第一类犯人居多数。墨尔本莫纳什大学历史学教授谢明顿(Geoffey Sherrington)根据英国各级法院的资料研究:"在英国高等法院巡回审判庭和一年开庭四次的郡法庭上被判有罪的人当中,大约 1/5 关入监狱,他们之中大多数是城市小偷、扒手和店铺扒窃犯。"②约翰·科布利(John Cobley)在 1970 年出版的《第一舰队犯人的罪行》一书中列举了第一批流放澳洲犯民的种种"罪状"。其中一个典型的例子是某人偷了"一件价值 3 先令的缎子背心和一件价值 5 先令的凸花斜纹布背心",即被判流放澳洲。押送犯人的"第一舰队"(First Fleet)上的 736 名囚犯大都不过如此,在总计 16 万名流犯中有 2 万名女犯,多是妓女;男犯中,青少年居多数,此外还有一些伦敦的弃儿、孤儿、骗子等。③ 学者曼宁·克拉克认为,犯人除少数确犯有危害社会罪行外,绝大部分是无以为生的城市贫民、在圈地运动中被剥夺土地的农民、反抗英国殖民统治的爱尔兰爱国主义者、持不同政见者、政治犯、乞丐等。④ 戈登·格林伍德(G. Greenwood)在其所著《澳大利亚政治社会史》中概括分析了 1821 年以前犯人的状况,认为犯人有四类:(1)从伦敦、伯明翰、都柏林以及英伦三岛的其他主要城镇流放来的城市犯人;(2)因迫于饥寒而犯了侵犯他人财产罪的乡间工人;(3)犯有伪造文书、印信罪的人,犯有盗用公款的人,中产阶级犯罪分子;(4)政治犯。⑤

可见,流放到海外的犯人中,除少数是犯有危害社会的罪行外,大部分犯人只是一些过失犯罪,其中冤假错案很多。例如,流放到新南威尔士的政治犯中主要包括三类:其一是工人运动领袖,尤其是在 19 世纪 30 至 40 年代宪章运动中的领袖;其二是 18 世纪末 19 世纪初资产阶级激进分子;其三即爱尔兰争取独立的反英分子,如 1798 年 5 月 23 日,爱尔兰联合会领导的一次反英起义失败后,几百名起义者被流放或被迫去军队内服役。

---

① See D. Oxley, *Convict Maids: The Forced Migration of Women to Australia*, Melbourne: Oxford University Press, 1996.
② See Geoffey Sherrington, *Australia's Immigrants, 1788—1978*, Sydney, 1980, p.4.
③ 参见许章润:《罪己性排泄:近代英国向海外的两次移囚》,载《比较法研究》1995 年第 2 期。
④ 参见〔澳〕曼宁·克拉克:《澳大利亚简史》,中山大学《澳大利亚史》翻译小组译,广东人民出版社 1973 年版,第 195 页。
⑤ 参见〔澳〕戈登·格林伍德:《澳大利亚社会政治史》,北京编译社译,商务印书馆 1960 年版,第 50 页、303 页。

(四) 民商事法律

1. 在规制不法行为的方面,传统的英美法不考虑当事人主观因素的弊端得到改革,过失责任开始成为判断不法(侵权)行为的基本原则。① 到了19世纪,过失(negligence)已经成为一种公认的不法行为的形式。作为案件(Case)格式诉讼(form of action)的一种特殊形式,可以单独向法院提起此类诉讼。不过,虽然过失责任原则得以确立,但对于当事人无过失的不法行为有时则需要承担严格责任。例如,对于饲养的家畜闯入他人土地造成侵害的、狮子、熊、猿猴等具有"危险性的动物"(animal ferae naturae)或虽为人类驯养的动物(animal mansuetae naturae)但有危害的可能性的,法律上都要承担严格赔偿责任。② 同时,在"妨扰侵权"(Nuisance)的法律规定中也保留了严格赔偿责任。在1868年的"赖兰兹诉弗莱彻案"(Rylands v. Fletcher)③中,当事人在自己的土地上挖掘水池不慎造成储水渗入地下的矿道,因而形成坑道透水事故。法院认为土地所有人并非以自然方法使用其土地(Non-natural Use of Land),以私人目的将非自然存在的危险物转移、收集或存放在其所有的土地上的(A person who brings onto land, and collects and keeps there, dangerous things which would not naturally be there),如该危险物流散(escape)造成的他人损害,无论是否具有过失,均应负赔偿责任。以此推论,任何被告均应对其造成的非正常、过度危险情况导致的损害负有严格赔偿的责任。

2. 在公司制度上,开始引进有限责任公司的制度。在此之前,人们普遍把公司视为公益性的社会组织(public corporation),而从这一时期开始,开始出现了以营利为目的的私有企业(private corporation)。

3. 在家庭法领域,虽然没通过"私人法案"(private act)予以立法,但是当事人已经被允许通过诉讼的方式实现离婚。④ 在继承法方面也作出了调整,以保证合理的继承秩序。⑤

(五) 劳动法

1. 18世纪后期发生的两次圈地运动(enclosure movement)和工业革命给英国带来了巨大的变化。工业生产开始大规模进行,人口开始向城市流动和集中。

---

① T. F. T. Plucknett, *A Concise History of the Common Law*, 4th ed, London: Butterworth & Co., 1956, p.469, 指出:普通法上的"过失"一词,原指实施某行为时的"疏忽"(neglect)。C. Fifoot, *History and Sources of the Common Law: Tort and Contract*, New York: Greenwood Press, 1949, p.191. 也指出在18世纪之前法官已经将法律问题区分"作为"(act)和"不作为"(no-act),"故意"(intent)和"过失"(no-intent)。

② "妨扰侵权"(nuisance),是普通法上的一种不法行为,即以不合理的行为影响他人行使权利,或因连续性地骚扰而使相对人感到厌恶,从而构成一种侵权。妨扰罪行一般可分为"公众(普通)妨扰罪行"和"私人妨扰罪行"。

③ 1. R. 3 H. L. 330.

④ Matrimonial Causes Act 1857 (20 & 21 Vict. c.85).

⑤ Administration of Estates Act 1833 (3 & 4 Will. 4 c. 104); Inheritance Act 1833 (3 & 4 Will. 4 c. 106).

与此同时,保障劳动者权益的问题也日益突出。在这种情况下,《工厂法》(Factory Acts)经过了多次修订,逐步规定了限制劳动时间、禁止雇用童工等措施并要求建立了相关的监督机构。此时期的劳工立法基本功能是完善集体谈判制度之不足和维护劳工权益。英国最早的工厂规则(Factory Legislation)是1802制定的《学徒健康道德法》(The Health and Morals of Apprentices Act),其主要目的在规律棉纱工厂学徒之工作时间(早上6:00起,晚上9:00止,总共不得超过12小时)。1819年之立法将此项工时之规定适用于非学徒之工人。1833年的《工厂法》建立国家监督制度,设置四个检查官(Inspector)职位,分区负责,为世界劳工保护立法之创举。不过,在工业革命的浪潮下,资产阶级制定的1834年《济贫法》修正案则表现出明显的阶级性。该法目的是改变英国传统的济贫制度,取消救济穷人的做法,让救济变得望而生畏,任何人都不敢接受救济,除非他愿意走进被称为"穷人的巴士底监狱"的济贫院。《济贫法》修正案主张自由放任原则,实质是把所有的劳动力都变成"自由的"劳动力的后备军。英国工业革命就是在这种思想指导下进行的,由此引发了巨大的社会灾难。

在诸多的法律问题中,因工厂里的共同他人过失导致劳动者受工伤的,传统的"风险预知理论"(assumption of risk)认为如果当事人事先了解从事工业劳动可能伴随的风险、损失或者事故,仍然自愿进入工厂工作,那么该主体需承担参与该劳动所带来的一切风险。① 这个理论是传统侵权法的重要理论,主要用于侵权行为的豁免或者免责。1897年出台的《劳动者工伤事故赔偿法》(Workmen's Compensation Act)②,规定工伤案件不再适用"风险预知原则",工人在工作的时候意外受了伤害,其雇主应该负责赔偿。

2. 在劳资关系方面,18世纪末到19世纪初,正值英国工业快速发展、劳工问题滋生之际。但在此期间,英国政治体制仍旧沿袭光荣革命以来之成规,议会只代表地主资产阶级利益。在劳工问题发展之关键期间,劳动者不但未法律之保护,工会活动反而受到《禁止结社法》(Combination Acts 1799,1800)的取缔及制裁。政府以"共谋罪"(conspiracy)③和"限制从业"(restraint of trade)④的理

---

① 即所谓的雇员规则(fellow servant rule)。See Priestley v. Fowler (1837), 3 M. & W. 1, 150 Eng,. Rep. 1030(Exch.).

② 60 & 61 Vict. c. 37.

③ 普通法上的"禁止共谋"原则,是指禁止由数人串通在一起,通过合法手段以达到非法目的(或者通过非法手段以达到合法目标)的行为。这个法律原则主要起源于普通法的侵权法。在商业侵权方面,这个原则并不涉及竞争领域,只是禁止工人以工会的形式组织起来。例如,在19世纪70年代前期英国制定现代劳工法之前,英国法律把工会活动看做是商业侵权行为或者犯罪共谋。在普通法传统中,涉及竞争领域的共谋原则往往与贸易(或行业)限制原则联用。

④ 普通法中的"限制从业(或行业)"原则起源于普通法财产法中禁止限制转让原则。在早期英国普通法关于竞争原则的判例中,争议的焦点大多围绕着各种商务合同中的"竞业禁止"条款是否具有法律效力的问题。

由,通过刑事法律取缔了许多工人组织。在欠缺法律保护之下,劳工开始团结自救,历百年之奋斗,地位趋于稳固。1867年及1884年《国民参政法》(Representation of People Act)的制定,使劳工逐渐取得参政之前,劳工已能通过集体谈判的方式维护自身利益,而无需只依靠法律保护。1871年《工会法》(Trade Union Act)①的出台彻底宣告工会组织的合法性,成为英国劳工运动之宪章,为100年来工会运动之法律基础。该法有两项主要内容:一为废除了"限制从业"理论,使工会在民事及刑事上获得合法化;二为建立工会登记制度,对于登记的工会赋予相应的权力及利益。

1901年的"塔夫维尔案"(Taff Vale Railway Co. v. Amalgamated Society of Railway Servants)案,改变了工会制度的命运。在1901年,"铁道工友联合会"(Amalgamated Society of Railway Servants)因罢工造成雇主"塔夫河谷铁道公司"(Taff Vale Railway Co)的损失而遭到起诉,法院裁判的结果是工会败诉。这项判决造成工人的大规模暴动,促成1906年全国大选中保守党政权的倒台,同时最终导致英国工党(Labour Party)的兴起。在此背景下,英国于1903年设置"皇家劳资争议及工会组织委员会"(Royal Commission on Trade Disputes and Trade Organization)讨论劳工组织的问题。1906年工党获得了政权,随即制定《劳资争议法》(Trade Disputes Act)。② 该法旨在推翻塔夫维尔案的判决,在第4条明确规定:工会职员、会员或代理人的侵权行为所产生的损害,不得向工会请求赔偿。这一规定确立了工会在侵权方面的一般免责原则。该法还废除了民事共谋理论,确定"和平游说"(Peaceful picketing)及同情性罢工为合法。

八、法学教育与法律职业

(一) 出庭律师与事务律师二元分工制

到了19世纪,提高法律职业人的素质成为一个重要的课题。从1836年开始,规定取得法律(非诉讼)代理人(attoney)和事务律师(solicitor)资格者必须通过严格的考试。在此之前,考试制度仅限于在大学里考察学生的成绩,并未被应用于职业人才的选拔。因此,通过考试制度录用法律代理人和事务律师的做法走在了其他行业的前列,也客观上提升了法律代理人和事务律师的社会地位。在此基础上,1860年《事务律师法》(Solicitor Act)③规定事务律师必须修习通识课程并通讨预备考试(preliminary examination),使得法律代理人和事务律师获得了更多的社会尊重。在另一方面,法律协会的培训内容并不局限于法律条文

---

① 34 & 35 Vict. c. 31.
② 6 Edw. 7 c. 47. 在 Quinn v. Leathem,[1901] A. C. 495;Taff Vale Ry. v. Amalgamated Society of Railway Servants,[1901] A. C. 426.判决中,工会不再需承担刑事责任,但应承担民事责任。
③ 23 & 24 Vict. c. 127.

本身,而是结合实际案例对法律条文进行评析。教师也可以就此发表自己的观点。由于讲课的人都是法官或出庭律师,他们具有丰富的司法实践经验,因此,授课内容比较生动。法律协会的培训丰富了英国法学教育的内涵,使之区别于当时牛津大学和剑桥大学法学院僵硬的教学模式,弥补了当时大学法学教育的不足,促进了英国的法律制度有机、整体发展。正如梅特兰法官认为,人们不仅可以通过立法和司法判决来制定法律,也可以通过形成和提炼培养立法者和法官的思想来制定法律。

从1831年起,"法律职业人协会"(Law Society)开始制定较为严格的律师职业道德规范,并强化了对律师违纪的处罚力度。经过多年的努力,到了19世纪后期,法律代理人和事务律师已经获得了仅次于出庭律师的社会认同。

在与出庭律师利益博弈的过程中,法律(非诉讼)代理人(attoney)、事务律师(solicitor)和诉讼代理人(advocate)的一体化进程开始加速。随着时代的发展,三者当中的事务律师的地位愈发显得重要起来。

一方面,诉讼代理人(advocate)的地位随着他们从事实务工作的海事法院和教会法院的重要性的衰微而逐渐动摇。在另一方面,在法律代理人和事务律师方面,由于涉及比较复杂的统计和计算的案件(其中包括经济利益较大的商事案件)被划归衡平法院管辖,因此事务律师的地位得到了显著的提升。此外,在前述的1873年《最高法院法》(Supreme Court of Judicature Act)颁布后,法律(非诉讼)代理人、事务律师和诉讼代理人(advocate)三种不同的法律职业被整合为一,形成了所谓的"最高法院事务律师"(solicitor of the Supreme Court)。

在1873年的这次改革中,高级律师(serjeants at law)[①]的头衔被取消,高级律师学院(Serjeants's Inn)的财产被拍卖,并分配给最后在册的高级律师成员们。这样一来,英国的法律职业人队伍就形成了出庭律师和事务律师两大职业阶层。

(二)大学的法学教育

从18世纪下半叶到19世纪初,英国大学的法学教育曾经经历过一段短暂的改革。1753年,威廉·布莱克斯通在牛津大学首次开设英格兰法(Egnlish Law)这一门课。授课对象是来自英格兰各地的乡绅和牧师,讲课的内容是对英格兰的法律制度作一个全面的概述。后来,布莱克斯通1765年到1769的演讲稿被出版成册(即 Commentaries on the Laws of England),成为法学院学生学习英

---

① "serjeants at law"即在皇家法院具有特权的高级律师,简称为"高级律师"。虽然,高级律师的地位从16世纪就已经开始有所动摇,但是,高级律师所享有的特权直到1846年才被取消。1873年以前,英国各级法院的法官必须从高级律师中挑选。目前,高级律师的地位已经被王室顾问(Queen's Counsel)所取代。高级律师在当时的社会地位不亚于那些拥有骑士封号和博士头衔的人。能够获得高级律师资格的那些人一般都在地方法院从过多年的辩护工作。参见胡加祥:《英国律师制度沿革略考》,载《山东政法学院学报》2007年第7期。

格兰法的必读教材。另一位有影响的学者是安德鲁·艾莫斯(Andrew Amos)。作为一位出庭律师,艾莫斯于1828年接受新成立的伦敦大学的聘任,担任该校第一位英格兰法教授。当时听课的学生主要是一些在职的办事员和准备报考出庭律师资格的年轻人。因此,艾莫斯的讲座被安排在晚上,有点类似于现今的成人夜校。艾莫斯的成功之处在于他把法律条文和实际案例有机地结合起来,使得普通法由原来的零乱、庞杂开始变得系统、完整。从1839年起,伦敦大学开始授予普通法方面的学士学位。

如前文所述,牛津大学和剑桥大学自18世纪后期开始开设英国法的课程讲座。到了19世纪,这两所大学逐步增加法学教授的职位,法学方面的学术研究也日益繁盛起来。然而,无论是牛津大学还是伦敦大学,它们当时的改革都与学者们的努力分不开。由于缺少资金吸引更多有才华的学者到大学任教,从19世纪中期开始,英国大学的法学教育又回到了原先那种经验主义的教学模式。从1850年到1950年,英国最著名的出庭律师中,有些没有受过任何高等教育,另一些虽然上过大学,但是读的也不是法学专业。英国各界对如何提高法学教育一直存有争议。多数人认为大学传授的应该是法律基础知识,而法律协会则应该培训律师实务方面的知识。1852年成立的法律教育委员会(Council of Legal Education)规定法律协会在任课教师的人选,课程的安排上有充分的自主权,但是从1872年开始,出庭律师的资格需要经过统一考试才能获得,法律协会的培训因此也就变成了一种应试教育。

可见,在当时培养法律职业人方面,大学教育并非主流。当时的法律职业人中,在大学接受过系统的法学教育者也寥寥无几。

(三)法学研究

在法学研究领域,这一时期出现了一个新的法学流派——分析法学(analytical jurisprudence)。分析法学的开山鼻祖是奥斯汀(John Austin),他的讲义出版发行后取名为《法理学范围》(Lectures on Jurisprudence,1861)。这部分析法学的纲领性文献的问世,宣告了分析法学的诞生。奥斯汀主张对法律和道德予以严格的区分,彻底否定了自然法的存在,并以"法是主权者的宣言"的立场开展法律解释。在19世纪中叶以及下半叶,法学实证主义(legal positivism)思潮逐渐占据了法学研究的主流。在这样的历史语境中,奥斯汀界定了"有关实际存在的由人制定的法(positive law)"的范围,于法学实证主义的思潮中,开启了分析法学的学术风格。

与之相对的法学流派为"历史法学"(historical jurisprudence)。这一流派的代表人物是亨利·梅因(Sir Henry Sumner Maine),其代表作为《古代法》(Ancient Law,1861)和《古代法律与风俗》(Early Law and Custom,1883)。梅因研究了历史中不同社会的法律进化过程,指出人类历史上存在着静止型和进步型的两类社会类型。静止的社会占世界人口的大部分,如印度和中国,其社会和法律发展停止在某个阶段上,且没有表现出超越该阶段的期望。与之相对,进步型社会主要发生于欧洲的部分国家,它们继受了人类文明的精华部分,并在不断改善与发展的愿望下前进。

根据梅因的观点,静止型社会中的法律进化分为:(根据神示的)统治者个人意志立法、从习惯(habit)到惯例(custom)的统治阶级立法和法典法(customary law)。静止型社会的特点在于维持稳定的秩序,并表现出受家庭约束支配的法律固态——身份(status)制度。在该制度下,一个家庭的成员被束缚于由其家长所支配的家庭。法律仅发挥非常有限的作用,且不对个人实现约束,而是对家庭进行约束。立法和司法只能对家长产生作用,对个人行为的规范停留在其"内宅法"(the law of his home)的范围之中,以区别于国内法(civil law)。

进步型社会超越了静止社会停滞的阶段,其国内法呈现出自我扩张适用范围的特点,法律改革活动较为活跃。在社会发展中的每一个环节上,都大量出现人身权利和财产权利从家庭领域转移到了公共领域的现象。这些法律改革和发展的力量按照历史排序依次为:一是法律拟制;二是衡平;三是立法。法律拟制是根据变迁的需要来改变法律的,它意味着通过保持术语的稳定但变更其功能的方法来将法律变迁的事实隐藏起来。衡平存在于最初的国内法之中,源于国内法原则的至上神圣性。立法则代表着国家制定法律的权力高度提升,其强制力并不依赖于自然法原则。

根据梅因的观察,通过这些法律改革的措施,在进步社会的运动过程中,最为显著的是个人对家庭依附关系的逐渐消失和代之而起的个人责任的增长。国内法越来越多地适用于个人。根据他的观点,这一运动过程是从个人的状态到协议,或者换句话说,是从身份到契约的过程。

同一时期,著名史学家文诺格拉多夫(Sir Paul Vinogardoff)出版了《英国村庄》(Villainage in England)、《历史法学大纲》(Outline of Historical Jurisprudence)等著作,对西欧社会赋税制度的历史发展进行了阐述。梅特兰(Frederic W. Maitland)则出版了其代表作《爱德华一世时代以前的英国法律史》(The History of the Endlish Law before the Time of Edward I, 2 vols. 1895)。[①] 在另一方面,在大学中讲授法学课程的法律职业人,也出版了一些实在法方面的大作。1841 年至 1845 年间出版的史蒂芬(H. Stephen)的《英国法释义》(Commentaries on the Laws of England)是在布莱克斯通名著的基础上加以注释(Commentaries)的优秀教科

---

① 参见李红海:《普通法的历史解读:从梅特兰开始》,清华大学出版社 2003 年版。另见〔美〕斯开勒:《历史精神的体现者:F. W. 梅特兰》,何新等译,载《美国历史协会主席演说集》,商务印书馆 1963 年版。

书之一。在19世纪的末期,在许多法学领域,优秀的教科书层出不穷,如法学家波洛克勋爵(Sir Frederick Pollock)撰写的《合同法精要》(*Principles of Contract*, 1876)、《侵权法论》(*The Law of Torts*, 1887)等几经重印,延续至今。

1885年在波洛克等人的努力下,牛津大学的知识分子们创设了一本名为《法律评论季刊》(*Law Quarterly Review*)的刊物,登载当时的法学家们学术研究的成果,为世人所瞩目。

从1865年开始,在英国法学界还出现一种名为《法律报告》(*Law Reports*)的判例集。这些案例是出庭律师加以编写并经过法官校阅后发行的案例记录,因此属于一种半官方的案例记录(emi-offical)。时至今日,这本案例集已经成为英国的各大案例集中最具权威性的文本,它的出版发行使得英国判例的学术水平和撰写规范得到了提升。

第五节 英国法的繁荣期

一、维多利亚时代的法

维多利亚女王(亚利山德拉·维多利亚,Alexandrina Victoria,1819—1901年)于1837年继承王位(当时她18岁),是英国历史上在位时间最长的君主,在位时间长达63年。维多利亚女王是第一个以"大不列颠与爱尔兰联合王国女王和印度女皇"名号称呼的英国君主。1858年莫卧儿王朝(Mughal dynasty)的末代皇帝——穆罕默德·巴哈杜尔·沙的起义失败,被英军杀害,这一古老的国度沦为英国的殖民地。19世纪末,非洲的乌干达、肯尼亚、桑给巴尔岛等地先后沦为英国的保护地。19世纪80年代埃及统治下的苏丹,爆发马赫迪起义,曾赶走英埃侵略军,建立了自己的国家。但是到了1899年,这个国家再次被英国侵占,实际上沦为英国殖民地。经过英布战争,英国占领了布尔人的两个共和国——德兰士瓦和奥伦治。1910年,德兰士瓦、奥伦治和开普、纳塔尔组成新的自治领——南非联邦。

到20世纪初,世界领土被瓜分完毕,英国所占份额最大。1876年时它已拥有2250万平方公里的领地和25190万人口,到1914年增加到3350万平方公里的领地和39350万人口,相当英本土的137倍和

图七 维多利亚一世女王(1819—1901年)

人口的8倍多,从而形成了列宁所说的"殖民帝国主义"国家。

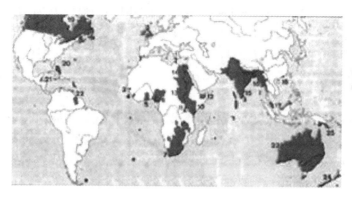

图八　维多利亚时期的英国殖民地

在维多利亚在位的63年间(1837—1901年),英国的政治、经济空前强盛,史称"日不落帝国"。德国、美国等国家的经济实力的提升并没有对英国的世界霸主地位形成实质性的冲击,到了爱德华七世(1901—1910年)即位,英国的繁荣达到了顶点。因此,维多利亚在位期间直到第一次世界大战开始的1914年,英国都称被为维多利亚时代,1914年以后,英国开始走向衰落。

在另一方面,现代化始终是一把双刃剑。随着资本主义制度的发达,现代化带来生产效率提升、城市人口增加的同时也带来了环境污染、犯罪问题、贫富差距、社会分化等一系列弊端。到了19世纪的中期,保护劳动者权益的各项措施逐渐得到完善。同时,英国工人运动的发展受改良主义的影响而走向平稳。由于"工联主义"盛行,工人运动局限在经济斗争的领域,工人组织与资产阶级之间主要通过合法的协商和谈判来改善工人的处境,并反对进行推翻资本主义制度的暴力革命。正因为如此,工人运动的成果有限,被认为是工人运动发展的歧路。

在史学家看来,从1910年乔治五世即位到20世纪60年代初期的约半个世纪,是对维多利亚女王时代所积蓄的社会财富进行重新配置和规划的时期,因此可称为"再分配时代"。

1909年《工会委员会法》(Trade Boards Act)[①]规定工人的最低工资应由行业委员会制定,资本家无权干涉。1910年《议会法》(Parliament Act)制定后,英国开始在预算草案中重视社会保障,并直接促成了1911年《国民保险法》(National Insurance Act)[②]的出台。1913年修订公布了《工会法》,规定工会从事政治活动为合法,有权罢工和抵制。1937年公布了新的《工厂法》,将适用范围扩大到在生产过程中雇佣体力劳动者的所有企业,适用对象不仅包括工人,而且还

---

① (9 Edw. 7 c. 22) ss. 4—10.

② 1 & 2 Geo. 5. c. 55.

包括职员和技术人员。内容包括劳动安全、卫生条件等多个方面。其中较为重要的内容如规定了带薪年休假制度,工人的年休假根据工龄的长短每年为 2 至 3 周;规定了工厂的卫生与安全的各种新标准;赋予工厂安全检查员有监督标准执行的权力;建立了伤亡事故和职业病的报告处理制度等。第二次世界大战结束后,英国相继颁布了社会保障的五大立法:1945 年颁布了《家庭补助法》,规定对于有两个或两个以上儿童的家庭给予补助。1946 年颁布了《国民保险法》(National Insurance Act)[①],实行强制性的全民保险制度,提供均一费率及均一给付的老年年金、疾病津贴及失业津贴。同年还颁布了《工业伤害保险法》和《国民医疗保健法》,对工业劳动者实行工伤保险并对全体国民实行免费医疗。1948 年颁布《国民救济法》,作为上述法律的补充,即对不能享受上述法律保护的,或虽享受但仍不能满足基本生活需要者给予补充救济。五部法律同时于 1948 年 7 月 5 日生效,过去的有关立法一概废除,英国历史上著名的《济贫法》在实施了 300 多年后也告终止。五部法律的颁布实施,最终使英国形成了包括失业、伤残、疾病、养老、死亡、家庭津贴等内容的社会保障体系,英国率先宣布成为福利国家。

在工人组织方面,工会的力量也在不断壮大。1926 年 5 月的上半月,英国发生了一次有近 600 万工人参加的全国性的总罢工。这次总罢工席卷了全国各地区和各行业,给英国资产阶级以沉重的打击,也震动了整个资本主义世界。它是英国历史上工人阶级反抗资产阶级的一次最伟大的战斗。

在政治体制方面,在 1906 年英国议会选举中工党获得 29 个议席,全部为平民议员。1922 年工党在平民院的议员人数达到 142 名,逐步赶上了自由党的议员人数。到了 1929 年工党以 287 名议员的规模占据了议会第一大党的地位,迫使自由党成为第二政党,从此开启了英国保守党与工党相抗衡的两大政党割据的局面。

在这期间,英国对英联邦的组织进行了改组,在第二次世界大战以后对重要的产业进行了国有化改革。

虽然出现了上述的变化,但这一时代英国社会的基调仍然坚持保守主义的意识形态。在工党和工会组织的社会地位逐渐提升的背景之下,主张维护传统价值观的保守主义面临严重危机。在这种情况下,保守党开始了在议会、财政和社会制度方面的改革,其政纲和外交政策也出现了变化。这些改革为英国的保守主义政治体制注入了富有活力的新内容,客观上实现了对社会财富的再分配,起到了缓和阶级矛盾和促进社会稳定的作用。[②]

---

① 9 & 10 Geo. 6. 67.
② 参见林嘉:《英国劳动法和社会保障法》,载 王益英主编:《外国劳动法和社会保障法》,中国人民大学出版社 2001 年版。

二、平民院优势地位的确立

自 19 世纪以来,贵族院的地位逐渐衰微,已远不如由选举产生之平民院。据 1911 年《英国议会法案》(Parliament Act),除包括预算案在内的各种财政法案以外,所有由平民院通过的法案最多可于上议院搁置 12 个月,但不可驳回。

首先,内阁首相必须为平民院议员的惯例得以确立。1923 年乔治五世在安德鲁·伯纳尔·劳(Anderson Bonar Law)首相任期届满之后,没有选择当时保守党的第二号人物、外务大臣寇松勋爵(Lord Curzon),而是指派保守党人斯坦利·鲍德温(Stanley Baldwin)担任首相,就是依据首相必须为平民院议员的原则。这样一来,1895 年至 1902 年期间担任首相的索尔兹伯里侯爵(Lord Salisbury)就成为以贵族院议员身份任首相的最后一人。

其次,贵族院的政治地位虽有下降,但其成员主要为王室后裔、世袭贵族、新封贵族、上诉法院法官和教会的重要人物组成,学识渊博且经验丰富,因此贵族院仍保留了预算审查权和最高司法权。

在维多利亚治下,世袭贵族的比例逐渐下降,而新获册封的贵族人数骤增。在 1830 年仅有约 400 名贵族院议员,到了 19 世纪末这个数字上升到了大约 600 多人。到了 20 世纪,这种趋势更加明显,许多常年担任平民院议员作为政界常青树在退休后被册封为贵族。1958 年,上议院优势性的世袭状态被 1959 年《终身爵位法案》(Life Peerages Act 1958)①所改变。该法案允许国王册封终身贵族人数不设上限,但爵位不得继承给后代。这样一来,贵族的人数增加到约 1150 人,其中经常参加贵族院法案审议的却只有 100 多人。

随着贵族院在政治上沦为弱势,一些以世袭方式获得贵族身份的平民院议员提出了要求辞去贵族身份的主张。为顺应时代的要求,1963 年《贵族法》(Peerages Act)②作出了这样的规定。③

1949 年的《议会法》④对 1911 年的同名法案进行了改革,在立法层面进一步

---

① 6 & 7 Eliz. 2 c. 21. 这部法律将 Wensleydale Peerage Case (1856), 5 H. L. C. 958, 10 Eng. Rep. 1181(H. L.) 判例所建立的国王可以任意册封终身贵族,但终身贵族不得成为贵族院的议员的做法加以改变。

② 1963 c. 48. 规定辞去贵族身份者必须在该法施行后一年内或继承爵位后一年内完成。同时该法也纠正了 Viscountess Rhondda's Claim, [1922] A. C. 339 判例不顾 Sex Disqualification (Removal) Act 1919(9 & 10 Geo. 5 c. 71)的规定宣称以继承方式获得贵族身份的女性不得成为贵族院议员的错误。

③ 制定这一法律的直接原因就是工党的安东尼·韦奇伍德·本(斯坦斯盖贵族,Mr Wedgwood Benn[Lord Stansgate]),赫格先生(黑尔什姆贵族,Mr Hogg [Lord Hailsham]),和保守党人道格拉斯亚历克霍姆先生(霍姆贵族,Sir Alec Douglas Home [Lord Home])都放弃了他们的贵族头衔。霍姆还在辞去贵族身份后担任了英国首相,并在其后的补缺选举中当选为平民院议员,也就是说事后才符合宪法上首相需为平民院议员的要求。

④ 12, 13 & 14 Geo. 6 c. 103.

确立了平民院的权威地位。1911年的法案规定,平民院通过的财政法案(money bill)送交贵族院后,无论是否进行了审议,1个月后均自动生效;其他公共法案(除在议会同意延期审议的法案外),如经平民院连续三会期议决,且在平民院第一会期两读后距离最后会期中通过如相隔2年以上,即使贵族院审议否决,也不影响该法案成为法律。在1949年的《议会法》中,进一步将上述规定改为连续两会期和间隔时间1年。换言之,贵族院搁置大多数法案的时间自三会期或两年缩减为两会期或一年,这就是政治学中所谓的"延宕性否决权"(suspensive veto)。

这一法案是在第二次世界大战以后工党执政的背景下出台的,其目的一方面在于限制贵族院权力的需求,同时,也是为了避免保守党占多数的贵族院对工党政权的施政加以阻挠。虽然贵族院极力反对该法案,但根据1911年《议会法》规定的程序,该法案不经贵族院的同意表决,即宣告生效。

三、选举法改革

在这一时期,随着《人民代表法》(Representation of the People Act, 1918)[①]的出台,年满21周岁的男性公民,在该选举区居住6个月以上或占有年价值10英镑以上的商业用途的土地和房屋满6个月以上,即拥有选举权;在女性方面,年满30周岁的女子身为选举权人的妻子或自身为地方自治体选举权人的(即占有年价值5英镑的住所或其他土地和房屋者)也享有选举权。此外,年满21周岁的男子或年满30周岁的女子中拥有大学学位者,拥有在该大学所在选举区选举的权利。随后,在1928年的《人民代表法》(Representation of the People Act)[②]中,年满21岁的妇女拥有了和男子相同的选举权利。到了第二次世界大战之后的1948年修订的《人民代表法》(Representation of the People Act, 1948年)[③],废除了占有商业住宅和拥有大学学位的双重选举权利,规定在特定场所内居住一定时期为选举权的唯一要件[④](即出现同一人可在两个不同的选区行使选举权的现象)。进入20世纪中叶,1969年的同名法律[⑤]将选举权人的法定年龄从21岁降低到了18岁。

上述的1948年《人民代表法》,还将之前的一选区可选出2名议员的12个地区的选举制度加以修改[⑥],将英国的选举制度改革为彻底的小选举区制。

---

① 7 & 8 Geo. 5 c. 2.
② 18 & 19 Geo. 5 c. 12.
③ 11 & 12 Geo. 6 c. 65.
④ 在选举区内必须居住一定时间的要件,在1948年也被废除。
⑤ 1969 c. 15.
⑥ 在此之前的Representation of the People Act 1918规定同一人不得在3个以上的选举区行使选举权。

四、司法与立法的发展

(一) 司法改革

在这一时期所进行的司法改革中,涉及法院的部分是比较有限的。1934 年贵族院以常设委员会的形式建立了"司法变革委员会"(Law Revision Committee),主要针对大法官委托的事项、审议是否需要进行制度改革。在第二次世界大战以后,这一委员会改称"司法改革委员会"(Law Reform Committee),并在 1959 年设立了内务大臣主导的"刑法改革委员会"(Criminal Law Revision Committee)。

司法改革委员会经过长期的调研和审议,提出了若干的司法改革白皮书(中期报告),成功地实现了部分立法化。

这些立法包括:(1)《法律改革法案(各项规定)》(Law Reform [Miscellaneous Provisions] Act 1934)①规定当事人的死亡,不影响申请对侵权行为实施救济的权利。(2)《法律改革法案(妻子与侵权行为人)》(Law Reform [Married Women and Tortfeasors] Act 1935)②撤销了以前法律对妻子行为能力所作的限制;同时侵权行为的被害人以共同侵权人的其中一人为被告提起诉讼并获得胜诉的,在得到全额赔偿之前,被害人有权对其他侵权人提起诉讼。(3)《法律改革法案(分担过失)》(Law Reform [Contributory Negligence] Act 1945)。在传统英国法中,如果侵权行为的被害人一方也存在造成侵害结果发生的部分责任,则无权获得赔偿。《分担过失方案》改变了上述的传统,引入了过失抵消的原则来实事求是地处理纠纷。(4)《法律改革法案(执行合同)》(Law Reform [Enforcement of Contract] Act 1954)规定,根据反欺诈条例(Statute of Frauds),只有保证合同和与土地权利有关的合同必须以书面形式缔结。

上述这些法律改革,在英国的司法领域无疑有着极其重要的作用。然而,由于改革所涉及的仅为民法上的若干内容,对法律整体结构并没有改变。此外,法律改革委员会提交的中期报告表明,许多立法建议并未实现。当然,由于第二次世界大战的爆发,战时的经济和政治状况也不允许对法律进行全面和精密的改革。

(二) 财产法

英国 1922 年和 1925 年《财产法》(Law of Property Act)以及与之关联的一系列立法,对中世纪以来英国的土地法作出了较大幅度的改革。具体内容如下:

---

① 24 & 25 Geo. 5 c. 41. 这一法律的出台改变了古老的"一项基于人身的诉权随着权利人的死亡而消失"(*Actio personalis moritur cum persona*)的拉丁法谚。
② 25 & 26 Geo. 5 c. 30.

第一,将中世纪以来的"公簿持有保有权"(copyhold tenure)全部转化为"农役保有制"(socage tenure),这样一来"大服侍保有"(grand sergeanty)、"小服侍保有"(petty sergeanty)和"教会保有"(frankalmoign)之外的土地所有权被统一设定为租借地产权。

第二,随着地产权制度的发展,"estate"一词获得了一种财产权的意义。在现代,这个术语转为指一个人在土地关系中的地位,它标志着一个人在特定地产中所享有的权利的属性。1925年《财产法》将可存在于土地之上的合法地产权减少至两种:其一,绝对占有的不限嗣继承地产权(fee simple absolute in possession);其二,期限无限制的占有权(a term of years absolute)。在上述之外的地产权益,仅为一种衡平法上的权利,因此不能对抗善意有偿的第三人,在土地交易过程中的安全性难以得到保障。在普通法上,除了这些财产权外,还存在着:(1)地役权(easement);(2)地租税(rentcharge),即向与土地所有人或借贷人无亲属关系而占有土地者收取费用的权利;(3)在普通法上因抵押行为(mortgage)而产生费用(charge)的请求权;(4)土地税,十分之一税等租税征收权;(5)普通法上的期限无限制占有权或地租税所产生的土地占有权(right of entry)。

第三,不动产(real property)和个人动产(personal property)的分类被取消。包括:(1)对于个人动产,也可以设定限嗣的权利(参照本书关于中世纪法的叙述);(2)不动产和个人动产在继承方面的法律规定得以统一,实行均分继承制;(3)过去实行的当被继承人存在债务时,首先以个人动产加以冲抵的规定也被废除了。

(三)限制民事陪审制度

1933年制定的《司法管理法案[各种规定]》(Administration of Justiuce[Miscellaneous Provisions] Act)规定:民事案件的当事人有权要求陪审审判的情况被限定为几种合适的类型。除此以外的民事案件,一律由法官负责裁量是否选择陪审审判。同时,即使符合法律列举的几种案件类型,如果存在不适合陪审审判的特殊事由,法官可以裁量不交由陪审团审理。

五、法律职业与法学教育

(一)法律职业

第二次世界大战之后,英国出庭律师的人数开始减少,与之相对应的是事务律师的社会地位的不断提升。这一点与案源主要由事务律师垄断,年轻的出庭律师收入偏低有着直接的关系。

事务律师的崛起,一方面是由于社会经济和立法的进步促进了行政性法院(administrative courts)的发展。尽管事务律师无法在高等法院(High Court)以上的不限管辖权的上级法院(Superior Courts)开展辩护活动,但在行政性法院事务律师的作用却得到了充分的发挥。尽管社会地位和名望尚不及出庭律师,但他们同样享有某些职业特权,如对财产(尤其是不动产)转让事务的垄断,这无疑提升了事务律师的经济实力。① 另一方面,法律协会(Law Society)自1831年成立时起,就开始对事务律师执业素质和职业道德进行训练,并在20世纪中期达到了一个较高的水平。

(二) 法学教育

20世纪的上半叶,英国的大学法学教育开始得到了长足的发展。不过在培养法律职业人方面,到第二次世界大战结束时仍主要由法律职业团体来实现。由于大学法学教育只具备学术研究的功能,因此英国的法学教育,特别是在法制史、法理学和法社会学等方面与同为英美法系翘楚的美国相比,逐渐处于劣势。特别是由于英国的法院很少对判例进行变更,因此学生们讨论判例的立场和观点的积极性不高,加上作为单一法国家,缺少美国式的联邦制度带来的司法多元化现象,英国的法学教育更多集中在对现行法进行评说和静态叙事方面,鲜有挑战性的、革命性的观点出现。

第六节　20世纪后期的英国法

一、概述

自20世纪60年代初开始,英国的社会和法律进入了一个新的时期。首先是作为英国的统治基础的精英集团制度(establishment)受到了越来越多的质疑。其次,随着英国的经济实力的相对下降,英国对英联邦国家的管理和干预越来越少,与之相对与欧洲大陆诸国之间的经济、文化和人员的往来却日益增加。英国于1973年1月日起进入了加盟欧洲经济共同体(EC)的进程,并在5年后的1978年成为这一组织的正式成员,即为这一变化的具体体现。

在上述的第一点上,与美国不同的是,英国长期以来一直坚持由精英治国以实现良治的政治和行政传统。政治人物大多出身富裕家庭,在公立学校毕业后进入牛津大学或剑桥大学接受高等教育。然而,到了20世纪的60年代,这种对于精英阶层的信任开始为民众所质疑。1965年,保守党打破之前的传统,允许该党的平民院议员进行党魁选举。这样一来,担任首相和其他重要行政职位的人员中,出身平民者激增。在1975年6月就是否加入欧洲共同体(EC)举行的全民公决以及1963年发生的"普罗富莫"(John D. Profumo)丑闻是促进英国国

---

① 参见王云霞:《部门法在西方的分离》,载《中外法学》2003年第2期。

民放弃精英治国理念的重要原因。①

在同一时期,北爱尔兰地区、苏格兰地区和威尔士地区要求获得更大自治权的呼声越来越高,在英国议会和民众当中也被广泛讨论,这就是所谓的"地方分权"(devolution)问题。

进入20世纪70年代,中东石油危机的爆发,制约了各国经济的发展。英国国内面临着严重的失业问题,政府加大了就业保障立法。1975年颁布了《就业保障法》,1978年又颁布了《就业保障(统一)法》,该法对过去几个有关就业的法律进行了修改、整理、合并。以后,每隔几年就对该法修订一次。1988年又重新颁布了一部《就业法》,1990年对该法进行了修订。此外,受世界人权思想的影响,反歧视立法也有了较快的发展。在1965年颁布的《种族关系法》的基础上,1976年又颁布了新的《种族关系法》,将反歧视的内容扩大到就业歧视方面。1970年颁布了《同工同酬法》,1975年颁布了《反性别歧视法》。1983年修订了《同工同酬法》,1986年修订了《性别歧视法》。1995年通过了《残疾人歧视法》。在雇佣关系方面,1989年通过了《雇佣法》,并于1989年和1990年两次修订。1990年通过了《合同(适用)法》。1996年通过了《雇佣权利法》。在劳动保护方面,1974年颁布了《劳动卫生与安全法》,1992年颁布了《劳动卫生与安全管理规定》。在劳动关系领域,1971年通过了《劳资关系法》,1972年通过了《劳资关系法实施规则》,该法对工会组织工人罢工和从事政治活动规定了一定的限制。迫于工会的压力,1974年又通过了《工会与劳资关系法》,放宽了对工会活动的限制。到20世纪90年代,英国又通过了几个有关劳资关系的法律。如1992年通过了《工会和劳动关系(统一)法》,1993年通过了《工会改革和雇佣权利法》。在社会保障方面,1975年通过了《社会保障退休金法》,1982年通过了《社会保障和房屋津贴法》,1985年通过了《社会保障法》,该法于1989年和1990年两次修订公布。1992年颁布了《社会保障缴款额和津贴法》。1993年还颁布了《退休金计划法》,对老年、残疾和遗属的退休金作了全面的修订。1995年颁布了《退休金法》,对退休金作了更新的修订。

---

① 普罗富莫出生于1915年,贵族,在1950年起担任保守党平民院议员,1960年起担任英国陆军大臣。在1961年1月,阿斯特子爵(Viscount Astor)在其宅第克莱芙顿(Cliveden)举行派对。普罗富莫在派对中认识了一名叫克莉丝汀·基勒(Christine Keeler)的应召女郎,他们此后更发展了一段短暂的关系。虽然,两人的关系只维持了数星期,便被普罗富莫所中止,但有关他们绯闻的谣言却开始传开。而令人惊讶的是,原来基勒更曾同时与一位苏联驻伦敦大使馆的高级海军武官,叶夫根尼·伊凡诺夫(Yevgeny Ivanov)有染。事件后来被传媒查出,使"普罗富莫事件"立即一跃成为关系到国家安全的大事,并随之向公众曝光。1963年6月5日,普罗富莫被迫承认他曾向下议院说谎,这对英国政治来讲,是件不可赦免的"失信行为"。结果,普罗富莫被迫辞去陆军大臣、平民院议员和枢密院顾问官等所有职务。

二、议会主权原则遭遇挑战

长期以来作为英国政治体制基础的议会主权的原则,也面临着越来越多的矛盾和挑战。对这方面的说明,可参照英国宪法学的有关论著,在此笔者仅对其中主要的争议点加以叙述。

首先,在英国加盟欧洲共同体(EC)以后,《欧洲共同体法》(European Communities Act 1972)①至少以下两个方面对英国的议会主权原则作出了限制:其一,根据该法的规定,欧共体条约规定的,成员国无需通过立法手段加以确认即被视为国内法上的有效的权利和义务,在英国无需另行立法也应被视为有效②;其二,为履行欧共体成员国的义务,可通过政令或其他行政法规的方式规定必要的实施细则。上述政令或行政法规可以对现行法加以变更③,且今后的立法不得与这些政令或行政法规抵触。

换言之,对于已存在英国议会立法,受到之后的欧共体立法或判例限制,说明英国议会根据《欧洲共同体法》全面地默许了该法对英国法所作的立法或判例变更。然而,对于在某一 EC 立法或判例出台后英国议会制定的法律,仍然要受 EC 法或判例的制约。④ 显然,在议会治权的理论框架下,是很难包容这种结论的。

其次,在英国加入欧共体后,1975 年英国举行了"全民公决"(referendum)以决定是否继续留在欧共体内。⑤ 这一做法,显然不是通过立法手段而实施的国民选举,而是针对某一特定事项不由议会决定,而是尊重广泛民意。但无论为何种形式,实施全民公决的行动本身意味着一种与议会主权原理不同的政治理念在英国的出现。

再次,在人权法领域,有观点主张英国应制定《人权法案》(Bill of Rights),并规定如需修改该法的内容,必须依照不同于一般立法程序的特别程序进行,至少不能允许议会在事后通过其他立法对《人权法案》加以变更。这些主张表明,在这一时期,英国的法学界中出现了质疑会主权原则的倾向。⑥

---

① 1972 c.68.
② European Communities Act 1972(c.68),s.2(1).
③ Ibid.,s.2(2).
④ Ibid.,s.2(4).
⑤ Referendum Act 1975 (c.33).
⑥ 值得注意的是推动《人权法案》出台的理由和法案的内容并不契合。例如出台《人权法案》的背景之一是英国于 1951 年批准了《欧洲保障人权暨基本自由条约》(European Convention for the Protection of Human Rights and Fundamental Freedoms 1950)。在欧洲人权委员会(European Commission of Human Rights)和欧洲人权法院(European Court of Human Rights)相继成立之后,如果英国国内法违反了欧洲人权公约,就必须交由斯特拉斯堡的欧盟法院审理。因此英国舆论要求立法以在国内解决侵害人权的案件。

三、法院体制的改革

20世纪70年代初出台的《司法管理法案》(Administration of Justice Act 1970)[①]和《法院法》(Court Act 1971)[②]对1873年《最高法院法》(Supreme Court of Judicature Act)所建立的法院体制进行了改革。在此仅对此次改革对传统制度所作的改变加以概述。

第一,在高等法院(High Court)的组织架构中,取消了历史悠久的"遗嘱继承、离婚及海事法庭"(Probate、Divorce and Admiralty Division)等诉讼部门,增设了家庭法庭(Family Division)。与此同时,对女王法庭(Queen's Bench Division)和大法官法庭(Chancery Division)受理案件的范围也作了若干调整。

第二,在各地方上废除了承担审判职能的巡回大审判庭(assize)和四季法院(court of quarter sessions),取而代之以开展刑事审判的皇家刑事法院(Crown Court),并将其作为高级法院(Surpreme Court of Judicature)系统中专司刑案的部门。对于处理小额民事案件的治安法院(county court),也进行了改革,使其在组织上和程序上更加规范。

第三,中世纪以来,在英国各地方自治区域遗留了一定数量的地方法院(local court)[③],其中的绝大部分在这次司法改革中被废除。[④]

四、以立法手段促成司法改革

在20世纪60年代,有学者提出对各法律领域进行根本性的审视,并实现法律现代化和简明化。其中具有代表性的著作是1963年由加德纳勋爵(Lord [Gerald] Gardiner)和马丁(Andrew Martin)编纂的《当代法律改革》(*Law Reform Now*)。与此同时,法律改革也成为这一时期工党的执政纲领和口号。1964年,工党时隔13年再次执掌政权并建立了威尔森(J. Harlod Wilson)内阁,并任命加德纳勋爵为大法官,推行司法改革。

1965年,成立了由5名委员组成的司法改革领导机构——法律委员会(Law Commission)。[⑤] 半世纪之前的旧法律改革委员会(Law Revision Committee)只能接受政府的委托,对部分法律事项加以审议。与之相对,新的法律委员会独立于政府运作,有权开展与法律改革有关的各种议题的讨论。在设立该委员会的文

---

① 1970 c.31.
② 1970 c.23.
③ 根据9 Halsbury, *Laws of Endland*, p. 509—72(3d ed. 1954 with 1970 Cumulative Supplement),截止1965年10月英国有165个城市拥有地方法院。
④ 被废除的主要法院包括:Chancery Court of the County Palatine of Lancaster;Chancery Court of the County Palatine of Durham;Mayor's and City of London Court 等。
⑤ Law Commissions Act 1965 (c.22).

件中明确规定其任务之一就是完善和制定法律,事实上对契约法的法典化成为该委员会的重要使命。在之后的日子里,该委员会开展了大量富有成效的立法准备和修改活动,出版了为数众多的委员会报告,其中大部分最终形成了法律。

五、遵循先例原则的变更

1966 年,贵族院(House of Lords)宣布将 19 世纪中叶以来形成的、英国独有的严格遵循先例的原则加以变更,法院根据具体情况,可以跳出先例制约,作出与先例不同的判决。贵族院要求,在讨论审理某一具体案件时的诉讼程序问题时,大法官加德纳勋爵必须提交名为《司法实践声明》(Practice Statement [Judicial Precedent])的议案,全体议员加以审议。

这份文件的全文如下:"各位法官阁下,适用先例,意味着法律在对某些事物作出判断,并针对具体事项适用法律时不可或缺的程序和基本方式。适用先例的做法,不仅有利于维护法律的基本秩序,也成为公民处理社会事务时必要的依据,至少在一定程度上维护了社会的稳定。

然而,各位法官阁下,过于严格地遵循先例,在某些个别案件中会出现有悖正义的结果,同时也会制约法律的健康发展。因此,现在应当对传统的习惯加以改革,在遵循先前判例的'主旨'(指导思想)的基础上,如果认为区别于之前的判例主旨是正确的,即可放弃遵循先例。

与上述相关,各位法官阁下应特别留意,(改变判例可能引起)契约和财产权的变更,从而对国家财政政策形成一定的干扰和影响。特别是在刑事法律方面,应特别注意保持法的稳定性。

除贵族院外,本声明无意影响判例在其他地方的使用。"①

从加德纳勋爵的上述陈述可以看出,其一,判例的确可能会导致不公正的结果;其二,贵族院在只有特殊情形下才可以变更以前的司法先例;其三,司法判例制度还必须坚决地加以维护。因为在该段陈述之后,加德纳勋爵不失时机地附加了限制在贵族院之外适用的声明。

英国判例法上出现的这一重要变化,意味着虽然英国通过立法改革创设了规避不当判例等一系列规则,但法院在处理具体案件时,仍然遇到许多制度上的瓶颈,因此不待立法修改就率先提出了变更判例的主张。然而,判例法仍旧是英国法律制度的重要基础。虽然以加德纳勋爵为首的有识之士也发出了改革判例法的呼吁,但从整个进展情况来看,这一过程还是相当缓慢的。可以断言,在相当长时期内,判例法作为英国法律制度重要基础的事实不会有实质性的改变。

---

① [1966] 1. W. L. R. 1234.

六、法律职业与法学研究

(一) 法律职业

在英国的法律职业人方面,出庭律师的人数在 20 世纪 50 年代曾一度下降,直到 1960 年登记开业的 1919 名为最低,之后人数开始急剧反弹直至 1974 年的 3368 名。之前曾有学者认为:英国式的以出庭律师和事务律师组成的二元制律师制度将会随着出庭律师的人数减少而逐步消亡。但英国律师人数的实际变化,使得这些推测不再具有说服力。

有研究指出,随着英国法律援助制度和指定辩护人制度的完善,使得出庭律师可以在较为年轻的时候获得稳定的收入,这直接导致了出庭律师人数的增长。

同时,事务律师的社会地位也得到了显著的提升。根据 1971 年出台的《法院法》(Courts Act)①,事务律师可以通过遴选成为兼职的法庭书记官(recorder),任该职 5 年以上者可以成为巡回法官(circuit judge)。这一规定为事务律师成为高等法院的法官打开了一条狭窄的通道。

(二) 法学教育

在这一时期,大学在培养法律职业人方面的作用,随着大学教育的普及而更加显著。1970 年在英国的大学接受法学教育的法学学士(LL. B.)的人数在英格兰和威尔士地区共有 1449 人,这一数字是 1938 年的同类人群的 3.4 倍。新近成为出庭律师者的八成和事务律师的四成接受过大学的法学教育。

然而,有学者指出,与美国等发达国家相比较,英国的大学法学教育起步较晚,发展速度缓慢。1971 年《奥默德报告》(Ormrod Report)②指出,英国的法学教育应当摒弃学术性与职业性,以理论性与实务性的二分法,加强大学与法律职业组织间的联系以提升法学教育的素质。在此方面,大学应当发挥更大的作用,并提出了许多的改革方案。不过,时至今日,这一白皮书的大部分仍未得到切实的贯彻和实施。

进入 20 世纪后,随着短期培训和继续教育机制的建立,英国的法律教育制度日趋完善,但由于历史传统的原因,它仍旧保持着自己固有的一些特点。

首先,在教育体制上,英国的法律教育由附设于综合性大学中的法学院、独立的法学院和在职培训机构三部分组成。大学法学院招收全日制本科生,学制三年,以法学基础理论和专业知识教育为主,课程主要有刑法、土地法、合同法、诉讼法等。在这里,学生经过三年学习,可大致掌握普通法的基本构架、主要内容、基本原理和原则,了解其产生、发展和完善的基本历史过程。大学教师多为

---

① 1970 c.23.
② Report of the Committee on Legal Education, Cmnd. 4595.

训练有素甚至造诣深湛的法学专家、教授,其理论性和学术性特色较为突出。部分大学招收研究生,并设有专门的法学研究机构。大学法学院的学生多数具有深厚的专业基础和理论功底,其中有相当一部分毕业后以法律教育或法学研究为职业。所以,大学法学院是英国法学学术人才的摇篮。不过,与美国和大陆法系的代表国家相比,英国大学中的法学教育的学术理论水准、法学著作的质量和数量以及从事学术理论研究的法学家在法律界的影响和地位都略逊一筹。至少到20世纪30年代,"英国大学中的从事学术事业的法律家对律师业务也还是没有真正的影响,并且除了少数例外情况,他们也为其他学科的学者们所看轻"。因此,在美国和德国,法学家出任高级法官司空见惯,而在英国却是闻所未闻。这说明,重实践、轻理论的法律文化传统仍保持着其潜在的影响。

独立的法学院既有全日制学生,也有在职进修生,主要目标是培养出庭律师。自20世纪90年代以来,由于对出庭律师的需求量不断增长,这类法学院发展迅猛。到目前为止,在英格兰和威尔士已有6所这样的法学院,其中最著名的是伦敦西部的巴特沃斯法学院(Butterworth School of Law)。该校除了进行基础知识和理论教育外,更主要的是实务技能方面的教育和训练,开设的课程60%是法律实务课程,例如怎样会见当事人、怎样起草法律意见书、怎样出庭辩护、怎样举证和质证等。教师多是资深出庭律师或其他实务经验丰富的法律工作者,毕业生多数都有较强的实际操作能力。

在职培训机构中最著名的是英国司法培训中心(Judical Training Gentre,U. K.)。它成立于1979年,由大法官亲任主席,主要负责培训在职法官。由于英国的法官队伍中有三分之二是兼职法官,在职培训至关重要,因而该机构的地位和作用十分重要。按规定,兼职法官在上岗之前,首先要到培训中心或法律院校接受为期一周的培训,以后,每年都要进行一周的再培训。如果有重大的新法律出台,还要进行专题性的临时培训。培训中心教育的主要特点是目的明确、针对性强,能立竿见影。每期培训班开学之前,司法培训中心先成立专家小组进行调查,了解司法实践中存在的法律难点、重点,据此确定具体的培训课程,并参考有关资料,编写教材。学员可根据自己的需要,自由选课。然后按学员的选课情况编班,聘请有关方面的权威专家授课。由于教学内容紧扣现实,学员能够学己所需,学以致用,因此效果较好。

在教学模式上,坚持理论与实践的有机结合,注重实际工作能力的培养。在大学法学院,学生除了听专家讲座外,其余时间用于自学,主要是根据学校的课程安排做一些研究性练习。在独立的法学院,通常采用两种教学方式。一种是"实例法",即选择某一现实案件,让学生实地旁听审理过程,然后组织专题讨论会,由学生对审案过程中的每一个环节细致分析,最后由老师进行讲评总结。另一种是"模拟法",即根据司法过程中可能出现的不同情况,由老师拟定出许多不同的"案例",然后由学生分别扮演其中的法官或律师,进行模拟法庭辩论。这两种方式都能有效地提高学生运用所学知识解决实际法律问题的能力。

无论大学法学院还是独立法学院,均实行学分制。规定的必修课和选修课全部考试及格后才能毕业。如果某门课考试不及格,必须补考,学校允许每一个学生补考两次。毕业后,学生要经过为期一年的实习阶段并通过律师资格考试后方能开业。实习时,学生可以自由选择一个出庭律师事务所。

显然,当今英国的法律教育仍旧保持着实用主义的民族特色,在独立的法学院和在职培训机构身上表现得尤为突出,体现了悠久的文化传统。[①]

[①] 参见程汉大:《从学徒制到学院制:英国法律教育制度的历史演变》,载《清华法治论衡》第4辑,清华大学出版社2004年版。

第三章 美国法的产生与发展

第一节 殖民地时代的美国法

一、殖民制度的建立

(一) 北美殖民地的初建

英国开始建立和经营殖民地是在伊丽莎白一世女王的时代(1558—1603年)。1607年伦敦公司在北美大西洋沿岸的詹姆斯河口建立了詹姆斯城(James town),从而揭开了英国在北美建立殖民地的序幕。到1733年为止,英国在北美大西洋沿岸共建立了13个殖民地。究其原因,主要是都铎王朝的集权统治使得英国的国力大增,为海外扩张提供了基础。同时,还存在以下三个方面的直接原因:其一,在伊丽莎白一世时期,许多大资本家开始关注能够获取巨额收益的海外殖民活动,因此他们开始频繁地向国王申请特许状(charter),以组织大规模的企业型移民活动;其二,在英国,第一次圈地运动(enclosure movement)后,大量佃农失去了土地,开始涌入城市,引发了各种各样的社会问题,向殖民地输出失去土地的农民、乞丐和罪犯,有利于解决英国本土的社会治安问题;其三,由于英国实行严格的国教(圣公会)制度,追求信仰自由和美好生活的所谓"异教徒"也开始把目光投向北美殖民地,以逃避战争或宗教迫害。在当时的北美居民中,还有大量的黑人是以奴隶身份从非洲贩运来的。

随着詹姆斯城的建立和发展,1620年英国在现在的马萨诸塞州普利茅斯(Plymouth)建立了北美的第二块殖民地。在之后的若干年间,除了佛罗里达属于西班牙的领地以外,北美各处都出现了英国的殖民地。

图九 北美殖民地分布图

(二) 镇压印第安人的反抗

北美土著居民印第安人在欧洲移民到来初期对他们十分友好,以礼相待,提供各种帮助。但欧洲移民却驱逐并屠杀印第安人,激起印第安人的反抗。1675年到1676年间,美洲曾发生了大规模的"腓力普王之战"。"腓力普王"是欧洲白人对一位印第安酋长的称呼,这位酋长曾平息了印第安各部落之间的敌对,把各部落联合起来反对殖民者。这一举动令殖民者极度恐惧,他们千方百计地在印第安各部落中制造矛盾,结果"腓力普王"被叛徒出卖,死在殖民者的屠刀之下。从此,印第安各部落之间矛盾重重,殖民者乘虚而入,对印第安人残酷镇压。英属殖民地上的印第安人绝大部分被赶到阿巴拉契亚山脉以西地区。

二、殖民地的法律特征

18世纪中叶,资本主义经济主要集中在北部各殖民地,尚处于资本主义手工工场阶段。当时在美国中部地区盛行半封建租佃制。为了维护大土地所有制,还实行长子继承法。在南部和中部殖民地上还实行限定嗣续法。与之相对,北部殖民地上则盛行农民小土地所有制。在殖民地的前资本主义制度中还有白人契约奴制和黑人奴隶制度,在13个殖民地上到处都有白人契约奴。

他们的来源有四个方面:第一,殖民地上因欠债而无力偿还者,他们被法庭判为契约奴;第二,英国贫民想到北美而缺少路费者,他们往往卖身为奴,以偿路费;第三,被拐骗的乞丐、儿童等;第四,英国的罪犯。通常他们必须当五至七年的契约奴,期满才能获得自由。

在北部、中部殖民地上,黑人奴隶较少。他们一般是家内奴隶,有的在白人主人家中从事家务劳动,有的在手工作坊里和白人主人一道劳动。90%以上的黑人奴隶集中在南部殖民地的种植园里。黑人奴隶制度比古代的奴隶制度更野蛮和惨无人道。奴隶主可以任意鞭打甚至杀死奴隶,还可以把他们转让或出卖。种植园主既是地主和奴隶主,又是农业资本家。北美的黑人奴隶制度成为资本主义世界一个重要的组成部分。

北美的各个殖民地不仅在地理条件、经济条件、人口条件等方面有着较大的差异,而且在殖民地居民的来源和宗教信仰方面也不尽相同。同时,在大多数的地区,都实行了指定教派(established church)制度。

英国建立了一整套统治和管理北美殖民地的机构:一是在英国政府内部设置的管理殖民地的贸易局;二是英国派驻北美的总督及官员。按照英国对殖民地的管理模式和设立殖民地的法律依据,可将这些地区分为四种类型,即:

1. 依据社会契约设立的殖民地

在北美的殖民地中,有一些地区的建立与英国本土无关。其中最著名的就是普利茅斯殖民地。英国移民驶往北美的第一艘船只——"五月花"号载重约

180吨,长90英尺。以运载一批分离派清教徒到北美建立普利茅斯殖民地和在该船上制定《"五月花"号公约》而闻名。分离派是英国清教中最激进的一派,由于受英国国教的残酷迫害,1608年8月离开英国到荷兰。其中一部分教徒决定迁居北美,并与弗吉尼亚公司签订移民合同。1620年9月,在牧师布莱福特(William Bradford)率领下,"五月花"号前往北美,全船乘客共102名,其中分离派教徒35名,余下为工匠、渔民、贫苦农民及14名契约奴。同年11月11日,清教徒们到达科德角(今马萨诸塞州普罗文斯敦),于圣诞节后第一天在普利茅斯地方上岸。在登陆前,即11月21日由分离派领袖在船舱内主持制定了一个共同遵守的《"五月花"号公约》①,有41名自由的成年男子在上面签字。其内容为:组织公民团体;拟定公正的法律、法令、规章和条例。此公约奠定了新英格兰诸州自治政府的基础。根据居民共同签署的公约来建立社会政治组织的理念,体现了社会契约论的思想。

不过,在英国的领地内建立殖民地却没有英国本土政府的官方授权,使得这些殖民地的地位非常不稳定。1660年王政复辟之后,上述的殖民地或取得了国王的许可状成为自治殖民地,或与其他殖民地合并。到了17世纪末,这一类型的殖民地已经彻底从北美的大地上消失了。

2. 自治殖民地(chartered colony)

当时,大多数的殖民地是获得了国王授权的"许可状"(charter)后建立的。如果这种许可状是直接授权给社区②,则这一文书就成了该殖民地的基本法。在此基础上,该殖民地的居民们获得了比较广泛的自治权。当然,能够参与自治主要是中产阶级以上的居民,且必须为该殖民地指定教派的信徒。

3. 领主殖民地(proprietary colony)③

如果国王将许可状授权给个人,他在拥有殖民地土地的同时也享有管理该土地的统治权。换言之,他就拥有了相当于封建制度上领主的地位。

在领主殖民地,逐步开始解除领主的独裁统治,允许有一定财产的居民实行

---

① 《五月花公约》的内容是:"以上帝的名义,阿门。我们这些签署人是蒙上帝保佑的大不列颠、法兰西和爱尔兰的国王信仰和捍卫者詹姆斯国王陛下的忠顺臣民。为了上帝的荣耀,为了增强基督教信仰,为了提高我们国王和国家的荣誉,我们漂洋过海,在弗吉尼亚北部开发第一个殖民地。我们在上帝面前共同立誓签约,自愿结为一民众自治团体。为了使上述目的能得到更好地实施、维护和发展,将来不时依此而制定颁布的被认为是这个殖民地全体人民都最适合、最方便的法律、法规、条令、宪章和公职,我们都保证遵守和服从。据此于耶稣纪元1620年11月11日,于英格兰、法兰西、爱尔兰第十八世国王暨英格兰第五十四世国王詹姆斯陛下在位之年,我们在科德角签名于右。"参见〔美〕布莱福特:《五月花号公约签订始末》,王军伟译,华东师范大学出版社2006年版,第61页。

② 此类特许状一般是允许建立以开拓殖民地和贸易为目的的股份公司(joint stock company),其成员承担无限责任。不过,在康纳狄格和罗得岛最初并没有此类特许状,而是在开垦之后,殖民者的团体获得了国王的追认。

③ "proprietary colony"也可译为"独占殖民地"或"业主殖民地"。

自治。进入18世纪以后,这些殖民地采用了类似于君主立宪制国家的制度来进行管理,领主只保留名义上的管理者地位。

4. 王室殖民地(royal colony)

所谓王室殖民地是指国王直接管辖的殖民地,可以吸收上述的三种类型并形成一个新的王室殖民地。在北美,最初的王室殖民地是1624年詹姆斯一世国王授权的弗吉尼亚(Virginia)殖民地。占领该地区的弗吉尼亚公司(Virgnia Company)因经营不善,导致入不敷出,国王不得不收回许可状并宣布弗吉尼亚为王室殖民地。其后,这种形式的殖民地在17世纪的后半叶开始盛行。到了殖民地时代的末期,北美13个殖民地中有8个成为了王室殖民地,而根据社会契约形成的殖民地则销声匿迹了。自治殖民地有康乃迪克(Connecticut)和罗德岛(rhode island)两处,领主殖民地则包括德拉瓦(Delware)、马里兰(Maryland)、宾夕法尼亚(Pennsylvania)。

在王室殖民地上,总督代表英王,并且在参事会的协助下进行统治。参事会由总督遴选并且由英王任命。王室殖民地原本是为强化英国在殖民地的统治地位而创设的。但是,进入18世纪后,即使在这些殖民地,居民的政治发言权也得到了扩展。10世纪中期,各殖民地的总督开始认可一定程度的居民自治。

在长期的演变过程中,北美殖民地的社会政治结构中逐渐成长了民主因素。

这些民主因素不仅使北美居民享受较世界上其他国家的人民更多的自由和权利,而且也削弱了英国在北美统治的基础,从而为美国独立战争铺平了道路。

殖民地的民主因素表现在以下几个方面:第一,比较民主化的议会。殖民地创立后不久就开始出现了议会。在北美的特殊环境下,它比英国议会有更大的民主性;第二,经济生活中存在一定程度的民主;第三,北美不存在传统的封建特权,没有等级制度;第四,北美殖民地特别是新英格兰地区,盛行地方自治。在此种形式下,人民享有一定限度的参政权。

不过,我们也不应过分夸大北美民主制度的作用。这是因为,北美的代表制不仅很不公平,而且与上述这些民主因素交织在一起的还有许多不民主、反民主的现象。

北美人民的这种思想状态,使得他们无法忍受1763年以后英国对他们权利和自由的侵犯,因而反英的独立战争就成为不可避免的了。

三、殖民地的统治机构

在殖民地时期,尚没有出现现代意义上的三权分立制度。在大多数的殖民地,总督(Governor)及参事会(Council)负责行政和立法职能的同时,也享有作为最高的司法机关的地位。在此需要提醒的是,在英国本土,同样没有建立三权分立的政治制度。

当时的主要统治机关包括(以18世纪中期的殖民地政治生态为中心):

1. 总督

殖民地的总督是殖民地实际或名义上的最高行政长官,掌握行政权,负责统帅军队。同时,他还拥有对殖民地议会的召集权、休会权和解散权,甚至可以否决立法。同时,正如下文所要提到的,许多地方的总督也参与行使司法权。

自治殖民地的总督一般由居民通过选举产生,王室殖民地和领主殖民地分别由国王和领主任命。

2. 参事会或理事庭(Court of Assistants)

参事会本来是类似于英国的枢密院(Privy Council)的咨询机构,负责为殖民地总督提供建议和意见。之后,这个机构的发展方向更接近英国的贵族院,成为与上议院的功能相近的组织。因此,除宾夕法尼亚州和德拉瓦外,其余的殖民地均采用了两院制的议会模式。同时,在这些殖民地,参事会也协助总督行使最高司法机关的职能。

在自治殖民地和马萨诸塞海湾(后成为王室殖民地,但基本制度不变),参事会议员由议会选举产生。在其他的殖民地上,则是由总督提名[①],经过国王或领主履行任命程序后产生的。一般来说,参事会的人数为12或18人,大部分是大地主、富商或殖民地的上层阶级出身的人士。

3. 议会——下院

上文提到的参事会或理事庭,加上通过选举产生的议事机关,共同组成了各殖民地的议会。不过,在自治殖民地和马萨诸塞海湾,采用了以单一的议院行使议会职权的制度。早期的美国议会,上议院被称为"Legislature"、"Assembly"或者"General Court",下议院则是"House of Representatives"、"House of Commons"、"House of Delegates"、"House of Burgess"。

当时,被允许参政的居民为数不多。一方面,拥有选举权者不仅必须是白人,而且还有宗教信仰上的要求。所有的殖民地均要求选举权人拥有一定的资产,不过由于美国幅员广阔,居民的财产分散,因此较之遥远的英国本土,拥有选举权的人员条件还是比较宽松的。在另一方面,对于被选举权也有财产的要求。实际上当选议员者,大多数为中产阶层的人士。

值得注意的是,从这一时期开始,在美国就已经形成了议员应隶属选举区的理念,大多数殖民地都要求议员在其选区拥有住房或居住。此外,如果该选举区的居民就某一具体问题达成共识,则该选区的议员在议会中必须服从选民的决议。在英国,从中世纪已经开始把议员尊重基层选民的意愿树立为一种政治道德,不过到了17、18世纪,各政党开始要求国会议员与地方利益分离,主张国会

---

① 在一部分王室殖民地,英国本土的贸易委员会(Board of Trade)负责推荐参事会的成员。

议员是全民选举产生的,代表着这个国家全民的利益。这种代表制度上的两国差异,使得美国独立运动后制定的宪法与英国的制度有着鲜明的区别。

在殖民地时期,英国政府坚持殖民地的开支全部从当地民众的税收中取得。这一做法客观上扩大了殖民地议会在政治上的话语权。这样一来,不仅殖民地地区的各种政策和基础建设的资金需要经议会讨论,就连殖民地总督的俸禄也要从殖民地的税收中划拨。事实上,殖民地的下议院经常以否决总督的俸禄预算为武器,要求总督接受议会的政治主张。1765年英国国会为转嫁沉重的军费负担,决定向英属北美殖民地直接征税。英法七年战争后,英国政府为进一步控制殖民地和镇压印第安人,派遣一万名军队常驻北美,这些费用也由当地负责全部开支。

4. 法院

在英属殖民地,各地区的法院制度有着很大的差异。同时,这些法院与英国本土的法院体制之间也存在很多不同。

在实现殖民的早期,很多地方主要由总督和参事会来负责裁判活动。后来,随着案件数量不断增加,开始设立了一些基层法院。不过,总督和参事会仍然享有上诉管辖权和相当一部分案件的一审管辖权。

5. 地方行政制度

与司法制度相同,英属殖民地的地方行政制度也比较混乱。在新英格兰的各个殖民地,殖民者以定居地为中心建立起一座座城镇(town)。城镇的居民(freeman)聚集在一起召开全城会议(town meeting)来决定与本城有关的行政事务、划定城镇运作所需的税金数额、选举开展行政工作和维持治安的官员。这种城镇制度(township)的形成,成为"培养自治思想的最好的学校"。

与之相对,在美国中部和南部地区,地方政治的中心组织是比城镇面积大得多的县(郡)(county)。总督负责任命各县的行政长官(sheriff)和治安法官(justice of the peace),他们是地方行政的中坚力量。在有些市还制定了宪章(charter),被赋予了一定的自治权。总体上看,这些县与新英格兰地区相比,地方自治的进程是相对落后的。

四、殖民地与英国本土的关系

(一) 概述

对英国本土的人们来说,取得一块殖民地是扩大其在本土财富的一项重要手段。因此,在殖民地进行的商业行为,大多是有利于英国本土商人的逐利活动,同时殖民地的产业发展也不能与英国本土的产业形成竞争关系。这一思路成为殖民地建设的根本方针。

首先,1650年、1651年,英国克伦威尔政府颁布的《航海法》(Navigation

Acts)规定:在殖民地的货物贸易中(包括与英帝国以外国家进行的贸易),必须选择英帝国(含英属殖民地)的船舶作为货运手段。这一做法主要是防止其他国家(特别是荷兰)利用殖民地的海运贸易获取利益。1660年查理二世颁布《航海条例》,又规定北美殖民地所有输入和输出商品都要使用英国船只运输,并且指定一些物品只能输往英国。在之后的一个世纪中,《航海条例》多次补充修改,但主要的基调都是英国要主导殖民地的对外贸易。当时,从欧洲大陆各国输入北美殖民地的商品要先经过英国本土,之后再转运到北美地区。这样大费周章的目的在于保证英国本土的关税收入和英国本国商人的利益。另外,这部法律还规定在殖民地出产的作物中,砂糖、棉花、烟草等必须经由英国本土运输,否则不得向其他国家出售。其次,以1669年的《毛织物法》(Woolen Act)为首的一系列立法禁止殖民地的粗纺毛、水獭皮衣皮帽等物品出口,实行严格的本土贸易保护主义。再次,英国颁布了限制殖民地工商业发展的一系列法令。1732年的《制帽条例》规定,禁止殖民地生产毛皮制帽。1750年的《制铁条例》则禁止殖民地新建和扩建熔铁炉,不准制造各种铁器。又次,英国颁布了禁止殖民地人民向西部移民的法令。1763年,英王发布敕令,宣布法国在1763年战争中割让给英国的密西西比河以东的土地为英王所有,严禁殖民地人民向西部垦殖,凡"非法占地"者予以严惩。最后,英国颁布了禁止北美殖民地发行纸币的法令。1764年,英国议会通过了货币法令,规定各殖民地自是年9月1日起不得再发行纸币;流通中的纸币到期后自行废止,不得延长使用期限;不准以纸币偿还私人债务和支付公共收费。

不过,必须指出的是:事实上这些法律直到1763年并没有得到严格的执行,一定程度上为殖民地保留了经济命脉,积累了社会财富。

(二) 殖民地统治上的英国本土机构

从理论上讲,殖民地的统治机构为英国的枢密院(上议院)。不过,实际上这项权利被赋予了枢密院下设的各种咨询机构。1675年枢密院第一次设立皇家交易与殖民委员会(Lords Committee of Trade and Plantations)。到了1696年,这个委员会已经发展并改组为拥有16名专职委员的皇家贸易理事会(Lords Commissioners of Trade and Plantations,[Board of Trade])。该理事会负责检查殖民地法规,以确保英国贸易政策的最大利益。该理事会不仅有权任命殖民地总督,而且可以向议会提议影响殖民地的法律,并听取殖民地对其统治者的意见。它没有行政权和立法权,但却成为英国政府制定殖民地政策的主要机构。作为英国内阁的成员,1704年以后专设了"南方事务大臣"(Secretary of States for the Southern Department)管理北美殖民地,不过实际上决定殖民地政策的仍旧是皇家贸易理事会。

（三）国王对殖民地立法的驳回权（disallowance）

殖民地议会通过的法案，经过总督的认可（无需等待国王批准）即可成为生效的法律。不过，对于这样的法律，国王有权宣布驳回（disallow），以使其失效。这种权力被称为驳回权（disallowance），以区别于国王的否决权（veto）。

如前文所述，英国本土实行强势的议会主权原则，其特点就是"任何司法性权力或其他试图废除议会立法、宣布议会法律无效或违宪的权力均不存在"。[①] 由于英国人相信议会领导人是负责任的、可以自我约束，因此没有必要限制议会立法的范围和类型。因此，英国议会几乎可以创立或改变任何法律。英国人也相信，维护人权的有效手段是舆论和传统，而不是法官和法院。

然而，当面对殖民地的立法机构时，议会主权理论就不起作用了。虽然在英国本土，国王（女王）已经无权干涉议会的法案，但在殖民地，议会通过的法律却经常遭到国王的驳回。同时，对于英国本土已经存在的法律，国王可以该法削弱了英国对殖民地的统治为由，行使驳回权，阻碍这些法律在殖民地生效。

不过，国王对殖民地立法的驳回权也并非不受限制。殖民地的议会为了避免法案被国王驳回，采用了一种附期限的临时立法的方式，即将殖民地法案提交英国本土的期限设定为一个较长的期限（如立法后 3 年或 5 年以内），以推迟送交英国审查的时间，形成暂时的"立法自治"。

在殖民地时代，英国议会既是本国立法机关，也是大英帝国立法机关。而在殖民地适用的英国法律有两类：其一，在英国生效、被殖民地选择适用的英国法律，殖民地议会可以修改、选择适用这些成文法，以避免"法律真空"。其二，英国议会为处理殖民地事务而专门颁布的"帝国法律"。它们是大英帝国贯彻自己意志、决定殖民地权力机关权限的手段，殖民地无权修改这些法律。不过，值得注意的是，国王行使驳回权大多限于维护王权和执行英帝国基本政策等方面，对于殖民地的一般性事务，殖民地议会的立法基本上得到了尊重。

（四）英国枢密院对殖民地司法审判的上诉管辖权

在司法制度上，允许将殖民地审判的案件提交英国本土的枢密院（Privy Council）上诉审理。不过，这种上诉制度的存在，并不意味着殖民地法院适用的法律与英国本土的法律具有相同性。实际上，由于上诉案件仅限于诉讼标的比较大的案件，加之案件提交英国本土审理需要耗费较多的时间和金钱，实际提起上诉的案件非常有限。据统计，在当时的北美殖民地，一年之中向英国本土枢密院提交上诉的案件不超过五件，且由于殖民地法院逐渐采用了与英国本土不同的法律解释方式，这些案件的数量远未能达到形成统一法律规范的程度。

[①] See Dicey, A. V., *Introduction to the Study of the Law of the Constitution*, London: Macmillan, 1959, p.91.

(五) 英国本土议会立法

在北美殖民地开拓之初,英国对于殖民地的管理一直不曾有过明确的政策。这一方面是由于当时英国正处于革命时期,国内局势混乱,无暇更多地顾及殖民地;另一方面,当时英国统治者对于殖民地主要是侧重于商业上的利益,较少考虑其他法律事务。这个时期,北美各英属殖民地基本上都是由一些个人或团体来建立或管理的,但英国本土的议会保留了针对殖民地的重大事务进行立法的权力。不过,直到 1765 年的《印花税法》(Stamp Act)要求北美殖民地为各类书刊等出版物向英国交税,涉及殖民地的立法大多规定通商、海运等殖民地"外部事务"。英国本土议会能否就殖民地内部事务进行专项立法,成为日后引发独立战争的一个重要的宪法争议。然而,直至殖民地时代终结,英国本土议会实际上并未对殖民地的内部事务进行法制上的干预,殖民地议会在立法领域享有相当大的权力。

五、殖民地时代的法律职业人

(一) 殖民地初期的状况

17 世纪至 18 世纪初期,在北美的大地上,基本上没有形成称为"法律职业"(legal profession)的行业和职业团体。北美殖民地初期,英国法方面的法律资料和书籍十分缺乏,加之英国普通法又具有高度的技术性,掌握它的法律专家为数又很少,连法庭也几乎全由不懂法律的人组成。这种情况自然也影响了英国法的传播,造成英国法继受上的困难。诉讼活动大多由非法律职业人士担任代理,这样做的弊端是显而易见的,不仅难以保证诉讼的质量,而且造成司法秩序的混乱。因此在许多殖民地都制定了限制性措施,严禁收受他人钱财者担任诉讼代理人。

同样,由于缺乏法律人才,当时的法官也大多由非专业人士担任。甚至在北美殖民地最高法院的法官中,拥有法律职业资格者都是少数。①

(二) 法律职业的兴起

到了 18 世纪中叶,随着殖民地地区的经济发展和社会生活的复杂化,通过非专业人士来开展司法活动的模式受到越来越多的质疑,人们要求制定具有高度技术性和实践性法律的呼声日益高涨。同时,由于殖民地地区居民的生活水平也得到了提高,使得更多人有能力支付一定费用,以接受英国本土的律师学院(Inn of Court)或殖民地内的法律事务所的专业训练。上述两方面的原因相交,为殖民地地区法律职业阶层的产生提供了条件。1765 年英国学者埃德蒙·柏克(Edmund Burke)就曾指出:"在世界诸国当中,恐怕再没有一个地方的人民像

---

① C. Warren, *A History of the American Bar*, part 1, Colonial Bar, 1911.

北美殖民地的民众这样热衷于学习法律知识。法律职业人不仅数量众多,而且颇具能力,其大部分成为了殖民地民众的领袖。在大陆会议(Continental Congress)中涌现出的许多民意代表,都是当地的法律职业人。"①

六、殖民地时代的法律

(一)早期殖民地"法典"

有观点认为,从17世纪英国人开始在北美建立殖民地至18世纪中期,英国法在北美殖民地的移植障碍重重。当时英国政府虽然要求北美殖民地必须适用英国法,但13个殖民地中只有3个承认英国法具有法律效力,其他的殖民地都是或公开或暗中对英国法持否定态度。在这一时期,北美各殖民地主要适用自己制定的"法典"。关于殖民地时期法律的一般观点认为,这些"法典"内容非常朴素和简明,以适应本地区的情况。英国法充其量只不过是作为补充其法律欠缺部分的次要法源,并没有形成很大的影响。特别是在英国移民中,有很大一部分人是清教徒。在清教徒移住的殖民地内,一般并不把英国法当作法源看待,在本地区法律没有明文规定时,常以《圣经》作为断案的依据,就可以当场定纷止争。② 然而,在笔者看来,这种观点并不完全符合事实,有夸大之嫌。

首先,查阅当时殖民地的立法和判例,我们不难发现:与英国本土的立法和判例相比较,二者在立法技术和立法内容上并不存在很大的差异。殖民地立法也并非过于简单或不够精密。其次,在立法或判决时引用圣经,体现了世俗法律必须以宗教法(神法)为基础的社会观念,当时的英国本土也存在这种做法。毋庸讳言,开拓北美殖民地时期的英国清教徒的信仰,极大地影响了美国的政治和文化生态。正如美国政治学家梅里亚姆所说:"清教徒的政治观念和道德观念在美国国民特征的发展过程中一直是一种强大的力量"。③ 在当时宗教政治色彩比较浓厚的马萨诸塞海湾地区的殖民地,清教价值观对制定宪法性文件或修改刑法规范等关系到殖民地根本制度的法律规则产生了重要的影响。不过在解决日常法律纠纷之际,却很少参照《圣经》行事,牧师参与司法审判的例子也并

---

① Burke, *Select Works* (*Clarendon Press Series*), New Jersey: The Lawbook Exchange Ltd., 1953, pp. 36—37.

② Reinsch, The English Common Law in the Early American Colonies, 1 *Select Essays in Anglo-American Legal History* 367 (1907). 另见叶秋华:《论美国法对英国法的移植》,载何勤华编:《法律移植与法的本土化》,法律出版社2001年版,第78页。

③ 参见〔美〕查尔斯·梅利亚姆:《美国政治思想,1865—1917》,朱曾汶译,商务印书馆1984年版,第3页。

不多见。①

(二) 殖民地法与英国法的决裂

另外,有观点认为殖民地的法律仅为照搬英国本土的法律,并无差异和创新。按照这种说法,殖民地各地的法律似乎大同小异,简单划一。

诚然,根据殖民理论,英帝国拥有的领土都应适用普通法。因此,英国本土和殖民地的法律之间本来就一脉相承的。殖民理论的前提是:"新兴殖民地本身的条件和状况允许适用英国法",即在一定程度上允许部分脱离宗主国的法律传统。从殖民地的内容上看,对普通法原则的突破和创新随处可见,在法律内容上也有较大的变化。例如,有不少殖民地法不再沿袭英国法上的长男单独继承制(primogeniture),而是采用了长子继承部分是其他子嗣继承部分两倍的分割继承制。另外,在刑事法领域,殖民地法上的刑罚较之英国本土更为轻缓,对于无力支付债务者的处罚也更采用了宽刑原则。

法律层面出现脱离英国本土法律传统的现象,体现了殖民地民众对英国法的强烈不满。17世纪后半叶到18世纪前叶的英国法,存在着严重的保守化倾向。尽管法律本身的改革步伐未曾停止,但是大多局限于部分的、阶段性的调整。在共和时期提出的法律改革方案中的大部分,在王政复辟之后被搁置,许多制度上的弊端依然存在。不仅实体法上内容复杂、混乱,而且诉讼程序也因国王法院的拖沓和懒散而旷日持久,导致诉讼费用居高不下。

同时,在殖民地的居民当中,许多人对英国本土的制度心怀反感。特别是在新英格兰地区的英国移民中,许多是受到了英国王室和国教圣公会的严酷迫害的清教徒。他们一直对英国普通法复杂的适用程序和保守性表示反对,并且对掌握这种法律的法学家抱有成见。这种成见的产生有历史的原因。人们始终认为是普通法的法学家压迫了要求改革的清教徒。普通法的法学家们在斯图亚特王朝时期曾全力支持王权,并阻挠过克伦威尔的法律改革,这给清教徒们留下了不良的印象。另外,他们对法学家保守的性格,"垄断"法律的专横,以及高额的报酬、富裕的生活,也怀有强烈的不满。这种情绪自然也在一定程度上使英国法的移植受到影响。在清教徒身上体现的是一种要求个人独立和自主的精神。他们把这种精神带到了北美大陆殖民地,并在这里生存繁衍。在新英格兰地区,个体的独立性和自主性是一个不需要再去讨论的问题。重要的是自由主义使每个人都拥有一份同样的权利,这种思想促使美国形成一种价值多元的社会。

---

① J. H. Smith: *Colonial Justice in Western Massachusetts 1639—1702: The Pynchon Court Record*, Harvard University Press, 1961, p.127, 198; G. Haskins, *Law and Authority in Early Massachusetts: A Study in Tradition and Design*, University Press of America, 1960, p.116.; J. Goebel Goebel, "King's Law and Local Custom in Seventeenth Century New England", 31 *Colum. L. Rev.* (1931) p.416.

(三) 殖民地法的构建

在立法和司法活动中担任要职的殖民地的领袖们决心不再沿用英国本土国王法院所适用的法律,而是创设出一套崭新的法律模式。他们依靠的对象主要是英国本土的习惯和北美当地治安法官(justice of the peace)。① 不过,在 13 块殖民地上,对英国本土法律的反省和批判的程度并不相同,这也直接反映在各殖民地法律继受英国法的方式和内容上面。

在受过专业训练的法律专家严重短缺的情况下,殖民地的法律能够实现从英国本土法的脱离,主要有以下几个方面的原因:

首先,殖民地时期的主要法律纠纷,集中在家庭法、刑法等立法技术要求不高的领域。即使没有受过专业的法律知识培训,依靠人们的一般理性在一定程度上也可以加以处理。正如前文所谈到的,在英国殖民者中有相当一部分是因宗教上的理由而避走新大陆的社会精英,他们之中人才济济,充满了民主思想和创新精神。

其次,善于吸收法律职业人的意见,法律专家被委以重任。殖民地的领袖在以英国法为基础构建自己的法律体系时,并没有机械地照搬前宗主国的法律,而是以符合美国国情为原则,有选择地植入,并遵循自己对法律的理解与追求,凭借自己的法律智慧与果敢精神,对英国法进行了诸多本地化的变革。在立法层面,主要采用了中央主导型的模式。殖民地议会在很早的阶段,就开始制定成文宪法和法律。不仅与英国"不成文宪法"的传统决裂,在英美法系诸国中开创了"成文宪法"的先河;同时也为非法律专家适用法律、统一司法标准提供了条件。加上在殖民地没有像英国本土那样的法律职业团体,对于立法活动的干扰和阻碍也相对较少。

在一些殖民地,从早期开始就尝试将基本法律予以法典化。最早的法典当属 1636 年在普利茅斯殖民地指定的法典(Code)。② 之后不久,在马萨诸塞海湾殖民地(Massachusetts),1641 年制定了《自由体系法》(Body of Liberties),规定了父母不得为子女选择配偶,不得过分处罚儿童,儿童有权向有关机构申诉自由与权利的被侵犯等维护基本人权的内容。1648 年制定了《法律与自由》(Laws and Liberties of Massachusetts)。③ 它可以称之为西方世界第一部近代法典,不仅是关于殖民地的法、特权和权利义务的完备文本,而且包括刑法、财产法和家庭法。

---

① Goebel, "King's Law and Local Custom in Seventeenth Century New England", 31 *Colum. L. Rev.* 416 (1931).
② See Haskins, "The Legal Heritage of Plymouth Colony", 110 *U. Pa. L. Rev.* 847 (1962).
③ M. Howe, *Readings in American Legal History*, Beard Books, (1949) pp. 181—267.; G. Haskins, *Law and Authority in Early Massachusetts: A Study in Tradition and Design*, University Press of America, 1960, ch. viii.

这部法律对 1650 年康纳狄格、1656 年新罕布什尔和 1664 年纽约等新英格兰各州的法典制定产生了重要的示范作用。该法典改变和废弃了英国普通法的各种要素,勾画出新大陆的社会蓝图。[1]

(四)殖民地法对英国法的继承

到了殖民地的末期,虽然殖民地与英国本土的政治纠葛日益激化,但美国法对英国法的继受却逐渐隆盛。究其原因,首先是随着殖民地经济的发展,商业贸易中发生的法律纠纷日益增加。在这种情况下,客观经济的发展要求有相应的法律来适应,虽然这时的英国法在契约、准契约、票据、保险等商事法律仍有欠缺,但毕竟较之萌芽期的美国法要先进许多。对北美殖民地来说,继承英国法就成为顺理成章的选择了。其次,由于在同英国政府的斗争中,英属殖民地的民众是以英国法为武器来进行论战的,他们希望获得作为"英国人在普通法上的权利",并且以柯克对《自由大宪章》所做的注释书(《第二条例》),作为要求权利的权威典据。如 1774 年北美大陆会议作出的《权利宣言》就是如此。这样就出现了一种奇特现象,即殖民地人民同英国政府的斗争反而促进了英国法在当地的传播,扩大了英国法在殖民地的影响和作用。再者,这一时期殖民地英国法学家人数不断增加,至独立战争前,仅毕业于英国律师学院(Inn of Court)的法律学者已有上百人之多。这些人在司法界位高权重,很多人还参与和指导了殖民地的斗争,如参加 1774 年大陆会议通过《权利宣言》的 55 名成员中,有 31 名是法学家;参加 1776 年大陆会议签署《独立宣言》的 55 名署名者中,也有 25 名是法学家。这些不仅很自然地提高了法学家的威信,纠正了以往人们对法学家的偏见,而且由于他们的影响和作用,使英国法的地位不断上升。

另外,这一时期,随着法学家的大量出现,有关英国法律方面的资料书籍也日益增多。其中柯克的《英国法总论》和 1765 到 1769 年间连续出版的布莱克斯通的《英国法评论》(*Commentaries on the Laws of England*),系统、全面地阐述了英国法的内容及其运作,在美国影响最大,不仅成为畅销书,而且被当成律师考试的必读之作。1771 年至 1772 年间布莱克斯通的《英国法评论》在费城发行了美国限定版,埃德蒙·柏克在 1775 年指出该书在美国的销量几乎与在英国本土的销量持平,显示了殖民地对英国法的移植进入了另一个高潮阶段。[2]

---

[1] 参见〔日〕大木雅夫:《比较法》,范愉译,法律出版社 1999 年版,第 256 页。
[2] Burke, *Select Works* (*Clarendon Press Series*), New Jersey: The Lawbook Exchange Ltd., 1953, p.37.

第二节 诞生新国家

一、美国独立序说

如上节所述,英国统治者的政策严重侵害了殖民地的权益,也与北美殖民地民众的意愿相违背。不过,由于这些政策在实际运用中大多被架空或让位于地方习惯,因此北美殖民地的管理长期呈现出一种"有益的忽视"(era of salutary neglect)状态。英国统治者试图通过这种宽松的政策环境换取殖民地经济上的效忠,殖民地民众也乐于过着天高皇帝远的生活。同时,为了镇压印第安人的反抗,防范相邻的西班牙殖民地和法国殖民地的入侵而驻扎的英国军队,军费是由英国本土政府拨款支付的。对于烟草、砂糖、大米等不与英国的物产产生竞争的物产,英国也为殖民地贸易提供必要的保护措施。因此,虽然英国与殖民地之间屡有摩擦发生,但这些摩擦距离全面反抗殖民统治斗争的临界点还相距甚远,双方基本保持了一种相互依存的关系。

然而,局势从1763年开始发生了变化。由于英国对殖民地政策进行调整,开始强力推行重商主义的各项措施。在此时,北美殖民地的民选议会已经获得了较大的政治话语权和相当程度的独立性,立法上英国国王的驳回权也丧失了实际效果,殖民地的人民开始过上了相对自由自在的生活。英国统治者制定的征税、制裁非法贸易、限制西部开拓等法案与殖民地人民的利益产生了严重对立,在殖民地时期逐渐孕育的自治思想开始高涨,并最终演变为双方的激烈冲突。英法为争夺海上霸权和掠夺殖民地而进行的七年战争,以英国胜利告终。英国在北美接管了加拿大,控制了密西西比河以东的新法兰西,对北美殖民地全面加强控制,宣告阿巴拉契亚山脉以西为王室产业,禁止殖民地人民染指;并征收重税,严厉缉私,限制经济活动,严重损害了殖民地各阶层人民的经济利益。从1619年弗吉尼亚建立议会起,各殖民地相继成立议会,与英国相抗衡。1765年,9个殖民地举行抗议印花税大会,掀起反抗怒潮。这一运动的发展,出乎当时所有人的预料,北美殖民地人民的斗争热情汹涌,并最终实现了殖民地的独立。

二、殖民地与英国本土之间的法律争议

在殖民地寻求独立的过程中,殖民地方与英国本土方都试图从法律层面建构各自的立场。双方在宪法上的争议主要包括:

(一)英国对殖民地的立法权

英国本土的议会拥有对英帝国整体事务进行立法的权力,其中当然也包括

英国殖民地和本土之间的关系、各英属殖民地相互之间的关系等重要问题。不过,英国本土的议会是否有权对某一殖民地的内部事务进行立法呢?这个问题从另一角度来看,即殖民地的议会能否单独就其内部事务行使立法权。

在很长一段时间里,英国本土议会并没有对殖民地内部事务的具体内涵和范围进行直接规定。因此,关于殖民地议会的立法权一直处于"假设议题"的状态,缺乏实质性的讨论。然而,到了1763年以后,由于英国本土加强了对殖民地的管制政策,这一问题就逐渐浮出水面,形成双方争议的一大焦点。

特别是在殖民地一方,提出了"无代表权不得征税"的主张,认为英国议会中没有殖民地人民选举的代表,却要向美洲人征税,这就意味着未经殖民地人民本人或他们的代表的同意而夺走他们的财产。这句口号原本是英国政治的基本原则,在英国贵族与王室的斗争中使用过,但在殖民地与英国本土的冲突中被殖民地人民用来捍卫自己的权利。同时,殖民地的民众还提出:英国本土的议会虽然拥有制定关税涉及殖民地对外事务的征税——外部税(external duties)的立法权,但是对于在殖民地内部发行报纸、制作法律文本等活动加征印花税等属于殖民地内部事务的税收活动——内部税(internal duties),英国议会无权干涉。

不过,所谓"无代表权不得征税"的制度,实际上需要一定的前提。也就是说,即使在英国本土议会同意接纳殖民地推选的议员,但由于当时殖民地的人口较少,按照人口比例划分,议会中英国本土的议员仍占大多数,立法活动中殖民地一方是难以实现自身利益的。殖民地的民众对这一情况内心十分清楚。因此,他们在主张"无代表权不得征税"的同时,也指出由于两地相距遥远,殖民地不可能向英国本土推选议员,因此殖民地议会成为可以立法规定在殖民地征税的唯一机关。

在本书看来,双方在"无代表权不得征税"问题上的争论,有两个方面的背景。其中之一就是民意代表制的理念。殖民地一方的要求,是基于在北美地区广泛采用的地域代表制产生的(参见本章第一节第三小节)。在北美殖民地,议会是在殖民过程中由各个殖民点(城镇)选出的代表组成的,代表名额一般是公平分配的。因此,人们普遍相信:议会议员首先是他所在地区人民选到议会里的代理人(attorney),而不是代表某种更广泛利益的具有独立思维的政治家(statesman)。因此,人民是现实地选举了代表,代表也是现实地代表当地选民的观点。这就是所谓"现实代表制"(actual representation)。在殖民地,由于人口不多,即使没有贵族身份和显赫的地位,普通人也可以被选做民意代表或议员。同时,殖民地民众受教育程度虽远高于英国的一般平民,但却很少有人接受过系统的贵族或绅士教育,多数是必须辛苦劳作的平民,由他们组成的议会自然也更关注具体的地方事务。同时,殖民地的人们对英国的代表制度疑虑重重,英国议会腐败无能的流言蜚语被广泛传播。而在英国本土,18世纪中期以后议会制度已然演化为有效代表制(virtual representation,也称为实质代表制),即强调平民院议员是代表整个国家,而不是代表选举他的那个选区的。无论国民是否在事实上选举过一位国会议员,只要国会中有一些议员的利益与这些国民的利益相近,就可以说这些国民有效地在国会里有了自己的代表,这种观念强调的是整体代表权,"不再代表某一地区,而是代表大众利益……来自选区的指示往往只是作为信息或建议而不能约束他们的行为",议员和选区的关系更加疏远了。英国本土的人们看不起殖民地的地方议会,认为他们完全是"一伙平庸、无知无识的庄稼汉,他们的眼界从来就局限于修缮道路、射杀野狼和狐狸以及一些只涉及个别县份的具体利益上"。[①]

在当时的英国,享有有限的选举权和被选举权的人只占全体国民的小部分。在北美殖民地的居民中,也并未全部被赋予了选举权,但都被要求交纳赋税。从这种意义上讲,有效代表制具有一定的合理性。不过,在殖民地一方看来,在英国的这种代议制,在其国内只具有不充分的代表性(under-representation),而英国议会的议员对北美地区而言则完全无代表性(no representation)。

引发争议的另一方面,是殖民地民众应效忠英国国王,还是效忠英国议会的问题。正如今天的英联邦国家一样,北美殖民地愿意接受女王作为君主的地位并对其履行效忠义务。在英国,国王是维系民族统一的纽带,是国家统一的人格化象征。北美的大多数移民是从英国来到北美洲的,他们自然认为自己是英国人,承认英国就是他们的祖国,国王则是这个国家的象征。不过,在英国一方则认为,英国议会与国王都是英国统治主体的组成部分,殖民地在效忠国王的同时必须也对英国议会效忠。

这一争议的核心是主权是否可以分割的问题。主权(sovereignty)是一个起源于中世纪教会和国家之间冲突而产生的概念。作为一个现代意义上的国家,只能由一个国家机关拥有统治和管理人民的最高权力。一个国家的对外主权是它与其他国家或国际组织关系上的最高权力,同时也意味着对其领土完整和作为独立的一部分参加或退出任何国际条约或组织的权利,对内主权涉及一个国家据以处理其事务的法律和法规的主体。一个主权国家在其领土内拥有最终的法律权力,因此外部力量不能横加干涉。英国在经历了光荣革命之后,建立了混合君主制(King in Parliament),即国王和议会一方面相互依存,另一方面又彼此冲突,交互在政治运作中发挥主导作用,组成一个不可分割的"政治共同体"(a body politic)。因此,同意由殖民地议会来立法决定殖民地的内部事务,意味着将国家的主权从国王和议会手中分割出去,这一点对英国来说是绝难接

[①] 参见〔美〕伯纳德·贝林:《美国革命的思想意识渊源》,涂永前译,中国政法大学出版社2007年版,第154页。

受的。

不过,对殖民地来说,由于没有英国那样的历史包袱,对国家主权的理解就更加具有弹性。殖民地的人们接受了柯克法官在1608年一起著名的关于土地所有权的案件(Calvin's Case)①中推导出了国王职能可分论的观点。在这个判决中,柯克指出:"综上所述,(这里所涉及的)臣民的忠诚只能归属于国王一人。现在的问题不是忠诚应该归属于谁,而是这种忠诚归属的方式。毫无疑义,国王集两种职能于一身:他的躯体是自然的身体,是通过这个王国的王室血脉传下来的;这个身体是全能的上帝所创造的,会屈服于死亡、衰弱等等。另一个职能或者身份则是政治的,因为他是被政策所限定的;在这一职能上,国王是永生的、看不见的,不屈从于死亡、衰弱、幼年期、未成年期……。现在我们看到国王是一个人,但身兼几种职能……。必须要考虑的问题是:(这里涉及的)臣民的忠诚是归属于哪种职能。我们已经明确:这一忠诚是归属于作为自然人的国王(这一自然之身当然也伴随有政治职能,但这种政治职能只是适合于自然之身的政治职能),而不是归属于作为政治职能的国王,不归属于和他的自然之身有别的、代表他的王室和王国的国王。"②这一将国家主权加以划分的思维方式,为殖民地一方提供了有力的理论根据。在日后的美国独立运动中,随着美国联邦宪法的制定和联邦制国家的建立,在北美确立了国家主权可分的原则。

(二)政治上的自由

到了殖民地末期,北美各地人民的人权得到了普遍承认。殖民地的民众声称他们和英国本土的居民一样,是英国国王忠诚的子民,享有同等的自由权利,不受英国本土政府的干涉和侵害。从英国出发时获得的国王特许状(charter)上,大多记载着:殖民地的居民拥有和英国本土居民相同的自由、权利和特权的字样。从这个意义上说,北美殖民地就是英国君主开疆拓土的结果,是以英国人为主的欧洲移民所开拓的一块新大陆。一方面,殖民者虽然同样效忠英国国王,"同等地"附属于宗主国,但他们在政治上是独立和自主、不受干涉的主体。据此,北美居民拥有了和英国本土民众相同的"普通法上的权利"。

(三)自然法思想

需要特别指出的是,殖民地人民追求自由和权利的过程,也是一条将自然法对实在法的影响制度化的道路。在美洲,特别是新英格兰地区,人们倾向于认为在国家的制定法之上,存在着一种更高的法(神法)调整着人们的行为,告诉人们孰为公正孰为罪恶。尊崇自然法传统的观念在当时非常普遍,并非仅限于新英格兰地区。不过,对于那些因为宗教信仰受到压制而背井离乡流落到北美洲

---

① (1680) 7 Rep. 1,2 St. Tr. 559, 77 Eng. Rep. 377 (Ex. Cham).
② 77. Eng. Rep. 379, (Edward Coke): 189—190.

大陆的新教徒而言,在这块可以保持其信仰的土地上建设他们心中的"信仰家园",是他们中的很多人选择接受自然法的重要原因。

在18世纪,殖民地处于建设初期,百废待兴,英国对殖民地的管理也相对稳定而宽松。自然法思想只是在民众中流传而没有显现出来。到了殖民地与英国本土的摩擦日益激化,双方矛盾不可调和的时期,自然法思想就开始成为殖民地民众的一种信仰基础。

在殖民地与英国本土的斗争初期,殖民地民众将英国的统治体制也视为自然法的一部分。民众希望享有和平、安全、美好的生活环境的权利就是所谓的"自然权利"。这种自然权利的具体内容,与英国宪法所保障的国民权利是一致的,即每个人都拥有平等的不可剥夺的生命、自由、财产权利。在这种意义上,殖民地的民众要求英国在北美大陆也遵循自然法的原则,政府对个人行为的干预必须受到严格的限制。这种观点与源自英国的自由主义思潮有着共同之处,也获得了以埃德蒙·柏克为首的英国辉格党人的支持。

然而,随着殖民地与英国本土斗争的激化,北美的自然法理论体现出更强的革命性特点。1776年1月托马斯·潘恩(Thomas Paine)出版的《常识》(*Common Sense*)①一书中提出:(1)根据自然法学说,人人生而平等、权利平等;(2)政府产生于人们的邪恶,成立政府的目的是为了制止人们的恶行,以保证个人的自由和安全,因此,只有为社会的共同利益和人类的权利服务的政府才是好的政府;(3)深刻批判封建君主制和君主立宪制;(4)反对英国殖民统治,主张用武力争取美国独立;(5)主张建立一个独立自主的、能保障"人权和自由"的北美联邦共和国;(6)提倡以人的理性为基础的自然神论,反对宗教迷信,主张宗教信仰自由、废除国教等一系列观点。

潘恩的著作体现了自然法理论的激进倾向,对提高人民觉悟,鼓舞人民斗志,推动革命运动的发展起了巨大作用。尤其是《常识》一书几个月内销量超过50万册,成为北美各地的畅销书,民众几乎人手一册,为后来《独立宣言》的出现奠定了基础,其民主主义思想在《独立宣言》中得到充分的反映。

1776年6月弗吉尼亚州议会通过了州宪法。这部权利典章是北美第一部"正式通过"的州宪法,在美国历史及美国宪政史上都具有重要的历史地位和作用。由乔治·梅森(George Mason,1725—1792年)起草的1776年《弗吉尼亚宪法》,在制定、通过过程中经过了激烈的争论和辩驳,是当时弗吉尼亚的不同阶级、拥有财富不同和社会地位各异的人们相妥协的产物,不同程度地代表了各阶

---

① 权威的《韦伯斯特》(Merriam-Webster)词典是这样解释这个词组的:sound and prudent judgment based on a simple perception of the situation or facts,即"基于对形势和事实的直觉作出明智和稳妥的判断"。这种判断包括了人与社会打交道的情商,也包括了人在遇到问题时的应变能力和判断轻重缓急的逻辑思维。

层人们的利益。它成为美国革命时期各州新宪法及1787年《美利坚合众国宪法》的范本,由乔治·梅森起草的《弗吉尼亚权利宣言》也成为各州新宪法的《权利宣言》(或《权利法案》)及1787年《美利坚合众国宪法》前10条修正案(即《权利法案》)的模本,并对1789年法国《人权宣言》和1945年联合国《世界人权宣言》产生了重要影响。《弗吉尼亚宪法》是与独立战争、《独立宣言》同步产生的,且时间上稍早于《独立宣言》。它们均产生于共同的政治思想渊源,都是类似的社会环境和历史发展的产物,都具有重要的历史意义。

这部宪法中的《弗吉尼亚权利宣言》(Virginia Declaration of Rights)部分的全文如下:

> 弗吉尼亚善良人民的代表,在其全体和自由的大会上制定一项权利宣言;宣言中所列权利属于他们及其后裔,是政府的基础。
>
> 一、所有人都是生来同样自由与独立的,并享有某些天赋权利(by nature),当他们组成一个社会时,他们不能凭任何契约剥夺其后裔的这些权利;也就是说,享受生活与自由的权利,包括获取与拥有财产、追求和享有幸福与安全的手段。[①]
>
> 二、所有的权力都属于人民,因而也来自人民;行政官(magistrates)是他们的受托人与仆人,无论何时都应服从他们。[②]
>
> 三、政府是为了或者应当是为了人民、国家或社会的共同利益和保障安全而设立的;在所有各种形式的政府当中,最好的政府是能够提供最大幸福和安全的政府,是能够最有效地防止弊政危险的政府;当发现任何政府不适合或违反这些宗旨时,社会的大多数人享有不容置疑、不可剥夺和不能取消的权利,得以公认为最有助于大众利益的方式,改革、变换或废黜政府。[③]
>
> 四、除非为了服务公众,任何个人或一群人都无权自社会得到独占的或单独的报酬或特权;公务职位不能相传,行政官、立法者与法官等职不应世袭。
>
> 五、州的立法权和行政权应与司法分立,并应有明确界限;前两者的成员如能感受并分担人民的疾苦,就可以不致压迫人民;他们应在规定的期限,恢复平民身份,回到他们原来的单位去,其空缺则通过经常的、确定的、定期的选举来填补;在选举中,将按照法律规定,确定以前的所有成员或部

[①] Va. Bill of Rights, sec. 1, 7F. Thorpe (ed.), Federal and State Constitutions, Colonial Charters, and Other Organic Laws (1909).

[②] Ibid., sec. 2.

[③] Ibid., sec. 3.

分成员是否仍符合条件。

六、遴选议会人民代表的各项选举,均应自由进行;举凡能够证明与本社会有永久性共同利害关系并属于本社会的人都享有选举权;未经其本人同意,或其选出的代表同意,不能对其征税,或剥夺其财产以供公众使用;也不受任何未经他们为公益而以同样方式同意的法律的约束。

七、任何当局未经人民代表同意而中止法律或执行法律,其与此有关的所有权力都有损于人民的权利,均不得行使。

八、在所有可判死刑案件或刑事诉讼中,人们有权要求知道对其起诉的理由和性质,有权与起诉人和证人对质,要求查证对其有利的证据,并有权要求由来自其邻近地区的公正陪审团进行迅速审理;未经陪审团的一致同意,不能确认他有罪,也不能强迫他自证其罪;除非根据当地法律或由与其地位相同的公民所组的陪审团裁决,不得剥夺任何人的自由。

九、不得要求缴交过量的保释金或判处过重的罚金,也不得判处残酷而非同寻常的刑罚。

十、对官员或执令人员签发一般搜捕令,使其在没有获得所犯事实的证据时,即行搜查可疑地点,或拘捕未经指名或其罪行未经阐明且无实据足以佐证的人;这种搜捕令实属不可容忍并且是压制性的,绝对不应签发。

十一、在财产纠纷和人与人之间的诉讼案件中由陪审团进行裁定,这一古老的审判程序比任何其他程序均为可取、应予以保持并视为神圣不可侵犯。

十二、出版自由乃自由的重要保障之一,绝不能加以限制;只有专制政体才会限制这种自由。

十三、由受过军事训练的人民组成并管理得当的民兵,乃自由州的妥善、自然而安全的保障;在和平时期,常备军会危及自由,应避免设置;在任何情况下,军队都应严格服从文职权力,并受其统率。

十四、人民有权享有一个统一的政府;因此,在弗吉尼亚地区内,不得于弗吉尼亚政府之外另行设立或成立任何政府。

十五、必须坚持公正、适中、节制、勤俭和优良品德,经常谨守各项基本原则,否则任何人民都不能保有自由的政府,也无法享有上苍所赐的自由。

十六、宗教,亦即我们对创世主所负有的责任以及尽这种责任的方式,只能由理智和信念加以指引,不能借助于强力或暴力;因此,任何人都有按照良知的指示,自由信仰宗教的平等权利,所有人都相互有责任以基督的克制、博爱和仁慈对待他人。

(乔治·梅森起草,1776年6月12日弗吉尼亚议会一致通过)

这种自然法的思想在1776年7月4日北美大陆会议通过的《独立宣言》中

得到了继承和强调。《独立宣言》反映了资产阶级启蒙时期的哲学,包含自然法、民族自决和自然神论等观点。宣言中的理想,包括其中一些片断直接引用了英国哲学家约翰·洛克《政府论(下篇)》(Second Treatise on Government)中题为《文明政府的真实起源、范畴、与终结等各项专论》的部分,形成了一部经典的权利文本,其内容节选如下:

> 在有关人类事务的发展过程中,当一个民族必须解除其和另一个民族之间的政治联系,并在世界各国之间依照自然法则和上帝的意旨,接受独立和平等的地位时,出于人类舆论的尊重,必须把他们不得不独立的原因予以宣布。
>
> 我们认为下面这些真理是不言而喻的:人人生而平等,造物者赋予他们若干不可剥夺的权利,其中包括生命权、自由权和追求幸福的权利。为了保障这些权利,人类才在他们之间建立政府,而政府之正当权力,是经被治理者的同意而产生的。当任何形式的政府对这些目标具有破坏作用时,人民便有权力改变或废除它,以建立一个新的政府;其赖以奠基的原则,其组织权力的方式,务使人民认为唯有这样才最可能获得他们的安全和幸福。为了慎重起见,成立多年的政府,是不应当由于轻微和短暂的原因而予以变更的。过去的一切经验也都说明:任何苦难,只要是尚能忍受,人类都宁愿容忍,而无意为了本身的权益便废除他们久已习惯了的政府。但是,当追逐同一目标的一连串滥用职权和强取豪夺发生,证明政府企图把人民置于专制统治之下时,那么人民就有权利也有义务推翻这个政府,并为他们未来的安全建立新的保障——这就是这些殖民地过去逆来顺受的情况,也是它们现在不得不改变以前政府制度的原因。当今大不列颠国王的历史,是接连不断的伤天害理和强取豪夺的历史,这些暴行的唯一目标,就是想在这些州建立专制的暴政。为了证明所言属实,现把下列事实向公正的世界宣布。

托马斯·杰斐逊(Thomas Jefferson)曾写道:制定《独立宣言》是为了"呼吁世界的裁判"。自1776年以来,《独立宣言》中所体现的自然法原则就一直在全世界为人传诵。美国的改革家们,不论是出于什么动机,不论是为了废除奴隶制,禁止种族隔离或是要提高妇女的权利,都要向公众提到"人人生而平等"。不论在什么地方,当人民向不民主的统治作斗争时,他们就要用杰斐逊的话来争辩道:即政府的"正当权力是经被治者同意所授予的"。不言而喻,这一原则对美国宪政的发展产生了深远的影响。

三、美国独立之路

1756年到1763年间,英法为争夺海上霸权和掠夺殖民地而进行的七年战争,最终以英国胜利告终。根据战后签订的《巴黎和约》(Peace of Paris),英国在北美接管了阿巴拉契亚山脉以西到密西西比河以东的新法兰西地区,控制了加拿大的圣劳伦斯河流域。这一结果不仅使得英国在北美殖民地的统治面积大幅增加,也给英国经济带来了沉重的负担。因七年战争而财政拮据的英国政府,决定加强对北美殖民地的控制,采取了种种限制和扼杀殖民地工商业发展的措施,企图把在英法"七年战争"中耗费的14000万英镑的军费,转嫁到殖民地人民身上。

为实现上述目的,乔治·格林委拉内阁(George Grenville,1763—1765年)制定了一系列政策:(1)严格执行《航海法》(Navigation Act)和其他法律。除强化关税的征收外,还要求英国海军对北美水域进行巡查,严厉缉私。同时,考虑到殖民地的陪审审判对走私活动比较宽容,还在各地设立了多所不采用陪审方式裁判的殖民地海事法院(vice-admiralty court),实行严刑峻法。(2)规定被委任殖民地官职的英国本土人士,必须亲自到殖民地赴任,而不能像以前那样派代理前往。(3)增派英国的正规军驻扎在北美殖民地,并于1765年制定《叛乱法》(Mutiny Act),要求殖民地民众承担援助驻扎的英国军队的义务。(4)制定《货币法》(Currency Act 1764),禁止殖民地自行发行纸币。(5)1764年的《食糖法》(Sugar Act)不仅将从殖民地进口糖类产品的关税提高一倍,而且对其他产品也加征高额的关税,并规定了严格的征税流程。(6)1765年制定《印花税法》(Stamp Act),规定报刊、证件等各种印刷品都必须缴付印花税。(7)发布《公告》(Proclamation of 1763),宣布阿巴拉契亚山脉以西为王室产业,禁止殖民地人民向该地区移民或购买土地。

英国政府的上述政策,给殖民地带来很大的冲击。特别是设立印花税一事,虽然税率并不很高,但英国政府首次对殖民地加征内部税(internal duties)的做法,破坏了英国本土和殖民地之间立法权的相对不干涉原则,因而在殖民地掀起反抗怒潮。1765年9月9块殖民地分别推选代表在纽约召开了"印花税法会议"(Stamp Act Congress),一致反对《印花税法》,并发表宣言:"非经他们(殖民地人民)自己亲口答应,或者由他们的代表表示同意,是不能向他们课税的,这是与人民的自由以及英国人毫无疑问的权利分不开的和至关重要的。"[①]这一行动,将原本分散的殖民地联合起来,形成了一个密切联系、共同

---

① 参见〔美〕纳尔逊·曼弗雷德·布莱克著:《美国社会生活与思想史》(上册),许季鸿等译,商务印书馆1994年版,第189页。

进退的组织。殖民地人民并没有因英政府的让步而放松警惕,为加强各殖民地之间的联系,随后各地纷纷成立了"通讯委员会",以推动革命运动的发展。

罗金汉内阁(Lord Rockingham,1765—1766 年),考虑到殖民地方面的强烈反对,于 1766 年废止了《印花税法》。不过,为了保留大英帝国议会的颜面,在 1766 年英国议会出台了《宣示法案》(Declaratory Act),声明"无论是在何种事务上",英国议均会对殖民地拥有完整的立法权。显然,在《印花税法》被废止之后,这一法案成为横亘在英国和殖民地之间的、引发争议的一个导火索。

接替罗金汉内阁的是皮特内阁(William Pitt;Lord Chatha,1766—1968 年)。根据时任财务大臣的查尔斯·唐森德的提议(Charles Townshend),1767 年下半年通过 4 项向殖民地征税的法案,总称《唐森德税法》(Townshend Acts)。这一系列税法规定自英国输往殖民地的纸张、玻璃、铅、颜料、茶叶等均一律征收进口税,同时英国关税税吏有权闯入殖民地民宅、货栈、店铺,搜查违禁物品和走私货物。

《唐森德税法》公布后,引起北美殖民地人民的愤怒抗议,要求废除该法。1768 年 2 月,马萨诸塞议会又向各殖民地议会发出信件,重申"无代表即不纳税"的原则,殖民地人民再度掀起抵制英货运动,并用武力反抗英国税吏的搜查与压迫。英国对北美的贸易额大幅度下降。英国政府以解散纽约、马萨诸塞两州议会要挟,但遭到殖民地人民更大的反抗,1770 年 3 月诺斯(Lord North)内阁被迫废除了《唐森德税法》。

经过一番风波,殖民地和英国之间的关系暂时趋于平静。然而,好景不长。1773 年,诺斯政府为了救济因茶叶大量积压而濒临破产的东印度公司,把《唐森德税法》中对茶叶的征税保留了下来,通过《茶叶法》(Tea Act)。该法给予东印度公司到北美殖民地销售积压茶叶的专利权,免缴高额的进口关税,只征收轻微的茶税。条例明令禁止殖民地贩卖"私茶",东印度公司因此垄断了北美殖民地的茶叶运销,其输入的茶叶价格较之前的"走私茶叶"便宜一半。该条例引起北美殖民地人民的极大愤怒,因为走私茶叶是北美贸易的重要方式之一,且走私茶叶占当时全境茶叶消费量的九成。纽约、费城、查尔斯顿人民拒绝卸运茶叶。在波士顿,一批青年以韩柯克和赛缪斯·亚当斯为首,组成了波士顿茶党(Boston Tea Party)。1773 年 11 月,东印度公司装载 342 箱茶叶的船只开进波士顿港。12 月 16 日,波士顿数千群众集会,要求停泊在那里的东印度公司茶船开出港口,但遭拒绝。当晚,反英群众在波士顿茶党组织下,化装成印第安人闯入船舶,将东印度公司 3 只条船上的 342 箱茶叶全部倒入大海。

波士顿倾茶事件激怒了英国统治者。1774年,英国颁布了四项高压法令(Repressive Measures[Coercion Acts])①,其一将英国的税务部门迁出波士顿,封锁波士顿港并禁止其与外界贸易;其二,强化了马萨诸塞殖民地总督的权力,即当地原由选举产生的下议院改由总督任命产生;如需召开城镇议会(Town meeting),必须事先得到总督的同意;当地的陪审员也由总督任命的县长(sheriff)任命产生;其三,英国士兵或官员涉嫌犯罪的,不再由犯罪地法院负责管辖,而是移交英国本土或其他殖民地地区进行审理;其四,允许英军士兵强占民宿。

与此相呼应,英国议会还通过了《魁北克法》(Quebec Act),把俄亥俄河流域以北、宾夕法尼亚以西的广大地区划归魁北克,禁止殖民地人民向西迁徙。在魁北克全地区,天主教会为合法的宗教组织,承认天主教徒的政治权利。魁北克地区原有的司法制度(与大陆法系的法国相同)被保留,而无须采用陪审审判。

在殖民地的民众看来,《魁北克法》在宗教上是对殖民地基督教徒的公然挑战,在司法上则意味着剥夺了民众接受陪审审判的权利。同时,该法规与1763年《公告》相呼应,实际上封闭了美国西部开发的大门。如果没有《魁北克法》,马萨诸塞殖民地在政治和经济上将会被孤立,加上殖民地民众并不完全认同波士顿茶党等激进派的做法,诺斯首相的高压政策也许会取得成效。不过,《魁北克法》改变了整个殖民地民众的看法,与英国的对立情绪扩展到殖民地全境,并最终爆发了美国独立战争。

1774年9月5日,北美殖民地在费城召开了殖民地联合会议,史称"第一届大陆会议"(The First Continental Congress)。除佐治亚缺席外,其他12个殖民地的55名代表都参加了会议(多为富商、银行家、种植园奴隶主,佐治亚州因总督阻挠未参加)。大陆会议通过了《权利宣言》(Declaration and Resolves of the Continental Congress),提出以下主张:(1)英国议会虽有权制定殖民地对外通商的立法,但应赋予殖民地议会对殖民地内部税收和内务事项的立法权;(2)1763年以来英国制定的限制殖民地经济活动的高压法令,侵害了殖民地民众的权利,应予废除;(3)在和平时期,未经殖民地议会同意,向殖民地驻军的行为视为违法。同时,如果英国不接受这些要求,北美殖民地将于12月1日起抵制英货,同时禁止将任何商品输往英国。大陆会议同时还向英王呈递了《和平请愿书》,表示殖民地仍对英王"效忠",并宣布第二年春天再次召开大陆会议。尽管这次大陆会议没有提出独立问题,但它是殖民地形成政权的重要步骤,并建立了殖民地之间的长期联络机制。

---

① 当时的美国人民将这四项法律和《魁北克法》并成为"不可容忍法令"(Intolerable Acts)。

图十　乔治·华盛顿(1732—1799年)

1775年4月18日,在波士顿附近的莱克星顿(Lexington)和康科德(Concord [Redcoat]),英国正规军和殖民地民兵(minuteman)爆发了武力冲突,殖民地人民打响了反抗的枪声,揭开了独立战争的序幕。

同年,根据之前的约定,第二届大陆会议(The Second Continental Congress)于5月10日在费城召开,通过以武力对抗英国的宣言。6月,殖民地组建由华盛顿(George Washington,1732—1799年)任总司令的"大陆军"(Continental Army)。不过,大陆会议在武力斗争的最终目标问题上还是存在着较大的分歧,大部分代表虽然反对在取得阶段性胜利后就与英国妥协,但也无意独立,而是希望保留英帝国自治领地的地位并获得与英国本土居民同等的自由权利。

随着战争的延续,殖民地民众中的多数人开始改变了自己的想法。其一,大量激烈的战争,造成了殖民地民众严重的人员伤亡,也使他们对英国政府的敌意进一步加深。其二,1775年8月英国国王乔治三世宣布殖民地处于叛乱状态,誓言大不列颠与美国的大陆军战斗到底。这一举动使得殖民地一方中的妥协派的打算完全破灭了。其三,英国政府为了镇压殖民地的反抗,不仅向殖民地增派英国正规军,还雇佣了德国贵族的军队并解除对印第安人的管制,让他们袭击殖民地的平民。这些举动等于否认了殖民地人民作为英国子民的身份,也打击了殖民地当中的保皇党势力。而一场持久的战争更让法国、西班牙两国随时有机可乘,组织联合舰队,进击不列颠群岛,从而置伦敦于险境。其四,英国政府通过了《禁止通商法》(Prohibitory Act),封锁了殖民地和外国通商的渠道。因此,殖民地唯有宣布独立,并获得法国等其他国家政府的承认,才有可能获得需要的武器弹药。

1776年6月7日由殖民地代表向大陆会议提出独立建国的提案。7月2日,该提案被批准,7月4日,由时年33岁的托马斯·杰斐逊起草的《独立宣言》(Unanimous Declaration of the Thirteen United States of America)在费城大陆会议上正式通过,庄严地宣布美利坚合众国脱离英国而独立。《独立宣言》是具有世界历史意义的伟大文献,通过《独立宣言》的这一天也成为美国人民永远纪念的节日。《独立宣言》是在北美13个殖民地一再遭受英国政府的压迫和剥削后奋起反抗的产物。它以前述的自然法和独立思想为基调,说明人类具有的以上权利是上帝在造人时所赋予的,而北美人民为了保护这些权利,因此组织独立政府。宣言明确指出："为确保这些权利,推广并促进这些权利,人民起来组织政府;政府既是人民所组织的,它的权力,当然就来自人民。"《独立宣言》提出一个重要原则:人民既然可以组织政府,当然也可以解散政府,并且另组一个新政府,不过,人民必须是在走投无路、忍无可忍的情况下,才能奋起而解除既有的政治联系,建立另一种政治联系。这一原则,总结了北美人民经历了英国人的压迫所获得的历史经验,它也成为民主政体发展的蓝本。与此同时,英国的罪恶行径,也通过宣言让后人得知。宣言中有这么一段控诉:"任何苦难,只要是还可以忍受,他们(北美人民)是不会为了一己的权利而随意地改变久已习惯的政府的。但是,等到一连串的暴虐和掠夺莫不只往一个方向发展、证明了政府的全部意图不过是把人民置于专制的虐政之下时,那么,人民就有权利,而且也有义务把这个政府推翻,以便为他们的未来安全寻求新的保证……"

《独立宣言》的发表并没有改变当时的战争形势,英国拒绝承认北美的独立,不甘心丧失这块富饶的土地。直至1783年签订《巴黎和约》,英国政府一直没有停止对殖民地反抗的镇压。

美国一方,无论经济还是军事实力都远逊于英国,而且各殖民地之间的联系也不够紧密。大陆议会只是一个松散的革命领导组织,对各殖民地没有强制性的权力。这个机构虽然可以就一般性问题作出宣言,但是一旦涉及具体事务,往往意见不一,争执不下,难以迅速得出结论。在经济上,由于各殖民地滥发纸币,导致物价飞涨,殖民地人民的生活陷入困顿。与此同时,由于军饷短缺和思念家人,大陆军队中的逃兵也开始增加。军队减员和武器装备落后,在战争初期,美军打得非常艰苦。他们中的大多数人是临时召集来的农民,衣服破烂不堪,没有武器,没有受过正规军事训练,根本不像一支军队;另一方面,美军的后勤供应也极度的困难,士兵们经常吃不饱、穿不暖,有时一连五六天吃不到面包,只好吃马料,在寒冷的冬季,有许多士兵不得不赤脚行军。

相反,他们的对手英军却装备精良,训练有素,后勤供应充足。所以,美军一败再败,纽约等要塞相继失守,到1777年9月,连首都费城也被英军占领,有些意志不坚的将领竟率兵向英军投降。

不过,英国方面也同样存在很多问题。首先,由于乔治三世国王推行强权政治,国内的辉格党人担心他会恢复专制政权,对追求民权和自由的北美人民抱有一定的好感;其次,当时的诺斯首相虽然态度强硬,但却缺乏政治手腕和民意支持;再次,在军事方面,北美地区与英国本土距离遥远,英军的将领也大多数缺乏经验,而且必须遵照本土的指令行事。此外,由于殖民地还未实现全面的城市化,英军虽占领了不少城镇但并没有扑灭殖民地的反抗之火。

与此同时,国际形势开始朝着对美国有利的方向转化。对美国友好的法国、西班牙、荷兰等国,在 1777 年 10 月萨拉托加大捷后,改变了动摇不定的观望态度。1778 年 2 月,法美签订军事同盟条约,法国正式承认美国。同年 3 月,法国对英国宣战。1779 年,西班牙也对英国宣战。1780 年,由于荷兰为美国和法国军队提供军需品,英国决定对荷兰宣战。这样一来,英国开始受到欧洲的几个大国的牵制,对美国的镇压变得力不从心。1781 年 10 月 19 日,华盛顿将军统率美法联军一万六千余人对约克敦实施围攻,歼灭英军主力七千余人,取得了这次战争的决定性胜利。约克敦战役胜利导致了英国内阁的倒台。1782 年英国诺斯首相宣布辞职,新政府与美国达成停战协议。次年 9 月 3 日,双方在巴黎签订和约,英国被迫承认美国独立并取得了密西西比流域的大片土地。

美国独立的过程看上去是各殖民地团结一致、同心同德、共同奋战的结果。不过,实际上北美的民众之间的分歧还是很大的。特别是在大陆会议发表《独立宣言》之后,许多效忠国王的人士开始表达他们的不满,民众分裂为爱国派、效忠派和中间派。

殖民地民众中拥护英国国王的效忠派(Loyalists,也称"勤王派"),除了殖民地的官员外,还包括受到英国恩惠较多的富裕阶层和知识分子阶层。他们当中长者较多,也多信仰英国国教。从地域上看,效忠派集中在弗吉尼亚之外的南部地区,以宾夕法尼亚、新泽西和纽约等大城市为主。与之相对,支持独立的爱国派(Patriots 或 Wings)大多集中在新英格兰地区和弗吉尼亚地区。

在独立战争中,效忠派曾经积极帮助过英国政府。不仅有五万多人拿起武器加入英军的队伍,也有人从事间谍和暗杀活动来阻碍独立运动。在这种情况下,爱国派与效忠派之间展开了激烈的冲突。对于视美国为祖国的爱国派人士看来,效忠派是不折不扣的叛国者。在独立战争取得胜利后,效忠派或被处以刑罚(包括处死和没收财产等重刑)或逃往国外,其人数超过了 8 万人。

在美国法律史上具有重要意义的事实是,当时殖民地的法律职业人大多数是效忠派(Loyalists)。① 作为身处社会上层,且为统治者利益代言人的法律专家而言,维护现有的国家体制和法律基础是当然的选择。不过,这也造就了殖民地民众对法律专家强烈的反感情绪。这种情绪对独立以后美国法的发展的影响,值得深入研究。

---

① C. Warren, *History of the American Bar*,1911, pp.214—224.

四、美国联邦时期

（一）邦宪法

胜利后的美国人并没有立即建立起他们的联邦政府,那些手握兵权、功勋卓著的将帅们也没有趁机登上王位。也就是说,他们打下了江山,却没有去坐江山,而是和自己的士兵一样一哄而散,解甲归田。从英国独立出来的殖民地,成为一个个主权"邦国",也有些则自称为"政治实体"(commonwealth)。本书将这个时代的 state 称为:"邦",以区别于现在美国的各个"州"。

美国的邦在 1776 年到 1780 年开始制定各自的"宪法"。1776 年 1 月 5 日,新罕布什尔率先立宪,建立了自己"主权、自由和独立"的政府,其他北美英属殖民地则在两年间纷纷效法。其中罗得岛和康纳狄格直接将各自的殖民契约书(charter)确立为基本法;马萨诸塞则在 1780 年 6 月 16 日通过新宪法,以取代 1776 年的旧宪法。这样,原来的"殖民地"(colonies),就变成了具有"半国家"性质的"邦"(state),因为它们都有自己的宪法和依法成立的政府。这些邦的宪法,是自 1653 年克伦威尔制定《政府章程》(Instrument of Government)①之后,世界上首次出现的成文宪法。唯因如此,1776 年 7 月 4 日发表的《独立宣言》可以理直气壮地宣称:"这些联合殖民地从此成为而且理应成为自由独立之邦。"

在 18 世纪后半叶,世界各国大多没有制定成文基本法。在战火纷飞之中,美国各地的人民陆续制定成文宪法的举动,是非常耐人寻味的。究其原因,应有以下几点:其一,在殖民地时期,各地的统治机构基本上就是按照国王发布的委任状进行管理的;其二,与英国的斗争中,殖民地人民频繁地援引《大宪章》和《权利法案》中的条款来争取自身的权利,独立后,制定属于美国人民的权利章典就成为当务之急;其三,在新英格兰地区,多数民众接受社会契约论的思想,希望施行宪政。

各地制定邦宪法的过程并不相同。立宪的程序有别于一般性法律,必须召开专门的制宪会议(constitutional convention),会议达成的共识也必须经过全体邦民的公决才能够成为宪法。不过,当时正处艰苦的战争时期,加上效忠英国的保皇党人活动猖獗,并不具备履行上述程序的社会环境。因此,在十多个殖民地中,只有马萨诸塞完成了上述两个阶段的制宪程序。其他各邦都是由战争时期的临时议会(convention)按照通常立法程序制定了宪法(其中七个邦的临时议会[convention]在修宪之前举行了选举,由选出的议员制定宪法和法

---

① 1660 年国王复辟以后被宣布无效。

律)。

邦宪法包含两方面的内容,一是政府架构(Frame of Government 或 Form of Government),二是人权章典(Bill of Rights 或 Declaration of Rights)。在制定新宪法的11个邦中,有7个邦的宪法采用了这种形式。此外的几个邦宪法,虽然在形式上有所差别,但都把保障人民权利的规定放在最为重要的位置。这些规定不仅继承了《大宪章》和《权利宣言》中的精神,而且也总结了美国人民抵抗英国殖民统治的经验和教训。

翻开美国早期的各地宪法,应当留意下列内容:(1)刑事程序中的人权保障。例如免受不合理的搜查扣押的权利、如被正式起诉有权要求知悉案由、对证人进行质证的权利、禁止规定过高的保释金、接受陪审审判的权利(民事和刑事案件均适用)。(2)强调出版自由。在殖民地末期,英国对出版的限制是导致独立战争的要因之一。因此,较之其他言论自由,出版自由权受到了特别的重视。(3)民众根据自己的良心,选择宗教信仰的自由。不过,在这一阶段并没有完全实现政教分离的原则。在一些地方,天主教仍然拥有特殊的宗教地位。在新英格兰地区,也保留了"国教"(established church)制度。(4)有5个邦规定了选举自由;另有三个邦规定为了在政治上充分反映民意,应当经常举行选举活动。(5)北美人民普遍认为设置常备军队会威胁到民众的自由。因此各州宪法大多规定没有立法机关的明文授权不得建立常备军。(6)保障财产权。有4个邦规定不得任意剥夺民众的财产权,如确属必须则应当支付补偿。(7)有6个邦规定未经法律(law of the land)不得剥夺公民的生命、自由和财产。这一条款是日后美国宪法上的正当程序原则(due process of clause)的雏形,不过在18世纪末期还只具有程序法上的意义。

在国家的管理机关方面,各邦之间的差异更加显著。其中一个原因,与宪法制定时期有一定关系。一般来说,独立后立刻制定宪法的地方,在设置国家的管理机关时具有创新性,不愿遵循英国的旧例。在独立后经过一点时间酝酿再行制定宪法的地区,则比较乐于选择接近英国模式的管理体制。同时,宪法的规定也体现了美国国内保守派和激进派在建国方略上的不同理念。

在殖民地时期,北美各地的人口流动较之欧洲大陆更加频繁,各阶层之间的贫富差距也更加明显。改革派人士希望通过独立运动改变这种两极分化的状况,实现民主政治——值得注意的是,民主(democracy)一词在当时并非在积极意义上得到普遍承认,也并未被奉为社会核心价值。然而,在保守派看来,独立运动和政治改革虽然具有积极的意义,但不应改变原有的社会结构。也就是说,在管理社会方面,拥有一定财富和受过良好教育的精英阶层应该享有更多的主导权,引领普罗大众来完成社会变革。

尽管存在治国理念的差异,各邦宪法和1787年美国宪法之间还是有着以下两个方面的共同点:

第一是削弱行政首长的权力。在殖民地时期,国王通过总督对殖民地实行了一系列的高压政策,并最终导致了独立战争的爆发。因此,在独立之后,行政首脑的权力受到了很大的限制。行政首长的任期很短,大多数邦规定为1年,最长不超过3年。此外,在9个邦设立了评议会(Council,或称Privy Council, Executive Coucil)来辅助行政首脑。缔结条约、宣战、召开临时议会和任命官员等重大事项,行政首脑不能独断,而是必须根据宪法和法律寻求评议会的支持。同时,评议会的成员不由行政首脑任命。在宾夕法尼亚,需要举行全民选举来推选评议会的成员。在其他8个邦,则由立法机关来任命。这些评议员与行政首长的政见未必相同,但却必须贯彻议会的意见,从而间接实现了立法权对行政权的监督。除马萨诸塞和纽约外(在这两个邦,行政首脑是"法案复决会议"(Council of Revision)的成员之一),行政首脑不得对法案行使否决权。

第二是重视将民众的呼声向立法机关反映,实现下情上达的通畅。在实行两院制的11个州当中(其中马里兰只限众议院),两院议员均由邦民众直接选举产生。考虑到英国的贵族院和殖民地时代的评议会(Council)都不是民选产生的,北美独立后坚持两院直选,是民主制度的一大的飞跃。同时,各地的议员任期较短,其中以殖民委任状作为宪法的两邦规定议员任期是半年;南卡罗莱纳邦规定议员任期为2年;其余各邦均规定议员任期为1年。

那么,激进改革派所制定的邦宪法(以弗吉尼亚、佐治亚为代表)和保守派立场的邦宪法(以马萨诸塞为典型),各自都有哪些特点呢?

激进改革派宪法的特点为:第一,在三权分立,独重立法。他们主张:(1)行政机关的首脑由立法机关通过选举产生;(2)严格限制行政首长连任,防止因长期掌握行政权力而形成腐败;(3)立法机关掌握全部或部分行政官员的任命权;(4)法官由立法机关通过选举产生。第二,为保证国家最高统治机关——议会的民主性,赋予民众广泛的议员选举权。

与之相对,在保守派制定的宪法,首先强调行政首脑的独立性,即:(1)行政首脑不由议会选举,而是通过全邦民众的直接选举产生;(2)在马萨诸塞,行政首长有权否决议会通过的法案;在纽约,行政首脑本身也是"法案复决会议"的成员之一,拥有否决法案的投票权;(3)行政首脑的任期虽然不长,但没有连任的限制。实际上允许同一人长期担任行政负责人的职务。其次,享有选举权的民众人数和殖民地时期大致相同。在有些邦,选举权人人数反而更少。最后,法官由行政首脑或评议会任命,议会无权干预。这些措施是为了避免因议会的党派之争,影响了行政机关的稳定运作,从而出现激烈的社会动荡。在宪法中清楚地把行政、司法、立法分开,而且让它们互相制衡,这种宪制在当时是前所未有的。

(二) 邦联条例

独立后的13个邦,为了处理共同事务,实现统一政府,决定成立国家联合——邦联国家(United States of America)。作为邦联的基础性文本,1776年北美宣布独立后不久,第二届大陆会议就提出并着手起草全国宪法——《邦联条例》(Articles of Confederation)。1776年7月12日,成立邦联的准备委员会向大陆会议提交了邦联草案。但是,由于一些州不愿把自己的统治权交给一个全国政府,这个条例直到1777年11月才在大陆会议通过,并提交各个邦审议。

《邦联条例》最终获得全部13个邦的批准,是3年半以后的事情。其主要原因是各邦在美国西部领土的占有权问题上争执不下。有7个邦宣布对阿利根尼山脉以西的土地有占有权。按照殖民地建立时期英王颁布的特许状(charter),有一些邦,如弗吉尼亚等没有确定的西部边界,因而它们宣称拥有对阿利根尼山脉至密西西比河之间,甚至是到南部海洋之间的广阔土地,也就是后来所称的西部土地的所有权。而其他的许多邦如马里兰、宾夕法尼亚等,由于特许状规定了其确定的边界,因而没有对西部土地的所有权。一旦拥有西部土地,就可以通过出卖土地而获得大笔财政收入,这就引起了马里兰等邦的不满。因此其他邦开始成立土地公司,运用各种方法来获得西部的土地。这就损害了弗吉尼亚等邦的利益,自然遭到了它们的反对,它们拒不承认这些公司的土地所有权,因而这些邦之间经常发生纠纷。各邦在这个问题上一直相持不下,但弗吉尼亚等邦成功地把他们的意见写入《邦联条例》决议案中。这就引起了没有西部土地所有权的邦,尤其是马里兰的不满。因此,马里兰坚持不批准《邦联条例》。最终,1779年大陆会议决定:各邦将西部土地委托邦联管理。邦联根据土地开发的进展,在美国西部建立一些新的邦(州)。对此,纽约和弗吉尼亚表示接受,1780年2月纽约批准了这一决议,马里兰才于1781年3月1日在协议上签字。1782年所有13个邦都批准了《邦联条例》,这部法律开始生效,成为1787年美国宪法生效前的宪法性文件。以下为各邦授权批准时间/各邦代表签字时间。

邦名	授权批准时间	代表签字时间
弗吉尼亚	1777年12月15日	1778年7月9日
纽约	1778年1月29日—2月6日	1778年7月9日
南卡罗来纳	1778年2月4—5日	1778年7月9日
康涅狄格	1778年2月12日	1778年7月9日
罗德岛	1778年2月18日	1778年7月9日
新罕布什尔	1778年3月4日	1778年7月9日
宾夕法尼亚	不详	1778年7月9日
马萨诸塞	不详	1778年7月9日
北卡罗来纳	1778年4月25日	1778年7月21日
佐治亚	不详	1778年7月24日
新泽西	1778年11月25日	1778年11月26日
特拉华	1779年1月某日	1779年2月22日
马里兰	1781年1月20日	1781年3月1日

这部《邦联条例》共13条,内容如下:(1)国号,宣告国家的名称为"美利坚合众国"(The United States of America)(第1条)。(2)国家结构形式。美国是"邦联"国家,各邦拥有主权、自由和独立,且保留除授予国会的权力以外一切权力。(3)各邦之间合作。规定各邦共同防卫、抵御外来侵略(第3条);各邦相互之间给予自由公民同等的特权和豁免(privileges and immunities);邦民享有的自由迁徙权、经商、税赋、捐款、财产转移等权利;各邦相互之间可引渡罪犯,充分承认(full faith and credit)相互的档案、司法判决、行政措施(records, acts and judicial proceedings)的效力(第4条)。(4)各邦权限的限制。其一,各邦未经邦联同意不得与外国缔结条约;在邦联或某一邦任职的任何个人均不得接受任何国王、君主或国家之任何赠与、报酬、职务或爵衔;合众国国会或各邦均不得授予任何贵族爵衔(第6条第1款)。这一点具有明显的反贵族制的民主共和色彩。其二,未经邦联同意,禁止邦际之间相互结盟(第6条第2款)。其三,禁止各邦拥有常备军(要塞警卫部队除外)和发动战争等,但"应该经常维持一支严加管理、遵守纪律、武器装备充足的民兵"(第6条第4款)。其四,未经邦联同意,各邦不得内战(紧急情况除外)。(5)邦联的权力。其一,决定宣战与和平权;其二,派遣和接受外交使节权;其三,缔结条约权(但不得缔结条约禁止各邦对外国人征收与本邦自由民众相同的赋税,或缔结条约限制邦进出口商品的条约);其四,制定有关抓捕走私船只的立法,并设立相关的审判机关(以上为第9条第1款);其五,处理邦际争端权(第9条第2款);其六,管理铸造邦联和各邦货币权;其七,确定各邦共同的度量衡;其八,管理印第安人事务;其九,管理各邦间的

邮政事务；其十，征召合众国军队、制定军队规章和委任军官等军事权力（以上为第9条第4款）。(6) 联邦国会。各邦派出2至7名议员（delegates）组成国会（禁止一人在6年当中有3年以上时间连续担任国会代表）；国会议员不得担任邦联的任何行政职务（以上为第5条第2款）；在国会针对法案投票时，各州无论议员人数多寡，均只有1票（第5条第4款）；议员在国会会期中享有发言和不被逮捕的特权（第5条第5款）；国会的一般决议获得半数以上同意即可通过；但是，决定战争与和平、派遣大使以及缔约与结盟，颁布抓捕令、铸币、决定预算、财政借贷、费用支出、确定军备的人数、任命陆海军司令官等法案，须经9邦以上才可成立（第9条第6款）。(7) 邦联的行政事务。在国会休会期间，设立"诸邦委员会"（A Committee of the States）代替国会行使职权。邦在该委员会各占1个委员名额；该委员会从上述委员中选举1名主席（president）；禁止一人在3年当中有1年以上时间连续担任委员会主席；在国会休会中，经上述委员会的9名委员同意，可以代行国会职权（其所行使的权力中不包括"《邦联条例》要求须有合众国中9个邦同意才能行使的权力"（第10条）；国会有权设立若干专门委员会（第9条第5款）。实际成立的委员会包括外交、海事、财政、军事等，国家事务主要由这些委员会负责，委员会主席的权力则非常有限。(8) 邦联的司法。邦联可以设立截获船舶和审理走私案件的法院；同时对于邦际边界纠纷或重复让渡土地的案件，可设立专门的（ad hoc）法院。除此以外，邦联没有其他的司法机关。(9) 邦联的财政。第一，经国会批准的一切战费和为共同防御或普遍福利目的所需要的各种开支，由各邦按照各邦境内的一切土地（而不论已授予任何人或为任何人作过丈量）之价值比例摊派。此项土地及地上之建筑、设施应根据合众国国会随时指定的方式进行估价。第二，各邦邦议会应于合众国国会规定的期限内，指令赋课税款以交纳上述摊派份额（第8条）。第三，邦联国会或以国会名义发行的一切信贷、借款与举债，以及在邦联成立之前大陆会议所欠债务，都作为邦联债务（第12条）。(10) 加入邦联。接受加拿大加入邦联，而其他殖民地加入则需要有9个邦的同意（第11条）。(11) 条例修改。《邦联条例》的修改必须由"合众国国会同意，并经各邦邦议会随后批准"（第13条）。①

（三）邦联解体

按照这部宪法成立起来的美国俨然是由13个独立国家组成的松散的国际同盟。新的国家组织有以下几个特点：第一，各州保留了很大的独立性。第二，中央最高机构是一院制的邦联国会，每州选出代表2至7人组成；中央不设置国

---

① 参见胡秋红：《邦联条例初探》，载《中国政法大学人文论坛》第1辑，中国社会科学出版社2004年版，第13页。

家元首,只是在国会下面设立一个诸州委员会,在国会休会时管理经常性事务。第三,中央权力极小。

不过,在宪法实施上效果并不理想。独立战争之后,北美地区遭遇了严重的经济危机。根据《邦联条例》组成的合众国却对此束手无策。各邦则自行设立关税壁垒来相互抑制,很少能有9个邦意见一致以通过重要立法。正是由于邦联条例的种种缺陷,才最终导致了制宪会议的召开。

因英美两国矛盾激化而爆发的"拒买英国货"的运动一直延续到独立战争结束。战时的物资短缺和军需的增加,促进了美国本国产业的发展。不过,随着战争结束,以军需促发展的经济发展模式开始出现疲态,加上英国继续在经济上挤压美国的生存空间,这对美国的经济而言,无异于雪上加霜。在赢得独立的同时,美国以前作为英国臣民所享受的特权也消失了。英国政府针对美国施用《航海法》(Navigation Act),由枢密院发布命令禁止美国人在西印度群岛的英属岛屿进行贸易(此种贸易曾经让美国获利颇丰),同时还限制英国从美国进口原材料和军用物资。

解决经济萧条的有效方法,是在邦联政府的领导下执行统一国际贸易政策,推行强有力的振兴经济的方略。不过,由于邦联无权征收关税,而各邦在征收关税时往往为了保护自身的产业而限制其他地区商品的流入。松散的邦联体制,无法实现统一的经济政策,也无力阻止各邦的贸易保护主义。

在财政制度方面,邦联体制也呈现出许多弊端。由于《邦联条例》没有赋予邦联政府征税权,邦联政府唯一的财政来源是各州缴纳的分摊费用。但是,很多州经常不缴纳所分摊的费用。仅1781年到1786年的5年间,邦联政府摊派给各州的款项共1500万美元,各州仅缴纳241.9万美元,仅为邦联政府要求的1/6,且佐治亚州和北卡罗来纳分文未缴。由于邦联政府缺乏准确评价各邦土地价格的标准,只能凭臆测加以设定,不仅引起了各邦的不满,而且也给了各邦拒绝缴纳的借口。因为财政窘乏,邦联政府不得不大量举债,到1783年外债内债高达4000万美元,同时大量发行纸币,其中发行的大陆券就达4亿多美元。结果造成国内通货膨胀,货币贬值,大陆券几成废纸,各州的捐税沉重,劳动人民负债累累。

无论在政治、经济、外交或军事上,邦联政府都显得软弱无能:它只有一个国会,平等地代表各州主权,不具备自己的执行机构;它无力控制各州的立法权力,任凭各州议会干预司法程序,重开已经决定的法庭争议或更改法院判决,以破坏债务契约,为负债人开脱;它无权向各州征税,面对各州迟迟不履行摊派的财政义务无能为力,以致一度出现退伍军人因得不到独立战争期间欠付的军饷而威胁兵变的现象;它无权调节国际与州际贸易,不能与外国签订条约,也无力阻止各州之间的报复性贸易战;它无力保卫美洲的疆土,以抵制英国与西班牙挑拨与分裂各州的企图,或保护西部边疆的开发者免受印第安人的骚扰;最后,邦联没有自己的武装力量,只能要求各邦协助募集士兵,在紧急情况下不能保卫各州内部的社会治安。

1783年,由于未能及时支付军饷,大批退伍军人开始围攻邦联政府,导致政府连续迁址费城、普林斯顿、安纳波利斯和纽约。1787年,在保守派势力占据的马萨诸塞地区,爆发了"谢司叛乱"(Daniel Shays Rebellion)。在那场叛乱中,包括复员军人在内的农民债务人组成的武装力量,关闭了麻州西部的法院,并威胁袭击波士顿,要求邦政府发行纸币、减税和停止行使抵押权、禁止拘押债务人(imprisonment of debt)。对于这场叛乱,邦联政府毫无对策。最终邦政府满足了农民的部分要求,在没有邦联的帮助下,向波士顿的富有阶层借款募集了数千军队,解决了危机。

另外,由于邦联没有常备武装力量,对于《巴黎条约》后划归美国的领土无法驻守,只能听任英国和西班牙继续在该处保留军事基地。加上邦联政府也无法保护民众和抵御印第安人的袭击,人们对这个政府的尊重和信任程度开始急剧下降。

(四)修改《邦联条例》的观点之争

对当时的大多数人来说,与英国和其他欧洲大陆国家的竞争并实现美国的经济独立,需要一个强大的中央政府。因此,强化邦联的权威,建立统一的经济共同体成为人们的共识。不过,在实现这一目标的路径上存在着不小的分歧。

激进派认为应当在尊重各邦自治权的前提下,强化合众国政府的权力。但是,在征收关税、规制邦际或国际通商权等方面,中央政府只能有限度地干预各邦事务。在美国经济逐步走出衰退,西部开发将带来巨大的土地收益之际,只需对《邦联条例》作逐步调整,就可以实现改革的目的。

与之相对,保守派则希望建立一个强有力的中央集权体制,以促进美国在政治和经济上赶超欧洲诸国。在他们看来,美国中央政府应当拥有规制通商活动的权力,可以通过立法对人民征税,应当建立强大的常备军。强大的中央集权,不仅有利于发展经济和推动西部开发,而且可以通过中央立法来制衡地方议会的贸易保护倾向。另外,由中央政府出面购买国债,不仅有利于稳定国债的价格,而且可以取得投资人的信任。

如果《邦联条例》的修改程序较为简便,或许美国邦联将实现一种逐步的转型,并最终成为一个中央集权型国家。不过,根据《邦联条例》,修改案需要全部13个邦议会的一致通过。这显然是非常困难的。在当时最为紧要,也最为稳健的邦联政府征收关税的事宜,修改《邦联条例》的草案也遭到了罗得岛(1782年)和纽约(1783年)的反对。在这种情况下,越来越多的民众放弃了保守的改革方案,转而支持激进派的主张。

五、制定美国宪法

(一) 制宪会议的召开

1786年年初,詹姆斯·麦迪逊(Janes Madison)说服了弗吉尼亚议会,向其他邦发出邀请,"在商定的时间地点指派专员来讨论合众国的贸易问题"。这项全体贸易会议的建议得到了一些邦的回应。1786年9月,5个邦的代表(实际上至少另外4个邦也任命了专员,但这些人并未出席)在安那波利斯举行会议,讨论如何修改《邦联条例》以促进各州之间的通商贸易。由于出席的代表太少,会议不可能达到开会的目的。但是,由于获得了舆论的支持,出席的专员们还是作出了两项工作:其一,亚历山大·汉密尔顿(Alexander Hamilton)在安纳波利斯贸易会议上起了主导作用。他起草了会议报告,痛陈《邦联条例》的诸多弊端。其二,建议邦联国会在1787年于费城召开会议,讨论整合中央政府的机构事宜。

安纳波利斯代表们所作出的建议以报告的形式传达给邦联国会和各邦的议会。报告中提到"邦联政府制度存在严重缺陷",这些制度缺陷"其性质严重到……使美国脆弱而危险,号召邦联的所有成员运用智慧和德行来改变现状"。在美国宪政史上,安纳波利斯会议报告成为制定美国宪法的直接契机。

安纳波利斯报告之所以能得到各邦的积极回应,一方面是因为独立战争的英雄华盛顿将军亲笔写信说服各方面势力参与制宪会议,另一方面是由于谢司叛乱使保守派也感到了修改《邦联条例》的紧迫性。虽然邦联国会并不情愿,但由于已有6个邦答应派遣代表参加制宪会议,因此在1787年2月21

图十一 亚历山大·汉密尔顿
(1757—1804年)

日决议召开一次修宪会议,并同意了安纳波利斯会议报告中建议的时间和地点。

在费城会议的时间确定后,除新罕布什尔和罗德岛外,其余各邦都已任命了代表;新罕布什尔对会议持有良好愿望,但内部局势使它未能在会议正式召开之前任命代表。然而它的代表还是在会议召开时及时赶到,并参与了一些重要的议程。只有激进派势力最强的罗德岛拒不参加,但该邦提交了由商人、手工工人及其他人组成的委员会的署名信,表达了他们对罗德岛未能参加会议的遗憾,并保证用他们的影响来使该州赞同并通过会议决定。

1787年5月份的第二个星期一,在费城召开了美国制宪会议。该会议由邦联会议批准并组成邦联的 13 个邦中的 12 个邦,共计 55 名代表参加,会议地点设在费城的市政厅。

(二) 制宪会议上的讨论

制宪会议的第一阶段,各地代表提出了四个方案,并展开了激烈辩论。其中随着会议规则的最终确定,弗吉尼亚代表团长埃德蒙·伦道夫(Edmund Randolph)于 5 月 29 日首先提出了《弗吉尼亚方案》(The Virginia Plan)。该方案的着眼点是寻求建立一个统一的全国政府,确保全国政府的权力相对集中,只给各邦保留一定的自治权,以实现国家的统一。从 5 月 29 日起,制宪会议一直对该方案进行讨论,并于 6 月 13 日形成了一个全体委员会报告。

《弗吉尼亚方案》的主要内容如下:第一,议会分成两院制,两院代表由人口多少决定。其中下院由人民直选,上院由各州议会提名、由下院选举(决议 3—5)。第二,议会两院的议员人数,以各州向联邦缴纳的款项或自由民的人口比例确定(决议 2)。第三,合众国议会有权对不适合各州立法的事项予以立法;合众国议会有权立法否决各州所立的违反美国宪法的法律;对于不履行宪法义务的州,合众国议会有权要求行使武力(决议 6)。第四,创建独任制的行政首脑职位,该人选由立法机关选举产生(决议 7)。第五,设立联邦最高法院及其下级法院,联邦法官由立法机关指派。联邦法院的管辖权,包括为以下内容:(1) 海盗案件、在公海上的犯罪以及与抓捕船只有关的案件;(2) 与外国人或其他州公民有关的案件;(3) 与联邦财政征收有关的案件;(4) 联邦官员被弹劾的案件;(5) 其他有关国家和平、和谐(peace and harmony)的案件(决议 9)。第六,行政首脑和若干联邦法官组成"法案复决委员会"(Council of Revision)。所有联邦议会通过的法案在生效前都必须被提交该委员会,同时该机构还负责对联邦议会否决州立法的合理性进行审查。不过,联邦议会在获得一定数量的议员支持之下,可以推翻(override)复决委员会的决定。

《弗吉尼亚方案》由于准备充分,并已获得弗吉尼亚和马萨诸塞等大州的支持,在会议上影响力很大。全体委员会于 6 月 19 日作第二次报告,再次推荐了修正后的《弗吉尼亚方案》,接着会议立即对其中的各个决议案进行更细致的讨论。不过这一方案在根本上改变了《邦联条例》的国家架构,无法实现各州地位平等的原则。同时,各州选举联邦议会代表的做法,也影响到了各州议会和州政府的运作。不仅联邦政府的权限过大,而且联邦议会对州法的否决权也侵害了州的立法自主权。

因为各方代表无法就《弗吉尼亚方案》达成共识,在 6 月 14 日的会议上,新泽西的代表威廉·佩特森(William Paterson)提出了一个与《弗吉尼亚方案》针锋相对的《新泽西方案》。该方案凸显各邦的独立性,要求把主权留给各邦,实质是力图维持松散的邦联结构。

《新泽西方案》的基本内容包括：第一，立法机关维持原有的一院制国会。第二，联邦国会议员仍按原有方法由各州议会推选，每州不论人口多少，都在国会中有一票表决权①。第三，联邦国会，除现有权力外，可以对征收关税、印花税、邮政税、规制州际或国际贸易等予以立法（决议2）。第四，行政事务由国会选举的多人制合议机关负责（决议4）。第五，联邦司法机关只设立一个联邦最高法院。该法院的法官由行政机关任命。联邦法院的审判权包括：（1）联邦官员被弹劾的案件；（2）国家外交使节为当事人的案件；（3）与抓捕船只有关案件；（4）海盗和公海上的犯罪案件；（5）外国人为当事人的案件；（6）需要对条约进行解释的案件；（7）与通商贸易法律有关的案件；（8）联邦财政征收的案件。其中，除（1）以外，均为州法院的上诉审判权（决议5）。第六，联邦的法律和条约高于各州的法律。如州法与联邦法相抵触，各州法官应当遵守联邦法律。如果联邦法在执行上遇到阻碍，行政机关的负责人有权募集武装力量以保证法律的实施（决议6）。

继《新泽西方案》之后，6月18日纽约代表汉密尔顿又提出了《汉密尔顿方案》，该方案主张建立一个集中全部主权的"总体政府"，行政长官享有巨大的权力。

会议至此，一个不可回避的问题开始出现，即在若干宪法方案中，究竟如何选择？

6月19日，《弗吉尼亚方案》的起草人麦迪逊从八个方面对《新泽西方案》提出了尖锐而详细的质疑，即在外交事务上，该方案不能防止各州违反国际法和各项条约，势必使各邦陷入战争的巨大灾难；在国内事务中，该方案既不能避免各州损害联邦的权威，也无法阻止彼此之间侵害对方的利益，从而不能保障各州内部的有效治理和社会安宁。麦迪逊明确否定了《新泽西方案》，并表示《弗吉尼亚方案》的主要难题只是国会席位分配，只要这个问题解决了，其他问题都可以迎刃而解。

随着麦迪逊有理有据的质疑和否决，根据代表的提议和表决，会议决定推迟讨论《新泽西方案》的第1条，同时对《弗吉尼亚方案》是否比《新泽西方案》更为可取、值得继续讨论的问题进行了表决。表决结果是8个邦赞成，3个邦反对，因此会议决定继续讨论《弗吉尼亚方案》。

就立宪选择而言，上述决定至关重要。历史的发展表明，选择《弗吉尼亚方案》其实就是选择建立统一国家，走向共和与自治之路。用麦迪逊的话说，"总

---

① 无论各州人口多寡，均可选拔两名参议院议员（第1条第3款第1项）。这一规定不受宪法修改的影响。在计算机员人数和人头税时，黑奴人口以3/5计算。这一规定，是唯一一条对联邦宪法规定的修宪权进行限制的条文。

之,摆在我们面前的出路,无非两个极端,要么13个邦彻底分崩离析,要么完美结合。若彻底分开,13个邦将成为13个独立的国家,各服从自己的法律,不是国法。若完美结合,13个邦将成为一个完整的共和国内的州,服从一部共同的法律"。①

确定以《弗吉尼亚方案》为基础进行讨论之后,一些小邦仍然心存疑虑。因为在该方案中,人口众多的大邦显然拥有更多的议员,并可能把持联邦议会。例如人口最多的弗吉尼亚的下院议员数可能是人口最少的特拉华的12倍。由于上院议员由下院选举产生,一些小邦可能会被排挤在外。

此外,国会议员的结构也受北美地区南北两地对立的影响。其中,奴隶是否拥有代表权、各州人口是否包括奴隶人口在内等问题存在较大分歧。在当时,奴隶在一些北方州已不再合法,但是在南方则普遍被承认。因此,一些北方的代表要求在国家范围内废止奴隶制,而南方的代表反对这个提案。

7月5日,康涅狄格州代表罗杰·舍曼(Roger Sherman)提出一项折中方案,内容包括:议会分成上下两院;众议院中每个州的代表数目由州内自由民加上五分之三的奴隶的数目决定;参议院中每个州都有两个代表,由州议会选举等。

这个方案打破了僵局,但是每州在参议院享有一票的代价是人口较少的州可以在参议院中占有与其人口数量不相匹配的权利。无论如何,小州和大州都同意这个方案。另外,参议院也可以制衡很多人认为可能被大州控制的众议院。

会议经过辩论,终于在7月16日达成了被美国宪法史家称之为"伟大的妥协"(Great Compromise)——大邦与小邦之间在国会议席分配规则问题上的妥协。

在其他方面,在是否禁止奴隶贸易的问题上,为平衡南方各州的利益,决定在1808年之前不禁止奴隶贸易(在当时的条件下,奴隶的寿命很短,需要从非洲补充),奴隶税为每人10美元以下(第一章第9节第1款),并且逃到北方禁奴州的奴隶将被遣返。同时,在依赖农产品出口的南方各州的努力下,国会放弃了对大米和烟草征收出口税的权力,但是有权对贸易实行管理(同上第5款)。在组建法院问题上,最终确定建立一个最高法院,且国会有权建立若干的法庭。最高法院的法官由总统提名,经参议院批准。

1787年9月17日,制宪会议确定了最后的文本。在当时参会的42名代表中有39人签署了宪法(12个邦至少都有1人签名)。这部新宪法确认了五项基本原则,即人民主权原则、共和政府原则、受限政府原则、三权分立原则和联邦体制原则。

---

① 参见肖滨:《在辩论中选择宪法规则:美国制宪会议为什么能成功》,载《南方周末》2006年4月6日。

(三) 联邦宪法的法律性质

经过上述过程而诞生的联邦宪法,与《邦联条例》和各州的宪法有着本质上的区别。

美利坚合众国并非国家的联合体,而是一个联邦。与松散的邦联制度不同,联邦国会拥有直接针对个人立法的权力,也建立了开展司法解释的联邦法院。而邦联国会,用约翰·亚当斯的话来说:"那并不是一个立法会议,也不是一个代议议会,不过是一个外交大会而已。"[①]

根据联邦宪法,美国并不是一个单一制国家。联邦的机关只能在宪法授权的范围内开展活动。这一点不仅从制宪的过程中被反复强调,而且也被写入1791年的《宪法第十修正案》中,即:"本宪法未授予合众国、也未禁止各州行使的权力,保留给各州行使,或保留给人民行使之。"

美国独立后的现实迫使美国放弃邦联制,而走向中心权力比较集中的联邦制。这种制度兼具一体化国家(national)和国家联盟(federal)双方面的特点,将国家管理权分别交给联邦和州,从而实现了强化中央权力和维持地方自治两方面的目标。

首先,在联邦的代议制度上,下院议员由人民直选产生。根据各州的人口比例确定议员人数的做法,源自国家一体化的思想。在上院由各州推选议员,实现平等的代表权,则是联邦制的特点。

其次,在联邦的权力方面,联邦宪法没有采用《弗吉尼亚方案》中的概括性规定,而是一一加以列举(第1条第8款),其中事项远多于《新泽西方案》,且在该款的末项(第18项)规定:"制定为执行上述各项权力和由本宪法授予合众国政府或其任何部门或官员的一切其他权力所必要而适当的(necessary and proper)各项法律。"这一规定,使得列举事项以外的一般性立法成为可能。

再者,在外交和军事领域,联邦宪法没有完全剥夺各州的权力,而是规定:"任何一州,未经国会同意……不得在和平时期保持军队或战舰"、"不得与他州或外国缔结协定或盟约"(第1条第10款第1项)。

最后,在司法领域,联邦宪法规定联邦不仅能够设置最高法院,而且也可以设立下级法院。但在联邦法院和州法院的关系上,宪法却没有明文规定。《联邦宪法》第6条第2项规定:"本宪法和依本宪法所制定的合众国法律,以及根据合众国的权力已缔结或将缔结的一切条约,都是全国的最高法律,每个州的法官都应受其制约。"不过,联邦最高法院是否拥有宪法的解释权,某一法律是否依据美国宪法制定以及某一条约是否"根据合众国的权力缔结"等问题应当如何判断,在宪法中都找不到明确的答案。

[①] 参见任东来:《美国宪法的形成:一个历史的考察》,载《社会科学论坛》2004年第12期。

如果我们将联邦宪法和各邦的宪法做一比较，就不难发现这部宪法吸纳了当时保守派的基本观点，体现了资产阶级启蒙运动的思想。①

第一，强调三权分立的原则。美国独立后，多数邦的宪法，一方面规定了三权分立，另一方面也承认立法机关的优势地位。因此，如果贫民阶层控制了立法机关，就有出现暴民政治（mobocracy）的危险。因此，美国的起草者们设计了立法、行政和司法三个部门。其中立法权属于国会，行政权属于总统，司法权属于各级联邦法院。三权分立后的三个部门既分立又相互联系和制约，以维持平衡。根据美国宪法规定，总统可以限制国会的活动，国会也可以制衡总统的权力，甚至有权弹劾总统和审判总统。最高法院可以制衡国会和总统的权力，总统及参议院在任命最高法官方面的决定权，也可以制约联邦法官。

第二，独立后，许多邦制定了形形色色的法律以保护债务者。为避免此类法律的出现，联邦宪法规定，"任何一州都不得使用金银币以外的任何物品作为偿还债务的法定货币"，不得制定"损害契约义务（obligation of contract）的法律"（第1条第10款第1项）。

（四）联邦宪法下国家权力机关的特点

美国联邦宪法在立宪集权的前提下，更加重视分权和制衡。与邦宪法相比较，在美国宪法的架构之下，行政机关和司法机关的权力更为强大。

美国的总统，与邦联时期的国家元首相比，具有以下的特点：

（1）在邦联时代，13个邦中有8个邦的总统由议会选举产生。《宪法》第2条第1款则规定美国总统由选举人团投票产生，但参议员或众议员，或在合众国属下担任有责任或有薪金职务的人，不得被选派为选举人。这一规定使得总统候选人独立于立法机关。

（2）在行政首脑由民众直接选出的5个邦中，除纽约外，首脑任期均为1年，纽约的行政首脑任期也仅为3年。美国宪法将总统的任期确定为4年，为总统不受时事局势的影响，实现自己的政治理念提供了条件。

（3）联邦宪法规定总统可以对国会的立法行使否决权。在邦联时期，只有马萨诸塞赋予了行政首脑这种权力（如果总统不批准，则必须按照关于议案所规定的规则和限制，由参议院和众议院议员各以2/3多数重新通过后生效）。

（4）如前文所述，（邦联）9个邦设立了评议会（Council，Privy Council，Executive Coucil）。行政首脑必须获得评议会同意才能决定（邦宪法或法律规定的）

---

① 比尔德（Charles A. Beard）在名著《美国宪法的经济观》（An Enconmic Interpretation of the Constitution of the United States，1913）中最早提出了美国联邦宪法是为了维护当时资产阶级利益的观点。他认为：费城会议被一群经济上的实力人物所主导，代表们根据他们之间的不同经济利益，通过博弈决定是否支持宪法。See B. Bailyn, The Ideological Origins of the American Revilution, Harvard University Press, 1967, p161; B. Bailyn, The Origin of American Politics, New York: Vintage Books, 1968, p.112.

重大事项。同时,评议会的成员中许多与行政首脑持不同政见,处理地方行政事务的效率低下。美国宪法颁布后,总统成为独立的行政首脑,只需事后咨询参议院并取得其同意,就可以缔结条约、宣战和任命官员。因此,总统在执行公务时,虽然需要考虑国会的立场,但与邦联时代掣肘于评议会的情况相比,则拥有更为自由的权力。

(5)在邦联时代,两个邦规定由议会负责任命官员,5个邦规定由议会和行政首脑共同商议任命官员。在美国宪法上,这种权力完全划归总统所有。

同时,联邦宪法强调司法机关的独立性,避免国会在法官遴选问题上过度干预。该法第1条第2款后段规定,(与其他重要的联邦官员一样)联邦法官需获得参议院半数以上支持,并由总统任命。而在邦联中,有7个邦规定法官由议会选举产生;1个邦规定由议会的人事委员会(Council of Appointment)任命;另一个邦规定行政首脑和议会共同任命法官;4个邦规定行政首脑和评议会拥有任命法官的权力。

宪法规定,"联邦最高法院和下级法院的法官如品行端正(during good behavior),可以续续任职",实际上宣布了联邦法官的终身制。弹劾法官的程序需要美国参议院批准,且联邦法官地位除非有四分之三的州批准修改宪法才能改变,因此联邦法官可能是美国所能提供的最稳定的工作了。不仅如此,宪法还禁止国会减少联邦法官的薪水。与之相对,在邦联时代,8个邦采纳了法官终身制;2个邦规定法官任期为7年;2个邦规定任期1年;另有1个邦规定法官任期"由立法机关确定"。只有3个邦采用了和联邦宪法同样的制度。

在立法机关的设置上,联邦宪法同样重视议会活动的合理性。因为作为代表民意的立法机关,如果国会不受限制,同样会造成专政,甚至形成民粹政治的局面。这就是要把国会分成参、众两院的意义。

首先,《联邦宪法》规定众议员的任期为两年,每两年全部改选一次,而参议员任期是六年(比美国总统的任期还长两年),每两年改选三分之一的议员。在总统选举年的两年之后进行的国会选举称为中期选举。在邦联时期,多数邦两院议员任期是一年,只有一个邦的下议院(众议院)议员任期为两年;有一个邦的上议院(参议院)任期是五年,两个邦为四年。

其次,《联邦宪法》维持两院制的原因不仅是遵循了殖民地时期的传统,更是制宪会议上大邦和小邦协商的结果。国会的两院制是康涅狄格方案的核心,试图在人口较多的州拥护的《弗吉尼亚方案》和人口较少的州拥护的《新泽西方案》之间达到一个平衡。两院制也代表美国制宪会议代表对全民民主的不信任。由于参议院议员人数少、任期长,可以确保政策的连续性,并起到监督众议院的作用。另外,也有观点认为参议院议员不经州民直接选举而是通过州议会选出,既体现了对各州执政当局的尊重,也希望较为慎重且具贵族气派的参议院,能够防止民粹情绪的狂乱。因为宪法规定只有经两院批准后,法律才能够得以生效。

(五)联邦宪法成立和权利法案

制宪会议形成的联邦宪法文本,并非立即发生效力。如前文所述,制宪会议的目的只是修改《邦联条例》的内容,而不能制定一部取代它的新法律。根据这一主旨,联邦宪法的草案必须经过全国13个邦议会的批准才能成立。不过,在一些激进派占据议会主流的地方,这一要求是很难做到的。特别是原本就未向制宪会议派遣代表的罗得岛邦议会,几乎不可能接受这个法案。

对此,联邦宪法的制定者们提出了新的思路,即制定宪法不应由议会按照一般立法程序进行,各邦应当召开特别会议来讨论这一问题。因此,《联邦宪法》第7条规定,经过9个邦的特别制宪会议批准后,即在批准宪法的各邦之间开始生效。这样一来,联邦宪法就不再需要执行邦联条例所规定的"全体一致通过"原则来获得通过。当然,联邦宪法也因此失去了与《邦联条例》之间法律关联性,成为一部崭新的法案。

联邦宪法草案经邦联国会之手被转交给各邦的议会进行讨论。在大多数的邦,这部草案都引起了激烈的争论,赞否难分。赞成宪法的一派自称为"联邦党人"(Federalists),将反对派称为"反联邦党"(Anti-federalists)。大体而言,联邦党人主张加强联邦政府的权力,反对法国大革命,而反联邦党人则主张维护各州的自主地位,对外同情法国大革命。两派之间的对立,体现了当时的人们在政治思想和地方利益上的差异。联邦党人多为大农场主、富农和工商业者,而反对联邦党人主要是中农和贫农。在地域上,美国沿海地带和可航船的流域的居民大多支持联邦党人。

制宪会议结束后,曾有一段时间反对联邦的人们占据了上风。罗得岛、北卡罗来纳的议会拒绝接受联邦宪法。马萨诸塞、新罕布什尔、纽约和弗吉尼亚的议会在讨论宪法草案时也遭遇了较大的阻力。不过,联邦党人的主张逐渐得到人们的接纳,到了1788年6月21日已有九个州通过议会举行的表决会议批准了宪法草案。北卡罗来纳州和罗德岛州尽管在起初反对宪法草案,但在同年7月26日最终也都举行了特别会议表决批准了宪法。因此,在表决程序上的修改已经得到了全体州的同意。不过,北卡罗来纳州加入合众国的日期为1789年11月21日;罗德岛州为1790年5月29日。

支持宪法的人们最终获得胜利,应当归功于以下几条:其一,联邦党人多数为社会上层人士,利用有利的社会地位和经济条件,他们的主张得以广泛传播;其二,华盛顿(George Washington,1732—1799年)、富兰克林(Benjamin Franklin,1706—1790年)等当时的政治领袖对联邦宪法表示坚决支持;其三,联邦党人目标一致,且行动果断迅速。亚历山大·汉密尔顿(Alexander Hamilton,

1757—1804年)、詹姆斯·麦迪逊(James Madison，1751—1836年)和约翰·杰伊(John Jay，1745—1829年)以古罗马执政官普布利乌斯为笔名，创作了一系列的文章，史称《联邦党人文集》(The Federalist)。这些文章最早连载于纽约地区的报纸，之后在1788年首次出版了合集。此书对美国宪法和美国政府的运作原理进行了剖析和阐述，是研究美国宪法最重要的历史文献之一。

《联邦党人文集》的作者使用了普布利乌斯(Publius)这个笔名，源于他们所尊敬的古罗马执政官普布利乌斯·瓦来里乌斯(Publius Valerius [Publicola])。麦迪逊被后人称为美国宪法之父，并且担任了第四任美国总统。汉密尔顿是宪法会议中非常有影响力的一位代表，并成为美国首任财政部长。杰伊则是美国首任联邦最高法院首席大法官。在文集中，大多数文章是由汉密尔顿执笔的，麦迪逊也对文集作出了重大的贡献，而杰伊因为患病，只写了5篇文章。

文集的第10篇和第51篇通常被认为是文集中最有影响力的两篇作品。其中，第10篇文章提倡建立一个强大的共和国，并包括了各党派的讨论；而第51篇则解释了分权制度的必要性。文集的第84篇也非常重要，因为这篇文章与后来的美国权利法案有着重大的联系。

与之相对，反对联邦的人士虽然将联邦宪法作为抵制的目标，却未能针对《邦联条例》的种种弊端形成一个全面的修正案文本，因此在斗争中落败。

同时，支持联邦宪法的人们，为了争取最后的胜利，作出了一个重大的让步——制定《权利法案》。

联邦宪法的起草者们，最初并没有涉及《权利法案》。因为他们觉得，宪法既没有特别授权管理出版或集会自由之类的事务，当然也就不需要特别声明不存在这种权利。这一立场从逻辑上讲是正确的，但却不符合当时民众的呼声。美国人民普遍希望宪法中明文规定他们的福利。例如，在独立后制定的各邦宪法中，就有7个邦规定了独立的《权利法案》，其他各邦也在宪法中规定了人民的基本权利。因此，在联邦宪法不设《权利法案》就会成为反对派抨击的焦点。

对此，支持宪法草案的联邦党人向美国人民保证，将会在第一届国会会期时在宪法中加入权利法案。1789年，在宪法获批准后召开的第一届国会上，大多数议员支持设立权利法案，而有关的权利也应该在宪法中受到保护。起草权利法案的任务就落到了麦迪逊的身上。麦迪逊在《弗吉尼亚权利法案》的基础上，开始着手进行权利法案的起草工作。联邦国会同意，权利法案将会以宪法修正案的形式被加入到宪法中去，以避免直接修改宪法而需要再次进行冗长的宪法批准过程。1789年最初有12条修正案被提出，但其中两条未能获得通过。1791年12月15日，其余的10条修正案获得通过，成为现在所称的《权利法案》(Bill of rights)。值得注意的是，《权利法案》中的第一修正案和第十一修正案是针对联邦立法权所做的限制，对于各州的立法权并无约束力(这一情况直到宪法第十四条修正案生效后才改变)。联邦最高法院在1833年的"巴伦诉巴尔的摩案"(Barron v. Baltimore)①判决中再次重述了这一点。

此外,《权利法案》草案中的第11条在1992年最终获得批准,成为宪法第二十七修正案。这条修正案禁止国会提高对议员的薪酬。②

(六) 联邦宪法解释权的范围

联邦宪法不是在与世隔绝的情况下,由政治精英们凭空想象出来的。从邦联时代开始,内外形势都要求美国尽快制定一部新宪法。为了尽快出台基本大法,奠定美国政治制度的法律基础,联邦宪法草案经过激烈讨论和巨大妥协(The Great Compromise)才得以成型。另外,根据基本大法"宜粗不宜细"的原则,这部宪法的条文相当简练,法律解释的弹性很大。因此谁拥有对宪法的解释权,谁就可以在政治斗争中处于有利的地位。

由于美国各州的人口差异很大,而各州在地位上保持平等,因此美国宪法规定的修正程序导致少数人可以否决大多数人的决定。在极端的情况下,拥有仅仅美国4%人口的州可以否决90%以上人口的法案。但也有人指出:这种极端情况并不会出现。联邦宪法的修改程序虽然较之《邦联条例》有所放宽,但仍然需要参众两院三分之二以上的议员署名发起动议③,并获得四分之三的州赞成才能实现(《联邦宪法》第5条)。

除了直接对宪法条文进行的修正之外,美国司法机构也可以通过判例对宪法进行实质上的修正。美国在法律传统上属于普通法国家,因此法庭在判决案件时有义务遵循之前的判例。当最高法院在判断美国宪法的部分条文与现存法律的关系时,事实上就是对宪法行使了解释权。

第三节 美国国家体制的巩固与完善

一、统治机构的初建及完善

(一) 成立新政府

在美国宪法获得通过并生效以后,1788年9月联邦议会决定于第二年一月的第一个星期三举行推选总统选举人的初选;二月的第一个星期三由总统选举人推选总统;三月的第一个星期三,即1789年3月4日成立新的联邦政府。华盛顿赢得了全体选举人的一致支持,当选为第一任美国总统。4月30日在临时

---

① 7 Pet. 243 (U.S.)。
② 参见〔美〕赫伯特·阿特休尔:《权力的媒介》,黄煜等译,华夏出版社1999年版,第19页。
③ 美国《宪法》第5条要求2/3州的议会提出动议,联邦国会才能召开宪法会议的规定,至今从未适用。

首都——纽约市举行了就任仪式。

选择华盛顿这样德才兼备的人担任第一任总统是非常明智的。翻开南美和非洲各国的历史,我们可以看到即使是一些以民主宪法伊始的新国家,也极有可能退化为军事专制国家。然而在美国,华盛顿是一位坚定的领袖,他保持了国家的统一,但是却无永远把持政权的野心,既不想做国王,又不想当独裁者。他开创了主动让权的先例——一个至今美国仍然奉行的惯例。

与当时其他美国领袖如杰斐逊、麦迪逊、汉密尔顿等相比,华盛顿缺乏创新的精神和深刻的思想。但是他比所有这些雄才大略的人物都重要得多,无论在战争还是和平期间,他在行政领导方面都起着至关重要的作用,没有他任何政治运动都不会达到目的。美国国家制度的形成,麦迪逊的贡献无疑是重要的,然而华盛顿的贡献则可以说是不可或缺的。

(二)内阁制的形成

《联邦宪法》并没有对总统和各行政机关负责人之间的关系加以明确规定,仅在第2条第2款提出:"总统有权要求每个行政部门长官就他们各自职责有关的任何事项提出书面意见。"

由于美国国会中的参议院由各州推选代表组成,美国宪法的起草者们似乎希望国会中的参议院行使类似于英国枢密院或者邦联时期评议会的功能,成为协助总统开展行政事务的顾问机构。《联邦宪法》第2条第2款"总统经咨询参议院和取得其同意后有权缔结条约,但须经出席参议员三分之二的批准。经总统提名,在咨询参议院并取得其同意后(advice and consent),可以任命大使、公使和领事、最高法院法官和任命手续未由本宪法另行规定而应由法律规定的合众国所有其他官员"的规定,也说明了这一点。同时,早期的联邦参议院议员名额只有20多人,也意味着该机构主要以非正式和咨询的方式为总统执政提供意见和建议。

美国第一任总统华盛顿对国会参议院也抱有同样的看法。1789年,在与印第安部落签订条约之前,华盛顿亲临国会参议院,向参议员们出示了条约的草案并做了内容说明,希望参议院立即讨论通过。然后,参议院没有立即予以答复,而是提出设立专门委员会对该事项进行全面研讨后再做决定。显然,华盛顿对于这一结果十分失望,此后就再也没有进行类似的行政咨询。

由于参议院无法发挥行政咨询机关的功能,华盛顿总统不得不启动了一种新的行政管理模式,即召集各行政机关的负责人以会议形式商讨国政。美国宪法虽然没有规定内阁的必然存在,不过从华盛顿开始,历届总统都设立内阁(Cabinet)辅助其行使行政权。所以,内阁和内阁会议就成了一个常态化的行政方式。不过,从法理上说,美国总统本身即为国家的中央政府和行政部门,而内阁不过是总统下属的辅助性机构,没有宪法上的独立地位和法人权利,总统也不受内阁会议形成决议的约束。在这一点上,美国的内阁与英国及大陆法系国家的内阁有着本质上的区别。

(三) 政党的诞生

美国现在的政党体制为两党制。美国政党体制历经考验和挫折而最终慢慢建立起来。制宪者和宪法的早期支持者一直希望不要建立政党或"派系"。《联邦宪法》本身根本没有提到政党,政府各部门也应在没有政党的情况下自行管理。这一点从选举总统的制度上就可以看出。《联邦宪法》第2条第1款第3段规定:"选举人在各自州内集会,投票选举两人,其中至少有一人不是选举人本州的居民。选举人须开列名单,写明所有被选人和每人所得票数;在该名单上签名作证,将封印后的名单送合众国政府所在地,交参议院议长收。参议院议长在参议院和众议院全体议员面前开拆所有证明书,然后计算票数。得票最多的人,如所得票数超过所选派选举人总数的半数,即为总统。如获得此种过半数票的人不止一人,且得票相等,众议院应立即投票选举其中一人为总统。如无人获得过半数票,该院应以同样方式从名单上得票最多的五人中选举一人为总统。但选举总统时,以州为单位计票,每州代表有一票表决权;三分之二的州各有一名或多名众议员出席,即构成选举总统的法定人数,选出总统需要所有州的过半数票。在每种情况下,总统选出后,得选举人票最多的人,即为副总统。但如果有两人或两人以上得票相等,参议院应投票选举其中一人为副总统"。显然,这种选举制度完全排出了政党干预的可能性。这是因为,从殖民地时期开始,美国民众大多认为,形成党派会破坏团结和分裂国家,而新生的国家需要的是达成共识和体现具体民意,而不应被党派所把持。

华盛顿总统也厌恶党派之争,经常告诫人们派系之争可能威胁国家的安定团结,并始终保持不偏不倚。他任命汉密尔顿为财政部长,任命杰斐逊为国务卿,而这两人在政治立场上是水火不相容的。在实际的政府运作中,以上二人对于美国今后道路的不同看法,始终无法调和。在日趋激烈的政治斗争中,杰斐逊逐渐被边缘化,成为内阁中的少数派,并被迫于1793年底辞职。此时,汉密尔顿及其支持者自称:"联邦党"(Federalists,也有人称之为联邦派),追随杰斐逊立场的人们则自称"共和党"(Republicans)。① 就这样政党最终还是不可避免地产生了,并逐渐成为美国政治制度的重要组成部分,其影响亦深深地渗透到其他各种政治制度中。

联邦党人的主要观点包括:第一,民主的背后往往隐藏着暴民政治的危险。因此,在国家的现实统治中,应当设置强大的联邦政府、总统和法院,并交由有权有势的精英阶层统治。同时,还必须对过度言论自由保持足够的警惕性。第二,

---

① 与现在的共和党并无关系。从历史沿革上,与现在的民主党有一定渊源。

美国人民虽然反对英国国王的强权压迫,但英国的政治制度本身仍存在许多优点,应当充分加以学习。第三,美国应当重视工商业的发展,促进经济规模的进一步扩大。第四,美国联邦政府的权力应当进一步得到强化。第五,不应拘泥于《联邦宪法》的文字规定,允许对宪法进行较为自由的解释。

与之相对,共和党人则认为:第一,在掌握了正确的信息并接受良好教育的民众中,是有可能产生政治人才的,因此,必须保障民众言论的自由。第二,应当向刚刚完成资产阶级革命的法国学习,建立自由和平等的社会制度,同时,在外交层面也应与法国结盟。第三,自由农民应当成为美国的经济主力军,因为他们比较易于形成独立、自主的政治力量。第四,为实行基层民主,应当在政治上强化各州的作用。第五,宪法是国家的根本大法,只允许依照宪法条文进行严格的司法解释。

政党的作用,在总统选举的过程中进一步得到强化。在1796年的总统选举中,首次出现了候选人以党派加以区分的现象。不过,在这次选举中还没有要求根据党派投票。联邦党人约翰·亚当斯(John Adams)当选总统,而民主共和党候选人托马斯·杰斐逊当选副总统。在该任期内,杰斐逊视自己的职位为反对党领袖,因此抽出大量时间为在下届大选中击败亚当斯而策划竞选。

到了1800年,推选总统选举人也开始按照党派进行。这样一来,联邦宪法没有规定的政党制度的弊端就开始暴露出来了。

在这次选举中,共和党推出了杰斐逊和艾伦·伯尔(Aaron Burr)两名候选人的组合,其用意在于推选杰斐逊任总统。不过,伯尔和杰斐逊两人分别获得同样数目的选举团票,而按照《联邦宪法》第2条第1款第3项,需由众议院投票打破这一僵局(每个州都有1票)。此次参加投票的并非1800年11月选举产生的新一届议员,而是两年以前的"跛脚鸭会期"(lame-duck session)①选出的议员,其中以联邦党人居多。因此,联邦党人为了给共和党制造麻烦,说服伯尔决定参选总统而非副总统,结果导致两人不合。最后,众议院经过30多次投票后才最后选定杰斐逊为总统

吸取此次选举的教训,1804年《联邦宪法》制定了第十二修正案,规定:"选举人须在选票上写明被选为总统之人的姓名,并在另一选票上写明被选为副总统之人的姓名。选举人须将所有被选为总统之人和所有被选为副总统之人分别开列名单,写明每人所得票数;在该名单上签名作证,将封印后的名单送合众国政府所在地,交参议院议长收。"

杰斐逊于1801年就任美国第三任总统。他延续了华盛顿的做法,第三届不

---

① lame-duck session 就是指"跛脚鸭国会会议",即新旧总统交接之间的国会会议。由于部分与会议员不会在下任国会出现,也许议员会对议题出现爱理不理的态度。

再参选,就此确立了美国总统连续任期不超过两届的惯例,直至第二次世界大战期间被富兰克林·罗斯福总统打破(他 1933 年至 1945 年连任 4 届总统)。

杰斐逊就职时保证领导一个"明智和节俭的政府……在居民间维持秩序,但又让他们可以自由地去追求和改善自己的实业和生活"。他鼓励发展农业、开发西部、容纳移民、裁减开支。在他的影响下,各个州相继扩大了选举权。

不过,出于政治上的需要,杰斐逊领导下的共和党偶尔也会背离自己的主张。例如,他在任期间,美国以 1500 万美元向法国购买了密西西比河以西的大片土地,即著名的"路易西安娜并购案"(Louisiana Purchase),使美国的领土扩大了一倍。为了尽快与拿破仑达成协议,虽然明知联邦宪法上没有取得领土的规定,但杰斐逊仍然批准了这项交易。这一做法,显然有违宪之嫌。在他 1809 年离任时,美国的中央和地方分权的政体已经成型。这个政体,尽管有种种缺陷,但两百年来维持着这个大国的统一。

杰斐逊党人(1801 年之前)在英国与法国的战争中支持法国,并且反对与英国签订媾和的《杰伊条约》(Jay Treaty),因为担心那将会助长美国国内的君主主义势力。民主共和党将独立的农夫(自耕农)视为是共和国的中流砥柱,轻视都市、银行和工厂。杰斐逊和他的盟友詹姆斯·麦迪逊(James Madison)于 1798 年将地方州的州权确定为党的核心理念。因此,民主共和党在美国南部和西部拥有最多支持,但在东北部六州则势力不大。

1809 至 1817 年担任美国总统的麦迪逊,经历了 1812 年至 1815 年对英战争的洗礼,开始对共和党进行改造。1816 年麦迪逊总统通过一项法案,恢复了联邦银行(national bank)的运作①,并制定了一系列的贸易保护性措施,以维护国内制造业的利益。

由于共和党大量吸收了之前联邦党人的政治主张,联邦党的群众基础被逐渐削弱。其后,由于爆发了对英战争,美国国内的民族主义情绪高涨,舆论开始攻击主张反战的联邦党。在 1817 年至 1825 年詹姆斯·门罗(James Monroe)任总统期间,联邦党人几乎销声匿迹了。到了 1824 年总统大选时期,甚至出现了四名候选人全部是共和党人的情况。

门罗总统时期,党派之争大为减少,此时期被称为"和睦时期"(Era of Good

---

① 在华盛顿总统时期,汉密尔顿就建议成立一家由联邦政府资助的大银行,以促进民间商业发展,为政府的财政活动提供便利。时任国务卿的杰斐逊(Thomas Jefferson)表示反对,但最终华盛顿总统还是签署了这个法案。第一美国银行(The First Bank of the United States),成立于 1791 年。该银行的授权状有效期 20 年,到 1811 年必须延长。是年,国会否决授权法案,导致第一美国银行被迫结业。随后 1812 年的战争使联邦政府再次陷入了财政危机。参见〔美〕斯坦利·恩格尔曼、罗伯特·高尔曼:《剑桥美国经济史(第二卷)》,王珏、李淑清译,中国人民大学出版社 2008 年版。

Feelings)。① 不过,1819年发生的经济危机使得美国民众对银行的种种诈骗行为、疯狂的西部土地投机产生了反感。1812年战争后欧洲进口商品的再次竞争、新领土上的奴隶制和贸易保护主义等,使得党派之争在1820年后再次出现,并最终导致内战的发生。

二、联邦司法体制的建立

(一) 1789年《司法条例》

《联邦宪法》第3条规定,"合众国的司法权,属于一个最高法院和国会随时规定和设立的下级法院",这意味着制宪会议共同同意的是要建立一个最高法院作为联邦司法系统的最高审判庭。但是,对于联邦司法系统如何组成,是由各州法院组成还是由联邦下级法院组成,对于是否需要设立联邦下级法院等问题,未能达成一致,因此把所有问题留给国会去决定。同时,对于联邦法院的管辖权范围问题,《联邦宪法》第3条第2款仅作了一般性列举,实践中缺乏具体的要求,因此有必要通过立法加以细化。

在这方面,美国国会参考了一些先例,如英国司法制度中的三套法院系统——民诉法庭(私法)、王座法庭(刑法)以及衡平法庭(衡平法),由君主授权获得司法权力,并独立开展司法运作。不过,在国力贫弱、法律人才短缺的美国,遵从英国先例训练多套司法人员的做法显然是行不通的。因此,美国国会尝试从零开始,将普通法与衡平法的司法系统整合为单一法庭系统,以实现更有效率的诉讼途径。

当时国会中的争议最多的问题是:《联邦宪法》中究竟有多少权力从州转移到联邦政府手中?主张州的权力优先的一派反对给联邦司法系统过多权力,而反对者则认为只有一个强而有力的联邦司法体系,才可能克服邦联时代中央权力羸弱的弊端。

1789年的《司法条例》(Judiciary Act)②,就是为了解决上述问题而诞生的。该条例主要采纳了联邦党人的观点,决定在联邦法院的组织系统中,设立必要的下级法院,包括:

第一,联邦最高法院(Supreme Court)设首席大法官(chief justice)一名和助

---

① 和睦时代这个词语源自门罗政府,首次出现在波士顿的《哥伦比业哨兵报》上,用来描述1817年门罗总统对新英格兰——曾经是联邦党的大本营——进行成功巡视期间所创造的良好气氛。在美国历史上的这个短暂时期内,一个政党博得了社会中几乎所有阶层的拥护,不存在两个政党之间的争斗,至少是在表面上形成了"和睦时代"。门罗作为入主白宫的最后一名参加过独立战争的军官,受到人们的普遍拥戴,成为这个国家团结的化身。但是在和睦时代的歌舞升平的背后,也有隐忧,即奴隶制和贸易保护主义,由于这些问题的存在,党派之争将再次出现,并最终导致内战的发生。

② 1 Stat. 73.

审大法官(associate justice)5名,共6人。①

第二,每个州至少应设立一所地方法院(District Court),并负责审理案件的第一审。地方法院由一名地方法官(district judge)以独任制审理案件。

第三,美国全国分为三个巡回区(circuit),在每一区设立一所巡回法院(Circuit Court)。巡回法院负责对一审地方法院的上诉案件的管辖。该法院不设专属的法官,而是由最高法院在各巡回区指派两名大法官,与当地的一名地方法官共同组成合议庭审理案件。此外,从1793年起各巡回法庭中最高法院指派的大法官减少为一人,因此审判人员仅为两名法官。

《司法条例》在设置联邦法院的审判权限时,主要为了解决在其他州法院诉讼可能发生的司法不公的问题,而非只为强调联邦内的司法统一性。例如,该条例规定的联邦法院的第一审管辖权主要以海事案件和跨州案件(diversity of citizenship cases,§822)为主。以今天的眼光看来,理所当然应属于联邦司法系统管辖权的"联邦案件常见问题"(federal questions cases)——以联邦宪法、国际条约或法律有关的问题——尽管《联邦宪法》第3条第2款有明文规定,但却并未被《司法条例》划入联邦法院的一审管辖范围。这一点到了1875年才通过立法修改得以解决。② 换言之,与联邦法有关的案件,如果不符合跨州案件的诉讼要件,只能向州法院提起诉讼。在这种情况下,在该案件经州最高法院终审审结后,如果该判决属于《司法条例》第25条规定的情况,则允许向联邦最高法院提起上诉。该条规定的内容是:能对诉讼作出裁决的州普通法或衡平法最高法院,对任何诉讼中所做最终审判或裁决,凡涉及条约、法令效力或联邦执行权并否定争议其效力的;州法律或州执法效力,与联邦宪法、条约、法律法令有所抵触,且州终身裁决该州法律有效的;涉及联邦宪法条款、条约、法律或联邦权限的司法解释,或联邦委任职权(commission held under the United States)纠纷,州法院不承认上述权利、特权或豁免权的。

不过,需要注意的是,并非所有涉及联邦问题且由州法院审理的案件都可以提起上诉。联邦最高法院的职责是对偏重州法律、违背联邦法律的州法院判决进行重新检验而已。这样,就把联邦至上条款所体现的原则贯彻到了司法制度中,使得凡是被认为违反了《宪法》第6条关于联邦宪法、法律和条约为全国最高法原则的案件都可以上诉到联邦最高法院,赋予了联邦法院复审州法院判决的权力,并使联邦最高法院对于各州成为宪法最后解释者,从而"解决了州和联邦权力的范围之争问题"。正如麦迪逊在1832年评论联邦法庭的文章中提到:

---

① 联邦最高法院的大法官,1807年时是7人,1837年是9人,1863年增至10人,1866年后确定为9人。历史上曾有两次因法律修改而减员,但很快又经新的立法恢复为9人。

② Act of March 3, 1875, 18 Stat. 470.

"如果联邦法律不具备统一性,我从不认为宪法本身可以成为最高法律、联邦权力的一致性能够被保留、或者能够避免无政府状态与国家分裂。"①

（二）《联邦宪法第十一修正案》

1795 年,《联邦宪法第十一修正案》出台。该修正案规定:"合众国的司法权,不得被解释为适用于他州公民或任何外国公民或国民对合众国一州提出的或起诉的任何普通法或衡平法的诉讼。"

《联邦宪法》第 3 条第 2 款前段规定:"他州公民或任何外国公民或国民对合众国一州提出的或起诉的任何普通法或衡平法的诉讼,由联邦法院管辖。"据此,1789 年《司法条例》第 13 条规定"合众国一州为当事人的民事案件"的第一审管辖权为联邦最高法院专属的权限。按照这一条文的规定,合众国的一州,在其他州的公民向联邦法院提起诉讼时,必须应诉。对此,州一方则提出:根据主权豁免(sovereign immunity)原则,除非经过全体州民同意,否则一州不受其他州或联邦的司法机关不得受理针对该州或该州的行为和财产提起的诉讼。② 因此,《联邦宪法》第 3 条的规定,仅为原则性规定,不能在具体案件中适用。

关于此问题,实际发生的诉讼是 1793 年的希谢尔姆诉佐治亚州案(Chisholm v. Georgia)。③ 在此案中,两名南卡罗来纳州的公民对佐治亚州起诉,要求返还被佐治亚州没收的原属英国人的财产。州政府的官员拒绝出庭并且表示不承认联邦法院对此案的管辖权。联邦法院以 4 比 1 的比例,判决佐治亚州必须应诉。在当时重视州的独立性的社会氛围中,这一判决引发了广泛的批评。就在发布判决意见的两天后,有人在国会中提出了第十一条修正案以推翻这一判决。这条修正案认为联邦司法权不适用于其他州的或者是外国公民提起的针对本州的诉讼案件。尽管联邦党人反对这一修正案,它还是在 1798 年通过了。其后,法院不得不通过多年的努力,特别是允许起诉州政府的官员,才得以削弱了这一修正案的效力。④

（三）政治活动与法院的职能

联邦法院从其成立之初,就卷入了政治斗争的漩涡。如前所述,在联邦法院

---

① 参见任东来:《美国宪政历程:影响美国的 25 个司法大案》,中国法制出版社 2004 年版,第 121 页。

② 国家管辖豁免(state jurisdictional immunity),又称国家及其财产的管辖豁免或国家主权豁免,简称国家豁免(state immunity),或主权豁免(sovereign immunity),广义上泛指一国不受他国的立法、司法和行政管辖,狭义上仅指不受他国的司法管辖,除非经过一国同意,他国司法机关不得受理针对该国或该国的行为和财产提起的诉讼,也不得对该国的财产采取诉讼保全措施和强制执行。国家管辖权是一项久已确立的一般习惯国际法规则。参见王铁崖:《国际法》,法律出版社 1995 年版;梁淑英:《国际公法》,中国政法大学出版社 1993 年版。

③ 2 Dall. 419 (U.S.).

④ Osborn v. Bank of United States, 9. Wheaton 738. (1824).

的组织结构和管辖权问题上,联邦党人和共和党人存在严重分歧,最终采用了接近联邦党人立场的方案。

在最高法院大法官的人选方面,也存在着相同的问题。在华盛顿总统挑选的六名大法官,以首席大法官杰伊(John Jay)为代表,全部都是联邦党人。其后,在挑选联邦大法官候选人时,除了要考虑各地区之间的平衡外,也必须考虑他们的政党背景。美国国会参议院在对总统提名的联邦法官人选进行审查时,也主要是基于政治上的因素加以考虑。例如,1795年约翰·拉特里奇(John Rutledge)获得提名担任第二代联邦最高法院首席大法官,但因为联邦党人的反对而未能获得参议院的通过,被迫辞职。拉特里奇是联邦最高法院的创始人之一,曾于1791年辞去法官一职,四年后,当华盛顿总统提名拉特里奇担任首席大法官时,许多参议员因为他在1794年美英两国发生争议时批评政府反对他。

1801年,在联邦党人亚当斯总统内阁中担任国务卿的马歇尔(John Marshall),在亚当斯即将到任之际被任命为第四代联邦最高法院的首席大法官。马歇尔任职达三十多年,直至1835年。作为一名大法官,马歇尔身上的人格魅力和其作为联邦党人的闪光思想,改变了人们对联邦最高法院在宪政民主中的看法。虽然马歇尔与其他法官一样,在案件合议中只有一票,但他的不懈努力为联邦法院争取到了司法审查权,并通过一系列影响巨大的判决赢得了民众和其他政府部门对法院的尊重和服从,最终确立并巩固了司法部门在美国政府三足鼎立框架中重要的地位。因此,无论是其同时代的人,还是后世宪法史学家,均习惯于用"马歇尔法院"来指称当时的联邦最高法院。

联邦法院与政治的密切联系,还可以从下面三个事件中得到例证。

1789年美国与法国交恶,两国处于准战争状态。此时,联邦党人提出了一项旨在限制法国人和其他敌对关系国公民的《敌视和煽动叛乱法案》(Alien and Sedition Acts)。① 在这一法案的适用方面,联邦法院的大法官们向大陪审做的指示(charge)不仅包括法律上的问题,也充斥着联邦党人的观点。② 显然,联邦大法官们的这种态度,对于共和党人而言形成了一种言论上的压迫。

经过1800年的选举,美国总统和联邦议会都被共和党人控制了。为了应对这种局势,联邦党于1801年3月4日的政权交接之前,利用跛脚鸭国期(lame-duck session)制定了1801年《司法条例》(Judiciary Act)③。内容一方面是为了减少身为共和党人的杰斐逊总统影响最高法院大法官的公正裁判,将大法官的人数从6人减至5人;另一方面为了在联邦地方法院增加联邦党人话语权,而大

---

① Aliem Acts, 1 Stat. 556, 1Stat. 570, 1 Stat. 577; Sedition Act, 1Stat. 596.
② C. Swisher, *American Constitution Development*, Houghton: Mifflin, 1954, p.95.
③ 2 Stat. 89.

幅提高了法官的人数。通过这一法案增设的法官职位，在1801年3月3日约翰·亚当斯总统任期终了前多数获得任命。但由于人数众多，有小部分人未能及时拿到委任状。这一状况，正是后述的马伯里诉麦迪逊案件（Marbury v. Madsion）的起因。

与之对抗，共和派在1801年12月7日召开的联邦议会上，废除了1801年《司法条例》，恢复了之后的法律。[①]

1804年共和党人针对联邦最高法院的大法官中政治言论最多的蔡司（Samuel Chase），借口其主持审理两件惩治治安骚乱法时有渎职行为而提出弹劾。进而，除刚获任命的威廉·约翰逊（William Johnson）以外的其他几名大法官悉数成为被弹劾的对象。不过，弹劾案虽在众议院获得通过，但在参议院被否决，以失败告终。

三、违宪立法审查制度的确立

（一）问题的争议点

如前文所述，美国由于采用了联邦制，因此在行使违宪审查权方面存在三个层面的问题。在此，我们暂且不谈审查州法律是否符合州宪法的问题，而是把焦点放在对州宪法或法律违反联邦宪法，以及联邦法律违反联邦宪法时如何进行审查的问题上。

显然，上述两个层面的法律审查都涉及一核心问题，即该由谁来对联邦宪法作出最终解释？

美国联邦宪法在违宪立法的审查制度上没有明文规定。因此，法院是否有权对涉嫌违宪的立法进行审查？如果赋予法院这种权力，其审查范围又将如何？这些问题自《联邦宪法》诞生之初就一直为人们所争论。毋庸置疑的是，宪法解释权的重要源于宪法的重要。解释权力的本身乃是一种话语权力，只有话语背后的"言说者"具有相当实力，话语才会具有权力的特质。而只有话语成为一种权力，成为一种政治资源，才会引起各方政治势力的争夺。[②]

联邦党人提出，《联邦宪法》的最终解释权应当归属于联邦的司法部门——其中级别最高的是联邦最高法院。正如汉密尔顿所说："法院必须有宣布违反宪法的明文规定的立法为无效之权"，而这是"限权宪法"的必然要求。宪法作为基本法，必须通过法院的司法活动来加以实现。如若不然，宪法上所规定的各种规制就难以发挥作用，各种权利如果受到侵害，就难以得到救济。这并不是

---

① An Act to Repeal certain Acts respecting the Courts of the United States, and for other purposes, 2 Stat. 132 (March 8, 1802).

② 参见朴飞：《美国违宪审查权发展初探》，载《黑龙江省政法管理干部学院学报》2010年第8期。

说,法院的地位在立法机关之上。因为,法院在发现法律与宪法产生矛盾时,如果不能确定何者优先,将会导致具体案件无法进行裁判。从这种意义上讲,法院开展立法审查实质上仍是行使司法权的一种表现。

与之相对,共和民主党人则提出了两个方面的质疑:其一,联邦司法机关所作的宪法解释是否也对州机关产生约束力?对《敌视和煽动叛乱法案》(Alien and Sedition Acts)持反对态度的肯塔基州议会,于1798年和1799年两度作出《肯塔基提案》(Kentucky Resolutions)。1798年弗吉尼亚州议会也针对该法作出了《弗吉尼亚提案》(Virginia Resolution)。这两个法案主张:各州并非无条件地服从联邦机构的所有决策。《联邦宪法》作为主权政治实体的各州与联邦政府之间的一种协定(compact)。因此,各自独立拥有解释这一协定的权利。联邦政府无权行使宪法无明文规定之事项,而各州对联邦政府各项僭权之解释可"拒绝实施"(nullification)。

其二,作为三权分立制度一个组成部分的司法机关,其所做的宪法解释,为何对立法机关和行政机关有约束力?在共和党人看来,在这一问题上也应严格遵循三权对等原则。法院所作的司法解释,仅在涉及司法机关的有关立法上具备终局性。在其他立法方面,联邦议会或美国总统,可以不受联邦法院宪法解释的限制,自行判断如何行事。

长期以来,诸如联邦法院判定合宪的法律被总统拒绝执行或总统执意实施联邦法院已经认定违宪的法律等现象层出不穷,且一直被视为是妥当的。此外,直至19世纪20年代末期,美国总统如认为法案违宪则可以行使否决权。换言之,根据三权分立的原则,三个政治机构分别拥有对宪法的解释权。这一点,在联邦法院体现为司法解释权,在总统权限上体现为搁置法案的否决权。在美国制定宪法期间,汉密尔顿(Alexander Hamilton)在《联邦党人文集》(The federalis)中,即主张宪法赋予总统否决权的必要性。不过他又认为,总统行使否决权,应该非常谨慎,不应轻率地使用。美国建国后初40年间,历任总统对行使否决权,都谨慎行事。1791年国会通过一项众议院议员配额案。根据这一法案,有些州众议员代表公民数不到三万人,显然与宪法规定不符。所以华盛顿总统认为此项法案违宪,不宜成为法律。他根据此理由,否决了此项法案。这是美国总统否决法案的第一次事例。在当时,华盛顿这一行动并未遭到多少反对。华盛顿在其总统任内,否决法案前后计两次,理由均基于法案违宪。其后亚当斯总统和杰斐逊总统均未行使过否决权。1815年,由于各州银行规避宪法禁止各州铸造货币和限制发行纸币,同时自行大量发行贬值币券,引发金融危机,国会通过设立国家银行的法案,以统一国家货币。这一法案虽经两院通过,但被麦迪逊总统否决,理由是设立国家银行是行为违宪。1816年国会通过《红利法案》(Bonus Bill),建议就国家银行缴付政府的红利及利润经费中,提留150万元作为西部开发的永久基金,以加强国内交通和运输设备。但是这项法案送交麦迪逊总统后,也基于违宪的理由被否决。1819年《密苏里法案》(Missouri Act),在国会通过后,门罗总统亦基于违宪理由,原拟加以否决,但后经其内阁一致的坚持,门罗总统才签署了法案。其后,约翰·昆西·亚当斯(John Quincy Adams)在其总统任内未行使过任何否决权。由此可见,美国立国初数任总统均审慎地使用否决权,且否决都基于违宪的理由。此外,从1789年至1829年6位总统任职40年间,共计发生10次否决法案,其中7次是麦迪逊总统使用的。①

在拥护违宪审查制的人们看来,《联邦宪法》包含了承认违宪审查权的主旨。其理由如下:(1)《联邦宪法》第6条第2款的所谓"优先原则"(supremacy clause)规定:联邦宪法及依联邦宪法所制定之合众国法律;以及合众国已经缔结及将要缔结的一切条约,皆为全国之最高法律;每个州的法官都应受其约束,任何一州宪法或法律中的任何内容与之抵触时,均不得有违这一规定;(2)《联邦宪法》第6条第3款要求合众国的法官必须履行遵守联邦宪法的义务;(3)《联邦宪法》第3条第2款第一段规定:"司法权适用的范围,应包括在本宪法、合众国法律、和合众国已订的及将订的条约之下发生的一切涉及普通法及衡平法的案件";(4)在邦联时代的宪法中就已经规定了违宪审查权;(5)在殖民地时代,英国的枢密院司法委员会就开始行使对殖民地立法以及殖民地的行为是否违反了委任状(charter)进行审查;(6)爱德华·柯克法官从其限制王权的政治目的出发,在波汉姆医生案(Dr. Bonham's Case)判决中提出了著名的附论,"一项议会的法令有悖于共同权利和理性、或自相矛盾、或不能实施时,普通法将对其予以审查并裁定该法令无效",这一论断"为美国的违宪审查制度提供了理论基础"。

(二) 马伯里诉麦迪逊案

1803年的马伯里诉麦迪逊案(Marbury v. Madsion)②,将联邦党人的违宪审查权理论以判例法的形式加以确立。

在1800年举行的国会选举中,联邦党遭受重大的挫折,他们不但失去了总统的宝座,同时也丢掉了国会的主导权。于是,联邦党人只能希望寄托于联邦司法部门,借以维持他们在美国政治生活中的影响。乘着新总统上台和新国会召开之前,国会中的联邦党人在1801年2月13日通过了1801年《司法条例》(The Judiciary Act),增设了5个联邦地区法院和3个联邦巡回法院,由此增加16个联邦法官的职位。1801年2月27日,国会又通过一项《哥伦比亚特区组织法》

---

① See Leonard W. Levy and Louis Fisher, *Encyclopedia of the American Presidency*, New York: Simon & Schuster, 1994, p. 1553.

② 1 Cranch 137(U.S.).

(the District of Columbia Organic Act),授权总统可以任命特区内共42名任期5年的治安法官(Justices of Peace)。这样一来,亚当斯总统就可以在新总统上台之前,任命他的联邦党人来可担任这58个新增的法官职位。然而,由于时间紧迫和行政官员的失误,直到卸任前一天(1801年3月3日)午夜才结束所有58个法官的任命程序。与此同时,国务卿马歇尔则在所有委任状(commission)上盖上国玺。人们因此把这批法官称为"星夜法官"(midnight judges)。

在此之前的1801年1月20日,亚当斯总统还作出了第二手的准备,任命国务卿马歇尔担任最高法院的首席大法官。1月27日,经参议院同意后,马歇尔于2月4日正式到职赴任。但是,马歇尔此时并未辞去国务卿的职务,只是不支领国务卿的工资,这种状况一直持续到1801年3月3日亚当斯总统任期届满为止。因为当时正是新旧总统交接之际,马歇尔一面要向新国务卿交接,一面又要以首席大法官的身份主持新总统的宣誓就职仪式,忙乱之中,竟然有17份委任状来不及送到被委任人手中。

新总统杰斐逊对联邦党人的阴谋诡计深恶痛绝。他在1801年3月4日上任后,得知有17份治安法官的委任状仍滞留在国务院,便立即指示他的国务卿詹姆斯·麦迪逊(James Madson)扣发这些委任状,并示意麦迪逊将这些委任状"如同办公室的废纸般处理掉"。接着,民主共和党人控制的新国会通过新的立法,在1802年3月8日废除了《司法条例》。不过,新国会没有撤销有关治安法官的《哥伦比亚特区组织法》。为了防止被免职的"星夜法官"向最高法院控告新国会的作法,新国会还进一步以重新安排最高法院开庭日期的办法,暂时关闭了最高法院,改一年两次开庭为一次开庭,从而使最高法院在1801年12月到1803年2月关闭了长达14个月之久。当最高法院再次开庭时,已经是1803年2月了。

但这一做法仍不能阻止联邦党人利用最高法院对民主共和党人进行反击。最高法院刚开庭,未拿到委任状的治安法官威廉·马伯里(William Marbury)与另外三个同样情形的"星夜法官"便跑到最高法院起诉麦迪逊,要求最高法院颁发"令状"(writ of mandamus),强制麦迪逊交出委任状,以便走马上任。他们起诉的根据是1789年《司法条例》(Judiciary Act of 1789)第13条的规定:"联邦最高法院在法律原则和习惯所容许的范围内,有权向联邦政府现职官员下达命令,命其履行其法定义务。"这正是马歇尔求之不得的机会,他立即受理了此案。这就是著名的马伯里诉麦迪逊案。

联邦最高法院的各位大法官一致裁决原告败诉,但此案的重要性并不在判决结果本身,而是寓意在马歇尔首席大法官所做的判决理由之中。马歇尔首先提出并分析了以下三个问题:第一,原告马伯里是否有权得到他所要求的委任状?第二,如果他有这个权利而该权利受到侵害,美国法律是否应该为他提供救济? 第三,如果美国法律应该为原告提供救济,能否以最高法院来颁发强制令状的形式进行?①

对第一个问题,判决指出:"委任状一经总统签署,任命即为有效;一经国务卿加盖合众国国玺,委任状即为完成。对于任期不确定的官员,可以收回任命并扣发委任状,但上述职位有法定的5年任期,且享有不受行政机关干预的权利。这项任命是不可撤销的。被任命的官员各项法律上的权利也随之产生。因此,扣发委任状的行为,在本法院看来,不是法律所授权的行为,而是对法律已赋予权利的一种侵害。"②

对第二个问题,马歇尔法官论证说:"市民自由权利的精髓在于:当个人的权利受到侵害时,应当受到法律的保护。政府的一个首要责任就是提供这种保护。合众国政府被宣称为法治政府,而非人治政府。如果它的法律对于侵犯所赋予的法律权利不提供补救,它当然就不值得这个高尚的称号……如果要去否定这一点,就必须注意到本案的特殊性,即由行政机关的首长所实施的行为。行政机关的首长根据总统的命令实施属于总统裁量权范围内的行为,随之产生的政治责任。然而,如果上述行为属于法律规定的某项具体义务,且履行该义务直接关系到个人的权利是否得到保障,则个人理应得到法律上的救济。"也就是说,国务卿麦迪逊不得剥夺马伯里既得的获得委任状的权利。

对第三个问题,马歇尔提出需要考虑强制执行令状的法律性质以及最高法院的权限两个方面的因素。对于前者,由于存在上述的权利侵害,且没有其他普通法或衡平法上的救济手段,应当颁发强制执行令状。虽然本案中的被告是国务卿,但他实施的并非政治行为而是未能履行的法律义务,因此联邦法院有权对行政官员发出执行令。

然而,对于最高法院是否有权发布令状的问题,马歇尔却给出了否定的回答。首先,《联邦宪法》对美国的司法权范围作出了明确的界定,本案所争议的权利是基于联邦法律所产生的,因此应属联邦法院管辖。③ 不过,根据《联邦宪法》第3条第2款的规定,只有涉及大使、公

图十二　约翰·马歇尔法官
(1755—1835年)

---

① 1 Cranch 154 (U.S.).
② 1 Cranch 162 (U.S.).
③ 1 Cranch 174 (U.S.).

使、领事等外国使节或州政府为一方当事人的案子时,最高法院才有初审权(original jurisdiction),而对于其他案件最高法院只拥有上诉管辖权。本案原告马伯里即非外国使节也不是州政府的代表,因此最高法院对他的案子并无初审管辖权。同时,在联邦宪法规定的最高法院的固有权限方面,也没有把向行政官员下达执行令包括在内。显然,马伯里起诉麦迪逊所依据的1789年《司法条例》第13条与《联邦宪法》存在冲突。据此,马歇尔把问题一下子提升到国会法律(law of the land)的合法性层面上。在他看来,真正的问题是最高法院究竟是应遵从《司法条例》第13条,还是遵从《联邦宪法》来作出裁定?

这一部分的阐述遂成了这个判决的根本和主体,也成为美国宪政史的华彩篇章。马歇尔指出,国会通过的《司法条例》在规定最高法院有权向政府官员发出状纸时,它实际上把《联邦宪法》所规定的原始司法权扩大了。如果最高法院执行了1789年《司法条例》,就等于最高法院承认国会可以扩大宪法明确授予它的权力。但事实却是,国会没有这个权力。因为宪法是人民制定的,制宪是人民"原始权利"(original right)的伟大运用,但这种权利的运用"不能也不应经常地反复"。所以,宪法一旦制定,其基本原则也就确立起来,这些原则所产生的权威在制宪时就被认为拥有"超越一切的"(supreme)和"恒久的"(permanent)的性质。

之后,马歇尔指出了问题的核心,即应当通过宪法约束任何与其不符的立法还是立法机构可以通过一项普通法来改变宪法。"在这两个选择之间没有中间道路。宪法或者是一项至高无上(superior paramount)的、不能用普通方式改变的法律,或者是与普通立法一样,当立法机关愿意改变它时就可以被改变。如果是前者,那么一项与宪法相抵触的立法便不是法律;如果是后者,那么成文宪法不过是人们某些荒唐的企图,用来限制一种本质上不可限制的权力。"

毋庸置疑,制定成文宪法的贤达们决心完成一部奠基性的、至高无上的国家法。在这部国家法之下形成的基本规制是,必须对违反宪法的法律宣告无效。这一理论是与成文宪法共同存在的,也是美国社会组织的一个基本原理。对此问题,亦无需再做赘述。

随后,马歇尔就法院是否有权进行违宪审查进行了论述,"如果与宪法相抵触的立法机关的法律是无效的,且这种无效的法律对法院有约束力,使法院有义务让其生效吗?换言之,它并非法律,却如法律一样构成可适用的规则吗?如果上述两个设问的结论为肯定的话,那无异于在事实上推翻在理论上业已确定的东西,这种显然荒谬的结论当然不能坚持,然而我们必须对此作出更为认真的考察"。

判定什么是法律断然属于司法部门的权限和职责。因此,针对特定案件适用司法准则的机构当然且必须对此准则进行解释。当两个法之间存在冲突,只能实行其中一个时,法院必须决定其之适用。由此之故,如果一部法律是违宪的,而该法律又与宪法都适用于同一案件,那么法院要么无视宪法而适用该法律,要么无视该法律而适用宪法。法院必须决定这些相互冲突的规则中选择一个该案判决的理论依据,这就是司法职责的本质。假如法院认为应适用宪法,并认为宪法高于任何立法机关的普通立法,那么,支配该案的应是宪法而不是立法机关的普通立法。

否认宪法是最高之法的人,是在要求法院对宪法视而不见,而只关注法律的内容。这种思想,是对所有成文宪法基础的否定。这无异于宣称,根据一国的国家原理和理论完全无效的法律,实际上拥有完全的约束力,等于宣布立法机关明文禁止的行为是有效的。这样一来,限制立法机关权力的制度将被虚置,立法机关实际上成为无所不能的国家机构。也就是在设置规则的同时,允许随意破坏规则。

马歇尔最后指出,在联邦宪法的条文当中就存在着可以印证其观点的规定。首先是《联邦宪法》第3条第2款第1项。该条款规定,司法权所及的范围包括"发生于本宪法与合众国法律上,以及根据合众国权力所缔结与将来缔结的条约上的案件"。[①] 为此,对基于联邦宪法所发生的案件的审判,必须依照作为该种案件之基础的宪法。在此,判词举出了两个假定的事例进行设问。其一是:《联邦宪法》第1条第9款第3项禁止制定剥夺公民权利(bill of attainder)和追溯既往的法律(ex post facto law)。如果议会违反宪法制定了此类法律,那么法院是否必须该法而判处某被告人死刑呢?其二是《联邦宪法》第3条第3款第1项中规定,无论何人,非经该案两名证人证明或其本人公开在法庭上供述,不得被判以叛国罪。如果有法律规定只要经过一人的证明即可判处被告此罪成立,那么法院能否无视宪法的规定而适用该种法律呢?通过这样的例证,得出结论——作为具体适用各种法规范的法院,理所当然地拥有对法律的违宪审查权。

其次,《联邦宪法》第6条第3款要求法官必须宣誓拥护宪法。如果法官可以随意无视他们所宣誓的对象,那么宣誓义务将是不道德的行为;此外,还应注意到《联邦宪法》第6条第2款对宪法具有最高法规性的规定。

因此,作为所有成文宪法的本质特征,"与宪法相抵触的法律是无效的"。联邦宪法已经强调,法院应与其他国家机关一样,遵守宪法条文并受其约束。[②]

在马伯里诉麦迪逊案中,被判违宪的《1789年司法条例》第13条在内容上规定了联邦的司法权范围。即使是共和党人,也赞同由联邦最高法院对这一条款的合宪性进行审查并作出判断。同时,判决中的部分观点,在之前的联邦最高

[①] 参见任东来:《美国宪政历程:影响美国的25个司法大案》,中国法制出版社2004年版,第91页。
[②] C. Swisher, *American Constitution Development*, Houghton: Mifflin, 1954, p.180.

法院及下级法院的判例中也有所表露。因此,本判决的关键并非其结果,而是马歇尔通过审判意见所阐述的违宪审查理论。判决的论理脉络是:尽管当事人马伯里的权利受到了侵害并应得到法律上的救济,但其所依据的《司法条例》中的有关规定是违宪的,而法院则有权对此作出判断,即理应拥有违宪审查权,为此应当驳回马伯里的请求。显然,该判决一方面以进为退,另一方面又以退为进,显示了一番煞费苦心而且高度娴熟的判决技巧,从而使一场延续在司法领域中的政治斗争,恰到好处地蕴含在法理论辩的正论之中。

马歇尔的这种思维范式延伸下去,意味着共和党人所主张的联邦立法、司法和行政机构享有对等的法律违宪审查权,以及各州可以自行进行宪法解释的理论将无法成立,其意义十分重大。

(三) 对州法的违宪审查权

在联邦下级法院,已经存在一些案例涉及联邦法院对州的宪法和法律违反联邦宪法的审查问题。在联邦最高法院的判例中,1789 年的卡尔多诉布尔案(Calder v. Bull)①具有代表性。撰写该判决的艾尔德尔(Iredell)大法官早年是位活跃的支持司法审查的律师。1786 年他曾在报纸上撰文认为:"假如国会或州立法机关的任何法令违反联邦宪法条款,此种法令无疑是无效的。不过,基于宣告其无效的权力具有微妙的、可怕的性质,因此除非在明显且紧急的情况下(in a clear and urgent case),否则本院将不诉诸此种权力。"②在马伯里诉麦迪逊案中,马歇尔法官撰写的审判意见也表明联邦法院有权对州宪法和法律进行审查。联邦最高法院正面回应此问题,则是在 1810 年的弗莱彻诉佩克案(Fletcher v. Peck)。③ 这些判决意见表明,最高法院在较早时期,就对司法审查权的性质有足够透彻深邃的认识。或许正是这种认识引导着最高法院没有随意实施司法审查或干预各州立法,使得其在最初的十几年里(1790—1802 年),始终没有裁决任何国会立法或行政行为违宪无效。从这个意义上说,司法的自制性是美国法官首选的价值立场,是美国法院的传统与惯例。

四、美国宪法的解释

(一) 序说

联邦最高法院虽然获得了对宪法的解释权之后,但在具体开展宪法解释时并非拘泥于宪法规定的内容本身,而是采用了一种较为宽容和开放的态度。正如马歇尔大法官所指出的:"宪法如果必须巨细靡遗地列入其所授权之对象及

---

① 3 Dall. 386 (U.S.).
② 7 Calder v. Bull,3 Dallas 386 (1798).
③ 6 Cranch 87.

内容,并规定执行此等权力的具体方法,可能会与一般法典一样冗长,也很难为人所接受,这样的宪法恐怕根本不能为大众所理解。因此,本质上宪法只能记载重要的原则及其所追求的基本目的,而为达成各项目的细节安排,则仅可从这些目的中推衍而出。美国宪法的制定者具有这样的想法,不仅可从宪法的本质加以推论,也显现在宪法的文字中。不然一些限制为何要规定在《联邦宪法》第9条第9项之中?……我们必须要牢记,需要解释的文本是宪法,而非其他法律。"①

联邦最高法院的这种态度,当然与占据法院高位的主要是联邦党人有关。更重要的是,美国社会发生了重要的变化。这种变化不仅促使共和党改变了原有的立场,也切实推动了联邦法院的改革。

(二) 联邦权力的扩大

如前所述,制定联邦宪法的过程充满着争议和妥协。其中,联邦的权限到底应当如何设定,是人们争相讨论的热点话题。联邦最高法院无疑站在了赞成扩张联邦权力的立场上。一方面,根据《联邦宪法》第1条第8款将涉及联邦权限的"州通商条款"(interstate commerce clause)和"必要及适当的条款"(necessary andproper clause)做扩张解释;另一方面则在法律解释中极力排除州对联邦行使权力的干涉。联邦最高法院的一系列做法,事实上推进了美国政治和经济一体化的发展。

由于深感邦联时代弱势的中央政府难以管理好国家事务,在联邦宪法中已经明确赋予联邦管理州际通商和国际通商的权力。不过,由于宪法并没有明确此类权限的范围,因此,在许多问题上存在争议。例如,"商业"(commerce)的概念是指单纯贸易活动还是包含其他商业行为在内的整体性经济活动? 在划定此类权限的立法方面,是由联邦单独拥有立法权还是和州共同拥有立法权? ……这些问题,都需要通过法律解释来加以明确。

1824年最高法院在吉本斯诉奥格登案(Gibbons v. Ogden)②中指出:第一,各州可以自由调整州内的商业活动;第二,国会拥有专有的权力来管理州际贸易;第三,即使国会没有行使这一权力时,各州也没有这个权力。在此,通商条款中所指的"商务"一词不仅仅是通常意义上的"做买卖"或"物品交换"(the interchange of commodities),它更是一种"流通"(intercourse)。它涵盖的是国与国之间、不同国家地区之间所有形式的商业流通,受制于国会为规范开展这种流通活动而制定的法律。

《联邦宪法》第1条第8款授权联邦政府通过"执行其上述权力所必要和适

---

① McCulloch v. Maryland, 4 Wheat. 316, at 407(U.S.1819).
② 9 Wheat. 1(U.S.).

当的一切法律"(necessary and proper clause)。据此,联邦议会确立了自身的立法权。例如,以联邦司法部门有权审理海事案件为由,联邦议会有权制定海事案件所适用的实体法。① 这就是所谓的"默许权力理论"(doctrine of implied power)。

这个"必要和适当条款"不仅要求政府实施权力必须适当,而且应是必要的。不过,从宪法的条文中,我们并不能判断出立法者是否允许联邦超出限度行使这种默许权力。1819年的马卡洛诉马里兰州案(McCulloch v. Maryland)②在当时曾经引起很大的反响。在阐述联邦议会是否有权设立联邦银行(national bank)时,马歇尔大法官指出:"联邦宪法所列举的联邦政府的各项特定的权力之中,我们没有找到'设置银行'或'组织公司'等字眼,但是却规定政府有征收租税、贷款、规范交通贸易、宣战交战以及招募维持陆、海军等武力所需的财政、对外关系以及国家其他各项重要的权力,都赋予政府行使。我们不能说因为其他一些权限相对而言不甚重要,就把它们与上述重大的权力区分开来。这样的假设不容推演,但是我们有足够的理由认为,政府既被赋予如此广大的权力,其行使当否将影响全国人民的福祉,政府亦必须运用各式各样的方法来执行此等权力。联邦宪法规定国会可运用所需手段以执行政府权力。在明定其所赋予的权力之外,宪法加上了一段:'制定其他任何必要而适当的法律,以执行上述以及其他经本宪法赋予联邦政府或其部门的权力'。马里兰州一方提出此条款中的'必要'条款意味着如不予立法则相关权力就不复存在,即绝对意义上的'必要性'。我们认为不然……'必要及适当条款'之所以被写入联邦宪法,是要维系长久之用,以能应付人类社会的各项突发情况。将之理解为限制国会在将来一切情形下执行权力所需的手段,无异于改变了联邦宪法的本质,而仅将之视为一项普通法律。对于难以预见或只能粗略估计的特殊状况,欲求以不变的条文实现最佳的解决之道,上述解释不免有欠明智。将此条款解释为联邦国会不能使用最佳手段,而只能采取除此即别无他法的手段,将使得国会无从运用其本身的经验、理性以选择适合环境的立法。如果我们以此原则解释政府的任何权力,将可发现此举会导致任何权力均衡以运作以致必须被迫放弃。……像所有的人都必须承认的那样,我们也承认政府的权力是有限的,而且这种限制是不能逾越的。但是我们认为,对宪法的正确解释必定允许联邦的立法机构有权自由决定执行宪法授权所需采用的手段,以便使该机构得以按照最有利于人民的方式履行其既定的崇高职责。如果目的是合法的,如果它又是在宪法所规定的范围内,那么,一切手段只要是适当的,只要是明显适合于这一目的,只要从未被禁止过,

---

① In re Garnett,141 U.S.1, 12 (1891).
② 4 Wheat. 316(U.S.).

并且是与宪法的文字和精神相一致,就都是合乎宪法的。对此,本院拒绝履行审查权。"①

马卡洛诉马里兰州案的影响几乎和 1803 年马伯里诉麦迪逊案一样重大而又深远。正像马歇尔给同事斯托尼(Joseph Story)大法官的信中所称,如果马里兰州的观点获得法院肯定并加以推行,"宪法就会转变成原来的邦联"。

通过这一判决,马歇尔提出和实践了解释宪法的"默许权力理论",并利用这一理论推翻了马里兰州的一项法律(税法)和一项判决。不仅如此,更重要的是,他还解释并实践了《联邦宪法》第 6 条的规定(supremacy clause),特别是第 1 条第 8 款第 17 项的"必要和适当条款"。马歇尔认为这一条款出现在列举国会权力的第 1 条第 8 款中,而不是出现在限制国会权力的第 9 款,说明它的含义是扩大而非降低国会行使其授权的能力。这就是宪法授予联邦政府的"默许权力"。

后来的很多保守派学者认为,马歇尔对联邦至上的阐发使国会几乎可以任意立法,联邦机构可以随意管制。马歇尔对宪法的这种广泛解释,使联邦政府可以随着社会的需要根据这一"必要和适当"条款来通过新的法律,从而不断扩大其管理权限。

(三) 既得权利的保护

这个时期的联邦最高法院判例的另一个特征是"既得权利"(vested rights)理论的显著影响。

既得权利理论的核心是,权利是自然存在的,而非根据法律创设的,因此,宪法和法律都是为了保护权利而制定的一种自然法。这种思想流传到北美大陆,虽有欧洲大陆的自然法学者的功劳,但主要得益于洛克(John Locke)的大力推动。依洛克的政府论,人民结合而形成国家(commonwealth)。他们将自己置身于国家统治之下的最主要原因在于保障"财产权"(property)②的现状不受侵害。"未经本人同意,任何人的财产权的任何部分都不得被剥夺。……任何国家的最高权力和立法如果认为可以随意处置国民的财产(estate),或剥夺其财产的任一部分,则是严重的谬误。"

联邦党人在解释联邦宪法之际,经常援引既得权利理论。特别是在财产权方面,原则上禁止随意剥夺财产或直接、间接对财产进行限制。不过,为实现全体国民的利益且支付一定的补偿后则可为例外。同时,国家的司法机关是负责保护既得权利的最高权力部门。

---

① 4 Wheat. 316(U.S.), pp.407—408.
② 洛克使用的财产一词,包含生命权(lives)、自由权(liberties)和财产权(estate)等几层含义在内,是一个综合的所有权概念。See J. Locke, "Two Treaties of Government, Industrial Systems Research, (2009)". ch. IX, sec. 123.

在早期的判例中,联邦最高法院没有援引联邦宪法的特定条文,直接判定采用既得权利理论的法律违宪。当时的人们普遍认为,私人权利是制定宪法之前就早已存在的,因此公民的基本权利并非因为宪法将其写入而在性质上发生任何变化。因此,以联邦宪法没有列举为由否定一些基本权利立法是无效的。联邦最高法院在 1798 年的卡尔多诉布尔案(Calder v. Bull)①的判决中就提出了上述的观点。②

这种不引用宪法条文而直接开展讨论的判例风格,最后见于 1815 年特瑞德诉泰勒案(Terrett v. Taylor)。③ 在该案的判决中,最高法院承认既得权理论是司法机关必须重视的一个理论依据,但在展开论述时还是依据了宪法的具体条文。

联邦宪法中与既得权利理论关联性最密切的条款当属《宪法》第 1 条第 10 款,即所谓的"契约条款"(contract clause)。该条款规定:"任何一州都不得:缔结任何条约,参加任何同盟或邦联;颁发捕获敌船许可状;铸造货币;发行纸币;使用金银币以外的任何物品作为偿还债务的货币;通过任何公民权利剥夺法案、追溯既往的法律或'损害契约义务'(obligation of contracts)的法律;或授予任何贵族爵位。"

在制定联邦宪法的过程中并未引起较大的争议,且含义并不明确的"契约条款"在实际的首次运用是 1810 年的富莱切尔诉派克案(Fletcher v. Peck)。④ 在该案中,1795 年佐治亚州制定法律买下一块 3500 万英亩的土地。然而,在此次立法中出现了大规模的贿赂和腐败行为。1796 年该州议会废除了上述法律并制定新法,宣布旧法所涉及的所有权利让渡和金钱支付均为无效。对此,联邦最高法院指出:"此项交易已经完成。因此,佐治亚州与出售土地者之间的契约,从'未履行合同'(executory contract)转化成为'已履行合同'(executed contract)。已履行合同,与未履行合同一样,对双方当事人债权和债务关系(obligation)形成制约。也就是说,合同禁止让渡权利者事后反悔。同时,联邦宪法并未区分已履行合同和未履行合同,统一地使用了'合同'一语,因此应被解释为立法不得对已履行合同造成侵害。因此,1796 年佐治亚州法属于违宪。"

1819 年的达特茅斯学院案(Dartmouth Collage Case)⑤进一步扩大了"契约条款"的适用范围。该案的案情如下:达特茅斯学院成立于 1769 年,是根据英国国王的"特许状"(charter)而建立的私立学校。由于该校的管理者发生内乱,1816 年新罕布什尔州州议会决定立法改变"特许状"的内容以接管学校。在审

---

① 3 Dall. 1 (U.S.).
② 参见屠振宇:《未列举基本权利的宪法保护》,载《中外法学》2007 年第 1 期。
③ 9 Cranch 43(U.S.).
④ 6 Cranch 87 (U.S.).
⑤ Dartmouth Collage v. Woodward, 4 Wheat. 518 (U.S.).

理此纠纷时,联邦最高法院指出:设立大学的特许状是以资助人、学校理事和国王为当事人订立的合同。州议会以立法的形式试图改变这种合同,是对"合同上的债权与债务关系"的侵害,当属无效。这一判决确立了大学作为高等教育机构具有独立的"公共法人"(public corporation)身份,设立大学的"特许状"具有契约性质,不得任意更改。这一观点也改变了以往将法人视为实现公共目的机关的看法(因此设立法人必须经国王认可)。达特茅斯学院案是美国高等教育历史发展中的标志性事件,也在客观上起到了保障以法人形式设立的企业的独立性的作用。正如在该判决的补充意见中斯托里(Joseph Story)大法官所指出的:"立法机关剥夺根据特许状而设立的私人机构或法人所拥有的权利或利益,限制其合法地行使权利或将其委托第三者管理的做法,如果没有特许状的认可,属于对特许状上所记载的债权和债务关系的侵害。"[①]

五、法律职业

(一) 法律职业人

在美国独立后的一段时间内,人们对法律职业人仍然抱有强烈的不信任感。其主要原因有二:一是法律职业整体在独立过程中持保皇(Loyalists)立场的人士较多[②],二是在独立后北美经济陷入低谷之际,律师为有产阶级服务,从事代理收回债权或行使抵押权没收土地等业务,甚至将债务者投入残酷的债务监狱(debtor's prison)。这些行为也招致了普通民众的反感。

然而,建设崛起的新国家,需要法律职业人。尤其是在社会事务上面,法律职业的作用是不可或缺的。因此,尽管社会上存在着诸多非议,法律职业人仍然开展了一系列的活动。

首先,在制度层面,美国没有采用英国式的二元法律职业制度。究其原因,一方面是由于法官主要从有一定工作经验的律师中挑选,另一方面在当时的北美也缺乏有足够实践经验的检察人员。法律专业人才的人数不足,使得在美国根本无法形成二元化的法律专家团体。同时,考虑到法律职业的社会信任度很低,在法律职业人中进一步树立类似于英国出庭律师的精英阶层也是不现实的。

就这样,美国建立了单一阶层的律师制度,其性质类似于英国的事务律师。在名称上,没有采用源自衡平法的事务律师一词,而是使用了源自普通法的"律师"(attorney)的概念。

[①] 参见任东来:《美国宪政历程:影响美国的 25 个司法大案》,中国法制出版社 2005 年版,第 47—49 页。

[②] 当然,在法律职业人当中代表殖民地主张者也不在少数,其中在独立宣言上署名者 56 人中有 25 名律师。参加制宪会议的 55 名代表中有 31 名律师。不过当时的法律职业总体上以保皇党人居多,在独立战争期间也有数百人逃往国外。C. Warren, History of the American Bar 212—213 (1911).

从 19 世纪初期开始,美国出台了提高法官业务素质的种种举措:其一,在美国开始设置法律职业资格的制度。截至 1829 年已有 17 个法域(当时共有 24 个法域)。其中大多数州要求律师必须接受三到五年的法律实务的培训。在新泽西州,不仅要求申请律师资格者参加培训而且设有严格的职业考试。这些做法在当时都是比较领先的。英国直到 1836 年才开始在培养事务律师的过程中引入考试制度。其二,在一些州采用了将律师分为两个阶层,自下而上晋升的"阶梯律师制度"(graded bar)。例如,在马萨诸塞州,从 1810 年起至 1836 年止,希望从事法律职业的人必须先成为"律师"(attorney),在下级法院从事两年以上的司法实务工作;然后,在最高法院积累两年以上的工作经验,才能获得"法律顾问"(counsellor)的头衔。

(二)法学教育

在这一时期,北美的法学教育仍然主要以跟随律师进行"学徒式"教育的方式为主,但也出现了两种新的形式。其一,随着在律师事务所进行的"学徒式"教育的规模日益扩大,出现了广招学徒,开设私立的"法学学院"(private law school)的现象。其二,在大学法学教育方面,1817 年哈佛大学设立了法学院。当然,在这之前大学已经开始讲授法律课程,但主要是作为通识教育的一个环节。哈佛大学法学院的出现开创了美国大学培养法律职业人才的先河,具有深远的意义。虽然哈佛大学法学院一度陷入经营困境,但 1829 年时任最高法院大法官的斯特里(Joseph Story)兼任该学院的教授,为提高哈佛法学院的教学质量和教育条件尽心尽力,从而为该校的发展奠定了坚实的基础。

六、美国法的成型

(一)对英国法的选择性继受

在殖民地时代,美国法就已经不再拘泥于对英国法的简单模仿和复制,而是根据殖民地的实际需要,摒弃了其中在宗教上、思想上难以相容的部分。如前所述,在几个方面都出现了与英国法相偏离的现象。

在美国独立后,英国法在北美地区的正统性已不复存在。各州(邦)出于审判实践的的需要,开始进行立法,以确定自身的法律渊源。

概观这些立法,其中主要有两种形式。第一种方式是以当地建立殖民地的时期起,如当时英国本土的普通法以及其他相关法律,并非基于英国的特殊国情而是具有一定的普遍适用性,则接纳上述法律并将其作为该地区的有效立法。第二种方式是将英国在殖民地实际适用的法加以继承,沿用下去。

无论上述哪种情况,其实质都是对英国法的选择性继承。不仅如此,在当时立法机关拥有政治上的强势话语权的情况下,通过立法的方式移植其他国家法律也并非难事。同时,以判例的形式对英国的法律原则加以修正或调整,也是司法机关职权范围内的工作。因此,可以认为,上述的立法只是一种暂时性的选择,而非最终的决定。考虑到北美殖民地独立以后,当地民众强烈的反英情绪以及对法兰西法律的追捧①,继受英国以外的法律亦属可能。

然而,从结果上看,后来的美国法仍然表现出对英国法的依赖。即使在个别法律原则和条文中,与英国法有所差异,但也仅是选择性继承的结果,而非对英国法律传统的全盘否定。尽管美国独立后出现了"反英亲法"的民众情绪,但英国的法律传统和法制内容仍然成为美国法的基础。究其原因,主要有以下三方面的因素:第一,站在法律实际运作的角度,以法国法作为解决纠纷的依据是不现实的。对生活在殖民地的人们来说,移植法国法不仅存在语言上的障碍,而且也缺乏必要的资料。当时虽然有人翻译了一些法国的法律教科书,但还不足以形成法律的全面移植。对主宰美国法院的法律家们而言,法终究还是由其母国的法官们所创造的法,尤其是通用语言为英语,所有的法律文件和法律运用均必须借助英语才能进行。最终,美国法原想效仿法国法未能成功,不得已还是继受了英国的普通法,并在此基础上开始了新的发展历程。因而,语言的民族文化性尤其是法律语言的民族文化性往往不容易被轻易地改变。从这种意义上讲,语言对于法律的发展具有直接制约作用,世界上任何国家的法律不可避免地内蕴着这个国家的语言属性。第二,当时北美的社会与经济尚处在发展阶段,法律专业人才紧缺,并不具备脱离英国法和法国法,独立建构自己的法律体系的基本条件。第三,如前文所述,在独立之后掌权的联邦党人大多对英国抱有好感,而共和党人也在进入19世纪后逐渐改变了反英的立场。随着时间的推移,北美民众对英国的不满情绪也逐渐趋于和缓。

在另一方面,有观点认为,美国对衡平法的继受,较之普通法更为困难。例如著名法学家庞德(Roscoe Pound)就指出:美国是一群为了追求自由而逃离英国统治的清教徒们所创立的国家。因此,民众意图通过法典的编纂,将其作为反抗支持英国压迫的法官贵族的一种手段。特别是在新英格兰地区,清教徒渴望以立法者编纂制定的"法律命题"(thesis)取代由法官创造的"规范"(norms)。虽然后者是人人必须服从的,但前者则是通过讨论而得到证明的,或是在战胜了反对意见之后才得以确立的主张。清教徒为了这一愿望付出了10年的岁月,全力仿效法国法,终于在1648年编纂了《马萨诸塞州法律与自由》(Laws and Liberties of Massachusetts)。它可以称之为西方世界第一部近代法典,不仅是关于殖民地的法、特权和权利义务的完备文本,而且包括刑法、财产法和家庭法。新英格兰各州都采用了这部法典。这部法典变革和废弃了英国普通法的各种要

---

① 当时法国学者波提尔(Robert J. Pothier)的著作被翻译为英文,此外同属大陆法系的苏格兰法学者欧思金(J. Erskine)的著作《苏格兰法律汇编》(Institute of the Law of Scotland [1773])也被人追捧。

素,具有新社会设计图的意义。①

哈佛大学的查克瑞亚·查菲(Za chariah Chafee)教授仔细研究了马萨诸塞海湾的早期判例后指出,虽然新英格兰地区在普通法法院以外并未设立衡平法法院,但英国衡平法法院能够实施的司法救济,在实际的司法运作中大多可以得以实现。② 正如始于1640年的英国清教革命(也称资产阶级革命),虽然废除了星座法庭,但却未能废止民事衡平审判一样,衡平法已经融入英国法的血液,成为其不可或缺的组成部分。

在美国独立后,人们对于衡平法依然存在着抵触情绪。司法实践中强调陪审审判的重要性,一定程度上源于对没有陪审审判制度的衡平法的反感。加上殖民地时代,衡平法的法律通常由总督制定而非法院确定,导致衡平法在民众当中的印象不佳。在独立以后的北美各州中,有四个州设立了衡平法法院,另有七个州(包括联邦法院)赋予一般法院衡平法的管辖权。然而,马萨诸塞和宾夕法尼亚两州并没有采用上述的方式,体现出对衡平法的强烈不满。当然,这些州仍然通过个别立法的方式逐步承认了衡平法的基本原则,最终使得衡平法在一般意义上获得了承认。

就这样,美国法在英国法的基础上逐渐建构并发展起来。1803年美国以1125万美元从法国购入自密西西比河到落基山脉的整个地区,其中包括路易斯安那。1812年路易斯安那加入联邦,成为美国第18个州。由于归属美国时已经拥有相当数量的人口,因此该州仍然保留了大陆法系的法国法的习惯和制度。路易斯安那州的法律,虽然也受到美国其他法域法律制度的影响,但时至今日,仍然保留着鲜明的大陆法系法律制度的诸多特点。

新墨西哥州(New Mexico;Nuevo México)是美国西南方的一州,它曾是墨西哥的一省。1846年美墨战争之后,并入美国领土。1912年成为美国的第47个州。该州有许多西班牙裔的居民,亦有不少的美国原住民。不过,当地受西班牙法的影响并不明显。只是在夫妻财产制方面,强调对婚姻存续过程中的财产赠与和财产继承按照财产共有制(community property)加以分配,与西班牙法保持一致。除该州以外,周边的8个州也采用了类似的制度。③

正如前文所述,美国对英国法的继受,是有选择性的,以"符合美国国内条件"为前提的。其具体表现为:第一,国家历史传统的差异。在英国,某一习惯

---

① R. Pound, The Sprit of the Common Law, Marshall Jones Company, 1925, pp.53—54.
② Records of the Suffolk County Court,1671—1680 (29 Publications of the Colonial Society of Massachusetts) pp.1-lvi (1933).
③ 婚姻财产(Marital Property)是指夫妻任意一方或双方共同在婚姻存续期间积聚所得的大部分财产,在有些州又称为夫妻共有财产(Community Property)。但是,美国各州对于婚姻财产的范畴设定却存在差异,有些州包含了婚姻存续期间的积聚所得的所有财产和收入,而有些州则不包含赠与和继承所得。

法的确立,需要具备"在人们记忆中久已存在"的要件。实际上,从乔治一世治世的第一年起(1189年)这种观念就已经得以确立。然而,对于历史尚浅的美国而言,这一条件显然过于苛刻。因此,并没有将其作为法律原则加以接受。第二,自然条件和经济条件的差异。(1)在海事裁判权和海洋法的适用范围方面,英国法规定海洋及受潮汐影响的河流受该法管辖;而在大河较多的美国,则规定实际航行的河流均适用海洋法。① (2)在对工业制造业而言至关重要的水资源方面,英国法根据土地所有人权利平等的原则,规定不得妨碍河流沿岸任何土地所有人对自然河流水源的使用;美国法则采用效率原则,规定如果获得河流上下游沿岸大多数土地所有人的同意,允许在合理的范围内使用水资源。第三,在政治制度和社会制度上,根据美国式价值观对英国法作出了修正。例如,普通法采用了依婚姻关系妻子的政治与社会权利由丈夫行使的所谓"夫妻一体"(coverture)原则。对此,1839年密西西比州第一个作出了修改,到1860年为止美国33个州中已有23个州变更了这一原则。与之相对,英国废除"妻子无权利"制度,则是1870年至1935年间一系列立法的结果。②

再者,美国法在对待债务人的态度上也比较温和。英国长期以来一直实行如果无法偿还债务,则对债务人实施监禁的所谓"债务人监禁"(imprisonment of debt)制度至1869年。③ 在美国的殖民地时期,就已经废除了这一制度。到了1857年所有的州均不再采用该制度。1784年纽约州开始实行破产者免责制度,并于1845年推广到所有的州。在刑法方面,美国从殖民时期开始,就反对英国的严刑峻法,并逐步减少了判处死刑的犯罪数量。

(二)法学研究与教育

在这一时期,有关美国法的各类文献也开始逐渐完备起来。

判例集作为法律研究基础资料,对美国法而言尤为重要。1789年康纳狄格州出版了《克尔比判例汇编》(Kirby's Reports),开创了美国判例集之先河。之后,各州纷纷效仿,到了1810年前后,当时美国所有的州开始定期出版司法判例集。

在法学教科书方面,布莱克斯通的名著《英国法评论》(*Commentaries on the Laws of England*),经塔克(St. George Tucker)翻译并作为美国版加以出版,得到了广泛的传播。不过,美国的法律学家所写作的美国法方面的著作,则以1826年至1830年间肯特(James Kent)出版的《美国法释义》(*Commentaries on Ameri-*

---

① The Propeller Genesee Chief v. Fitzhugh, 12 How. 443 (U.S. 1852); The Daniel Ball, 10 Wall. 557 (U.S. 1871).
② Married Women's Property Act 1870 (33 & 34 Vict. c. 93); Married Women's Propert Act 1882 (45 & 46 Vict. 75); Law Reform (Married Women and Tortfeasors) Act 1935 (25 & 26 Geo. 5 c. 30)等。
③ Debtor's Act 1869 (32 & 33 Vict. c. 62).

can Law 4vols.）、1832 年至 1845 年间斯托里大法官（Joseph Story）写作的包含九大法学领域的《法律注释》系列（Commentaries）至今仍被奉为经典。①

肯特和斯托里的著作，相辅相成，基本上包含了除刑事法以外的当时美国法的所有领域。在这些著作中，他们引用了大陆法的内容，甚至在某些场合借鉴了大陆法的理论。不过，书中的素材除了英国的著作和判例以外，大量引用了美国联邦和各州的宪法、法律和判例。他们的论述，不仅包括自然法、社会契约论等抽象理论，而且特别对英美法的历史和先例进行了详尽的论证和细致的阐述。

肯特与斯托里著作中的上述特点，反映了当时美国法律职业人的需求。在以上著作问世后，美国的法律职业人在面对具体的法律纠纷时，无需像以往那样去查阅英国法的经典或考察英国法律传统与美国自身国情是否一致，更不用费尽心力去阅读大陆法系的法典和著作，只要查阅这些根据美国法写成的著作，就可以开展司法实践。因此，上述的教科书被人们喜闻乐道，并成为美国法完善和发展的基石。

第四节　确立政治平等思想的时期

一、人民"主政"体制

1829 年的政权轮替，意味着一个新时代的来临。在 1828 年的总统选举中，美国第六任总统约翰·昆西·亚当斯（John Quincy Adams）落败。他的父亲，约翰·亚当斯是第二任美国总统。约翰·昆西·亚当斯在少年时代多次跟随身为外交官的父亲前往欧洲，自己也曾在欧洲留学，具有欧洲人一般的严谨求实的生活态度。约翰·昆西·亚当斯自 11 岁起就已经写作警世格言的日记来反省自己，在哈佛大学毕业后直至担任总统期间，他仍然保持着清晨 4 点起床读书的习惯。亚当斯作为门罗政府的国务卿曾经取得了许多外交上的成就，在担任总统期间，也曾提出雄心勃勃的立法纲领，但却未能说服国会支持。

1824 年总统大选，亚当斯是四位总统候选人之一的共和党人。由于没有一位候选人获得多数的当选票，因而由国会众议员决定谁将得胜。1825 年国会众议院选举亚当斯为总统。然而，1828 年总统大选中安德鲁·杰克逊（Andrew Jackson）取得了压倒性的胜利，击败了亚当斯。几年后，亚当斯当选为众议院议

---

① Commentaries on the Law of Bailments（1832，9th ed. 1878）；Commentaries on the Constitutions of the United States（3 vols. 1833，5th ed. 1891）；Commentaries on the Conflict of Laws（1834，8th ed. 1883）；Commentaries on Equity Jurisprudence（2 vols. 1836，14th ed 1918）；Commentaries on Equity Pleadings（1838，10th ed. 1892）；Commentaries on the Law of Agency（1839，9th ed. 1882）；Commentaries on the Law of Partnership（1841，7th ed. 1881）；Commentaries on the Laws of Bills of Exchange（1843，4th ed. 1860）；Commentaries on the Law of Promissory Notes（1845，7th ed. 1878）.

员,并从1831年一直到连任至1848年。

杰克逊是美国历史上第一位平民出身的总统。出身爱尔兰移民后裔的杰克逊早年丧父,少年时期住在西部边远地区,只接受了些零星的教育,写作中经常出现一些语法错误,但却喜爱辩论和斗鸡。杰克逊只读了大约两年的法律课程,就成为田纳西州的一位杰出的年轻律师。他当过众议员、参议员、州最高法院法官、州民兵少将。第二次对英战争中,他坚韧不拔,肯与士兵共甘苦,绰号为"老胡桃木"(Old Hickory)。在新奥尔良战役中,他率兵大败英军,成为举国闻名的英雄。他第一次竞选总统时失败,第二次才获胜,是美国第一位民主党总统。任职期间大力加强总统职权,维护联邦统一,颇有政绩,几乎与第三届总统杰斐逊齐名。

当时,全美国的人都向西迁移。西部各州不断地加入合众国,新的边境不断地被开发。整个国家弥漫着这样一种情绪,即只有精英人士才能参与政治的时代结束了。不论家庭出身和教育程度,人人都应享有选举权和被选举权,只有拥有财产的人拥有投票权的旧规则应该改变,应制定出新的、更民主的政府运作规则。作为民主党创建者之一,杰克逊式民主因他而得名。在美国政治史上,1820年代及1830年代的第二党体系(Second Party System)也以他为象征。

人民主政的观念,与美国领土扩张到阿巴拉契亚山脉以西有着重要的联系。当时的美国西部,基本上是一个没有贫富、教育和家庭地位差距的社会,大多数居民都是从政府那里以相同的价格购买了同等面积的土地。参与开发西部的人们当中,多数出身贫苦且未受过系统的教育。因此,美国西部的民众不仅在名义平等,实质上的境况也大致相同。西部拓荒时代的社会充满着一种现实主义的特立独行,这在原本就强调个性的美国社会中体现出更加浓厚的个人主义色彩。在此种社会环境中,从普通民众中选举代表管理行政事务的理念大行其道,平等主义理念开始在政治领域得到实现。

与此同时,在美国东部的城市地区,随着工商业的发展,出现了数量庞大的工人阶级。这些劳动者发出了要求获得政治上的平等待遇的呼声。与西部民众的思潮不同,为了取得与旧势力斗争的胜利,他们的主张具有很强的理论性和具体的制度设想。杰克逊当政时代产生了诸多改革法案,有些始于东部的工业地区——如纽约州,有些在西部某州施行后很快被东部的大州效仿。

杰克逊本人就是在西部地区长大,来自贫穷家庭,对于向西迁移寻找新土地和新生活的人来说,杰克逊是他们心目中的英雄。在1828年的选举中,杰克逊获得了压倒性的胜利。在杰克逊宣誓就职当天,全国有成千上万的普通民众前来聆听他的就职誓言。就职典礼之后,人们涌进了白宫,爬上桌子和椅子,以便能够更清楚地看到这位新总统。为了避免来自支持者的伤害,杰克逊甚至不得不暂时逃离了白宫。

杰克逊之前的大部分总统都将立法权交给国会,但杰克逊说,帮助民众得到他们自己想要的法律是他的工作,而不是别人的工作。他屡次否决国会通过的法律,但催促国会通过别的法律。不喜欢杰克逊的人说,他试图使自己像国王那样行事,他们称他为国王安德鲁一世;但是大部分民众,特别是西部的民众,都喜欢他的所作所为。1832年,安德鲁·杰克逊得以连任。

南卡罗来纳州的很多人不喜欢国会通过的《1832年关税法案》。该法要求对从英国和其他国家进口的产品要课以重税。南方各州对此均表示反对,南卡罗来纳州甚至在州议会通过了一项法案,声称南卡罗来纳州可以不实施联邦政府的法律。

杰克逊尊重各州的权利,但是,他不允许各州自行决定哪项联邦法律可以适用,哪项不能适用。如果这样的话,合众国将会分崩离析。杰克逊说,他将执行联邦法律,即使这意味着同南卡罗来纳州开战。他开始着手准备打仗。幸运的是,一个妥协方案提了出来。在这一事件中,杰克逊表现出了一个强有力的总统为挽救联邦而不惜一切的气概,就像以后的林肯一样。

从现代人的观点来看,杰克逊有很多缺点。他赞同奴隶制度;他宣称只有死了的印第安人,或一个被排除在白人领地外的印第安人,才是一个好的印第安人。除了华盛顿之外,没有任何一任总统能像杰克逊那样使总统职位更富有权势。在美国历史上,只有极少数总统能够在第二任期结束的时候仍然像第一任期开始的时候那样受欢迎,而杰克逊就是其中的一位。

杰克逊的后任是他的忠实支持者马丁·范·布伦(Martin Van Buren)。布伦总统虽然只任期一届就在1840年的大选中落败于辉格党人威廉·亨利·哈里森(William H. Harrison),然而在上述两位总统的任期共12年中,"杰克逊式的民主理念"已经成为美国人民所共同接受并引以为傲的治国思想。这一点在1840年的大选中得到了充分的体现。不仅范·布伦的民主党大力强调其为人民执政的特点,就连辉格党(Whig)①推举的哈里森也极力作出一副"以人民的事业为己任"的姿态来讨好选民。不仅有候选人把自己营造成生活在小木屋(log cabin)里的穷苦人的代表,在选举策略中也采用了群众集会、选举歌曲等容易吸引下层民众的方式来争取选票。

二、州政府组织的改革

杰克逊时代的政治平等首先体现在对各州宪法的修改和州政治结构的调整上。在1830年至1859年间,当时的24个州中有14个州进行了全面的宪法修

---

① 在1834年中期选举之前城里的政党,主要由1828年总统选举中反对杰克逊的"国家共和党"(National Republicans)成员和当时支持杰克逊后来倒戈的少数民主党人(Democrats)组成。

改。同时,在此期间加入美国的 9 个州,均在很大程度上受到杰克逊式民主主义的影响。

(一) 直接民主制与宪法的详尽化

杰克逊式民主主义的支持者认为,应当尽可能地将管理国家的权力留给人民。过去的经验表明,通过选举的方式来确定国家领导人,使得这些政治人物必须重视民意和群众的呼声。因此,为了确保人民"主政"的管理体制,必须赋予民众足够的言论自由和表达机会。在许多其他国家,大多通过普通法律来规定民众的基本人权,而在美国则倾向于将这些权利写入宪法。这样一来,各州的宪法趋于详尽化,有些州的宪法条文甚至是联邦宪法的几倍之多。

同时,人民"主政"的观念也催生出职位公选的制度。在美国,不仅各州的州长、州议会的议员由选举产生,协助州长工作的主要行政官员(包括州务卿、州财政部长、州司法部长)、市镇的警长以及其他管理地方事务的官员,甚至法官、检察官以及法院的主要职员,均是由选举产生的。

在另一方面,对于不由选举产生的官员,由在选举中获胜的党派根据自己的立场来确定人选。这就是所谓的分赃制度(Spoils System)。"分赃制度"一词由纽约州联邦参议员威廉·马西(William Learned Marcy)所提出,引自其"敬分赃下的胜利者"一句。杰克逊当选总统后,撤换一大群联邦官员,代之以自己的支持者与友人。杰克逊认为,奖赏所属派系并鼓励其他人加入有助民主。当然,同一人物长期占据某一重要的职位,被视为是不可取的。杰克逊式的民主主义主张:拥有正常智力和教育水平的人都有能力担任国家和地方的管理职务。不仅应当从普通民众中选拔公务人员,同时,离开公职的官员也应回归普通人的身份。只有如此,才能避免官僚专权制度的产生,维持人民"主政"体制的健康发展。

(二) 行政机关与普通选举制

出于对立法机关的不信任,在杰克逊主政时期,在某种意义上强化了行政机关的地位。由于州长和州议员都是通过选举产生,因此他们的职责就不限于简单地执行立法机关制定的法律,也应为谋求人民的福祉而积极努力。

基于这种思想,行政机关被赋予了立法否决权。不仅之前没有规定立法否决权的州开始承认这种制度,而且行政机关的负责人在符合人民福祉事务上可以积极行使这种权力。为避免行政机关的负责人偏离民意,一意孤行,各州均规定了较短的行政机关任期和禁止多次参选的规定。

采用政党分赃制度,使得官僚机构难以扩张,在一定程度上强化了州长的权限。不过,在行政官员也需经选举产生的州,州长和行政官员可能并非同一党派,因此难免出现相互冲突的情况。

在殖民地时期,只有拥有一定财产的人才能享有选举权和担任公职的资格。

在某些地区,甚至还有宗教信仰上的要求。1784年,新罕布什尔州取消了附条件选举权制,规定了所谓的普通选举权制,即只要是成年的白人男子都享有选举权。在杰克逊式民主主义诞生之前,已经有几个州采用了新罕布什尔的做法。杰克逊当政以后,政治平等制度得到了普及,到了1850年,除罗得岛以外的美国各州都不再把拥有一定财产作为获得选民资格的条件。虽然在31个州中仍有7个州要求选民必须纳税,但对税额没有作具体限制。

三、联邦体系的政府架构

尽管许多州宪法作出了修改,但《联邦宪法》自1803年增加了第十二修正案后,一直到1860年,尽管也曾有人提出修正法案,但最终并未成为现实。① 究其原因,不仅在于修改宪法的程序比较复杂,同时在美国南北方的对立日渐严重的情况下,贸然修改宪法也会破坏双方之间的力量平衡关系。

因此,联邦系统的管理制度(与个别的州一样)没有受到杰克逊式民主主义的影响,因而保持着与大多数州截然不同的政治体制。不过,在立法和制度运作的层面,新的民主思想仍然给联邦系统带来了许多变化。

首先,在总统选举人的推选方式上,由州民众通过直接选举的方式产生成为一般化的做法。《联邦宪法》第2条第1款第2段对如何推选总统选举人未作明确规定,而是交给各州自行决定。1800年,在16个州当中有10个州规定立法机关选举产生总统候选人,这一点与1913年宪法第十七修正案出台前联邦宪法允许各州自行推选联邦参议院议员的规定如出一辙。其后,有一些州采用了以全民公决的方式推选总统候选人的方式,但新加入美国的一些州则大多仍采用议会选举制,到了1820年,当时的24个州中仍有9个州采用了议会选举制。1832年,除1个州以外,其余各州都采用了全民公决的制度。②

在杰克逊总统的时代,美国总统的权力得到了加强。这一点,与各州层面重

---

① 1804年到1860年期间,有超过400个议案被提交到联邦议会审议,其中获得参、众两院三分之二赞成而提出的草案,只有1810年关于剥夺从外国政府接受贵族或其他荣誉称号者的美国公民权的宪法修正草案。而这一草案也因一州议会的反对而无法获得批准,成为废案。

② 1800年的总统选举直接导致了宪法第12修正案对总统选举制度的补充。修正案改变了每个选举人投两票,改成投一票给总统,另外投一票给副总统。同时这次修正案在没有明文出现"政党"(party)字眼的情况下正式承认了政党的合法活动地位。自此以后,总统和副总统的候选人开始在政党组织下搭配竞选。政党在全国范围内推出自己的总统候选人,相应在各州推出自己的选举人团。1824年后,大选举团的选举人都是由全州民众普选产生的,民众投票以前就知道什么选举人将会投什么总统候选人的票,所以民众名义上是在选大选举团的选举人,实际上是在选择支持哪个政党的总统候选人。投票的时候,拥护哪个总统候选人,就投票支持相应的那组选举人。获胜的那组候选人在12月的一天就代表该州投票选总统,一般都选本党的总统候选人。值得说明的是,各州的总统选举人在当选前一般都需向选民承诺支持某党的总统候选人,但在实际投票时,仍出现了少数"不忠选举人"现象。1836年以后,美国全部的州都采用了这种连选制。

视行政机关的倾向不谋而合,同时也与杰克逊本人的个人魅力密不可分。获得国民广泛支持的杰克逊总统,开始积极运用否决权。在此之前的总统们,树立了只有确信法案违宪时才可以使用否决权的原则,因此,六任总统只动用过该权力10次。对此,杰克逊总统不以为然,他认为只要总统不赞同立法的内容,就可以动用这种总统特权,因此在任期中共有5次对法案宣布否决,同时有7次动用了搁置法案否决权(pocket veto)。杰克逊总统对自己的内阁成员也拥有强大的领导力,经常与心腹阁员和政策顾问召开非正式的商讨(因此被称为"厨房内阁"[Kitchen Cabinet])以决定重大的国家事务。此外,在美利坚银行(national bank)问题上,杰克逊总统认为美利坚银行过于庞大,于是要求国会制定新的法令限制该银行发展业务,禁止将联邦政府的资金存放到美利坚银行,并将这些资金转移到各州银行。为了实现自己的政策,1833年杰克逊总统两次更换财政部长,并对其他的内阁成员也进行了调整。这些强势的做法,招致了各种各样的反对声音,他的反对者甚至组成了辉格党,把杰克逊的行径与立宪政治之前的暴君相提并论。

四、最高法院释宪立场的变化

(一)最高法院的转变

自建立以来,一直秉持联邦派思想的联邦最高法院,到了1830年左右也开始出现了一些变化。其主要原因,是在杰克逊执政的8年里面任命了6人,布伦执政的4年中也任命了2人担任联邦最高法院的大法官。到了1841年,杰克逊担任总统之前的最高法院大法官从9人减少到2人。在那些新任的大法官中,除了约翰·麦克林(John Mclean)外,其他众人都是杰克逊思想的忠实追随者。

一众法官中的代表者,当属1836年被任命为首席大法官的坦尼(Roger B. Taney)。他曾在1832年担任司法部长期间建议杰克逊总统对延长国民银行(national bank)的法案行使否决权,并亲自执笔撰写了否决理由。同时,在他担任财政部长后,在杰克逊的授意下,将联邦存款转出了第二银行,有选择性地存放到了"政治上亲密的"一些州银行中,这些银行因此被称为杰克逊的"宠物银行"。由于上述经历,塔尼担任最高法院首席大法官一职也遭到了反对党的强烈抵制。[①] 塔尼法官是美国历史上著名的长寿法官,一直任职到1864年,一直致力于将杰克逊式民主主义的理念渗透到最高法院的日常工作当中,取得了很高的声望。

---

① 1835年,杰克逊提名坦尼作为威廉·约翰逊(William Johnson)离任后的联邦法院次席大法官,但未获得参议院通过。之后,在首席法官的职位空缺时,杰克逊总统再次提名坦尼担任此职位,最终经参院过半数通过,才得以任命。

(二) 对既得权理论的修正

"马歇尔法院"的既得权理论,到了这一时期开始得到了一些修正,即强调各州为实现州民众的福祉而拥有一定的立法权——公共福利权(police power),这一动态产权与静态产权有着同等的重要意义。

联邦最高法院的这一变化,在1829年已初现端倪,到了1837年的查尔斯河桥诉沃伦桥案(Charles River Bridge v. Warren Bridge),这一立场已经非常明显。① 该案的案情如下:1785年,当时的马萨诸塞邦议会特许设立"查尔斯河桥实业公司"(Proprietors of Charles River Bridge),由其建造横跨查尔斯河的大桥,可在40年间收取过桥费。之后,由于另一公司在波士顿和剑桥郡之间架设了"西波士顿桥"(West Boston Bridge),上述收费权被延长至70年。

1828年,马萨诸塞州议会为进一步改善波士顿和查尔斯镇之间的交通而立法授权成立沃伦桥实业公司(Proprietors of Warren Bridge),这个公司可在查尔斯桥附近,修建与之平行的新的大桥——沃伦桥,并在特许状中规定此桥建成后只收6年过桥费,之后转为免费的公共桥梁。沃伦大桥于1828年圣诞节开通,使查尔斯河桥实业公司的既得权益严重受损,因为两桥在同一条河上,且相距不过90码。

于是,查尔斯河大桥实业公司将沃伦大桥实业公司告上法庭,认为准许设立沃伦桥的法律,侵害了原告和州之间通过契约形成的债权和债务关系;不仅违反了联邦宪法的"契约条款"(contract clause),同时也违反了该州宪法关于"州不得不予补偿就立法剥夺公民或法人财产权"的规定;要求法院发布停止建设桥梁的"永久禁制令"(permanent injunction),在桥梁建成之后,原告继续追加要求法院判令更大的经济补偿。

马萨诸塞州最高法院的意见为2比2,不分高下。为使此类重要案件能够得到联邦最高法院的终审判断,该州最高法院作出了州法律合宪,原告败诉的判决。

原告于是在1830年3月上诉到最高法院,称1785年特许状虽未明言但暗示该公司有在查尔斯河上经营桥梁的唯一排他性特权。该案的法庭辩论自1831年1月开始,但由于法官们意见不一,加上有法官缺席、生病和死去,直到1837年法官满员时,以塔尼为首的最高法院就此案作出历史性判决。

该案的判决为5比2,认定州法律合宪,维持马萨诸塞州最高法院的原判。② 新任首席大法官塔尼在多数意见中写到:

---

① 11 Pet. 420(U.S.)参见〔日〕藤仓皓一郎、木下毅、高桥一修、樋口范雄:《英美判例百选》,段匡译,北京大学出版社2005年版,第36页以下。

② Charles River Bridge v. Warren Bridge, 7 Pick. 344 (Mass. 1829).

判断一项法律是否违反合众国宪法和法律,不仅要看其是否对既得权利构成侵害,还要看是否存在违反合同义务的行为(obligation of contracts)。1785年的法律既没有规定不准架设其他桥梁,也没有约定不得批准成立与原告形成竞争的公司。在此类设立法人的法律规定不甚明确的情况下,已有若干案例对法律作出了适当的解释,其中最具参考价值的是普罗维登斯银行诉比灵斯(Providence Bank v. Billings)一案。① 该案的判决指出:即使法律没有明文规定,也不得否认课税权是州政府赖以存在的重要权力。不仅课税权如此,其他对政府而言非常重要的权能也是如此。所有的政府目的都是为了促进社会的福祉和繁荣。因此,不能推论可以对设立政府的目的性权力加以限制。像美国这样的国家,充满了自由和进取的精神,人口和财富不断增长,为保证交通和商业活动的顺利进行,需要不断创新交通和通讯手段。这些手段,对于保障人们生活舒适、方便和繁荣是不可或缺的。因此,不能允许推定州放弃了这样的权限。易言之,维持这一权限和课税权,关系到社会整体的利益。对于每天均有许多人民必须同行的交通要道,如果原告主张州放弃了在70年间为州民提供方便的权限,则社会共同体可以引用上述判决的理论提出以下主张,即在州没有明确表示放弃上述权利的情况下,不得推定上述权利已被放弃。不得推论或推定,政府放弃了实现其设立目的的权力。如果原本用来保障政府实现其使命的权限被让渡给私人企业,那么政府就没有多少继续存在的价值了。②

不过,在1785年的法律中,只规定在之前有渡船的地方架设桥梁,法律既没有规定不准架设其他桥梁,也没有约定不得批准成立与原告形成竞争的公司。同时,后来兴建的沃伦桥既没有对查尔斯河桥的通行造成直接损害,也没有与建造查尔斯河桥的许可证(charter)直接抵触,只是影响到后者的企业收入。因此,问题就转化为州和原告企业之间签订的合同,是否默许不得影响原告的经营收益。根据前述的解释原则,我们并不认为合同包括这样的内容。

如上所述,原告提出的违反合同义务的行为,并不存在。因此,1828年法律并未违反宪法的'契约条款',应当视为有效。③

对此,斯托里大法官提出了长篇的反对意见(汤普森法官表示赞同)。他指出:通过立法赋予权利时,其法律效果并非仅限于法律条文本身。正如马歇尔大法官在富莱切尔诉派克案(Fletcher v. Peck)的判决书中所指出的——如果允许

---

① 4 Pet. 514 (U.S. 1830).
② 11 Pet. pp.547—548.
③ Ibid., 646.

立法机关对其附带性权限加以否定,则正义将不复存在——"根据一般理性原则和法律解释的原则,我认为,作为本案焦点的权利授予,隐含着立法机关不得侵害上述业务特权的内容。……换言之,原合同中包含了州或得到州授权者不得对原告使用桥梁并收取过桥费造成侵害的意思"。① 据此,1828 年的法律侵害了上述合同中隐含的债权和债务关系,应视为违宪。

这一案件发生在马歇尔法官时代,后由塔尼法官接手处理。如果马歇尔大法官仍然在世,想必会以 3 对 1 得出与 1837 年的判决截然不同的结论。② 本判决是对宪法意义上的"合同"作出了严格的解释,即公司特权必须在合同中明确规定,不能暗示。不过,更重要的是,多数意见认为:如果查尔斯河桥胜诉,那么在交通革命中取代收费马路而迅速发展的铁路和运河的巨大投资将受到严重威胁,"我们将被拖回到上个世纪并止步不前"。③

正因为如此,美国宪法史学家斯坦利·I.柯特勒指出,查尔斯河桥案不仅是解决了一个地方性的争议,对美国国家的建设、发展也影响深远。在塔尼法官等多数派看来,沃伦桥是新技术的象征,查尔斯河桥则是既得权利的代表。为了社会经济的进步,前者有时会影响到后者的利益。柯特勒在有关查尔斯河桥案的文章中,甚至将这一过程称之为"创造性的毁灭"。④

此后,美国全国高速公路网的形成,航空运输与铁路客运的竞争,石油、天然气与煤炭工业的竞争等,都牵涉到这种创造性毁灭的法律诉讼。美国法院和有关的联邦委员会基本上都遵循了塔尼法院的思路,使体现了变革、进步和创新的动态产权的发展成为可能。当然,对于走向衰落的既得利益来说,它们付出的代价有时也是相当高昂的。⑤

不过,需要指出的是,塔尼法院并没有否定其前任对宪法"合同条款"的解释。该宪法条款仍然具有监督保护债务者立法的功能。同时,各州通过特许状(charter)设立法人时,该特许状属于联邦宪法"合同条款"所指的"合同",也不存在争议。因此,对于已颁发的特许状中的明文规定,各州不得以立法加以否定。例如,如果特许状中明确规定州对法人组织征收的赋税比例,之后州不得立法加重该法人的纳税负担。

联邦最高法院的判决避免了因对联邦宪法的"合同条款"扩张解释,使各州的民生政策受到了严重贬损。换言之,州在授予某法人一项权利时,并不意味着

---

① 11 Pet, p.640.
② C. Warren, *The Supreme Court in United States History*, BiblioBazaar, LLC, 2009, p.302.
③ Charles River Bridge v. WarrenBridge, 36 U. S. 552—553 (1837).
④ Joseph A. Schumpeter, *Capitalism, Socialism and Democracy*, London: Allen and Unwin, 1976, orig. pub. 1942, pp.82—85.
⑤ Stanley I. Kutler, *Privilege and Creative Destruction: The Charles River Bridge Case*, Philadelphia: Lippincott, 1971.

该州不得对这项权利进一步开展立法或施加事实上的影响。同时,在支付了适当的赔偿的情况下,将这些权利收归公共使用,也是各州的固有权力。① 在没有明文放弃的情况下,各州可以在保留这些权力的前提下委托其他机关行使。此外,各州交付给地方公共社团或公务员的权力,不属于联邦宪法上的"契约"(contract),州可以随时根据需要对其加以变更,这一点已构成了判例法。

(三) 尊重各州的权力

在这一时期,在联邦和各州之间的权力分配问题上,重视各州权利的判例开始多了起来。其中,最早的案例,当属 1837 年的纽约市诉米林案(City of New York v. Miln)。② 该案涉及一项纽约州的法律。该法规定:驶入纽约港的船舶的船长,有义务向当局报告包括中途下船者在内的全体乘客姓名、年龄等个人信息,违者将被处以罚款(penalty)。原告起诉认为被告的立法违反了联邦的贸易规制权。对此,联邦最高法院以 6 对 1(斯托利法官反对)的比例,判定该法合宪。在多数意见中,巴伯法官(Philip P. Barbour)写道:"在合众国宪法放弃某些权力或未对权力设限的情况下,各州与外国一样,有权对其领土内的人和物实行管辖。这一点是明白无误的。据此,通过适当的立法保障州居民的安全、幸福与安居乐业不仅是各州的一项权利,也是州的重大义务。……各州对其内部事务立法的权利——称之为州内的福祉立法权更为合适——不受合众国宪法的限制和剥夺。因此,在上述事项中,各州的权力是完整的、无条件的和排他的。"③

以我们今天的眼光看来,这一判决所说明的道理似乎不言而喻。不过在当时,在联邦最高法院的 7 名法官中,有 4 人认为上述法律违宪,3 人认为该法合宪。如果不是因为支持违宪观点的法官因缺席审判而延期作出判决,法官们在当庭的判断很可能作出相反的结论。抛开本案涉及的具体问题不论,在判决中,最高法院的多数意见强调了州的固有权能一点值得特别关注。判决中提到的"州福利权"(police power)的概念,虽然在之前的判例中也曾出现,但将这一权力作为首要理由以判断州法律合宪的,在联邦最高法院的判决中还是第一次出现,由此可见此案的意义之重大。

当然,联邦最高法院并非赞成绝对的州权力至上。在美国建国以来的社会和法律发展过程,也不允许出现极端的州权主义。显然,塔尼法院所做的,是在强调州的福祉权的基础上,对马歇尔法院的判例进行一些修正,而非全面的否定和批判。

---

① 在这一时期,一些州在宪法中增设条款,规定州议会在设立法人时颁发的许可证(charter),日后可被收回或变更。
② 11 Pet. 102 (U.S.).
③ C. Warren, *The Supreme Court in United States History*, BiblioBazaar, LLC, 2009, p.139.

五、法律职业与法学研究

（一）对法律职业的不信任与反感

杰克逊式民主主义的信奉者们，对于具有高度专业性的法律职业并不信任，甚至充满了反感。在政治上，他们反对那种唯有接受过高等教育和拥有一定从政经验的人才可以担任国家的管理工作的做法。对于法律职业人，他们也不认同只有专业的法曹才可以参与司法运作的理念。

在这种情况下，之前关于提高法律职业人素质的种种设想和努力开始被颠覆。各州开始放宽对律师的资格要求。除一些州要求必须经过短期的司法实务实习以外，大部分州都规定只需通过简单的司法考试就可以进入法律职业人的行列；甚至有4个州规定，只需提供"良好品行"（good moral character），不经考试或实务实习，也可以成为律师。在前一个时代曾经实行的"阶梯律师制"（graded bar），在此时已经销声匿迹了。

（二）法官的公选制

"由人民来管理国家"的理念，对司法机关的影响也是巨大的。其中，法官的职位，也被认为是应当反映民意、对应民意的一种角色。

为保证法官能够接受人民的监督和任命机关的定期审查，法官任期制开始在各州推行（之前已有不少州采用了这一制度）。1830年到1845年期间，有9个州采用了法官任期制度，其中包括新加入合众国的西部州和一些从法官终身制改革为任期制的州。1846年以后，法官公选制被广泛普及，设置法官任期就成为顺理成章的要求。同时，在一些没有采用公选制选拔法官的州，也引进了法官任期制度，其结果是绝大多数州均规定了法官的任期。

杰克逊式民主主义者们进一步提出：应当将选举法官的权利收归国民所有。通过公开的选举来选择法官，最早始于1832年密西西比州宪法上的规定（在其之前也有一两个州也尝试过选举法官，但全面采用该制度的当属密州）。其后较长一段时间内，各州并未效仿密西西比的做法，但到了1846年纽约州决定以选举方式产生法官。这一做法对其他州产生了很大的影响，在之后的65年中美国各州均采用了选举法官的制度，在当时的29个州中有15个州修改了宪法，规定了选举产生法官的制度。

此外，政治平等的理念也影响到首席法官的任命制度。在各州的法院，首席法官无需任命，而是在法官当中选择剩余任期最短者担任，这就是所谓的"轮换任职制"（联邦最高法院的法官不受此限）。

（三）重视陪审团审判与限制法官的裁量权

杰克逊时代的政治民主思想，使得司法制度中的陪审审判越发显得重要。在一些州的刑事审判中，陪审团可以不必遵循法官就事实问题所做的说明而自行作出判断。受到英国法的影响,从殖民地时期开始,陪审团不仅针对案件的事实问题,对于法律问题也应作出判断。从19世纪初开始,美国的司法界努力强化法官对案件作出说明的作用,希望借此提高陪审审判的质量。不过,到了这一时期,上述努力收效甚微,甚至在有些州的宪法中规定:陪审团在审理刑事案件时,有权对案件的法律问题作出判断。

同时,原本仅限普通法审判的陪审团制度,也被扩充适用于一些衡平法的审判之中。在肇始于英国的普通法上,法官在正式审理(trial)终结、双方当事人的律师完成最终辩论之后,负责对争议案件的法律问题进行说明(charge, instruction),将在法庭上提交的证据加以整理,对证人证言的可信性和证据的证明力等有关证据价值的问题提出自己的看法。当然,法官在进行诉讼程序的说明时,都会指出陪审团成员在形成判断时不应受制于法官的意见。此种由法官依照职权对证据价值说明观点的做法,目的在于防止陪审员受到情绪化因素的影响,作出不恰当的错判,保障陪审审判的公正性和中立性。实践中,英国的法官非常重视这种权力并予以积极行使,从而对陪审团的事实认定形成了较大的影响。然而,正因这一缘故,重视陪审团审判的杰克逊式民主主义者决意废除法官的此项权力。受他们的影响,多个州均通过修改宪法或制定法律限制法官对陪审团表达自己对证据价值的看法。①

不仅如此,对于法官在诉讼中行使裁量权也设置了严格的限制。诉讼被看成是一种竞技,在其中双方当事人作为平等的参赛选手,法官作为公平执法的裁判,一切都必须遵循比赛规则。在特定的时间和特定的地点,双方当事人以全部的精力参与竞争,并且共同接受裁判,事后即使再有实力再优秀也不能改变这一结果。虽然,这种形式真实有可能与客观真实存在误差,甚至导致人们所说的"错案",但这种牺牲应该被认为是保证程序整体公正的必要代价。因此,在许多州的法院诉讼规则中,设置了精密和具体的规定,以约束法官的权力。

(四)法学教育

如上所述,一方面,轻视法律职业专门性的潮流,对于法学教育的发展造成了一定的负面影响。在杰克逊时代,从事法律职业的大多数人并没有积累足够的法律理论知识,只是经过短期的律师事务所实习,就取得了律师资格,走上了工作岗位。

在另一方面,哈佛大学法学院的成功经验,吸引了更多的大学投入到设置法学院的行列之中。1850年有15所大学设立了法学院,到了1870年法学院的数量增加到31所。不过,在1870年时,31所法学院中有12所学校只设置了1年

---

① 在此之前,北卡罗来纳州在1796年的法律中,田纳西州在1796年的宪法中也规定了相同内容的条款。通过杰克逊的政治平等运动,这些做法被推广到了更多的州。

的专业课程,2 所学校设置了 1 年半的专业课程,17 所学校采用了 2 年学制。由于法学教育的学制较短,教学的内容大多集中在对法律实务的学习之上。同时,与现在美国的法学院不同,当时的法学院并不要求学生具有本科学历。

从斯托里法官时代以来,哈佛大学法学院一直是美国法学教育的领航者。不过,即使在该校,直至 1870 年兰代尔(Christopher C. Langdell)担任院长之前,"该校的入学考试既不需要学生提供本科学历证明,也没有入学考试。在教学方式上,当时仅有的 3 名教授面向约 150 名学生进行为期 1 周的讲授,内容涉及10 门课程。学生当中仅有 53% 拥有本科学士学位,课程安排缺乏合理性。该校的图书馆藏书不足,教学设施老旧化严重"①。

(五)法学研究

当时大学法学院在人员和设备方面的不足,也拖累了法学研究的进步和发展。在这一时期,美国的法学研究在整体上陷入低谷。尽管在各个法学领域均有一定数量的论著问世,且其中不乏系统论述新兴学术领域的杰出之作,但其中大部分是对现行法的说明和解释,其质量远逊于肯特法官和斯托里法官时代的经典文本。

六、立法与法典

(一)概说

在这一时期,如本章第一节与第三节所述,在北美地区的普通法逐渐呈现出自身的特点。

首先,这一时期的司法活动,开始加大了对新兴的工商业活动的保护力度。在工业革命的初期,对于不法行为主要采用过失责任原则。② 同时,美国联邦和州的法院普遍适用"共同雇员原则"(fellow servant rule)。③ 根据该原则,雇主虽然要对由于自己的过错而对其雇员造成的损害负责,但如果雇员所受的伤害是由从事共同工作的另一雇员的过错造成的,雇主则不承担责任。这一原则最初确立于普里斯特利诉福勒案(Priestly v. Fowler),不过要受到立法和判例的限制。直到 1948 年这一原则才被取消。

其次,在劳动法领域,有判例指出:劳动者要求提高工资而组成社团的行为,不属于普通法上的"共谋行为"(conspiracy),从而确立了结社自由和工人运动

---

① J. Ames, Christopher Columbus Langdell, *In Lectures on Legal History*, BiblioBazaar, 2010, p.467, 477.

② E. g., Ingalls v. Bills, 9 Metc, 1 (Mass. 1845). 在该判决中, 法院认定驿站马车的所有人, 粗心大意而未发现车辆有质量问题, 因而对发生的事故负有责任。但对于不明显的质量瑕疵, 则不必承担赔偿责任。

③ 也称 fellow-servant, doctrine of common employment。E. g., Farwell v. Boston & Worcester R. R., 4 Metc. 49 (Mass. 1842).

的合法性。①

(二) 法典编纂活动

在杰克逊的政治民主运动的影响下,法律不再是法律职业阶层的专有事物,普通民众享有了对法律的知情权。因此,有人主张为了提高司法的公正性、便于民众了解法律的内容,应当编纂系统的法典。这次法典运动的代表,是纽约州的律师大卫·达德利·菲尔德(David Dudley Field)。

在1846年的纽约州宪法上,有2个条文可以作为编撰法律的依据,即在诉讼法的法典化方面,该法第6条第24款规定:"州立法机关对于正式法院(court of record)的诉讼规则、司法实务和答辩(pleading)方式和程序,可进行改正、修改和简化。议会有权任命的3人委员会负责立法,并制定相关的立法规则。"在实体法的法典化方面,该法第1条第17款规定:"立法机关有权任命三人委员会制定本州的所有法律,或其他基于现实和便利考虑需要制定的系统法典。"

菲尔德在制定诉讼法法典的过程中,成为三人委员会的成员,并很快执掌了大权。其提出法典编纂计划并于1848年制定了《(民事)诉讼法》(Code of Procedure)。同时,他也提出了刑事诉讼法的草案,并最终于1881年获得通过。

纽约州的《民事诉讼法典》的出台,由于正值诉讼法改革呼声高涨的时期,因此在其他各州产生了很大的影响。到19世纪末,以菲尔德法典为基础的诉讼法,已经被美国的29个法域所接受。这部法典,对之前的民事诉讼法进行了大幅的修改,从而使得采用该法典的地区的诉讼程序与其他地区相比呈现出很大的区别。

菲尔德的《刑事诉讼法典》,在一些州被作为单独的法典,而在另一些州则作为《刑法典》(Penal Code)的组成部分,得以广泛适用。

同时,纽约州也组织了实体法法典化委员会。不过,该委员会对将实体法法典化的做法本身提出了怀疑,因此被迫解散。对此,菲尔德指出:"该委员会的失败,在于他们并不了解何为法典,只希望对制定法进行修改或加以整合。我们所需要的是制定一部包括判例法在内的全面的法典。"1857年,菲尔德加入实体法法典委员会,开始拟定《民法草案》。1860年,以菲尔德为首的委员会提交了包括1136个条文的《公法法典》(Political Code)。1865年该委员会又出台了包括1071个条文的《刑法典》(Penalty Code)和共计2034个条文的《民法典》(Civil Code)。

然而,菲尔德的法典计划遭到了保守派学者强烈反对,双方就是否要进行民法典编纂展开辩论。1882年纽约州议会通过了《刑法典》,但1888年州议会却否决了《民法草案》。这一法典草案分为人、财产、债和一般规定四编,是用大陆

---

① 其中较为著名的是 Commonwealth v. Hunt, 4 Metc. 111 (Mass. 1842).

法系的组织法律材料的方法整合普通法制度的一次尝试,在法典的宏观结构和具体制度上都具有一些特色。虽然它最终在原产地遭到了失败,但对美国其他一些州甚至是国外的法典编纂产生了一定的影响。[①] 最终,只有加利福尼亚州和蒙大拿州分别于 1873 年和 1895 年通过了菲尔德起草的全部法典草案。

那么,为何诉讼法得以成功的法典化,而实体法的法典化却只取得了部分成果呢?

在笔者看来,诉讼法具有较强的技术性规范的特点,当时的人们也普遍认为有必要对该法进行立法修改。不过,对于实体法,则被认为应当根据具体的案件而逐渐发展和完善。菲尔德本人虽然受到了边沁思想的影响,但并未继承边沁的绝对合理主义的主张。他对于普通法的传统充满了敬畏,力求灵活运用普通法的原则,并将其作为延续的法律渊源,以判例法的形式来推动法律自身的发展。例如,在提出《民法典草案》时,菲尔德曾这样指出:"如既存的法律原则含有本法典所没有涉及的事项,在不抵触本法典的前提下,该原则可以继续有效适用。……同时,如果出现了未曾预见的新生事物,可以根据本法典的原则加以类推;如果本法典并未包含这一领域的规定,则可以根据原有的法律原则加以类推,或者根据'自然正义'(natural justice)的要求来加以解决"。[②]

不过,对于当时的大多数法学家而言,法律是在运行的过程中逐渐形成的产物,而非人为创造的结果。因此,不论实体法典草案的内容如何,将实体法予以法典化的想法本身就是难以接受的。同时,法典编纂运动与杰克逊总统时期的政治平等化措施相互联动,也使得许多法律职业人对法典运动抱有警惕之心。

例如,针对纽约州的编纂法典的做法,1870 年成立的纽约市律师协会(Bar Association of the City of New York)就极力反对。其中,该协会的支持者中就包括强调法律历史传统的著名法学家詹姆斯·C. 卡特(James C. Carter)。

法学界的反对,对法典化运动而言是很大的挫折。其后,不仅法典化的范围有所减少,在已经设立法典的州,也通过法律解释将成文法典的功能定义为方便判例法实施和运作。在没有和成文法典形成直接抵触的情况下,传统的判例法仍保持了原有的效力。对于新的法律问题,不仅应当参考成文法典的内容,而且应当兼顾传统判例法的精神来加以处理。从当时的文献来看,这种法律解释的立场占据了主流地位。

事实上,北美大陆的法典编纂工作,并非始于纽约州。在以欧洲大陆法为基础的路易斯安那州,很早就已经开始制定法典。1808 年,路易斯安那的前身"奥

[①] 参见徐国栋:《菲尔德及其〈纽约民法典草案〉:一个半世纪后再论法典编纂之是非》,载《河北法学》第 25 卷第 1 期。

[②] Introduction to the Completed Civil Code (1865), quoted in Readings in American Legal History 498—99 (M. Howe ed. 1952).

尔良属地"(Territory of Orleans),就根据 1804 年的《拿破仑法典》和以往施行的西班牙法制定了早期的法典。该法典最初由法语写成,之后被译成英文,两个文本均为正式法律文件。

此后,在安德鲁·杰克逊时期的国务卿爱德华·利文斯顿(Edward Livingston)的推动下,该州完成了更为正规的法典编纂。利文斯顿深受边沁思想的影响,于 1805 年起草了短篇的诉讼法典并将其立法化。接着,从 1822 年起,利文斯顿与其他两名立法委员一起先后起草了《民法草案》、《民事诉讼法草案》和《商法草案》。1825 年,前两部草案得以通过议会的审议,成为正式的立法。同时,他在 1821 年被任命为刑事法法典立法委员(独任),并于 1825 年提交了《刑法草案》、《刑事诉讼法草案》、《证据法、矫正法和行刑法草案》等法典供议会审议,但由于内容过于前卫,没有获得通过。[①]

(三) 普通法与衡平法的融合

菲尔德的诉讼法典中最引人注目的是将普通法与衡平法的程序加以融合,并废除了沿用已久的"诉讼形式"(forms of action)。1848 年纽约州《诉讼法》(Code of Procedure)第 62 条做了以下规定,即"普通法诉讼与衡平法诉讼的程序差别以及之前存在的所有诉讼形式均予以废除;今后,在本州,实现和保护个人权利、预防民事违法行为的发生并开展权利救济均采用唯一的诉讼方式,我们称之为'民事诉讼'(civil action)"。

这一改革较之英国的同类改革早了将近四分之一个世纪。菲尔德将普通法审判与衡平法审判的管辖权交给同一个法院处理,并原则上要求诉讼程序的统一,因而实现了普通法和衡平法的融合,彻底解决了 19 世纪英美法发展的最大难题。

废除"诉讼形式"制度的目的,是为了避免当事人选择了诉讼形式后就不能获取其他诉讼形式上救济的弊端。这一改革也被推广到"答辩"制度(pleading)中。在传统的答辩制度中,原告必须向法庭说明诉求的"诉讼形式",并阐述诉求与诉讼形式之间的"法律关系"(legal theory)。菲尔德的改革之后,原告提交的答辩状上,"只需记载案件名称、法院名称、原告申请审判的地点(county)、当事人姓名和诉讼请求等内容。对于构成'诉讼原因'(cause of action)的案件事实,通常只需以简单的文字和无需重复即可令常人理解的叙述方法加以说明即可"[②]。因此,这种新的答辩方式被称为"法典答辩程序"(code pleading),以区别于传统的"普通法答辩程序"(common law pleading)。在"法典答辩程序"中,

---

① 利文斯顿认为,应在查明犯罪原因的基础上,根据罪犯的主观恶性科以刑罚。同时,在刑罚执行上他非常重视对于犯人的改造和矫正,并提出了累进执行制的构想。他的《刑事法草案》引起了边沁的关注,甚至提出应该在英国本国也效仿制定类似的法典。

② N. Y. Code of Procedure §143 (2) (1848).

原告提出的"答辩事实",既可以是案件的证据,也可以是相关的法律规定,兼具技术性和理论性的要求。

第五节 南北战争前后的美国法

一、南北战争在美国宪法史上的意义

(一) 南北对立

奴隶制问题,自美国建国之日起就已成为南北方对立的焦点。这一点,在《联邦宪法》的规定上也有体现(参见本书第三章第二节)。

美国的南北战争是美国历史上的第二次资产阶级革命。通过南北战争,在全美范围内废除了奴隶制(没有给予奴隶主任何经济补偿),彻底解决了奴隶制度问题,较好地处理了农民的土地问题,维护了国家统一,为美国的资本主义发展扫清了道路,并为美国跻身于世界强国之列奠定了基础。

这场战争的根本原因是南方的 30 万奴隶主,在新移民区扩张奴隶制度,威胁了自由州的存在和发展,侵犯了包括南方自由人民在内的联邦绝大多数人民的利益。南方州的战争目的不是从联邦中退出,而是要同北方州争夺边境州和其他未开垦地区的土地,要把奴隶制扩展到整个北美大陆。南方奴隶主的土地扩张野心和利益驱使,导致南方州首先对北方州开战。北方州除了应战,没有其他选择。

有些历史学家认为:内战原因不是因为奴隶制度,而是由于不同意识形态文化背景导致价值观不同,深层次原因是围绕国家的统一和分裂。例如,林肯就认为在国家分裂面前,奴隶制的存废是不重要的,而导致国家分裂的原因除了意识形态和文化背景以外,就是南北方是两个不同的市场环境和不同的经济制度。

然而,面对一个历史事件,我们既不能凭当事人的立场和主观意愿,也不能只把注意力集中在该事件本身,而要去揭示形成事件的背景和利益因素。在分析北美内战的起因时,存在两种倾向。一种倾向认为北方州不同意南方州独立,违背了联邦宪法。另一种意见认为,林肯解放奴隶只是迫不得已的做法。因而,南北战争的主要目的并非在于废除奴隶制度。

笔者认为,第一种意见显然忽略了一个事实,即南方各州的奴隶主的最终目标并非仅在于实现独立。奴隶制的内在要求,迫使南方去争夺更多的土地。这种政策必然要同自由农民和资产阶级的利益发生冲突。在冲突不能在联邦内部通过政治或民主的渠道得到解决时,就必然造成联邦内部的关系破裂,并最终走向内战。政治斗争是经济领域利益冲突的反映,同社会伦理道德没有必然的联系。因此,应当正确地从社会生产的矛盾中发现出美国内战的根本原因,仅从法

律、习俗、民族特性、伦理道德方面摸索这场战争的起因,是不够客观、全面的。

另一种意见,把某个当事人的主观愿望作为事件的客观原因,也是站不住脚的。我们不能用当代的意识形态去解释过去的事件。客观地讲,林肯总统关于南北战争的表述是真实和诚恳的,北方在解放黑奴问题上确实是迫不得已。然而,在历史的必然性面前,个人的主观愿望是不可能成为社会进程的根本动因的。

(二) 奴隶制与宪法问题

南北双方在奴隶制度问题上的对立态度,形成下列关于联邦宪法的争论:

第一,联邦是否可以修改合众国宪法,在全国范围内废除一切奴隶制度?

关于这一点,理论几乎是不言自明的。所谓联邦,本质上只能处理各州无法自行解决的、全国性的政治事务。是否采用奴隶制度,属于各州的内务(domestic institution)。联邦无权直接加以干预,否则就违反了美国建国时的理念和原则。换言之,在当时大多数美国公民看来,联邦在废奴问题上修改宪法,超出了允许的修宪范围,不具备正当的理论基础。① 也正是因为这一点,1863年1月1日颁布的著名的《解放奴隶宣言》在内容上只涉及解放叛乱地区的黑奴,实质上是美国总统在行使"战时权力"(war power)或一种战争手段,而非对《联邦宪法》的直接修改。

第二,联邦管理下的直辖区域是否可以废除奴隶制?

南北双方在此问题上存在着严重的对立。其中,北方各州主张废除黑奴制并对蓄奴地区采取"封锁"政策。因此,他们援引《联邦宪法》第4条第3款第2段,即联邦议会原则上拥有对其直辖区域的无限制立法权的规定,指出在上述地区应当废除黑奴制。

对此,意欲拓展农业生产并保持蓄奴制度的南方各州表示出强烈的不满。例如,约翰·卡尔豪(John C. Calhoun)就主张联邦政府本质上是各州的利益代理人,因此涉及个别州的基本利益,也应给予充分地尊重。同时,联邦政府的直辖地区应属各州共同所有,联邦政府只是作为以各州为受益人的信托委托人来对直辖地区行使权力。因此,联邦政府不得采用有悖于各州基本利益的政策或措施。

为调和南北双方的矛盾,从19世纪50年代开始出现了一种被称为"主权在民"(popular sovereignty)或"居民主权"(squatter sovereignty)的理论。这一理论的代表人物是伊利诺斯州出身的民主党议员道格拉斯(Stephen A. Douglas)。

---

① 在南北战争爆发前的1861年3月2日获得参、众两院三分之二赞成票的宪法修正议案规定:本宪法不得增加废除各州的内务制度或授权联邦议会干涉各州内务的条款;州内制度包括根据州法必须服劳役的法律制度在内。

"主权在民",又称"人民主权"或"一切权力属于人民",是"天赋人权"理论的延伸,其要点是:政府合法性的基础来自广大人民的同意,任何一种形式的政府如果变成损害人民利益以保障自己权利的政府,人民就有权改变或废除它,并组建新的政府。道格拉斯一方面支持美国扩张领土,对于某些敏感议题,例如将奴隶制度带到新领土上,他都是负责谈判协商的领导者。另一方面,在堪萨斯并入美国的领土时,道格拉斯希望通过公决,而不是让联邦议会来决定该州是否能够蓄奴。当时的美国总统詹姆士·布坎南(James Buchanan)十分反对道格拉斯的看法,并通过各种方式阻止道格拉斯连任,但是道格拉斯最后还是赢得伊利诺斯州选民的青睐。根据道格拉斯的"居民主权"理论,联邦政府不仅不能干涉各州的内政,而且也不能干涉正处于升格准备阶段的准州(主要指意图加入美利坚联邦的自治区域)的内政。因此,在这些准州是否实行蓄奴制,并非听命于联邦议会,应由当地的居民进行公决来确定。

第三,哥伦比亚特区废除奴隶制的问题。

反对奴隶制的人士提出,至少在美国首都华盛顿所处的哥伦比亚特区应当废除黑奴制。南部各州则考虑华盛顿特区在政治上的象征性意义而坚决反对。同时,除了前述的关于联邦直辖区域的争论,由于哥伦比亚特区的土地原本来自马里兰州和弗吉尼亚州,且适用上述两地的法律。因此,如果联邦政府主张哥伦比亚特区的法律禁止拥有奴隶或输送奴隶,则必须经过上述两个州的同意,否则不能实行废奴政策。

第四,联邦政府是否有权对跨州运送奴隶的行为予以禁止?

北部各州援引《联邦宪法》第1条第8款第3项的"商业条款"(commerce clause),指出联邦政府有权对跨越州境的物流运输进行规制。作为行使该权限的一种方式,禁止跨越州境运输奴隶。

对此,南部则认为联邦宪法上的"商业条款",本意在于促进各州之间的贸易活动,而不能用于对各州之间的商业贸易加以限制,否则即属于对宪法立法主旨的歪曲。

第五,奴隶与其主人暂时迁居到废奴州后是否可以获得自由的身份?

最初,北部各州认为,奴隶和其主人一起暂时移居到废奴州的,并不会改变黑奴的身份。不过,从19世纪30年代起,人们开始认为:如果黑奴进入废奴州,他就可以获得自由的身份。一些州的判例和立法中,也反映了这种思想。

与之相对,在美国南部的人们看来,联邦宪法在众议院议员名额和选举办法的问题上,采用了按人口比例分配的方式,即以各州自由居民人数加上其他人口的五分之三之数予以确定。设定这一人口比例的规定本身就意味着宪法对自由居民、印第安人和黑奴是加以区分的,实际上是默认了奴隶制度。因此,北部各州的做法剥夺了奴隶主对奴隶的所有权,违反了联邦宪法第4条第2款第1项

"每个州的公民都享有各州公民的一切特权和豁免权"的规定,同时也构成了民法意义上的财产侵权。

第六,在引渡逃亡的奴隶时,联邦和州之间各自拥有何种权限?

《联邦宪法》第4条第2款第3项规定了引渡逃亡奴隶的义务,但没有规定由谁来承担此种义务。由于《联邦宪法》第4条的其他规定均涉及州与州之间的关系,因此可以推定引渡义务的对象应为州。同理,宪法关于联邦立法权所做的诸项列举,也没有规定对奴隶的引渡权。然而,联邦议会于1793年却依据这一条款制定了《取缔逃亡奴隶法》(Fugitive Slave Act)[①],规定不论是否为蓄奴州,各州应抓捕逃亡奴隶并交还原主人。在这一问题上,北方各州的人们认为上述宪法的条款,是各州之间相互协助和"礼让"(comity)原则的体现,而《取缔逃亡奴隶法》则有悖"州际礼让",属于不当立法。

在另一方面,北方各州于19世纪20年代起纷纷制定了《人身自由法》(personal liberty law),禁止追缉逃亡奴隶。例如,印第安纳州于1824年通过《人身自由法》来禁止追逃;弗蒙特州1840年规定,任何本州公民参与追捕逃奴都是触犯重罪。有个叫普里格(Prigg)的人抓住了逃亡的女奴隶和她的孩子,要带回马里兰去,路过宾夕法尼亚的时候,被按照当地法律判了绑架罪。官司一直打到联邦最高法院,即1842年的"普里格诉宾夕法尼亚"一案(Prigg v. Pennsylvania)。最高法院的判决结果是清楚的:宾夕法尼亚的法律违反联邦宪法,普里格应无罪释放。但是它在解释判决的法律理由的时候则强调:联邦的逃亡奴隶追缉法以后应该由联邦执行,不应授权各州执法机构实施。各州也可以立法限制其执法人员追捕逃亡的奴隶。北方各州受此判决的影响,可以自行颁布禁止追逃法令。

《人身自由法》在认定程序上采用了极为严格的标准,加之许多州要求对案件交付陪审审判,几乎很少有黑人被确定为逃亡奴隶身份,因而达到了保护黑奴的目的。对此,南方各州认为,引渡奴隶是联邦宪法和法律赋予各州的基本义务,北方废奴州的人身自由立法属于违宪。

第七,最为根本的争议在于合众国的法律性质问题。

无论从事实上还是从法理上,在独立战争之前,美洲各殖民地从来没有形成一个国家;独立战争时期,也并没有一个"美国"存在;独立战争后的一段时间里,不仅战争的对手——英国不知道"美国"为何,当时的国际社会不知道"美国"为何国家,就连美洲各殖民地自己也不知道"美国"为何物。他们只是联合起来争取并且获得了各自独立与主权的13个殖民地而已。它们是13个民主政府,各自代表本州的人民,享有独立的主权。

1781年的《邦联条例》(Articles of Confederation)建立了美国的第一个国家

[①] 1 Stat. 302.

形式——邦联,也就是各主权国家的松散联合体。这个条例只能算是一个平等主体之间的条约,不能算作一部宪法。邦联在近现代国际法上面,是介乎国家和国家联盟中间的一种组织,性质模棱两可:可说是各国之间的国际联盟,或者可说是一个松散结合的国家。即使把它看做国家的话,它也是最为松散的国家形式,而且以各成员都保持自己的主权为前提条件。

1787 年的《联邦宪法》制定并在其后的两年里面批准生效以后,美国正式成为一个比邦联更加紧密的联邦制国家,但是这个双重主权的问题还是存在,而且造成了前所未有的困惑、冲突和论战。两重主权当中到底谁高于谁呢?谁是主要的,谁是附属的?

南北战争之前,南部各州担心陷入少数派的被动局面,于是提出《联邦宪法》是各个独立国家(state)之间的协约,如果宪法修正或宪法解释侵害到州的基本主权,则州有权根据自身的判断脱离联邦体制。

南北方的分界线在梅森—迪克森线(Mason-Dixon Line)。最早,它本是指划分了马里兰和宾夕法尼亚的州界的那条线。还在美国革命之前,1763 年,宾夕法尼亚和马里兰两块殖民地有领土纠纷,聘请了英国地理学家梅森(Charles Mason)和迪克森(Jeremiah Dixon)勘测和划分州界,他们的划分结果就被称作梅—迪线。这是一条勾出直角的折线:在西段和中段,它是北纬 39 度 43 分线;在东段,它转而垂直向南。后来德拉华州从宾夕法尼亚独立出来,东段的这条,现在就已经是德拉华和马里兰的州界了。

初次在这条界线以北和以南旅行的人,肯定能够直接感觉地理上和气候上面的差异:自马里兰向北,一直到缅因州,气候越来越寒冷,冬天的时候有来自大湖地区的寒风和大雪,新英格兰的气候类似亚洲北部,海岸多曲折,山地多于平原,而且多是嶙峋的岩石。如果自弗吉尼亚向南,一切是另外一番情景。气候相对温和,由温带气候逐渐过渡到佛罗里达半岛和密西西比河口的亚热带气候,夏季很长,有海风滋润,潮湿闷热,到了冬天也还有常青的植被,甚至温暖如春。平原多于山地,而山地也宽广舒缓,比较适合蓄奴以发展农牧业。

自然条件的不同导致了经济模式的不同。北方的地形不利于农业的大规模开展。在殖民时代,北方主要是渔业、造船、航运和木材等原料产业,后来逐渐发展起了商业,相应的又有现代金融业等等。美洲殖民地主要的商业中心,比如费城、波士顿、纽约等,大多集中在北方狭小的地域里。自从弗吉尼亚人从印第安人那里学会了种植烟草以后,南方各州就一直以农业为主。发展时间最长的弗吉尼亚,到了美国革命之前,几乎都没有什么大的城市,完全是一片乡村景象,广大的原始森林和草原上散布着零星的自耕农庄或者大种植园。其他后起的南方州就更不用说了。它们主要的作物是粮食、烟草、棉花、甘蔗、靛青等经济作物。农业和工商业的不同决定了梅—迪线两边生活方式的不同,进而决定了文化气质和思想的差异。这种气质差异甚至直到今天还能明显地感觉出来。

北方人的头脑更加务实,他们以追求物质幸福为人生的主要目的。不管是聚集了无数财富的人,还是一贫如洗的人,每个人似乎都不能放弃对于更多财富的向往,以及自己对于更加美好将来的信心。他们重视实际的东西:自然科学里面,机器的修理比深奥的物理更受普通人的重视;在人文学科中,法律和商业之道比历史和哲学被认为更具有实践价值。不论是雇人者还是自雇者,他们都深刻知道自己劳动对于财富的意义。他们热爱劳动。他们讲究效率,甚至说话都是语速较快的。南方人,尤其是大种植园主,和劳动的乐趣相比,更加乐于享受生活的乐趣。和一切农业社会中的上等阶层一样,他们看不起经营商业、靠"投机取巧"致富的人;他们爱好骑马和射击,喜爱谈论政治和时事;他们进出舞会和沙龙;他们具有古老的尚武精神。一个年轻的白人男子,假如出身良好、家庭富裕的话,他的职业选择肯定是律师、政治家,或者从军入伍;如果考虑到经济收入,他会留下来经营祖上的种植园。他们比北方人更看重传统和荣誉感,他们如骑士般尊重妇女,也更保守和傲慢。他们有兴趣和时间专注于信仰,比北方人更重视宗教和灵魂的意义,更加愿意思考和感受。内战摧毁了旧南方的生活方式以后,新南方的人们转向学术、文学和艺术,出现了更多的小说作家、历史学家和音乐家。

随着工商业的发展,美国北部的人口开始不断上升。对此,为避免联邦议会两院均被北方所控制,南方提出要保证废奴州和蓄奴州的数量均衡。这种思想在密苏里加入联邦的时候体现得最为明显。1803年,时任美国总统的杰斐逊以低廉的价格从法国皇帝拿破仑手里购买了北美中部被称为"路易斯安那"的广大土地(即"路易斯安那购地",Louisiana Purchase)。这些土地,根据1787年西北法令的原则被划分为"内陆领土"(Territory),当达到一定条件的时候,就可以组成州政府并参加联邦。1818年,路易斯安那地区的第一块地域,密苏里地域(Missouri Territory)达到组织州的标准,提出申请,要求加入联邦,引发国会南北代表就密苏里应当作为自由州还是蓄奴州加入联邦的争执,因为该案涉及整个路易斯安那地区是否允许奴隶制度的问题。直到1820年,久受马萨诸塞压迫的缅因地区争取到了独立,要以州的身份加入联邦,才使得双方有了机会达成妥协。亨利·克雷(Henry Clay)的方案被国会接受,被称为《密苏里妥协法案》(Missouri Compromise)①。首先,密苏里作为蓄奴州加入联邦,缅因作为自由州加入联邦,自由州和蓄奴州各自增加一个,数目因此得以持平;其次,以后的西部领土新建各州,如在北纬36度30分以北,禁止奴隶制;如在这条线以南的,则允许奴隶制。由此,奴隶制度正式按一条界线把南北分割开来:在东段,界线是

---

① 3 Stat. 545.

梅—迪线;在中段,是俄亥俄河;在西段,是北纬36度30分线。妥协案等于把南北双方的制度向西平行推广,力求维持州数目的等同、参议院席位的等同,从而达到政治均势的目的。这个方案为双方所接受,奴隶制度问题上的和平因此得以维持三十余年。

在另一方面,即使在北方,在很长一段时间内,要求南方各州立刻放弃黑奴制的主张也仅为少数人的观点。这一点从激进的废奴主义者威廉·加里森(William L. Garrison)出版的《解放者》(The Liberator)一刊发行量从未超过3000册也可以得到印证。不过,由于北方激进的废奴派对南方的强烈抨击,加上1831年的特纳起义(Nat Turner)的影响,进一步激化了南北矛盾。通过美国的西部开发建设起来的铁路和运河交通网,将北部地区与西部地区紧密联系在一起。这样一来,使得美国南方各州日益感到孤立。于是,主张奴隶制是南方社会制度基本形式的强硬派开始上台,在南部地区曾经存在的废奴协会等民间团体,到了1830年前后已经彻底销声匿迹了。

1793年棉纺织机出现以后,美国的棉花出口量大为增加。到了1840年以后,棉花的出口贸易已经占据美国总出口量的半数以上,棉花种植业成为名副其实的支柱产业。对美国南部的白人来说,只有黑奴在酷热的气候下从事着繁重的体力劳动才能维持农业的发展。因而,他们甘于享受奴隶制所带来的贵族般生活,对北方民众提出的废奴理论不以为然。与之相对,北方社会虽然保持着平民主义的作风,但由于工商业的发展受到欧洲工业的竞争并频频遭遇经济危机,因此社会比较动荡,失业率居高不下。

1836年,得克萨斯革命后建立的得克萨斯共和国与墨西哥之间在边境问题上发生争议。墨西哥不承认得克萨斯地区的独立,宣布要将该地区重新并入其领土,并警告假如美国介入的话两国之间将爆发战争。得克萨斯州维持其独立立场并强调格兰德河是其边境。英国试图调停这场争议但没有成功。1845年美国宣布假如得克萨斯共和国愿意加入美国,美国将承认格兰德河为其边境。同年,得克萨斯加入美国成为美国的第28个州。1845年美国将得克萨斯地区并入自己的版图,并于翌年解决了与英国关于西北部领土的纠纷。1848年,美国强迫墨西哥割让了现在属于美国西南部的大片土地,从而大大扩展了国家疆土。然而,美国新获得的领土加利福尼亚和新墨西哥等地要求作为自由州加入联邦,但南部蓄奴州却力图扩大奴隶制的地域,因而1820年以来南北方之间形成的均衡态势出现了严重的危机。面对这一局面,强调妥协的政治领袖克莱·亨利(Clay Henry)向美国国会提出了一系列的法案,史称《1850年妥协法案》,以期缓解了北部州和南部州之间的矛盾。国会在9月9日至20日间通过以下5个法案:(1)允许加利福尼亚取得州地位的法案。准许加利福尼亚作为自由州加入联邦。(2)得克萨斯和新墨西哥法案。对得克萨斯和新墨西哥之间的边界进行调整,从得克萨斯划出32.4万平方公里土地并入新墨西哥,由联邦政府付给德州补偿费1000万美元,在新墨西哥地域加入联邦时有关奴隶制问题由该地居民自行决定。(3)犹他法案。规定犹他地区加入联邦时有关奴隶制问题由该地居民自行决定。(4)逃奴追捕法案。规定各州司法机构及地方政府必须协助奴隶主追捕逃亡奴隶;任何白人通过宣誓即可确定某个黑人为其逃亡奴隶;凡以任何方式阻挠追缉或庇护逃奴者可处以1000美元以下的罚金,或6个月以下的监禁。(5)在哥伦比亚特区废除奴隶贸易的法案。总体上来说,这些法案有利于南方的奴隶制度,暂时缓和了南部脱离联邦的危局。但《逃亡黑奴追捕法案》却引发了更大规模的反对蓄奴制的浪潮。这一妥协案虽然针对的是美国新近取得的土地,但却在路易斯安那购地案后尚未达到设立州的标准的地区引起了争议。

19世纪以来,美国领土迅速扩张,在密苏里河以西的堪萨斯—内布拉斯加地区,前往垦殖的人日益增多,建立新州的呼声很高。该地区在北纬36度30分以北,按《密苏里妥协案》(1820)规定,应以自由州加入联邦,但南方各州依靠在政府和参议院中的优势,力图在这一地区扩大种植园、畜牧业,主张实行奴隶制。1854年1月23日,参议院领地委员会主席、民主党党魁S.A.道格拉斯向参议院提交了《堪萨斯—内布拉斯加法案》(Kansas-Nebraska Act)[①],其内容是:(1)《密苏里协定案》和《1850年妥协案》作废;(2)实行蓄奴制不应受任何地域限制;(3)根据"主权在民"(popular sovereignty)的原则,新开发的美国领土实行何种制度,应由当地居民或其代表投票决定。这一法案引起全国长达4个月之久的争论,但在参议院中以37票对14票,众议院中113票对100票的多数获得通过。该法案规定,堪萨斯准州延伸至北纬州以南(堪萨斯与科罗拉多大部),内布拉斯加准州包括密苏里河以西,北纬州与加拿大之间的地区。从此奴隶制的扩展不再受地域限制,不断推向北部。由于采用了"主权在民"原则,上述两地区的废奴派和蓄奴派之间各自委派代表进行讨论,并发生了流血冲突。随后,反对该法案北方辉格党人与南方民主党员中的少数派结合在一起,于1854年7月组成共和党(Republican Party),南方的部分辉格党人则投靠了民主党。北方工商业地区和南方奴隶制地区的矛盾进一步激化,酿成了堪萨斯内战,最后导致南北战争。

在这种形势下,1857年的德雷德·斯科特案(Dred Scott Case)[②]的判决中,首席大法官塔尼(Roger Brooke Taney)受到了很大的冲击。该案在美国宪法历史上占有独特地位,是最高法院试图将司法解决加诸于政治问题之一例。后来

---

① 10 Stat. 277.
② Dred Scott v. Sandford, 19 How. 393 (U.S.).

的首席大法官查尔斯·伊凡斯·修伊(Charles Evans Hughes)将本案形容为"(最高法院)自行造成的巨大伤口"。

该案当事人史考特生为奴隶,被担任军医的主人带到路易斯安那州的自由土地。他的主人去世之后,史考特为了自身自由而提出控诉,理由是既然奴隶制度在自由领土中是不合法的,那么他便是自由人,而且"一旦自由,终身自由"。密苏里州法院不接受这个论点,但是史考特与他的白人支持者将案件提交了联邦法院,在那里,问题转化为奴隶是否有起诉权——即是否拥有法律意义上的当事人权利。最高法院需要解决的首要问题是判断是否有审判管辖权。如果史考特有起诉权,那么法院就有审判权,而且法官可以继续判断他提出的法律依据。反之,如果身为奴隶的史考特没有起诉权,那么法院可以因没有审判权而不受理此诉讼。

最后,法院裁定身为奴隶的史考特不能使用自由公民在联邦法院提告的特权。塔尼撰写的判决指出:首先,《联邦宪法》第3条第2款第1项赋予联邦的司法权中所规定的"不同州的公民"(diversity of citizenship cases),不包括黑人在内(尽管有些地方黑人已经确定了市民权)。其次,某一黑人是否为奴隶身份,取决于他居住州的法律。因此,黑人奴隶在前往自由州后,如果再次返回蓄奴州,则不再是自由人,仍然是奴隶身份。再次,联邦议会对于尚未建州地区的权力不是无限制的。把奴隶从蓄奴州带到这些地方并赋予他们自由居民的身份,违反了正当程序原则(due process of law),属于一种财产侵权行为。由于联邦宪法承认奴隶制度,因此规定北纬36度30分以北地区废除奴隶制的《密苏里协定》当属违宪。

该案件本可就事论事,仅讨论黑奴的起诉权问题。但是,首席大法官塔尼与其他南方派法官希望能够对各领土奴隶制度的问题作出一个终局性的裁决。因此,他们裁定1820年《密苏里协定》是违反宪法的,因为国会并没有禁止公民将财产(包括奴隶)带到任何美国的领土。换言之,黑人奴隶在法律上属于一种财产,绝对不可能成为公民。

南方各州欣然接受此判决,但在北方,却引起了一场抗议与反驳的风暴。这促进了共和党的创立,并且本案引发的民众对奴隶制的反感也成为亚伯拉罕·林肯在1860年选举中的决胜因素。

(二)南北战争

在1860年的总统选举中,共和党人亚拉伯罕·林肯(Abraham Lincoln)顺利当选。林肯来自边疆州肯塔基,小时候移居北方的伊利诺斯州。他自幼生活困苦,凭着刻苦学习得以成为律师,并慢慢步入政界。他在1858年竞选伊利诺斯州的美国参议员的时候输给了道格拉斯,但是他和道格拉斯的关于奴隶制度的那场著名辩论使得他名声大噪。林肯当时曾以"一所自我分裂的房子不可能持久站立"来比喻美国南北关于奴隶制的对立迟早要危害国家的统一。

林肯的参选和当选美国总统,在全国激起极大的波澜,久久不能平息,而且,这次风波只是长期持续、愈演愈烈的社会纷争的一个部分而已。南方各州反对他和他的党派,原因是他们反对南方的社会制度:黑人奴隶制度。共和党是一个新兴的政党,主要成员来自北方和西部的政治力量,其中包括激进的废奴主义者。共和党之所以提名林肯这个政治资历尚浅的新人,是因为他在废除奴隶制度问题上相对温和,不太激进。他主张维持南方的奴隶制度,维持宪法许可奴隶制度的条文和相关的法律,但是不允许奴隶制度扩展到西部的领土去,也就是"维持加限制"的主张。但是尽管如此,南北双方的互不信任已经达到空前的程度。南方,尤其是极南方的几州对于共和党本身极度反感,把它和它的总统候选人视做最大的威胁。在林肯竞选的时候他们已经表示,如果林肯当选,他们就要退出联邦。

在民主党内部,在是否废除奴隶制问题上则发生了严重的分歧。北部州的民主党人根据"主权在民"的原则,对于达到建州标准并通过全民公决决定废奴的做法持肯定的态度。南部州的民主党人则援引德雷德·斯科特案(Dred Scott Case),坚持在新加入美国版图的地区建立奴隶制。南北民主党人在总统选举中分别推举道格拉斯和约翰·贝尔金里奇(John C. Brekinridge)为候选人,结果导致党内力量分散。林肯在北部各州取得了大部分的选举人票(仅有3张票流失),而在南部地区则一票未得,而这次选举的整体投票率仅为40%左右。

在南部的人们看来,北部地区不仅无视合宪的《蓄奴法》(Fugitive Slave Act),而且罔顾联邦最高法院在德雷德·斯科特案(Dred Scott Case)的判决主旨,公然对南部的基本社会制度——奴隶制度加以抨击,是对作为各州共识的联邦宪法的不尊重。因此,美国联邦宪法存在的前提已不复存在。作为废奴主义代表人物的林肯当选总统以后,南部各州已经无心继续留在联邦体制之内。

林肯于1861年3月4日就任美国总统。在此之前,1860年12月20日北卡罗来纳州宣布退出联邦。随后,密西西比、佛罗里达、阿拉巴马、佐治亚、路易斯安那、得克萨斯州6地也宣布退出联邦体制。这些州在1861年2月4日于聚集在阿拉巴马州首府蒙哥马里市(Mentgomery),开始讨论成立新的共同体。同年3月11日,上述七个州宣布建立美利坚联盟国(Confederate States of American,简称C.S.A.),并通过了新的宪法,委任杰弗逊·戴维斯(Jefferson Davis)为总统。

在这种形势下,北方为了谋求南部各州回归联邦,采取了各种各样的努力。在另一方面,南方联合国一方当中,也有不少人认为合众国与联盟国和平共存的可能性极大。

内战前夕,当时的布坎南总统曾把大量武器和金钱输送到南方。对此,林肯在就任总统演说中,明确表示南部州退出联邦的做法属无效行为。因而,维护位于南部各州内的联邦财产、确保联邦法律在南部地区的实施,是美国总统的要务之一。在当时的政治形势下,这些阐述意味着:联邦政府决心在必要的情况下,不惜以武力解决国家的分裂问题。

1861 年初,林肯总统向南卡罗来纳州政府提出要求对该州首府查尔斯顿(Charleston)港口附近的萨姆塔要塞(Fort Sumter)提供补给。然而,南卡罗来纳州则提出要求该要塞的联邦守军投降。4月时候,围困该要塞的南军已经觉得不耐烦了,觉得不能再拖下去。而联邦军队也是一样。指挥官安德森少校(Anderson)逐渐感觉如果没有粮食的供给,他的部队就无法继续支撑下去,只能投降。4月12日,南军开始炮击,4月14日,安德森少校投降,南方的国旗在要塞上空升起。同日,林肯政府发布命令,为了平息依常规措施不能制服的"异己集团"(combination),联邦政府要求各州征集总共7.5万人的志愿兵。林肯要求所有"忠诚的公民"保卫全国联盟和人民政府,制止"持续已久的错误",收复"夺自联邦"的要塞和财产,以便平息这场"叛乱"(insurrection)。这个征兵令在北方掀起了爱国主义的浪潮,人民踊跃报名,但在南北交界的各州却反应平平。其中,肯塔基州的州长回答说:"肯塔基不会为了征服南方姐妹州的邪恶目的而提供部队。"密苏里州则回答说:"在我看来,你的要求,其目的是非法的、违宪的和叛逆的,是不人道和残暴的,因此恕不从命。"阿肯色和田纳西的州长拒绝参加林肯的"胁迫"和"征服"行动。弗吉尼亚州长莱彻(John Letcher)的电报里面说:"我只能说弗吉尼亚的民兵不能……用于任何这样的用途。你的目的是征服南方各州,还为此目的对我们提出要求。而这个目的在我看来,不在宪法范围之内……因此不能从命。你已经选择了发动内战,既然如此,我们将以坚决态度来迎接战争。"①

征兵令成为弗吉尼亚和南方其他三州(北卡罗来纳、田纳西和阿肯色)态度的转折点。弗吉尼亚的基本态度是:南方州退出联盟是错误的,但是在宪法上他们有这样的权利;只能说服他们去放弃错误的决定,绝对不能使用武力。因为,宪法从来没有赋予联邦政府发动内战的权力。林肯发动内战是比退出联盟更大的错误。弗吉尼亚此前支持留在联盟里的主流民意发生了改变,在他们看来,北方的多数派现在已经公然要用暴力胁迫少数派服从他们——这样的联盟没有任何合理性可言。弗吉尼亚人罗伯特·李(Robert Edward Lee)指出:"在我看来,没有什么比联盟解散更大的灾难了。但是,如果一个联盟只能通过剑与刺刀来维系的时候,而且其中内战与纷争取代了兄弟之爱与善意,那它对于我也没有什

---

① 参见〔美〕霍华德·津恩:《美国人民的历史》,许先春、蒲国良、张爱平译,上海人民出版社2000年版,第113页。

么魅力了。"公民大会代表普雷斯顿(William Preston)以前曾是联邦统一坚定的支持者,现在提议通过决议"撤销对于美利坚合众国宪法的批准,并且恢复行使根据该宪法所交付出去的权力"。4月16日和4月17日两天,大会都在讨论退出联邦的法令,4月17日以103票对46票表决通过。其中16票是希望能够和其他即将退出的州协调,而另外30票来自西部山区各州,他们和东部以及中部的弗吉尼亚人早已意见分歧,现在坚定地支持联邦,后来又决议退出弗吉尼亚,嗣后成立了现在的西弗吉尼亚州。公民大会的决议于5月23日经过全民公决通过,125950票同意,20370票反对。

作为一种宪政与政治主张,主权在民理论显然过于简单和抽象。然而,对于当年的南方人来说,它意味着乡土的情结,意味着保卫家乡、传统的生活方式和自己的自由。南方各州在联邦国会的参众议员和内阁部长们,在各自的州退出联邦以后,都纷纷返回本州,加入新邦联的政治工作;在联邦军队中的南方军官和士兵也返回家乡,参加邦联军队。罗伯特·李就是南方军人和百姓的代表。他反对奴隶制度,释放了自己家所有的奴隶,也反对退出联盟。他为联邦军队服役,忠心耿耿,但是却反对内战。

这样一来,弗吉尼亚州、阿肯色州、田纳西州和北卡罗来纳州也脱离了联邦。除了与北方接壤的马里兰州、特拉华州、肯塔基州和密苏里州外,承认奴隶制的11个州均加入了南方的阵营,邦联的首府也迁到了弗吉尼亚州的里士满市(Richmond)。

林肯政府在内战初期将进行战争的目的定为恢复南北的统一,担心触动奴隶制度会把一些边境奴隶州推向南方叛乱者一方,从而失掉边境诸州这个重要的战略地区。由于北方政府不肯宣布解放奴隶,因此在内战第一阶段,北方在军事上连遭失败。在1861年7月马纳萨斯和1862年夏的半岛战役中,北军损失惨重。北军虽然在西线取得一系列辉煌战果,从南军手中夺取了几个重要战略据点,但是这些战果都被东线的惨败所抵消。

在北方军事上屡次遭败的情况下,共和党内部的激进派及社会上的废权主义者提出解放奴隶和武装黑人的主张,促使林肯也意识到解放奴隶的必要性。1862年9月22日,林肯总统发表《解放黑人奴隶宣言》(Emancipation Proclamation),宣布如在1863年1月1日以前南方叛乱者不放下武器,叛乱诸州的奴隶将从那一天起获得自由。消息传到南方后,成千上万的奴隶逃往北方。在国际上,英国工人阶级也展开了支持北方的运动,迫使英国政府放弃了原来的干涉计划。

林肯政府还实行一系列革命措施和政策:1862年至1863年间,北部开始实行武装黑人的政策。因此,成千上万黑人报名参加北方军队,其中主要是南方逃亡奴隶。1862年5月颁布的《宅地法》(Homestead Act),规定:一切忠于联邦的成年人,只要交付 10 美元的登记费,就可以在西部领取 64.74 公顷土地,在土地上耕种 5 年后就可以成为这块土地的所有者。林肯政府严厉镇压反革命分子,清洗军队中南方代理人。1863 年开始实行《征兵法》,以代替募兵制,从而增强北方的兵力。同时,林肯调整了军事领导机构,实行统一指挥,任命有卓越军事才能的 U.S. 格兰特将军(Ulysses Simpson Grant)为全军统帅。

1863 年,北方在军事上出现转机,7 月 1 日葛底斯堡大捷歼灭南军 2.8 万人,使战场上的主动权转到北方军队手中。1864 年,北方最高统帅采用新的战略方针:在东、西两线同时展开强大攻势,在东线以消耗敌人的力量为主要目标;在西线用强大兵力深入敌方腹地,切断"南部同盟"的东北部与西南部的联系。1864 年 9 月,谢尔曼将军麾下的北军一举攻下亚特兰大,两个月后开始著名的"向海洋进军",在进军中彻底摧毁了敌人的各种军事设施,使南方经济陷于瘫痪。在东线,格兰特将军统率北军把敌军驱逼到叛乱"首都"里士满附近。1865 年初,奴隶纷纷逃亡,种植场经济濒于瓦解。北方海军实行的海上封锁,几乎断绝了南方与欧洲的贸易。同时,在南方内部也出现反对派,许多小农加入联邦派从事反战活动。南方逃兵与日俱增。粮食及日用品匮乏。1865 年 4 月 9 日,罗伯特·李的部队陷入北方军队的重围之中,被迫向格兰特请降。美国内战终止。美国恢复统一。

图十三　美利坚联盟国

在法律制度层面,美利坚联盟国(Confederate States of American)的宪法与《联邦宪法》大致相同,但加入了南部各州的政治主张并对联邦宪法运作中的不足之处作出了完善。该宪法在前文中,提出许多观点来说明离开联邦的原因,并基于邦联条例与合众国宪法,强烈地主张州权、缩减中央政府权限,且明文规定保护奴隶制度,其内容包括:

（1）明确肯定了州权论的立场。该宪法在前文中就明确提出："我们邦联国的人民，作为各州的主权者并以独立的身份开展行动。"这一表述体现了联盟国是在各州协议（compact）的基础上成立的，并默认了各州的脱离联盟权。不过，对于明确提出的脱离联盟权条款，却在讨论中被否决了。虽然南方向来认为这是各主权州的基本权力，且合众国宪法也并未予以否定，但如果规定这样的条款将削弱原先南部州力量。

（2）维持奴隶制。该法第1条第9款第4项规定：不得否定或侵害拥有黑人奴隶的财产所有权。同时，第4条第2款第1项规定：各州的公民到其他州居住时有权携带奴隶随行，不得侵害奴隶主的权利；同条第3项规定：各州不得立法允许逃亡的奴隶获得自由或对以合法手段追捕奴隶的行为加以限制；第3款第3项更是直接规定联盟国的直辖区域内采用奴隶制。不过，该法在第1条第9款第1项规定禁止外国从非洲贩卖黑奴入境（国际奴隶贸易），但北部废奴州或直辖的蓄奴州除外。此外，联盟国的议会也有权禁止从联盟国以外的州或准州地区运输奴隶入境（同条第2项）。

（3）强化了总统权力。借鉴联邦政府运作的经验，联盟国宪法对总统的权力进行了补强。总统不仅可以自由任免各个行政部门的主要官员（principal officer）和外交官员；同时，总统及总统授权者，有权对完成使命或不诚实、缺乏能力、效率不高、违法犯罪或玩忽职守的官员予以罢免（第2条第2款第3项）。在预算方面，联盟国宪法授权总统对法案逐项否决；若干州长也有同样的权力。联盟国国会可以三分之二多数通过，驳回总统一般性或逐项的否决。合众国国会对驳回总统否决权有同样的要求（第1条第9款第9项）。同时，总统对于预算中的特定项目拥有否决权（上条第7款第2项）。联盟议会可以制定法律允许行政部门的官员参加与其职责范围有关的议案讨论（第1条第6款）。总统和副总统的任期延长为6年，但禁止连任（第2条第1款第1项）。但联盟国唯一一位总统是杰斐逊·戴维斯，但他并未完成自己的任期，战争就结束了。

（4）限制议会的权力。除奴隶制以外，南部各州常年以来一直主张限制国会的权力，其内容包括：禁止开征特定产业领域的保护性关税（第1条第8款第1项）；由于国会有权对外国与州之间、州与州之间的贸易进行规制，因此禁止联盟国会立法将一州的收入转用于开发其他内陆土地（上条第3项）；新加入联盟的州，须经上下两院三分之二多数赞成（在上院为每州一票制，第4条第3款第1项）。

（5）宪法的修改。该法规定如有三个州以上地区通过召开州议会要求修改宪法，则联盟国会应召开全体州的宪法会议（convention），并讨论上述三州的议案。宪法修正案经宪法会议讨论通过（每州一票制），且经三分之二州的立法机关（联邦宪法上要求的比例为四分之三）或州宪法会议认可，即可完成修改程序（第5条第1款第1项）。

(三) 战后重建(Reconstruction)

南北战争结束以后,共和党内部对于如何处理曾经分裂出去的南部各州意见不一。一方面,林肯总统坚持要善待战后的南方。以他为代表的温和派的基本观点是:在南方表示愿意回到美国的前提下,让南方在立法上完成废奴,然后对南方人民不作任何追究,逐渐恢复南方各州的独立地位,尽快回到战前美国的正常状态。这一点从1863年他签发的《大赦宣言》(Proclamation of Amnesty)可以得到印证:其一,某一州的公民中超过十分之一以上对合众国宣誓效忠,且组成了民主的、效忠于合众国的政府,则视该政府为该州的合法政府。其二,一切参加过叛乱的人,只要停止对抗行为,宣誓忠诚并捍卫美国宪法和联邦政府,都可以免罪。同时恢复他们除了奴隶以外的所有财产。即使是叛乱的首脑人物,如果向美利坚总统提出特别申请,表明自己的改过之意,也可以获得特赦。其三,在解放奴隶问题上,只要各州将奴隶视为自由人,则该州拥有自由的立法权。

显然,对林肯总统而言,南北战争的目的就是为了统一和更好地建设祖国,维护《联邦宪法》所缔造的合众国精神。1865年4月14日,林肯在剧院观剧时,被奴隶制度支持者约翰·魏克斯·布思(John Wilkes Booth)刺杀,次日凌晨不治身亡。安德鲁·约翰逊(Andrew Johnson)继任总统后继续执行林肯的上述政策,要求南部各州回归联邦,坚持不干涉这些州的内部事务。

在另一方面,共和党内的多数派则认为南部各州回归联邦的条件是它们应真心悔过并全面改革社会制度。在此之前,南方各州应为联邦的直辖区域,联邦国会对其行使直接的立法权。

上述两方的矛盾,在林肯遇刺,约翰逊继任总统后更趋突出。由于两派观点的对立,以致今天美国的史学界还普遍存在一种观点,即在林肯总统被暗杀的消息传来之后,真正感到高兴的并不是南方,而是北方极端的强硬派。林肯总统在北方民众中,有着极高的个人魅力和威望。假如他要坚持一个温和做法的话,推行的可能性显然就要大得多。在林肯遇刺后,温和派缺少旗帜性人物,群龙无首。然而,曾经的副总统安德鲁·约翰逊,在接替林肯的总统职位之后,不但坚持了林肯对南方的温和态度,而且在做法上出乎意外的当机立断。在他上台之后,趁着国会休会期间,断然推行温和的战后措施。例如,在效忠美国的誓言之下,对南方所有的叛乱参与者不予追究,而且依然具有公民权。这就意味着他们还是具有选举与被选举权。在这一时期,南方各州几乎都有了总统临时任命的州长,州议会也都废除了原来战前退出美国的宣言,并作出了废奴的决议。当年通过了废除奴隶制的美国宪法第十三修正案。温和政策的结果是:南北战争结束只有六个多月,在新一届的美国国会选举之后,当初南方"联盟国"的副总统亚历山大·斯蒂芬斯(A. Stephens, 1812—1883年),昔日的"叛军代表"也作为新的议员重返美国国会了。北方的国会议员们普遍难以接受。尽管国会多数成员和总统一样,同属共和党,但他们之间的矛盾就这样扩大了。

在政治立场上,联邦国会和总统经常发生冲突。国会甚至不顾总统否决权,不断出台对南部各州的强硬法律。约翰逊总统则反对这些粗暴的"重建"政策(Reconstruction)。1868年5月16日,国会对总统提出弹劾,指控总统犯罪或品行不端。这个弹劾案在最高法院首席法官出席以及参议员担任陪审团的情况下,于3月30日正式展开。约翰逊总统虽被控违法和失职,但在1868年5月16日的举行的投票中,因为一票之差,这项弹劾案未能获得参议院通过。第二次投票在十天之后举行,弹劾案还是没有通过,同样因为一票之差,无法达到三分之二绝对多数的法定条件。不过,这些风波大大损害了约翰逊总统的声誉,使他的领导力下降到了最低点。

在这种背景下,联邦议会通过的重建法案,主要包括以下两部分内容:

第一,1866年的《公民权法案》(Civil Right Act)①规定在美利坚合众国各州和准州,禁止以种族、肤色或奴隶身份为由划定不平等的公民权。该法所提出的"公民权"(civil right)指的是签订并履行契约的权利、提起诉讼的权利、作证的权利、继承、购买、借贷、出售、保有和让渡财产的权利、享有人身和财产安全方面法律和诉讼利益的权利、与白人同罪同罚的权利等。实施了不平等待遇者,应处以刑罚。在美国的特定历史和政治社会条件下,"民权"这个字眼意味着种族平权。同时,妇女、少数民族、同性恋者、残废人等等平权要求,也反映到了这一法案中。但是,无论是从历史还是从现实的角度看,种族问题都是美国最大的民权问题。

第二,1867年的《重建法》(Reconstruction Act)②将除田纳西州以外的原联盟国(C.S.A)地区划分为五个大区并实行军事管制。上述地区回归联邦的条件是:(1) 除叛乱者外,不论种族、肤色及之前的身份(即是否为奴隶身份),由全体成年男子选举产生议员并组成制宪会议,制定出新的州宪法;(2) 承认联邦宪法第十四修正案。

根据《重建法》的这一规定,南部地区完全脱离军事管制是到了1877年的事情。在此期间,北方政客大量涌入南方投机取巧。他们通常空手而来,随身只带一个毛毯制成的大旅行袋,在南方各地大肆搜刮,营私舞弊,因此被称为"背包客"(carpetbaggers)。战争造成的疮痍和北方背包客的掠夺,使南部人民对北方深为反感。世事浮沉,经历了南北战争的战火,以农业、畜牧业为中心的南部地区难以和以工商业为中心的北部地区进行竞争本是社会发展的必然结果。然而,在南部各州的人民看来,这一结果与"重建时期"的北方暴政也不无关系。

同时,在"重建时期",获得自由的黑人的种种行径也令南部的白人民众较

---

① 14 Stat. 27.
② 14 Stat. 428; 15 Stat. 2; 15 id 14.

为反感。许多被任命担任行政要职和政治代言人的黑人无德无能,因此,在重建时期结束后,美国南部再次陷入了"白人优越主义"的社会,并长期对南方的政治、经济制度产生着影响。南北战争给现代美国社会带来的影响,如同火山爆发后形成的化石一样,其历史的痕迹和社会的烙印依然是那样栩栩如生。

(四)《联邦宪法》第十三至第十五修正案

美国建国后,州和联邦的关系一直存在争议。在南北战争之前,人们普遍认为合众国本质上是各州的联合体,即使经过宪法修改,联邦也无权干涉各州的内部事务。同时,如果联邦违背了上述准则,州有权退出联邦体制。

1864年12月美国国会通过了具有划时代意义的宪法第十三修正案,该修正案宣布从美国及其所管辖的领土上永久性地废除奴隶制。1865年12月,宪法第十三修正案得到27个州的批准,正式生效。宪法第十三修正案之所以具有重要的历史意义,不仅因为它以联邦宪法的名义明确禁止了美国存在250年之久的奴隶制,同时该修正案也彻底否定了地方或州奴隶制法律的合法性,联邦通过修宪就可以对州的固有事务进行干预。该修正案同时也将《独立宣言》中宣誓的"人人生而平等"的理念以宪法的形式固定下来,承认了黑人具有美国公民身份。

宪法第十三修正案是美国曾经存在奴隶制度的逻辑产物。17世纪初期,历史因素偶然促成奴隶制度在北美殖民地生根发芽——即"小概率事件"导致其形成。随后奴隶制度在特定的历史阶段产生规模经济,美国成文宪法默认了它的存在。内战前,南方奴隶主阶级与北方资产阶级的自利行为使现行宪政制度趋于僵化,逐步陷入锁定的不良路径。当南方奴隶主阶级与北方资产阶级的潜在利润不能通过妥协方式获得时,美国内战爆发,从而以革命性的方式实现了美国宪政制度的变迁,产生了宪法第十三修正案。

1868年7月,作为南部各州回归联邦的条件,宪法第十四修正案得以通过。从通过至今,该修正案在美国历史上发挥了举足轻重的作用。几乎所有关乎美国经济、政治、文化的里程碑式的案例,都是根据第十四修正案而起诉和判决的。其中包括著名的洛克纳诉纽约州案(Lochner V. New York, 1905)[①]、布朗诉教育委员会案(Brown v. Board of Education, 1954)[②]以及罗伊诉韦德案(Roe v. Wade, 1973)[③],等等。一个多世纪以来,美国各派政治力量和法学家,围绕第十四修正案的解释问题,展开了至今仍无休止的辩论。大致说来,这一辩论涉及三个重大理论问题:第一,联邦(中央)政府与州(地方)政府的关系问题;第二,"司法审查"(judicial review)是否违背"主权在民"原则的问题,亦即"司法专政"与

---

① 198 U.S. 45 (1905).
② 347 U.S. 483 (1954).
③ 410 U.S. 113 (1973).

"草根民主"的关系问题;第三,"正当程序"原则(due process)与"平等保护"原则(equal protection)的关系问题。这一修正案的主要内容是:任何一州均不得制定或实施限制公民权利的法律;未经正当法律程序不得剥夺任何人的生命、自由和财产;众议员的名额由各州人口比例分配;叛国者不得担任议员、总统或副总统;和中国的债务具有法律效力,但合众国与各州不承担因叛国行为而形成的额债务与义务。

联邦宪法第十五修正案自1869年2月26日提出,1870年2月3日获得批准。其内容包括:第1款合众国公民的选举权,不得因种族、肤色或以前是奴隶而被合众国或任何一州加以拒绝或限制;第2款国会有权以适当立法实施本条。

二、南北战争期间的宪法解释活动

(一)南北战争与宪法

林肯总统为了保障战争的顺利推进,实施了包括招募佣兵、接管铁路、电信等基础设施、对南部州的港口进行封锁、对北部的叛乱者以及同情南部的内奸施以军事审判、停止签发人身保护令等措施。这些措施很多都是经过联邦国会的立法后,得以实施的。

根据《联邦宪法》第2条第3款第1项,美国总统为军队的最高统帅。然而,决定宣战的权力却为联邦国会的权限(宪法第1条第8款第11项)。同时,对于募集的佣兵提供财政上的保障(同款第1项)、为镇压暴乱而招募民兵(同款第15项)等也被视为是联邦国会的职责。因此,联邦宪法对于战争状态下(包括镇压叛乱的情况)的国家核心究竟为总统还是联邦国会,并没有明确的规定。

在此情况下,联邦国会认为实施战争是国会的任务并委任了一个两院联合委员会来负责战争的有关事务。这一点也许与林肯本非共和党中的重要人物有关。不过,在林肯总统看来,维护联邦国家的统一,确保联邦法律在合众国的领土范围内得到普遍实施是作为美国总统的最重要职责。因此,总统有权处理与战争有关的事务。随着战局的变化,局势朝着有利于总统的方向发展。之后,联邦最高法院在1863年的捕获案件(Prize Cases)判决中,认为在没有国会立法的情况下,总统要求军队实施的封锁港口的措施为合宪之举。

《联邦宪法》第1条第9款第2项规定"考虑到叛乱或侵略等公共安全上的因素"可以暂停发布人身保护令状。不过,宪法并没有规定出谁来决定停止发布上述令状,以及拥有判断权者是否拥有全面的裁量权。联邦最高法院在南北战争结束后的1860年的米利根案件(Ex parte Milligan)①判决中表明了自己的态度。

---

① 4 Wall. 2 (U.S.).

米利根案发生在战争快要结束的时候。1864年10月,驻扎在美国西部印第安纳州的联邦军队奉指挥官哈维将军(Acvin Hovey)之命逮捕了米利根等三位平民,控告他们勾结南部叛军,阴谋夺取联邦军队的军火库。因为不相信地方法院陪审团,军方将他们交由军法会议(Military Commission)审判,并认定罪名成立,判处绞刑。

1865年4月4日林肯遇刺身亡,副总统约翰逊立即继任。约翰逊在5月2日批准对米利根的死刑决定,军方据此把米利根的刑期定在5月19日。米利根的律师麦克唐纳遂在10日请求巡回法院给米利根以人身保护令状,向军法会议要人。巡回法院的法官将案件移交给联邦最高法院。在1866年3月6日的法院辩论中,作为米利根辩护律师之一的布莱克律师指出:即使米利根是个十恶不赦的罪犯,他的人身自由仍是神圣不可侵犯的,拥有一个公民应有的公平审判的宪法权利。军方不能独立于甚至凌驾于民政当局之上。他们对平民实施逮捕,应依法将被捕的平民名单交给普通法院,以便法院组织大陪审团进行公开和公平的审判,而军方对米利根案交由军法会议的处理显然违反了这一规定,米利根没有获得公平的审判。

代表政府方面出庭的是司法部长及其助手,他们一再强调战时的特殊性。对此,米利根的另一名律师加菲尔德反驳说:军方在逮捕米利根时,不但印第安纳州不是战场,就连邻近的各州也没有敌人的武装。再者,南方的叛乱在5月19日已经基本停止,而军方仍根据林肯战时颁布的《戒严令》(1862年9月24日)决定在19日执行绞刑,显然不合情理。米利根的律师们还进一步列举了历史上的例证,以说明林肯停止人身保护权的做法缺少法理基础。相对于辩方律师的雄辩,政府方面的说辞显然缺乏说服力。

三个星期后,联邦最高法院作出了判决。尽管当时的九名大法官中有五位是林肯任命的,但是他们却和其他四位法官一致判定:军方对米利根没有司法管辖权,米利根及其同伙必须释放。同时,蔡斯法官和其他三位法官表示虽然总统无权中止人身保护权,但在特定的情况下国会这样做却不构成违宪。在附加意见中,蔡斯法官指出《1863年的人身保护权法》(the Habeas Corpus Act)旨在保证平民在普通法庭受审。但是,根据战时国家管理的惯例,国会有权制定保障战争顺利进行的法律。如果国会认为普通法庭不能够惩罚叛国罪,可以授权军方来审判罪犯。米利根案在美国宪政史上意义深远,从此以后不论是两次世界大战期间,还是美国60年代的社会动荡期,没有一位总统敢于再次停止实施人身保护权。

此外,最高法院在1867年的卡明斯诉米索瑞案(Cummings v. Missouri)①中

---

① 4 Wall. 277 (U.S.1867). (5:4).

又指出:"剥夺公权法案,就是立法机关制定的不经司法程序而直接处以刑罚的法令"。在加兰德案(Ex parte Garland)[1]针对要求特定职业的人员(牧师或律师)在任职时必须宣誓不支持联盟国的法律,以违反《剥夺公权法案》(bill of attainder)以及《溯及既往法案》(ex post facto law)为由认定为无效。

(二) 宪法第十四修正案的早期判例

如前文所述,联邦宪法第十四修正案是对南北战争以前合众国法律性质学说的变更和颠覆。不过,这一条文涉及的范围如何?其中第5款是否规定联邦国会有权制定对公民实施强制拘禁的一般性法律呢?

这一问题,与"重建时期"政策的核心内容——《公民权法案》(Civil Right Act)有着密切的关系。在1833年的公民权系列案(Civil Rights Cases)[2]中,最高法院认定,宪法第十四修正案赋予国会宣布公开歧视不合法的权力,非公开的歧视则不得干涉。对于在旅馆、交通设施、剧场等地以种族或肤色进行隔离的做法,属于非公开的歧视,因此判定,规定上述行为是违反联邦法的犯罪行为的1875年的《公民权法案》违宪。到了1896年的普莱西诉弗格森案(Plessy v. Ferguson),最高法院更进一步宣称:只要各州法律能提供隔离但平等(separate but equal)的设施,则各州的种族隔离政策即为合法。

该判决指出:"联邦宪法第十四修正案所禁止的是各州对公民权的侵害行为。公民之间的权利侵害并非该法案规制的对象。该修正案第5款赋予联邦国会制定适当的立法的权力。立法的范围是该修正案所禁止的内容。即,以合适的立法对第十四修正案第1款至第4款所禁止的州法律或其他行为的法律效果进行规制,使法律无效或不产生侵害。以上即为宪法赋予国会的立法权,且为该权力的全部内容。"

"因此,在本案中,联邦宪法第十四修正案所要求是州立法或州的行为不得侵害市民权利。如果不属于这一点,则无法启动联邦法律施以救济……如果像本案这样,联邦可以直接立法规制个人的行为,则与联邦宪法第十修正案所规定的联邦权力、州的未受限权力以及州及其人民保留的权力相抵触。"

可见,这个判决将宪法第十四修正案中的州政府行为(state action)予以定义,并认为联邦国会不得立法对私人或非政府组织所实施的种族隔离行为进行规制。这一立场在当时成为宪法第十四修正案的模范解读。[3] 也正是因为如此,即使进入20世纪,通过联邦法律禁止公民个人的种族歧视或种族隔离行为,也只能适用与宪法"商业条款"(commerce clause)加以规制。

---

[1] 4 Wall. 333(US.1867).(5;4).
[2] 109 U.S. 3.
[3] United States v. Cruikshank,92 U.S. 542, 554—55(1876).

在联邦宪法第十四修正案中,"公民的特权或豁免权"(privileges and immunities)的规定可以成为平等对待黑人的法律依据。不过,这一条款的前提是"合众国公民",因此被解释为"公民本身拥有的特权或豁免权不受限制"①,因而其适用范围比较狭窄。例如,公民集会的权利由于是美国独立战争之前就赋予公民的权利,因此不属于宪法第十四修正案上的"公民的特权或豁免权"条款涉及的内容。故此,只有向联邦政府示威、请愿而召开集会的权利才具有上述的宪法性权利的性质。②

在这种情况下。用以规制州的种族歧视政策的宪法条款,就只能是第十四修正案第1款所规定的:"在'州管辖'(jurisdiction)范围内,不得拒绝给予任何人以平等法律保护",即所谓的"公平保护条款"(equal protection clause)。该条款本意是针对黑人的种族歧视而设定的,但在益和诉霍普金斯案(Yick Wo v. Hopkins)③后,也被适用于歧视中国人的案件。此外,在这一案件中,联邦法院指出:"即使某一法律在条文中并未体现种族歧视的内容,但在该法律的适用中出现了明显的种族歧视,即视为违反了第十四修正案规定的'公平保护条款'"。

不过在1896年普莱西诉弗格森案(Plessy v. Ferguson)④中,最高法院的立场开始出现某种程度的倒退。普莱西诉弗格森案(Plessy v. Ferguson)是美国历史上一个标志性案件,对此案的裁决标志着"隔离但平等"原则(separate but equal)的确立。

该案的内容是:1892年6月7日,具有八分之一黑人血统的普莱西故意登上东路易斯安那铁路的一辆专为白人服务的列车。根据路易斯安那州1890年通过的相关法律,白人和有色种族必须乘坐平等但隔离的车厢。根据该条法律,普莱西被认定为"有色种族",遭到逮捕和关押。于是他将路易斯安那州政府告上法庭,指责其侵犯了自己根据美国宪法第十三和第十四修正案而享有的权利。但是法官弗格森裁决州政府有权在州境内执行该法,普莱西最终败诉,以违反隔离法为名被判处罚金300美元。

普莱西接着向路易斯安那州最高法院控告弗格森法官的裁决,但该法院维持了弗格森的原判。1896年,普莱西上诉至美国最高法院。5月18日,最高法院以7比1的多数作出裁决,路易斯安那州的法律并不违反联邦宪法第十三和第十四修正案,因为"隔离但平等"并不意味着对黑人的歧视,而只是确认白人

---

① Slaughterhouse Cases, 16 Wall. 36(U. S. 1873).

② United States v. Cruikshank, 92 U. S. 542 (1876). 最高法院对下列案件也没有认定属于公民特权。即Bartemeyer v. Iowa, 18 Wall. 129 (U. S. 1874).; Minor v. Happersett, 21 Wall. 162 (U. S. 1875).; Walker v. Sauvinet, 92 U. S. 90 (1876).

③ 118 U. S. 356 (1886).

④ 163 U. S. 537.

和黑人之间由于肤色不同而形成差别。

该案的裁决,事实上确认了在"重建时期"后美国的种族隔离政策的合法性,直到1954年布朗诉托皮卡教育委员会案后,这一政策方才失去其合法地位。

联邦宪法第十四修正案中的"正当程序"条款(due process clause),现在成为联邦宪法对各州立法进行制约的重要依据。然而,在该法条制定后的一段时间内,人们并未特别关注它。

有学说指出,这一条款意在将美国宪法第一至第八修正案所规定的内容(即所谓的权利法案)全面扩张适用于各州的范畴。不过,根据史料研究,宪法第十四修正案的起草者们在当时并没有这样的想法。①

"法律的正当程序"(due process of law)的概念,在日后被解释为法律不仅应当在程序上具有正当性,在其实体内容上也应具有合理性。不过在1870年代,联邦最高法院只是认为该条款是一项程序性要求。

最高法院确认第十四修正案上的正当程序条款并非公民的特权或豁免权条款的附随性规定②,则出现在格吉兰判例(Granger Cases)③之中。

美国内战使得美国的一小部分人利用战争迅速聚集起了巨额财富。战后重建又给了这些人进一步敛财的机会,使得他们能够通过兼并扩张等手段建立起一批在国内乃至世界上都具有举足轻重地位的产业王国。当时最具有代表性的企业就是卡纳基钢铁集团(Andew Carnegie)和约翰·洛克菲勒(John D. Rockefeller)名下的标准石油公司(即美孚石油)。在这个疯狂兼并扩张的浪潮中,这些产业大亨们使用最广泛的手段就是"托拉斯"。起初,托拉斯只是以区域性联合的形式出现,以后逐渐形成了具有强大操控能力的全国性托拉斯。这些托拉斯将相互竞争的公司合并在一起,固定价格,分割市场。到了19世纪八九十年代,美国公众对这些经济实体极为不安。人们以超范围经营或不正当竞争为由,针对大型托拉斯发起了各种诉讼。与飞速发展的经济同步起飞的铁路在经历了"大鱼吃小鱼"的兼并扩张过程后,也不断地展现出垄断的巨大危害。1826年,美国历史上第一条铁路兴建于马萨诸塞州境内。到1850年,铁路线的总长度已超过9000英里。同年,十几家小型铁路公司合并组成了纽约中央铁路公司,经营着从赫德逊河到巴弗洛的铁路网。随着战前芝加哥中央铁路的修建和战后跨大陆铁路的建成,美国铁路的经营权日益集中到联盟太平洋铁路公司、中太平洋公司等少数寡头手中。

---

① C. Fairman, Does the Fourteenth Amendment Incorporate the Bill of Rights? —The Original Understanding, 2 *Stan. L. Rev.* 5 (1947).

② Bradley,J., in Slaughterhouse Cases, 15 Wall. 36,116—22(U.S.1873). Field,J., in Munn v. Illinois, 94 U.S.113 142(1877). 都指出正当程序条款也应适用于财产权遭到不当侵害的情形。

③ Munn v. Illinois, 94 U.S.113 (1877).

格兰杰合作运动,是由一个名叫奥利夫·凯利的人,在内战结束后第二年为了将农民组织起来,以便降低农业成本而发起的。由于美国西部地区的农产品主要依靠外地市场,铁路部门控制着的运费定价便逐步成了格兰杰合作运动关注的重点。此外,铁路部门还操纵了升降机服务。只要农民运送农产品时不使用其服务,铁路部门便拒绝为其安排运送农产品的车皮。由于担心农民闹事,各州政府陆续制定法律,限制铁路的垄断行为。铁路部门遂指使仓储主和升降机租赁商在联邦法院提起诉讼。1876 年,美国联邦最高法院对穆恩诉伊利诺斯州案作出裁决,认定州政府有权规制公用企业。该案与其后另外 5 个判例被统称为"格兰杰法律"(Granger Laws)。1887 年,国会设立了 5 人组成的"州际商务委员会"(ICC),把确保铁路能够"公正合理取费"的职责交给了这个委员会,格吉兰法律也随之失去了法律效力。

美国联邦最高法院首席大法官维特(Morrison Remick Waite)在该案判决中指出:"对于立法机关滥用权力的行为,民众应当通过选举活动来表明其态度,而非来到法庭寻求救济。"[①]这一论述体现了当时法院的基本立场,是一种司法消极主义的表现。

第六节 自由主义与进步主义

一、概论

(一)工业高速发展与共和党的改变

在经济重建时期(Reconstruction),由于实行了对在南部占据统治地位的大农场主的限制政策,北部的工业资本在联邦政府默许之下,取得了长足的发展。其具体表现在于:(1)实行强制性关税政策,使美国市场免受欧洲大陆各国商品的冲击,维护了美国制造业的生存空间。(2)铁路建设日益推进,为美国经济的发展和西部开发提供了必要的交通运输条件。政府对铁路建设提供了大量的资金,不仅承担了铁路建设费用的主要部分,而且将铁路沿线的大片土地交给铁路公司使用。这些土地的面积较之英国本土的面积还要广阔,达到 1 亿 5 千万英亩。铁路公司通过出售这些土地,建立子公司进入仓储、金融等行业,实质上控制了西部各州的经济命脉。(3)1862 年,在美国南北战争期间,林肯总统颁布的一项旨在无偿分配美国西部国有土地给广大移民的《宅地法》(Homestead Act)。[②] 它是美国历史上一项著名的经济措施,又称"份地法"、"移居法"。

---

① 94 U.S. p.134.
② 12 Stat. 392.

美国独立后,联邦政府对西部土地实行国有化,并决定按地段分块出售,以增加政府的收入,偿还国债和满足土地投机者的要求。但出售土地单位面积大、价格高,西部移民无力购买,因而展开了长期争取无偿分配土地的斗争。由于南部奴隶主的阻挠,直到内战前,无偿授予移民土地的法案均被参议院否决。

南部奴隶主的政治代表退出国会后,林肯政府得以实现共和党提出的宅地纲领,国会众议院和参议院于1862年2月28日和5月6日先后通过了《公地法案》。5月20日林肯颁布此项法令。

《宅地法》规定,凡一家之长或年满21岁、从未参加叛乱之合众国公民,在宣誓获得土地是为了垦殖目的并缴纳10美元费用后,均可登记领取总数不超过160英亩的宅地,登记人在宅地上居住并耕种满5年,就可获得土地执照而成为该项宅地的所有者。《宅地法》还规定一项折偿条款,即如果登记人提出优先购买的申请,可于6个月后以每英亩1.25美元的价格买得。这一条款后来被土地投机者所利用。

《宅地法》生效后,又陆续通过一些带有补充性质的法令,如1873年的《育林法》,1877年的《荒漠法》等。据统计,依据《宅地法》及其补充法令,到了1950年,联邦政府已将2.5亿英亩土地授予移民。

《宅地法》在一定程度上满足了西部垦殖农民的土地要求,确立了小农土地所有制,从而为美国农业资本主义的发展创造了有利条件。它的实施也鼓舞了西部农民反对南部奴隶主的斗争,遏制了奴隶制种植园向西扩展。在美国内战中,西部农民为联邦军队输送了半数以上的士兵,并提供了充足的粮食,对北方取得战争的胜利起了重要的作用。

在上述因素以外,南北战争也促进了军需制造业和军火工业的发展。到了1890年代,美国已经超越了欧洲各主要工业国,成为当时世界上最大的工业国家。

在这一时期,美国的共和党也逐渐转变为东北部资本家集团的利益代言人。随着共和党的保守化色彩日益浓厚,除了民主党在南部地区保持着强大的影响力,共和党积极主张实行保护性关税等若干差异之外,民主党和共和党的政治主张逐渐趋同。美国的两个政党在意识形态连贯性和政治纲领鲜明性方面不如其他许多民主国家的政党那么强,其内部较为松散,不严格遵循统一的思想和完整的政策目标。政党通常最关注的是赢得选举和控制政府的职位。美国的政党考虑到在选举中支持它们的社会经济阶层很广泛,而且需要在基本上属于中间的意识形态的社会中运作,因而实质上采取中间路线的政策立场。它们显示出高度的政策灵活性。这种非教条主义的方针,使共和党和民主党能够容忍党内存在形形色色的思想,还使它们可以在第三党和不满分子出现时,将他们吸纳。由于政党对选民的抉择的影响减弱,以及出现许多选民"分散选票"的趋势,美国的选举政治是以"候选人为中心",而不是以"党派为中心"。这意味政府行政机构与立法机构中两党控制已成为联邦政府和各州政府的共同特点。

由于民主党和共和党两党之间的政见差异并不明显,因此在总统选举中,人们普遍关注由何人担任国家的领袖而非哪一个政党赢得选举。美国政党的分权结构极其突出。在执政党内,总统不能认为国会中的本党议员会忠诚地支持他的方案;国会内的党派领袖也不能指望本党议员在投票时会按照党的路线统一行动。在组织上,共和党和民主党在众参两院的竞选委员会(由现任议员组成)不受以竞选总统为目标的政党的全国委员会约束自主行动。政党的全国委员会除了在推选全国代表大会代表的程序上行使范围有限的权力外,很少干预各州的党务。

1870年到1890年期间,受到"社会达尔文主义"(Social Darwinism)思潮的影响,美国进入了一个"放任自由资本主义"的时代。所谓社会达尔文主义是认为达尔文思想,特别是它的核心概念——生存竞争所造成的自然淘汰,在人类社会中也是一种普遍的现象。认为它在人类的进化、发展上起着重要的作用。这种思想常被利用来强调人种差别和阶级存在的合理性以及战争不可避免等。社会达尔文主义之所以在美国流行,可以归因于:美国社会曾是建立在适者生存的基础上,当年的美国民族是由移民组成,这些离开自己家乡去美国的人都是强悍而富有野心的。他们在开拓西部边疆的过程中克服极大的困难,也对印第安人进行了残酷地镇压和屠杀。保守派用社会达尔文主义为放任自由资本主义、社会不平等、种族主义和帝国主义辩护也有不少人简单地使用社会达尔文主义来反对任何形式的普世道德和利他主义。

基于上述理念,许多人反对政府对国家的经济和社会活动进行干预,也不希望看到一位强势的总统出现。在这一时期,美国的领导人大多缺乏强有力的领导才能和管制能力,其中也有社会达尔文思潮的影响。

不过进入20世纪后,在风起云涌的社会改革运动中,出现了很多充满个性和领导才华的新时代政治领袖。1901年总统威廉·麦金莱(William McKinley)被无政府主义者刺杀身亡,西奥多·罗斯福(Theodore Roosevelt, Jr. 通称"老罗斯福")继任成为美国总统,时年42岁。他的独特个性和改革主义政策,使他成为美国历史上最伟大的总统之一。另外,1913年至1921年期间担任总统的伍德罗·威尔逊(Woodrow Wilson)也是一位杰出的人物。威尔逊被认为是美国历史上学术成就最高的一位总统,这不是因为他一生十余部的专著和数十篇的论文,也不是因为他曾经获得普林斯顿大学校长的头衔,而在于他从学术和教育的角度正式确立了国际政治学作为一门独立的政治学科的地位,并第一次提出了同西方列强崇尚的武力解决理论针锋相对的理想主义政治理念。这种学说影响之大,是任何一位美国总统的政治主张所不及的,至今仍被很多人奉为经典。

(二) 19世纪后半期的改革运动

随着工业化进程的不断推进,诞生了众多亿万富豪。他们当中的许多人出身贫寒、未受过系统的教育,主要凭借自身的艰苦努力和天赋而积累了财富。这就是所谓的美国梦(American Dream),即一种相信只要在美国经过努力不懈的奋斗便能获得更好生活的理想,即人们必须通过自己的工作勤奋、勇气、创意和决心迈向繁荣,而非依赖于特定的社会阶级和他人的援助。通常这代表了人们在经济上的成功或是企业家的精神。许多欧洲移民都是怀抱着美国梦前往新大陆的。尽管有些人批评美国梦过度强调物质财富在衡量胜利和快乐上扮演的角色,但许多美国人坚持认为这种获得成功的机会在世界上其他国家是找不到也并不存在的。因为与其他大多数国家不同的是,在美国拥有的经济自由相当多,政府扮演的角色相当有限,这使得美国的社会流动性极大,任何人都有可能通过自己的努力迈向巅峰。从美国独立直至19世纪末期,广大的土地都无人居住和拥有,任何有心人都可以加以占据并投资和开垦。而到了工业革命时期,美国庞大的自然资源和先进的工业技术则使得快速的社会流动变为可能,而且这种趋势仍在一天一天增加中。但在另一方面,工商业的发展也导致了严重的贫富分化。

在社会达尔文主义者看来,贫富分化现象是论证社会意义上的"适者生存"的最好注脚。即自然过程让某些人生存并繁殖,通过慈善事业对此进行校正是反自然而且低效的,成功或者失败取决于自然性状。正如这个时代的别称"镀金时代"(Gilded Age),当时社会充斥着辉煌而富有创造力的、不道德的、欺诈的强盗绅士。这些大亨的故事,充满了传奇色彩:开创铁路、石油、钢铁等产业,形成庞大的垄断财团,推动了西进运动、打败了自己的竞争对手,并把将惊人的财富留给了他们的后代。在另一方面,富人们为获得财富而不择手段,不顾底层民众的死活。

在这种思潮之下,政府并未认真考虑保障农民和劳动者阶层的权益。劳动者的工资待遇、劳动条件等均被视为是劳资双方间"自由契约"所规定的内容,政府无权干涉。在此时期,使用童工的现象非常普遍。农民被视为独立的经营主体,自行承担农产品的价格变动带来的风险。由于美国经济保持高度快速增长,工农阶层也相应受益。因此,"自由放任主义"的制度,虽然拉大了贫富差距,但其危害并未引起人们的重视。然而,1873年、1883年和1893年三次经济危机,造成经济发展速度大大放慢了,重工业和农业的产品价格下跌,经济危机更加频繁,工人和农民阶层生活困顿。于是,各种各样的改革运动随之出现。

19世纪70年代的一场声势浩大的农民运动——格兰杰运动(Granger movement,也称为"农民协进会运动"或"农业保护社运动")。这一组织原是1867年在美国中西部地区成立的全国性保护农民利益的农民机构。早期的美国运输业主要就是铁路运输,几乎处于绝对垄断地位,主要从事原材料和农产品的国内消费和出口贸易运输业务。只要有可能铁路公司就会索要高价并歧视小货量的托运人。在1873年的经济危机中,铁路公司及其直营的仓储公司不仅借机涨价,而且在各地之间还设置了不平等的票价。为此,保护农业社奋起与之抗争。实际上,格兰杰运动成为民众要求议会和政府对运输业实施经济管制,甚至是最终放弃自由主义市场经济理论,对市场经济活动实施政府干预的导火索。在格兰奇运动的冲击下,美国联邦政府和州政府才开始认识到铁路运输业对美国的民众非常重要,不能指望铁路运输公司通过行业自律来约束自己的经济行为,而同时又能够保证公众的利益不受侵害。因此,州和联邦政府必须对铁路运输实施经济管制。①

到了19世纪80年代,格兰杰运动被美国各地出现的"农民同盟"(farmer's alliance)运动所取代。这一组织在1890年的选举中,在一些州取得若干议席。在此基础上,农民同盟联合其他一些政党在1892年7月组成了"平民党"(Populist Party)。在1892年11月的大选中,该党推举詹姆斯·韦弗(James B. Weaver)为总统候选人,结果获得了100多万张选票和22张选举人票(electoral votes)。这是美国自内战以来,第三党首次有机会获得选举人票。这一政党针对当时美国政府的通货收缩政策,它标榜自由铸造银币的纲领和一般的反对垄断的方针。其主要政治纲领包括:第一,维持金银两种货币本位,其目的是使用价格暴跌的白银铸造货币以增加货币供给量,以维持宽松的货币制度;第二,政府向农民提供长期低息的生产贷款;第三,采用累进所得税制度;第四,规定八小时工作制;第五,不对工人罢工进行限制;第六,禁止总统连任;第七,将铁路、电信和电话公司国有化;第八,联邦参议院议员应通过直选选出;第九,通过国民提案(initiative)和国民表决制度(referendum)来讨论重大的政治问题;第十,建立公务员召回制度。

1894年,"平民党"取得了6个参议院议席和7个众议员议席、3个州长席次、50余名州级行政官员以及1500多个州议员和县级行政职位。

面对第三党强有力的挑战,美国的传统两党开始吸收平民党的政纲以维持自身的政治优势。1896年,民主党放弃了代表东部利益的克利夫兰(Grover Cleveland),而将著名的农民利益代言人威廉·詹宁斯·布赖恩(William Jennings Bryant)推选为总统候选人。他提出了比"平民党"更激进的主张,结果赢得了"平民党"支持者的选票,迫使"平民党"的精英放弃了独立参加1896年总统大选的计划,使他们加入了民主党的行列。然而,布赖恩最终败选于威廉·麦

---

① 如前节所述,以 Munn v. Illinios 为首的一系列格兰杰案件,其争议点首先在于是否符合各州宪法。

金莱(William Mckinley)。这一结果使得勉强支持民主党的平民党人大受打击，并最终该党解体。平民党代表工农利益。在存续的四年时间里(1892年至1896年)，他们开展了反对托拉斯、干预铁路经营、改革税收体制、保护自然资源、要求承认工会权利、要求直接参与民主等运动，产生了巨大的社会影响。

在另一方面，这一时期也发生了大规模的工人运动，其中的典型是在1880年之后的劳工骑士团(Knights of Labor)组织。骑士团并不是一个严格意义上的工会，它可以说是工会和联盟性质的混合体。该组织的宪章称：他们的目标是建立一个不限工种的协作机构，以促进工人们和资本家们就可以和谐的共存。骑士团被1881年成立的美国劳工联合会(American Federation of Labor[AFL])所取代，该组织是一个影响较大的劳工团体。它是一个按照行业组织起来的技术工人工会的松散联盟。由于第一任主席萨缪尔·冈珀斯(Samuel Gompers)非凡的组织才能和长达40年之久的领导，劳工联合会吸收了许多会员。到19世纪末20世纪初，该组织已经拥有数百万会员。劳工们迫切希望早日加入中产阶级行列，在现行制度下改善自己的经济状况。直到1929年，成立美国产业工人联合会(Congress of Industrial Organization[CIO])之前，劳工联合会一直为美国劳工运动的中坚力量。不过，由于该组织只吸收熟练工种的工会加入，因此其人数只有全体劳动者的一成左右。

1894年，普尔曼铁路车厢公司(Pullman Palace Car Company)在经济危机的影响下决定对3000名雇员大幅减薪。减薪、解雇当然有幅度如何、是否合理的问题，哪怕是有合理原因，也必然引发利益受损的劳工反弹。这就是著名的"普尔曼罢工"(Pullman Strike)。普尔曼公司劳资纠纷本来是局部问题，可是，正因为有了全国性工会组织——美国铁路工会(American Railway Union[ARU])，大工会组织都有一呼百应的能力，事态会迅速扩大，正可谓"星星之火，可以燎原"。

铁路工会在著名的工人领袖戴博斯(Eugene V. Debs)的领导下发起全国性罢工声援，这场最后以悲剧告终的事件，使他名字留载史册，即著名的"戴博斯反叛"(Debs' Rebellion)。这次动乱，起因于铁路员工拒挂普尔曼公司和另一公司生产的车厢，最后发展为有125000铁路工人参加的大罢工，涉及全国的29条铁路，造成美国交通大动脉基本瘫痪，对正处于金融危机中的国家经济而言，无疑是雪上加霜。

由于当时美国关于罢工的法律尚不够完善，而联邦政府必须依法才能介入执法。因此，联邦政府以罢工拒载的货车影响了联邦邮件传递为由，申请并获得了联邦法院对罢工的禁止令。由于戴博斯和其他工会领袖拒绝结束罢工，当时的克里夫兰总统(Grover Cleveland)下令12000名士兵前往芝加哥等地。军队的任务是护送替工们进入工会防线，保证重新开工。军队的到来却刺激了民众暴力反抗,引发了暴力冲突,最终导致13名罢工工人死亡,57人受伤。整个事件造成的经济损失更是难以计数。戴博斯作为铁路工会负责人,因违抗法庭禁止令遭到起诉,尽管有著名律师戴洛(Clarence Darrow)替戴博斯辩护,但他最终还是以藐视法庭罪(违抗罢工禁止令)①被判六个月监禁。

此案最后上诉到最高法院。1895年最高法院最后作出了意见一致的裁决,根据州际贸易的相关法律,法庭判定联邦政府有权保障州际贸易以及邮政的运作,且有责任采取"确保公众的普遍利益"(ensure the general welfare of the public)的行动。

戴博斯吸取了此次斗争的教训并组建了社会党(Social Party),以政党活动来实现工人阶层的利益主张。该党在1900年至1912年以及1920年共5次参加总统选举,并于1912年和1920年获得了超过90万张的选票。

(三) 进步运动(Progressivism)

1898年,西奥多·罗斯福(Theodore Roosevelt)当选为纽约州州长。他接受了改革主义的思想,大力推进社会改革。1900年,共和党全国代表大会提名罗斯福为副总统候选人,但意在让他在副总统的闲职上无所事事,而非继续在纽约州推进改革。然而谁也没有想到,1901年9月麦金莱总统遇刺身亡,罗斯福得以依法继任总统。1904年他再次竞选,并获连任,开始在联邦政府推动改革。在20世纪初期,铁路企业是美国最强大的利益集团。罗斯福认为政府应加强对铁路运输和跨州贸易的监管和规范,并督促国会于1906年通过了《赫本法案》(Hepburn Act),授权州际贸易委员会(Interstate Commerce Commission)设置铁路运费上限,同时也禁止铁路公司为关系公司免费运输货物。尽管当时并没有人意识到未来汽车运输业的发展会对铁路行业造成巨大的挑战,但在客观上该法案保障了消费者和中小企业的利益,因此得到人们的欢迎。同年,罗斯福总统还促使国会通过《食品和药物纯净法案》(Pure Food and Drug Act)和《肉类产品监督法案》(Meat Inspection Act),对养畜和肉类加工企业进行稽查和实施强制卫生标准。国会制定的上述法案,避免了小型屠宰场生产不合卫生标准的产品并流通到国内外市场。

1912年6月罗斯福在共和党全国代表大会上与塔夫脱(William H. Taft)竞选总统候选人,却遭遇滑铁卢,未获该党提名。之后,塔夫脱成为美国总统,并逐渐使美国政治退回到保守立场。在这种情况下,罗斯福另行建立了民族进步党(Progressive Party)。该党以雄麋为徽标,意为与保守势力对抗到底,罗斯福成为该党唯一的总统候选人。同一时期,民主党人威尔逊(Thomas Woodrow Wilson)也提出了与罗斯福的"公平施政"(Square Deal)理论相近的"新自由"(New

---

① 联邦最高法院在"In re Debs, 158 U. S. 564 (1895)"判例中认为上述措施合法。

Freedom)政纲。共和党的内部分裂使得民主党意外获利,威尔逊当选为美国总统。不久后,罗斯福宣布重新回归共和党,民族进步党自行解散。

罗斯福的"公平施政"(Square Deal)和威尔逊的"新自由"(New Freedom)的政治主张,衍生出许多有利于农民的民生立法。到 1920 年,美国政府给农业部增加的为农场主提供服务的拨款已经是 1890 年的 30 倍。因此,历史学家们认为,平民党人是成功的失败者;他们在选举中失败了,但他们的目的却达到了,即以政府干预的形式,实现了社会利益的平衡。

综上所述,美国针对资本主义和工业化弊端进行的改革运动以 1900 年为界,之前是以各界民众的抗议、呼吁和诉求为主要形式,之后则是以政府举措和国会立法为主要形式。无论是以农民为主体的平民党运动,还是以中产阶级为核心的进步运动,都围绕着一个中心,那就是为个人主义的美国社会和自由放任的市场经济制定一些规则,其目标是在自由和公平之间寻找一个平衡点,在保障经济健康发展的同时,实现社会公正、社区关爱和财富分享。这样既不会扼杀市场经济的活力,又不至于让资本家和官员把持权力从而危害公众利益。①

第一次世界大战结束之后,带有理想主义色彩的改革思潮开始降温。在 1920 年的总统选举中,共和党人哈定(Warren G. Harding)于竞选中打出"回归常态"(Return to Normalcy)口号,并击败民主党组合赢得大选。双方普选票得票率分别为 60.36% 和 34.19%,是 1824 年开始统计普选得票率以来胜败双方差距最大的一次。②

在 1924 年,威斯康星州议员拉福利特(Robert M. LaFollette)认为在共和党中已经无法实现进步主义的思想,召集了"进步运动政治会议"(Conference for Progressive Political Action),并参加总统选举。他虽获得了 483 万张选票和 13 个候选人票,但仍以第三位落败。之后,在 1921 年至 1933 年间,哈定、库里齐(Calvin Coolidge)和胡佛(Herbert C. Hoover)几位总统,都坚持了传统的自由放任思想,采取了较为保守的执政方针。

二、进步主义对州宪法的影响

在美国的一些州和城市,进步主义的影响尤其显著。除了前述了罗斯福在担任纽约州州长开展的许多改革措施外,在州层面实行改革的著名人物还有威斯康星州议员罗伯特·M.拉·福利特(Robert M. La. Follete)、爱荷华州的阿尔伯特·卡明斯(Albert B. Cummins)和加利福尼亚州的海勒姆·约翰逊(Hiram

---

① 参见原祖杰:《在自由与公平之间》,载《南方周末》网络版,http://www.infzm.com/content/30478,2009 年 11 月 25 日访问。
② 参见杨家祺、邢福有、廖歆:《通往白宫的角逐》,国际文化出版公司 1997 年版,第 401 页。

W. Johnson)。

暂且不论进步运动所形成的制度内容,仅从政权机构层面,我们就可以看出这一思潮给美国政治民主带来的影响。特别是在立法过程中允许"国民提案"(initiative)和对于议会通过的法案交由"全民公决"(referendum)的做法,从19世纪90年代到20世纪初期,在约半数的美国各州得以实行。这一举措,对于各州政治决策产生了巨大的影响。

进步思潮在选举制度上也有所作为。直接初选(Direct Primary)的先期投票,把各党推举候选人的过程分初选和正式选举两个阶段。初选是由选民直接选举各党的全国大会代表,党魁的影响不起作用,一个人单靠追随上层领导人物也难被选上,讨好基层选民才是首要的,所以直接初选使美国政党有更加走向松散的趋势。这种制度自1903年由福利特在威斯康星州建立,随后在各州迅速得到推广。到了1918年,除4个州以外,美国其他州均采用了该制度。现在,各州均在公职选举中全部或部分采用了直接初选制。

1910年以后,许多州立法规定总统候选人也由直接初选产生。在美国,爱荷华州和新罕布什尔州每4年就会吸引国际上关注的目光,因为此两地首先开始美国总统的初选,经常(但非必然)是候选人赢得政党提名的关键。

美国总统候选人的初选制度招致了不少批评的声音。例如,有人指出初选制度导致早期开始选举的少数几个州获得了很大的政治影响力,在这些州领先的候选人可以利用胜选的气势在其他的州一鼓作气,因而使得最后几个州的选举在实际上变得无关紧要。

在直接初选制度下,美国的政党对于党员的资格几乎毫不设限,因此党员人数非常多。同时,国民可以通过登记而临时决定参加初选,甚至在有些州连这种登记程序都予省略,导致支持不同政党的选民可以交叉投票(crossover voting)。根据这种选举规则,一个党在决定公职候选人时,其他党派、独立人士也有投票权。有的州甚至将来自不同政党的候选人随机排列在同一张名单上,供选民自由选择;结果是两大党中的温和派往往从中受益。根据这种选举规则,独立派人士在全国大选的预选提名中也有获得了一定的机会。

三、美国宪法的修改

进步主义对于美国联邦的制度也产生了一定影响。同时,继在南北战争时期联邦宪法增设第十三至第十五修正案后,这一时期再次增加了五条修正案。

(一)参议院议员的公选制

《联邦宪法》第1条第3款第1项规定:"合众国的参议员由各州州议会选举产生。"这一原则是要求参议员具有代表性,代表各州的利益。受到进步主义的影响,为了扩大人民的话语权,要求修改该条款的呼声日益高涨。1913年出台的宪法第十七修正案的规定如下:"合众国参议院由每州人民选举的两名参议员组成,任期六年;每名参议员有一票表决权。每个州的选举人应具备该州州议会人数最多一院选举人所必需的资格。任何一州在参议院的代表出现缺额时,该州行政当局应发布选举令,以填补此项缺额。但任何一州的议会,在人民依该议会指示举行选举填补缺额以前,可授权本州行政长官任命临时参议员。本条修正案不得作不当解释,以致影响在本条修正案作为宪法的一部分生效以前当选的任何参议员的选举或任期。"

（二）妇女参政权

1920年,联邦宪法第十九修正案规定:"合众国公民的选举权,不得因性别而遭到合众国或任何一州的拒绝或限制。国会有权以适当立法实施本条。"这一规定对妇女在联邦和州两个层次上参与政治活动提供了法律依据。在此之后,拥有选举权的美国妇女人数得到了大幅度的提升。

（三）修改政权更替的时期

传统上,在选举年11月当选的总统、副总统和议员应在次年3月4日正式就职。这一做法不仅拖延了新当选的民意代表参与政治活动的时间,而且由于当时国会通常有两个会期,当中第二个会期为选举后的12月至次年3月,因此这段会期就成为所谓的"跛脚鸭会期"（lame-duck session）。由于未获连任的议员得不到其他议员的支持,其政治影响力会较低,参政的积极性不高。不过,由于这些议员无需在下届选举为自己的工作负责,这会使他们有更大自由提出不受欢迎的政策和任命。美国总统在任期将满时,可能会抢在新总统上任前推出所谓"子夜法案"（midnight regulations）和行政命令。"跛脚鸭会期"广受批评,并促成了美国宪法第二十修正案,将新一届国会开始日期推前至1月3日,而总统宣誓就职则推前至1月20日,即缩短了"跛脚鸭会期"的时间。

宪法的这一修改虽然未必与进步主义有直接关联,但也客观上促进了国家管理机制的合理化。

（四）所得税

1894年,平民党人主张的威尔逊—高尔曼关税法案（Wilson-Gorman Tariff Act）意图对在年收入超过4千美元的人征收2%的联邦税,但遭到了民众的反对。这个法案被批评为不民主和违反了《联邦宪法》第1条第2款第3项关于联邦直接征税应与各州人口成正比的规定。1895年联邦最高法院对该法案作出了违宪判决。[①] 因此,1913年制定的联邦宪法第十六修正案规定联邦议会有权征收所得税。赋课累进税是进步主义者多年来的主张,第十六修正案的出台,无疑是为这一税制打开了大门。

---

① Pollock v. Farmers' Loan & Trust Co., 157 U.S. 429, 158 U.S. 601.

(五) 禁酒法

1919年的《联邦宪法》第十八修正案规定在美国全境禁酒。根据这项法令规定，制造、售卖或运输酒精含量超过 0.5% 以上的饮料，均属违法行为。自己在家里喝酒虽然是自由的，但与朋友共饮或举行酒宴则属违法，最高可被罚款 1000 美元并监禁半年。

禁酒政策并非突然冲动或战时心血来潮的产物，而是有着深厚的政治文化和历史背景。当时，饮酒被视为导致社会邪恶现象的主要原因。到 1914 年末，已有 14 州实行禁酒；而到 1918 年末，则有四分之三以上的美国人民生活在禁酒州里。

受到理想主义的影响下，除康涅狄格和罗得岛外，各州都批准了宪法第十八条修正案。当然，这种宪制承诺并未成为事实。严格实施禁酒法不可能，由于禁酒法无视法律执行方面的困难，且忽略了人的欲望无法纯粹以压抑的方式得到抑制，结果产生了适得其反的后果：实施禁酒法后，私造和走私酒的现象反而大幅增加。

1933年12月《联邦宪法》第二十一修正案废除了第十八修正案，规定由各州自行决定是否禁酒。

四、立法改革与联邦最高法院

(一) 立法与司法概况

南北战争结束以后，总统和国会对于自由放任主义的追求，也反映在最高法院法官人选上。因此，联邦最高法院成为大企业和资产阶级的避风港。1863年至1897年间担任联邦最高法院大法官的斯蒂芬·J.菲尔德 (Stephen J. Field) 曾说过："财产权与上帝的法一样神圣不可侵犯。如果人们否定这一观念且没有保障财产权的法律或公共政策，则会导致暴政与无政府。"[①] 1889年至1910年担任大法官的大卫·布鲁尔 (David J. Brewer) 也说过："对我而言，以温情主义管理国家的理论是令人厌恶的。最大限度承认个人的自由，对个人的财产进行最大保护，是对政府的制约，也是政府的义务。"[②] 以上这些言论，均反映了19世纪80年代以后美国联邦最高法院的基本态度。

进入 20 世纪之后，最高法院的保守态度并未立即发生改变。不过，在这一时期，进步主义思想的影响使得总统任命的大法官中许多人抱有较为开放的思想。他们认为对于各州层面难以解决的经济和社会问题，联邦国会应当积极立法加以解决。同时，经保守派的总统提名获得任命的大法官当中也不乏具有自

---

① Sinking Fund Cases, 99 U.S. 700, p.767 (1879).
② Budd v. New York, 143 U.S. 517, p.551 (1892).

由思想和开放态度的法官。他们虽然人数不多,但互相团结、影响很大。其中的代表人物包括1902年至1932年间担任大法官的霍姆斯(Oliver Wendell Holmes, Jr.)、1916年至1939年间担任大法官的布兰戴斯(Louis D. Brandeis)、1925年至1946年间担任大法官的斯通(Harlan F. Stone)以及1932年至1938年间担任大法官的卡多佐(Benjamin N. Cardozo)等人。与之相对,联邦最高法院的大法官中较为保守的一些人有1910年至1937年间担任大法官的范德文特(Willis Van Devanter)、1914年至1941年任职的麦克雷罗兹(James C. McReynolds)、1922年至1938年间任职的萨瑟兰(George Sutherland)以及1922年至1939年间由哈定总统任命的巴特勒法官(Pierce Butler),他们都是极端保守派,互为同盟,构成了塔夫脱法院(1921—1930年)和休斯法院前期(1930—1937年)著名的"四大骑手"(Four Horsemen),极力反对政府开展任何的社会调控措施。

最高法院内部自由派与保守派的斗争,使得20世纪初期的美国宪法判例呈现出一种观点对立、态度摇摆的不稳定的样态。

19世纪后半期以来,保守派对宪法的解释包括:对联邦国会针对商业条款(commerce clause)、征税权等的立法权做限制性规定,以规制联邦权力。同时,对宪法第十四修正案中的正当程序(due process clause)条款加以扩张解释,以限制州立法权的泛滥。这一时期,最高法院的大多数宪法判例均与上述条款的解释有关。①

(二)规制运费与物价的立法

如前所述,受到格兰杰运动的影响,各州对于铁路运输的运费以及铁路公司兼营的仓库和谷物升降机(grain elevator)的费率予以立法规制。最高法院在孟恩诉伊利诺斯州案(Munn v. Illinois)中判定这些法律合宪。维特法官(Waite)代表法院发表判决意见指出:当这种规制对于公众有好处的时候,对私人财产使用的规制,是政府权力的表现形式之一。当私人的财产影响到公共利益之时或私人企业提供公众方便或是对社区有重大影响时,则近似于公共利益,此时私人财产应该受到规范。否则,商业经营者很容易垄断谷物的仓储业务。对于费率的规定类似于传统上公用与独占事业的规范。我们知道这个规制的权力可能被滥用,但是,民众并未对这种权力的适用现况表示过多的反对。同时,为保证这种权力不被滥用,可以通过全民公决的方式来决定是否实施此种规制。②

对于铁路运输的费用问题,1886年联邦最高法院在瓦巴西铁路诉伊利诺斯

---

① 不过,保守派没有将正当程序条款扩张解释用于言论自由和结社自由的案例。即,不承认适用正当程序条款以保障公民行使上述自由权利。
② Munn v. Illinois 94 U.S. 113 (1877).

案（Wabash, St. Louis & Pacific Railway v. Illinois）①中，裁定该州管制铁路运费的法律无效，因为该法超出州界的范围并影响到州际贸易。该案的判决认为：横跨两州的铁路以及与之相连的铁路线路，是州通商贸易的组成部分。因此，尽管各州对铁路的运输费率进行规制没有与联邦法律相抵触，但也是不允许的。② 这一判决导致各州几乎丧失了规制立法的空间。

瓦巴西判决出台以后，社会舆论要求改革州际贸易的呼声很高，联邦制度必须予以回应。1887年，联邦制定了《州际商务法》（Interstate Commerce Act），以此为契机，成立了"州际贸易委员会"（Interstate Commerce Commission）③，在美国全国范围内掀起了规范铁路运输收费的运动。这一委员会作为美国联邦行政委员会的肇始④，在其建立之初，由于受到自由放任主义思潮的影响，虽然被赋予独立规制机构行使准立法权、行政权和准司法权等产业规制权限，但并没有强有力的执法活动。不过，罗斯福总统认为政府应加强对铁路运输和跨州贸易的监管和规范，促使国会于1906年通过了《赫本法案》⑤，授权"州际贸易委员会"设置铁路运费上限，同时也禁止铁路公司为关系公司免费运输货物。这样一来，州际贸易委员会不仅有权审查铁路运输费率，而且可以自行制定适当的运费指导标准，大大强化了该委员会的职权。

在制定规制运费和价格的立法过程中，联邦宪法第五修正案及第十四修正案所规定的"正当程序"条款（due process clause）成为很大的障碍。19世纪80年代，关于"正当程序"条款的早期判例被推翻，最高法院认为强调这一原则不仅要求程序公正，同时也意味着实体公正。⑥ 此外，对于限制财产权的立法，法院有权对其进行司法审查，如认为该立法不合理则以违反"正当程序"条款、剥夺公民的合法财产为由宣布该法违宪。

在另一方面，对于运费和价格的法律规制，如果不能公正地设定价格或维护企业的正当利益，也被视为违反宪法。⑦ 这种正当利益一般被视为每年6%左右

---

① 118 U.S. 557. 这一案件是伊利诺斯州内A市到纽约市的运费较之该州B市到纽约的运费更加昂贵，但A市距离纽约市路途更近。判决在副论中指出：虽然涉及伊利诺斯州内各地间的运费问题，但州并无权力对此进行立法规制。

② Wabash, St. Louis & Pacific Railway v. Illinois, 118 U.S. 557（1886）.

③ 以规制铁路运输为目的的此委员会被冠之以州际贸易之名，是参考了美国联邦宪法对州际贸易的规定。

④ 州行政委员会中，1837年设立于马萨诸塞州的"州银行委员会"（State Bank Commission）为最早。各州设立行政委员会，主要在南北战争之后，以解决铁路公司及其附属企业规制问题。

⑤ The Hepburn Act, 34 Stat. 584.

⑥ 此种解释，自19世纪80年代开始多见于法院的判决副论中。例如Hurtado v. California, 110 U.S. 516（1884）；Stone v. Farmers' Loan & Trust Co., 116 U.S. 307（1886）. 等。在Reagan v. Farmers' Loan & Trust Co., 154 U.S. 362（1894）中则成为判决主旨的一部分。

⑦ Smyth v. Ames, 169 U.S. 466（1898）.

的收益率。对于企业财物的"公正价格"的设定,也并非是对该财物的原有价格经折旧后加以赔偿的数额,而是根据当前的原材料和工资生产力要素的现行价格再生产出以往同类资财的成本,即所谓"再生产成本"(cost of reproduction)加以折旧计算的。这一做法在物价飞涨的20世纪初至20年代,客观上维护了企业的利益。

（三）禁止垄断和其他不当经济活动的立法

1890年,美国国会制定了第一部反托拉斯法——《谢尔曼反托拉斯法》(Sherman Act)。[①] 该法也是美国历史上第一个授权联邦政府控制、干预经济的法案。这一法律的出台意味着对于自由放任主义的反省和纠正。该法规定:凡以托拉斯形式订立契约、实行合并或阴谋限制贸易的行为,均属违法,旨在垄断州际商业和贸易的任何一部分的垄断或试图垄断、联合或共谋犯罪。违反该法的个人或组织,将受到民事的或刑事的制裁。

该法奠定了反垄断法的坚实基础,至今仍然是美国反垄断的基本准则。但是,该法对什么是垄断行为、什么是限制贸易活动没作出明确解释,为司法解释留下了广泛的空间,而且这种司法解释要受到经济背景的深刻影响。这一法律真正发挥一定程度的作用则是到了西奥多·罗斯福总统执政期间对45个托拉斯提起公诉的"砸碎托拉斯"(Trust-Busting)时期。其中,对于两大铁路公司在兼并过程中成立的"北方证券公司"(Northern Securities Company)提出的起诉最具代表性。[②] 这家铁路信托公司在1901年由J. P. 摩根、詹姆斯·J. 希尔、约翰·洛克菲勒和E. H. 哈里曼等人成立。1920年罗斯福总统开始对该公司提起反垄断诉讼程序。两年后,联邦最高法院判令该公司解散。

1914年,美国国会制定了第二部重要的反托拉斯立法《克莱顿反托拉斯法》(Clayton Act)[③],作为对《谢尔曼反托拉斯法》的补充。该法明确规定了17种非法垄断行为,其中包括价格歧视、搭卖合同等。1914年的《联邦贸易委员会法》(Federal Trade Commission Act)授权政府建立"联邦贸易委员会",作为负责执行各项反托拉斯法律的行政机构。其职责范围包括:搜集和编纂情报资料、对商业组织和商业活动进行调查、对不正当的商业活动发布命令阻止不公平竞争。

以上这几项法律至今仍然是美国反垄断、管理州际贸易和对外贸易的主要法律。从性质上看,《谢尔曼反托拉斯法》兼有民法和刑法的性质,《克莱顿反托拉斯法》和《联邦贸易委员会法》则属于民法范畴。从发展上看,1936年《罗伯逊—帕特曼法案》是对《克莱顿反托拉斯法》第2条的修正,主要目的是禁止那

---

① The Sherman Act, 26 Stat. 584.
② Northern Securities Co., v. United States, 193 U. S. 197.
③ 38 Stat. 730.

些可能会削弱竞争或导致市场垄断的价格歧视;1938年《惠勒—利法》修改了《联邦贸易委员会法》第5条,规定除了不正当竞争方法外,不正当或欺骗性行为也属违法,这一修改的目的是将该法的适用范围扩大到那些直接损害消费者利益的商业行为;1950年《赛勒—凯弗维尔法》和1980年《反托拉斯诉讼程序改进法》对《联邦贸易委员会法》第7条作出修正。此外,罗斯福"新政"时期的法律和措施也丰富了反托拉斯法的理论和实践。在长期的司法实践中,美国反托拉斯法的理论和实践不断完善,成为推行政府的经济政策、保护经济正常运转的强有力的手段。

然而,这一时期的反垄断法的适用,仍然要受制于宪法的规定。1895年最高法院在美国诉赖特公司案(United States v. E. C. Knight Co.)[1]中,宣称联邦议会根据宪法上的"商业条款"只能对州际的贸易活动进行立法规制,但对于跨州贸易中对象商品的制造不构成制约。这一做法使得《谢尔曼反托拉斯法》的作用大打折扣。最高法院对宪法上的"商业条款"的严格解释,一直维持到1937年。

对于其他不当商业活动的立法规制,其对象主要是"公益行业"(business affected with a public interest)。这一规定与孟恩诉伊利诺斯州案(Munn v. Illinois)中强调铁路运输是公益行业,因此需要对其进行规制在主旨上是一致的。

不过,对于"公益行业"概念的含义,最高法院的判例态度比较摇摆。从案例中看,属于公益行业的包括:银行业[2]、火灾保险业[3]以及第一次世界大战中的房屋租赁业[4]。不允许政府进行干涉的行业则包括:剧场售票商[5]、职业介绍所[6]、汽油零售商[7]、制冰售冰企业[8]等。

(四)保护劳动者

改革运动和进步主义,把限制劳动时间、制定最低工资等对劳动者的保护措施也作为斗争的目标。受其影响,为数不少的州制定了相关的法律。

联邦最高法院在解释正当程序条款时,援引了契约自由(liberty of contract)的概念,并因此成为阻碍劳动立法的一大要因。

---

[1] 150 U. S. 1. 该案是大量购买制糖公司的股票以形成行业垄断的案例。
[2] Noble State Bank v. Haskell, 219 U. S. 104 (1911).
[3] German Alliance Insurance Co. v. Lewis, 233 U. S. 389 (1914). (5:3); O'Gorman & Young Inc. v. Hartford Fire Insurance Co., 282 U. S. 251 (1931). (5:4).
[4] Block v. Hirsh, 256 U. S. 135 (1921). (5:4). 但非战时则情况不同,参见 Chastleton Corp. v. Sinclair, 264 U. S. 543 (1924).
[5] Tyson v. Banton, 273 U. S. 418 (1927). (5:4).
[6] Ribnik v. Mcbride, 277 U. S. 350 (1928). (6:3).
[7] Williams v. Standard Oil Co., 278 U. S. 235 (1929). (6:3).
[8] New State Ice Co. v. Liemann, 285 U. S. 262 (1932). (6:3).

契约自由(liberty of contract;freedom of contract)亦称为经济自由,与计划主义或者干预主义对应,是指个人在经济生活中的自由不受国家干预,也是自由放任理论在国家与公民关系中的体现。作为一项私法原则,契约自由在持不同信念国家的表现有很大差异,涉及国家与社会、公法与私法的关系之思考。这一原则产生于17、18世纪,是启蒙思想家对当时欧洲自由资本主义发展现实的理论总结。它强调私人领域自治,主张国家不得干预个人经济自由,国家只是一个被动的管理者,私人领域由当事人根据意思自治而主张、订立契约。这是一种坚持国家与社会分离的观点。

在合同法领域,合同成立的条件是基于"合意"(consideration),而是否支付对价或对价是否合理并非必要。在当事人之间形成了一个合意并缔结合同之后,即使该合同对一方显失公平,法律也不应对其进行干涉。可以说,这一理论与契约自由思想非常相似。

在另一方面,联邦宪法"正当程序"条款是以"财产"(property)为前提的,因此只适用于拥有财产者。不过,根据契约自由原则,取得财产的自由以及享有自己财产收益的自由也应进行保护。

契约自由的原则不仅适用于劳动争议,也适用于反垄断法领域。例如联邦最高法院采用这一理论作出的最早判决就是阿尔格耶诉路易斯安那州案(Allgeyer v. Louisiana)①。该案的内容是路易斯安那州法规定在其他州登记的海商公司,不得在该州内以空白方式订立财产保险契约。最高法院认为,该州禁止保险契约人在州内以邮寄方式填写被保险物的做法,违反了契约自由原则,故为违宪法律,应予撤销。不过,实际上出现最大争议的还是各州的劳动立法问题。

1897年,纽约州为了保护工人健康,在通过的法律中规定:纽约州面包坊的工人每天工作不得超过10小时,每周工作不得超过60小时。洛克纳,一位纽约州尤蒂卡市的面包坊主人,在1899年就因为违反这项规定而被处以20美元罚金。当洛克纳在1899年再次违反这项规定之后,县法院判处他交付50美元的罚金。但洛克纳决定直接挑战纽约州的此项劳工立法,在纽约州内的两次判决都维持了立法的立场之后,他将本案上诉至联邦最高法院。1905年,联邦最高法院以5:4的表决结果判定洛克纳胜诉,纽约州的劳工法因侵犯正当程序条款所保护的契约自由而无效。在洛克纳诉纽约州(Lochner v. New York)②的判决

---

① 165 U.S. 578. 在判决的少数意见中最初提到 liberty of contract 的是菲尔德大法官。参见 Field, J., in Butcher's Union Slaughter-House and Live-Stock Landing Co. v. Crescent City Live-Stock Landing and Slaughter-House Co., 111 U.S. 746 at 757 (1884). 此外,在州判决中出现这一原则是在19世纪80年代之后。

② 198 U.S. 45.

中,以佩克汉姆大法官(Rufus W. Peckham)为代表的多数意见指出:"没有理由认为,面包坊工人作为一个阶层,在智力和能力上与其他行业或作体力工作的人不一样;没有理由认为,缺少了州政府的羽翼保护以及对他们独立的判断和行动能力的干预,他们就没有能力行使自己的权利和照顾自己。在任何意义上,他们都不是政府的监护对象。"① 因此,纽约州政府没有合理的理由以保护健康为借口,通过规定面包房的工作时间来干涉个人的自由和自由签订契约的权利。

对此,霍姆斯大法官在该案的反对意见中表达了自己的观点,他认为契约自由权是从某种特殊经济理论中推导出来的权利,而不应该被视为宪法权利。他强调:本案是基于经济学理论而作出的裁判。对于这一理论,有些法官同意,有些则不同意。多数派的意见是否为法律权利的具体体现,并不能成为要求别人也认同上述理论的依据。宪法第十四修正案并非旨在体现一种诸如赫伯特·斯宾塞(Herbert Spencer)的社会静力学(Social Statics)理论:或是家长制,或是公民与国家有机体关系论,或是自由放任。它是为拥有不同思想观念的人制定的,当我们意外地发现某些观点是自然的和熟悉的,或者是令人诧异和震撼时,它们都不应该决定我们对包含这些观念的法律是否与美国宪法冲突的判断。② 不过,仅凭霍姆斯一人之力并不能改变当时最高法院的态度。在19世纪末20世纪初,联邦最高法院判决上百项各州的社会立法违宪。

不过,在1908年的马勒诉俄勒冈州案(Muller v. Oregon)③中,最高法院的态度出现了转变。该案是针对《俄勒冈最低工时法》关于洗衣工的劳动时间不得超过每日10小时而提起的。此案的辩护律师是布兰戴斯(Louis D. Brandeis,日后进入最高法院成为著名的大法官)在法庭上出示的辩护书,仅用两页的篇幅谈及法律先例,但却用了一百多页的篇幅援引大量统计数据和医学报告,说明劳动时间过长对妇女健康所产生的危害。在这些权威证据面前,最高法院判决该项法律没有违宪。判决指出:"……考虑洗衣工的身体结构以及恰当履行母亲功能,该项法律的制定不仅是为了她个人的身体健康,也是为了种族福祉,这些因素证明了该法律的正当性。该法律既可以用来使她免受本身贪婪之害,也可以用来消除男人激情之虞。该项法律对她的契约权的限制,对她将与雇主达成的工作时间的限制,并不是仅仅为了她个人的利益,而是为了所有人的利益。……两性之间身体结构的差异、两性功能的差异……这些证明了立法对男女区别对待的正当性。"不过,最高法院的这一判决强调了其对象的特殊性,指出它在"任何方面"都没有削弱洛克纳案的判决。

---

① 198 U.S.57.
② 198 U.S.75.
③ 208 U.S. 412.

马勒案判决仅限于个案,并不具有一般性的规范意义。直到1917年,最高法院才在布庭诉俄勒冈州案(Bunting v. Oregon)①中明确了自己的立场。在此案中,布兰戴斯律师准备了一份1021页的法庭陈词,以支持俄勒冈州一项限制最长日工作时间至10小时的立法。由于这部立法并没有歧视性别的条款,因此与马勒案的辩护摘要不同,布兰戴斯的法庭辩护没有提到男性和女性在生理上的区别,而是强调了长时间劳动对工作所带来的身体疲劳及其他不良影响。最高法院对此案的判决没有参照洛克纳案的判决(甚至没有提到这一先例)就认为该立法合宪。到布庭案裁决的时候,布兰戴斯已经被推选为最高法院的一名大法官了,但基于回避原则,他并没有参与此案的审理。②

在另一方面,这一时期的联邦法院的多数意见倾向于认定规定工资的州立法属于违宪。该领域的代表性判例当属1923年的爱德金斯诉儿童医院案(Adkins v. Children's Hospital)③。美国国会于1918年通过议案,成立了《最低工资委员会》,该委员会规定了哥伦比亚地区妇女和儿童的最低工资。儿童医院雇用了几个妇女,工资低于《最低工资委员会》的规定。因此,儿童医院要求法院发出禁令,禁止《最低工资委员会》在儿童医院强制执行妇女和儿童的最低工资。《最低工资委员会》的官员爱德金斯上诉到联邦上诉法庭,但被判败诉。再上诉到美国最高法院,再次败诉。

联邦最高法院以5比3的比例宣告维持原判。乔治·萨瑟兰(George Sutherland)大法官主笔的判决书指出:"限制劳动时间的法律只涉及劳动合同的附带内容,并未影响到合同的核心内容。合同的核心是支付工资的数额。禁止超时劳动的法律,保留了劳资双方签订工资合同,调整工资数额以限制工人劳动时间的自由权。"④因此裁决国会授权工资委员会的这一法律规定违反了宪法第五修正案中有关生命、自由和财产所作出的保证。根据判决中的多数意见,雇主和雇工依据宪法有权订立彼此同意的任何形式的契约。因此,该工资委员会的成立是对契约自由原则的一种违法干涉。

少数持异议的法官反对这个裁决。其中塔夫脱大法官就谴责这种榨取劳工血汗的工资制度,认为契约自由是对弱势群体的不公平。认为为了保护妇女和儿童的身体健康,最低工资制度完全符合美国宪法第五和第十四修正案的正当程序。

霍姆斯大法官也反对将美国宪法第十四修正案解释为保护契约自由。他认

---

① 243 U.S. 332.

② Friesen and Collins, Looking Back on Muller v. Oregon, 69 *American Bar Association Journal* 472 (1983).

③ 261 U.S. 525 (5:3).

④ Ibid., p.553.

为:如果自由是为所欲为,则法律本身就意在限制人的自由,对此当事人合意形成的合同也不能例外,如《星期日法律》就禁止了在星期日签订的一切合同的有效性。霍姆斯同时对一些人能够接受最长工作时间却不能接受最低工资感到不解,认为两者本质上都是对劳动者的正当保护。

(五) 禁止使用童工

限制或禁止使用童工的措施,受到当时人们的广泛支持。进入 20 世纪,许多州均通过立法对此作出了规定。不过,这些规定不仅内容差异很大,而且还有一些州没有作出相应的规制,因而也引发了社会上进步人士的不满。因此,人们迫切希望联邦国会能够制定一部统一的法律。

联邦国会首先以商业条款(commerce clause)为依据,制定了相关的法律。[①] 1916 年制定的法律规定禁止使用 14 岁以下童工;使用 14 岁以上未满 16 岁的童工每日不超过 8 小时,每周不超过 6 日;晚 7 点以后或早 6 点以前不得使用童工跨州运送生产的产品。然而,在 1918 年哈默诉达根哈特案(Hammer v. Dagenhart)[②]中,最高法院以违反第十修正案为理由裁定这一联邦法律违宪。被告戴根哈特是北卡罗来纳州人,他的两个幼子,15 岁的约翰和 13 岁的鲁本在一家棉花加工厂当童工。那里的工作环境恶劣,棉绒飞舞,织机轰鸣。小孩子每天工作 12 个小时,只能挣 1 美元。体重只有 65 磅的鲁本不得不搬运重达 100 磅的棉花袋子。《童工法》生效后,工厂的经理告诉戴根哈特,他不得不解雇其两个儿子。对戴根哈特来说,儿子的劳动收入比他们的健康更重要。在反对《童工法》的企业主联盟的唆使和资助下,他把负责北卡罗来纳地区童工法执行的联邦地区检察官哈默告上法院,抗议童工法让其儿子失去了工作。来自企业主联盟的律师在法庭上声称:一个儿童是否在工厂工作与联邦政府无关,与州际贸易更没关系。跨州流动的商品就是商品,没有必要区分是否由童工生产。然而,联邦地区法院裁定《童工法》违宪。哈默不服,上诉到最高法院,遂成为哈默诉戴根哈特案。判决中的多数意见认为跨州运送的商品本身没有造成危害,则上述法律并非是出于规制州际贸易而制定的,因此不允许国会以"商业条款"为由适用立法权。

对此,斯通大法官援引查皮亚诉阿米斯案(Champion v. Ames: The Lottery Case)一案中确立的"保护主义原则"(the Protective Principle)提出反对意见。他指出:"国会可以根据它自己有关的适当限制某些州际贸易的公共政策,以禁止某些商品的使用。如果这些商品的使用会给人民的健康、道德和福利带来危害的话,即使这些产品被使用的那些州还没有采取措施,国会也可以采取

---

① The Keating-Owen Child Labor Act(也称 Keating-Owen Act), 39 Stat. 675.
② 247 U.S. 251(5:4)。

措施。"

为解决这一问题,联邦国会改为向使用童工生产的产品征税以实现规制。不过,1922年联邦最高法院在贝利诉德克塞尔家具公司案(Bailey v. Drexel Furniture)①中提出:国会立法所征收的税费,并未意在增加国家的收入而是出于其他无法直接立法规制的目的,因此超出了宪法允许的课税权限。

由于联邦最高法院连续将国会制定的禁止和限制使用童工的立法裁决违宪,解决问题的办法只能是修改美国宪法。1924年联邦国会参众两院以三分之二的赞成票通过了《关于联邦国会有权限制或禁止未满18岁儿童劳动的修宪提案》,提交各州批准(根据修宪程序,必须获得四分之三州的议会批准)。不过,由于这一立法提案影响到各州的经济利益,直到1931年,只在6个州获得批准。最终,这一问题以联邦最高法院在1941年的美国诉达比木材公司案(United States v. Darby Lumber Co.)中修改了判例,允许国会可以依据"商业条款"禁止使用童工而得到解决。②

(六)禁止劳工运动

根据"契约自由"原则,法律规制企业主解雇参加工会的劳动者或在雇佣前要求劳动者不得参加工会,也属于违宪。③

法院对工人的集体行动也缺少同情。1906年最高法院判决判决工会组织的"间接抵制"(secondary boycott)运动违反了《谢尔曼反托拉斯法》上的集结以妨害州际贸易的条款,要求工会组织支付三倍的赔偿。④ 1908年,最高法院则基于契约自由判定一项禁止铁路企业歧视工会成员的法律违宪。⑤ 与之相对,企业主们很快学会了援引上述判例来抵制工人运动。1914年制定的《克莱顿反托拉斯法》(Clayton Act)虽然在第6条规定劳工组织及其成员可以为其合法目标而进行合法的行动,但是1921年的法院判决却宣布该法条并不保护之前判例所指的"间接抵制"等工会活动。⑥

同时,《克莱顿反托拉斯法》第20条禁止联邦法院针对劳动争议签发"劳工禁令"(injunction),但上述的1921年判决则认为该法只适用于提起劳动争议的劳工,而劳工组织则不受保护。同时,如果劳动争议是违法的,则对劳工个人也可以适用禁令。在当时,资本家们最有力的武器还是劳工禁令,在1932年通过《诺里斯·拉瓜迪亚法》之前,法院发出了大量禁令来禁止罢工或抵制活动。

---

① 259 U.S. 20 (少数意见是1人)。
② United States v. Darby Lumber Co., 312 U.S. 100 (1941)。
③ 前者见 Adair v. United States, 208 U.S. 161 (1908)。后者见 Coppage v. Kansas, 236 U.S. 1 (1915)。
④ Loewe v. Lawlor, 208 U.S. 274 (1906)。
⑤ Adair v. United States, 208 U.S. 161 (1908)。
⑥ Duplex Printing Press Co. v. Deering, 254 U.S. 443.

五、言论自由与宪法

第一次世界大战爆发后,美国最初希望英、法等国取得胜利,并在经济上对协约国加以援助。不过,由于德国开始进行无限制潜艇战,即凡是在英国水域的船只,不论是敌方或是中立国的,都有可能被德国潜艇击沉,这大大影响了美国商船的航行安全,而且亦有美国商船被击沉的情况,因此德美关系恶化,并最终促使美国参战。美国参战是随着战争发展到一定阶段才出现的偶然事件,但从本质上讲,从后起的帝国主义大国的地位看,美国卷入这场重新分割世界的帝国主义大战是必然的。

在美国参战的同时,为了打击亲德分子的破坏活动,美国制定了1917年《间谍法》(Espionage Act)①和1918年《煽动法》(Sedition Act)。②

第一次世界大战之后,短期内在美国出现了排斥"非美国主义"思想的运动。由于俄国无产阶级革命的爆发,美国政府担心在公众中引起的恐慌,导致共产主义、社会主义等思想在本国蔓延。威尔逊政府对战后复员的问题未给予足够重视,导致军人复员过程进行得异常混乱。四百万士兵在身无分文、没有任何安顿计划和救济的情况下就被送回了美国。农田价格的战时泡沫破灭导致许多农民破产或身陷因新购土地所欠下的债务中。1919年,钢铁业和肉类加工业工人举行大罢工。种族骚乱开始在芝加哥和其他城市蔓延。

在发生一系列由激进无政府主义分子实施的爆炸活动后,威尔逊总统命令司法部长亚历山大·米切尔·帕尔默(A. Mitchell Palmer)镇压暴力活动。司法部随后展开了被称作"帕尔默搜捕"(Palmer Raid)的大规模行动,一边收集暴力激进团体的犯罪证据,一边大量关押、驱逐国内外的煽动分子。③ 司法部以妨碍征兵为由审判了工会领袖戴博斯(Debs),并把他送到亚特兰大的监狱服刑④,但后来获得哈定总统的赦免并予以释放。

在这种局势下,美国联邦最高法院,对于言论自由问题开始进行限制。

在1919年的斯康克诉美国案(Schenck v. United States)⑤中,联邦最高法院以全票宣布《间谍法》合宪。在判决中,针对被告人散发反对征兵传单的行为,霍姆斯大法官提出了限制言论自由的法律标准,即"明显与现实危险"(clear and present danger)的原则。霍姆斯大法官在意见书中写道:"我们承认,在通常时期的许多场合,被告具有宪法权利,去谈论在其传单中所谈论的全部内容。但每一

---

① 40 Stat. 217.
② 40 Stat. 553.
③ Paul Avrich, Sacco and Vanzetti, *The Anarchist Background*, Princeton University Press, 1991, p.233.
④ Eugene V. Debs, Time (magazine), 1926年11月1日.
⑤ 249 U.S. 47.

项行为的特征,取决于它在被作出时的情形。即使对言论自由最严格的保护,也不会保护一人在剧院谎报火灾而造成一场恐慌。它甚至不保护一人被禁止言论,以避免可能出现的暴力政策。每一个案例的问题是:言论是否被用在如此场合,以致将造成明显与现实的危险,并带来国会有权禁止的实际危害。这是一个程度问题。当国家处于战争时期,许多在和平时期可被谈论的事物,将对战备努力构成如此障碍,以致这类言论不能再被忍受,且法院不认为它们受到任何宪法权利的保护"。因此,禁止反战言论并不违反联邦宪法第一修正案。

不过,霍姆斯大法官提出的"明显与现实的危险"标准并未被当时的法院普遍接受。这一点,从同年作出的埃布尔拉姆斯诉美国案(Abrams v. United States)①可见一斑。该案是被告印制反战传单,劝诱美国军火工厂工人损毁战争所需物资,被控违反《间谍法》,影响了美军的军事行动。在此案中,霍姆斯和布兰戴斯法官持反对意见。霍姆斯大法官首先正式阐述了他在"斯康克诉合众国"案中首次提出的"明显与现实的危险"原则,指出:"一种言论如果造成或者企图造成明显或即刻的危险,而此种危险将导致合众国遭受依照宪法可以予以制止的某种实质性危害,那么合众国依照宪法可以对此种言论加以惩罚。这一权力在战时毫无疑问地要强于和平时期,因为战争暴露出了在其他时刻不存在的危险。"②以此为标准衡量的结果是该案的被告印制传单的行为没有产生这样危险和意图。接着,他又阐述了作为美国宪法第一修正案理论原型的著名的"思想自由市场"理论:"如果人们能够认识到许多曾经好斗的信念已然为时间所颠覆,那么他们就会比对自己的行为动机更加坚定地相信完美的愿望(至高之善)应当通过思想的自由交流才能更好地达到——检验真理的最好办法就是在'市场'竞争中让思想自身的力量去赢得受众,而这真理是人们的愿望能够得以真正实现的唯一的基础。"③在这份反对意见中,霍姆斯对"明显与现实的危险"原则的完整阐述如下:首先,在政府不压制也不干涉的"思想自由市场"中,各种思想通过相互碰撞与融合以确立自己的地位,这是一种自我矫正、自我维持的过程。其次,对于言论的限制,应根据言论当时所处的环境及其性质而定,看它是否具有可造成实际危害的明显而即刻的危险。当言论会造成即刻的危险,只有在不立即予以制止就无法保证国家生存时,政府才可以对公民个人的言论自由加以限制。由此,"明显而现实的危险"原则正式确立。④

第一次世界大战后,美国各州制定的限制言论自由的立法中,也有保守派思

---

① 250 U.S. 616.
② 参见〔美〕唐纳德·M.吉尔摩、杰罗姆·A.巴龙、托德·F.西蒙:《美国大众传播法:判例评析》(上册),梁宁等译,清华大学出版社2002年版,第25页。
③ 同上书,第26页。
④ Ibid., p.630.

想(conservatives)和自由派思想(liberals)之分别。以 1925 年的吉特洛诉纽约州案(Gitlow v. New York)①为例。该案的当事人吉特洛是社会党左翼分子,主要因为印发了《左翼宣言》和《革命时代》两篇文章触犯了纽约州 1902 年的《无政府罪法案》(Criminal Anarchy Act)中不得鼓吹推翻政府的条文。吉特洛上诉到联邦上诉法院,但被判败诉。吉特洛最后上诉到美国联邦最高法院,认为纽约州的《无政府罪法案》违反美国宪法第一修正案对言论自由的保护,但最终被判败诉。桑福德大法官(Sanford)主笔法院意见认为:美国宪法第一修正案保护的言论自由,属于美国宪法第十四修正案条文中所述的"不得未经正当程序剥夺个人自由"一句中的所谓"自由"的范畴。所以,此案的要点,就是要查明《无政府罪法案》剥夺了吉特洛的言论自由是否符合正当程序。《无政府罪法案》并不禁止学术讨论,不禁止历史和哲学的论文,不禁止鼓吹在宪法和法律框架下改革政府的言论。该法只是禁止以非法行为推翻政府的言论。吉特洛的文章不是抽象的概念文章,不是学术文章,而是鼓动群众武装推翻政府的文章(吉特洛的文章主要是批评温和社会党人的文章)。虽然他散发这些文章没有产生任何实际的效果,但是其目的是明显的,就是鼓吹武装推翻政府。纽约政府禁止这些言论是符合正当程序的,其行使政府权力没有违反宪法。

对此,霍姆斯大法官和布兰戴斯大法官持反对意见。他指出:"所有思想,均是一种煽动。……表达观点与狭义的煽动之区别,在于言说者对其结果期待的热度不同。……无产阶级专政思想如果被支配社会的阶层所接受,则言论自由就是赋予这些思想表达的机会,并按照其思想进行实践。"②因此,该案不符合"明显而现实的危险"原则,是以言论判罪,不是以行为判罪,违反了美国宪法第一修正案和第十四修正案。

到了 20 世纪 30 年代,休斯大法官(Charles Evans Hughes)与罗伯茨大法官(Owen Roberts)等中间派人士进入联邦最高法院之后,自由派思想开始得以宣扬,禁止悬挂红旗的法律③和查封登载不实报道报纸的法律陆续被宣布为违宪。④

六、法律职业

(一)建立新的法律职业组织

在 1878 年建立美国律师协会之前,美国的教育状况和律师培训工作是不成熟的。杰克逊时期产生的对特权之反感使许多地区放松了对律师及法官的管

---

① 268 U.S. 652.
② 268 U.S. 672—673.
③ Stromberg v. California, 283 U.S. 359 (1931).
④ Near v. Minnesota ex rel. Olson, 283 U.S. 697 (1931).

制,而律师行业得以进一步有成效地民主化。当时成为律师的途径无例外的是通过学徒的方式,实践法律的主要方式则以法院当庭辩论为主。1860年全国所有39个司法管辖区中只有9个要求在成为律师过程中,必须接受某些正式培训。1878年只有不多的州和地区(准确讲只有15个)的律师协会(bar association)召开全体大会。在此7年前,哈佛大学创建了第一个现代化的法学院,兰代尔(Langdell)被任命为院长。在这个背景下,内战结束后美国社会、人口和经济等方面发生了很大的变化,国内企业和国际性企业对立法和法律从业人员提出了更高的要求。其中,较为重大的问题包括:如何开展律师职业培训?如何树立律师的执业道德观念?如何提高司法管理的质量以及立法的合理性和执法一致性等。以提高法律职业人的业务素质为目标,将法学研究领域和实务领域的人士团结起来,构建新的法律职业团体的运动开始兴起。

最早出现的此类法律职业团体是"纽约市法律职业协会"(Association of the Bar of the City of New York)。1878年,"美国律师协会"(American Bar Association[A. B. A.])得以正式成立。

美国律师协会是美国律师的全国性组织,其建立目的是推动法律科学、提高律师素质、完善司法管理、促进立法与裁判的统一性,并加强成员之间的社会交流。它是一个自愿性组织,工作出色的律师都可参加。美国律师协会的发起人是耶鲁大学教授西蒙·鲍德温(Simeon E. Baldwin)。作为康涅狄格州一位著名的律师,他最早开展公司法律业务,是康涅狄格州律师协会的领导人。作为耶鲁大学法学院一名教授和热心于法律改革和提高行政效率的法律职业人,鲍德温给美国的各地约600名法律职业人发出了邀请信,请他们到纽约的萨拉托加斯普林斯举行的一次会议来考虑建立美国律师协会。1878年在纽约的聚会,吸引了来自21个州的75位律师(此时美国有6万位律师),这是一次志同道合的贤者之会。与会律师们一致同意并批准了(由鲍德温起草的)章程(Constitution),并且在会后召集了共291名律师创办了美国律师协会(A. B. A.)。美国律师协会的诞生,并非几位律师私人之间的结盟,而是当时兴起的职业专业化浪潮的重要组成一部分。在当时,图书馆馆员、学者、社会工作者、经济学家、化学家、教师、医生和其他专业人士也纷纷组成了专业性的全国会员制组织。美国律师协会的使命是推进法律科学的理论性,促进全国的司法管理和立法的一致性,维护法律行业的荣誉并鼓励在美国律师协会成员间的真诚友好的交流。

美国律师协会的会员资格是在各州法律职业上有一定贡献的人士,因此并不局限于律师,也包括法官、政府或公司聘请的法律顾问、学术机构的法学研究人员等。该协会的成员必须坚守律师职业行为准则,致力于提高法学教育的水平,并支持司法管理改革与推动统一立法运动。

在早期,美国律师协会的准入标准非常严格,因而会员数目增长缓慢,至

1902年才仅为1718名。从这一年起,该协会在不违反基本宗旨的前提下开始积极扩大招收会员。1936年时协会会员已达到约29000人。从此,协会不再召开全体大会,协会的工作改由代表机构(House of Delegates)和理事会(Board of Governors)以及其下属的主管委员会及其他委员会监督、指导。1978年美国律师协会会员达到23万多人,美国法律职业人中有60%加入了这个组织。在这一过程中,该协会虽然已经逐渐失去了志同道合者联盟的性质,但仍然坚持吸收非法律职业的人才加入。

(二) 法学教育

19世纪中期,在努力提高法律职业人素质的同时,美国的有识之士也开始摸索对法学教育的改革。

1870到1895年间任哈佛法学院院长的兰代尔将毕生精力投入到美国法律教育的改革中。历史学家罗伯特·斯蒂文斯(Robert Stevens)曾经这样评价:"兰代尔的目标是把法律教育变为大学教育——不是在本科阶段,而是本科毕业后的三年学习。"兰代尔所开创的法律教育方法包括:(1) 只有本科阶段接受了人文和科学(arts and sciences)教育者才能够获得参加法学院考试的资格[①];(2) 扩充法学院的师资力量;(3) 加强法学院的图书馆建设;(4) 采用案例教学法(学习经典案例)和苏格拉底教学法(锻炼学生对案例推理的理解)。美国法律博士教育最显著的标志即为案例教学法和苏格拉底教学法。

在兰代尔之后继任哈佛大学法学院院长的艾姆斯(Ames)继续推行了兰代尔的教育理念。在他的影响下,这些教学改革的措施迅速被美国最好的一批法学院采纳,如斯坦福大学、加州大学伯克利分校、宾夕法尼亚大学等。芝加哥大学法学院则成为第一所完全认可并授予法律博士学位的学府。

由于保守主义传统的影响,一些大学的法学院在授予法律博士学位方面进展缓慢。耶鲁大学法学院迟迟未将法律博士作为唯一的最高学位。到了20世纪60年代,除耶鲁之外的其他大学法学院都已经确立了法律博士作为唯一的专业法律学位,而耶鲁则在1971年顺应了这一潮流。

上述的改革措施,得到了美国律师协会的大力支持。在该协会看来,提高法学院的教学水平不仅有利于培养出实务能力强的律师,也有利于培养促进法律的进步和法律职业发展的精英人才。

1900年成立的"美国法学院协会"(Association of American Law Schools;AALS)也是在美国律师协会的认可和协助下创建的。美国法学院协会设立了较高的入会标准,只有符合这一标准并不断提升法学教育水平的大学才可以加入。

---

① 在当时并非严格限制没有本科学位的学生入学,只是设置了较为严格的入学考试;全面要求学士资格则是到了1909年以后的事情。

美国律师协会在1921年决定律师资格只授予符合下述标准的法学院毕业的学生,并将这一标准向各州推广:(1) 只有在本科阶段接受过2年以上教育者才可获得法学院的入学资格;(2) 必须开设全日制三学年的法学教育课程;(3) 法学院应提供必要的学习条件;(4) 全职教师应达到一定人数。1950年美国律师协会又对其中第一点进行了改革,要求必须接受3年以上的本科教育才可获得法学院的入学资格。现在,大部分的法学院都要求申请入学者应有4年本科学习的经历(极少数法学院除外),并获得学士学位。

美国律师协会的1921年决议,确定了学生从"批准法学院"(approved law school)获得学位是参加司法考试的必要条件。这一做法得到了大部分州的赞同。对于在本科阶段非法学专业的学生而言,这一措施意味着他们可以在法学院获得研究生水平的教育。这一点对于提高美国的法学教育水平、培养高素质的法学教师、增加法学教育机构设施、完善有关资料起到了重要的推动作用。

七、法学研究

(一) 传统学派的影响

19世纪末的美国法学研究,主要是三种思想源流的混合产物。

其一是自然法的影响。关于自然法的含义,在人类认识史上出现过多种不同的认识。但通常是指宇宙秩序本身中作为一切制定法之基础的关于正义的基本和终极的原则的集合。它萌发于古希腊哲学,其中智者学派将"自然"和"法"区分开来,认为"自然"是明智的、永恒的;而"法"则是专断的,是一种权宜之计。苏格拉底、柏拉图和亚里士多德则强调人类能够发现永恒不变的标准,并用于判断成文法优劣。例如亚里士多德就认为,有一种无论何处均具有同样权威、通过理性可以发现的自然法或者正义。斯多葛(Stoics)学派引进了一种新的看法,并设想了均等的自然法,认为理性乃人所共有,自然状态则为理性控制的和谐状态,但已为自私所破坏,故而应当恢复自然状态。按照理性去生活,就是按照自然生活。罗马法中的自然法思想即源于此。中世纪教会法学家也经常阐述自然法与上帝法相一致的观点,其中的差异仅限于有的学者在自然法中强调上帝的理性,有的学者却强调法是源于上帝的意志。

启蒙运动后,自然法理论终于变成一个独立的理性主义思想体系。所谓独立,是指独立于教会与神学而言。荷兰法学家格老秀斯相信宇宙受理性自然法统治,自然法由人的基本生存方式所必然产生的准则构成。英国法学家霍布斯则提出了社会契约假说,认为社会契约是为走出自私和残酷的自然状态、而赋予统治者以管理权的契约,但统治者必须遵守自然法。19世纪,自然法的思想普遍受到责难,认为社会契约论是虚构的,纯理论性作为法国革命的口号带来了许多极端的观点,认为自然法已经死亡,并判定其不可能死灰复燃。但在20世纪,自然法又有再生迹象,有些学者重新开始对自然法进行研究。马克思主义者对待自然法观念,虽然批判其历史唯心主义的本质,但却不拒绝其中的合理成分。

以上关于自然法学说,林林总总,各有不同,但存在以下方面的共性:其一,自然法是永恒的、绝对的;其二,人的理性可以认识、发现自然法;其三,自然法超越于实在法之上,后者应当服从前者。根据抽象的、作为普遍规则的宪法,对涉及具体法律问题的立法进行违宪审查,即是自然法思想的一种体现。

自然法学不赞成法律形成的历史性。从自然法理念出发,作为保护公民权利的手段,法律并非是人为"制作"或"协商"出来的,而是存在人们内心之中的善良本性。这种法制建设不依靠历史演变的思维方式,意味着对法典编纂、立法改革等理性主义的排斥。

自然法学也不重视法律规则解释的概念性。对于具体的法律规则,对其进行解释和说明时,并不考虑其历史与社会文化背景,也不强调这种法律解释的合理性。与之相对的是分析法学的解释路径。产生于19世纪上半叶的分析法学,是19世纪西方最有影响力的法学流派之一。分析法学强调法学研究的对象为实在法,即对现行法律规范进行实证研究;通过对法律规则、法律规范或者法律制度的逻辑和语言分析,形成法律的一般概念、原理和体系。分析法学把道德排除在法学研究范围之外,也不顾及法律在具体应用中的千差万别,认为恶法和良法都是法。换言之,在传统学派看来,法律规范是以自洽性和自立性为前提的,这一点与概念法学有异曲同工的意味。

(二) 新派法学思想

针对传统学派的理论,美国法学界从早期开始就已经提出了批评。其中的代表人物就是霍姆斯。1841年,霍姆斯生于美国马萨诸塞州的波士顿,年轻时他喜爱文学,支持废奴运动。1861年他从哈佛大学毕业后,由于内战爆发因而加入美国联邦军队参战,并在战争中英勇负伤。

内战结束后,霍姆斯返回哈佛大学继续攻读法律,并于1866年在波士顿开业从事律师执业。1870年,他成为《美国法律评论》杂志的编辑。1882年他获聘为哈佛大学法学院的教授和马萨诸塞州最高法院法官,并于1899年被任命为该法院的首席法官。霍姆斯以观点创新、论证严密著称。霍姆斯的哲学观受到了社会达尔文主义和实用主义的影响,这在他生前和死后都遭到了批评。霍姆斯在1927年的巴克诉贝尔(Buck v. Bell)案中主张州政府强制给智障者绝育并不违反联邦法律,并认为"痴呆者生存三代就已足够"。这是霍姆斯在判例中奉行社会达尔文主义的著名例子。霍姆斯在对待种族和贫困问题上也表现出傲慢的精英主义,从而招致许多批评。他的好友布兰戴斯法官就曾指责霍姆斯"对损害大众的罪恶一无所知"。在另一方面,他也是最早承认工人的工会权利的联邦法官之一,并改变了此前认为工会组织从本质上就是非法的判例。

1902年8月11日,罗斯福总统提名霍姆斯为联邦最高法院大法官,同年12月4日参议院批准了该提名。霍姆斯任最高法院大法官直到1932年,那时他已经90岁了,创了最高法院大法官的高龄纪录,被公认是美国最高法院最伟大的大法官之一。

霍姆斯反对道德理论和自然权利论,而信奉道德相对主义。他认为法律问题应当区别于善恶的道德判断,强调脱离了违反规则应受到的制裁和处分,则无法解释法律与权利。在霍姆斯看来,法学研究的目的是"预测"(predicition)法院对于某一特定的法律事实会作出何种结论。因此,他否定了法律规则的自洽性,并强调法律规则要时刻面对其效果妥当性的评价和挑战。

很多人知道霍姆斯的名字,源于因为他那句广被引用的名言"法律的生命不在于逻辑,而在于经验"。这句话出自霍姆斯1881年出版的《普通法》①一书的开篇部分。在该书中,霍姆斯多次强调其核心观点:"时代需要的是道德和政治上的普遍理论、人们对公共政策的公开的或无意识的直觉,甚至是法官们对某些问题所共有的偏见,这些因素在确定据以制定规范行为规则时,比演绎推理所起的作用还要大。"

这些思想使得霍姆斯强烈支持联邦宪法第一修正案的言论自由权,尤其是密尔的市场理论。他认为:第一修正案不会保护一个"在剧院里妄称失火而招致恐慌"的人。同时,在1919年的"申克诉合众国案"(Schenk v. United States)中,霍姆斯还提出了"明显与现实的危险"(clear and present danger)标准,以判断政府处理言论问题的行为是否符合宪法的精神。

对道德相对主义的支持,也使得霍姆斯反对"实体性正当程序"(substantive due process),且否认美国宪法对政治过程强加了实体性限制。霍姆斯的司法哲学在美国法律现实主义中起到了很大作用,该学派强调现实世界对判决的影响,而不强调法律形式主义和理论。他的思想受到当时像弗兰克福特和布兰戴斯等自由派人士的推崇,被认为是对最高法院"合同自由"判解原则的强有力的批评者。该原则经常被用来判决社会性立法违宪,其中最著名的是1905年的洛克纳诉纽约州案。霍姆斯在该案中表达了反对意见,认为"宪法并不意图支持某个特定的经济理论"。这一表述成为最高法院判例史中最广为引用的名言之一。

受到霍姆斯的影响,美国的法学研究出现了两股新的思潮。其一,是"实用主义法学"(pragmatism)和"社会学法学"(sociological jurisprudence)。实用主义法学是以实用主义作为哲学基础的一种现代法学学说,其最大特点是注重实用,强调法律的社会目的和社会效果,反对过分注重法律的逻辑。著名法学家罗斯

---

① 该书英文版于1881年出版,参见:〔美〕小奥利弗·温德尔·霍姆斯:《普通法》,冉昊、姚中秋译,中国政法大学出版社2006年版。

科·庞德(Roscoe Pound),是实用主义法学的代表人物。庞德带头致力于更新法律,以适应当时美国社会的巨大转型,致力于通过"社会法学"鼓励在法律领域运用实用主义。从实用主义出发,他强调法律的社会目的、效果和作用,认为法律是一种社会工程,是社会控制工具之一或首要工具,其任务在于调整各种相互冲突的利益;20世纪的法律是法律社会化的阶段,法律不仅应当保护个人利益,而且更应强调保护社会利益。① 作为实用主义法学论者,卡多佐法官(Benjamin N. Cardozo)的法学思想则立论于公允持平。他虽赞成法官造法,但也主张维护立法机关和行政机关的权威;他承认并肯定法官个人特性对司法的影响,但也认为应当将之融入主流社会价值,而不可率性而为;此外,他还主张理论应当切实可行。正是基于此,卡多佐适应社会的发展,紧扣时代脉搏,支持当时罗斯福总统的"新政",在许多案件的裁决中创立了一系列的法律原则,为社会的变革和发展提供了司法上的支持。

这一学派的另一位代表人物是布兰戴斯(Louis D. Brandeis)。如前所述,1908年1月15日,布兰戴斯在马勒诉俄勒冈州案(Muller v. Oregon)中担任辩护律师,为可怜的女工捍卫劳动权益。由于洛克纳案在先,布兰戴斯知道,光靠法律逻辑,他几乎不可能打赢这场性质相同的官司。于是,基于自己丰富的社会科学素养,他决定另辟蹊径,用社会科学研究的证据和医学文献来说话,来唤起法官的良知和民众的注意。

布兰戴斯在法庭上出示的辩护书,仅用两页的篇幅谈及法律先例,但却用了一百多页援引大量统计数据和医学报告,说明劳动时间过长对妇女健康所产生的危害。在这些权威证据面前,最高法院一致认为,妇女抚育后代的特殊社会责任需要特别的保护,因为"健康的母亲为强壮的后代所必需,为了种族的强健,妇女身体健康必须成为公众利益和关怀的一部分",因此,《俄勒冈最低工时法》并不违宪。布兰戴斯在辩护中所引用案件,大部分涉及社会现实和统计数据,而不是法律先例,用以说明立法必要性和合理性。这一做法开创了新的法律辩护形式,被称为"布兰戴斯诉讼方法"(Brandeis brief)。半个多世纪后,在1954年的布朗诉教育委员会案(Brown v. Board of Education)中,反对种族隔离的律师们就是用同样的办法,阐述种族隔离就学所带来的实质不平等以及对儿童心理造成的不良影响,从而取得了有利的结果。可见,社会学法学不仅在研究领域发挥着重要作用,在司法实务层面也有着深远的影响。

霍姆斯思想的另一发展是著名的"现实主义法学"。美国现实主义法学,是当代法学理论界最值得注目的法学学派之一,由卡尔·尼可森·卢埃林(Karl Nickson Llewellyn)、杰罗姆·弗兰克(Jerome Frank)等现实主义法学家完成其理

---

① 参见沈宗灵:《现代西方法理学》,北京大学出版社1992年版,第306—308页。

论体系建构。20世纪20到30年代,在美国形成规模宏大的现实主义法律运动,并将现实主义法学推向高潮。这场运动一直持续到60年代,在美国法律思想界、法律实务界和法学教育界,都产生了深远的影响。到70年代以后,现实主义法学的思想、观点和传统被行为法学、经济分析法学、批判主义法学等继承。甚至到了90年代,在美国的"新公法运动"里,都能找到现实主义法学思想的踪迹。

现实主义法律运动,一开始就以改革和批判的精神对美国的法学进行了大胆的创新,并取得了显著的成果,提出了一套全新的法学思维范式:从关注"书本上的法"转向"现实中的法",从关注法律规则的作用转向法官的司法活动。其研究的方法和成果满足了时代发展的需要,成为罗斯福新政时期的"官方法学",成为对美国后来法学思想的形成和发展产生了巨大影响的重要法学流派。

卢埃林在20世纪30年代初的一篇题为《现实主义的一些现实主义——答庞德院长》的论文中,较全面地阐述了现实主义法学,指出了现实主义法学的以下特征:

(1)法律的概念是十分灵活的。

(2)法律是达到社会目的的一种手段,而不是目的本身,因此,应不断研究各部分法律的目的和效果。

(3)社会是不断发展变化的,而且比法律变化更快,因此要不断审查各部分法律是否与社会需要相适应。

(4)为了研究起见,可暂时划分"现实"和"应当",意思是在确定研究目标时,必须诉诸价值判断,但在研究"现实"本身时,对有关事物关系的观察、说明和确立应尽可能不受观察者意愿或伦理观念所支配。

(5)对以传统法律规则和概念来说明法院和人们的实际行为抱怀疑态度。

(6)与以上特征相应,对法律规则在法院判决中起重要作用的学说也抱怀疑态度。

(7)主张对案件和法律情况作比过去更狭义的分类。

(8)坚持从法律效果来评价法律,并尝试追求其效果。

(9)坚持以上述方针,持久地和有步骤地解决法律问题。

卢埃林认为:法律就是解决社会纠纷的官方行为。"围绕纠纷所做的事情或合理的事情,就是法律事务。……负责法律事务的人们,无论法官还是官员、书记员、律师等,都是法律官员,这些官员所做的关于解决纠纷的事务,就是法律本身。"卢埃林对传统的法律规则理论提出了挑战。作为一个稳健的"规则怀疑论者"(rule skeptics),他主张不再把规则视为判决的唯一依据,法律的核心并不是规则,而是解决争端的官方行为。只有通过对司法过程(judicial process)的分析,才有可能正确地预测法院作出何种判断。

与之相对,以弗兰克为首的"事实怀疑论者"(fact skeptics)认为,法官形成审判结论是基于一种"感觉"(hunch)或"主观反应",因此法官在判决中所陈述的理由是上述主观印象的综合性结论,所以在本质上讲是无法预测的。

(三) 统一州法运动

美国法律、法规和各种条例的数量到 19 世纪末和 20 世纪初时已发展到令人吃惊的地步,名目众多的立法使得人们难以驾驭。于是,就有了对各州法律统一化和系统化的法典编纂的要求。美国第一次真正意义上的法典编纂是在 1875 年。根据社会各界反映的意见,1878 年再次进行了正式的法典收编。经过 1926 年全面、系统的整理,美国的法典编纂已经形成了一套比较固定的体系和比较规范的程序。美国现行官方的法典编纂制度分为美国法典编纂和美国联邦行政法典编纂两个部分。负责美国法典编纂的机构是设在美国国会众议院内的"法律修订委员会办公室"(the office of the Law Revision Counsel of the House of Representatives)。同时,负责美国联邦行政法典编纂的机构是"联邦政府公报室"(Bulletin Office of the Federal Government)。各州的议会和政府也设有专门机构根据各自的立法权限进行独立的法律编纂。

为了避免美国各地的法律差异,美国律师协会也将统一法律作为努力的目标之一。在这个时代,各地的法律人士提出了许多"统一州法案"(uniform from state law),希望各州议会通过这些法案以减少州与州之间在法律条文内容上的巨大区别。

从 20 世纪 20 年代起,"美国法律协会"(American Law Institute)也起草了《法律重述》(Restatement)。其目的在于,如果各州法院在判决中大量参照《法律重述》的文本内容,则各地在判决中产生的差异将会大大减少。

(四) 法学著作

随着法学教育水平的提高,美国各大学法学院的学术研究活动日益活跃。进入 20 世纪以后,这些研究活动掀起了新的高潮。

在这一时期的法学著作中,对庞杂的判例进行整理和分析,按照自己的知识体系进行系统性论述的杰出作品很多。这些专著(treatise)包括:威格摩尔(John Wigmore)的《证据法》(On Evidence [4 vols. 1904—05, 3d ed 10 vol. 1940]);威尔斯顿(Samuel Williston)的《买卖法》(On Sales [1 vol. 1909, rev. ed. 4 vols. 1948]);《合同法》(On Contracts [5 vols. 1920—22, 2d ed. 9 vols. 1936—45]);比尔(Joseph H. Beale)的《法律争端解决》(On Conflict of Laws [3 vols. 1935])和斯科特(Austin W. Scott)的《信托法》(On Trust [4 vols. 1939, 3d ed. 6 vols. 1967])等。①

---

① 本书只注明初版发行日期和作者在世期间的最后版本。

另一类著作则是针对特定的法律问题以及问题背后的潜在因素进行分析的具体研究,其中大部分发表在各大法学院的《学报》或《法律评论》之上。

1887年《哈佛大学法律评论》(Harvard Law Review)创刊。紧接着,1891年《耶鲁法学杂志》(Yale Law Journal)创刊。进入20世纪以后,先后有《哥伦比亚大学法律评论》(Columbia Law Review)、《密歇根大学法律评论》(Michigan Law Review)等知名的大学法学院陆续创刊,成为美国学术界发布学术成果的主要理论阵地。

第七节 罗斯福新政时期至"冷战"时期

一、罗斯福新政时期的立法

(一)序说

1929年10月24日,纽约华尔街股票市场形势急转直下,股价狂跌。人们疯狂抛售股票,股市崩溃,引发了一场经济危机。首先是银行纷纷倒闭;接着,工商企业大量破产,生产锐减,市场萧条;失业人数激增,人民生活水平下降;农产品价格下跌,农民收入减少,很多人濒于破产。

1929年上半年,美国纽约股市在投机者的不断哄抬下,呈持续上扬趋势,一片虚假的"繁荣"景象。10月23日,股价开始急剧下跌。次日,在一些银行巨头的干预下,股市行情有所回升。美国总统胡佛声称,美国经济"形势很好,欣欣向荣"。但是,好景不长,29日,股市出现了灾难性的风暴,一天之内抛售了1600多万股,一些主要股票的价格下跌了40%。转眼之间,许多人破产。到11月,纽约股市的各种股票损失达260多亿美元。

据统计,1933年初,美国已经有半数银行倒闭,完全失业人数达到1500万至1700万人;此外,还有许多人处于半失业状态。当时,穷人想尽一切办法艰难度日,常常食不果腹,衣不御寒;而资本家为了维持商品价格,保证利润,不惜大量销毁商品。

经济危机很快波及主要资本主义国家,影响整个世界,演变成一场空前规模的全球性资本主义经济危机。这场经济危机具有一些明显的特征,例如来势猛烈,范围广,持续时间长,破坏性大等等,以至于"大萧条"、"大恐慌"成了这次危机专用的代名词。

世界经济危机带来了普遍严重的政治危机,资本主义社会各种矛盾激化,整个西方世界出现了社会大动荡。在美国,长期以来奉行的自由放任政策彻底宣告破产。广大人民由于失业和生活水平的下降,对本国政府强烈不满,示威、游行和罢工斗争不断,阶级矛盾空前尖锐。面对危机,共和党总统胡佛(Herbert

C. Hoover)仍然坚持亚当·斯密以来政府不干预经济的自由放任传统,他认为大萧条不是美国经济体系的弊病与联邦政府的政策所致,而是"一小撮华尔街冒险家加上欧洲经济滑坡的影响",这种影响是暂时的。由于政府没有意识到问题的严重性,仍然坚持相信经济会自行恢复,因此法西斯分子乘机兴风作浪,促使社会更加动荡不安。

1929年到1933年的经济危机对资本主义的生产关系、经济制度和社会体制是一次大的冲击。在危机的打击下,资本主义各国都采取各种经济的、政治的措施,以求摆脱危机带来的种种困境。由于各国经济条件和政治传统不同,所采取的应急措施也不尽相同。美国走上新政道路,而德意日走上了法西斯道路。

在1932年秋天的总统选举中,罗斯福总统(Franklin D. Roosevelt)以"新政"(New Deal)为旗帜,主张政府以积极态度干预经济,以实现经济复兴和救济贫困的民众。为了推行新政,罗斯福将一批具有自由主义色彩的律师、专家与学者组成智囊团,征询方针政策问题;通过"炉边谈话"方式,密切与人民群众的联系。罗斯福的政纲与坚持传统宪法解释的联邦最高法院形成了冲突,主要体现在以下三点:第一,联邦通过立法对经济问题和社会问题进行积极干预,是对联邦立法权的扩大适用,这一点与宪法商业条款(commerce clause)以及之前最高法院关于征税权的判例产生了矛盾;第二,政府积极干预经济的做法,与宪法上的正当程序条款以及契约自由原则(liberty of contract)发生冲突;第三,为有效实施上述立法,必须授予行政机关很大的裁量权。这一要求与传统的三权分立原则产生矛盾。

(二) 金融与证券交易

1933年3月9日至6月16日,美国国会应罗斯福总统的要求召开特别会议。罗斯福先后提出一些总统咨文,督促和指导国会的立法工作。国会则以惊人的速度通过《紧急银行法》(Emergency Banking Act)[①],要求暂时关闭全国的银行,并对银行采取个别审查颁发许可证制度,允许有偿付能力的银行尽快复业。从3月13日至15日,已有14771家银行领到执照重新开业,与1929年危机爆发前的25568家相比,淘汰了10797家。同时,美国放弃金本位制,禁止以美元兑换黄金,以实现美元贬值,刺激对外贸易。经参众两院的共同决议,废除合约中的公私债务以黄金偿付的约定。从1933年3月10日宣布停止黄金出口开始,采取进一步的重大措施:4月5日,宣布禁止私人储存黄金和黄金证券,美钞停止兑换黄金;4月19日,禁止黄金出口,放弃金本位;1934年1月10日,宣布发行以国家有价证券为担保的30亿美元纸币,并使美元贬值40.94%。通过美元贬值,加强了美国商品对外的竞争能力。这些措施对稳定局势,促进经济

---

① 48 Stat. 1.

循环,产生了重要的作用。

在"百日新政"期间,罗斯福在解决银行问题的同时,还竭力促使议会先后通过了《农业调整法》(Agricultural Adjustment Act)。在该法的追加条文中规定总统有权变更美元和黄金的兑换比例。

在另一方面,为加强政府对证券交易的监管,美国开始重视向一般投资人提供充分的信息。1933年制定了《证券法》(Securities Act)①。1934年再次制定《证券交易所法》(Securities Exchange Act)。② 这些法律改变了传统的"顾客留心"原则(caveat emptor,意为货物出门概不退换),对于某些交易领域的非专业投资人采取保护性的措施。为了实施上述法律,设立了证券交易委员会(Securities and Exchange Commission),该机构是一个有权行使准立法权和准司法权的行政委员会。

(三) 产业复兴

1933年制定的《国家工业复兴法》(National Industrial Recovery Act)③,这个法律成为罗斯福新政的重要内容。罗斯福总统要求资本家们遵守《公平竞争条例》(Code of Fair Competition),并强制划定各企业生产的规模、价格、销售范围;给工人们订出最低工资和最高工时的规定,从而限制了垄断,减少和缓和了紧张的阶级矛盾。为了实现产业复兴,如属合理即可以对竞争作必要的限制,是对传统的自由竞争理念的一种修正。

在另一方面,罗斯福政府还设立了全国产业复兴署(National Recovery Administration)来监督以上法令的实施情况。

(四) 振兴农业

为拯救因农作物价格暴跌而备受打击的农业生产,1933年5月12日颁布了《农业调整法》(Agricultural Adjustment Act)。④ 这是罗斯福企图对全国农产品的生产和销售进行调节的尝试,目的是限制小麦、棉花、玉米、大米、烟草等农作物及牛奶、生猪等的生产,以克服生产过剩并提高农产品的价格,最后使农民的购买力和经济地位恢复到1909年至1914年农业繁荣年代的水平。财政部对削减产量的农场主给予补贴,对加工农产品的企业征"加工税"(processing tax)并给农场主提供新的信贷。根据《农业调整法》而成立的"农业调整署"(Agricultural Adjustment Administration)购买并屠宰20多万头快要产仔的母猪和600多万头小猪,以防止生产过剩。政府通过这些限制生产和破坏产品的极端措施,解决了农产品产量不可控制的局面,对农业的复苏起了一定的作用。到1935年

---

① 48 Stat. 74.
② 48 Stat. 881.
③ 48 Stat. 195.
④ 48 Stat. 31.

末,美国农产品价格已接近稳定,农业抵押借款大幅度减少。其中受益最大的是大农场主和大种植园主。但是,这种削减和破坏生产力的做法引起了广泛的批评。当千百万人忍饥挨饿时,却采取毁灭粮食和牲畜的办法来保证利润,这不能不说是资本主义腐朽性的明证。

(五) 劳动者保护

前述的《公平竞争条例》主要涉及劳动时间和工资问题。但通过制定这一法规,美国工业的劳动环境和条件也得到了改善。1938年,美国制定了《公平劳动标准法》(Fair Labor Standards Act)①,规定了全国最低工资和个人可被要求工作的最高时数。它还有加班费的规定和防止虐待童工的标准。②

1935年8月14日美国参、众两院通过《社会保障法》(Social Security Act)③。该法一改传统的个人负担失业和养老责任的做法,强调社会保障是重要的公共事务,不仅州和地方自治政府要承担此项责任,联邦政府更是义不容辞。该法为美国社会带来了繁荣和稳定,其积极面在于:(1) 把社会保障作为促进经济发展的动力;(2) 维护了整个社会的政治稳定;(3) 坚持以失业保障为基础和重点;(4) 强调教育培训在社会保障中的作用;(5) 带动了第三产业的发展。当然,该法也存在一些问题,包括加大了政府财政负担、社会保障经费管理混乱、影响到家庭伦理关系等。

(六) 保护工人运动

20世纪30年代的经济大萧条改变了美国人对工会的看法。尽管在高失业率下劳联人数减至不到300万,波及全国的经济困难引起人们对劳工的恻隐之心。美国经济处于最低谷时,约三分之一的劳动力失业。1932年,联邦国会通过了第一个有利劳工的法律《诺里斯—拉瓜迪亚法》(Norris-LaGuardia Act),它规定不得实行"黄狗合同"(yellow-dog contract)④,并限制联邦法庭制止罢工和其他与雇佣有关的行动的权力。

罗斯福总统上任后努力促成了有助劳工事业发展的若干重要法律的制定。《国家工业复兴法》规定在《公平竞争条例》中,必须设置允许劳动者进行集体交涉的权利。由于这一法律被联邦最高法院判定为违宪,联邦国会于1935年制定了通称为"瓦格纳法"(Wagner Act)的《国家劳动关系法》(National Labor Rela-

---

① 52 Stat. 1060.
② 1963年,该项法律经修正,增添了禁止在工资上歧视妇女的条款。尽管最低工资问题在政治上屡屡引起争论,国会仍然间或进行调整最低工资标准。1999年的标准为每小时5.15美元,当时虽然对工人的需求很大,然而许多雇主,甚至那些雇用非熟练工人的雇主都支付了高于底限的工资。一些州的工资底线高于联邦的规定。
③ 49 Stat. 620.
④ 是指在美国历史上曾经出现的强迫工人加入由企业主控制的工会的格式合同,它使企业加强了对工人的控制,严重损害了工人的利益,1935年由《国家劳工关系法》废除。

tions Act)。① 该法赋予工人加入工会和通过工会代表进行集体谈判的权利。该法还要求设立"全国劳工关系委员会"(National Labor Relations Board [NLRB]),以惩罚在劳工问题上存在问题的企业,并组织工人选举以成立。如果企业因雇员参加工会活动而解雇了他们,全国劳工关系委员会有权要求企业给予赔偿。

在这种政策和法律的支持下,到1940年时,工会会员人数猛增至近900万。然而,大批工人入会也蕴藏着组织日益庞大的苦恼。1935年,劳联下属的8个工会为了将汽车和钢铁工业这种大规模生产行业的工人组织起来而建立了"产业工会委员会"(Committee for Industrial Organization [CIO])。它的支持者试图将同一家公司中的熟练工人和非熟练工人同时组织在一起。控制劳联的行业公会却反对非熟练和半熟练工人同组在这个工会,而宁愿跨工业部门按行业建立工会。然而,产业工会委员会大刀阔斧的行动成功地在许多工厂中建立起工会。1938年劳联将设立产业工会委员会的工会开除。后者立即用新名建立起自己的联盟,即"产业工会联合会"(Congress of Industrial Organizations),这一组织成为劳联名副其实的竞争对手。

第二次世界大战期间,主要劳工领袖许诺不以罢工中断国家的国防生产。政府也对工资实行控制,并暂时冻结了工资。不过,与之相对的是工人福利获得重大改善,尤其是在健康保险方面。同时,工会人数也直线攀升。1945年战争结束后,不罢工的许诺也随之结束,压抑许久的增加工资的要求爆发了。许多工业部门出现罢工,1946年停工次数达到顶峰。公众对这种扰乱秩序的做法反应强烈,许多人认为《瓦格纳法》给予工会过多权力,对此也深表不满。

1947年,联邦国会不顾哈里·杜鲁门(Harry Truman)总统的否决,通过了《劳资关系法》(Labor Management Relations Act),通称《塔夫特—哈特莱法》(Taft-Hartley Act)。该法规定了雇主和工会的行为准则。它禁止上岗前必须先参加工会的"封闭性企业"(closed shop)制度;允许雇主因罢工期间遭受的损害控告工会;要求工会遵守罢工前60天的"冷静期";还有处理危及国家健康发展或安全的罢工的其他特别规定。《塔夫特—哈特莱法》还要求工会公开其财务。在形势转为对劳工不利的情况下,劳联和产联摒弃前嫌,在1955年合并成"美国劳工联合会暨产业工会联合会"(AFL-CIO,简称劳联—产联)。1962年,肯尼迪政府发布行政命令,给予联邦雇员组织和集体谈判的权利(并非罢工权),工会就此获得一些新的权力。各州通过了类似法律,一些州甚至允许州政府雇员罢工。

---

① 49 Stat. 449.

（七）联邦政府的公共建设

为刺激经济、解决失业问题,联邦政府开始改变以往的消极态度,积极推动公共建设的发展。根据1933年《国家工业复兴法》,成立了"公共工程署"（Public Works Administration）,负责管理公共建设。在新政期间,联邦政府财政共在各地协助修建了651087英里公路、124031座桥梁、125100栋公共建筑、8182个公园以及852个飞机场。此外还在公共场所新增2400幅壁画、108000幅绘画和18000座雕塑。同时,政府援建并种植了约30多万棵树木,开垦了8440万英亩良田。美国公共工程署（Public Works Administration [PWA]）动用约40亿美元资金修建了诸如华盛顿州的大库利水库、纽约市的林肯隧道和三区大桥等大型工程。其后,公共工程署分化为"工程进程管理局"（Works Process Administration）和"工程项目管理局"（Works Projects Administration）。其中,仅工程进程管理局就直接雇用了800万人参加公共工程建设。据最终推算,所有这些公共建设一共提供了2500万个直接或间接的工作机会。①

根据1933年联邦参、众两院通过《田纳西流域管理法》（Tennessee Valley Authority Act）。② 该法以保护和管理国家土地财产。促进国家安全和工农业的发展,改善田纳西河的通航条件和防止破坏性洪灾为目的。为此,成立一个称为"田纳西流域管理局"（Tennessee Valley Authority [TVA]）的企业实体,并成为一个独立的联邦政府机构。③

田纳西河流域管理局就以修建大坝及其他水利设施和发电站为中心,达到防洪、蓄水、提供能源、改善航运和提高该流域总体经济水平的目的。自1933年始,8年内即修建大坝6座,改建11座,修建650英里的内陆水道和一批水电站。到1952年,又修建新大坝14座。通过这些治理措施的实行,大大削减了田纳西河的洪峰,也明显减轻了下游俄亥俄河和密西西比河的防洪压力。同时,该计划在灌溉发电、航运等方面也取得了明显的效果。联邦政府负担了这一计划的全部费用,由总统任命的三名理事负责管理,并保证了美国有史以来最大规模的公共工程计划的成功。④

二、罗斯福新政与法院

（一）1936年之前的判例

美国历史上的每一个时期都有其独特的司法主题和法律理论。1929年的

---

① 〔美〕辜朝明:《大衰退》,喻海翔译,东方出版社2008年版,第138页。
② 48 Stat. 58.
③ See, Tennessee Valley Authority Act (1933).
④ 参见刘志坚、刘光华、赵忠龙:《转型中国水利工程建设运营法律制度研究:从"引大入秦工程"切入》,载漆多俊编:《经济法论丛:2009年下卷》,中国方正出版社2009年版,第17页。

经济危机与罗斯福新政使美国社会的各方面发生了巨大的变化。罗斯福新政是美国历史上的一次重大革新运动,它废除了许多旧制度,树立了新的社会机制。在这一时期,美国社会许多传统的东西都经历了一次革新的洗礼。作为美国社会制度和政治制度的三大支柱之一的联邦最高法院在新政时期也经历了一次"宪法革命",最高法院长期维持的自由放任的司法理念,在与政府的斗争中也发生了转变。

罗斯福新政开始的四年间,是联邦最高法院与行政机关和立法机关激烈冲突的时期。不过,并非所有的新政立法都被联邦最高法院否定。其中,被认定为合宪的立法主要包括:

第一,由于国会宣布禁止美元兑换黄金,也不允许以黄金偿付来解除合约中的公私债务,有人以违反联邦宪法禁止州侵害"履行合同的债权债务关系"(obligation contract)为由提起诉讼。联邦最高法院认为:联邦在行使宪法授权的行为时,即使侵害了公民个人的合同内容,也是合宪的。根据这一判决,联邦政府实施的一系列经济管制措施都被认定为符合宪法。[①]

第二,在田纳西河流域开发计划(TVA)中,有人指出联邦政府无权经营此类企业型组织。联邦最高法院则认为政府行为合宪,其理由是:首先,根据宪法上的"商业条款"(commerce clause),联邦有权对可航行的河流进行立法;其次,田纳西开发计划所产生的电力部分被用于制造炸药,因而属于联邦的国防权范畴。[②]

此外,在其他一些判例中,也可以发现联邦最高法院类似的理论推理。[③]

从1935年到1936年,主要由共和党人担任法官的最高法院先后判定《农业调整法》、《烟煤法》、《城市破产法》等多部新政法令违宪,并多次暗示将要推翻《国家劳工关系法》(瓦格纳法)、《社会保险法》等作为新政中代表性的法令。同时,针对《国家工业复兴法》,联邦最高法院认为该法违宪,并指出:第一,该法在授权总统立法时,既未说明立法的原则(policy),也并未明确立法的标准(standard),授权草率,违背了权力分立的原则;第二,商业权(commerce power)

---

① Norman v. Baltimore & Ohio R. R., 294 U.S. 240 (1935).; Nortz v. United States, 294 U.S. 317 (1935). 不过,对于美国国债中的黄金偿付约定,联邦法院认为美国政府以合同一方当事人的身份擅自变更合同内容,违反了美国《宪法》第1条第8款第2项规定的"以合众国的信用为担保借贷金钱"的规定,因此判定为违宪行为。Perry v. United States, 294 U.S. 330 (1935). 不过,本案的原告却因无法举证产生了实际的损失,而被判败诉。

② Ashwander v. Tennessee Valley Authority, 297 U.S. 288 (1936). 以及 Tennessee Electric Power Co. v. Tennessee Valley Authority, 306 U.S. 118 (1939).

③ 最高法院认为:明尼苏达州法关于延长返还债务期限期间禁止实施抵押权的规定,属于紧急措施,并未违反宪法上的"商业条款"。参见 Home Bldg. & Loan Ass'n v. Blaisdell, 290 U.S. 398 (1934). 另外,纽约州法授权行政委员会规定牛奶的最低和最高价格的做法,也被认为并未违反"正当程序条款"。参见 Nebbia New York, 291 U.S. 502 (1934).

只能用于规制贸易活动,而不能超越职权范围干涉生产环节的企业活动。①

对于新政的另一重要措施——《农业调整法》,这部法律以 1909 年至 1914 年农业繁荣时期农产品对工业品相对价格为"平价"(parity price),对农产品实行价格支持,美国政府保证按"平价"买进农产品。农产品把粮食价格提到市场均衡价格之上,使农民每年以等量的农产品能够交换到相同数量的工业品。同时,对减少播种面积的农场主付以直接补贴。用于补贴的金钱来自对农产品加工商在购买原料时收取的"加工税"(processing and floor-stock taxes)。加工税率的高低以农产品市场价格和公平价格之间的差距来决定。主要农产品包括小麦、棉花、玉米、猪、大米、烟草、牛奶以及乳制品。该税一直征收到农民的购买力恢复到 1907 年 8 月至 1914 年 7 月间的购买力为止。在此问题上,代表性案例是美国诉布特勒案(United States v. Butler Et Al., Receivers of Hoosac Mills Corp.)。棉花加工商布特勒将案件诉诸联邦最高法院,认为:根据《联邦宪法》第 1 条第 8 款,国会征税只能用于"偿付国债、提供合众国共同防务和公共福利",在本案中只能套用"提供公共福利",按照一般的理解,是为了支持政府运作的征收:政府不能对一部分人征收金钱,却花给另一部分人。如果对一部分人征收金钱,却花给另一部分人,就构成没有补偿的征收,违反美国宪法第五修正案。②

联邦最高法院在判决中指出:征税是国会的权力,促进公共福利不是国会的权力。农产品的管制不是国会的权力,因为宪法没有明确授予国会,此项职权应该属于各州,故此项征税属于违宪。③

在社会立法和劳动立法方面,联邦最高法院认为,《铁路员工退休(养老金)法》(Railroad Retirement Act)④的内容未涉及铁路运输安全或运输效率方面。根据宪法上的"商业条款",联邦国会没有立法权。因此判定上述立法违宪。⑤此外,针对纽约州规定女性最低工资的州法,联邦法院也根据第十四修正案中的

---

① Panama Refining Co. v. Ryan, 293 U. S. 388 (1935); Schechter Poultry Corp. v. United States, 295 U. S. 495 (1935).

② United States v. Butler, 297 U. S. 1 (1936). 原告认为:该法并未强行限制农民自主协作。因此并非联邦对各州事务的直接干涉。对此,最高法院判定实际情况是农民必须遵守《农业调整法》,因此存在强制行为,故原告败诉。

③ 参见刘连泰:《宪法上征收规范的效力是否及于征税:一个比较法的观察》,载《现代法学》2009 年第 3 期。

④ 48 Status1283.

⑤ Railroad Retirement Bd. v. Alton R. R., 295 U. S. 330 (1935). 在该判决中,对于《退休法》关于在法律实施前已经退休但又再次就业的人员,应当加算其之前的工龄支付退休金的规定,最高法院判定属于未经正当程序对企业财产的不当侵害,违反了宪法第五修正案。

"正当程序"条款,判定该法违宪。①

(二) 罗斯福的最高法院改革方案

在 20 世纪 30 年代,联邦最高法院与立法、行政部门的矛盾,形成了南北战争以后最大的三权冲突。根据历史的惯例,弹劾法官和通过宪法修正案等方法都不可能令联邦最高法院服从于政府。考虑到许多判决都是以 5 比 4 的比例作出结论的,人们开始对最高法院的九名法官中的多数就可以对国家的政治形成决定性影响的制度产生了质疑。

在 1936 年的总统选举中取得压倒性胜利的罗斯福,以广泛的民意支持为依托,开始着手对司法机关进行改革。他没有采纳国会以三分之二多数即可否决最高法院违宪判决以及最高法院形成三分之二多数才可以做违宪判决的建议。1937 年 2 月 5 日,罗斯福向国会提交了自己酝酿已久且精心炮制的司法改革法案。他指出:年迈体弱和人员不足致使联邦法院备审案件积压成堆,审判工作拖拉,譬如最高法院在一年之内就使 87% 的呈送案件束之高阁。为减轻法官们本人所能负担的工作量和使法院增添活力,该法案提议:当一位服务至少已 10 年而年过 70 岁的联邦法官 6 个月后尚未辞职或退休时,总统可以给法院增加 1 名新法官;但进入最高法院的新法官不能超过 6 名,进入下级各联邦法院的不能超过 44 名。这一计划被称为"填塞法院"(court packing),从根本上动摇了美国宪法对司法机关的设置,不仅为最高法院中的自由派所反对,在国会中也受到很多批评。

虽然罗斯福的改革提案遭到了司法委员会的反对而没有通过,但最高法院的几名法官如范德万特(Willis Van Devanter)、萨瑟兰(George Sutherland)和巴特勒(Pierce Butler)则等都先后宣布退休,罗斯福乘机任命了新政支持者填充空缺。从 1937 年起,最高法院对于商业领域的国会法令再也没有否决过,对其他领域的新政法令也极少再宣布无效。

(三) 新宪政改革(Constitutional Revolution, Ltd.)

司法机关与立法、行政机关的矛盾,最终以联邦最高法院变更判例的形式得到了解决。

这种改变判例的做法,并非是因为新法官的参与,而是因为欧文·罗伯茨法官(Owen J. Roberts)改变了立场。作为抱有保守思想的联邦法院大法官,罗伯茨转向自由派阵营的原因并不清楚。不过,从当时的氛围来看,1936 年大选结果表明美国人民对罗斯福和政府的极大认可。罗伯茨法官应当意识到:作为没

---

① Morehead v. New York *ex rel.* Tipaldo, 298 U. S. 587 (1936). 判决新政立法违宪的案例还包括: Louisiana Bank v. Radford, 295 U. S. 555 (1935); Carter v. Carter Coal Co., 298 U. S. 238 (1936); Ashton v. Cameron Couty Water Dist., 298 U. S. 513 (1936)等。

有民意基础支持的司法机关,最高法院虽然可以在短期内作出一些背离民意的判决,但当社会主流意识已经确立之后,就应当放弃传统的思维而及时顺应社会发展的潮流。

联邦最高法院的这种方向调整,首次发生在1937年的西岸宾馆诉帕里什案(West Coast Hotel Co. v. Parrish)。① 该案的当事人帕里什(Parrish)是一家名为西岸宾馆(West Coast Hotel)的一名妇女雇员,因为实际所得的工资低于上述法律所规定的有关标准,遂向州地方法院提起诉讼,要求雇主补回差额,但遭法院驳回,便进而提起上诉。州最高法院否定了西岸宾馆一方所提出的有关华盛顿州《妇女最低工资法》构成违宪的主张,裁定该法律合宪,并接纳了帕里什的请求。西岸宾馆一方对此不服,向联邦最高法院提起上诉。

联邦最高法院于1937年3月作出判决,全体大法官以5比4的微弱多数认定上述州法合宪,并明确地推翻此前有关"正当程序"条款(due process clause)和"契约自由"(liberty of contract)的判决②,从而成为历史上的一个具有转折点意义的重要判例。③

之后,在全国劳资关系委员会诉琼斯—拉福林钢铁公司案(NLRB v. Jones & Laughlin Steel Co.)④中,钢铁公司的雇主因开除工会活动的领导成员和积极分子,而被指控违反劳动关系法。联邦最高法院抛弃了之前关于宪法授权国会的立法权只针对贸易行业,而不涉及制造业的形式标准,判决劳动关系法案合宪。在判决中,法院指出调控州际贸易的权力不仅可以限制,而且能够"扶植、保护与促进"。同时,即使企业只在一州内开展贸易活动,如果该行为和州际贸易有紧密与实质性的联系,以至有必要采取控制措施,以保护贸易免受负担或阻碍,那么国会就有权采取这种控制。另外所谓地方和全国性行为,只是一个程度问题。一个具有全国规模的工业组织,不能再被视为仅限于地方活动。最后,如果劳资矛盾得不到及时解决,其生产过程的中断必将影响许多州的贸易。而雇主的不正当行为又往往是导致劳资矛盾的根源,因此劳动关系法符合宪法"商业条款"(commerce clause)的授权范围。⑤

在税收权方面,联邦最高法院也改变了旧有的税收只能用于联邦政府收入

---

① 300 U.S. 379. 参见〔日〕藤仓皓一郎、木下毅、高桥一修、樋口范雄:《英美判例百选》,段匡译,北京大学出版社2005年版,第162页。

② Morehead v. New York ex rel. Tipaldo, 298 U.S. 587 (1936).

③ 参见林来梵:《剩余的断想》,中国法制出版社2007年版,第251页以下。另外,在同一天判决的Virginia Ry. v. System Federation No. 40, 300 U.S. 515 (1937).案中,最高法院认为要求企业必须回应工人集体交涉的法律,并未违反正当程序条款。

④ 301 U.S. 1 (1937).

⑤ 参见张千帆:《美国联邦政府对州际贸易的调控》,载《南京大学学报》(社会科学版)2001年第2期。

的立场,认定出于社会保障的目的,也可以创设新的税种。因此,《社会保险法》合宪。①

在 1937 年 3 月到 6 月间的这些判决,是对之前宪法判例的基本观点的变更。联邦最高法院在面对总统和国会咄咄逼人的态势,主动地作出了意味深长的战略性撤退。但也有学者认为,操纵联邦最高法院对原有作出判例的修正解释的,正是罗斯福总统的"填塞法院计划"。首席大法官休斯担心,最高法院内的保守派过于强大,可能导致着最高法院在政治结构中的权力和影响被严重削弱。因为如果新政立法全部被最高法院否决,群众矛头就会指向联邦最高法院。爱德华·S.科文(Edward S. Corwin)最先将联邦最高法院的这种变化称为"新宪政改革"(Constitutional Revolution, Ltd.)。

正是由于联邦最高法院的倒戈,罗斯福总统的司法改革法案失去了原有的目标,于 1937 年 6 月 14 日在参议院司法委员会被否决。

（四）罗斯福的法院

1937 年 6 月范德维特大法官辞职后,罗斯福总统终于在自己的第二任期中迎来了任命联邦最高法院大法官的机会。之后,到 1945 年罗斯福总统去世,他共任命了 8 名联邦最高法院的大法官。这些人物,都是与总统志同道合的法律专家。

自此,联邦最高法院风向一转,进入了"罗斯福法院"的时期。这一阶段,值得关注的案例如下:在商业条款方面,1941 年美国诉达比木材公司(United States v. Darby Lumber Co.)中,最高法院认为违反《平等劳动标准法》所规定的劳动条件而生产的商品,属于对州际商业活动发生实质性影响的行为,国会立法加以管理的做法合宪。② 在"正当程序条款"方面,最高法院全面否定了"契约自由"的理论。同时,在之前的判例中,最高法院曾判示:如果不能给企业带来公允的价格和公平的利益,国会不经"正当程序"不得制定经济立法限制企业的财产权。对此,联邦最高法院在史密斯诉艾姆案(Smyth v. Ames, 1898)③中作出了变更。这样一来,在立法规制企业时,立法机关有权决定是否有规制的必要及规制的内容。只要不违反"正当程序"条款,此类立法原则上均属合宪。

三、第二次世界大战

富兰克林·罗斯福的"新政"开创了市场经济的新模式。在这种模式中,市场规律这只"看不见的手"和政府干预这只"看得见的手"联合起来,共同影响经

---

① Stewart Machine Co. v. Davis, 301 U.S. 548 (1937); Helvering v. Davis, 301 U.S. 619 (1937).
② 312 U.S. 100.
③ 在"联邦能源委员会诉国家煤气管道公司案"(Federal Power Commission v. National Gas Pipeline Co., 315 U.S. 575 [1944])中确立的正当程序要求,在史密斯诉艾姆案中被变更。

济,市场的作用和政府的作用同时得以发挥。

美国经济走向好转的时候,国际舞台上却是战云密布。

为了扩张领土,掠夺资源,亚洲的日本在1937年发动了全面侵华战争,欧洲的德国在1939年入侵波兰。第一次世界大战20多年后,人类历史上的第二次世界大战爆发了。

美国的选择同第一次世界大战如出一辙。作为同盟国的一员,美国对英国、法国等欧洲战场的参战国给予了经济援助,强调此次战争是独裁体制对英美的自由主义社会制度的威胁和挑战。在1940年的总统大选中,罗斯福打破惯例第三次参选总统,美国民众对战争抱有严重的危机感以及不赞成领导人中途易人的想法,所以55%的选民还是选择了罗斯福。因此罗斯福打破了美国"国父"乔治·华盛顿总统确立的传统,第三次当选为美国总统。

1941年1月,罗斯福提请国会授权并拨给充分的款项,去制造更多的军火和多种军用物以供移交现在同侵略国家进行实际战斗的国家。1941年3月,国会通过的《租借法案》(Lend-Lease Program),授权总统将武器装备租借给与美国安全有关的国家(60%供给英国,32%供给苏联、中国等国)。《租借法案》的通过,使美国处于非交战状态,是美国积极干预反法西斯战争的重要里程碑。受到战争的影响,美国在1940年开始了征兵并由国会出台了《外侨登记法》(The Alien Registration Act)①,要求在美国的所有外国人(非美国公民),必须向政府报告,并持有外国人登记的收据(现在"绿卡"的前身)。这些做法,使得美国在较早时期就进入了准战争状态。

1941年6月,苏德战争爆发之后,罗斯福谴责德国的侵略,宣布美国将援助苏联。8月,罗斯福和英国首相丘吉尔在纽芬兰举行会谈并发表"大西洋宪章"(Atlantic Charter)。该宪章宣称美国和英国不追求领土扩张,也不愿有违背有关民族意愿的领土变更,尊重各民族选择其政府形式的权利。

1941年12月7日,日本偷袭珍珠港,太平洋战争爆发。德国和意大利对美国宣战。美国则向日本、德国和意大利宣战,正式参加第二次世界大战,加入到苏联、中国、英国和法国等国家组成的反法西斯阵营。作为第一经济和军事强国,美国的加入对反法西斯战争的胜利无疑具有举足轻重的作用。

在正式参战后,美国对行政权力进行了强化,建立了国民总动员的战时体制。为保证战时动员顺利进行,成立了"战时生产委员会"(War Production Board)和"战时人力委员会"(War Manpower Commission)。为避免物价飞涨,联邦政府还成立了"物价管理办公室"(Office of Price Administration)来调整国内的各种物资价格。

---

① 54 Stat. 670.

在战争进行中,美国设置了许多限制公民自由的规定,引发了一些宪法学上的讨论,举例言之:其一,由于担心恐怖主义、间谍和破坏活动,或在社会上鼓吹反战思想,1942年2月19日,罗斯福总统签署第9066号行政命令(同年3月联邦国会也制定了同样的法律),对于太平洋沿岸各州的日裔居民进行强制收容。在美国中西部地区设立了10个"重新安置所",截至第二次世界大战结束,共收容了超过11万的日裔居民(含第一代移民和第二代移民)。在针对这一措施提起的宪法诉讼中,联邦最高法院判定该措施的法律依据合宪。[1] 其二,在日本袭击珍珠港之后,美国政府在夏威夷群岛实施了戒严令,但在日本已无能力再次发动攻击后,该戒严令仍长期有效。在戒严地区,军事法庭有权对普通公民进行军事审判。在1946年的有关判例中,联邦最高法院认定这一做法违反了联邦宪法。[2]

1945年4月,美国历史上唯一一位连任了四届的总统富兰克林·罗斯福去世了。五个月后,第二次世界大战结束。新任总统杜鲁门(Harry S. Truman)宣称:美国已经获得了世界的领导地位。

两次世界大战,不仅重创了新兴大国德国和日本,同时也使传统大国英国和法国失去了对世界格局的支配权。当时的世界,除了美国和苏联,其他工业化国家都风光不再。美国在战后的工业总产值占到了世界总量的一半以上,并且在全世界范围内建立了以美元为中心的国际金融体系,同时,它还向世界50个国家和地区派驻了军队。

第二次世界大战成为美国历史新的转折点。独一无二的综合实力,使美国摆脱了第一次世界大战后企图安排世界秩序却无果而终的尴尬,开始按照有利于自己的方式主导国际秩序,并最终在20世纪后期,成为一个超级大国。

四、"冷战"期间

(一) 概说

在第二次世界大战期间,美国与苏联结为同盟,共同反击轴心国的军事侵略,因此比较友善。不过,随着战争的结束,特别是东欧各国实行共产主义制度,美国对苏联的戒心开始增强。在政坛,主张与苏联和平相处的亨利·华莱士(Henry Wallace)与杜鲁门总统意见相左,于1946年9月辞去商务部长职务。1947年,美国民主党发生分裂,其中左派的一支组成了"进步党"(Progressive Party)。该党推举华莱士为下一届总统候选人,与杜鲁门角逐。华莱士得到了美国共产党的支持,但民众并不买账,选举活动场面冷清,还有许多人向他们扔

---

[1] Korematsu v. United States, 323 U.S. 214 (1944).
[2] Duncan v. Kahanamoku, 327 U.S. 304 (1946).

西红柿、臭鸡蛋。选举以杜鲁门大获全胜告终,华莱士只得到不到 100 万张选票。

1948 年捷克成立人民民主共和国,加入社会主义阵营。随后,1949 年中华人民共和国成立。1950 年,朝鲜民族迈向了分裂,在不同意识形态下走向了相互对抗的道路。无论是在意识形态上,还是在强调各自国家的合法性上,韩国和朝鲜双方都无法以和平对话的方式解决问题,这也是朝鲜战争爆发的要因之一。

1950 年 9 月,美国民主党的参议员麦凯伦(Patrick Anthony McCarran)带头提出项《国内安全法》(Internal Security Act),后来该法被通俗地成为《麦凯伦法》(McCarran Act)。①《麦凯伦法》的一个重要条款,就是将极权国家的颠覆组织成员阻挡在国门之外。政府有权阻止其组织成员加入美国国籍,在必要情况下,可以驱逐出境。假如在入籍五年之后发现问题,政府也有权取消其国籍。这一法律成为取缔共产党组织的法律依据,美国因此迎来了所谓的麦卡锡时代。

《麦凯伦法》的另一个重要内容就是要求成立参院下属的"颠覆活动控制委员会",以合法调查苏联间谍网对美国政府的渗透。这项法案的立法过程再次凸现了白宫与国会的冲突,杜鲁门总统运用总统职权否决这部法律。然而,尽管此时的美国国会是民主党人占据多数,但是国会却再以多数票强行通过了《麦凯伦法》。

1950 年,共和党参议员约瑟夫·麦卡锡(Joseph McCarthy)在一次演说中信誓旦旦地宣布他掌握了 205 名渗入国家重要行政部门的共产党人名单。这一爆炸性的新闻一经发表震惊四座,麦卡锡立刻成为众人瞩目的焦点,并因此成为众议院"非美活动调查委员会"(Committee on Un-American Activities)的主任。此后,洋洋得意的麦卡锡开始在各个州的巡回演讲,其"共产威胁论"得以艾森豪威尔为总统的政府默许,因此一场普及全美的大调查活动展开,美国处于一片麦卡锡主义的反共漩涡之中。直到 1954 年麦卡锡主义受到参议院的谴责而衰落,这四年中,上至中央政府,下至社会各界,尤其是军队、进步团体和宗教组织均遭到严密监视和调查,大批持不同见解或对社会主义持同情态度的人士遭到打击、报复。比如与中国关系密切的著名记者斯诺(Edgar Snow),因为战时深入中国解放区采访,又参加过中华人民共和国的开国大典而受到迫害,一度行动自由都受到限制,因此不得不移居瑞士。

从 20 世纪 50 年代末起,美国开始采用与苏联和平相处的策略。但是,为了避免社会主义阵营进一步扩大势力范围,在局部地区也发生过冲突。其中,1962 年在加勒比海地区发生了的震惊世界的古巴导弹危机(Cuban Missile Crisis)和

---

① 64 Stat. 987.

1961年至1975年间的越南战争就是典型。这两场危机引发了美苏军备竞赛和争夺世界霸权的激烈斗争,不仅造成了地区动荡,而且也严重威胁国际秩序的安全。

(二)压制言论自由与司法消极主义

在1919年的申克诉合众国案中,联邦最高法院表明:在存在"明显而现实的危险"时,政府可以对宪法上的言论自由权进行限制。这一理论的内涵包括:一是宪法第一条修正案所保护的言论自由不是绝对的权利,国会可以制定关于言论自由的法律;二是对言论自由的保护,可作和平时期与战争时期之分,而不是不分背景、场合、时间的;三是对言论自由以保护为原则,以限制为例外;四是确定一项绝对的标准是困难的,在涉及言论自由的讼案时,言论是否要承担责任得视发表言论的性质和当时的环境而定。①

"明显而现实的危险"作为一项宪法原则经历了一个孕育和发展的过程。一般认为,从提出至1940年属于理论孕育时期,以后该理论得到了联邦最高法院的普遍认同,成为限制煽动性言论的基本原则。在1937年亨敦诉洛利案(Herndon v. Lowry)可以说是联邦最高法院重新适用"明显而现实的危险"原则的伊始。自此以后至1950年,可以说是适用"明显而现实的危险"原则的黄金时期。有学者把该项原则在这段时期适用的范围归纳为五个方面:一是罢工纠察哨案;二是传教自由案;三是强迫向国旗敬礼案;四是蔑视法庭案;五是公共集会演说案。② 在1951年的丹尼斯诉美国案(Dennis v. United States)③中,联邦最高法院认为:"在预想的重大恶性事件中,即使没有达到'明显而现实的危险'也可以对言论自由进行限制。"由文森首席大法官(C. J. Vinson)撰写的该案判决书指出:"当一个案例对于宪法第一条修正案所保障的自由权的行使,其不利影响比较轻微,而保障公益的有利影响比较重大时,如将'明显而现实危险'作为一个刚性原则来使用,对于国家安全则可能造成威胁。在此特定时刻,法院的责任在于决定这两种相冲突的利益,何者需要比较更大的保障。"从文森大法官的言辞可以看出,对于言论自由的限制已经遵循了公法上之帝王条款——比例原则的逻辑。将言论自由所保护的个人自由与公共利益在具体个案中进行衡量,政府只有证明"令人信服"的利益和严格适合实现这些利益的手段才能对言论

---

① See Stromberg v. California, 283 U.S. 359; Near v. Minnesota, 283 U.S. 697; Herndon v. Lowry, 301 U.S. 242 (1937); Thornhill v. Alabama, 310 U.S. 88 (1940); West Virginia Board of Education v. Barnett, 319 u.s. 624 (1943); Thomas v. Collins, 232 U.S. 516 (1945)。

② 参见荆知仁:《美国宪法与宪政》,三民书局1984年版,第172至187页。

③ 341 U.S. 494.

自由加以限制①,这与比例原则中法益衡量原则的内容是一致的。②

1957年的几个案例,是联邦最高法院态度变化的前奏。在亚特斯诉美国(Yates v. United States)③中,美国西海岸的亚特斯等14名共产党领袖被法庭按照1940年的《史密斯法》(Smith Act)以图谋颠覆罪判处每人一万元罚金和五年牢狱。亚特斯上诉到联邦上诉法庭,败诉;又上诉到美国最高法院,联邦最高法院判决其中五人无罪释放,另外九人重审。该案的法院意见认为:1940年的《史密斯法》并没有对何为"组织颠覆政府行为"作出定义。亚特斯等在二审中被判违反史密斯法案中"教唆暴力推翻政府"罪,但他们只是主张马克思主义的阶级斗争学说,属于传播抽象思想,与煽动武装行动有本质区别。抽象思想属言论自由的范畴,应受美国宪法第一修正案保护。此案显然推翻了丹尼斯诉美国案的判决。对美国最高法院的前后矛盾存在不同的解释,一种观点认为文森大法官和沃伦大法官的政治观点不同左右了最高法院的判决;另一种意见则认为沃伦此案判决合乎法理,而丹尼斯诉美国案的判决不符合法理。从国际局势来说,丹尼斯诉美国案发生在朝鲜战争期间,而此案判在朝鲜战争的多年以后。

同年的沃德金诉美国案(Watkins v. United States)④为如下内容:1938年美国国会成立了"非美活动调查委员会"(House Un-American Activities Committee, HUAC),调查美国境内的反美宣传活动和国际颠覆美国和反美宣传在美国的情况。1954年,该委员会对工人运动领袖沃德金进行听证,沃德金毫不隐瞒地回答了委员会提出的几乎所有问题,承认1942年至1947年与共产党合作。然而,他拒绝回答委员会提问的"工会中谁参加过共产党"这个问题。沃德金认为这个问题与委员会调查不相干,委员会没有权力公开私人过去的行为。国会以蔑视国会罪要求法庭将沃德金治罪。联邦地区法庭判了沃德金100美元罚金和一年的牢狱。沃德金上诉到上诉法庭,被判败诉;又上诉到美国最高法院,获得胜诉。沃伦大法官主笔的法院意见指出:第一,国会的调查权力来源于国会的立法权,即国会有权因立法而开展调查。但是该权力是有限的权力,与立法无关的调查不是国会的权力。第二,公民有义务配合国会调查。但是,对于这些调查,美国宪法的人权法案依然适用。这个调查过程依然要按照美国宪法第一修正案保护公民的言论、结社以及宗教和政治信仰的自由。⑤

遗憾的是,在两年以后,联邦最高法院对上述的标准进行了较为退步的解

---

① 参见张千帆:《西方宪政体系》,中国政法大学出版社2004年版,第501页。
② 341 U.S. at 509。另见王书成:《"手机短信'诽谤'案"与言论自由之界限——以比例原则为中心》,载中国法律信息网,http://www.law-star.com/cacnew/200709/45010731.htm,2009年10月7日访问。
③ 354 U.S. 298.
④ Watkins v. United States, 354 U.S. 178 (1957).
⑤ Sweezy v. New Hampshire, 354 U.S. 234.

释①,使得避免滥用国会调查权、保障言论自由的力度有所减弱。②

可见在20世纪50年代,"明显而现实的危险"原则已经开始衰微,但也不是销声匿迹。在1969年的布兰登堡诉俄亥俄州案(Brandenbwrg v. Ohio)中,布兰克法官(Black)和道格拉斯法官(Douglas)一致认为宪法第一修正案的内涵中不包含"明显而现实的危险"的原则。1978年史蒂文斯首席大法官(John P. Stevens)强烈主张对一切控制言论自由的立法,根据严格的"明显而现实的危险"原则进行审查。

（三）劳动法

1947年《塔夫脱—哈特莱法》(《劳资关系法》)(Taft-Hartley Act, Labor-Management Relations Act)③得以成立。该法是对《瓦格纳法》的一种修正和补充,在保证雇员的协商权利,特别禁止《瓦格纳法》所确立的5种雇主不公正劳动行为的基础上,详述了对工会以下6种不公正劳动行为的禁止:(1)限制或胁迫雇员行使参加或不参加工会的权利;(2)迫使雇主歧视反工会的雇员,强迫雇主雇佣支持或参加工会的雇员;(3)拒绝对雇主进行诚实善意的谈判;(4)强迫雇主雇佣超额工人;(5)征收过高的或歧视性的工会会员费;(6)从事间接联合抵制。

同时,该法案还赋予美国总统干预全国性紧急罢工的权力,当发生以危及全国健康和安全的方式进行且影响到整个行业的罢工时,总统可以禁止超过80天的工人罢工,并要求劳资双方再次交涉;允许各州通过立法,宣布排他性雇佣工厂(Closed Shops)即要求已成为工会会员作为受雇佣条件的工厂或商店为非法,宣布限期入会雇佣工厂(Union Shops)即不以工会会员资格作为开始雇佣的条件,但要求雇员在工作后一段时期内加入工会并在期限内保留工会会员身份的工厂或商店为非法,迄今为止,已经有亚利桑那、弗吉尼亚、得克萨斯等21个州通过工作权利法(Right-to-work law)。根据该法,成立了联邦调停和调解服务机构(Federal Mediation and Conciliation Service [FMCS])作为劳资争议的仲裁机构。总而言之,《塔夫脱—哈特莱法》主要纠正了工会滥用权力的行为,在一定程度上也制约了雇主,联邦政府以监察员的身份参与劳资关系并引导双方以公正的方式处理问题。

五、消除种族歧视

平等、自由和民主等字眼尽管从立国开始就体现在美国国家文件中,但这些

---

① Barenblatt v. United States, 360 U.S. 109(1959).
② 在州议会行使调查权方面,Uphaus v. Wyman, 360 U.S. 72 (1959).进一步压缩了Sweezy v. New Hampshire, 354 U.S. 234.判决所授权的范围。
③ 61 Status136.

方面的制度构建几乎都是经过艰苦斗争得来的。一个社会的发展与进步，必然是一个螺旋式上升和发展的过程。在美国历史上，侵犯人权、践踏平等、剥夺公民自由和选举权等现象很多。即便是今天，美国社会中类似的事例仍有发生，例如种族歧视、性别歧视、金钱政治等仍然存在。

不过，在第二次世界大战中，美国一方面大力宣扬其平等、自由和民主的价值观，另一方面建立了全民动员的体制。这些举措，都在客观上为消除对黑人的种族歧视提供了有利的条件。

在选举权方面，1944 年的史密斯诉奥赖特案（Smith v. Allwright）①是一个典型案例。当年美国正在进行总统预选，各党先在党内选出该党的总统竞选人，然后各党提名的总统竞选人才进入大选。1940 年美国总统预选时，得克萨斯州的黑人史密斯要到民主党的总统预选（primary）中投票，被预选站主管奥赖特以民主党不接受黑人在预选中投票为由加以拒绝。这是因为 1932 年民主党大会决议通过民主党为白人的政党。史密斯就此把奥赖特告到联邦地区法庭，说奥赖特剥夺了他的选举权，但被判败诉；史密斯上诉到联邦上诉法庭，又败诉；再上诉到美国最高法院，结果获得胜诉。

该案的争议点在于，某一特定政党的行为是否属于宪法第十五修正案中所要求的"州政府行为"（state action，参见第五章第二节）。② 这一要求意味着第十四修正案只能用于州政府的违背"平等保护"的法律行为，而不能用于私人或非政府组织的歧视行为。联邦最高法院认为：按照美国宪法第一修正案保护的结社自由，白人建立自己的民主党是私人事务，他们要求党员只能是白人的规定受美国宪法第一修正案保护。但是，选举总统是公共事务，公民选举权包括参加预选的权利，这一点也是受宪法保护的。由于政党负责开展预选活动，因此把黑人排除出预选阶段违反了美国宪法第十五修正案对公民选举权的保护，违反了美国宪法第十四修正案对公民权利的保护。③

1964 年美国国会通过了联邦宪法第二十四修正案，规定"合众国公民在大选和其他选举中的投票权……不得因未交任何人头税（poll tax）或其他税……而被剥夺或受到限制"。④ 此外，根据 1964 年的《民权法案》（Civil Rights Act）⑤ 和 1965 年的《投票权法案》（Voting Rights Act）⑥，实践中饱受争议的选民登记中

---

① 321 U. S. 649.

② Nixon v. Herndon, 273 U. S. 536 (1927). 判决已经确认州法律不得禁止黑人参加预选，否则即违反了宪法第十五修正案。

③ Grovey v. Townshend, 295 U. S. 45 (1938).

④ 之前，以后先例认定预选属于政府行为，see United States v. Classic, 313 U. S. 299 (1941).

⑤ Harper v. Virginia Board of Elections, 383 U. S. 663 (1966). 判决认定：在州选举中把人头税作为条件的州法，违反了宪法第十四修正案的平等原则，判令无效。

⑥ 78 Stat. 241.

的"读写测验"(literacy test)被认为不得用于歧视种族。到了1970年,随着《投票权法》的修正,在联邦和州的选举制度上全面禁止采用"读写测验"。① 1948年,杜鲁门总统再次下令:在军队中全面禁止种族歧视和不平等待遇。②

在学校教育方面,长期以来奉行"隔离但平等"(separate but equal)主义而推定的黑人与白人隔离就学的做法,被最高法院判定为违宪。联邦最高法院首先对于高等教育阶段的隔离就学作出了违宪判决③,理由是大学教育在本质上在于激扬个性,因此不可能做到"隔离并平等"。

1954年5月17日,联邦最高法院一致通过裁决:公立学校的种族隔离违反宪法。此时,17个州的公立学校仍依法实行种族隔离;另有4个州允许学区实行种族隔离。联邦最高法院的裁决不仅推翻了堪萨斯州托皮卡市的种族隔离政策(该市的黑人琳达·布朗一直被拒于街区白人学校之外),而且推翻了南卡罗来纳、特拉华、弗吉尼亚等州和首都华盛顿的同类法令。④ 位于美国南北交界地带的几个地区立即采取行动终止种族隔离。但是南方的大部分地区拒不执行裁决。

从布朗诉托皮卡市教育委员会案(Brown v. Board of Education)的时期到20世纪60年代中期,联邦法院与坚持种族差别政策的南方诸地区冲突不断,南部地方多次试图顽抗。例如在关闭公立学校的同时,为私立学校就学的白人学生提供经济补助;或强调到何处学校就学是个人的自由选择以实质上保留种族隔离就学,但均被联邦最高法院判决为违宪。⑤

在第二年的同名判决中⑥,最高法院进一步强调废除种族隔离就学是各地教育委员会的责任,但法院有权审查教育委员会是否在努力推动这一进程。这种权力是一种衡平法上的权力,因此可以根据各地的具体情况灵活运用。虽然最高法院已经裁决教育中的种族歧视是违宪的,在具体执行黑白同校的过程中还是遇到了巨大的阻力。1957年阿肯色州长福布斯(Orval Faubus)派遣州国民自卫队阻挡黑人学生进入小石城(Little Rock)高级中学。艾森豪威尔总统从肯塔基州调动了第101空降师到阿肯色干预,并将阿肯色州国民自卫队改编为联

---

① 79 Stat. 437.

② 84 Stat. 314. 联邦以立法方式规制各州的选举活动,依据宪法第十四修正案第1款以及第十五修正案第2款。Oregon v. Mitchell, 400 U. S. 112 (1970). 对此予以确认,判定该法合宪。

③ Executive Order 9981(July 26, 1948), 13 Fed. Reg. 4313.

④ Missouri ex rel. Gaines v. Canada, 305 U. S. 337 (1938). Sipuel v. Board of Regents,332 U. S. 631 (1948);Sweatt v. Painter, 339 U. S. 629 (1950); Mclaurin v. Oklahoma State Regents, 339 U. S. 637 (1950).

⑤ 347 U.S. 483. 参见〔日〕藤仓皓一郎、木下毅、高桥一修、樋口范雄:《英美判例百选》,段匡译,北京大学出版社2005年版,第125页。

⑥ 前者见 Griffin v. County School Board, 337 U. S. 218(1964).;后者见 Green v. County School Board, 391 U. S. 430 (1968).

邦国民自卫队。1962年针对密西西比大学,联邦法院也动用了联邦军队来取消种族隔离就学。

为了彻底结束由两套并行的学校系统造成的种族隔离,1971年美国的最高法庭在斯旺诉夏洛特—梅克伦伯格教育委员会案(Swann v. Charlotte-Mecklenburg Board of Education)一案中裁决:对于黑人或白人占多数的区域,可以采用校车接送的方法,将部分白人区和黑人区的学童带到混合就学的学校,这一做法是符合宪法精神的。①

在另一方面,针对在交通、饮食和娱乐设施中出现的种族隔离现象,联邦最高法院援引宪法中的"商业条款"加以规制。例如,在1950年的"亨德森诉美国案"(Henderson v. United States)②中,对于在列车的餐车以帘子形成隔断以区别黑人就餐区域的做法,联邦最高法院根据《州际贸易法》(Interstate Commerce Act)中关于任何人不得受到"不当和不合理的偏见或不利条件"对待(undue and unreasonable prejudice or disadvantage)的条款,认定这种隔离行为违法。③

在以"商业条款"为依据消除种族歧视的立法中,最值得关注的是1964年的《民权法案》。1964年7月2日。美国总统约翰逊(Lyndon B. Johnson)大笔一挥,使美国历史上最为进步的民权法成为法律。在批准1964年的民权法时,总统在电视演说中,要求所有公民帮助消除美国沿存的侵犯他人人权的残余。这是美国黑人经过长期斗争获得的结果。该法律禁止在雇用人员、公用事业单位、工会会员资格以及联邦出资项目等方面存在种族歧视。国会对该法律草案进行了某些修改,然后提交签字以便施行。约翰逊与他的前任肯尼迪(John F. Kennedy)为使法案通过做了艰苦的游说议员的工作。这项法令似乎能消除不平等的障碍,为生活在美国的2200万黑人铺设一条公正机遇的大道。约翰逊告诉电视观众:"不承认黑人不可剥夺的权力的日子已经过去,让我们消除种族歧视的温床。"④

以该法案为契机,美国政府设立了"平等雇佣机会委员会"(Equal Employment Opportunity Commission)以禁止雇佣歧视,并禁止在使用联邦政府经费的公共项目中出现不平等雇佣的情形。同时,对于接受联邦经费资助的项目,要求在员工中黑人的比例达到一定的份额。

1948年的谢利诉克雷默案(Shelly v. Kraemer)⑤涉及公民层面的雇佣歧视

---

① 349 U.S. 294 (1955).
② Swann v. Charlotte-Mecklenburg Board of Education.
③ 339 U.S. 816.
④ 1940年对1887年的该法进行修改后增补的条文 54 Stat. 898, p.902.
⑤ Heart of Atlanta Motel v. United States, 379 U.S. 241 (1964); Katzenbach v. McClung, 379 U.S. 294(1964).

问题。联邦最高法院在判决中,首次对宪法性基本权利在私人关系中是否适用作出了回答。此案是在某地区内居住的一些白人为了阻止黑人迁移到本地区,相互之间签订了契约,规定不得把土地出租给白人以外的人(包括黑人和其他有色人种)。一名白人把土地出租给黑人谢利(Shelly),而后该地区的一些白人提起诉讼要求确认收回其土地所有权的请求。第一审法院驳回了请求,但州最高法院又改判第一审,判原告胜诉。于是谢利以联邦宪法第十四修正案中的"法的平等保护条款"(equal protection clause)为依据,向联邦最高法院提起上诉。联邦最高法院在审理中认为,该事件中白人之间签订的契约并不侵犯宪法第十四修正案保障的平等权利,它是以合意为基础签订的,不存在违宪问题。但是法院同时提出,由州法院强制执行其契约的"司法的执行"(Judical enforcement)属于"政府行为"(state action),故其行为侵害了宪法第十四修正案规定的权利,故撤销原判。

第二次世界大战之后,大量黑人从美国南部地区向北部移居,黑人问题已不再是美国南部特有的社会现象。这些移居的黑人大多数住在城市里,与其他有色人种共同生活在白人较少的街区。因此,20 世纪 60 年代之后,黑人问题成为城市问题的一个组成部分。1965 年在洛杉矶发生的黑人骚乱事件,就是其中的一个代表。1965 年 8 月 11 日,洛杉矶市警察以车速过高为由,逮捕了 1 名黑人青年。事件发生后,该市瓦茨区(Watts)的黑人与警察发生冲突。黑人抢劫了白人的商店,焚毁建筑物。同年 8 月 16 日,骚乱被镇压下去。这次骚乱造成 34 人死亡,1032 人受伤,财产损失高达 4 千万美元。

六、美国宪法修改

第二次世界大战之后,美国宪法历经了几次修改:

1951 年修改的宪法第二十二条修正案规定总统最多连任一次,禁止同一人连续三次当选。其具体内容是:无论何人,当选担任总统职务不得超过两次;无论何人,在他人当选总统任期内担任总统职务或代理总统两年以上,不得当选担任总统职务一次以上。但本条不适用于在国会提出本条时正在担任总统职务的任何人;也不妨碍本条在一届总统任期内生效时正在担任总统职务或代理总统的任何人,在此届任期结束前继续担任总统职务或代理总统。本条除非在国会将其提交各州之日起 7 年以内,由四分之三州议会批准为宪法修正案,不得发生效力。

1961 年修订的宪法第二十三修正案是关于首都华盛顿哥伦比亚特区指派总统选举人的办法。其内容是:合众国政府所在的特区,应依国会规定方式选派:一定数目的总统和副总统选举人,其人数如同特区是一个州一样,等于它在国会有权拥有的参议员和众议员人数的总和,但不得超过人口最少之州的选举人人数。他们是在各州所推举的选举人以外增添的人,但为了选举总统和副总统的目的,应被视为一个州选派的选举人;他们在特区集会,履行第十二条修正案所规定的职责(国会有权以适当立法实施本条)。①

如前所述,1964年针对选举权附带的人头税,制定了宪法第二十四修正案,其具体内容如下:合众国公民在总统或副总统、总统或副总统选举人、或国会参议员或众议员的任何预选或其他选举中的选举权,不得因未交纳任何人头税或其他税而被合众国或任何一州加以拒绝或限制(国会有权以适当立法实施本条)。

1965年制定的宪法第二十五修正案规定:如总统被罢免、死亡或辞职,副总统可继任总统;获得国会两院半数通过者可以任职副总统空缺;总统可自行辞职或被副总统及行政各部部长、国会多数声明罢免。

此后,当总统向参议院临时议长和众议院议长提交书面声明,声称丧失能力的情况不存在时,他应恢复总统职务的权力和责任,除非副总统和行政各部长官的多数或国会以法律设立的其他机构成员的多数在四天之内向参议院临时议长和众议院议长提交书面声明,声称总统不能够履行总统职务的权力和责任。在此种情况下,国会应决定这一问题,如在休会期间,应为此目的在48小时以内集会。如国会在收到后一书面声明后的21天以内,或如适逢休会期间,则在国会按照要求集会以后的21天以内,以两院的三分之二的票数决定总统不能够履行总统职务的权力和责任,副总统应继续作为代理总统履行总统职务的权力和责任;否则总统应恢复总统职务的权力和责任。

1971年的宪法第二十六修正案规定:年满18岁和18岁以上的合众国公民的选举权,不得因为年龄而被合众国或任何一州加以拒绝或限制(国会有权以适当立法实施本条)。②

另外,1972年联邦国会曾经审议一份关于男女平等的修正案。联邦国会要求在7年以内获得四分之三的州的同意才可以对宪法进行修正。但截止到1979年3月22日的7年之间,同意该案的各州没有达到以上要求。为此,国会要求延长上述期限,但直到1982年6月30日仍然不能获得通过。③ 当时,针对国会是否有权要求延长宪法修正案的承认期限,以及同意该修正案的州日后是否可以取消上述承认,均引发了各界的激烈争论。

---

① 334 U.S. 1.

② 1970年的"voting Rights Amendment"要求在州选举中赋予年满18周岁公民选举权。但在Oregon v. Mitchell, 400 U.S. 112 (1970). 判决中虽然最高法院认为该规定适用于联邦选举,但认为对州选举的年龄规定不属于联邦议会的立法权范围,因此必须进行修宪。

③ 延长至1982年6月30日。see House Joint Resolution No. 638 (Oct. 6, 1978), 1979 U.S. Code Cong. & Ad. News 739.

七、职能专门化与行政委员会

（一）序说

从罗斯福新政时期开始，经过第二次世界大战的洗礼，美国政府需要管理的事项日益扩大。这一变化，导致行政机关更加复杂和专业。为了应对新的问题，政府也设置了许多新的行政机构。这样一来，在处理行政事务时，主要由该领域的专业人士根据办事流程和详细的数据加以处理。对于非专业的人士而言，很难对这些业务提出意见。

在成熟的法治社会，由于拥有自由竞选机制，再配合以代议人员职业化的制度，法律专业出身的人士进入代议机关的人数，在一定程度上可以得到切实的保证，但即使这些代议人员也很难成为法律的通才和立法提案的能手。虽然90%以上的法案由政府部门提出，但是，许多重要的立法或技术性较强的法案，实际上仍由学术界的专家学者草拟，这几乎成为当代西方各国的通行惯例。总而言之，立法机关立法功能的衰退，是现代国家的一个共同趋势。

诚然，在美国，强调民主监督的传统依然保持着强大的生命力。联邦国会依然掌握着监督政府的职能，不仅通过了许多违背总统意愿的立法，也否决了不少行政机关主导的法案。不过，由于立法所需的资料大多是专业性文件，加之由于国际形势的变化和保密的需要，联邦国会作为"立法者"的地位不断趋于泛化和模糊化，许多议员"不懂法律"，仅限于能够为立法提供一般性的意见和建议。

早在18世纪20年代，美国国会就已经开始雇用助理人员，1856年，众议院筹款委员会和参议院财政委员会首次雇用了长期性助理，其他委员会竞相效仿。1919年，其国会通过法律规定设立了立法顾问室，由立法顾问承担立法起草和审议的技术层面的工作。到1946年，美国的《立法改组法》明确地把委员会助理和议员的个人助理分开，确立议员个人助理的地位。至此，美国国会议员个人助理（包括法律助理）制度始得成型。

如今，美国参议院两院都设有立法顾问室，聘有法律顾问（律师），其中参议员的法律顾问有29位，众议院有39位。此外，其众议院一般有二三名个人法律助理，而参议员则多达六七名个人法律助理。同时法律助理的具体职责也有明确的法律规定，主要是收集相关的材料，听取广泛意见，完成法律论证，提供表决建议。

不仅如此，在应对经济危机、世界大战和美苏冷战等特殊局面时，与美国历史上的其他时期相比，20世纪40年代到50年代期间，将政治问题交给专家处理的倾向更为显著。在笔者看来，这一点与美国社会的价值观高度统一不无关系。在针对基本社会和政治问题的价值观没有大的争议的前提下，对许多问题的处理就只需顾及技术和程序层面即可。

（二）行政委员会

自1887年设立"州际贸易委员会"以来，在联邦层面就已经形成了设置行政委员会，并赋予其管理特定事务的立法权和司法权的传统。在罗斯福新政之后，美国的行政委员会无论在数量上，还是在职能上，都取得了较大规模的提升。

这一现象当然与前述的政府职能扩大有着直接的关系。在另一方面，也是由于罗斯福新政时期联邦最高法院固执于传统的法理，忽视解决新的社会现象和经济问题而催生出的一种制度反制。因此，美国民众虽然普遍尊重法院司法权的权威，并愿意将法律案件提交司法机关审判解决。但对于一些事实问题，如果有"实质性证据支持"（substantial evidence），行政委员会可以作出认定，且该认定对法院也产生约束力。事实上，联邦最高法院对于"实质性证据支持"要件作出了较为宽松的解释，充分体现了尊重行政委员会的专门性判断的态度。

美国国会授予行政机关司法权力，是出于现代行政的需要。现代行政日趋专门化，解决行政上的争端需要行政事项的专门知识，但法官既缺乏行政方面的专业知识，心理上也缺乏解决行政问题所需要的开拓和进取精神。美国在20世纪30年代经济危机时期，法院就成为当时政府推行新政策的阻力。近代行政职务扩张，行政争议众多，法院没有时间解决全部行政争端，而且行政争端需要迅速解决，法院的程序规则不能适应行政上的需要。为了有效执行国会的政策，国会不仅需要授予行政机关立法权力，也必须授予行政机关司法权力。

首先，行政机关解决纠纷具有专业性。现代市场经济的快速发展，必然带来社会的精密分工，也必然需要政府部门对市场经济进行宏观指导、调节、监控。技术性与专业化要求越高，社会分工越细，政府部门的行政职能也就随之更加专业化。行政机关在管理指导这些事务时，不但需要法律知识，而且必须具有该行业的专业知识，一旦当事人之间发生纠纷，申请行政机关予以解决，行政机关就可以凭借对相关行业的管理经验、专业知识以及法律知识解决这些纠纷。

其次，行政机关解决纠纷具有综合性。现实生活中，产生纠纷的原因总是多种多样的。社会的复杂性，也就决定了纠纷的多样性。面对多样的、复杂的纠纷，在剖析其产生的原因后，就得根据不同的原因，采取不同的解决办法，这就是解决纠纷方法的多元化。简单的民事纠纷，人民调解委员会就可以解决；重大的纠纷一般应通过正式的司法审判程序解决；而与行政管理有关的具有行政、民事和技术等综合特征的纠纷则往往适合由行政机关来解决。

再次，行政机关解决纠纷的范围具有广泛性。按照不同的标准可以把行政机关解决的民事纠纷划分出不同的种类，有的学者认为包括四类，即赔偿纠纷、补偿纠纷、权属纠纷和民间纠纷。

最后，行政机关解决纠纷时间迅速、程序简易、成本低廉。法院的任务是实现高标准的公正，司法活动体现的是一种程序公正，其必然要求当事人和国家为此支付昂贵的制度成本。与高薪供养的法官,苛刻繁琐的仪式和一丝不苟的判决相比,行政官员的供养成本及行政解决纠纷的制度成本要远远低于诉讼成本。法院的任务是实现高标准的公正。

在另一方面,美国各界重视行政委员会的这种态度也体现在委任立法的问题上面。

美国是一个典型的三权分立国家,立法权由国会行使已经由合众国宪法明确规定。所以,当委任立法明确地出现在政治生活中以后,曾一度使人们动摇了对三权分立原则的信念。实际上,美国的行政立法具有委任立法和职权立法的双重性质。其委任立法的性质表现为行政机关制定规章(立法)不是基于宪法赋予的职权而是基于国会的授权,并最终受国会的方针(policy)和标准(standard)的限制。① 同时,美国行政机关制定行政规章的活动更接近于职权立法,这表现在:第一,行政机关制定行政规章基于1946年通过的《联邦行政程序法》(Federal Administrative Procedural Act [APA])的一次性授权。② 行政立法权是国会授予的还是宪法授予的,这只是授权形式和途径的不同,对行政机关来说本质却是相同的,即都获得了行政立法权。第二,行政机关制定行政规章不经国会审查批准的程序即可自行发布而生效(不包括国会的立法否决权)。第三,行政机关制定的行政规章与国会制定的法律具有相同的法律地位和同等的法律约束力。这一点完全说明了美国的行政立法在很大程度上仅具有表层的象征意义,与其说它是三权分立原则的延伸,不如说是三权分立原则的变异或发展。

(三) 职权专门化与法律专家

在需要专门知识的政府机关中,其工作人员中有为数众多的法律专家。这一点不仅说明在高度法治社会的美国,从事政府工作需要一定的法律素养,而且法律人才比较容易适应新设的行政机关的工作。前文已经提到,与其他许多国家不同,在美国要想进入法学院,学生必须先从某个四年制大学中拿到一个本科学位。虽然典型的情况是首先获得商业、经济学、历史或政治学的本科学位,但实际上对这一学位所属专业没有特别的规定。有的法学院学生先前学习的专业可能是电子工程学,甚至是音乐学。在进入法学院之后,学生通过实务技能培训而逐渐成为特定领域的专业人才。这些法律人才不仅具有全科教育素养(general practitioner),更可以在律师事务所(law firm)内开展高度专业化的执业活动。因此,这些人才特别适合从事行政管理工作。

这种需求促进了法学教育的发展。在美国的大学中,引入了以美国教育家

---

① Schechter Poultry Corp. v. United States, 295 U.S. 495(1935).
② E.G. Yakus v. United States, 321 U.S. 414; American Power & Light Co. v. SEC, 329 U.S. 90 (1946); Lichter v. United States, 334 U.S. 742 (1948).

杜威(John Dewey)为代表的进步教育派所提倡的"问题教学法"(problem method)。这一方式是教师针对学生在生活和学习中遇到的困难提出的问题,帮助他们分析问题,寻求假设,进行实验,以求解决问题的教学方法。问题教学法开始于杜威强调人的经验的主观性,他把教学过程看做是使学生在活动中增长"经验"的过程,是"从操作中学习、从经验中学习"的过程。在教学过程中将体验到的模糊、疑难、矛盾和某种混乱的情境,转化为清晰、连贯、确定、和谐的情境,把学生引向问题的确定、解决和应用。毫无疑问,问题教学法是以学生为中心的教学法,目的在于刺激学生的思考和应用能力,帮助学生进行"职业生涯规划"(palnning courses)。法学教育方式的变化,也反映了社会对法律人才的要求。

八、法学研究

进入这一时期,社会学法学和现实主义法学作为法学研究的一种分析方法,已经得以确立。这些研究方法(尤其是现实主义法律运动)一开始就以改革和批判的精神对美国的法学进行大胆的创新,并取得了显著的成果,提出了一套全新的法学思维范式:从关注"书本上的法"转向"现实中的法",从关注法律规则的作用转向法官的司法活动。其研究的方法和成果满足了时代发展的需要,成为罗斯福新政时期的"官方法学",成为对美国后来法学思想的形成和发展产生了巨大影响的重要法学流派。美国得克萨斯大学的布莱恩·雷特(Brian Leiter)客观地指出:"美国的现实主义法学是20世纪美国本土最重要的法理学运动,它不仅对美国的法学教育和法学学术产生了深远的历史影响,而且还推动了美国的法律改革和律师业的发展。"现实主义法学对美国法学教育的影响,更是直接关涉到美国法学和法律发展的前途。

不过,在笔者看来,现实主义法学在成功地区别"应然"和"实然"问题之后,对于"价值"取舍的问题并没有给出令人满意的答案。借助魏玛宪法名正言顺上台的纳粹政权所留下的伤痕记忆,令人不得不向现实主义法学投去怀疑的眼光。由于现实主义法学并非基于"法治"理念,因而容易陷入肯定"人治"的怪圈,因此无法成为批判非民主主义的理论依据。对人类社会基本价值或道义原则是否可以得到确定而客观认知,是人们在新自然法学和价值取向的法哲学面前踌躇不定的原因之一。因为,即便如不应杀人、不应撒谎等看似最低限度的伦理原则,仍然需要视具体情境而考察其适用性。承认价值判断在现实中的作用,并不意味着承认寻求一个或一套放之四海皆准的价值评判标准是可行的。这或许就是现实主义法学不愿建构此类理论的缘由之一。

社会学法学和现实主义法学的影响日益扩大,使法学研究更趋于多元化和多角度。① 第二次世界大战前,由于受到纳粹的迫害,包括犹太学者在内的大批欧洲学者移居美国,从而给美国的法学研究带来了新的活力。20 世纪 40 年代以后的美国法学研究,是一个充满活力、锐意进取的时期。虽然法社会学的主要的奠基人和宏观理论都来自西欧,但是饶有趣味的是这一学科在美国比在其他国家更加繁荣,也获得了更加充分的支持和评价。庞德的"社会学的法理学"(Sociological Jurisprudence)曾经风靡一世,诺内特的"法理学的社会学"(Jurisprudential Sociology)的口号也曾经流行甚广。对当前美国的司法政策和正义观具有强大的影响力的"法与经济学"和"批判法学",从理论谱系上看,都与法社会学运动有着千丝万缕的联系。至少在 20 世纪的美国,通过法制手段改革社会的实践需要已经使得法社会学逐步从边缘向中心渗透,其结果是无论在法律学界还是在社会学界它都俨然成为一门"显学"。②

第八节　20 世纪后半期的美国法

一、传统法价值体系遭遇的挑战

（一）越南战争

从 20 世纪 60 年代起,美国社会发生了重大的变化。首先,美国卷入越南战争,使得相当一部分的美国民众对于战争的目的产生了严重怀疑,最终这场战争也以美国的失败告终。越战是美国历史上持续时间最长的战争。十多年的战争,美国耗费了至少二千五百亿美元。尽管军事上美国并未失败,但它表明美国"冷战"策略上的重大失误。首先,越战极大地改变了"冷战"的态势。美国由"冷战"中的强势一方变为弱势,面对苏联咄咄逼人的进攻,美国更积极地同中国等第三极国家合作。越战加剧了美国国内的种族问题、民权问题,使国家处于极度的分裂状态,给美国人民造成巨大的精神创伤。其次,这一时期美元出现大幅贬值,反映出美国经济开始从兴盛走向衰落。再次,美国的大中型城市的社会治安日益恶化,犯罪率居高不下。最后,肯尼迪兄弟遇刺事件、马丁·路德·金牧师遇刺事件也使得第二次世界大战之后树立的美国政治、社会体制的优异性大打折扣。

受到上述因素的影响,越来越多的人开始对美国价值观提出深刻的反省和

---

① 1951 年在起草《统一商法典》(Uniform Commercial Code)时,现实主义法学的代表人物卢埃林(Karl Llewellyn)成为起草小组组长。《统一商法典》正如现实主义法学家们所期望的,并未规定一般性原则,而是根据不同的纠纷类型而规定细则。其中典型的规定,就是没有沿袭传统买卖法上的产权(title)转移理论,而是对产权变更后出现的具体情况加以规制。见 Uniform Commercial Code §2-401。

② 参见季卫东:《从边缘到中心:二十世纪美国的"法与社会"研究运动》,载《宪政新论:全球化时代的法与社会变迁》,北京大学出版社 2002 年版,第 115 页。

质疑,并尝试对其进行修正。暂且不论这一思潮本身是否在根本上撼动了西方的价值观,但20世纪后期美国社会的动荡,仅就其规模和影响而言,与20世纪30年代的经济危机一样,在美国的历史上留下了深深的伤痕。

在传统上,虽然民众在人种、出身国别及宗教信仰上千差万别,但总体上讲以联邦制国家为中心形成了一种强烈的民族认同和国家认同。美国学者亨廷顿(Samuel P. Huntington)就认为美国拥有最合理的社会制度,因而爱国主义在该国社会有着深厚基础。但是,自20世纪60年代起,人们的爱国热情,尤其是对美国国家认同的认识有下降的趋势。当时,为了实现或表达各个利益集团的理念和利益,许多社会精英积极投入到推动"平权法案"(affirmative action)的运动中,要求给予非法移民合法地位等活动中。例如,针对把英语作为美国公民的硬性条件的传统做法,从这一时期起,人们开始支持将西班牙语列为官方用语,并大力推动英语和西班牙语的双语并用和多元文化主义运动,导致对作为一个整体的美利坚民族的解构。

自此,美国社会逐步放弃传统的"盎格鲁—萨克逊系白人新教族群"(WASP)①的生活方式,改为推崇非"美国式"的生活方式,即反对种族主义、排外主义、反犹太主义、反天主教和文化种族优越感。不过,无论如何评价"盎格鲁—萨克逊系的白人新教族群"的价值观和生活方式,它都是美国民族认同和国家认同的结果,是历史发展的产物。在某种意义上讲,20世纪下半叶出现的美国社会对异族、异文化的容忍,对多元文化的鼓励以及对种族主义的批判,与基督教的日益世俗化互为因果。因此,对美国式价值观和生活方式的否定,究竟会带来多元化的共生社会,还是出现新的发展趋势,是今后值得关注的问题之一。

(二) 平等观念的变革

人们的"平等"观念在这一时期也发生了变化。滥觞于20世纪初直至50年代的反种族歧视运动和男女平等运动,主张废除一切形式的歧视,根据个人的能力赋予其平等的就业机会。这种做法被称为"机会平等"主义。到了20世纪60年代,社会上强调"结果平等"的倾向日益明显。诸如某大学的学生中黑人学生的比例达到多少、教授中女性教师的比例多少等成为人们热议的话题。随之,为了实现这种"结果平等",给予少数族裔或妇女特殊的照顾和待遇,开始成为一种普遍性做法。例如,有大学贴出广告"招聘美国历史学副教授,女性及少数民族人士优先"。这一做法,在传统人士看来显失公平,但却与新平等理念相吻合。

---

① 1964年迪格比·波茨尔(E. Digby Baltzell)在其著作《新教当权者:美国的贵族和社会等级》中使用该词后,逐渐在美国社会传播开来(注意此词是1962年另一位学者首创的)。WASP的原意是指美国的新教上流社会,即殖民时代来自英国(尤其是英格兰和苏格兰)的移民,大多属于基督新教中的长老教会、公理会和美国圣公会等教派。

20世纪60年代之后,人们对于第二次世界大战后的"专家至上"理论也展开了反思。毋庸讳言,在国家的外交、军事和行政领域,各种事务日益繁忙与复杂,处理这些问题离不开高度专门化的信息和专家。不过,在此基础上,人们开始警惕"专家主义"可能隐含的问题,并重拾对普通人参与国家行政管理、舆论监督以及批判精神的重视。例如,针对政府中的专业委员会的职能,许多人批评此类委员会与大型企业和利益集团关系密切,应当进行改革以切断其间的利益联系。

受到这些社会运动的影响,人们开始对由政府来控制社会生活所需信息和情报表示出极大的不满。尤其是在越南战争期间,美国政府迟迟未能向国民说明开展军事援越的理由和依据。随着战局陷入被动,1964年起在美国各地大学的校园开始出现小规模的反战示威,同时发生的是空前的左翼学生运动。反战运动的成长也要部分归因于广泛的电视新闻报道,使得年轻人比他们的父辈能够获得更多的有关战争的信息。

到1968年,反战示威游行已遍及全国各地。8月,芝加哥的示威者和警察发生大规模冲突,造成流血事件。1970年5月,为了抗议美国入侵柬埔寨,美国历史上第一次全国学生总罢课爆发,十多万学生涌入华盛顿进行抗议。

成百上千的年轻美国男人选择逃往加拿大或瑞典,以躲避征召的风险。当时,全部适龄男性中只有一小部分真正需要入伍;而且在大部分的州,大部分适龄男青年还没有达到投票年龄和允许喝酒的年龄,各个地方的挑选服役系统办公室("兵役局")没有明确的兵役豁免方针,因此可以很宽松地决定谁需要服役,谁可以得到豁免。不公正的指控使得1970年产生了兵役彩票制度,在这一制度中,年轻男性的生日决定了他征召的相对风险(9月14日是1970年兵役列表中处于首位的生日,下一年是7月9日)。年轻人被强迫在军队中拿生命冒险,但却没有选举权,也不允许喝酒。这种情况成功地迫使立法者在全国范围内降低投票年龄,在许多州降低了饮酒年龄。

1977年1月21日,美国总统詹姆斯·厄尔·卡特(James Earl Carter)赦免了多数在越战中逃避服兵役者。

20世纪60年代起,保护消费者权益的运动和环保运动也相继盛行起来。到了70年代,要求政府公开政务信息的运动更是风起云涌。受这些运动的影响,在美国以公益诉讼和公益立法为代表的公益性法律活动日益活跃起来。在这一方面,下述的法制发展和运作,至少在结果上对公益性法律活动起到了催进作用:公民自行提起的"纳税人诉讼"等行政诉讼活动的发展。[①] 20世纪40年代以

[①] 其中最具代表性的案例当属弗拉斯特诉科恩案件 Flast v. Cohen, 392 U. S. 83 (1968)。参见〔日〕藤仓皓一郎、木下毅、高桥一修、樋口范雄:《英美判例百选》,段匡译,北京大学出版社2005年版,第293页。

后,公益诉讼当事人的范围逐步得到扩大。① 1966年修改《联邦民事诉讼规则》(Federal Rules of Civil Procedure)后,新增了"集团诉讼"(class action)程序,从而使得一个或数个代表人,为了集团成员全体的共同的利益,代表全体集团成员可以提起的诉讼。在这种诉讼形式中,法院对集团所作的判决,不仅对直接参加诉讼的集团具有约束力,而且对那些没有参加诉讼的主体,甚至对那些没有预料到损害发生的相关主体,也具有适用效力。

在另一方面,1966年出台的《信息自由法案》(Freedom of Information Act)②是一项旨在促进美国联邦政府信息公开化的行政法规。其主要内容包括:联邦政府的记录和档案除某些政府信息免于公开外,原则上向所有人开放;公民可以向任何一级政府机构提出查询、索取复印件的申请;政府机构必须公布本部门的建制和本部门各级组织受理信息咨询的查找程序、方法和项目,并提供信息分类索引;公民在查询信息的要求被拒绝后,可以向司法部门提起诉讼,并应得到法院的优先处理;行政、司法部门必须在一定的时效范围内处理有关信息公开申请和诉讼。该法案的出台,使得美国在政府信息公开领域的开放性和民主性大为提高,为这一时期的重要立法成果。

二、司法积极主义的出现

(一) 司法积极主义的含义

进入20世纪60年代,人们开始对联邦最高法院在罗斯福"新政"过程中的保守立场进行反思。以1905年"洛克纳案"为代表,那种最高法院强势否决所有社会立法和经济改革纲领的做法,显然是有违民意和大众司法权的理念的。人们希望司法权的社会功能不断扩大,并实现从传统的司法消极主义到积极主义的变化。1953年9月30日,厄尔·沃伦(Earl Warren)出任美国联邦最高法院第十四任首席大法官。自此至1969年卸任,沃伦法官主持联邦最高法院,作了一系列旨在保护美国公民个人自由和权利、在美国司法史上具有重要影响的判决,包括1954年的布朗诉教育委员会案(裁定公立学校种族隔离违宪)、1962年到1964年期间的"一人一票"案(极大改变了很多州农村地区的投票权重)、贺尔南德斯诉得克萨斯州案(裁定墨西哥裔美国人有权参加陪审团)、1966年的米兰达诉亚利桑那州案(要求警方羁押当事人必须告知其拥有的保障性权利,包括获得律师帮助的权利,即米兰达警告)。1969年,当担任首席大法16年之

---

① 参见 Association of Data Processing Service Organization v. Camp, 397 U.S. 150 (1970). 参见〔日〕藤仓皓一郎、木下毅、高桥一修、樋口范雄:《英美判例百选》,段匡译,北京大学出版社2005年版,第298页。

② 1966年制定80 Stat. 383中的条文(5 U.S.C. §552),在1967年进一步加以完善(81 Stat. 54)。1974年制定的法律中则对上述条文进一步加以巩固和加强(88 Stat. 1561)。

久的沃伦退休时,"沃伦法院"这个名称已经家喻户晓;同时,也没有人再怀疑联邦最高法院以自身的价值标准积极开展司法审查的必要性和可行性。与罗斯福"新政"时期的法院不同,"沃伦法院"是一个强调平等、言论自由和犯罪嫌疑人、被告人权利保障的司法机关。1953年,艾森豪威尔总统提名沃伦出任最高法院首席大法官。令很多人意外的是,沃伦比预料的更加倾向于自由派,以至于艾森豪威尔总统认为提名沃伦乃是他"一生中所犯的最愚蠢的错误"。在沃伦担任首席大法官期间,联邦最高法院作出了一系列里程碑式的判决。

由于司法权的扩张,使作为西方政治体制基石的三权分立制度在形式上逐渐失衡,并造成司法功能和法院作用的显著变化。这种司法机关的积极功能,遭遇了种种批评和责难。反对者不仅针对联邦最高法院判决内容及其社会效果提出质疑,而且也将矛头对准了司法权的理念问题,即美国建国之初的政治理念和司法理念中深深渗透了对权力的不信任,因此才产生了与英国的贵族式司法制度完全不同的大众司法观念(民选法官)和陪审制度以及司法审查制度。这些基本理念被确立于宪法之中,尽管随着时代的变化某些制度已经面目全非,但是其理念仍然是支配着美国司法的基础(最初的民权理论本身并不包括有色人种和妇女)。

在另一方面,"沃伦法院"所做的许多著名判决,虽然在宪政与人权方面贡献很大,但由于其中部分判决"重结果、轻说理",在法律职业人当中也引起不小的争议。① 不过,不可否认的是,沃伦法院的宪法判例把刑事案件中被告的人权保障理念及制度推向了一个新的高度,并随着世界性人权公约的广泛推行,已得到了全球各国宪政文本的普遍认同和接纳。

1969年,沃伦从最高法院退休。尼克松总统任命了保守派法官伯格(Warren Burger)担任首席大法官。直至1974年夏天尼克松总统因水门事件辞职,他还任命了三位最高法院的次席法官。

(二) 宪法判例

审视这一时期的美国联邦最高法院判例,在宪法理论上主要有以下三个方面的发展:

其一,"法律面前人人平等"的理念方面。传统的观点认为将人们加以区分并给予不同的待遇,只要基于合理的划分方法(classification),即是可以接受的。同时,对于是否对人们进行合理区分的标准,一般适用"推定合宪"的标准。第二次世界大战后初期美国南方的社会生活中,种族隔离仍然严重。当时,南方仍

---

① 最高法院通过 Baker v. Carr, 369 U.S. 186 (1962). Reynolds v. Sims, 377 U.S. 533 (1964). 等一系列的判决确定了在选举区应严格适用"一人一票"制,并强制实施学校巴士搭乘黑人和白人以实现同校学习。

然有1500万黑人,种族关系没发生根本变化。"隔离但平等"原则听起来冠冕堂皇,但真实情况则是"分开而且不平等"。南方很多州和地方的学校、餐馆、电影院、图书馆、洗手间甚至墓地这些公共设施中,仍然实行严格的种族隔离。比如在专门为黑人准备的火车站候车室,都清楚地标上"有色人种候车室"(colored waiting room)、"仅供白人或女性洗手间"(white only-ladies rest room)。另外,南方黑人享受的是水准低下的公立学校、健康保险和公共住宅。在最南部的州里没有一个黑人警察,黑人律师更是屈指可数。正像学者所观察的"白人可以偷窃或虐待任何一个黑种人,而不必担心受到任何报复,因为黑人不能要求警察和法院的保护"。①

20世纪60年代以来,最高法院通过判例确立了两个重要的标准:第一,以种族、出生地、国籍来对人们进行划分,是一种具有较大违宪嫌疑的分类方法(suspect classification)。除非基于重大的公共利益(compelling interest),否则不得实行。第二,对于选举权、在美国国内迁徙的自由权、人身自由权、社会福利等不可或缺的生活条件以及结婚与生育等根本性权益(fundamental interest),除非基于重大的公共利益,否则也不得以此为分类,给予不平等的待遇。

其二,隐私权方面。隐私权(privacy)是指自然人享有的私人生活安宁与私人信息秘密依法受到保护,不被他人非法侵扰、知悉、收集、利用和公开的一种人格权,而且权利主体对他人在何种程度上可以介入自己的私生活,对自己是否向他人公开隐私以及公开的范围和程度等具有决定权。美国联邦宪法虽然没有明文规定隐私权的内容,但最高法院的判例指出:根据宪法的立法主旨可以推断出隐私权受宪法的保护。在"格瑞斯沃尔德诉康涅狄格州案"(Griswold v. Connecticut)中,最高法院认为隐私权系宪法权利的一种"投影"(penumbra),是公民个人生活的一部分,不应受他人或政府权力的不当侵害。根据这一理论,隐私权的相关问题包括:使用避孕工具、在妊娠三个月以内的堕胎以及在个人的住所内持有淫秽书画等,都被视为联邦宪法上的自由受到保护。

格瑞斯沃尔德诉康涅狄格州案(Griswold v. Connecticut)②的内容如下:格瑞斯沃尔德(Griswold)和布克斯顿(Buxton)由于为已婚人士提供有关避孕方法的信息、指导和医学建议,为妇女进行体检并开出最佳的避孕器具和药物以供她们使用而被捕,并被认定有罪,各被处以100美元罚款。他们违反的法律是《康涅狄格州综合法典》第53条第32款和第54条第196款。《康涅狄格州综合法典》第53条第32款规定:以避孕为目的而使用药物、器材,处以50美元以下罚款或

---

① John Mack Faragher, *Out of Many: A History of the American People*, New Jersey: Prentice Hall, 1997, p. 903.

② Griswold v. Connecticut, 381 U. S. 479 (1965).

60 天以上 1 年以下监禁,或同时处以罚款和监禁。第 54 条第 196 款规定:帮助、教唆、建议、促成、雇佣或命令他人犯罪,可以比照主犯起诉并判刑。

格瑞斯沃尔德和布克斯顿以康涅狄格州上述法律违反美国宪法第十四修正案为由上诉至联邦最高法院。联邦最高法院全体大法官以 7 比 2 的明显优势认定康涅狄格州法律违反了婚姻中的隐私权。在该案件的判决中,联邦最高法院巧妙地借助了自然法理论的逻辑,证成宪法文本虽未列举隐私权,但该权利仍受宪法保护。①

> 州政府控制或禁止那些宪法规定由州法律管辖的事项时,不能以无限扩大适用范围为目的,进而以侵犯人民自由的方式实现……我们面对的这种隐私权存在于人权法案诞生之前,比我们的政党还要早,比我们的学校制度还要早。婚姻意味着荣辱与共,互相忍耐,是一种神圣的亲密关系。它是这样一种结合:改善生活而不是诉讼;和谐生活而不是政治信仰;互相忠诚而不是做什么商业或社会工程。②

道格拉斯法官书写的这一段判词尽管没有使用自然理性的字眼,但从婚姻的一般性质推演婚姻中的隐私权,则遵从了自然法理论的经典逻辑。戈德堡大法官在其本人撰写的赞成意见中则使用了大量自由、正义等自然法理论的话语,例如:"我们探求的标准是:某项权利是否具有这样一个特点,那就是如果剥夺了该项权利,也就会同时侵犯那些深植于我们所有民事和政治制度的基本自由和正义原则。"③

其三,在刑事程序法的人权保障方面。在很长一段时间内,联邦宪法第四修正案、第六修正案及第八修正案只适用于联邦管辖案件的刑事程序之中。州的刑事司法活动,除"良心受到重大冲击"的不当行为应受联邦宪法第十四修正案"正当程序"(due process)条款的规制外,其他情形均依照州宪法的处理。不过,随着 20 世纪 60 年代的马普诉俄亥俄州案(Mapp v. Ohio)④等一系列的革命性判例的出台,联邦宪法在联邦刑事程序上的规定被扩充适用于各州的刑事诉讼

---

① 美国联邦最高法院在该案的判决意见中,运用了两个进路证明隐私权是未列举权利。第一个进路是权利的"半影(penumbras)"和"射程(emanations)"理论,即宪法文本尽管没有列举某项权利,但在已列举权利的阴影部分存在该权利,该权利在已列举权利的"射程"范围内。参见 Griswold v. Connecticut, 381 U.S. 484 (1965)。第二个进路就是本书中展开的内容:隐私权与婚姻的性质、与基本自由和正义之间的关联。受文章主题限制,本部分只援引美国联邦最高法院从第二个进路展开的内容。

② 转引自〔美〕阿丽塔·L. 艾伦:《美国隐私法:学说、判例与立法》,冯建妹等编译,中国民主法制出版社 2004 年版,第 30 页。

③ 转引自〔美〕保罗·布莱斯特等:《宪法决策的过程:案例与材料》(下),陆符嘉等译,中国政法大学出版社 2002 年版,第 1119 页。根据原文对译文做了适当修改。

④ 367 U.S. 643. 参见〔日〕藤仓皓一郎、木下毅、高桥一修、樋口范雄:《英美判例百选》,段匡译,北京大学出版社 2005 年版,第 232 页。

行为(陪审审判制度的具体内容除外)。同时,对当事人的宪法性权利的保障也得到进一步加强。例如,为保障侦查活动的程序正当性而对强制措施进行制约、允许律师与委托人在其被逮捕后会见、律师在警察侦讯过程中的在场权、犯罪嫌疑人与被告人的权利告知(米兰达宣告)以及非法证据排除规则等重要程序规则相继得以建立。

马普案件的概要如下:马普(Dollree Mapp)因私藏违反俄亥俄州法律的淫秽物品而被该州法院判决有罪,定罪的根据是1957年警察获取的证据。1957年,警察在搜查赌具的过程中,在没有搜查证的情况下进入了马普的公寓。1961年,美国联邦最高法院推翻了州法院关于马普的有罪判决,指出以宪法第十四修正案为基础的非法证据排除规则(exclusionaryrule)不仅禁止在联邦法院运用非法搜查和扣押所获取的证据,而且该规则同样适用于各州法院。该案引起了诸多争议,支持非法证据排除规则的人们认为该规则是确保公民权利不受非法搜查的唯一有效办法;反对者则认为不能因警察的违宪行为而使罪犯逍遥法外。

第四章 英联邦与英美法

第一节 英联邦的形成

一、早期英联邦的历史

(一) 英联邦制度的概观

英帝国和英联邦的形成与发展是一个漫长的历史过程。英国从伊丽莎白一世时期开始出现一定规模的海外殖民活动。这与老牌殖民地国家西班牙、葡萄牙甚至法国相比,起步相对较晚。1607年,英国在北美建立第一个永久殖民地。18世纪后半到19世纪初,在印度和大洋洲也开始移民。19世纪末到20世纪初叶,英国在非洲也建立商站并取得立足点。到1763年,英国的大多数海外殖民活动都取得成功,建成一个以奴隶贸易和掠夺殖民地为基础的庞大殖民帝国。

然而,美国的独立使这个第一帝国走向崩溃,工业革命要求新的市场,因此在对法战争及其以后英国着手建立了第二帝国。19世纪中叶,英国已经成为名副其实的"世界工厂"并通过商品出口在世界范围内开始新的扩张。到第一次世界大战前,英国的殖民地面积已达3350万平方公里,殖民地人口达3.94亿,人们称之为"日不落帝国"。

在英帝国的发展过程中,特别是在以白人为主的殖民地地区,和其他殖民地的宗主国相比,英国较早就开始允许殖民地获得一定程度的自治权。[①] 1867年,英国国会通过了"英属北美法"(British North America Act),同意魁北克省(原下加拿大)、安大略省(原上加拿大)、新斯科舍省、新不伦瑞克省共同组成统一的联邦国家,定名"加拿大自治领",首都渥太华,7月1日为加拿大国庆日。自治领第一届政府总理是约翰·麦克唐纳。1867年自治领的建立标志着英属殖民地争取独立运动的展开。1887年、1894年各殖民地负责人先后在伦敦、渥太华召开"殖民地会议"。1897年又在伦敦召开会议。当时只限于有自治政府的殖民地负责人参加。1902年再次开会。1907年的会议便改为"帝国会议"。参加者为具有自治领地位的加拿大、澳大利亚、新西兰和纽芬兰(在会议时承认为自

---

① 当然,各殖民地的要求并非全部被宗主国接受。1837年时,加拿大地区就发生了当地民众要求自治的暴乱。民众在领袖(上加拿大的威廉·罗耀·麦肯齐和下加拿大的路易·约瑟夫·帕皮诺)的带领下,与英国殖民者在蒙特利尔和多伦多周围发生战斗,但因缺乏足够的支持,起义者被轻而易举地击败了,其领导人逃往美国。

治领)及南部非洲的开普殖民地、纳塔尔、德兰士瓦和奥兰治。因此,第一次帝国会议实际上已经成为联邦会议。1910年,南部非洲4个殖民地组成自治领——南非联邦。

在第一次世界大战后,英国取得一些代管地。此时有人打算建立第三帝国。但是已时过境迁,力不从心。1931年英国国会通过《威斯敏斯特法》确认了自治领与英国的平等地位。

(二)《威斯敏斯特法》之前的殖民地与宗主国关系

在1931年《威斯敏斯特法》之前,宗主国和殖民地之间的法律关系(主要为宪法上)如下:(1)英国国王对殖民地的立法拥有事后否决权(disallowance),可以在不明示理由和不经协商的情况下废除殖民地的单独立法。不过,事实上这种否决权行使的概率并不高。根据记载,英王最后行使否决权,分别是1862年针对澳大利亚殖民地和1873年针对加拿大殖民地。(2)在殖民地,总督代表英国国王行使权力。总督有权对殖民地议会通过的法律行使保留权(reservation)。到了20世纪,这项权利只被行使过一两次,基本上已遭放弃。(3)宗主国的国会拥有对殖民地的全面立法权。如果殖民地自身的立法与宗主国针对该殖民地的立法矛盾,该殖民地自身的法律无效。不过,仅违反殖民地总督的命令或违法普通法原则不能成为殖民地法失效的理由。(4)殖民地立法只能针对殖民地自身的事项。(5)"英属北美法"、"澳大利亚英联邦宪法"(Commonwealth of Australia Constitution Act)等法律虽然具有殖民地基本法的特点,但本质上讲仍属于宗主国的国会立法。只有宗主国的国会通过立法程序才能对其进行修改。(6)允许殖民地法院向宗主国法院上诉。此类上诉由英国枢密院司法委员会(Judicial Committee of the Privy Council)负责管辖。

(三)总督地位的变化

1926年英国召集各地的殖民地代表于伦敦召开帝国会议,规定自治领的总督(Governor General)不再对自治领的立法享有否决权。同时其职务行为必须参考自治领内阁的意见。

传统上,总督为英国派遣到殖民地的行政首脑掌握较大的权力。但是,随着殖民地自治运动的兴起,总督人选逐渐转变为承认和册封自治领推荐的候选人。此后,联合王国和自治领开始组成英帝国(British Empire)。印度虽非自治领,但因地位特殊,也参加了英帝国。当时的英帝国包括英国及其自治领、保护国、直辖殖民地和代管地(第二次世界大战后改称托管地)。

(四)制定1931年《威斯敏斯特法》(Statute of Westminster 1931)

第一次世界大战后,英国殖民帝国开始解体。殖民地纷纷要求独立,大战前已经取消自治的6个自治领要求完全独立,需要对宗主国和自治领之间的宪法关系进行调整。1926年英国宣布召开帝国会议,同时建立"帝国内部关系委员会"(Inter Imperial Relations Committe),由波尔夫爵士(Sir Arthur James Balfour)担任委员长,开始对殖民地自治问题进行研究和讨论。委员会在听取了各种意见后,提交了一份具有历史意义的报告;这份报告成为英帝国发展史上的一个里程碑。在报告的基础上,英国国会通过了《威斯敏斯特法》。这部法律包括两方面的重要内容:其一,英国国会的任何一项法律,未经自治领正式承认,在自治领概不适用;其二,宣布自治领和宗主国享有平等的法律权利,但外交和军事仍受英国控制。此后,自治领开始取得同宗主国平等的权利,"英帝国"的名称也改成"英国联邦"(British Commonwealth of Nations)。英国联邦的成立,是基于成员国之间的共同历史渊源,并力求各成员国在独立以后能够继续维持自由平等的关系。1946年,协会名称由"英国联邦"(British Commonwealth of Nations)改为"英联邦"(Commonwealth of Nations)并一直沿用至今。

20世纪50、60年代殖民地纷纷独立,大多数加入英联邦。南非和巴基斯坦原为英联邦成员,但分别于1961年3月和1972年1月宣布退出。目前,英联邦成员国有53个。

英联邦是个松散的政治联盟。各成员国的内外政策各自独立,也可以与英联邦以外的国家组成联邦。1965年始在伦敦成立"联邦秘书处",负责安排总理会议及促进英联邦的合作。

(五) 1931年《威斯敏斯特法》的内容

1931年《威斯敏斯特法》的重要规定为:(1) 该法前文强调,英联邦成员国确认"英国国王是英联邦各成员国自由联合的象征,各国宣誓共同向国王效忠",以此作为政治联盟的基础;(2) 前文同时规定,在制定有关英国王位继承和国王称号的法律时,不仅需要英国国会通过,而且还需要所有英联邦成员国的国会同意;(3) 不得以与英国国会的现行法或将来的立法抵触为理由,宣布英联邦成员国家的国会立法无效,成员国的国会有权对该国法律中属英国法律的部分进行修改或废除;(4) 成员国各自的国会可以对该国领土以外的事项进行立法;(5) 今后,英国国会制定的任何一项法律,未经成员国正式承认,在成员国概不适用;(6) 成员国有权限制该国的法院向英国枢密院司法委员会提起上诉;(7) 1931年《威斯敏斯特法》第2条到第6条(包含以上3和5的内容)在澳大利亚、新西兰等国直到20世纪40年代才得到该国国会的批准。

英联邦不是一个共和国,也没有中央政府。英国国王是英联邦的名义元首。为了实现平等的关系,英联邦不设权力机构,英国和各成员国互派高级专员,建立大使级外交关系。随着经济社会的发展、进步,英联邦内部联系开始逐渐宽松,甚至变得懈怠。如今,英国已不再是英联邦的主宰国家,英联邦也只是一个松散的政治、经济协作和会商的国际组织。

二、英联邦的改革

(一) 成立英国联邦(British Commonwealth)后的变化

1932年在加拿大渥太华的英帝国会议上制定了所谓的"特惠制度"。当时,这一制度被称为"帝国特惠制",后英殖民地相继独立、英帝国改称英联邦后改称"英联邦特惠制度"。其内容是英联邦其他成员国之间在贸易上互相提供优惠待遇的制度。目的在于防止其他国家势力渗入英联邦市场。1973年英国加入欧洲共同市场后逐步取消了这项制度。

第二次世界大战以后,英国殖民地中很多国家获得独立,其大多数前英国领土和殖民地都留在英联邦,除了下列地区:缅甸(1948年独立);爱尔兰从英国独立以后,曾经是会员国。1949年建立爱尔兰共和国以后离开英联邦;南也门(1967年独立,统一后的也门提出了加入的申请);香港在1997年7月1日起主权移交中华人民共和国,是20世纪最后一个脱离英联邦的地区;津巴布韦在2002年时,被英国以该国执政者藐视人权并在大选中舞弊为由暂停该国在协会内的会籍一年,导致津巴布韦政府愤而主动退出此组织。有意思的是,前葡萄牙殖民地莫桑比克,作为与英国并无历史上的统治关系的国家,也在1995年以特例的形式得以加入英联邦。

(二) 王位分立(Divisibility of the Crown)

英帝国转变为"联邦"(Commonwealth)的过程,与印度的独立有着密切的关系。1947年8月15日印度宣布独立,制定宪法并确立了共和国体制。然而,印度同时表示愿意留在英联邦内,因此与规定成员国必须宣誓效忠英国国王的1931年《威斯敏斯特法》相抵触。对此,在1949年召开英联邦总理会议上,各国签订了《伦敦宣言》(Declaration of London)提出以下的解决方案:印度宣布废除君主制,但接受英国国王作为英联邦的"联邦元首"。传统上,国王既是联邦各成员国的君主,同时也是联邦整体的首脑,二者是不可分的。然而,为了保证印度的联邦成员国的地位,将英国国王的地位加以分割,印度只需承认国王作为联邦首脑的身份和地位即可。这就是所谓的"王位分立"(Divisibility of the Crown)的理念。据此,印度确立共和制,英国国王不再是印度的君主,同时废除总督制,由印度人民自由选举自己的总统。[①]

此后,英国联邦就开始改称"英联邦",成为一个独立国家自由结盟的政治组织。目前联邦总人口约18亿,约占世界总人口的30%,总贸易额占全球的五分之一。除英国外,现有53个主权国家,其中32个为人口在150万以下的小

[①] Joel H. Weiner (ed.), *Great Britain: Foreign Policy and the Spand of Empire, 1689—1971, a Documentary History*, 4vols, New York: Chelrea House, 1972.

国。在联邦成员国当中,把英国女王伊丽莎白二世作为国家元首的只有半数。

随着联邦成员国家数量的增加和英国政治、经济实力的下降,联邦不再设立任何权力机构。主要组织机构有:联邦政府首脑会议、亚太地区英联邦政府首脑会议、联邦财政部长会议及其他部长级专业会议。1965年起设立英联邦秘书处,其职责是促进英联邦的合作,筹划英联邦各级会议。在英国加入欧盟的今天,联邦内部的约束力逐渐丧失,各成员国极大地增强了其独立性。[①]

第二节 英联邦的组织结构

一、加入和脱离英联邦的程序

作为一个有着70多年历史的老牌国际组织,英联邦目前有53个成员,共17亿人口。它由英帝国演变而成,走过的历程与世界民族独立运动的兴起和英帝国的衰败紧密地联系在一起。

鼎盛时期的英帝国,被人称为"庞然大物,巍然屹立,叱咤风云,左右世局"。英国本土的面积并不大,但它在非洲到亚洲,从拉丁美洲到大洋洲的广阔范围内拥有众多的殖民地和自治领域,建构了一座"日不落帝国"的版图。但随着时代的变迁,尤其是全世界民族独立运动的不断高涨,这个版图在20世纪30年代便开始出现了分崩离析的迹象。英国政府出于无奈,不得不以英联邦的形式替代原来的英帝国。

如前所述,1926年10月27日举行的"帝国会议"最后通过了由以英国枢密大臣波尔夫为首的帝国内部关系委员会起草的《波尔夫报告》。这份报告规定:英国和加拿大、澳大利亚、新西兰和南非是"自由结合的英联邦成员国","它们之间地位平等,在内政和外交的任何方面互不隶属,惟依靠对英王的共同效忠精神统一而结盟"。1931年的《威斯敏斯特法案》从法律上确认了以上原则,英联邦遂得以正式成立。

第二次世界大战结束后,世界上的非殖民化开始迅猛发展,大批英国殖民地和保护国摆脱了英国的殖民统治。独立后的英帝国成员多以主权国家的身份加入了英联邦。由于历史原因,这些国家都以英语为官方语言,在移民组成、文化背景和发展道路等方面都保留有共同的英属殖民统治的烙印。它们当中的大多数成员国在国家的政治、经济、法律等制度上都沿袭了英国的模式,然而,衰败的英国已不可能完全控制英联邦。虽然英联邦各成员国政府首脑定期举行会议,

---

① W. D. Hussey, *The British Empire and Commonwealth 1500—1961*, Cambridge University Press, 1963.

但其结果对成员国来说并没有约束力。所以有人说,英联邦内部的联系变得越来越不稳定,变成了一个松散的、相互进行政治、经济磋商与合作的组织。

英联邦以外的国家要求加入,必须满足两个条件:其一是要征得全体现有成员国的同意;另一是该国须为独立国家,且承认英国国王(目前为伊丽莎白二世女王)为本国元首。因此,英国的殖民地在没有独立以前,不允许加入英联邦。

英联邦成员可以任意脱离这一联邦。在成立之初,大多数脱离联邦的国家,都需要英国国会立法予以批准。① 但是,1965 年非洲的罗得西亚地区(Rhodesia)②自行宣布独立并退出英联邦,打破了英联邦国家不经英国国会批准不得脱离的旧例。事实上,之后的巴基斯坦脱离联邦,孟加拉国加入联邦时,英国国会都有相应的立法。③

二、英联邦成员国之间的关系

联邦各成员国之间是平等互利的关系。各国独立处理国际关系,单独拥有对外宣战权。同时,无权干涉其他成员国的内政。

理论上,英联邦国家承认英国女王是本国的最高元首。但目前大多数英联邦国家选择由本国人担任国家元首。其他一些由英国定期派遣总督的国家,作为女王的代表,名义上管理这些领地,例如加拿大、澳大利亚、新西兰等国就是如此。

在英联邦的成员国中,贫富悬殊极为明显。英国、加拿大、澳大利亚和新西兰属于发达国家,而其余的成员国都是发展中国家,有些还属于世界最不发达国家。穷国需要富国的资金和技术援助,富国则需要穷国的原料、劳动力和市场。过去的英联邦特惠制,实际上就是英联邦内的"最惠国待遇"。现在这一制度虽被取消,但经济上互求和互惠的关系依然在英联邦内部优先发展。从政治和外交的角度看,英国很需要英联邦作为它重展大国雄风的一个舞台,而别的成员国希望借助这个舞台增强本国的国际地位。因此可以说,尽管英联邦的凝聚力已大不如前,但这个国际组织还将继续存在下去并在国际事务中发挥一定的作用。

近年来的种种迹象表明,英国有意对英联邦施加更大的影响,力图在英联邦内重新发挥其主导作用。英国政府一方面加强了对英联邦贫穷落后的成员国的

---

① E.g., Burma Independence Act 1947 (11& 12 Geo. 6. c. 3); Ireland Act 1949 (12 & 13 Geo. 6. C. 27); South Africa Act 1962 (10& 11 Eliz. 2. c. 10). 缅甸在独立以后,即刻宣布脱离英联邦。南非在 1961 年成立南非共和国后,将原来提交的加入英联邦撤回,1962 年的英国国会立法实际上是对此予以追认。

② 罗得西亚,原隶属前南非,包括北罗得西亚 Northern Rhodesia(今天的赞比亚)和南罗得西亚 Southern Rhodesia(今天的津巴布韦)两部分。除了津巴布韦外,被中止成员国资格或退出英联邦的国家还有塞拉利昂、巴基斯坦和爱尔兰。南非和斐济都曾退出,后又重新加入。

③ Pakistan Acts of 1973(c. 48) &1974 (c.34); Bangladesh Act 1973 (c. 49). 巴基斯坦退出英联邦是 1972 年 1 月 30 日的事情,上述的法律对此予以追认。

经济援助,同时用英国的价值观重整英联邦内部秩序。最近,英国以"践踏人权"作为借口,鼓动欧盟和美国对英联邦津巴布韦实行制裁就是一个例证。然而这样做的效果只能适得其反。若真的想使英联邦重新凝聚起来,还必须坚持"地位平等"的原则。

第三节 英联邦各国的法律

一、序说

英联邦现有成员国 53 个,绝大多数是发展中国家,总人口 18 亿,约占世界人口的 30%。在这些国家之中,社会制度和统治机构五花八门,各具特色,难以在它们当中找到共通的原则和特点。因此,以下将以英国法的传播和移植为主轴,对英联邦各国的法律作一简要说明。

在英联邦国家中,澳大利亚、加拿大、印度和马来西亚等国为联邦制国家。了解这些国家的法律制度,对于了解美国的联邦体制也有一定的帮助。当然,联邦制度的具体内容因国情而异,但仅就上述国家而言,其联邦法律的适用范围较之美国的制度更为广泛一些。

在上一节,我们已经指出,一些英联邦国家的案件被允许向英国的枢密院司法委员会提起上诉。在这种情况下,该案不仅受所在国的联邦法和州法的影响,同时英国枢密院司法委员会的判例也拥有国内法上的法律约束力。

二、英国法的影响

(一) 对英国法的继承

需要注意的是:在英联邦的成员国中,并非所有国家都属于英美法系。根据普通法的传统,只有英国国民建立的殖民地才被允许移植英国法。用布莱克顿的话来说:"根据殖民地的条件和情况,在可能性况下适用英国法。"①

在移植英国法的过程中,加拿大(除魁北克地区外)、澳大利亚、新西兰等殖民者人较多的地区,引进英国法积极性较高,基本上忠实地继承了英国法的大部分内容。与之相对,在亚洲和非洲地区,主要移植了英国商业贸易法的内容。在家庭法等与贸易无关的领域,英国法只在少数殖民者中流行,对大多数殖民地的民众来说,仍然广泛遵从当地的习惯和传统法。

(二) 向枢密院司法委员会上诉

19 世纪到 20 世纪的前半期,英国的枢密院司法委员会通过受理世界各地

---

① 〔美〕伯尔曼:《律与革命》,贺卫方等译,中国大百科全书出版社 1996 年版,第 356—357 页。

的殖民地法院的上诉,在除美国以外的地区实现了英美法的统一适用。在这个阶段,枢密院司法委员会中负责审判的人员基本上都是英国最高法院的大法官。

然而,1931年《威斯敏斯特法》颁布以后,英联邦国家可以自行决定是否向英国枢密院司法委员会上诉。加拿大于1933年取消了刑事案件当事人上诉英国的权利,1949年进一步规定禁止民事案件中的当事人向英国枢密院上诉。南非和爱尔兰分别于1933年宣布不再允许本国国民向英国法院上诉。第二次世界大战以后,许多殖民地国家获得独立,其中印度于1949年,巴基斯坦于1950年宣布司法独立,不再允许当事人上诉至英国枢密院司法委员会。

根据1977年的资料,仍然保留向英国法院上诉制度的国家包括:大洋洲的澳大利亚及其各州、新西兰和斐济;中南美洲的巴哈马、巴尔巴多斯、多美尼达和多巴哥以及牙买加;非洲的博茨瓦纳、冈比亚、塞舌尔和毛里求斯;亚洲的马来西亚、新加坡等国家。同时,这些国家大多对当事人向英国枢密司法委员会上诉设定限制。

在司法制度的方面,英国的司法委员会在统一和规范英美法方面的作用,已经随着英国的没落和殖民地独立运动的兴起而日益衰退。

(三) 英联邦国家的法学教育

在19世纪和20世纪,曾经隶属大英帝国的国家和地区,输送了大量人才前往英国学习法律。这些学生获得英国的大律师的资格以后,很多回到自己的祖国执业。这一做法,一直延续到第二次世界大战之后。根据1960年的统计,在英国获得大律师资格的法律人当中,过半数为来自海外的学生。

英联邦国家的法律人才回到本国以后在这些国家的法制建设上发挥了极大的作用。同时,由于拥有共同的知识背景,他们热衷于相互之间的学术交流和著作的出版。尽管英联邦国家内部的联系较为松散,枢密院司法委员会的作用逐步减弱,但各国法律职业人之间的横向联系和合作,一定程度上维持了英联邦国家在法律上的一致性。例如,联合王国枢密院(House of Lord)的判例,虽然对英联邦国家没有约束力,但实践中却得到各国司法机关的普遍尊重,如非特殊情况,一般不会作出与之相悖的判决。

(四) 美国法对英联邦影响

第二次世界大战以后,英联邦国家开始对之前忽视的美国法抱以极大的关注。究其原因,一方面是英联邦自身的约束力减弱,另一方面和美国在政治、经济方面的实力上升不无关系。美国法对英国法的继承和发展,对众多英联邦国家来说具有一定的启示作用。从世界法律史的经验来看,法的继受和移植与政治权力的关系密切。例如,跨越几世纪的罗马法向日耳曼各地域的移植,法国民法典向拿破仑征服地域的移植,都可以视为神圣罗马皇帝或拿破仑的政治权力发挥了决定性作用。但是,如果说罗马法的继受或法国法的继受是由权力者的政治意图和权力来完成的,那么随着政治权力者的没落,其被继受移植的法律也应随之消灭。但是,历史上的事实却并非如此,无论是罗马法,还是法国法,反而维持得越来越稳固了。这些事实说明在法的继受移植上权力的要因的确发挥一定作用,但更重要的是被继受的法律思想的精神和意识形态的内涵,以及法学本身的发展程度和技术性。就这一点而言,在美国法的强烈影响下,英联邦国家开始改变之前那种追随英国法的姿态,采用比较法的视角审视自身在英美法系中的定位,同时对于大陆法系的研究也得以发展。

三、澳大利亚的司法机关和法律制度

(一) 澳大利亚的历史简况

澳大利亚是英联邦内的独立国,属联邦制国家,其法律体制是从英国移植来的,具有一定的特点,以下作简要介绍。

澳大利亚一语,原意是"南方大陆"(Australia 一词的语源是拉丁文中的南方土地 terraaustralis)。早在 4 万多年前,土著居民便生息繁衍于澳大利亚这块土地上,现在澳大利亚土著居民总数是 41.3 万人(2001 年人口普查)。据有关史料记载,1606 年,西班牙航海家托勒斯(Luis Vaez de Torres)的船只驶过位于澳大利亚和新几内亚岛(伊里安岛)之间的海峡;同年,荷兰人威廉姆·简士的杜伊夫根号(Duyfken)涉足过澳大利亚并且是首次有记载的外来人在澳大利亚的真正登陆。1770 年,英国航海家詹姆斯·库克(James Cook)发现澳大利亚东海岸,将其命名为"新南威尔士"(New South Wales),并宣布这片土地是英国的属土。

之后,在澳大利亚岛上先后出现了新南威尔士、昆士兰(Queensland)、南澳大利亚(South Australia)、塔斯马尼亚(Tasmania)、维多利亚(Victoria)、西澳大利亚(Westen Australia)等 6 块殖民地。19 世纪末,上述地区获得了自治。[①] 1901 年,这 6 个地区作为州组成联邦,即澳大利亚国,成为了英国的自治领。北领地(Northern Territory)和澳大利亚首都领地(Australian Capital Territory)两个地区成为联邦直辖领地。到了 1931 年,澳大利亚成为英联邦的成员,并获得了独立国家的法律地位。

(二) 澳大利亚的法律制度

在澳大利亚,制定法律有两套体系:联邦议会为 6 个州和 2 个领地制定法律,即联邦法律;州议会为本州制定法律,可以就任何与所在州有关的事宜进行立法。联合王国国会制定的《英联邦澳大利亚宪法》(Commonwealth of Australia

---

① 最初 New South Wales 于 1855 年获得自治,Western Australia 于 1890 年最后获得自治。

Constitution Act 1900)①即为澳大利亚联邦宪法。② 在各州当中,个别地方至今仍将联合王国的国会立法作为本州的宪法。

州宪法属于柔性宪法,联邦议会可以通过明示或默认的方式③,推翻或修改州宪法。与之相对,联邦宪法属于硬性宪法。联邦议会通过的修宪法案④,必须经全民投票获半数以上支持,并半数以上的州(4个州)的支持票也须过半数,才能得以实现。⑤ 由于修宪的门槛很高,澳大利亚的修宪法案能够获得通过的极少。澳大利亚建国后,根据统计截止到20世纪80年代的几十年间,联邦议会共提出40多部修宪法案,但最终获得国民多数投票并得以通过的法案仅有5部。⑥

澳大利亚的联邦宪法规定了违宪审查机制,如果州宪法或州议会立法与联邦宪法冲突,有效的联邦法律可以推翻州宪法或法律。不过,澳大利亚联邦宪法之中没有类似美国宪法的权利法案部分,因此违宪审查的对象主要是联邦和州的权力关系以及行政机构间的权力分配问题。

在统治制度方面,联邦和州均采用议会内阁制。议会内阁制原本是英国宪政制度的产物。1788年后,随着英国殖民者的到来,母国议会制度也被引进。《澳大利亚联邦宪法》第64条规定:政府的部长必须为国会议员或在就任3个月之内取得国会议员的身份的人士。可以看出,联邦宪法的许多规定是以议会内阁制为前提的。

澳大利亚的联邦和大多数州都采用两院制的议会制度。联邦众议院(House of Representative)根据各州的人口比例设定若干选区,通过优先选择投票制(Preferential voting)选举产生众议员,任期一般为3年(或截至下次大选)。大选中获众议院多数席位的政党成为执政党,该党领袖就任总理,各部部长从该党联邦众议员和参议员中委任。众议院的主要职责是:立法或修改现有法律;监

---

① 63 & 64 Vict. C. 12.

② Statute of Westminster1931 (22 & 23 Geo. 5. C. 4), s. 8 规定不经同法上的程序不得变更 Constitution Act of the Commonwelth of Australia。

③ McCawley v. R. [1920] A. C. 1 (P. C.) 本案的内容是:昆士兰州的宪法(Constitution Act 1867)规定该州最高法院的法官为终身制。但是,1916年该州立法规定在最高法院设立工业仲裁法庭(Court of Industraial Arbitration)。该法庭的法官虽然拥有最高法院法官的身份,但任期为7年。当事人因此提出诉讼。昆士兰州最高法院和澳大利亚联邦高等法院判决昆士兰州1916年立法违宪,但联合王国枢密院司法委员会在上诉审中推翻了上述判决,认为昆士兰州的宪法不属于基本法(fundamental),根据英国的国会主权原则,默认了昆士兰州的议会立法的合宪性。

④ 联邦议会两院的议员总数过半数的法案或在一个议院两次通过的法案。两次通过的法案第一次通过和第二次通过之间必须间隔3个月以上,且如果另一议院不同意,总督有权决定进行全民投票决定修宪法案。

⑤ Commonwealth of Australia Constitution Act 1900, s. 128。另外,只与某一个州有关的宪法修改案,必须获得该州国民过半数的支持才能成立。

⑥ C. Enright, Constitution Law 97 (1977).

督政府施政并控制政府的财政支出;代表选民表达意愿。①

澳大利亚联邦参议院由76名议员组成,通过比例代表制选举产生,新威尔士州、维多利亚州、昆士兰州、西澳大利亚、南澳大利亚和塔斯马尼亚州各产生12名,首都地区和北领地各产生2名。各州产生的参议员任期为6年,每3年改选其中的半数;代表首都地区和北领地的4名参议员任期最长为3年,其选举与大选同时进行。与众议院相同,参议院也拥有立法权,但不能提出或修改有关税收和政府财政支出的法案。所有的法案都必须经过两院批准才能成为法律,因此参议院扮演着重要的制衡政府的角色。② 如果参众两院的决议发生冲突,互不相让,总督有权同时解散两院(double dissolution),重新进行大选。

在各州的议会中,南澳大利亚州和塔斯马尼亚州的众议院被称为"House of Assembly",其他各州(包括采取一院制的昆士兰州),众议院均被称为"Legislative Assembly",各地的参议院称为"Legislative Council"。

在上文中,本书已经说明,英国的国王同时也兼任澳大利亚的元首。作为英王在澳大利亚的代表,在联邦设有总督(Governor General),在各州设立州督(Governor)。虽然形式上总督有很大的权力,但实际上他必须按照联邦内阁的"建议"行事。总督由总理提名,并由英王批准。虽然理论上英国国王可以拒绝总理的提名并要求一个新的人选,但是从1930年以后这种情况就没有出现过。根据澳大利亚宪法,各州总督根据联合王国外务大臣(Secretary of State for Foreign and Commonwealth Affairs)的建议推选,但实际上主要由各州政府决定。

同时,澳大利亚宪法规定总督有权召集和解散议会、批准实施法律、任命总理、接见外国使节。与英国国王一样,总督的上述权限一般根据内阁或政府主管部门负责人的建议进行。然而,这一规定也有例外,即国王和总督可以按照自己的意志进行统治行为。由于总督的自主统治权的范围不甚明确,历史上曾经发生过很大争议。1975年,澳大利亚当时的总督约翰·克尔(John R. Kerr)免除爱德华·惠特拉姆(Edward G. Whitelam)的总理职务,同时解散联邦两院议会,任命约翰·马尔科姆·弗雷泽(John Malcolm Fraser)为新总理。这一举动在全国引起轩然大波,人们普遍认为一个不是由人民选择的总督,无权解散由人民选举产生的政府。

澳大利亚联邦政府只能在联邦宪法允许的范围内起草制定法律,如在海关和金融领域有唯一制定法律的权力,但在道路交通和教育、卫生等领域则是由联邦和州共同承担的。两者也会在保护消费者权益方面制定不同类别的法律。

澳大利亚宪法明确规定在有些方面联邦不能制定法律,不过,当州与州之间

---

① Commonwealth of Australia Constitution Act 1900, s. 28.
② Ibid., s. 13.

的法律出现矛盾甚至冲突时,允许州政府将制定法律的权力交给联邦政府。在澳大利亚,联邦和各州的法律制度虽然体现了所谓的立法、行政和司法的三权分立,但作为联邦或州的部长,同时也是议会议员,既是法律的执行者也是制定者。而司法则是完全独立于立法和行政部门的,在解释和适用法律时,法官独立于政府。

一直以来,澳大利亚法院的终审权由英国的枢密院享有,澳大利亚公民不服判决可最终上诉至英国。1986年,英国女王与澳大利亚签署《与澳大利亚关系法》,自此,澳大利亚高等法院开始享有终审权,所有的案件只在澳大利亚审理。

在司法方面,澳大利亚的联邦法院系统中最为重要的是澳大利亚高等法院(High Court of Australia),它是所有法律案件(无论是属于联邦还是属于各州管辖)的最终上诉法院。在两个直辖领地,设立了处理普通案件的联邦法院,同时也有一些专门法院,如澳洲工业法院(Australian Industrial Court)、联邦破产法院(Federal Court of Bankruptcy)和澳洲家庭法院(Family Court of Australia)等。根据宪法授权,联邦议会也可以赋予州法院管辖属于联邦的事项。

《澳大利亚联邦宪法》第75条和第76条规定了联邦法院的一审管辖权范围:(1)国际条约所规定的事项;(2)与大使、领事或其他外国使节有关的案件;(3)联邦或其代理人为当事人的案件;(4)州与州之间,不同州的居民(resident)之间或者一州与其他州居民之间的纠纷;(5)要求签发针对联邦公务员的执行令状(mandamus)、禁止令状(prohibition)或强制令状(injunction)等的案件;(6)与联邦宪法或宪法解释有关的案件;(7)与联邦议会制定的法令有关的案件;(8)与海法或海事审判权有关的案件;(9)根据不同的州法主张同一诉讼对象物所有权的案件。其中对第(6)到第(9)项,根据联邦议会的立法,可以确定联邦高等法院是否有管辖权。同时,州法院是否对上述事项有管辖权,也要参照相关的联邦立法,但实务上并不排斥州法院的竞合管辖权。

澳大利亚联邦高等法院在行使一审法院的职能时,采取法官独任制或有三名法官组成合议庭。可以向联邦高等法院上诉的案件包括:(1)最高法院所作的一审判决;(2)其他联邦法院的判决;(3)和联邦法院审判权产生竞合的州法院判决;(4)州最高法院的判决;(5)州际(商务)委员会(Interstate Commission)的裁决等。

澳大利亚的州法院只能处理州法律所规定的法律事项[①],但不符州法院判决者可以向英国枢密院司法委员会提起上诉。如前所述,澳大利法高等法院拥有案件的终审权,因此,英国枢密院司法委员会的判决与澳大利亚高等法院的判

---

① Amendment to Judiciary Act, s.39 (1968).

例发生冲突时,即产生问题。①

根据 1900 年《宪法》第 74 条,联邦高等法院有权针对联邦和州或各州之间的宪法争议,向英国枢密院司法委员会申请"确认"。然而,在已经收回终审权的今天,澳大利亚高等法院几乎不可能再次接受以"确认之诉"(certification)向枢密院提起上诉。另外,同一法条还规定,澳大利亚高等法院可以根据国王的"许可"向枢密院提起上诉,但澳大利亚联邦议会已经在 1968 年制定《限制上诉法》(Privy Council[Limitation of Appeals] Act 1968)禁止将联邦法上的案件向英国枢密院上诉。1975 年联邦议会再次立法,规定州法上的案件已向高等法院上诉的,禁止再将案件提交英国枢密院(Privy Council[Appeals from the High Court] Act 1975)。

在律师制度方面,澳大利亚各州各有特点。南澳大利亚州、西澳大利亚州和塔斯马尼亚州废除了将律师划分为出庭律师和事务律师的做法,允许通过律师考试者同时获得这两种资格。新南威尔士州和昆士兰州仍然遵循旧例,采用两阶层制(出庭律师和事务律师)的律师制度。在维多利亚州,虽然制度上已经实现了单一阶层制,但在律师实务中,出庭律师和事务律师仍然泾渭分明,各司其职。

(三) 三种类型的法律

澳大利亚目前的法律有三种不同的类型:一是议会制定的成文法;二是通过法官判决形成的判例法;三是执行法律者作出的一些法规,但必须得到议会授权才可制定。在 1931 年《威斯敏斯特法》之前制定的联合王国的法律,如果规定也适用于澳大利亚,基本上被沿用至今。另外,各州创建初期也继受了一定数量的殖民地法。②

随着时代的发展,澳大利亚的刑法和民法都在不断地发生变化,法律改革的工作由联邦的澳大利亚法律改革委员会和澳大利亚各州的法律改革委员会承担。这些委员会不断就法律的问题进行研究和探讨,并且就修改法律或者新的立法问题向政府提出建议。

---

① F. Maher, L. Waller & D. Derham, *Cases and Materials on the Legal Process*, Law Book Co., 1984, pp. 117—119.

② 根据 1828 年《澳大利亚法院法》(Australian Courts Art 1828, 9 Geo. 4 c. 83),新南威尔士、昆士兰、维多利亚和塔斯尼亚四个州建立殖民的日期被认为是 1828 年 7 月 25 日。另外两个州以实际殖民者进入该地区日期为创建日。

附录一 英国 1628 年权利请愿书

This is a statement of the objectives of the 1628 English legal reform movement that led to the Civil War and deposing of Charles I in 1649. It expresses many of the ideals that later led to the American Revolution.

The Petition of Right 1628

Ⅰ. The Petition exhibited to his Majesty by the Lords Spiritual and Temporal, and Commons, in this present Parliament assembled, concerning divers Rights and Liberties of the Subjects, with the Kings Majestys royal answer thereunto in full Parliament. To the Kings Most Excellent Majesty, Humbly show unto our Sovereign Lord the King, the Lords Spiritual and Temporal, and Commons in Parliament assembles, that whereas it is declared and enacted by a statute made in the time of the reign of King Edward I, commonly called Stratutum de Tellagio non Concedendo, that no tallage or aid shall be laid or levied by the king or his heirs in this realm, without the good will and assent of the archbishops, bishops, earls, barons, knights, burgesses, and other the freemen of the commonalty of this realm; and by authority of parliament holden in the five-and-twentieth year of the reign of King Edward III, it is declared and enacted, that from thenceforth no person should be compelled to make any loans to the king against his will, because such loans were against reason and the franchise of the land; and by other laws of this realm it is provided, that none should be charged by any charge or imposition called a benevolence, nor by such like charge; by which statutes before mentioned, and other the good laws and statutes of this realm, your subjects have inherited this freedom, that they should not be compelled to contribute to any tax, tallage, aid, or other like charge not set by common consent, in parliament.

Ⅱ. Yet nevertheless of late divers commissions directed to sundry commissioners in several counties, with instructions, have issued; by means whereof your people have been in divers places assembled, and required to lend certain sums of money unto your Majesty, and many of them, upon their refusal so to do, have had an oath administered unto them not warrantable by the laws or statutes of this realm, and have been constrained to become bound and make appearance and give utterance before your Privy Council and in other places, and others of them have been therefore imprisoned, confined, and sundry other ways molested and disquieted; and divers other charges have been laid and levied upon your people in several counties by lord lieutenants, deputy lieutenants, commissioners for musters, justices of peace and others, by command or direction from your Majesty, or your Privy Council, against the laws and free custom of the realm.

III. And whereas also by the statute called The Great Charter of the Liberties of England, it is declared and enacted, that no freeman may be taken or imprisoned or be disseized of his freehold or liberties, or his free customs, or be outlawed or exiled, or in any manner destroyed, but by the lawful judgment of his peers, or by the law of the land.

IV. And in the eight-and-twentieth year of the reign of King Edward III, it was declared and enacted by authority of parliament, that no man, of what estate or condition that he be, should be put out of his land or tenements, nor taken, nor imprisoned, nor disinherited nor put to death without being brought to answer by due process of law.

V. Nevertheless, against the tenor of the said statutes, and other the good laws and statutes of your realm to that end provided, divers of your subjects have of late been imprisoned without any cause showed; and when for their deliverance they were brought before your justices by your Majestys writs of habeas corpus, there to undergo and receive as the court should order, and their keepers commanded to certify the causes of their detainer, no cause was certified, but that they were detained by your Majestys special command, signified by the lords of your Privy Council, and yet were returned back to several prisons, without being charged with anything to which they might make answer according to the law.

VI. And whereas of late great companies of soldiers and mariners have been dispersed into divers counties of the realm, and the inhabitants against their wills have been compelled to receive them into their houses, and there to suffer them to sojourn against the laws and customs of this realm, and to the great grievance and vexation of the people.

VII. And whereas also by authority of parliament, in the five-and-twentieth year of the reign of King Edward III, it is declared and enacted, that no man shall be forejudged of life or limb against the form of the Great Charter and the law of the land; and by the said Great Charter and other the laws and statutes of this your realm, no man ought to be adjudged to death but by the laws established in this your realm, either by the customs of the same realm, or by acts of parliament: and whereas no offender of what kind soever is exempted from the proceedings to be used, and punishments to be inflicted by the laws and statutes of this your realm; nevertheless of late time divers commissions under your Majestys great seal have issued forth, by which certain persons have been assigned and appointed commissioners with power and authority to proceed within the land, according to the justice of martial law, against such soldiers or mariners, or other dissolute persons joining with them, as should commit any murder, robbery, felony, mutiny, or other outrage or misdemeanor whatsoever, and by such summary course and order as is agreeable to martial law, and is used in armies in time of war, to proceed to the trial and condemnation of such offenders, and them to cause to be executed and put to death according to the law martial.

VIII. By pretext whereof some of your Majestys subjects have been by some of the said commissioners put to death, when and where, if by the laws and statutes of the land they had deserved death, by the same laws and statutes also they might, and by no other ought to have been judged and executed.

IX. And also sundry grievous offenders, by color thereof claiming an exemption, have escaped the punishments due to them by the laws and statutes of this your realm, by reason that divers of your officers and ministers of justice have unjustly refused or forborne to proceed against such offenders according to the same laws and statutes, upon pretense that the said offenders were punishable only by martial law, and by authority of such commissions as aforesaid; which commissions, and all other of like nature, are wholly and directly contrary to the said laws and statutes of this your realm.

X. They do therefore humbly pray your most excellent Majesty, that no man hereafter be compelled to make or yield any gift, loan, benevolence, tax, or such like charge, without common consent by act of parliament; and that none be called to make answer, or take such oath, or to give attendance, or be confined, or otherwise molested or disquieted concerning the same or for refusal thereof; and that no freeman, in any such manner as is before mentioned, be imprisoned or detained; and that your Majesty would be pleased to remove the said soldiers and mariners, and that your people may not be so burdened in time to come; and that the aforesaid commissions, for proceeding by martial law, may be revoked and annulled; and that hereafter no commissions of like nature may issue forth to any person or persons whatsoever to be executed as aforesaid, lest by color of them any of your Majestys subjects be destroyed or put to death contrary to the laws and franchise of the land.

XI. All which they most humbly pray of your most excellent Majesty as their rights and liberties, according to the laws and statutes of this realm; and that your Majesty would also vouchsafe to declare, that the awards, doings, and proceedings, to the prejudice of your people in any of the premises, shall not be drawn hereafter into consequence or example; and that your Majesty would be also graciously pleased, for the further comfort and safety of your people, to declare your royal will and pleasure, that in the things aforesaid all your officers and ministers shall serve you according to the laws and statutes of this realm, as they tender the honor of your Majesty, and the prosperity of this kingdom.

附录二　美国宪法修正案(权利法案)

ARTICLES IN ADDITION TO, AND AMENDMENTS OF THE CONSTITUTION OF THE UNITED STATES OF AMERICA

CONSTITUTION OF THE UNITED STATES OF AMERICA, PROPOSED BY CONGRESS, AND RATIFIED BY THE LEGISLATURES OF THE SEVERAL STATES, PURSUANT TO THE FIFTH ARTICLE OF THE ORIGINAL CONSTITUTION

Article [I.]

Congress shall make no law respecting an establishment of religion, or prohibiting the free exercise thereof; or abridging the freedom of speech, or of the press; or the right of the people peaceably to assemble, and to petition the Government for a redress of grievances.

Article [II.]

A well regulated Militia, being necessary to the security of a free State, the right of the people to keep and bear Arms, shall not be infringed.

Article [III.]

No Soldier shall, in time of peace be quartered in any house, without the consent of the Owner, nor in time of war, but in a manner to be prescribed by law.

Article [IV.]

The right of the people to be secure in their persons, houses, papers, and effects, against unreasonable searches and seizures, shall not be violated, and no Warrants shall issue, but upon probable cause, supported by Oath or affirmation, and particularly describing the place to be searched, and the persons or things to be seized.

Article [V.]

No person shall be held to answer for a capital, or otherwise infamous crime, unless on a presentment or indictment of a Grand Jury, except in cases arising in the land or naval forces, or in the Militia, when in actual service in time of War or public danger; nor shall any person be subject for the same offence to be twice put in jeopardy of life or limb; nor shall be compelled in any criminal case to be a witness against himself, nor be deprived of life, liberty, or property, without due process of law; nor shall private property be taken for public use, without just compensation.

Article [VI.]

In all criminal prosecutions, the accused shall enjoy the right to a speedy and public trial, by an impartial jury of the State and district wherein the crime shall have been committed, which district shall have been previously ascertained by law, and to be informed of the nature and cause of the accusation; to be confronted with the witnesses against him; to have compulsory process for obtaining witnesses in his favor, and to have the Assistance of Counsel for his defence.

Article [VII.]

In Suits at common law, where the value in controversy shall exceed twenty dollars, the right of trial by jury shall be preserved, and no fact tried by a jury, shall be otherwise re-examined in any Court of the United States, than according to the rules of the common law.

Article [VIII.]

Excessive bail shall not be required, nor excessive fines imposed, nor cruel and unusual punishments inflicted.

Article [IX.]

The enumeration in the Constitution, of certain rights, shall not be construed to deny or disparage others retained by the people.

Article [X.]

The powers not delegated to the United States by the Constitution, nor prohibited by it to the States, are reserved to the States respectively, or to the people.

[Article XI.] (1795.)

The Judicial power of the United States shall not be construed to extend to any suit in law or equity, commenced or prosecuted against one of the United States by Citizens of another State, or by Citizens or Subjects of any Foreign State.

[Article XII.] (1804.)

The Electors shall meet in their respective states, and vote by ballot for President and Vice-President, one of whom, at least, shall not be an inhabitant of the same state with themselves; they shall name in their ballots the person voted for as President, and in distinct ballots the person voted for as Vice-President, and they shall make distinct lists of all persons voted for as President, and of all persons voted for as Vice-President, and of the number of votes for each, which lists they shall sign and certify, and transmit sealed to the seat of the government of the United States, directed to the President of the Senate;—The President of the Senate shall, in the presence of the Senate and House of Representatives, open all the certificates and the votes shall then be counted;—The person having the greatest number of votes for President, shall be the President, if such number be a majority of the whole number of Electors appointed; and if no person have such majority, then from the persons having the highest numbers not exceeding three on the list of those voted for as President, the House of Representatives shall choose immediately, by ballot, the President. But in choosing the President, the votes shall be taken by states, the representation from each state having one vote; a quorum for this purpose shall consist of a member or members from two-thirds of the states, and a majority of all the states shall be necessary to a choice. And if the House of Representatives shall not choose a President whenever the right of choice shall devolve upon them, before the fourth day of March next following, then the Vice-President shall act as President, as in the case of the death or other constitutional disability of the President. (See Note 14)—The person having the greatest number of votes as Vice-President, shall be the Vice-President, if such number be a majority of the whole number of Electors appointed; and if no person have a majority, then from the two highest numbers on the list, the Senate shall choose the Vice-President; a quorum for the purpose shall consist of two-thirds of the whole number of Senators, and a majority of the whole number shall be necessary to a choice. But no person constitutionally ineligible to the office of President shall be eligible to that of Vice-President of the United States.

Article XIII. (1865.)

Section 1. Neither slavery nor involuntary servitude, except as a punishment for crime whereof the party shall have been duly convicted, shall exist within the United States, or any place subject to their jurisdiction.

Section 2. Congress shall have power to enforce this article by appropriate legislation.

Article XIV. (1868.)

Section 1. All persons born or naturalized in the United States, and subject to the jurisdiction thereof, are citizens of the United States and of the State wherein they reside. No State shall make or enforce any law which shall abridge the privileges or immunities of citizens of the United States; nor shall any State deprive any person of life, liberty, or property, without due process of law; nor deny to any person within its jurisdiction the equal protection of the laws.

Section 2. Representatives shall be apportioned among the several States according to their respective numbers, counting the whole number of persons in each State, excluding Indians not taxed. But when the right to vote at any election for the choice of electors for President and Vice President of the United States, Representatives in Congress, the Executive and Judicial officers of a State, or the members of the Legislature thereof, is denied to any of the male inhabitants of such State, being twenty-one years of age, (See Note 15) and citizens of the United States, or in any way abridged, except for participation in rebellion, or other crime, the basis of representation therein shall be reduced in the proportion which the number of such male citizens shall bear to the whole number of male citizens twenty-one years of age in such State.

Section 3. No person shall be a Senator or Representative in Congress, or elector of President and Vice President, or hold any office, civil or military, under the United States, or under any State, who, having previously taken an oath, as a member of Congress, or as an officer of the United States, or as a member of any State legislature, or as an executive or judicial officer of any State, to support the Constitution of the United States, shall have engaged in insurrection or rebellion against the same, or given aid or comfort to the enemies thereof. But Congress may by a vote of two-thirds of each House, remove such disability.

Section 4. The validity of the public debt of the United States, authorized by law, including debts incurred for payment of pensions and bounties for services in suppressing insurrection or rebellion, shall not be questioned. But neither the United States nor any State shall assume or pay any debt or obligation incurred in aid of insurrection or rebellion against the United States, or any claim for the loss or emancipation of any slave; but all such debts, obligations and claims shall be held illegal and void.

Section 5. The Congress shall have power to enforce, by appropriate legislation, the provisions of this article.

Article XV. (1870)

Section 1. The right of citizens of the United States to vote shall not be denied or abridged by the United States or by any State on account of race, color, or previous condition of servitude.

Section 2. The Congress shall have power to enforce this article by appropriate legislation.

Article XVI. (1913.)

The Congress shall have power to lay and collect taxes on incomes, from whatever source derived, without apportionment among the several States, and without regard to any census or enumeration.

[Article XVII.]. (1913.)

The Senate of the United States shall be composed of two Senators from each State, elected by the people thereof, for six years; and each Senator shall have one vote. The electors in each State shall have the qualifications requisite for electors of the most numerous branch of the State legislatures.

When vacancies happen in the representation of any State in the Senate, the executive authority of such State shall issue writs of election to fill such vacancies: Provided, That the legislature of any State may empower the executive thereof to make temporary appointments until the people fill the vacancies by election as the legislature may direct.

This amendment shall not be so construed as to affect the election or term of any Senator chosen before it becomes valid as part of the Constitution.

Article [XVIII]. (1919.)

Section 1. After one year from the ratification of this article the manufacture, sale, or transportation of intoxicating liquors within, the importation thereof into, or the exportation thereof from the United States and all territory subject to the jurisdiction thereof for beverage purposes is hereby prohibited.

Section. 2. The Congress and the several States shall have concurrent power to enforce this article by appropriate legislation.

Section. 3. This article shall be inoperative unless it shall have been ratified as an amendment to the Constitution by the legislatures of the several States, as provided in the Constitution, within seven years from the date of the submission hereof to the States by the Congress.

Article [XIX]. (1920.)

The right of citizens of the United States to vote shall not be denied or abridged by the United States or by any State on account of sex.

Congress shall have power to enforce this article by appropriate legislation.

Article [XX.]. (1933.)

Section 1. The terms of the President and Vice President shall end at noon on the 20th day of January, and the terms of Senators and Representatives at noon on the 3d day of January, of the years in which such terms would have ended if this article had not been ratified; and the terms of their successors shall then begin.

Section. 2. The Congress shall assemble at least once in every year, and such meeting shall begin at noon on the 3d day of January, unless they shall by law appoint a different day.

Section. 3. If, at the time fixed for the beginning of the term of the President, the President elect shall have died, the Vice President elect shall become President. If a President shall not have been chosen before the time fixed for the beginning of his term, or if the President elect shall have failed to qualify, then the Vice President elect shall act as President until a President shall have qualified; and the Congress may by law provide for the case wherein neither a President elect nor a Vice President elect shall have qualified, declaring who shall then act as President, or the manner in which one who is to act shall be selected, and such person shall act accordingly until a President or Vice President shall have qualified.

Section. 4. The Congress may by law provide for the case of the death of any of the persons from whom the House of Representatives may choose a President whenever the right of choice shall have devolved upon them, and for the case of the death of any of the persons from whom the Senate may choose a Vice President whenever the right of choice shall have devolved upon them.

Section. 5. Sections 1 and 2 shall take effect on the 15th day of October following the ratification of this article.

Section. 6. This article shall be inoperative unless it shall have been ratified as an amendment to the Constitution by the legislatures of three-fourths of the several States within seven years from the date of its submission.

Article [XXI.] . (1933)

Section 1. The eighteenth article of amendment to the Constitution of the United States is hereby repealed.

Section 2. The transportation or importation into any State, Territory, or possession of the United States for delivery or use therein of intoxicating liquors, in violation of the laws thereof, is hereby prohibited.

Section 3. This article shall be inoperative unless it shall have been ratified as an amendment to the Constitution by conventions in the several States, as provided in the Constitution, within seven years from the date of the submission hereof to the States by the Congress.

Amendment XXII. (1951.)

Section 1. No person shall be elected to the office of the President more than twice, and no person who has held the office of President, or acted as President, for more than two years of a term to which some other person was elected President shall be elected to the office of the President more than once. But this article shall not apply to any person holding the office of President when this article was proposed by the

Congress, and shall not prevent any person who may be holding the office of President, or acting as President, during the term within which this article becomes operative from holding the office of President or acting as President during the remainder of such term.

Section 2. This article shall be inoperative unless it shall have been ratified as an amendment to the Constitution by the legislatures of three-fourths of the several states within seven years from the date of its submission to the states by the Congress.

Amendment XXIII. (1961.)

Section 1. The District constituting the seat of government of the United States shall appoint in such manner as the Congress may direct:

A number of electors of President and Vice President equal to the whole number of Senators and Representatives in Congress to which the District would be entitled if it were a state, but in no event more than the least populous state; they shall be in addition to those appointed by the states, but they shall be considered, for the purposes of the election of President and Vice President, to be electors appointed by a state; and they shall meet in the District and perform such duties as provided by the twelfth article of amendment.

Section 2. The Congress shall have power to enforce this article by appropriate legislation.

Amendment XXIV. (1964.)

Section 1. The right of citizens of the United States to vote in any primary or other election for President or Vice President, for electors for President or Vice President, or for Senator or Representative in Congress, shall not be denied or abridged by the United States or any state by reason of failure to pay any poll tax or other tax.

Section 2. The Congress shall have power to enforce this article by appropriate legislation.

Amendment XXV. (1967.)

Section 1. In case of the removal of the President from office or of his death or resignation, the Vice President shall become President.

Section 2. Whenever there is a vacancy in the office of the Vice President, the President shall nominate a Vice President who shall take office upon confirmation by a majority vote of both Houses of Congress.

Section 3. Whenever the President transmits to the President pro tempore of the Senate and the Speaker of the House of Representatives his written declaration that he is unable to discharge the powers and duties of his office, and until he transmits to them a written declaration to the contrary, such powers and duties shall be discharged by the Vice President as Acting President.

Section 4. Whenever the Vice President and a majority of either the principal officers of the executive departments or of such other body as Congress may by law provide, transmit to the President pro tempore of the Senate and the Speaker of the House of Representatives their written declaration that the President is unable to discharge the powers and duties of his office, the Vice President shall immediately assume the powers and duties of the office as Acting President.

Thereafter, when the President transmits to the President pro tempore of the Senate and the Speaker of the House of Representatives his written declaration that no inability exists, he shall resume the powers and duties of his office unless the Vice President and a majority of either the principal officers of the executive department or of such other body as Congress may by law provide, transmit within four days to the President pro tempore of the Senate and the Speaker of the House of Representatives their written declaration that the President is unable to discharge the powers and duties of his office. Thereupon Congress shall decide the issue, assembling within forty-eight hours for that purpose if not in session. If the Congress, within twenty-one days after receipt of the latter written declaration, or, if Congress is not in session, within twenty-one days after Congress is required to assemble, determines by two-thirds vote of both Houses that the President is unable to discharge the powers and duties of his office, the Vice President shall continue to discharge the same as Acting President; otherwise, the President shall resume the powers and duties of his office.

Amendment XXVI. (1971.)

Section 1. The right of citizens of the United States, who are 18 years of age or older, to vote, shall not be denied or abridged by the United States or any state on account of age.

Section 2. The Congress shall have the power to enforce this article by appropriate legislation.

Amendment XXVII. (1992.)

No law varying the compensation for the services of the Senators and Representatives shall take effect until an election of Representatives shall have intervened.

用词用语表

A

abbot　修道院院长
abeyance of sesin　造成自由保有地闲置的让渡
abridge　限制
account　账目
action at law　判例法中的诉讼
action of account　收回欠债之诉
action of debt　债务之诉
action on the case　个案诉讼
Active Use　积极用益
actual representation　现实代表制
ad hoc　【拉丁文】特别的,专门的
Administrative Counties　行政县
administrative courts　行政性法院
administrator　遗产管理人
advocate　辩护人
advowson　圣职叙任;教职任免权
Aids　援助金
amercement　罚款
antiquarian　复辟主义者;古文物研究者
appeal of felony　对严重犯罪的举报
apprentice　法律学徒
Archbishop　大主教
arliament　残余议会
assault　使用暴力
assize　巡回大审判庭;咨审团
assize of mort d'ancestor　恢复继承土地诉讼
assize of novel disseisin　恢复新近被侵占土地诉讼制度
assumpit　违约之诉

Attaint　陪审复查团
Attorney　初级律师
attorneys　法律代理人

B

bailiff　管家
bar　大律师阶层
baron　男爵
barristers　出庭辩护律师
battery　暴力伤害
bench　法官阶层
bencher　主管委员
beneficiary　信托受益人
benefit of clergy　神职者的特权
benevloence　自愿捐赠
bill of account　确认报账之诉
bill of attainder　剥夺私权令
binding effect　约束力
Bishop　主教
Black Death　黑死病
Board of Councillors　由国家高级官员组成的法院
bona fide purchaser　善意有偿的第三人
borough　城市地区;自治市镇
breve de recto tenendo　"持续正义"令状
burh　市集

C

Cabinet Council　内阁会议
Canon law　教会法
case　个案,案例,案件
caucus　党团会议
cestui que use　（衡平法上的）受益人

Chancellor　秘书
Chancery　大法官法院
Chancery Division　大法官法庭
charge　费用
charter　宪章
Charter of Liberties　自由宪章
chattel real　与土地有关的人身财产权
Chief Justiciar　首席法官
circuit judge　巡回法官
City of London　专门针对伦敦市而制定的地域法
civil law　大陆法
Civil Law system　大陆法系、罗马法系、民法法系
class action　集团诉讼
classification　分类方法
clerkship　职员,实习
comity　礼让
commerce clause　商业条款
commerce clause　商业条款
Committee　委员会
common　公地
Common Law　单一的不成文法、普通法、判例法
Common Law system　英美法系、普通法系
Common Pleas　普通诉讼法庭
commonwealth　政治实体
Commutation　金钱代替劳动义务
comparative negligence　责任抵消原则
Compurgation　立誓免罪;立誓担保
condition precedent　停止条件
conflict of laws　法律冲突
compelling interest　重大的公共利益
Congregationalist　基督教公理会
consideration　对价
consideration　合意
conspiracy　共谋罪
constable　治安官

constitutional convention　制宪会议
contempt of court　藐视法庭行为
Continental Congress　大陆会议
contingent remainder　不确定的剩余权
contra pacem regis　扰乱了国王的太平
contracts of guarantee　担保合同
contributory negligence　过失归责原则
convention　大会,惯例,协议
Convention Parliament　惯例议会
Convocation　神职人员会议
Copyhold　土地官册登记制度
copyhold tenure　公簿持有保有权
copyholder　公簿土地保有人
corporation borough　市政自治体
cosinage　亲属
cost of reproccduction　再生产成本
Council　国务委员会
Council at court　廷内咨议会
Country Court　郡法院
county　农村地区
county　行政县
county court　治安法院
County-Boroughs　县级市
Court Leet　领主刑事法院
Court of Admiralty　海事法庭
Court of Agumentations　增收法院
Court of Assistants　理事庭
Court of Common Pleas　普通上诉法院
Court of Exchequer　财务法庭
Court of Exchequer Chamber　财务上诉法院
Court of High Commission　高级宗教事务官法院
Court of King's Bench　王座法院
Court of pie poudre 或 the court of "piepowder"　泥腿法庭
Court of Quarter Sessions　四季审判庭
Court of Requests　小额请求法院
Court of Star Chamber　星座法院

Court of the Staple 特许贸易市镇法院
Court of Wards 监护法院
Courts of Cinque Ports 五港法庭
covenant 印约之诉
crossover voting 交叉投票
Crown Court 皇家刑事法院
Crystallization of Equity 衡平法的体系化
Curia Regis 王室法庭；御前会议
custom 惯例

D

damages 金钱赔偿
debt 债务
deceit 诈骗,欺诈
decree 衡平法中的判决
deed 契据
delegates 议员,代表
delict 违法行为,违警罪
destructibility of contingent remainder 丧失剩余地产利益
Determinable fee 可终结的不动产权
detinjue 返还不法取得动产之诉
devolution 地方分权
direct 直接
Direct primary 直接初选制
disallow 驳回
disallowance 驳回权
dispensing power 豁免权
distress 保障性动产扣留
district 区域
Divorce 离婚
Doctor's Commons 民法博士会
Domesday Book 英格兰土地清账书册
Domesdaysurvey 末日审判
domestic institution 内务
due process 正当程序
due process of law 法律的正当程序
during good behaviour 行为端正

E

easement 地役权
EC 盟欧洲经济共同体
Eire 爱尔兰共和国
ejectment 收回不动产之诉
electoral votes 选举人票
enclosure movement 圈地运动
equitable interest 衡平法上的"权利"
equitable remedy 衡平法上的救济
Equity 衡平法
equity draftsman 衡平法律师候选人
Equity is equality 衡平即平等
Escheat 土地归还
established church 指定教派
establishment 精英集团制度
estate 地产权
estate for years 租赁不动产权
estoppel 禁止反言原则
Exchequer 理财法庭；财务府
exclusionary rule 排除性规则
executive 执法,执行的,主管
executor 遗嘱执行人
external duties 外部税

F

false imprisonment 不法监禁
Family Division 家庭法庭
Family Settlement 家庭财产设定
farmer's alliance 农民同盟
fee simple 法律上所有权
fee simple absolute 无条件继承
Fee subject to a condition subsequent 规定取消权的不动产权
fee tail 限嗣不动产权,限定继承地产权
felicific calculus 幸福计算
felony 重罪
feudal incident 附随条件；封建义务

fine   罚金
forfeiture   没收
forms of action   诉讼方式;格式诉讼
frankalmoign   教会保有;自由教役保有
freehold tenure   自由土地保有
freeholder   不动产的终身保有者;自由土地所有人
future interests   未来权益

G

general assumpsit   一般违约之诉
general issue   一般抗辩
government bill   政府提出的议案
governor   美国的州长制
governor   总督
grand sergeanty   大服侍保有
grand serjeanty   大侍君役保有
Gray's Inn   格雷学院

H

habeas corpus   人身保护令
habit   习惯
High Court   高等法院
Hilary term   高等法院开庭期
homage   效忠宣誓
Homestead Act   《宅地法》
House of Lords   贵族院
Hundred   百户邑
Hundred Court   百户村法院

I

impeachment   弹劾制度
imposition   税收
impracticable   执行困难
incidents   附属义务要件
indebitatus assumpsit   债务承诺之诉
influence   影响,影响力
initiative   国民提案

injunction   停止令;大法官法院的禁制令
Inn of Court   法庭学院
inner barrister   内侧律师
Inns of Chancery   大法官学校
Inns of Court   法律学院
Inns of Court   衡平法律师学院
inquest of sheriffs   郡治安官审查令
Inquest, Inquisition   调查,陪审
insurrection   叛乱
internal duties   内部税
interregnum   共和政体
Irish Free State   爱尔兰自由邦

J

judge-made law   法官造法
Judgment   判例法中的判决
Juris Doctor   法律博士
Jurisdiction   法域、审判权、管辖权
justice in eyre   巡查法官
justice of the peace   治安法官
Justices in Eyre   兼负行政职责的巡回法官
Justices of Assize   司专职审判的巡回法官

K

King in Parliament   混合君主制
King's Council   王室法院
King's Court   国王法庭
King's Peace   国王的太平
knight service   "骑士军役"制度

L

Law French   法律法语
Law Merchant   商业习惯法
law of the land 拉丁语 lex terrae   国家法律
Law Society   法律协会
Lawful Man   守法的人
Leasehold   租借地;租赁持有;租赁权
legal interest   普通法权益

legal profession　法律职业
legal remedy　判例法上的救济
legal systems　法系
Less than freehold estate　小于自主保有地产权的权利
Levellers　平等派
libel　以书面诽谤他人名誉
Liberal Party　自由党
liberty of contract　契约自由
life estate　终生地产权
Lincoln's Inn　林肯学院
livery company　同业工会
livery of seisin　让渡自由保有地
local court　地方法院
local l aw　涉及特定地域的立法
Lord Chancellor　大法官;王室秘书
Lord High Treasurer　财务大臣
Lords Spiritual and Temporal　高级神职人员和贵族

M

Marriage　婚姻
magistrates　行政官
magistrates　行政官
Magna Carta　《自由大宪章》
malf easance　使用错误方法,不当行为
malicious prosecution　诬告行为
Manorial Court　农庄法院
merger　合并
midnight regulations　子夜法案
military tenure　军役保有
mixed action　混合诉讼
mixed government　混合政体
mobocracy　暴民政治
Model Parliament　模范国会
monastery　修道院
money bill　财政法案
monopoly　垄断

mortgage　（财产）抵押
Mortmain　永久管业,永久营业的土地
mund　自由人的太平
Municipal Boroughs　自治市
My word is my bond　言行一致,信守承诺

N

narrator　法律辩护人,陈述者
negligence　过失
new trail　再审
Nisi Prius　初审制度
no representation　完全无代表性
Nominated Parliament　官委议会
nonfeasance　不履行义务
non-freehold　非自由持有
nuisance　妨害

O

officer of the court　法庭官员
observation Party　保守党
ordeal　神明裁判
ordeal of cold water　水审（神明裁判的一种）
ordeal of hot iron　火审（神明裁判的一种）
order in Council　根据法律颁布的政令
ostensurus quare　传召令状
override　推翻

P

Pannomion　万全法
Parish　村
Parish Meetings　村民大会
patronage　官职授予权
peine forte et dure　应承受酷刑
Penalty　违约罚金
penumbra　投影
periodic tenancy　定期续展的租赁地产权
personal action　对人诉讼

personal property　个人动产;私有财产
persuasive effect　说服力
petty assize　小巡回陪审诉讼
petty sergeanty　小服侍保有
petty serjeanty　小侍君役保有
Petty Session　即决审判
pleader　答辩人
pleading　诉答状
pocket veto　搁置法案否决权
police power　公共福祉权
poor law　济贫法
poor rate　扶贫税
popular sovereignty　主权在民
Populism　民粹主义运动
Populist Party　平民党
possession　占有
possessory assize　恢复土地保有诉讼
possibility reverter　将来可能占有的财产
praecipe quod reddat　领主权令状
prerogative court　遗嘱法院
prerogative courts　特权法院
prerogatives　特权
Presbyterian　基督教长老会
primary　初选
primary election　初选选举
primogeniture　长子继承制
prison forte et dure　坚固牢狱
private act　私人法案
private law　针对特定的社会团体和个人的"个人法"
private member's bill　议员个人提交的议案
Private Wrongs　侵害私益行为
Privy Council　枢密院
Probate　遗嘱检验
Proclamation　赦令,宣言宣告
proctor　代理人
professor-made law　教授造法
Progressivism　进步主义运动

proprietary colony　领主殖民地,独占殖民地
public bill　公共法案
Public Record Office　公文厅
Public Wrongs　侵害公益行为

Q

Queen's Bench Division　女王法庭

R

reader　讲诵师
real action　对物诉讼
real property　不动产
Reconstruction　重建
recorder　法庭书记官
referendum　全民公决
referendum　国民表决制度,全民公决
Reform Act　改革法案
Relief　继承金
rentcharge　地租税
replevin　返还不法扣留动产之诉
Reports　报告
reside　居住
respass de ejectione firmae　恢复土地租赁权之诉
Restoration　(王政)复辟
reversion　权益回收
reversionary interest　复归物权
right of entry　主张返还;土地占有权
Right of Persons　个人权利
Right of Things　物权
right to immediate possession　可能恢复的物权
Roman Dutch Law　日耳曼荷兰法
Roman Empire　古罗马帝国
royal colony　王室殖民地
royal prerogative courts　王室特权法庭
Rule against Perpetuities　禁止永久权规则

Rump Parliament　残余议会
Rural Districts　乡

S

sales tax　营业税
scutage　"盾牌钱"
seal　加封盖印
seisin　保有
separate but equal　隔离但平等
serjeant　高等律师、
Serjeants' Inn　律师行会
Serjeant's Inn　高级辩护律师学院
serjeanty　个人贡献保有制度
service　劳役
sheriff　行政长官;郡治安官
sheriff's peace　郡守的太平
shifting Interest　附转换条件所有权
ship-money　建造船舶税
slander　以言辞诽谤他人
socage tenure　农役保有制
socage tenures　农役土地保有权
sociological jurisprudence　法社会学
solicitor　事务律师
sovereignty　主权
speaker　议长,代言人
special assumpsit　个案违约之诉
special law　涉及特定地域的立法
special pleading　特殊抗辩
specific performance　特定履行
spoils system　政党分赃制度
springing interest　将来所有权;跨转地产权
squatter sovereignty　居民主权
Star Chamber　星座室
statesman　政治家
statute　制定法
Statute of Mortmain　没收法
Statute of Uses　用益法
strict settlement　严格设定

Subcommittee　小组委员会
subinfeudation　领地分封
subordinate legislation　准立法
subpoena　传票
substitution　身份替代制度
suit in equity　衡平法中的诉讼
superior courts　上级法院
Surpreme Court of Judicature　高级法院
susp ensive veto　延宕性否决权
suspending power　中止法规权

T

tenancy at will　随时终止的租赁地产权
tenant　租户
tenant-in-chief　国王的直属封臣
tenant-in-chief　直接封臣
tenure　保有权;土地保有
tenure in free alms　法式义务
Term of years 或 term　（开庭）期间
the Inner Temple　内殿学院
the Middle Temple　中殿学院
the peace of God　上帝之下的太平
title　权利资格
to A and his heirs　给某人及其继承人
to A for five years　给予某人五年权利
to A for life　给予某人终生权利
torts　侵权行为
Tory　托利党人
township　城镇制度
trail by battle　决斗审理
treason　叛逆罪
trepass de bonis asportatis　针对动产的不法侵害
Trespass　不法侵害
trespass on the case of assumpsit　违反简式合约索赔之诉
trespass per quod servitium amisit　针对妻子或用人的不法侵害

trespass quare clausum fregit　针对土地的不法侵害
trespass to the person　针对人身的不法侵害
tresspass quare clausum fregit　侵害土地保有权之诉
Trial by Peers　"等地位者"的审判
trover　追索侵占物之诉
trust property　信托财产
trustee　财产托管人

U

under-representation　不充分的代表性
undue influence　不当影响
unique chattel　难以替代的"动产"
Urban Districts　镇
use　用益
Use Upon A Use　双层用益
utter barrister　外侧律师

V

vacation　休庭期间
vest　权利的归属
vested interest　确定权益
vested remainder　确定的剩余权
veto　否决权
vi et armis　暴力手段
Villa　村区
virtual representation　实质代表(制)

W

Wager of Law　宣誓免罪
war power　战时权力
Wardship　监护权
Whig　辉格党
word of limitation　表示权利内容的概念
word of purchase　权利取得者
writ of entry　侵入令状
Writ of error　纠错令状
writ of prohibition　普通法法院的禁止令
Writ of Quo Minus　减少之诉令状
writ of right　权利令状
writs of replevin　收回非法扣留动产令状

Y

Year Book　判例年册;年鉴

21 世纪法学系列教材书目

"21世纪法学系列教材"是北京大学出版社继"面向21世纪课程教材"(即"大红皮"系列)之后,出版的又一精品法学系列教科书。本系列丛书以白色为封面底色,并冠以"未名·法律"的图标,因此也被称为"大白皮"系列教材。"大白皮"系列是法学全系列教材,目前有15个子系列。本系列教材延续"大红皮"图书的精良品质,皆由国内各大法学院优秀学者撰写,既有理论深度又贴合教学实践,是国内法学专业开展全系列课程教学的最佳选择。

- **法学基础理论系列**

法律方法阶梯	郑永流
英美法概论:法律文化与法律传统	彭 勃

- **法律史系列**

中国法制史		赵昆坡
中国法制史		朱苏人
中国法律思想史(第二版)	李贵连	李启成
外国法制史(第三版)		由 嵘
西方法律思想史(第二版)	徐爱国	李桂林

- **民商法系列**

民法总论(第二版)	刘凯湘
民法分论(待出)	刘凯湘
物权法论	郑云瑞
英美侵权行为法学	徐爱国
商法学——原理·图解·实例(第三版)	朱羿坤
商法学	郭 瑜
保险法(第三版)	陈 欣
海商法	郭 瑜
票据法教程(第二版)	王小能
破产法(待出)	许德风

- **知识产权法系列**

知识产权法（第四版）	吴汉东
商标法	杜 颖
著作权法（待出）	刘春田
专利法（待出）	郭 禾
电子商务法	李双元 王海浪

- **宪法行政法系列**

宪法学概论（第三版）	肖蔚云
宪法学（第三版）	甘超英 傅思明 魏定仁
行政法学（第二版）	罗豪才 湛中乐
外国宪法（待出）	甘超英
国家赔偿法学	房绍坤 毕可志

- **刑事法系列**

中国刑法论（第四版）	杨春洗 杨敦先 郭自力
外国刑法学概论（待出）	李春雷 张鸿巍
犯罪学（第二版）	康树华 张小虎
犯罪预防理论与实务	李春雷 靳高风
监狱法学（第二版）	杨殿升
刑法学各论（第二版）	刘艳红
刑法学总论（第二版）	刘艳红
刑事侦查学（第二版）	杨殿升
刑事政策学	李卫红
国际刑事实体法原论（待出）	王 新

- **经济法系列**

经济法学（第五版）	杨紫烜 徐 杰
经济法学（2008年版）	张守文
经济法原理（第三版）	刘瑞复
企业法学通论	刘瑞复
企业与公司法学（第五版）	甘培忠
商事组织法	董学立
金融法概论（第五版）	吴志攀

银行金融法学(第六版)		刘隆亨
证券法学(第二版)		朱锦清
金融监管学原理	丁邦开	周仲飞
会计法(第二版)		刘　燕
税法原理(第五版)		张守文
劳动法学	贾俊玲	周长征
社会保障法(待出)		林　嘉
房地产法(第二版)	程信和	刘国臻
环境法学(第二版)		金瑞林
反垄断法(待出)		孟雁北

- **财税法系列**

财政法学	刘剑文
税法学(第四版)	刘剑文
国际税法学(第二版)	刘剑文
财税法专题研究	刘剑文

- **国际法系列**

国际法(第二版)	白桂梅
国际经济法学(第四版)	陈　安
国际私法学(第二版)	李双元
国际贸易法	冯大同
国际贸易法	王贵国
国际贸易法	郭　瑜
国际贸易法原理	王　慧
国际投资法	王贵国
国际货币金融法(第二版)	王贵国
国际经济组织法教程(第二版)	饶戈平

- **诉讼法系列**

民事诉讼法学教程(第三版)	刘家兴	潘剑峰
民事诉讼法		汤维建
刑事诉讼法学(第三版)		王国枢
外国刑事诉讼法教程(新编本)	王以真	宋英辉

民事执行法学(第二版) 谭秋桂
仲裁法学 蔡虹

- **特色课系列**

  世界遗产法 刘红婴
  法律语言学(第二版) 刘红婴
  模拟审判:原理、剧本与技巧 廖永安 唐东楚 陈文曲

- **双语系列**

  普通法系合同法与侵权法导论 张新娟
  Learning Anglo-American Law: A Thematic
  　　Introduction(英美法导论)(第二版) 李国利

- **专业通选课系列**

  法律英语 郭义贵
  法律文书学 卓朝君 邓晓静
  法律文献检索 于丽英
  英美法入门——法学资料与研究方法 杨帧

- **通选课系列**

  法学概论(第三版) 张云秀
  法律基础教程(第三版)(待出) 夏利民
  经济法理论与实务(第三版) 於向平 邱艳 赵敏燕
  人权法学(待出) 白桂梅

- **原理与案例系列**

  国家赔偿法:原理与案例 沈岿
  专利法:案例、学说和原理(待出) 崔国斌

2010 年 12 月更新

教师反馈及教材、课件申请表

尊敬的老师:

您好!感谢您一直以来对北大出版社图书的关爱。北京大学出版社以"教材优先、学术为本"为宗旨,主要为广大高等院校师生服务。为了更有针对性地为广大教师服务,满足教师的教学需要、提升教学质量,在您确认将本书作为教学用书后,请您填好以下表格并经系主任签字盖章后寄回,我们将免费向您提供相关的教材、思考练习题答案及教学课件。在您教学过程中,若有任何建议也都可以和我们联系。

书号/书名		
所需要的教材及教学课件		
您的姓名		
系		
院校		
您所主授课程的名称		
每学期学生人数		学时
您目前采用的教材	书名_____ 作者_____ 出版社_____	
您的联系地址		
联系电话		
E-mail		
您对北大出版社及本书的建议:	系主任签字 盖章	

我们的联系方式:

北京大学出版社法律事业部

地　　址:北京市海淀区成府路 205 号　　联系人:李锋
电　　话:010-62752027　　　　　　　　传　真:010-62556201
电子邮件:bjdxcbs1979@163.com
网　　址:http://www.pup.cn
北大出版社市场营销中心网站:www.pupbook.com